Die Chronik – Bibliothek des 20. Jahrhunderts

Chronik 1961

Chronik
Verlag

Abbildungen auf dem Schutzumschlag
(oben links beginnend)
Berliner Mauer am Brandenburger Tor
Marika Kilius und Hans-Jürgen Bäumler
Kubanischer Ministerpräsident Fidel Castro
US-Präsident John F. Kennedy
Extrablatt der DDR-Zeitung »Neues Deutschland« vom 13. April

Impressum

Herausgeber: Bodo Harenberg
Redaktion: Ingrid Reuter
Anhang: Bernhard Pollmann, Ludwig Hertel
Bildredaktion: Norbert Fischer, Christine Voges
Redaktionelle Abwicklung: Annette Retinski
Leihgeber für Zeitungen und Zeitschriften: Institut für Zeitungsforschung, Dortmund

Gesamtherstellung: Mohndruck Graphische Betriebe GmbH, Gütersloh
ISBN 3-88379-049-4

Zum Geleit

Mit dem Jahr 1961 verbinden sich die Erinnerungen an den Mauerbau in Berlin, an die gescheiterte Invasion der Exilkubaner in der Schweinebucht, an den Putsch rechtsextremistischer französischer Generale in Algerien und an den Bürgerkrieg im Kongo (Zaïre). Aber auch die Persönlichkeiten, die in diesem Jahr für Schlagzeilen sorgten, sind unvergessen: John F. Kennedy, der sein Amt als 35. Präsident der Vereinigten Staaten antrat, sein politischer Gegenspieler, der sowjetische Regierungschef Nikita Chruschtschow, Konrad Adenauer und Charles de Gaulle, die sich um eine engere Zusammenarbeit in Europa bemühten, und Juri Gagarin, der sowjetische Kosmonaut, der als erster Mensch die Erde im Weltall umrundete.
All dies ist in der »Chronik 1961« getreulich mit dem unbestechlichen Blick des Historikers verzeichnet. Doch die »Chronik 1961« bietet noch mehr: Sie lädt ein, mit den Augen des Zeitgenossen an den großen und kleinen Ereignisse des Jahres 1961 teilzunehmen. Sie bietet in Wort und Bild – übersichtlich gegliedert und chronologisch geordnet – einen vollständigen Überblick über das Geschehen im Jahr 1961. Die »Chronik 1961« ist gleichzeitig Nachschlagewerk und Lesebuch, Bildband und Datensammlung.
Die »Chronik 1961« gehört zu einer Bibliothek von insgesamt 101 Bänden, mit denen jedes Jahr unseres Jahrhunderts in der hier vorliegenden Weise dokumentiert wird. Über den Editionsplan informiert der Verlag.
Die folgenden Hinweise sollen helfen, die Fülle der Informationen dieses Chronikbandes zu erschließen.

Kalendarium (ab S. 10)

Jeder Monat beginnt mit einem Kalendarium, in dem die wichtigsten Ereignisse des Jahres 1961 chronologisch geordnet und in knappen Texten dargestellt sind. Sonn- und Feiertage sind durch farbigen Druck hervorgehoben. Pfeile verweisen auf ergänzende Bild- und Textbeiträge auf den folgenden Seiten. Faksimiles von Zeitungen und Zeitschriften, die im jeweiligen Monat 1961 erschienen sind, spiegeln Zeitgeist und herausragende Ereignisse.

Einzelartikel (ab S. 14)

Wichtige Ereignisse des Jahres 1961 werden – zusätzlich zu den Eintragungen im Kalendarium – in Wort und Bild beschrieben. Jeder der fast 400 Einzelartikel bietet eine in sich abgeschlossene Information. Die Pfeile des Verweissystems machen auf Ereignisse aufmerksam, die an anderer Stelle dieses Bandes ergänzende Informationen zum jeweiligen Thema vermitteln. 536 Abbildungen und 35 Grafiken und Karten illustrieren die Geschehnisse des Jahres 1961 und werden damit zu einem historischen Kaleidoskop besonderer Art.

Trendartikel (ab S. 21)

Die Trendartikel, am blauen Hintergrund zu erkennen, stellen Entwicklungen des Jahres 1961 u. a. in den Bereichen Kultur, Wirtschaft, Gesellschaft und Alltagsleben dar.

Anhang (ab S. 209)

Der Anhang zeigt das Jahr 1961 in Statistiken und anderen Übersichten. Ausgehend von den offiziellen Daten für die Bundesrepublik Deutschland, für Österreich und die Schweiz, regen die Zahlen und Fakten zu einem Vergleich mit vorausgegangenen und nachfolgenden Jahren an.
Für alle wichtigen Länder der Erde sind die Staats- und Regierungschefs im Jahr 1961 aufgeführt und werden wichtige Veränderungen aufgezeigt.
Die Zusammenstellungen herausragender Neuerscheinungen auf dem internationalen Buchmarkt sowie der Premieren auf Bühne und Leinwand werden zu einem Führer durch das kulturelle Leben des Jahres.
Internationale und deutsche Meisterschaften, die Entwicklung der Rekorde in der Leichtathletik und im Schwimmen sowie die Ergebnisse der großen internationalen Wettbewerbe spiegeln die Höhepunkte des Sportjahres.
Der Nekrolog enthält Kurzbiographien von Persönlichkeiten, die 1961 verstorben sind.

Register (ab S. 233)

Das Personenregister nennt die Namen aller Personen, die in diesem Band verzeichnet sind, und verweist auf die entsprechenden Seiten. Wer ein bestimmtes Ereignis des Jahres 1961 nachschlagen möchte, das Datum aber nicht präsent hat, findet über das Personenregister Zugang zu den gesuchten Informationen.

Inhalt

Inhalt

Trendartikel 1961

Anhang 1961

Januar 1961

Mo	Di	Mi	Do	Fr	Sa	So
						1
2	3	4	5	6	7	8
9	10	11	12	13	14	15
16	17	18	19	20	21	22
23	24	25	26	27	28	29
30	31					

1. Januar, Neujahr

Der SPD-Politiker Paul Nevermann wird zum Ersten Bürgermeister von Hamburg gewählt (bis 1965).

Kuba verlangt eine sofortige Sitzung des UN-Sicherheitsrates, da ein Angriff der Vereinigten Staaten auf die Insel zu befürchten sei. Das Weiße Haus in Washington bezeichnet die kubanischen Behauptungen als »völlig aus der Luft gegriffen« und als »Quatsch« (→ 3. 1./S. 15).

Um über 700000 Menschen auf 5,429 Millionen Einwohner ist die Bevölkerung der Schweiz zwischen 1950 und 1960 angestiegen. → S. 20

2. Januar, Montag

Zwischen Weihnachten und Neujahr sind 2820 Menschen aus der DDR geflüchtet.

Der alljährliche Wettbewerb des Lügnerclubs von Burlington/USA geht mit der Verteilung der Preise zu Ende. → S. 27

3. Januar, Dienstag

Franz Josef Röder (CDU) wird mit einer Stimme Mehrheit als Ministerpräsident des Saarlandes wiedergewählt.

Die Vereinigten Staaten brechen die diplomatischen Beziehungen zu Kuba ab. → S. 15

Fast 48 Stunden anhaltende Regenfälle führen in Südwestfrankreich zu schweren Überschwemmungen. Städte und Dörfer stehen unter Wasser. In Spanien müssen wegen des hohen Wasserstandes des Ebro 5000 Menschen ihre Häuser verlassen.

Der polnische Staatsschatz, der während des Zweiten Weltkriegs nach Kanada verlagert worden war, wird an Polen zurückgegeben. → S. 26

4. Januar, Mittwoch

Zwischen Köln und Düsseldorf wird mit dem sechsspurigen Ausbau der Autobahn begonnen. Deshalb wird der Verkehr auf dieser stark befahrenen Strecke bis Dezember 1961 nur einspurig geleitet. Die Baukosten sind auf 35 Millionen DM veranschlagt. → S. 24

Das Parlament in Vientiane/Laos spricht der Regierung des Ministerpräsidenten Bun Um das Vertrauen aus. Damit steigen die Chancen für eine politische Lösung des Bürgerkriegs in Laos. → S. 18

Seit Jahresbeginn ist es farbigen Studenten verboten, sich an bestimmten Fakultäten der südafrikanischen Universitäten zu immatrikulieren (→ 31. 5./S. 92).

Bei der Explosion in der Sauerstoffanlage der Knapsack-Griesheim AG in Dortmund kommen 15 Menschen ums Leben, elf werden zum Teil schwer verletzt. → S. 26

Nach mehr als 100jähriger Arbeit sind die Arbeiten an dem von den Gebrüdern Jacob und Wilhelm Grimm begonnenen Deutschen Wörterbuch abgeschlossen. → S. 29

5. Januar, Donnerstag

Der türkische Staatschef General Cemal Gürsel, der im Frühjahr 1960 die Regierung Adnan Menderes gestürzt hat, stellt sein neues Kabinett vor. → S. 19

Der deutsche Bundeskanzler Konrad Adenauer (CDU) wird 85 Jahre alt. → S. 23

6. Januar, Freitag

Lüttich ist Schauplatz der bisher schwersten Unruhen seit Beginn der belgischen Streikkrise vor 18 Tagen. Streikende liefern nach schweren Ausschreitungen gegen Polizisten und Soldaten, die über die Köpfe der Menge hinwegschießen, eine Straßenschlacht. 20 Personen werden verletzt (→ 23. 1./S. 19).

7. Januar, Sonnabend

Der kubanische Regierungschef Fidel Castro verhängt eine Ausreisesperre für kubanische Bürger. Der Geschäftsträger der Vereinigten Staaten verläßt Kuba (→ 3. 1./S. 15).

Mit dem Appell zur Einigung Afrikas und mit ersten Schritten zur Bildung eines afrikanischen Oberkommandos sowie einer afrikanischen Beratenden Versammlung nach dem Vorbild des Straßburger Europarats geht die am 3. Januar begonnene Konferenz der fünf afrikanischen Staatschefs in Casablanca zu Ende. Es nahmen Delegationen aus Marokko, der Vereinigten Arabischen Republik, Guinea, Ghana und Mali teil.

Wie das Statistische Bundesamt in Wiesbaden mitteilt, wird sich die Zahl der Schüler in der Bundesrepublik innerhalb der nächsten zehn Jahre um etwa 1,2 Millionen erhöhen. Im Schuljahr 1970/71 werden voraussichtlich 7,6 Millionen Jungen und Mädchen die Schule besuchen, gegenüber 6,4 Millionen im Schuljahr 1960/1961.

8. Januar, Sonntag

Bei den Volksabstimmungen in Frankreich und Algerien erhält der französische Staatspräsident Charles de Gaulle eine Mehrheit für seine Außenpolitik, mit der er die Selbstbestimmung Algeriens anstrebt. → S. 18

Im vierten Springen der deutsch-österreichischen Vierschanzentournee in Bischofshofen siegt der Thüringer Helmut Recknagel und wird damit nach einem fünften und zwei zweiten Plätzen in den vorangegangenen Springen auch Gesamtsieger.

9. Januar, Montag

Der Parteivorstand der SPD erklärt die Mitgliedschaft in der 1960 gegründeten Deutschen Friedens-Union (DFU) für unvereinbar mit der Zugehörigkeit zur SPD. → S. 22

10. Januar, Dienstag

Vor der CDU-Bundestagsfraktion spricht sich Bundeskanzler Konrad Adenauer für ein besseres Verhältnis zu Polen aus. → S. 23

Bundespräsident Heinrich Lübke fordert bei seinem Neujahrsempfang in der Godesberger Redoute eine engere Zusammenarbeit mit Entwicklungsländern im kulturellen und geistigen Bereich.

11. Januar, Mittwoch

Die DDR-Regierung verbietet den für Juli in Gesamtberlin vorgesehenen 10. Deutschen Evangelischen Kirchentag im Ostteil der Stadt. → S. 22

In New York hat das neue Ballett von George Balanchine »Modern Jazz: Varianten« des New York City Ballet Premiere.

12. Januar, Donnerstag

Das Wohnungsdefizit in der Bundesrepublik ist nach Angaben des Bundeswohnungsbauministeriums unter eine Million Wohnungen gesunken. Die Zahl der fehlenden Wohnungen wird mit etwa 900000 angegeben. Bundesbauminister Paul Lücke erklärt im Fernsehen, Bund, Ländern und Gemeinden käme das Verdienst zu, in den elf Jahren von 1950 bis einschließlich 1960 rund 5,5 Millionen Wohnungen, davon 625000 Sozialwohnungen, gebaut zu haben.

Prinzessin Astrid von Norwegen wird in der Dorfkirche von Askers bei Oslo mit Johan Martin Ferner getraut. → S. 26

13. Januar, Freitag

Das belgische Abgeordnetenhaus in Brüssel hat das Sparprogramm der christlich-sozialen Regierung Gaston Eyskens mit 115 gegen 90 Stimmen angenommen. Das Loi Unique war der Anlaß der belgischen Streikunruhen (→ 23. 1./S. 19).

Der DDR-Volkskammerpräsident Johannes Dieckmann wird bei einer Ansprache im Kurhaus in Marbach durch Sprechchöre gestört. → S. 22

Eine neu gebildete Internationale Vereinigung für Sicherheitsgurte in Pkw fordert auf ihrer Gründungsversammlung in London von den europäischen Regierungen die Einführung von Sicherheitsgurten. → S. 24

14. Januar, Sonnabend

Die Republikanische Partei des ehemaligen türkischen Präsidenten Ismet Inönü und die kleinere Nationalpartei beginnen mit dem Neuaufbau ihrer Parteiorganisation, nachdem das Regime Cemal Gürsel die Wiederzulassung von Parteien bekanntgegeben hat. Die Demokratische Partei des gegenwärtig vor Gericht stehenden Exministerpräsidenten Adnan Menderes bleibt weiterhin verboten (→ 5. 1./S. 19).

Die Bundesrepublik hat in den Jahren 1950 bis 1959 nach Mitteilung des Deutschen Industrie-Instituts mit 48% die größte Steigerung des Bruttosozialprodukts innerhalb der Europäischen Wirtschaftsgemeinschaft (EWG) erreicht. Es folgen Italien (38%), die Niederlande (32%), Frankreich (28%) und Belgien und Luxemburg (bis 1958 16%).

15. Januar, Sonntag

Der ehemalige niedersächsische Ministerpräsident Heinrich Hellwege erklärt seinen Rücktritt als Bundesvorsitzender der Deutschen Partei (DP) und als Vorsitzender des DP-Landesverbandes Niedersachsen. → S. 23

In Guinea finden die ersten Präsidentenwahlen seit Erlangung der Unabhängigkeit 1958 statt. Als einziger kandidiert der amtierende Präsident Sékou Touré, der für weitere sieben Jahre in seinem Amt bestätigt wird.

16. Januar, Montag

Der pakistanische Staatspräsident Mohammed Ayub Khan trifft zu einem Staatsbesuch in der Bundesrepublik ein, der bis zum 23. Januar dauert. → S. 23

Einen »Friedenswunsch« und eine Mahnung zur Versöhnung der Völker richtet Papst Johannes XXIII. anläßlich der Ernennung von vier Kardinälen an die Welt.

Eine künstliche Radarinsel der US-amerikanischen Luftwaffe sinkt im Atlantik 70 Seemeilen ostwärts von New York im Sturm. »Texas-Turm 4« hatte 28 Mann Besatzung an Bord, die alle ertrinken. → S. 26

Wie der Pressedienst der Bausparkassen mitteilt, hatten 60% der in den ersten zehn Monaten des Jahres 1960 erbauten Wohnungen vier oder mehr Räume.

17. Januar, Dienstag

Der Landtag in Saarbrücken bestätigt die neue CDU-Landesregierung.

Die Gewerkschaft Bau, Steine, Erden fordert, daß auch diejenigen Arbeitnehmer, die nicht Mitglied einer Gewerkschaft sind, aber von Forderungen der Gewerkschaft profitieren, zu Beitragszahlungen verpflichtet werden sollen.

Patrice Lumumba, Ex-Ministerpräsident des Kongo (Zaïre), wird im Gefängnis von Elisabethville, der Hauptstadt der abtrünnigen Provinz Katanga, eingeliefert. → S. 18

Der ehemalige US-Präsident Dwight D. Eisenhower hält vor dem Kongreß in Washington seine Abschiedsrede. → S. 16

Die Frankfurter Allgemeine vom 21. Januar 1961 berichtet in Kommentar und Leitartikel über die Amtseinführung des neuen US-amerikanischen Präsidenten John F. Kennedy

Frankfurter Allgemeine

ZEITUNG FÜR DEUTSCHLAND

S-Ausgabe / Samstag, 21. Januar 1961 — Herausgegeben von Hans Baumgarten, Erich Dombrowski, Karl Korn, Benno Reifenberg, Jürgen Tern, Erich Welter — Preis 40 Pfennig / Nr. 18 / D 2955 A

Kennedy steckt das Ziel: die Freiheit um jeden Preis

Die Amtseinführung des neuen Präsidenten / Appell an den Osten zur Zusammenarbeit für den Frieden

Bericht unseres Washingtoner Korrespondenten

J. R. WASHINGTON, 20. Januar. Am Freitag hat in der amerikanischen Hauptstadt eine neue Aera begonnen. Auf den Stufen des Kapitols leistete der 43 Jahre alte John F. Kennedy seinen Amtseid als 34. Präsident der Vereinigten Staaten. Mit ihm haben nach achtjähriger Regierungszeit der Republikaner unter Präsident Eisenhower die Demokraten wieder das Ruder des Staates in die Hand genommen. In seiner Antrittsrede forderte Kennedy die Gegner der Vereinigten Staaten auf, die Suche nach dem Frieden erneut zu beginnen, ehe die „dunklen Mächte" der durch die Wissenschaft entfesselten Zerstörung die gesamte Menschheit in geplante oder durch Zufall ausgelöste Selbstvernichtung stürzten. Gleichzeitig warnte Kennedy, daß Amerika nur aus dem Vollbesitz seiner Kräfte, niemals jedoch aus Schwäche heraus verhandeln werde. Bei dem neuen Beginn heiße es, auf beiden Seiten zu erkennen, daß Anständigkeit kein Zeichen der Schwäche, Aufrichtigkeit immer der Prüfung unterworfen sei.

Der junge Präsident nannte ernsthafte und genaue Vorschläge für eine kontrollierte Abrüstung unter der Aufsicht aller Völker als ersten Punkt des neuen Versuchs einer Annäherung an die Sowjetunion, die er jedoch nicht bei Namen nannte. Getreu seinem Aufruf, daß Amerika nach einer „neuen Grenze" streben müsse, ersparte Kennedy weder seinen Landsleuten noch der Welt einen Hinweis auf die Schwierigkeiten, unter denen sich der Prozeß der Ausdehnung von Freiheit und Recht vollziehen müsse. Die Fackel sei einer neuen Generation von Amerikanern übergeben worden, die nicht gewillt sei, die langsame Auflösung der Menschenrechte mitanzusehen.

Alle Nationen müßten wissen, daß Amerika um der Erhaltung der Freiheit willen jeden Preis zahlen, jede Last ertragen, jeden Freund unterstützen und jedem Gegner widerstehen werde. Den alten Verbündeten, deren geistige und kulturelle Ursprünge wir teilen, geloben wir die Loyalität treuer Freunde. Die künftige Politik seiner Regierung kam am deutlichsten in den Wendungen der Rede zum Ausdruck, die sich an die neuen Völker richteten: ihnen gebe Amerika sein Wort, daß die ehemalige Kolonialherrschaft nicht nur einer noch härteren Gewaltherrschaft Platz mache. Amerika erwarte nicht, daß diese Völker immer seine Ansichten unterstützten. Aber es werde ihnen stets helfen, ihre eigene Freiheit zu erhalten. Den Entwicklungsländern verspreche es Bemühungen, durch die sie sich selbst helfen könnten, nicht, weil der Kommunismus es auch tue oder weil man ihre Stimmen gewinnen wolle, sondern weil es richtig sei.

Der Präsident warnte den Ostblock, daß die amerikanische Hemisphäre entschlossen sei, ihr Schicksal selbst zu bestimmen, und bekräftigte damit aufs neue die Monroe-Doktrin. Den lateinamerikanischen Nachbarn versprach er, guten Worten Taten in einem neuen Bündnis des Fortschritts folgen zu lassen, um zur Bekämpfung der Armut beizutragen. Sie müßten wissen, daß die Vereinigten Staaten sich mit ihnen im Widerstand gegen Angriffe und Unterwanderung überall im Kontinent vereinen würden. Die Vereinten Nationen — unsere letzte und beste Hoffnung in einem Zeitalter, da die Werkzeuge des Krieges die des Friedens bei weitem übertroffen haben — werden Amerika unterstützen. (Fortsetzung Seite 4).

Gegen die Spaltung Europas

Gs. Das Gespräch über die künftige politische Zusammenarbeit der europäischen Staaten, das ein halbes Jahr geruht hat, lebt an verschiedenen Punkten, nicht zuletzt in Bonn, wieder auf. In einigen Wochen werden wir wissen, ob die Stagnation überwunden werden kann, bevor sich die Fronten verhärtet haben, oder ob diejenigen recht behalten werden, die meinen, die beiden großen Gruppen, die Europäische Wirtschaftsgemeinschaft und die Kleine Freihandelszone, sollten zunächst einmal ausbauen, was sie besäßen. Die politische Phantasie entzündet sich vor allem an den für die nächsten Wochen vereinbarten, jeweils getrennten Gesprächen zwischen de Gaulle, Macmillan und dem Bundeskanzler. Es ist verständlich, daß Macmillan vorher seine betonte Zurückhaltung nicht aufgibt, ebenso wie man begreifen muß, daß de Gaulle gerade jetzt nicht offen über das Verhältnis der Wirtschaftsgemeinschaft zu England sprechen kann. Den Stein der Diskussion ins Wasser geworfen hat Bundeswirtschaftsminister Erhard mit seiner vielleicht etwas stark zugespitzten Kritik am bisherigen Ablauf der europäischen Integration. Ungeachtet der etwas gereizten Antwort des ehemaligen französischen Ministerpräsidenten Pleven in Straßburg hat sich der Präsident des Bundesverbandes der Deutschen Industrie, Fritz Berg, in Köln mit den Auffassungen von Erhard voll identifiziert. Auch Berg brauchte nichts Neues zu sagen; der Gedanke einer modifizierten Zollunion ist vom Bundesverband der Deutschen Industrie schon wiederholt vertreten worden.

Diejenigen, die meinen, eine Ausweitung der Europäischen Wirtschaftsgemeinschaft in Richtung einer Zollunion, oder wie auch immer man eine Vereinbarung zur Verminderung von Diskriminierungen bezeichnen mag, habe Zeit, tun gut daran, zur Kenntnis zu nehmen, daß in der Bundesrepublik die Zahl derjenigen, die eine Verhärtung der Fronten ernsthaft befürchten, viel größer ist, als man im Ausland vielleicht annimmt.

Bonn wünscht persönlichen Kontakt

Kennedy: Wir werden für Berlin kämpfen / Moskau dämpft seinen Optimismus

Berichte unserer Korrespondenten

std. BONN, 20. Januar. Staatssekretär von Eckardt hat am Freitag in Bonn aus Anlaß der Amtsübernahme des amerikanischen Präsidenten Kennedy der Hoffnung Ausdruck gegeben, daß die freundschaftliche Verbundenheit zwischen den Vereinigten Staaten und der Bundesrepublik noch verstärkt wird. Die Bundesregierung wünsche der neuen Regierung alles Gute für ihren kommenden Weg. Es sei beabsichtigt, möglichst bald einen persönlichen Kontakt zu dem neuen Präsidenten herzustellen. Man müsse Kennedy zunächst aber Zeit lassen, um sich in sein neues Amt einzuarbeiten. Wann eine Begegnung zwischen dem Bundeskanzler und Präsident Kennedy stattfinde, bleibe deshalb abzuwarten. An dem deutsch-amerikanischen Gespräch, das am 15. Februar in den Vereinigten Staaten stattfindet, wird Bundeskanzler Adenauer nicht teilnehmen.

Kennedy hat die Festigkeit seiner Berlin-Politik in einem Geleitwort zu einem vom Ullstein-Verlag herausgegeben Sonderheft der alten „Berliner Illustrirten" unterstrichen. Er erklärte wörtlich: „Die Welt muß wissen, daß wir um Berlin kämpfen werden. Niemals werden wir zulassen, daß die Stadt unter kommunistischen Einfluß gerät. Wir verteidigen die Freiheit von Paris und New York, wenn wir für die Freiheit von Berlin einstehen. Eine feste Haltung in Berlin und eine feste amerikanische Politik gegenüber Moskau sind zwei unumgängliche Voraussetzungen für die Wiederherstellung der Einheit Deutschlands." Etwa 200 000 Exemplare dieses Sonderhefts sind als einmalige Ausgabe dieser Tage in Amerika verteilt worden. Das Heft, das auf der Titelseite ein Porträt Kennedys zeigt, will die amerikanische Oeffentlichkeit auf die Probleme der gespaltenen Stadt aufmerksam machen.

Die sowjetische Propaganda hat sich zu den jüngsten Ausführungen Kennedys über die Berlin-Frage bislang ausgeschwiegen. Schon in den letzten Tagen vor dem Amtsantritt des amerikanischen Präsidenten ist der optimistische Ton, der den Stellungnahmen der sowjetischen Presse zu der demokratischen Regierung Kennedy zugrunde lag, merklich abgemildert worden. Während noch vor wenigen Wochen mit der Erwähnung des Namens von Kennedy automatisch die Hoffnung verknüpft wurde, der neue amerikanische Präsident möge es seinem demokratischen Vorgänger Franklin Roosevelt in der Ostpolitik gleichtun, fehlt dieser Hinweis in den Kommentaren der sowjetischen Presse und des Moskauer Rundfunks der letzten Zeit.

Wirtschaftsführer bei Erhard

Eigener Bericht

Gz. BONN, 20. Januar. Die Erklärungen des Präsidenten des Bundesverbands der Deutschen Industrie, Fritz Berg, in Köln zu Fragen der europäischen Wirtschaftspolitik und seine Bekräftigung des Gedankens einer modifizierten europäischen Zollunion sind in Bonn aufmerksam registriert worden. Auch im Bundeswirtschaftsministerium wird die gegenwärtige Stagnation der Gespräche über Einigungsmöglichkeiten bedauert. In Kreisen der Wirtschaftsverbände ist die Veröffentlichung neuer Gedanken, die am Jahresende aus dem Bundeswirtschaftsministerium bekanntgeworden sind und über die wir berichtet haben, begrüßt worden. Man verspricht sich von solchen Ideen die als dringlich bezeichnete Belebung der europäischen Diskussion. Aus politischen Kreisen ist zu erfahren, daß eine dezidierte Aeußerung aus London zu den neuen Absichten und Möglichkeiten durchaus erwünscht wäre. Freilich hält man es für ausgeschlossen, daß vor der Serie europäischer Gipfelgespräche offizielle Aeußerungen hierzu erwartet werden können.

Professor Erhard hat am Freitag den Gemeinschaftsausschuß der Deutschen Wirtschaft zu einer Aussprache über aktuelle wirtschaftspolitische Fragen empfangen. Dem Ausschuß gehören die Präsidenten und Hauptgeschäftsführer aller Spitzenverbände der Industrie, der Arbeitgeber, des Handels, Handwerks, der Banken, der Versicherungswirtschaft, der Spediteure, der Hoteliers und der Makler an.

Der Führungswechsel

Von Jürgen Tern

Die Eisenhower-Ära schwindet rasch dahin. Ein neues politisches Zeitalter hat begonnen: für die Vereinigten Staaten, doch bei so viel Macht dieser zu „neuen Grenzen" aufbrechenden Nation auch für das ganze westliche Lager, Deutschland eingeschlossen. John Fitzgerald Kennedy, der neue Präsident der USA, ist entschlossen, die Führung ohne Verweilen bei der Sentimentalität des Augenblicks zu ergreifen, sie mit energischem Zupacken auszuüben und sie jeder Schwierigkeit, jeder Herausforderung entgegenzustellen. Ihm schwebt ein Zeitalter zielbewußter Bewegung, nicht ein Begnügen mit dem Erreichten vor. Er stellt seine Regierung, die dem Glückskind in ungewöhnlich jungen Jahren zugefallen ist, unter den Stern eines harten, kühlen Willens, der vorantreibt und der weniger von im Regierungsgeschäft erworbener Skepsis als von einer scharfen, schnellen, glänzend ausgebildeten Intelligenz gezügelt wird.

Die verkündeten, auf das Ideale gerichteten schönen Vorsätze verschleiern nicht einen hoch entwickelten Sinn für die Macht, und sie stehen nicht dem Verlangen nach präziser, Leistungsfähigkeit erzwingender Organisation entgegen. John Kennedy zählt zum Typ der cäsaristischen Naturen, die die modernen Massendemokratien und Industriegesellschaften hervorlocken und zum Griff nach der Macht herausfordern. Das verweist ihn mehr auf Franklin Roosevelt als Sinnesverwandten als auf irgendeinen anderen seiner Vorgänger in diesem anspruchsvollsten politischen Amt, das die westliche, der freiheitlichen Ordnung verschriebene Welt heutzutage zu vergeben hat.

Eisenhower und Kennedy sind nicht nur ihrem Herkommen und ihrer Laufbahn nach, sondern aus ihrer inneren Struktur, von Temperament und Anlage her, zu verschieden, als daß es bleiben könnte, wie es war. Die Methoden, der Schwierigkeiten und der Gefahren Herr zu werden und ins Positive, in Leistungen und Erfolge zu wenden, werden sofort wechseln. Und die Methodik ist schon die halbe Politik — jedenfalls an solcher, mit so folgenschwerer Verantwortung belasteter, nach so vielen weitreichenden, oft einsamen Entschlüssen verlangender Stelle. Hinter Kennedys Methoden wird der Wille zur Dynamik spürbar; Eisenhower, wiewohl seine eigentliche Natur nicht so simpel und faltenlos sein mag, wie es nach dem konfektionierten Vaterbild schien, war mehr dem Bereich der Statik zuzuzählen. Seine Art des Optimismus zog ihre Kräfte aus natürlicher Neigung zur Selbstzufriedenheit. Kennedy geht, wie auch seine Antrittsrede — ein sorgfältig vorbereiteter, zusammen mit seinem Gehilfen Ted Sorensen und mit dem Harvard-Professor Arthur Schlesinger auf Hochglanz polierter Appell an die Vertrauenskraft der Nation — wiederum erweist, ganz anders vor.

Die Antrittsrede preist nicht, wie herrlich weit Amerika es gebracht habe und was alles es sich leisten könne; sie fordert vielmehr — die Gefahren und die Ziele der Zukunft ohne Scheu bezeichnend — zu neuen Taten, Anstrengungen, Opfern auf; sie verspricht Kraft und Führung. Es ist die andere Methode, den modernen, pluralistischen Industriegesellschaften zum ersehnten inneren Zusammenhalt, zur notwendigen Integration zu verhelfen — der von Politikern des Mittelmaßes meist gescheute, keinesfalls aussichtslose, ja in Wahrheit voranbringende, freilich eine Art Holzfällerkraft und jedenfalls ein hohes Maß von Zivilcourage erfordernde Weg: kein leichtes Leben und billigen Genuß zu versprechen, sondern im Gegenteil Mühen zu fordern und die Furcht vor der Zukunft durch Tatkraft zu bannen.

So hat Kennedy die Präsidentschaft gewonnen, mit einer sehr knappen Mehrheit, die ihm letzten Endes die am schlechtesten dastehenden Minderheiten in den Massenquartieren der Großstädte New York und Chikago zugetragen haben. Und so tritt er in seine Regierungszeit ein; gestützt auf eine Regierung, in der er mit Harvard-Professoren und Wallstreet-Bankiers die Kräfte des Ideellen mit dem Wirklichkeitssinn erfolgreicher Praktiker zu vereinen gesucht hat. Diese Regierungsbildung, in zehn Wochen unentwegter Flugreisen zwischen Boston, New York, Washington und Palm Beach vollbracht, ist das Meisterstück eines aus irischem Clangeist erwachsenen politischen Naturtalents.

Die Zusammensetzung der Regierung deutet nicht darauf hin, daß Kennedy eine Umwälzung im Sinne habe, wohl aber darauf, daß er das große politische und soziale Experiment, das die noch fortwährende Wandlung und Ausformung der amerikanischen Nation darstellt, fortzusetzen gedenkt. Aus diesem dynamischen Prozeß hofft er frische Kräfte für die Meisterung auch der äußeren, weltpolitischen Gefahren zu gewinnen. Der selbstbewußte, vom Anfangserfolg nicht aus dem Gleichgewicht gebrachte Mann macht nicht den Eindruck, als ob er nach Vorschußlorbeeren süchtig sei. Was er aber braucht und was er wünschen muß, das ist Vertrauen, auch von den verbündeten Regierungen und Ländern.

Hier in Deutschland wird man es an Vertrauen nicht fehlen lassen — und keineswegs nur etwa deshalb nicht, weil bei der feierlichen Amtseinführung zum ersten Male in der amerikanischen Geschichte ein Kardinal der römischen Kirche die Invokation gesprochen hat: der dem Kennedy-Clan befreundete Bostoner Erzbischof Cushing. Auf das Vertrauen der Bundesregierung hat der neue Präsident vielmehr deshalb einen wohlbegründeten Anspruch, weil die recht verstandenen Interessen der beiden Länder sie aufeinander und auf enge, gute Zusammenarbeit zwingend verweisen. Das amerikanisch-deutsche Verhältnis darf nicht vom Parteien- und Personenwechsel abhängig gemacht werden. Wir in der Bundesrepublik haben Amerika seit der Stuttgarter Rede des damaligen Außenministers Byrnes zu viel zu verdanken, als daß wir uns hinter kleinlichen Bedenken verstecken dürften und Aengste vor dem neuen, kräftigen Antrieb zu hegen brauchten. Dabei sollte der Standpunkt nicht sein: Die Erfahrung besage, daß nichts so heiß gegessen wie gekocht werde, zumal in der Politik nicht.

Unser Vertrauen sollte uns vielmehr auf eine auf das Positive gerichtete Zusammenarbeit mit der neuen Regierung in Washington verweisen — was unter guten Verbündeten, auf deren eigene Ideen und Beiträge Kennedy offenbar Wert legt, durchaus nicht besagen kann, die Bundesregierung habe ihren politischen Kurs aus Gefälligkeit zu ändern. Die amerikanische Regierung kann im westlichen Bündnissystem keine des eigenen Willens entkleideten Satelliten wünschen. Die feste Grundlage der amerikanisch-deutschen Beziehungen wird auch in dem angebrochenen neuen Zeitalter die Gemeinsamkeit der wohl verstandenen Interessen sein und bleiben.

Berliner Gegenvorschlag zu Schröders Reisegesetz

Der Innenminister begründet die Regierungsvorlage im Bundestag / Friedensburg: Nicht praktikabel

Bericht unserer Bonner Redaktion

bi. BONN, 20. Januar. Der Bundestag hat am Freitag in erster Lesung über den von der Regierung vorgelegten Gesetzentwurf über die Ein- und Ausreise debattiert. Bundesinnenminister Schröder begründete den Entwurf und betonte, er lasse den normalen Reiseverkehr völlig frei. Nur politische Sendboten des SED-Regimes sollten verfolgt werden. Schröder erklärte sich jedoch bereit, über weitere Vorschläge „unvoreingenommen zu diskutieren". Allerdings dürfe man das vorgesehene Abwehrmittel nicht bis zur Wirkungslosigkeit „verdünnen". Die Sozialdemokraten lehnten den Entwurf insgesamt ab, sprachen sich aber dafür aus, nach geeigneten Maßnahmen gegen die kommunistische Infiltration zu suchen. Dafür gaben sie bereits erste Anregungen. Scharfe Kritik an dem Entwurf äußerte außer den Sozialdemokraten und den Freien Demokraten auf der Berliner CDU-Abgeordnete Benda, der einen Gegenvorschlag der Berliner CDU-Abgeordneten begründete. Nach der mehrstündigen Debatte wurde die Regierungsvorlage an den Innenausschuß und an den Gesamtdeutschen Ausschuß überwiesen.

Der Vorschlag der Sozialdemokraten, den der Abgeordnete Schäfer vortrug und der erst in groben Umrissen vorhanden ist, geht dahin, jedem Reisenden, der schon einmal gegen die politischen Strafgesetze oder eine neu zu fassende Vorschrift verstoßen hat, ein nächstes Mal die Ein- und Ausreise zu verbieten. Der schon in seinen Einzelheiten formulierte Gegenentwurf der Berliner CDU-Abgeordneten wendet sich gegen jede generelle Reisekontrolle und Auskunftspflicht. Er will vor allem den normalen Berlinverkehr unberührt lassen.

Die Aussprache zog sich zunächst etwas schleppend hin. Erst nach einigen Stunden erhöhte sich die Spannung, vor allem, als der Berliner CDU-Abgeordnete Benda den Bundesinnenminister mit einer Vehemenz angriff, die kaum hinter der Kritik der Sozialdemokraten zurückstand. Eingangs erklärte Minister Schröder, das Ergebnis der bisherigen Diskussion lasse erkennen, daß allgemein Verständnis darüber bestehe, in Zukunft das Agentenunwesen entschlossener als bisher zu bekämpfen. Das sei der „wertvolle Ausgangspunkt für kommende Beratungen und Beschlüsse".

Bei dem Gesetz, so fuhr Schröder fort, seien drei Schwierigkeiten zu überwinden: zunächst psychologische Hindernisse; gleichzeitig müsse man dem gesamtdeutschen Interesse politisch gerecht werden und schließlich einen Weg für die Lösung aufzeigen. Im liberalen Rechtsstaat stoße jede Bestimmung, die Freiheit und Freizügigkeit einenge, zunächst auf instinktive Abwehr. Doch man müsse sich darüber im klaren sein, daß die SED-Machthaber für Toleranz und Liberalität lediglich Verachtung, Hohn und Zynismus zeigen.

Was die gesamtdeutschen Bedenken betreffe, so könne man nicht übersehen, daß die Bevölkerung der Sowjetzone eine sichtbare Abwehr der kommunistischen Infiltration unbedingt begrüße. Pankow selbst habe den Ein- und Ausreiseverkehr aus der Zone bisher rigoros und ausschließlich nach seinen eigenen Interessen geregelt und bedürfe keineswegs eines wie immer gearteten Vorwandes, mit seiner Praxis fortzufahren. (Fortsetzung Seite 4.)

Strauß berichtet Adenauer

BONN, 20. Januar (AP). Bundesverteidigungsminister Strauß hat dem Bundeskanzler am Freitag über seine viertägige Reise nach den Vereinigten Staaten berichtet. Strauß hatte in New York zwei Vorträge gehalten und war mit verschiedenen Persönlichkeiten der neuen amerikanischen Regierung, darunter mit dem früheren amerikanischen Hohen Kommissar in Deutschland und jetzigen Abrüstungsbeauftragten der Regierung Präsident Kennedys, McCloy, zusammengetroffen.

Das Verhältnis zu Polen

Eigener Bericht

std. BONN, 20. Januar. Vom Auswärtigen Amt ist am Freitag in Bonn noch einmal bestätigt worden, daß keine konkrete Absicht bestehe, diplomatische Beziehungen zu Polen aufzunehmen oder Handelsmissionen auszutauschen. An den bisherigen Gründen für die Zurückhaltung in dieser Frage habe sich nichts geändert. Ein Sprecher des Auswärtigen Amtes erklärte, daß die Bundesregierung sich mit dem Problem der Beziehungen zu Polen ständig beschäftige. Man sei dabei, alle Aspekte der Ostbeziehungen zu überprüfen. Es bestehe eine generelle Aufgeschlossenheit, sich der Frage der amtlichen Beziehungen zu Polen zu widmen.

Ajub Khan in Hamburg

Eigener Bericht

k. w. HAMBURG, 20. Januar. Der pakistanische Staatspräsident Feldmarschall Mohammed Ajub Khan ist am Freitagmorgen zu einem eintägigen Staatsbesuch in Hamburg eingetroffen. Er wurde auf dem Hauptbahnhof von Bürgermeister Dr. Nevermann, Bürgerschaftspräsident Dau und Bürgermeister Engelhard begrüßt. Nach einem ersten Besuch beim Senat im Rathaus, wo sich der hohe Gast in das Goldene Buch der Hansestadt eintrug, unternahm Ajub Khan eine Stadtrundfahrt, die mit einer Besichtigung des neu erstehenden Universitätsviertels endete.

Anschließend fanden Besprechungen in der Hamburger Handelskammer statt. Ajub Khan wies auch auf die Notwendigkeit des pakistanischen Exports hin. Als Sprecher der hanseatischen Kaufleute sagte der Vizepräses der Handelskammer, Kruse, die deutschen Importeure würden den deutschen Markt für pakistanische Produkte offenhalten, da man in Hamburg den Standpunkt vertrete, daß Entwicklungshilfe auch durch Intensivierung des Handels geleistet werden könnte.

Preissteigerungen befürchtet

Eigener Bericht

std. BONN, 20. Januar. Auf die gefährlichen lohnpolitischen Aussichten hat die Bundesvereinigung der Deutschen Arbeitgeberverbände hingewiesen. Präsidium und Vorstand haben auf einer Sitzung die gegenwärtige sozialpolitische Lage, besonders die akuten lohn- und tarifpolitischen Fragen ausführlich besprochen. Die Verhandlung ging davon aus, daß 1961 fast alle Lohntarife kündbar sind. Nach den bisherigen Aeußerungen der Gewerkschaften bestünde kein Zweifel, daß diese Möglichkeit auch eintreten werde. Es sei damit zu rechnen, daß Forderungen gestellt werden, die noch über die Wünsche von 1960 hinausgingen. Nach dem übereinstimmenden Urteil der Teilnehmer würde die Erfüllung dieser Forderungen unvermeidlich zu Preiserhöhungen führen. Besonders die Vertreter des Einzelhandels meldeten starke Bedenken an. Auch im Bereich der Industrie sind ausreichende Möglichkeiten zum Auffangen von derartigen Kostensteigerungen nicht mehr vorhanden. Der Vorstand der Bundesvereinigung macht deshalb mit allem Ernst und Nachdruck die Oeffentlichkeit auf diese Entwicklung aufmerksam und richtet die dringende Mahnung an die Tarifpartner, sich bei ihren Forderungen und Bewilligungen der Verantwortung gegenüber der Allgemeinheit bewußt zu sein.

Kontrollstempel fallen weg

BERLIN, 20. Januar (dpa). Für bestimmte Warengruppen, die von der West-Berliner Wirtschaft in die Bundesrepublik geliefert werden, fallen von sofort an die bisher benötigten Kontrollstempel aus Karlshorst weg. Dies gab die West-Berliner Senatsverwaltung für Wirtschaft und Kredit am Freitag bekannt. Diese Warengruppen, die gewisse Elektroerzeugnisse, Nahrungsmittel, Textilien und anderes umfassen, gehörten zu den sogenannten Vorbehaltsgütern, die auf einer Liste des Alliierten Kontrollrates aus dem Jahre 1946 verzeichnet waren. Nach den neuen Vereinbarungen im Interzonenhandel vom Dezember 1960 werden die Warenbegleitscheine jetzt nur noch von der Senatsverwaltung für Wirtschaft und Kredit abgestempelt.

Nicht mehr so kalt

F.A.Z. FRANKFURT, 20. Januar. Eine Milderung des Frostes haben die Meteorologen für das Wochenende vorausgesagt. Dabei ist mit Schneefällen zu rechnen. (Siehe auch „Deutschland und die Welt".)

Januar 1961

Der Erste Sekretär der SED-Bezirksleitung Leipzig, Paul Fröhlich, deutet an, daß die SED nicht mehr daran glaubt, im Jahr 1961 die angekündigte ökonomische »Hauptaufgabe« erfüllen zu können, das heißt, den Lebensstandard der Bundesrepublik zu erreichen und zu überbieten. → S. 22

In einem der größten Viehdiebstahlsprozesse der Bundesrepublik verurteilt die Große Strafkammer II des Bremer Landgerichts einen 39 Jahre alten Kaufmann zu sieben Jahren Zuchthaus und fünf Jahren Ehrverlust. Der Kaufmann wird für schuldig befunden, 123 Stück Großvieh gestohlen und für rund 70 000 DM an seinen Komplizen, einen 59jährigen Viehagenten, verkauft zu haben. Der Viehagent wird wegen Hehlerei zu dreieinhalb Jahren Gefängnis verurteilt.

In Rom beginnt mit Modenschauen im Museo delle Belle Arti die Vorbereitung auf den Modesommer 1961.

18. Januar, Mittwoch

Die Tagung des Zentralkomitees der KPdSU wird in Moskau nach einwöchiger Dauer beendet. Vorrangiges Thema der Tagung waren die Mängel in der sowjetischen Landwirtschaft. → S. 20

Bei Temperaturen von mehreren Grad unter Null herrscht im Bundesgebiet strahlender Sonnenschein.

19. Januar, Donnerstag

Der Eisenbahnverkehr in Belgien wird wieder in normalem Umfang aufgenommen. Der Streik beschränkt sich zur Zeit noch auf die wallonischen Industriezentren Lüttich, Charleroi und La Louvière. Nur noch 150 000 der zwei Millionen belgischen Arbeiter befinden sich im Ausstand (→ 23. 1./S. 19).

Der 56jährige Erzbischof von York, Arthur Michael Ramsey, wird von der britischen Königin Elisabeth II. zum neuen Erzbischof von Canterbury und geistlichen Oberhaupt der anglikanischen Kirche ernannt. → S. 16

20. Januar, Freitag

Der am 8. November 1960 zum 35. US-amerikanischen Präsidenten gewählte John F. Kennedy tritt sein Amt an. → S. 16

Zum sechsten Mal wird in Oberstdorf Manfred Schnelldorfer vom ERC München Deutscher Meister im Eiskunstlauf.

21. Januar, Sonnabend

Königin Elisabeth II. von Großbritannien und Prinz Philip treffen in Neu-Delhi, der ersten Station ihres Indien-Staatsbesuchs, ein. → S. 19

Der ehemalige jugoslawische Vizepräsident Milovan Djilas, der 1957 zu neun Jahren Gefängnis verurteilt worden war, wird freigelassen. Der Rest der Strafverbüßung wird ihm unter der Bedingung erlassen, daß er sich in Zukunft nicht mehr politisch betätigt. Djilas war u. a. wegen seiner Kritik am Tito-Regime in seinem Buch »Die neue Klasse« (1957) verurteilt worden. → S. 20

Ein allgemeines Verbot des Religionsunterrichts in Räumen der staatlichen Schulen beschließt das Zentralkomitee der polnischen KP auf einer Plenarsitzung in Warschau.

22. Januar, Sonntag

In der Nacht zum Montag wird der portugiesische Luxusdampfer »Santa Maria« von Gegnern des Regimes António de Oliveira Salazar gekapert. Henrique Galvão, der Anführer der Gruppe, hatte nachts gegen ein Uhr die Brücke des 20 906 BRT großen Schiffes, das sich zur Zeit vor der venezolanischen Küste befindet, gestürmt (→ 3. 2./S. 35).

Mit einer 67 Tage langen Unterwasserfahrt stellt das 5400 BRT große US-amerikanische Atom-U-Boot »George Washington« einen neuen Tauchrekord auf seiner ersten Reise auf. → S. 26

Bei den Deutschen Meisterschaften im Eiskunstlauf in Oberstdorf erringen Margret Göbl (Bad Nauheim) und Franz Ningel (Frankfurt am Main) den Meistertitel im Paarlauf vor Marika Kilius (Frankfurt am Main) und Hans-Jürgen Bäumler (SC Rießersee). Karin Gude aus Düsseldorf wird Deutsche Meisterin.

Eine Kältewelle mit Minustemperaturen bis 35 Grad forderte in den USA bisher über 70 Tote.

23. Januar, Montag

Der Ministerpräsident von Tanganjika (Tansania), Julius K. Nyerere, trifft zu einem Staatsbesuch in der Bundesrepublik ein (bis 27. Januar).

Die Bundesluftwaffe wird 604 Flugzeuge aus dem europäischen Nachbau des US-amerikanischen Überschall-Düsenflugzeugs Lockheed Starfighter F-104-G erhalten. Das Bundesverteidigungsministerium hat außerdem 96 Maschinen dieses Typs und 30 Schulflugzeuge in den USA gekauft. → S. 22

Die belgischen Arbeiter sind nach vierwöchigem Streik wieder in den Betrieben. Der Koordinationsausschuß des wallonischen Flügels des sozialistisch orientierten Gewerkschaftsbundes hatte sich am Wochenende für eine Aussetzung des Streiks ausgesprochen. → S. 19

Ein schwerer Bestechungsskandal an einer Steyrer Schule hat in der österreichischen Stadt große Unruhe ausgelöst. → S. 27

24. Januar, Dienstag

In Schottland gibt es eine Überproduktion von Whisky. Die Bestände haben 1,2 Milliarden Liter erreicht. Schottische Brenner hoffen, neue Märkte in Südamerika und in den Ländern des Ostblocks erschließen zu können.

Der Interzonenschiffsverkehr wird auf dem Mittellandkanal von und nach Berlin (West) eingestellt, weil der Kanal im Bereich von Magdeburg und Brandenburg stark vereist ist.

An den Volksschulen in Nordrhein-Westfalen unterrichten zur Zeit noch etwa 1100 Lehrer, die schon pensioniert sind. Zur Beseitigung des Lehrermangels werden außerdem Lehrkräfte von Realschulen sowie von Landwirtschafts- und Gartenbauschulen zum Elementarunterricht herangezogen.

In Baden-Baden findet die deutsche Erstaufführung des Musicals »Irma la douce« mit dem Text von Alexandre Breffort und der Musik von Maguerite Monnet statt.

25. Januar, Mittwoch

Gegen eine kommunistische Untergrundorganisation in mehreren Ländern des Bundesgebiets, vor allem in Hessen und in Hamburg, geht der Verfassungsschutz erfolgreich vor. Allein in Hamburg werden 20 Personen verhaftet.

Ein Umsturz in El Salvador führt zum Regierungswechsel. Neuer Regierungschef wird Anibal Portillo, der Miguel Angel Castillo ablöst. → S. 19

26. Januar, Donnerstag

Zwei im Vorjahr über der Barentssee abgeschossene und aus sowjetischer Haft entlassene US-Bomberpiloten treffen wieder in den USA ein.

Bei den Eiskunstlauf-Europameisterschaften in Berlin gewinnen Marika Kilius und Hans-Jürgen Bäumler vor Margret Göbl und Franz Ningel (alle Bundesrepublik). Dritte werden Margrit Senf und Peter Göbel (DDR). → S. 29

Gewinner der diesjährigen Rallye Monte Carlo sind die Franzosen Maurice Martin und Robert Bateau auf Panhard vor den Deutschen Hans-Joachim Walter und Walter Löffler, ebenfalls Panhard.

Das Modehaus Dior in Paris zeigt seine neuesten Modelle für Frühjahr und Sommer.

27. Januar, Freitag

In Berlin wird die Grüne Woche, die wichtigste landwirtschaftliche Ausstellung dieser Art auf deutschem Boden, eröffnet.

In der Villa Communale, der früheren Königsvilla von Mailand, beginnen die österreichisch-italienischen Verhandlungen über Südtirol, die am Sonntag scheitern (→ 1. 2./S. 37).

Bei den Eiskunstlauf-Europameisterschaften in Berlin wird der Franzose Alain Giletti zum zweiten Mal Europameister vor seinem Landsmann Alain Calmat und dem Deutschen Manfred Schnelldorfer.

28. Januar, Sonnabend

Mehr als 8000 Menschen sind seit Beginn des Jahres in Großbritannien an Grippe, Bronchitis und Lungenentzündung gestorben. Die Zahl liegt erheblich höher als die Vergleichszahl des Vorjahres.

In der gesamten Bundesrepublik herrscht Tauwetter.

29. Januar, Sonntag

Auf das Reiterdenkmal des »Italienischen Genius« in Waidbruck bei Bozen in Südtirol wird ein Sprengstoffattentat verübt (→ 1. 2./S. 37).

Der US-amerikanische Spielfilm »Alamo« mit John Wayne, der 1960 mit dem Oscar für den besten Ton ausgezeichnet wurde, wird in der Bundesrepublik zum ersten Mal aufgeführt. → S. 29

Bei den Eiskunstlauf-Europameisterschaften in Berlin gewinnt bei den Damen die Niederländerin Sjoukje Dijkstra. Karin Gude aus der Bundesrepublik erreicht Platz zwölf. Im Eistanz siegt das britische Paar Doreen Denny und Courtney Jones.

30. Januar, Montag

Der neue US-Präsident John F. Kennedy legt in seiner ersten Botschaft zur Lage der Nation seinen politischen Kurs fest. → S. 17

31. Januar, Dienstag

Der ehemalige Gouverneur des brasilianischen Bundesstaates São Paulo, Jânio da Silva Quadros, tritt die Nachfolge des brasilianischen Präsidenten Juscelino Kubitschek an, der seit 1956 die Geschicke Brasiliens bestimmt hat (→ 25. 8./S. 152).

Der belgische sozialistische Politiker Paul Henri Spaak tritt von seinem Posten als Generalsekretär der NATO zurück. Er will Anfang März aus dem Amt ausscheiden. Sein Nachfolger wird Dirk Uipko Stikker (→ 21. 4./S. 79).

Der israelische Ministerpräsident David Ben Gurion legt seine Ämter als Regierungschef und Verteidigungsminister nieder. Anlaß für den Rücktritt Ben Gurions sind die Unstimmigkeiten innerhalb der regierenden Mapei-Partei über den Generalsekretär der israelischen Gewerkschaften, Pinhas Lavon (→ 9. 2./S. 36).

In Großbritannien sind Antibabypillen gegen Rezept erhältlich. → S. 24

Gestorben:

4. Wien: Erwin Schrödinger (*12. 8. 1887, Wien), österreichischer Physiker.

9. Immenstadt/Allgäu: Richard Hamann (*29. 5. 1879, Seehausen), deutscher Kunsthistoriker.

13. New York: Henry Morton Robinson (*7. 9. 1898, Boston), US-amerikanischer Schriftsteller.

17. (?) Shaba: Patrice Lumumba (*2. 7. 1925, Katako-Kombe), kongolesischer Politiker (→ 13. 2./S. 34).

Das Hamburger Nachrichtenmagazin »Der Spiegel« vom 11. Januar 1961 mit einer Titelgeschichte über Alfons Müller-Wipperfürth

Die französische Illustrierte »Match« mit einer Story über den Filmstar Brigitte Bardot und das Go-Kart-Fahren

Lübke wünscht mehr Opfermut

„Die Sorge um das Schicksal der Welt dürfen wir nicht den anderen überlassen"

Bonn (dpa)

Mit einer eindringlichen Mahnung, nicht in politischer Gleichgültigkeit zu verharren und nicht den anderen Völkern die Sorgen um das Schicksal der Welt zu überlassen, wandte sich Bundespräsident Lübke in seiner Rundfunkansprache am Silvesterabend an das deutsche Volk.

Es sei eine Täuschung, wenn die Deutschen sich einreden wollten, daß die gegenwärtige Ruhe die Gewähr der Dauer in sich trage, führte Lübke aus. Das deutsche Volk müsse sich darüber klar sein, daß es bei den derzeitigen Spannungen wesentlich um seine Lebensinteressen und um seine Sicherung gehe. Es dürfe sich deshalb finanzielle Lasten nicht entziehen, besonders deshalb, weil das aus der Zeit des Hitler-Regimes stammende Mißtrauen auch heute noch nur von einer dünnen Schicht des Vertrauens überdeckt sei, die noch keinen festen Grund für eine stabile gemeinschaftliche Politik abgeben könne.

Auch die innenpolitische Situation sei nicht so fest und ausgeglichen, wie es bei oberflächlicher Betrachtung scheine. Noch trage das deutsche Volk an der Hinterlassenschaft einer Vergangenheit, die oft den antidemokratischen Kräften Vorschub geleistet habe. „Deshalb müssen wir unsere Demokratie mit einem Höchstmaß an Sorglichkeit und Behutsamkeit behandeln, wenn sie den Gefahren, die uns die Zukunft bringen mag, standhalten soll", sagte der Bundespräsident. Noch seien sich die Bürger in ihrer Mehrheit nicht bewußt, welche Verantwortung und welche Möglichkeiten sie für die Gestaltung der Geschicke des Volkes hätten.

Hinter den „lichtüberfluteten Fassaden unseres Wohlstandes" warte noch viel harte Not auf Linderung. Auch die Schattenseiten der Konjunktur müßten aufmerksam betrachtet werden. Die Tugend des Maßhaltens sei in der Bundesrepublik selten geworden. Es wäre wahrscheinlich besser für das Volk gewesen, wenn die Entwicklung einen ruhigeren und organischeren Verlauf genommen hätte.

Für den Bundestagswahlkampf forderte Lübke Sachlichkeit in der Auseinandersetzung, Bereitschaft, auch den anderen zu hören, und keine „Verketzerung" des Gegners. Als ein Armutszeugnis für alle bezeichnete es der Bundespräsident, daß an nationalen Gedenktagen fast nur die öffentlichen Gebäude, aber kaum Privathäuser die schwarzrotgoldene Flagge zeigten. Zwar seien Übermaß und Mißbrauch politischer Symbolik die Ursache der weitverbreiteten Scheu, die Flagge zu zeigen und das Deutschlandlied zu singen, und niemand sehne sich nach überladenem vaterländischem Kitsch zurück; aber die äußeren Zeichen der inneren Verbundenheit der Angehörigen des Volkes untereinander und mit dem Staat entsprächen doch dem allgemeinen Bedürfnis des Menschen, seinen Empfindungen sichtbaren Ausdruck zu verleihen, und seien berechtigt.

Was die Menschen über die Erfüllung ihrer gesetzlichen Pflichten hinaus aus freien Stücken zum allgemeinen Wohl beitrügen, das mache die Substanz aus, über die eine Nation verfüge, schloß Lübke. So erfreulich die Hilfsbereitschaft des Volkes bei akuten Notständen sei, sie reiche dort nicht aus, wo man vorbeugen müsse und Menschen helfen könne, ein menschenwürdigeres Leben zu führen. Das deutsche Volk habe an der Schwelle des neuen Jahres keinen Grund, selbstzufrieden die Hände in den Schoß zu legen. Es habe andererseits keinen Anlaß, überängstlich oder resigniert in die Zukunft zu blicken. Es habe sich gezeigt, daß das Volk noch viel Kraft und Opfermut besitze, um viele Gefahren abwenden zu können. Dieser Befund sollte alle zuversichtlich stimmen und bereit machen, im kommenden Jahr ihre Verantwortung sehr ernst zu nehmen.

»Die Welt« und »Revue« mit ihren Nummern zum Jahreswechsel, in der »Süddeutschen Zeitung« (Mitte) die Silvesteransprache von Lübke

Zuversichtlich in das Jahr 1961

1. Januar. Die Neujahrsansprachen der Politiker des In- und Auslands sind trotz der ungelösten Deutschland-Frage, der Konflikte in Südostasien und Afrika sowie der wirtschaftlichen Probleme in den Vereinigten Staaten und der Sowjetunion von Optimismus geprägt.

Im Mittelpunkt der Reden deutscher Politiker steht die Wiedervereinigung des geteilten Deutschland. Bundespräsident Heinrich Lübke mahnt in seiner Neujahrsansprache, die instabile politische Lage der Bundesrepublik nicht zu vergessen. Angesichts der Bundestagswahlen, die am → 17. September 1961 (S. 160) stattfinden, fordert Lübke die Parteien zu einem gemeinsamen Vorgehen in der Deutschlandpolitik auf.

Auch der Regierende Bürgermeister von Berlin (West), Willy Brandt (SPD), verlangt die Einigkeit aller deutschen Politiker in der Berlin- und Deutschland-Frage..

Der Staatssekretär des Auswärtigen Amtes, Hilger Albert van Scherpenberg, zieht eine Bilanz der deutschen Außenpolitik: »Wir haben nicht erreicht, was uns am meisten am Herzen liegt, die Wiedervereinigung. Aber wir können mit gutem Gewissen sagen, wir haben die Stellung gehalten.« Als positive Punkte seiner Bilanz sieht Scherpenberg, daß es noch nicht zum Abschluß eines Friedensvertrags zwischen der DDR und der Sowjetunion gekommen ist, und daß 1960 kein Staat die Regierung der DDR anerkannt hat. Dagegen haben 16 afrikanische Staaten Beziehungen zur Bundesregierung aufgenommen..

Der Deutsche Gewerkschaftsbund (DGB) in Düsseldorf betrachtet die Unterstützung der Entwicklungsländer als eine seiner Hauptaufgaben für das kommende Jahr. Außerdem wollen die Gewerkschaften weiter für die Wiedervereinigung und die Verbesserung der Lage der Arbeitnehmer arbeiten.

Der Präsident der Bundesvereinigung der Deutschen Arbeitgeberverbände, Hans-Constantin Paulssen, mahnt dagegen zu einer maßvollen Lohnpolitik.

Der Ratsvorsitzende der Evangelischen Kirche in Deutschland, Bischof Otto Dibelius, stellt in seiner Neujahrsansprache in der Marienkirche in Berlin (Ost) die Losung des Jahres 1961 vor: »Herr, lehre uns beten.« Das deutsche Volk solle wieder zu Gott finden.

An die Aufgaben, die den katholischen Christen in der DDR angesichts einer atheistischen Umwelt gestellt seien, erinnert Julius Kardinal Döpfner während seiner Pontifikalmesse in der Corpus-Christi-Kirche in Berlin (Ost).

Botschaften für den Weltfrieden

Die Staatsmänner in allen Ländern der Welt drücken in ihren Neujahrsreden den Wunsch nach Frieden aus.

Der französische Außenminister Maurice Couve de Murville hofft für 1961 auf eine Festigung der Europäischen Wirtschaftsgemeinschaft: »Das endgültige Ziel ist die Neuordnung ganz Europas.«

In London wird vor allem auf die Aufgabe Großbritanniens hingewiesen, die ehemaligen Kolonien in die Unabhängigkeit zu führen.

Die US-amerikanische Regierung in Washington betont ihren Einsatz für Frieden und Freiheit in der ganzen Welt und bekräftigt die Garantien für Berlin.

Der sowjetische Regierungschef Nikita Chruschtschow bezeichnet die Hebung des Wohlstands in der Sowjetunion als eine Hauptaufgabe. Außenpolitisch strebe die Sowjetunion eine Verbesserung der Beziehungen zu den Westmächten durch Abrüstung und die Lösung der Deutschland-Frage durch den Abschluß eines Friedensvertrages an. Außerdem kämpfe die Sowjetunion für die Beendigung des Kolonialismus.

Was Deutsche 1961 erwarten

Als dringendste Aufgabe der Bundesregierung für das Jahr 1961 wird von der Bevölkerung der Bundesrepublik die Wiedervereinigung des geteilten Deutschland bezeichnet. Bei einer Befragung des EMNID-Instituts für Meinungsforschung im Dezember 1960 setzten 24% der Befragten dieses Ziel an die erste Stelle.

Nach der Wiedervereinigung wurde mit 18% die Erhaltung des Friedens am zweithäufigsten genannt. 10% hielten eine grundsätzliche Regelung im Lohn-Preis-Bereich für wesentlich. Für eine Rentenerhöhung und Sozialreformen sprachen sich rund 8% aus. Sie wünschten den vermehrten Bau von Krankenhäusern und Schulen sowie die Einführung der 40-Stunden-Woche. 6% forderten umfassende Maßnahmen im Wohnungsbau, vor allem preisgünstigere Neubauten. Die gleiche Anzahl von Befragten sprach sich für die Erhaltung der bestehenden guten wirtschaftlichen Situation in der Bundesrepublik aus. 4% der Befragten hofften auf einen fairen und sachlichen Wahlkampf vor den Bundestagswahlen vom 17. September dieses Jahres.

Konflikt Kuba – USA verschärft

3. Januar. Mit dem Abbruch der diplomatischen Beziehungen durch die US-Regierung in Washington hat sich der Gegensatz zwischen der revolutionären Regierung des kubanischen Ministerpräsidenten Fidel Castro und den Vereinigten Staaten weiter zugespitzt.

Vorwürfe Castros, die USA träfen Vorbereitungen zu einer Invasion der Karibikinsel (→ 20. 4./S. 72), und die Aufforderung, das Personal der US-Botschaft in der kubanischen Hauptstadt Havanna zu reduzieren, bilden den Anlaß für den Abbruch der Beziehungen.

Bereits am 1. Januar hatte Castro eine Sitzung des Weltsicherheitsrates in New York über die Probleme Kubas verlangt. Kuba liegen Beweise für die Vorbereitung einer Invasion vor, die mit der Unterstützung des US-amerikanischen Geheimdienstes CIA durchgeführt werden soll. Der Angriff soll mit der Begründung stattfinden, daß angeblich die UdSSR auf Kuba Raketenabschußrampen errichtet habe. Während Kuba von der Sowjetunion unterstützt wird, weisen die Vereinigten Staaten die Vorwürfe als unbegründet und »Quatsch« zurück. Mit der Aufforderung, das Personal der US-Botschaft von 40 auf elf Mitarbeiter zu reduzieren, seien die Grenzen der Diplomatie erreicht und der Abbruch der Beziehungen unausweichlich.

Angesichts der schwierigen Lage versetzt der kubanische Ministerpräsident die Armee in Alarmbereitschaft. Am 7. Januar wird eine Ausreisesperre verhängt, von der nur US-Amerikaner und Touristen ausgenommen sind. Zahlreiche der rund 2000 bis 3500 US-Bürger, die in Kuba leben, werden mit Fährschiffen und Sonderflugzeugen in die Vereinigten Staaten gebracht. Die US-Regierung versetzt die Truppen im US-Marinestützpunkt Guantánamo im Südosten Kubas in Alarmbereitschaft. Die Regierung in Washington will den Militärstützpunkt aus strategischen Gründen behalten. (→ 21. 3./S. 52).

Fidel Castro, seit 1959 Ministerpräsident der Zuckerrohrinsel Kuba

Weibliche Milizangehörige in der Hauptstadt Havanna; Fidel Castro mobilisiert die Bevölkerung

Das Kapitol in Havanna wurde nach dem Vorbild des Regierungsgebäudes der USA errichtet

Die Beziehungen USA und Kuba

1897: Nach mehreren Aufständen gegen das Mutterland gesteht Spanien Kuba weitgehende Autonomie zu.

1898: Nach kriegerischen Auseinandersetzungen zwischen den USA und Spanien muß Spanien Kuba an die Vereinigten Staaten abtreten.

1902: Die USA räumen Kuba, das Republik wird. Die US-Amerikaner behalten sich allerdings ein Interventionsrecht vor, um ihre wirtschaftlichen Interessen zu schützen. Kubas wichtigster Wirtschaftszweig, die Zuckerindustrie, befindet sich zu 70% im Besitz von US-amerikanischen Unternehmen. Große Teile des anbaufähigen Bodens sind ebenfalls in US-Besitz.

1934: US-Präsident Franklin Delano Roosevelt verzichtet auf das Interventionsrecht und schließt einen Handelsvertrag mit Kuba.

1952: Mächtigster Mann in Kuba wird Fulgencio Batista y Zaldívar, der bereits von 1940 bis 1944 Präsident war. Batista, von den USA unterstützt, regiert diktatorisch.

1953: Eine Gruppe linksorientierter Studenten unter der Führung des Rechtsanwalts Fidel Castro versucht vergeblich den Aufstand gegen das Regime Batista. Castro geht ins Exil.

1956: Fidel Castro landet mit einer Gruppe von Revolutionären auf Kuba und beginnt einen Guerillakrieg.

1959: Castro besiegt die Batista-Truppen und wird kubanischer Ministerpräsident. Er führt eine Bodenreform und die Kollektivierung der Landwirtschaft durch. Außerdem leitet er eine umfangreiche Alphabetisierungskampagne ein. Die Enteignung des US-amerikanischen Besitzes und die Einführung des Sozialismus führen zu einer Verschlechterung der Beziehungen zu den USA.

1960: Die USA schränken ihre Zuckerimporte aus Kuba um 95% ein. Kuba ist dadurch auf die Hilfe der Sowjetunion angewiesen.

Die Politik Kennedys

20. Januar. John F. Kennedy, Mitglied der Demokratischen Partei, tritt sein Amt als 35. Präsident der Vereinigten Staaten an. Er ist mit 43 Jahren der bisher jüngste Präsident der USA und außerdem der erste Katholik in diesem Amt.

Mit dem Amtsantritt Kennedys ist für die Mehrheit der Amerikaner die Hoffnung auf eine energische, aktive Politik der Vereinigten Staaten verbunden. »Laßt uns dieses Land wieder in Bewegung bringen«, war der Wahlslogan des Präsidenten, der mit 50,1% der Stimmen am 8. November 1960 nur knapp über den republikanischen Politiker Richard Nixon siegte.

Um seinen neuen politischen Stil wirksam durchsetzen zu können, bildet Kennedy einen Planungsstab, zu dem Wissenschaftler und erfahrene Fachleute gehören. Kennedys Vizepräsident wird Lyndon B. Johnson, Außenminister Dean Rusk, Verteidigungsminister Robert McNamara, Botschafter bei den Vereinten Nationen wird Adlai Stevenson.

Das Schwergewicht seiner Arbeit legt Kennedy auf die Außenpolitik. Er hält an der Politik des kalten Krieges gegen die Sowjetunion fest. Der Kommunismus soll eingedämmt werden, was z. B. zu einem starren gegnerischen Auftreten gegenüber der Regierung des kubanischen Ministerpräsidenten Fidel Castro führt. Durch die Verstärkung der militärischen Schlagkraft und die Beseitigung der Rivalitäten der Bündnispartner der USA soll die Stärke gegenüber der Sowjetunion vergrößert werden. Die lateinamerikanischen Staaten will Kennedy durch eine verstärkte Entwicklungshilfe wirtschaftlich und politisch stabilisieren und in die westliche Politik einbeziehen (→ 17. 8./S. 151).

Umfassende Maßnahmen zur Sanierung der Landwirtschaft und Vorschläge zur Steigerung der Wettbewerbsfähigkeit sollen die Krise der US-amerikanischen Wirtschaft beseitigen und den Abbau der hohen Arbeitslosigkeit vorantreiben.

Im Bereich der Innenpolitik strebt der neue Präsident außerdem soziale Reformen an. Vor allem das Erziehungswesen bedarf nach Ansicht Kennedys einer Verbesserung. Fehlende Schulräume sollen gebaut werden, und die Ausstattung bestehender Schulen soll verbessert werden. Außerdem sollen die Mittel für die Kranken- und Altenfürsorge erhöht werden. Einen weiteren Hauptpunkt der Innenpolitik sieht Kennedy in der Besserstellung der Schwarzen in den USA.

John F. Kennedy (vorn, 2. v. r.) bei Vereidigung durch den obersten US-Bundes

Präsident Dwight D. Eisenhower nimmt seinen Abschied

17. Januar. Der scheidende US-Präsident Dwight D. Eisenhower hält seine Abschiedsrede:

»... Wir haben jetzt die Mitte eines Jahrhunderts um ein Jahrzehnt überschritten, das vier schwere Kriege zwischen großen Nationen erlebt hat. Dreimal war unser eigenes Land daran beteiligt. Trotz dieser Blutopfer sind die Vereinigten Staaten von Amerika heute das stärkste, einflußreichste und produktivste Land der Welt ... Bei allem begreiflichen Stolz auf diese Vorrangstellung ist uns gleichwohl bewußt, daß die Führungsrolle und das Ansehen Amerikas nicht nur von unserem materiellen Fortschritt, unserem Reichtum und unserer militärischen Macht abhängen, sondern auch davon, wie wir unsere Macht im Interesse des Weltfriedens und der Verbesserung des ... Lebens einsetzen ...

Dwight D. Eisenhower, 34. Präsident der Vereinigten Staaten

Unsere Regierungsstellen müssen vor jedem übermäßigen gewollten oder unbeabsichtigten Einfluß von seiten der Militärs und der Industrie auf der Hut sein. Die Voraussetzung für das Anwachsen falschverteilter Macht existiert ...

Eine Abrüstung in gegenseitiger Achtung und gegenseitigem Vertrauen ist eine ständige unabdingbare Forderung ... Da diese Notwendigkeit so dringend und offenbar ist, muß ich zugeben, daß ich meine offiziellen Pflichten auf diesem Gebiet mit einem ausgesprochenen Gefühl der Enttäuschung niederlege. Als einer, der die Schrecken und die nachhallende Traurigkeit eines Krieges erlebt hat ... wünschte ich heute abend sagen zu können, daß ein dauerhafter Friede in Sicht sei ...«

Ein Festtag für den Präsidenten

20. Januar. Mit Paraden, Bällen und Konzerten wird der Tag des Amtsantritts des neuen US-Präsidenten gefeiert.

Rund 60 000 Menschen finden auf den Tribünen vor dem Kapitol in Washington Platz, wo die feierliche Ableistung des Amtseides vollzogen wird. Neben John F. Kennedy stehen der scheidende Präsident Dwight D. Eisenhower und der ehemalige Präsident Harry S. Truman. Auf der Ehrentribüne sitzen Mitglieder der Familie Kennedy, Abordnungen des Parlaments, die hohen Richter des Verfassungsgerichts und das diplomatische Korps. Wie auch bei der Amtseinführung Eisenhowers vier Jahre zuvor, singt die farbige Sängerin Marian Anderson die Nationalhymne für den Präsidenten.

richter Earl Warren (vorn, 4. v. l.)

Familie Kennedy in der US-Politik

20. Januar. Der neue US-amerikanische Präsident John F. Kennedy stammt aus einer Familie, deren Mitglieder sich alle in der US-amerikanischen Politik betätigen.

Der Vater, der Bostoner Bankier Joseph Patrick Kennedy, war als US-Botschafter von 1937 bis 1940 in Großbritannien tätig. Ein jüngerer Bruder von John Fitzgerald Kennedy, Robert Francis, wird 1961 Justizminister. Auch der jüngste Bruder, Edward Moore, arbeitet politisch und wird 1962 Senator.

Eunice Kennedy, die Schwester, heiratet 1953 Robert Sargent Shriver, der 1961 die Leitung des Friedenskorps übernimmt, das John F. ins Leben ruft (→ 1. 3./S. 51).

Die Belange der Familie in der Öffentlichkeit vertritt Rose Kennedy, die Mutter.

Kennedy zur Lage in den USA

30. Januar. US-Präsident John F. Kennedy verliest vor dem Kongreß in Washington seine Botschaft über die Lage der Nation:

Wirtschaftslage: »... Der gegenwärtige Zustand unserer Wirtschaft ist beunruhigend. Wir übernehmen die Regierungsgeschäfte nach sieben Monaten der Rezession, nach dreieinhalb Jahren eines Nachlassens der Wirtschaftstätigkeit, nach sieben Jahren des verminderten wirtschaftlichen Wachstums und nach neun Jahren eines sinkenden Farmeinkommens ... Ich werde dem Kongreß innerhalb der nächsten 14 Tage Maßnahmen zur Verbesserung der Arbeitslosenunterstützung durch zeitweilige Erhöhungen des Betrages und der Zahlungsdauer auf selbsttragender Basis vorschlagen ...«

Zahlungsbilanz: »... Eine Reihe von Präsidialerlassen, Regierungsvorlagen an den Kongreß sowie gemeinsamen Anstrengungen zusammen mit unseren Verbündeten werden sofort in die Wege geleitet werden – Bemühungen, die alle darauf ausgerichtet sind, ausländisches Investitionskapital und Touristen in unser Land zu ziehen – die amerikanischen Exporte zu fördern, und zwar bei stabilen Preisen und mit liberalen Regierungsgarantien und Finanzhilfen – die Steuer- und Zollücken zu beseitigen, die unangemessene private Dollarausgaben im Ausland begünstigen – und (durch die OECD, NATO oder sonstwie) gemeinsam mit unseren Verbündeten alle Anstrengungen zu teilen, um die gemeinsame Verteidigung der freien Welt und die Hoffnungen für das Wachstum in den Entwicklungsländern zu gewährleisten ...«

Innenpolitik: »... Unsere Städte ersticken im Schmutz. Zwölf Jahre, nachdem der Kongreß verkündet hat, unser Ziel sei ›ein würdiges Zuhause und eine geeignete Umwelt für jede amerikanische Familie‹, wohnen noch immer 25 Millionen Amerikaner in unzureichenden Behausungen. Wir müssen noch in diesem Jahr ein neues Wohnungsbauprogramm unter einem neuen Wohnungsbau- und Städteplanungsministerium in Angriff nehmen.

Unsere Schulen haben zwei Millionen mehr Schüler, als sie eigentlich unterbringen können, und an ihnen unterrichten 90 000 nicht vollqualifizierte Lehrer.... Es mangelt uns an den Wissenschaftlern, Technikern und Lehrkräften, die unsere weltweiten Verpflichtungen erfordern.... Die medizinische Forschung hat neue Wunder bewerkstelligt, doch diese Wunder sind allzu oft außerhalb der Reichweite von allzu vielen Menschen, weil es ihnen an entsprechendem Einkommen fehlt (das gilt insbesondere für alte Menschen), weil es an Krankenhausbetten fehlt, weil es an Pflegeheimen und an Ärzten und Zahnärzten fehlt. Noch in diesem Jahr müssen Maßnahmen getroffen werden, um die Gesundheitsfürsorge für die Alten in die Sozialversicherung einzubeziehen und sowohl die erforderlichen Einrichtungen zu schaffen als auch das Personal zu vermehren ...

Daß einigen unserer amerikanischen Mitbürger aufgrund ihrer Rassenzugehörigkeit verfassungsmäßige Rechte – an der Wahlurne und auch anderswo – vorenthalten werden, belastet unser nationales Gewissen und bringt uns vor der Weltmeinung den Vorwurf ein, unsere Demokratie sei den großen Verheißungen unseres Erbes nicht ebenbürtig....«

Außenpolitik: »... Aber alle diese Probleme verblassen neben jenen, von denen die USA in aller Welt umgeben sind....

In Asien bedroht der vom kommunistischen China ausgehende unnachgiebige Druck die Sicherheit des gesamten Gebietes – von den Grenzen Indiens und Südvietnams bis zu den Dschungeln von Laos, das seine eben gewonnene Unabhängigkeit mit aller Kraft zu schützen sucht....

In Afrika ist der Kongo auf brutale Weise durch Bürgerkrieg, politische Unruhen und öffentliches Chaos völlig zerrissen....

In Lateinamerika haben kommunistische Agenten, die die friedliche Revolution der Hoffnung dieser Region auszunutzen suchten, nur 90 Meilen von unserer Küste entfernt in Kuba einen Stützpunkt errichtet....

In Europa sind unsere Bündnisse nicht voll verwirklicht und etwas in Unordnung geraten. Die Einigkeit der NATO ist durch wirtschaftliche Rivalität geschwächt und teilweise durch nationale Interessen unterhöhlt worden....

An erster Stelle müssen wir unsere militärischen Mittel verstärken. Wir gehen einer Periode der unbestimmten Risiken entgegen, in der die Streitmacht der freien Welt sowohl in Anbetracht der militärischen als auch der diplomatischen Möglichkeiten so gewaltig sein muß, daß jegliche Aggression von vornherein sinnlos erscheint....

Wir müssen – zweitens – unsere wirtschaftlichen Mittel verbessern. Uns kommt beim Aufbau einer gesunden und expandierenden Wirtschaft für die gesamte nichtkommunistische Welt eine entscheidende und unumgängliche Rolle zu, wobei wir den anderen Staaten dabei helfen müssen, die für die Bewältigung ihrer eigenen Probleme, die Befriedigung ihrer eigenen Wünsche und Hoffnungen und die Überwindung ihrer eigenen Gefahren notwendige Stärke zu erlangen. Die uns auf dem Weg zu diesem Ziel entgegenstehenden Probleme sind gewaltig und in ihrer Art einmalig – entsprechend muß unsere Reaktion gewaltig und in ihrer Art einmalig sein, so wie es das Pacht- und Leihgesetz und der Marshallplan seinerzeit waren ...«

Ausblick auf das Jahr: »... Das Leben im Jahre 1961 wird nicht einfach sein. Es wird auch dann nicht einfach, wenn man dies wünscht, vorhersagt oder gar fordert. Es wird weitere Rückschläge geben, ehe sich das Blatt wendet. Daß es sich wenden wird, dafür müssen wir sorgen. Die Hoffnungen aller Menschen ruhen auf uns – nicht einfach auf uns hier, die wir hier sitzen, sondern auch auf dem Bauern in Laos, dem Fischer in Nigeria, dem Flüchtling aus Kuba, auf dem Geist, aus dem heraus jeder Mensch und jede Nation handelt, die unsere Hoffnungen auf Freiheit und Zukunft teilen. Und letztlich ruhen sie am stärksten auf dem Stolz und der Ausdauer unserer ... Mitbürger.«

Republik Kongo im Bürgerkrieg

17. Januar. Der ehemalige Ministerpräsident des Kongo (Zaïre), Patrice Lumumba, der im Dezember 1960 von seinen politischen Gegnern gefangengenommen worden war, wird in das Gefängnis von Elisabethville, der Hauptstadt von Katanga eingeliefert. Die Überführung nach Katanga, das von Präsident Moise Tschombé, einem Hauptgegner Lumumbas, beherrscht wird, läßt die Chancen für die Freilassung des ehemaligen Ministerpräsidenten und eine friedliche Lösung der Kongokrise geringer werden.
Die ehemalige belgische Kolonie Kongo (seit 1971 Zaïre) befindet sich seit ihrer Unabhängigkeit am 30. Juni 1960 im Bürgerkrieg. Die belgische Regierung, die sich während der Kolonialzeit wenig um die politische Bildung und Organisierung der Kongolesen gekümmert hatte, entließ das Land völlig unvorbereitet in die Unabhängigkeit.
Erster Staatspräsident der Republik Kongo wurde Joseph Kasawubu. Das Amt des Ministerpräsidenten übernahm Patrice Lumumba, der – im Gegensatz zu Kasawubus föderalistischem Konzept – eine geeinte Republik Kongo anstrebte. Moise Tschombé übernahm ein Ministeramt.
Schon wenige Tage nach der Unabhängigkeitsfeier brachen die politischen Konflikte offen auf. Moise Tschombé rief am 11. Juli 1960 in Katanga die Unabhängigkeit aus. Katanga ist aufgrund seiner Uranvorkommen und Diamanten die reichste Provinz des Kongo. Die Bergwerksindustrie, deren Kapital zu großen Teilen in den Händen belgischer Gesellschaften liegt, unterstützte Tschombé.
Auch innerhalb der kongolesischen Zentralregierung in Léopoldville (Kinshasa) kam es zu Auseinandersetzungen.
Um diese Wirren zu beenden, griff Oberst Joseph Désiré Mobutu ein und ließ sowohl Kasawubu wie Lumumba verhaften. Daraufhin verbündete sich Kasawubu mit Mobutu, während Lumumba in Haft blieb (→ 13. 2./S. 34).

Patrice Lumumba (r.) nach seiner Verhaftung durch Oberst Joseph Mobutu

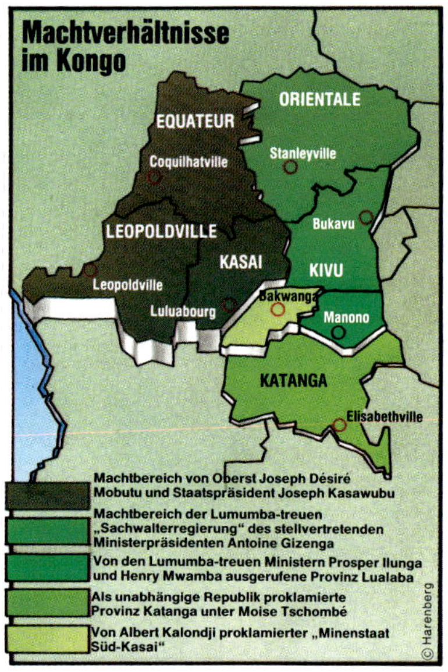

Machtkämpfe im Königreich Laos

4. Januar. Mit der Stärkung der Regierung des laotischen Ministerpräsidenten Bun Um durch das Parlament in Vientiane ist die Möglichkeit einer politischen Lösung des Konflikts in Laos gewachsen.
Der Bürgerkrieg in Laos wird von drei Parteien beherrscht. Die rechtsgerichtete Partei unter der Führung des Prinzen Bun Um hatte sich nach dem Zweiten Weltkrieg für einen erneuten Anschluß von Laos an Frankreich ausgesprochen und vertritt eine prowestliche Politik, während die Pathet-Lao, die von Suvannavong 1944 gegründet wurde, für die Unabhängigkeit des Landes, die erst am 20. Juli 1954 gewährt wurde, kämpft und heute einen prokommunistischen Standpunkt einnimmt. Suvanna Phuma, ein Halbbruder Suvannavongs, vertritt dagegen eine neutralistische Politik.
Nachdem 1958 die neutralistische Regierung Suvanna Phumas gestürzt und durch ein rechtsgerichtetes Kabinett ersetzt worden war, verstärkte sich der Guerillakrieg der Pathet-Lao. Im August 1960 putschte Kong Lê und setzte wieder eine neutralistische Regierung durch. Rechtsgerichtete Politiker unter Bun Um begannen daraufhin, von den USA militärisch unterstützt, mit der Eroberung von Vientiane. Suvanna Phuma mußte Laos daraufhin verlassen (→ 23. 3./S. 53).

De Gaulle gestärkt

8. Januar. Bei den Volksabstimmungen in Algerien und Frankreich erhält der französische Staatspräsident Charles de Gaulle eine Mehrheit und wird damit in seiner neuen Algerienpolitik bestätigt.
Aufgrund des zunehmenden Druckes aus dem Ausland und der innenpolitischen Opposition hatte de Gaulle die französische Algerienpolitik revidiert. Der französische Staatspräsident will die direkte Herrschaft über Algerien zugunsten der Unabhängigkeit der Kolonie unter Beibehaltung der engen wirtschaftlichen und kulturellen Anbindungen an Frankreich aufgeben.
Bei einer Wahlbeteiligung von rund 60% stimmen in Algerien 69,08% zu, während 30,92% eine Unabhängigkeit Algeriens ablehnen. Auch in Frankreich selbst ist die Mehrheit der Wähler – bei einer Beteiligung von 75,25% – für die Politik de Gaulles (75,39%), 24,61% nehmen eine ablehnende Haltung ein.
In Algerien hatten die rechtsradikalen Franzosen unter Raoul Salan für eine Ablehnung der Algerienpolitik des Präsidenten de Gaulle gekämpft. »Die Einheit des Vaterlands steht auf dem Spiel«, appellierte Salan an die Franzosen. Die algerische Befreiungsbewegung FLN (Front de Libération Nationale) hatte zu einem Boykott der Volksabstimmung aufgerufen, da die Vorschläge de Gaulles keine völlige Unabhängigkeit Algeriens ermöglichen würden (→ 31. 3./S. 52).

Charles de Gaulle, der französische Staatspräsident, wird am 8. 1. in seiner Algerienpolitik bestätigt

Lager in der laotischen Hauptstadt Vientiane nehmen die Flüchtlinge aus den Kampfgebieten auf

Königin Elisabeth II. von Großbritannien mit dem indischen Präsidenten Rajendra Prasad (Mitte)

Gedenkstätte für Mahatma Gandhi, der für die Unabhängigkeit Indiens kämpfte, in Neu-Delhi

Erfolgreicher Besuch in Indien

21. Januar. Nach einem kurzen Besuch in Zypern trifft das britische Königspaar zu einem sechswöchigen Staatsbesuch auf dem indischen Subkontinent ein. Erste Station der Reise ist die indische Hauptstadt Neu-Delhi.

In Neu-Delhi legt Königin Elisabeth II. einen Kranz von 500 weißen Rosen am Mahnmal für Mahatma Gandhi nieder. Der Politiker Gandhi, der am 30. Januar 1948 in Delhi ermordet worden ist, war maßgeblich am Freiheitskampf Indiens beteiligt, das am 15. August 1947 seine Unabhängigkeit von Großbritannien erhielt.

Der Verlust der Kolonie Indien bedeutete für Großbritannien das Ende seiner Stellung als Weltmacht und eine Neuorientierung seiner Politik im Hinblick auf eine Annäherung an die europäischen Mächte.

Trotz der zum Teil blutigen Auseinandersetzungen mit der britischen Kolonialverwaltung während des Befreiungskampfes wird die britische Königin bei ihrem Staatsbesuch überall von der Bevölkerung herzlich empfangen. Nur in Kalkutta kommt es zu einer Flugblattaktion gegen den Besuch. Als politische Ungeschicklichkeit wird es allerdings aufgenommen, daß die Königin die Einladung des Maharadschas von Jaipur zu einem 14tägigen Besuch annimmt. Die Gattin des Maharadschas und sein Sohn gehören zur Opposition gegen den indischen Ministerpräsidenten Jawaharlal Nehru.

Unruhen in Belgien

23. Januar. In Belgien geht der Streik gegen das Sparprogramm der christlich-sozialen Regierung unter Ministerpräsident Gaston Eyskens erfolglos zu Ende. Während des Streiks, der am 20. Dezember 1960 begonnen hatte, kamen fünf Menschen ums Leben, Hunderte wurden verletzt.

Das aus dem Verlust der Kolonie Belgisch-Kongo (→ 17. 1./S. 16) sowie aus einer Strukturkrise im technisch veralteten Kohlenbergbau resultierende Sparprogramm (Loi Unique) wurde am 20. Dezember in die belgische Kammer eingebracht. Daraufhin riefen die sozialistischen wallonischen Gewerkschaften zu einem Streik auf, da in erster Linie der wallonische Bergbau vom Sparprogramm der Regierung Eyskens betroffen ist.

Am 13. Januar wurde das Sparprogramm in der Abgeordnetenkammer mit 115 gegen 90 Stimmen bei einer Enthaltung angenommen. Daraufhin entsandten die sozialistischen wallonischen Abgeordneten eine Delegation an König Baudouin und verlangten erfolglos eine Änderung der Verfassung zugunsten einer stärkeren Autonomie Walloniens.

Nach der Annahme des Sparprogramms flaute der Streik ab. Angesichts der abbröckelnden Streikfront beschlossen die regionalen sozialistischen Gewerkschaften in Wallonien am 21. Januar die Beendigung des Ausstands (→ 2.5./S. 90).

Gaston Eyskens, christlich-sozialistischer belgischer Ministerpräsident von 1958 bis 27. März 1961

Gürsel bildet neue Regierung

5. Januar. General Cemal Gürsel, türkischer Staats- und Regierungschef seit dem Militärputsch vom 27. Mai 1960, bildet eine neue Regierung und beruft eine Verfassunggebende Versammlung ein, die ein neues demokratisches Grundgesetz für die Türkei ausarbeiten soll.

Am 14. Januar läßt Gürsel den Wiederaufbau der Republikanischen Partei des früheren Ministerpräsidenten Ismet Inönü und der kleineren Nationalpartei zu. Die Demokratische Partei des gestürzten Ministerpräsidenten Adnan Menderes bleibt hingegen weiterhin verboten.

Adnan Menderes war aus den Wahlen von 1950 als Sieger hervorgegangen. Als er wegen der wirtschaftlichen Schwierigkeiten des Landes zunehmend die parlamentarische Unterstützung verlor, unterdrückte Menderes gewaltsam jegliche Oppositionsbestrebungen.

1960 kam es aufgrund dieser Situation zu schweren Unruhen. General Gürsel putschte am 27. Mai 1960 und bildete ein Komitee der Nationalen Einheit. In einer Erklärung zu dem Putsch bezeichnete sich Gürsel als überparteilich und stellte die baldige Rückkehr zur Demokratie in Aussicht. Ministerpräsident Adnan Menderes und Staatspräsident Celâl Bayar wurden verhaftet und auf der Insel Yassi im Marmara-Meer gefangengesetzt (→ 20. 11./S. 187).

Militärs putschen in El Salvador

25. Januar. Die linksgerichtete Militärregierung in El Salvador unter Miguel Angel Castillo muß im Zuge eines blutigen Putsches weichen. Die Macht wird von antikommunistischen Militärs übernommen. Neuer Regierungschef wird Oberst Anibal Portillo. Im Land wird das Kriegsrecht verhängt. Kommunistische Funktionäre werden verhaftet.

Die neue Junta, die sich Militärisch-Ziviles Direktorium nennt, erklärt, daß sie die bestehenden Verträge El Salvadors erfüllen werde, eine enge Freundschaft zu den Vereinigten Staaten wünsche und die Regierung des kubanischen Ministerpräsidenten Fidel Castro (→ 3.1./S. 15) strikt ablehne.

Dissident Djilas wird freigelassen

21. Januar. Das Staatssekretariat für Innere Angelegenheiten in Jugoslawien verfügt die Entlassung des früheren jugoslawischen Vizepräsidenten Milovan Djilas aus dem Gefängnis. Djilas war 1956 wegen seiner Kritik am Regime von Josip Tito zu drei Jahren und 1957 nach Erscheinen seines Buches »Die neue Klasse« zu weiteren sieben Jahren Haft verurteilt worden.

Seine Kritik an der bestehenden kommunistischen Gesellschaft legte Djilas in seinem Buch »Die neue Klasse« dar. Er schrieb es während seiner Haft. Das Manuskript wurde in die Vereinigten Staaten geschmuggelt, wo das Buch 1957 erschienen ist (deutsch 1958).

Es ist die Hauptthese von Djilas, »daß es sich beim heutigen Kommunismus um eine neue besitzende und ausbeutende Klasse handelt und nicht nur um eine zeitweilige Diktatur und eine despotische Bürokratie«. Diese »neue Klasse« sei nicht identisch mit der Parteimitgliedschaft schlechthin oder mit administrativen Funktionen in Staat und Wirtschaft; sie sei trotz mancher Ähnlichkeit auch nicht gleichzusetzen mit den Managern der modernen Industriegesellschaften. Ihr gehörten die Funktionäre einer »politischen Bürokratie« an, die sämtliche gesellschaftliche Funktionen kontrollierten, die reale Macht in der Gesellschaft ausübten und daraus besondere Privilegien ableiteten. Die Herrschaft dieser neuen Klasse beruhe auf drei Faktoren: Eigentum, Macht und Ideologie: »Im kommunistischen System sind Macht und Regierungsgewalt identisch mit dem Gebrauch, der Nutznießung und der Verfügung fast aller Güter.«

Djilas war 1932 Mitglied der Kommunistischen Partei Jugoslawiens geworden und kämpfte während des Zweiten Weltkriegs als engster Mitarbeiter Titos gegen die Deutschen, 1945 wurde er Minister. Djilas war einer der maßgeblichen Theoretiker des Titoismus. 1954 verlor er wegen seiner Kritik am kommunistischen System seine Ämter.

Josip Tito, jugoslawischer Ministerpräsident und Djilas' Gegner

Der jugoslawische Regimekritiker Milovan Djilas wird freigelassen

Über 5 Millionen Schweizer Bürger

1. Januar. Wie das Eidgenössische Statistische Amt in Bern bekanntgibt, hat sich die Bevölkerungszahl der Schweiz zwischen 1950 und 1960 um 714 069 erhöht. Damit ist die Fünfmillionengrenze überschritten (5 429 061) und ein Zuwachs von 15,1% erreicht.

Der bevölkerungsreichste Kanton ist Zürich mit insgesamt 952 304 Einwohnern. Hier hat die Bevölkerung innerhalb von zehn Jahren um 22,5% zugenommen. Nur der Kanton Appenzell Inner-Rhoden hat eine Bevölkerungsabnahme um 3,6% für denselben Zeitraum zu verzeichnen.

Einwohnerzahl Schweizer Kantone

Kantone	1950	1960	Zunahme in %
Zürich	777 002	952 304	22,5
Bern	801 943	889 523	10,9
Luzern	223 249	253 446	13,5
Uri	28 556	32 021	12,1
Schwyz	71 082	78 048	9,8
Obwalden	22 125	23 135	4,6
Nidwalden	19 389	22 188	14,4
Glarus	37 663	40 148	6,6
Zug	42 239	52 489	24,3
Fribourg	158 695	159 194	0,3
Solothurn	170 508	200 816	17,8
Basel-Stadt	196 498	225 588	14,8
Basel-Land	107 549	148 282	37,9
Schaffhausen	57 515	65 981	14,7
Appenzell Außer-Rhoden	47 938	48 920	2,0
Appenzell Inner-Rhoden	13 427	12 943	–3,6
St. Gallen	309 106	339 489	9,8
Graubünden	137 100	147 458	7,6
Aargau	300 782	360 940	20,0
Thurgau	149 738	166 420	11,1
Ticino	175 055	195 566	11,7
Vaud	377 585	429 512	13,8
Valais	159 178	177 783	11,7
Neuchâtel	128 152	147 633	15,2
Genf	202 918	259 234	27,8
Total	4 714 992	5 429 061	15,1

»Hebung des Volkswohlstands«

18. Januar. Landwirtschaftliche Fragen standen im Mittelpunkt der am 10. begonnenen und am 18. Januar beendeten Tagung des Zentralkomitees der KPdSU in Moskau.

Kritisiert wurde vor allem, daß die landwirtschaftliche Produktion erheblich hinter den Sollzahlen zurückgeblieben ist. Als Gründe für das unzureichende Wachstum der Landwirtschaft wurden die »Selbstgefälligkeit« und der mangelnde Einsatz führender Funktionäre genannt. Funktionäre, die den Staat betrügen, Schwindeleien begehen und fiktive Zahlen angeben, sind aus der Partei auszuschließen und vor Gericht zu stellen – heißt es im Beschluß des Zentralkomitees.

Zur Beseitigung der bestehenden Mängel sollen die Investitionen im Agrarbereich verstärkt werden, u. a., um die Mechanisierung voranzutreiben. Außerdem sollen unfähige Funktionäre abgelöst werden.

Zur wachsenden politischen Bedeutung der Landwirtschaft heißt es in dem Beschluß: »Die Sowjetunion befindet sich jetzt in einer neuen Etappe geschichtlicher Entwicklung – in der Etappe des entfalteten Aufbaus der kommunistischen Gesellschaft. Jetzt besitzt unser Land eine so mächtige Industrie, eine so machtvolle Verteidigung, daß es ... mehr Mittel für die weitere Hebung des Volkswohlstands zuweisen kann.«

Sowjetische Landwirtschaft, Berge frisch gepflückter Baumwolle auf einem Sammelplatz in einer Kolchose in der Usbekischen Sowjetrepublik

Rassenstreit um Studenten in USA

10. Januar. Im US-Bundesstaat Georgia kommt es wegen der Zulassung zweier farbiger Studenten zur Universität von Atlanta zu Rassenkrawallen.

Der Gouverneur von Georgia droht mit der Schließung der Hochschule, falls die beiden farbigen Studenten im Hörsaal erschienen, und widersetzt sich damit der Entscheidung eines Bundesgerichts, das die beiden zum Studium zugelassen hatte.

Am 16. Januar können die beiden Studenten ungehindert die Vorlesungen besuchen (→ 21. 5./S. 88).

Einklassige Volksschule in Unter-Widdersheim

Hochschule in Nürnberg, 1961 mit Erlangen vereinigt

Familienminister Wuermeling

Bildungspolitik 1961:

Schulen und Hochschulen in der Krise

Das Bildungswesen in der Bundesrepublik Deutschland ist im Jahr 1961 gekennzeichnet durch Raumnot, hohe Schüler- und Studentenzahlen sowie fehlendes Lehrpersonal.

Rund 6,6 Millionen Schüler besuchen im Schuljahr 1960/61 die 35011 öffentlichen und privaten allgemeinbildenden Schulen und werden von nur 210000 hauptamtlichen Lehrkräften unterrichtet. 82% der Schüler besuchen Volks- und Sonderschulen, 5,3% Realschulen und 12,7% die Oberschulen.

Aufgrund der Raumnot an den Schulen, die durch die Zerstörungen im Krieg und die wachsende Geburtenrate verursacht wird, müssen rund 860000 Schüler in Schichten unterrichtet werden. Die Anzahl der Schüler pro Klasse liegt im Durchschnitt in den Volksschulen bei 37, an den Realschulen bei 33 und an den Oberschulen bei 28 Schülern. Der Lehrermangel führt zu einem Unterrichtsausfall von bis zu 25%. Um dem Lehrermangel abzuhelfen, werden in Niedersachsen und Nordrhein-Westfalen auch Hausfrauen – nach einer kurzen Ausbildung – in den ersten vier Schuljahrgängen eingesetzt.

Nach einem Bericht der Kultusministerkonferenz fehlen 23210 Klassen- und 20959 Fachräume in den allgemeinbildenden Schulen. Nur jede sechste Schule hat z. B. eine eigene Turnhalle. Um der Platznot abzuhelfen, wären Investitionen in Höhe von über fünf Milliarden DM notwendig.

Folgen der Schulmisere sind eine geringere Qualität der schulischen Ausbildung als in anderen führenden Industrieländern der westlichen Welt und gesundheitliche Schäden bei Schülern, die durch den Schichtunterricht, schlecht ausgebildete Lehrer und das Fehlen geeigneter Klassenräume überfordert sind.

An den deutschen Universitäten und Hochschulen ist die Problemlage ähnlich. Wachsende Studentenzahlen führen zur Überfüllung der Hörsäle. An den 19 Universitäten und 14 Hochschulen der Bundesrepublik studieren im Wintersemester 1960/61 über 200000 Personen. Die Hochschulen sind damit zu 50% überlastet, ein qualifizierter Lehrbetrieb ist kaum noch gewährleistet. Von den rund 48000 Abiturienten, die sich an den Hochschulen einschreiben wollen, können nur etwa 50% aufgenommen werden. Zwar gibt es keine offiziellen Zulassungsbeschränkungen, doch versucht jede Hochschule durch Vorprüfungen oder erhöhte Anforderungen an die Abiturienten den Zugang von Studenten zu erschweren und zu vermindern.

Auch in den hochindustrialisierten Vereinigten Staaten steckt das Bildungswesen in einer Krise. In einer Botschaft an den Kongreß fordert Präsident John F. Kennedy am 20. Februar die Bewilligung von (umgerechnet) 23,9 Milliarden DM für ein Erziehungs- und Bildungsprogramm.

Während in den USA und in der Bundesrepublik Deutschland die Klassenfrequenzen in den Volksschulen bei 29 bzw. 37 Schülern liegen, unterrichten die Lehrer in der Sowjetunion nur jeweils 17 Schüler pro Klasse. Die Sowjetunion gibt pro Kopf der Bevölkerung etwa sechsmal soviel Geld für die Bildungspolitik aus wie die Bundesrepublik Deutschland und bildet rund zwölfmal so viele Lehrkräfte aus.

»Revue« über den Lehrermangel

Kirchentag verboten

11. Januar. Die Austragung des 10. Evangelischen Kirchentags, der im Juli 1961 in Berlin stattfinden soll, wird von den DDR-Behörden für den Ostteil der Stadt verboten. In der Bundesrepublik wird die Entscheidung der DDR mit Empörung aufgenommen.

Die Entscheidung der DDR-Regierung wird damit begründet, daß Kirchentagsvertreter aus der Bundesrepublik die Absicht verfolgten, »die Spannungen in und um Berlin zu verschärfen«. Weiter heißt es, die Kirchentags-Veranstaltungen in Berlin würden darauf abzielen, »kirchliche Veranstaltungen und religiöse Anliegen christlicher Bürger zu Provokationen gegen die DDR« und andere Volksrepubliken zu mißbrauchen.

Am 12. Januar beschließt die Kirchenleitung von Berlin-Brandenburg, die Einladung zum Kirchentag nach Berlin, trotz der Ablehnung der DDR, aufrechtzuerhalten.

Die Idee der Kirchentage, die eine Versammlung der evangelischen Christen aus ganz Deutschland ermöglichen sollen, geht auf den jetzigen Kirchentagspräsidenten Reinold von Thadden-Trieglaff zurück. Der erste Kirchentag fand 1950 in Essen statt (→ 23. 7./S. 132).

Am 13. 8. wird Kirchentagspräsident Reinold von Thadden-Trieglaff 70

Planziele in der DDR nicht erfüllt

17. Januar. Die »ökonomische Hauptaufgabe« der DDR, die Angleichung des Lebensstandards an die Bundesrepublik, kann nicht bis zum Ende des Jahres 1961 erreicht werden, wie der SED-Sekretär Paul Fröhlich in einer Rede in Leipzig ausführt. Neuer Termin für dieses Ziel ist das Jahr 1965.

Nach 1949 hatte die DDR vor allem den Auf- und Ausbau einer eigenen Grundstoffindustrie und die Erweiterung der Produktion von Investitionsgütern zu Lasten von Verbrauchsgütern gefördert. Diese Wirtschaftspolitik führte zu einer geringen Steigerung des privaten Verbrauchs, so daß der Lebensstandard weiter hinter der Bundesrepublik zurückgeblieben ist.

SPD grenzt sich gegen die DFU ab

SPD-Vorsitzender Erich Ollenhauer, der am 27. März 60 wird

9. Januar. Die SPD versucht, sich eindeutig gegen die 1960 gegründete Deutsche Friedensunion (DFU) abzusetzen. Die Mitgliedschaft in der DFU wird mit der Zugehörigkeit zur SPD für unvereinbar erklärt.

Die DFU wurde am 17. Dezember 1960 in Stuttgart gegründet. Vorsitzende der DFU, die ihren Sitz in Köln hat, ist die ehemalige Professorin Renate Riemeck.

Die DFU, die sich eindeutig auf die Demokratie und das Grundgesetz der Bundesrepublik Deutschland beruft, erstrebt den Austritt aus dem Nordatlantischen Verteidigungspakt (NATO) und die Abrüstung der Bundesrepublik. Ziel ist die Neutralisierung nach dem Vorbild Österreichs. Durch Verhandlungen zwischen den Regierungen in Bonn und Berlin (Ost) soll die Deutschland-Frage geklärt werden.

Die Deutsche Friedensunion bildet ein Sammelbecken der politischen Opposition, die links von den Sozialdemokraten angesiedelt ist. Angesichts der Wahlen zum Bundestag am 17. September 1961 befürchtet die SPD, einen Teil ihrer Wählerstimmen an die DFU abgeben zu müssen. Viele SPD-Anhänger sind z. B. mit der Entwicklung der SPD von einer reinen Arbeiterpartei zu einer Volkspartei und der Annäherung an die Außenpolitik von Bundeskanzler Konrad Adenauer (CDU) unzufrieden.

DDR-Volkskammerpräsident Johannes Dieckmann in Marbach

Starfighter für die Bundeswehr

23. Januar. Bundesverteidigungsminister Franz Josef Strauß kauft für die Bundesrepublik 96 Flugzeuge vom Typ Lockheed Starfighter F-104-G und 30 Starfighter-Schulflugzeuge in den USA. Außerdem erhält die Bundesluftwaffe 604 Starfighter aus dem europäischen Lizenznachbau des Überschall-Flugzeugs.

Der Starfighter, der in unterschiedlichen Versionen seit 1955 in Serienfertigung gebaut wird, wurde in den Vereinigten Staaten entwickelt. Die für die Bundesluftwaffe gekaufte Version F-104-G dient als Jagdbomber und Abfangjäger.

Lockheed Starfighter der Bundeswehr, der 16,69 m lange Jagdbomber und Abfangjäger erreicht eine Höchstgeschwindigkeit von 2330 km/h

Dieckmann-Besuch löst Krawalle aus

13. Januar. Zu heftigen Tumulten kommt es während eines Vortrags des DDR-Volkskammerpräsidenten Johannes Dieckmann im Kursaal in Marbach bei Marburg.

Dieckmann war auf Einladung des Liberalen Studentenbundes Marburg in die Bundesrepublik gekommen. Der Vorsitzende des Studentenbundes, Klaus Horn, wurde wegen dieser Einladung aus der FDP ausgeschlossen.

Dieckmann wiederholt während seines Vortrags die Forderungen der DDR nach einer militärischen Abrüstung der Bundesrepublik.

Vorsitzender der DP tritt zurück

15. Januar. Der Mitbegründer der Deutschen Partei (DP), Heinrich Hellwege, legt sein Amt als Parteivorsitzender, das er 15 Jahre lang innegehabt hat, wegen innerparteilicher Streitigkeiten nieder.

H. Hellwege

Der Rücktritt Hellweges ist ein Symptom für das langsame Auseinanderbrechen der am 20. Juni 1945 gegründeten Partei, die sich für die Interessen der Bauern (vor allem in Norddeutschland), der Vertriebenen und für die Wiedervereinigung einsetzt.
Seit 1949 ist die Deutsche Partei in der Regierung vertreten. Aufgrund von innerparteilichen Differenzen bezüglich der atomaren Bewaffnung der Bundeswehr sowie der Annäherung Hellweges an die niedersächsische SPD (1957) kam es am 1. Juli 1960 zu einer Spaltung der Bundestagsfraktion der Deutschen Partei; neun der 15 DP-Mitglieder wechselten zur CDU über.
Während ein Teil der DP selbständig bleiben will, strebt Hellwege einen Zusammenschluß mit der FDP an. Eine weitere Fraktion der Partei befürwortet Kontakte mit dem Block der Heimatvertriebenen und Entrechteten (BHE). Angesichts dieser Konflikte erklärt Hellwege seinen Rücktritt (→ 16. 4./S. 77).

Adenauer als Oberbürgermeister von Köln (Zeichnung in der Zeitschrift »Jugend«, 1928)

Adenauer in Moskau 1955 mit Nikolai Bulganin (Mitte) und Nikita Chruschtschow (l. v. r.)

Adenauer begrüßt 1956 in Andernach die Lehrkompanien, Vorläufer der Bundeswehr

Adenauer wird 85 Jahre alt

5. Januar. Bundeskanzler Konrad Adenauer, der seit 1920 maßgeblich die deutsche Politik bestimmt hat – zuerst im Deutschen Reich, später in der Bundesrepublik –, wird 85 Jahre alt.
Adenauer wurde am 15. September 1949 der erste Kanzler der Bundesrepublik und legte die Grundsteine für die Einbindung der Bundesrepublik in den Westen auf Kosten der Wiedervereinigung mit der DDR.
In seiner Politik vertritt Adenauer klare Grundlinien. Seine starke Betonung der Sicherheitspolitik führte zu engen Beziehungen mit den USA und zu Bemühungen um einen Ausgleich mit dem westlichen Nachbarn Frankreich. Durch den Eintritt in das Nordatlantische Verteidigungsbündnis (NATO) 1955 und die Wiederbewaffnung der Bundesrepublik gegen den Willen eines Großteils der Bevölkerung erreichte Adenauer die Anerkennung der Bundesrepublik als gleichberechtigter Partner im westlichen Bündnis. 1950 trat die Bundesrepublik dem Europarat bei, 1957 war sie an der Gründung der Europäischen Wirtschaftsgemeinschaft (EWG) beteiligt.

Konrad Adenauer in Bonn

Die Beziehungen zum Osten sind wegen der einseitigen Westintegrationspolitik Adenauers durch eine starre antikommunistische Frontstellung geprägt.
Die Wirtschaftspolitik der Regierung Adenauer wird durch das von Bundeswirtschaftsminister Ludwig Erhard propagierte Konzept der sozialen Marktwirtschaft bestimmt, das zusammen mit der US-amerikanischen Finanzhilfe und dem großen Arbeitskräftereservoir zu einem raschen wirtschaftlichen Aufbau der Bundesrepublik Deutschland nach dem Zweiten Weltkrieg geführt hat.

Mohammed Ayub Kahn, pakistanischer Staatspräsident, in Bonn

Für Pakistan mehr Wirtschaftshilfe

16. Januar. Der seit Oktober 1958 in Pakistan allein regierende Staatspräsident und Regierungschef Mohammed Ayub Khan kommt in die Bundesrepublik, um mit der Bundesregierung über eine engere wirtschaftliche Zusammenarbeit zu sprechen und Kontakte zur deutschen Industrie zu knüpfen.
In Bonn wird Ayub Khan eine langfristige Anleihe von 150 Millionen DM zur Finanzierung von Entwicklungsprojekten zugesagt. Im Abschlußkommuniqué wird die enge Freundschaft zwischen Pakistan und der Bundesrepublik betont.

Gespräche mit Polen

10. Januar. Bundeskanzler Konrad Adenauer vertritt in einer Rede vor der CDU-Bundestagsfraktion die Ansicht, daß es gut wäre, wenn die Bundesrepublik zu einem besseren Verhältnis mit Polen käme.
Hintergrund dieser Annäherung an Polen ist der Druck der US-amerikanischen Regierung auf den Bundeskanzler. In den USA verstärkt sich seit den Reformen des polnischen Regierungschefs Wladyslaw Gomulka das Interesse für Polen. Die starre antipolnische Haltung der Bundesrepublik steht diesem Interesse entgegen.
Angesichts der Notwendigkeit, seine politische Beweglichkeit gegenüber den USA zu beweisen, gibt Adenauer den Gesprächen des Generalbevollmächtigten der Firma Krupp, Berthold Beitz, mit Vertretern der polnischen Regierung im Dezember 1960 sowie am 22. und 23. Januar 1961 einen offiziellen Anstrich.
Beitz regt in seinem Bericht an Adenauer an, mit der Errichtung von gegenseitigen Handelsmissionen einen ersten Schritt zu direkten deutsch-polnischen Beziehungen zu machen. Der Handelsverkehr mit Polen, das stark an Krediten aus der Bundesrepublik interessiert ist, solle ausgeweitet werden.

Antibabypillen in Großbritannien

31. Januar. In Großbritannien sind ab heute, wie schon in den Vereinigten Staaten seit Mai 1960, Antibabypillen gegen Rezept erhältlich.

Initiator und stärkster Förderer der Empfängnisverhütung durch Hormontabletten ist der 57jährige Gregory Pincus, Forschungsleiter der Worcester Foundation für experimentelle Biologie im US-Bundesstaat Massachusetts. Anfang der 50er Jahre hatte Pincus zusammen mit seinem Kollegen John Rock ein umfangreiches Forschungsprogramm eingeleitet. Die Wissenschaftler fanden Substanzen, die auf das Hormonsystem des weiblichen Körpers einwirken und Schwangerschaften verhindern.

Die Forscher konzentrierten sich auf das Hormon Progesteron. Es wird vor allem während der Schwangerschaft abgesondert und verhindert das Reifen weiterer Eizellen im weiblichen Körper. Zwar war bewiesen, daß die Einnahme von Progesteron außerhalb einer Schwangerschaft ebenfalls die Eireifung verhindern würde, doch die Gewinnung des Progesterons erwies sich als äußerst kostspielig und die regelmäßige Einnahme des Hormons hatte bedenkliche Nebenwirkungen.

Die Entwicklung einer empfängnisverhütenden Tablette wurde erst möglich, als Pincus und Rock Substanzen entdeckten, die dem Progesteron chemisch und in der Wirkung ähneln, aber auch in geringerer Dosierung wirksam und dadurch billiger sind und nur geringere Nebenreaktionen auslösen.

Ende der 50er Jahre wurden die Präparate in den Slums von San Juan auf Puerto Rico getestet.

Mit der Entwicklung der Antibabypille glauben die Wissenschaftler eines der größten Menschheitsprobleme, die Überbevölkerung, gelöst zu haben.

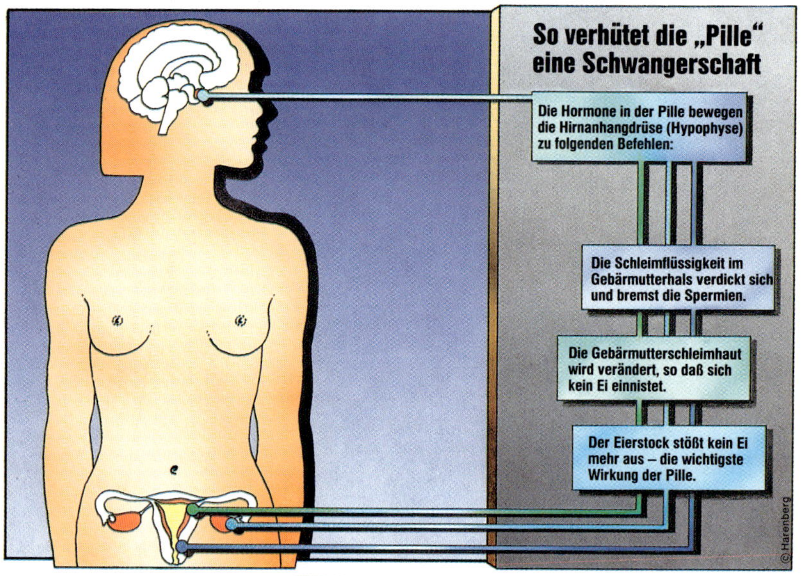

Kampagne für den Sicherheitsgurt

13. Januar. In der britischen Hauptstadt London gründet sich eine Internationale Vereinigung für Sicherheitsgurte in Personenkraftwagen. Ihr Ziel ist die Einführung, Verbesserung und Standardisierung von Sicherheitsgurten, mit denen die Folgen von Auffahrunfällen vermindert werden können.

Die Regierungen in Europa werden aufgefordert, sich für die Einführung der Gurte einzusetzen. In der Bundesrepublik wird die Anschnallpflicht mit Dreipunktgurten (Schulter- und Beckengurt) erst am 1. Januar 1976 beschlossen.

Arthur Michael Ramsey nimmt ab 1. Mai 1961 das höchste geistliche Amt in Großbritannien ein

Neuer Erzbischof von Canterbury

19. Januar. Die britische Königin Elisabeth II. ernennt als Nachfolger von Geoffrey Fisher den 56jährigen Erzbischof von York, Arthur Michael Ramsey, zum Erzbischof von Canterbury und Primas von Großbritannien.

Ramsey nimmt damit das höchste geistliche Amt der anglikanischen Kirche ein. Der offizielle Amtsantritt erfolgt erst am 1. Mai.

Ramseys Ziel ist die Verbreitung des Glaubens, er will sich auch um eine Annäherung der verschiedenen Kirchen bemühen. Ramsey, der sich auch zu politischen Fragen äußert, fordert die Reform von Gesetzen zur Todesstrafe und zur Scheidung.

Entlastung durch Autobahnen

4. Januar. Der Ausbau der Autobahn zwischen Leverkusen und Köln wird begonnen; er wird Kosten in Höhe von 35 Millionen DM verursachen. Die Bauzeit für das Teilstück, das Beleuchtung erhalten soll, wird 15 Monate betragen.

Mit dem sechsspurigen Ausbau der A 3 auf dem 6,5 km langen Teilstück südlich von Leverkusen soll die am meisten genutzte Autobahn der Bundesrepublik entlastet werden. Im Durchschnitt befahren täglich rund 35 000 Fahrzeuge diese Strecke, an Wochenenden und in der Urlaubszeit sind es täglich bis zu 60 000 Pkw und Lkw.

Zur weiteren Entlastung des Verkehrs um Köln wird die Autobahn Kamen–Wuppertal (A 1) beitragen, die im September 1961 fertiggestellt wird. Diese »Ruhrtangente« wird bei Leverkusen auf die A 3 treffen. Später soll die A 1 in Richtung Aachen über den Rhein führen und so die Kölner Innenstadt vom Verkehr nach Belgien entlasten.

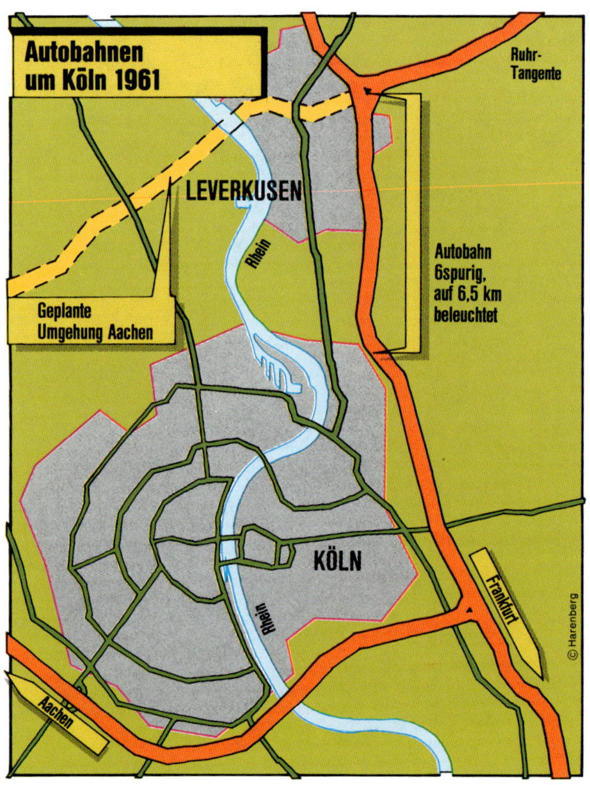

Um die Verbindungen zwischen Köln und Düsseldorf zu verbessern, ist außerdem der großzügige Ausbau der Bundesstraße 8, die rechtsrheinisch verläuft, und der B 9, die auf dem linken Rheinufer über Dormagen nach Neuss und Düsseldorf führt, geplant. Zwischen Köln und Düsseldorf bestehen derzeit insgesamt sechs Fahrspuren, mit Abschluß der Baumaßnahmen werden es 16 sein.

Eleganter Herbstmantel mit halsfernem Nerzkragen

Modischer Mantel mit kariertem Futter und passendem Hut

Sportlich-eleganter Karomantel mit modischen Knöpfen

Cocktailkleid aus orangefarbenem Chiffon und Baumwolle

Cocktailkleid mit engem Oberteil und weitem, losem Mantel in braun-gelben Farben

Mode 1961:

Die schmale Linie für die Frau

Die Silhouette der modischen Frau des Jahres 1961 ist schlank und schmal. Die Röcke der Tageskleider bedecken knapp das Knie und sind zumeist eng geschnitten. Hut und Handschuhe sind für die elegante Dame obligatorisch.
Die Jacken sind kurz und häufig gerade geschnitten und werden meist unsymmetrisch seitlich geschlossen. Bei den Mänteln herrschen weite Formen vor, mit flachen großen Knöpfen aus Perlmutter.
Die Taille ist bei den Kleidern, die meist aus weichfließendem Material geschnitten sind, häufig nach unten versetzt und erinnert damit an den Stil der 20er Jahre.
Die Hüte sind unsymmetrisch gearbeitet. Zumeist wird die Krempe rechts tief ins Gesicht gezogen und mit Blumen, Federn oder Broschen garniert. Zu den Hüten paßt die neue Frisurenlinie, der »kleine Kopf«. Die kurzen Haare, seitlich gescheitelt, laufen an den Ohren in Sechserlocken aus.
Der elegante Herr trägt gerade geschnittene Anzüge in gedeckten Farben und Mustern mit weißem Hemd und schmaler, dezent gemusterter Krawatte. Die Hosen verengen sich nach unten und sind so kurz, daß der schmal zulaufende Schuh voll zu sehen ist. Bei den Hüten wird eine Form mit hinten aufgebogener und vorne gerader, mäßig breiter Krempe bevorzugt. Am Abend trägt der modische Herr einen Smoking oder bei weniger festlichen Anlässen einen schwarzen oder dunkelblauen Anzug mit Weste, entweder uni oder mit Nadelstreifenmuster.

Einfaches leichtes Sommerkleid aus bedrucktem Kunstfaserstoff

Trägerlose Abendtoilette mit paillettenbesticktem Chiffon-Volant

Staatsschatz wieder in Polen

3. Januar. Die kanadische Regierung gibt den polnischen Staatsschatz an Polen zurück. Wie die Organisation der Auslandspolen in Kanada mitteilt, ist ein entsprechendes Abkommen bereits am 31. Dezember 1960 zwischen der Provinzialverwaltung in Quebec und einem Vertreter des Wawel-Museums in Krakau unterzeichnet worden.

Der polnische Staatsschatz war während des Zweiten Weltkriegs nach Kanada ausgelagert worden. Bisher hatte der Regierungspräsident der Provinz Quebec die Rückgabe des Staatsschatzes mit der Begründung verweigert, die kommunistische Regierung in Polen habe keinen Besitzanspruch auf den Schatz.

Der Schatz, der einen Wert von rund 210 Millionen DM hat, besteht aus Juwelen, Krönungsroben, Dokumenten und anderen historischen Gegenständen, von denen viele aus dem 15. Jahrhundert stammen.

Zwei der insgesamt 26 Schatztruhen, die unter anderem Originalnotenblätter der Klavierwerke des polnischen Komponisten Frédéric Chopin enthalten und in Ottawa aufbewahrt wurden, sind bereits 1959 an Polen zurückgegeben worden.

Die übrigen 24 Schatztruhen wurden am 2. Januar zum Weitertransport nach Polen unter umfangreichen Sicherheitsvorkehrungen nach Boston gebracht.

Das US-amerikanische Atom-U-Boot »Patrick Henry«, ausgestattet mit Polaris-Raketen, im »Holy Loch« im schottischen Clyde-Fjord

Polaris-Raketen in Atom-U-Booten

22. Januar. Das US-amerikanische, atomgetriebene Unterwasserboot »George Washington«, das am 1. Januar 1960 in Groton/Connecticut in Dienst gestellt worden ist, hat mit einer Unterwasserfahrt von 67 Tagen einen neuen Tauchrekord aufgestellt. Der bisherige Rekord vom August 1958 lag bei 60 Tagen.

Die »George Washington« ist das erste US-amerikanische U-Boot, das mit Mittelstreckenraketen vom Typ Polaris ausgerüstet ist. Es besitzt 16 Raketenabschuß-Rohre, mit denen es die Polaris-Raketen, die eine Reichweite von 2400 km haben, auch im getauchten Zustand abfeuern kann. Bis 1965 will die US-Regierung insgesamt 45 dieser Polaris-Atom-U-Boote bauen lassen.

Operationsgebiet der »George Washington« ist das europäische Nordmeer zwischen Grönland und Norwegen sowie die Barentssee. Mit seinen Mittelstreckenraketen könnte das Atom-U-Boot von dort aus jedes Ziel in der Sowjetunion zwischen Moskau und dem sibirischen Omsk innerhalb von zehn bis 15 Minuten zerstören. Die landgestützten Raketen der Sowjetunion benötigen dagegen für den Flug nach den USA etwa 30 Minuten.

Osloer Prinzessin feiert Hochzeit

12. Januar. Vor 500 geladenen Gästen heiratet die jüngste Tochter des norwegischen Königs Olaf V., Prinzessin Astrid, den Herrenausstatter Johan Martin Ferner. Die Zeremonie findet in der Dorfkirche von Askers in der Nähe von Oslo statt.

In der norwegischen Öffentlichkeit war es zuvor zu Protesten gegen die Hochzeit gekommen, da Prinzessin Astrid einen Bürgerlichen heiratet, der zudem geschieden ist.

Trotz der Kälte stehen Tausende von Norwegern auf dem Weg zur Kirche Spalier, um das Hochzeitspaar zu sehen und zu bejubeln.

Astrid von Norwegen und Johan Martin Ferner nach der Trauung

Radarinsel gesunken

16. Januar. Die künstliche Radarinsel »Texas-Turm 4« ist mit einer Besatzung von 28 Mann etwa 130 km östlich von New York im Atlantik versunken. Das Unglück wurde durch den Bruch eines der drei Stützpfeiler verursacht.

Schon im September vergangenen Jahres war eine der drei etwa 50 m langen Stützen der US-amerikanischen Radarinsel bei einem schweren Wirbelsturm angeschlagen worden. Deshalb waren zur Zeit des Unglücks nur 13 Radartechniker und 15 Arbeiter an Bord (die normale Besatzung einer Radarinsel beträgt 50 bis 70 Mann).

»Texas-Turm 4« gehört zu einem Frühwarnsystem der US-amerikanischen Luftwaffe. Die im Atlantik und Pazifik stationierten Radarinseln sollen feindliche Luft- und Seestreitkräfte – vor allem U-Boote – frühzeitig orten.

Die erste dieser Inseln, die ähnlich wie schwimmende Bohrinseln konstruiert sind, wurde im November 1955 installiert.

Als schwimmende Plattformen werden die Inseln auf ihre Positionen geschleppt, dann werden die Stützen, die einen Durchmesser von acht bis zehn Metern haben, ausgefahren, so daß sie sich in den Meeresboden bohren. Durch hydraulische Pressen wird dann die dreieckige Plattform etwa 20 m über den Meeresspiegel gehoben.

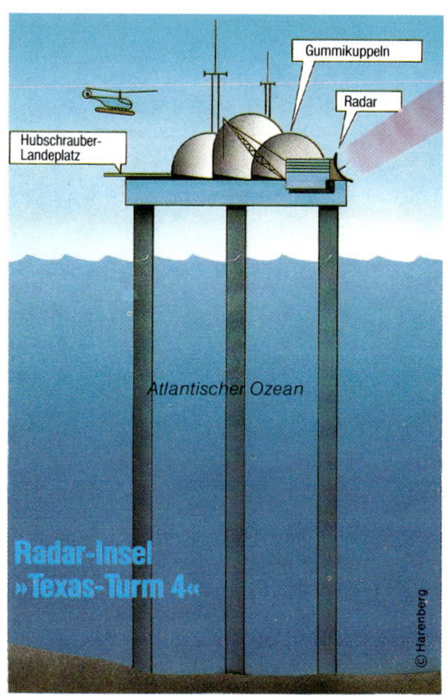

Ohne Radarausrüstung kostet »Texas-Turm 4« 13,2 Millionen DM

Explosion fordert 15 Todesopfer

4. Januar. 15 Tote, sieben Schwer- und vier Leichtverletzte gibt es bei einer Explosion, die sich in der Sauerstoffanlage der Knapsack-Griesheim AG in Dortmund ereignet. Das Gebäude der Sauerstoffanlage wird völlig zerstört.

Die Anlage, die Sauerstoff für die Thomasstahlwerke der Westfalenhütte und der Dortmund-Hörder Hüttenunion erzeugt, muß völlig neu aufgebaut werden.

Die Ursache des Unglücks ist ein bei Schweißarbeiten entstandener Schwelbrand. Flüssiger Sauerstoff hat den brennenden Fußboden der Anlage erreicht und die Explosion ausgelöst.

Schottischer Whisky wird zum deutschen Modegetränk

Schottischer Whisky wird in der Bundesrepublik ein immer beliebteres Getränk. Der Whisky kann zwar Bier und Wein in der Gunst der Bundesbürger nicht verdrängen, doch als Zeichen eines zunehmend sich verbessernden Lebensstandards wird er immer häufiger gekauft.
Die durchschnittlichen Preise für eine Flasche schottischen Whisky liegen bei etwa 24,50 DM, ein Liter Bier kostet etwa 1,17 DM, die entsprechende Menge Wein im Durchschnitt rund 3,10 DM.
Die relativ hohen Kosten des schottischen Whisky resultieren aus einem britischen Gesetz, wonach nur ein Destillat, das drei Jahre im Faß gealtert ist, als Whisky verkauft werden darf.
Während Whisky fast ausschließlich von Männern getrunken wird, bevorzugen Frauen als Aperitif oder zum Nachmittagskaffee süße Liköre.
Die durchschnittlichen Aufwendungen für Alkohol liegen bei einem Vier-Personen-Haushalt in der Bundesrepublik bei insgesamt 20,84 DM pro Monat. Davon entfallen 10,73 DM auf Bier, 5,70 DM auf Branntwein und Likör und 4,41 DM auf Wein und Most.

Werbung für Bourbon-Whisky aus den Vereinigten Staaten

White Horse-Whisky aus Schottland wirbt mit Tradition

Whisky aus Leith/Edinburgh

Werbung für einen Weinbrand

Deutscher Sektverbrauch steigt

Bestechungsaffäre an Steyrer Schule

23. Januar. In der österreichischen Stadt Steyr wird ein Bestechungsskandal aufgedeckt: Eltern bestachen Lehrer, um ihren Kindern gute Zensuren zu sichern.
Vier Studienräte des Gymnasiums in Steyr werden vom Dienst suspendiert. Sie sollen die guten Zensuren für ihre Schüler von den Geschenken der Väter abhängig gemacht haben.
Gegen den Direktor der Schule wird ein Disziplinarverfahren eingeleitet, weil er von den Zuständen an seinem Gymnasium gewußt haben soll.

Heinrich Drimmel, der österreichische Bundesminister für Unterricht

Unglück auf New Yorker Flughafen

20. Januar. Bei einem Flugzeugunglück in der Nacht zum 20. Januar auf dem New Yorker Flughafen Idlewild (John-F.-Kennedy-Flughafen) kommen vier Menschen ums Leben.
Eine mit 126 Personen besetzte mexikanische Düsenverkehrsmaschine vom Typ DC-8-B raste beim Start im Schneesturm in die Flughafenumzäunung und ging in Flammen auf. Den Passagieren und vier der acht Besatzungsmitgliedern gelang es, sich ins Freie zu retten, bevor die Maschine explodierte. Der heftige Schneesturm und die tiefen Temperaturen behindern die Rettungsarbeiten erheblich.

Rettungsmannschaften kämpfen gegen Feuer beim Idlewild-Flugzeugunglück

Beweisaufnahme beendet
Bonn, 20. Januar (UPI)
Die Witwe des verstorbenen Mini-

Flugzeug raste in einen Zaun
Vier Todesopfer in New York — Bomber stürzte ab

Rettungsmannschaften auf dem Idlewild-Flughafen bei New York versuchen, den Brand des Flugzeugs unter Kontrolle zu bringen

Die besten Lügen werden prämiiert

2. Januar. Beim Wettbewerb des Lügnerclubs von Burlington/USA werden die Preise vergeben.
Erster Preisträger wird Joe Sage, der behauptet, auf Okinawa gäbe es eine Schwalbenart, die so süß sänge, daß Diabetiker Ohrenschützer tragen müßten. Zweitbeste Lügner werden Dale Hill und Mrs. Edward Moore. Hill hat von der Reichweite seiner Flinte berichtet, die ihn zwinge, die Patronen vorher in Salz zu tauchen, damit das erlegte Wild erhalten bleibt, bis er es bergen kann. Mrs. Moore schildert den Fall einer Malerin, die so realistisch eine Flußlandschaft malte, daß sie, als sie ausglitt, im Fluß ertrank.

Wohnen 1961:

Skandinavisches Design wird modern

Mit dem Ende der ersten Aufbauphase nach den Zerstörungen des Zweiten Weltkriegs beginnt sich die Situation auf dem Wohnungsmarkt in der Bundesrepublik langsam zu entspannen. Das Interesse an der geschmackvollen Einrichtung der Wohnräume wächst.

Obwohl im Jahr 1961 die sechsmillionste Neubauwohnung, die nach dem Krieg gebaut wurde, fertiggestellt wird, gibt es allerdings in einigen Teilen der Bundesrepublik – vor allem im südlichen Niedersachsen, im Westen Nordrhein-Westfalens und in Südbayern – noch ein erhebliches Wohnungsdefizit.

Mit der langsamen Verbesserung des Lebensstandards wächst auch das Interesse an einer modernen Wohnungseinrichtung. Möbel werden nicht mehr für das ganze Leben gekauft und gebaut, sondern sind ebenfalls den wechselnden Modetrends unterworfen – der Absatz der Möbelindustrie wächst entsprechend.

Nach den plastischen, weichen Stromlinienformen der 50er Jahre setzt sich nun zunehmend der sachliche skandinavische Stil durch. Die Sitzmöbel werden sparsamer gepolstert und dadurch leichter. Die Schrankwände, die zumeist in Regalteile mit Barfach, Schubladenuntersatz und einem Schrankaufsatz geteilt sind, werden kaum verziert, so daß die Holzmaserung als Schmuckelement in den Vordergrund rückt. Teakholz und Kiefer gehören zu den bevorzugten Holzarten.

Bei der Farbgebung der Textilien herrschen klare Grundfarben vor, die beliebig miteinander kombiniert werden.

Sachlich, kantige Sitzmöbel mit Stahlrohr und quadratische Tische mit Teakholzplatten

Leichte funktionale Sitzmöbel und kräftige Farbgebung bestimmen den Stil der Inneneinrichtung

Bestand an Wohngebäuden, Wohnungen und Wohnräumen am 31. 12. 1961*

Bundesland	Normalwohngebäude	Normalwohnungen in Wohn- und Nichtwohngebäuden						Normalwohnräume einschließlich Küchen insgesamt
		insgesamt	davon mit . . . Räumen einschl. Küchen					
			1 und 2	3	4	5 und mehr		
Schleswig-Holstein	357446	697194	85408	239429	217092	155265		2636565
Hamburg	188625	603937	82679	219499	199376	102383		2180598
Niedersachsen	952804	1812755	174954	471250	600348	566203		7590690
Bremen	94323	231360	23967	76774	86056	44563		868441
Nordrhein-Westfalen	1867812	4680666	994203	1509123	1248106	929234		16916057
Hessen	685666	1425753	184524	424486	439125	377618		5648527
Rheinland-Pfalz	596284	1008343	157680	296657	257273	296733		3971155
Baden-Württemberg	1159969	2319578	228057	624429	834870	632222		9258298
Bayern	1385580	2721504	445553	816790	699428	759733		10721176
Saarland	183303	329319	43144	96918	98904	90353		1292884
Berlin (West)	138400	872015	248767	347690	184987	90571		2756733
insgesamt	7610212	16702424	2668936	5023045	4865565	4044878		63841124

* Statistisches Jahrbuch für die Bundesrepublik Deutschland 1962.

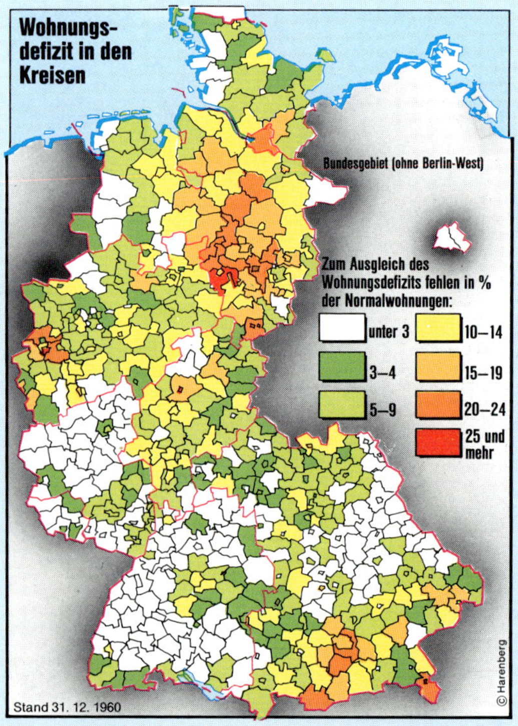

Wohnraum des Architekten Günther Balser

Pflegeleichte Materialien für Innenräume

l. R. v. l.: John Wayne, Richard Widmark, Laurence Harvey

Alamo – Western mit John Wayne

29. Januar. »Alamo«, ein US-Western mit John Wayne als Hauptdarsteller, Produzent und Regisseur, wird in der Bundesrepublik erstaufgeführt.
Der Film spielt 1836 im damals mexikanischen Texas, als die US-amerikanischen Siedler in der Schlacht von Alamo von mexikanischen Truppen völlig besiegt werden. Der Film heroisiert den Kampf der Siedler, die 1836 am San Jacinto mit dem Ruf »Remember the Alamo« (Denk an Alamo) siegen.

John Wayne und Linda Cristal

123 Jahre für ein Wörterbuch

4. Januar. Das Germanistische Institut der Universität Göttingen und das Institut für Deutsche Sprache und Literatur der Deutschen Akademie der Wissenschaften in Berlin (Ost) geben die Fertigstellung der letzten Bände des Deutschen Wörterbuchs bekannt. Das Gemeinschaftswerk, das den gesamten Wortschatz der deutschen Schriftsprache vom 16. Jahrhundert bis zur Gegenwart umfaßt, wurde 1838, vor 123 Jahren, von den Brüdern Jacob und Wilhelm Grimm begonnen.
Die Artikel der einzelnen Stichwörter berichten sowohl über die Herkunft der Wörter als auch über Bedeutung und Form, dazu werden jeweils Belegstellen aus der Literatur angeführt.
Die Brüder Grimm, die 1837 nach ihrem Protest gegen König Ernst August II. von Hannover ihre Arbeit an der Universität Göttingen verloren hatten, erhielten ein Jahr später von der Weidmannschen Buchhandlung in Leipzig den Auftrag, ein Deutsches Wörterbuch abzufassen. Diese Arbeit sollte die Existenz der Grimms sichern.
Zunächst glaubten die Brüder, ihre Arbeit innerhalb von vier Jahren fertigstellen zu können, der erste Teil des Wörterbuchs (A bis Biermolke) erschien jedoch erst 1854. Beim

Jakob und Wilhelm Grimm

Tode Wilhelm Grimms (1859) war der Buchstabe D vollendet, 1863, als Jacob starb, war der Band F gerade erst begonnen worden.
Nach dem Tod der beiden Grimms wurde das Werk von mehreren Germanisten fortgeführt. Erst 1908 bildete sich eine Zentralredaktion für das Wörterbuch, als Abteilung der Preußischen Akademie der Wissenschaften in Berlin. An der Universitätsbibliothek in Göttingen, die aufgrund ihres umfangreichen Buchbestandes besonders dafür geeignet war, wurde eine Zentralsammelstelle eingerichtet, die bis zu 300 Mitarbeiter beschäftigte.
Während des Zweiten Weltkriegs blieben die Unterlagen unbeschädigt, so daß nach 1945 unverzüglich weitergearbeitet werden konnte. In die letzten elf Bände sind auch Werke des 20. Jahrhunderts, z. B. von Anna Seghers, Thomas Mann, Franz Kafka, Robert Musil und Arnold Zweig, einbezogen worden.
Mit dem Abschluß des letzten Bandes mit dem Stichwort Zypressenzweig ist die Arbeit jedoch nicht beendet. Die beiden Forschungsstellen in Berlin (Ost) und Göttingen wollen jetzt die ersten Bände auf den neuesten Stand bringen.

Marika Kilius und Partner Hans-Jürgen Bäumler

Margret Göbl, Franz Ningel, Deutsche Meister 1961

Kilius/Bäumler werden Europameister vor Göbl/Ningel

26. Januar. Nachdem sie bei den Deutschen Meisterschaften im Paarlaufen in Oberstdorf hinter Margret Göbl und Franz Ningel am 22. Januar nur den zweiten Platz erreicht hatten, gewinnen Marika Kilius und Hans-Jürgen Bäumler in Berlin die Europameisterschaft vor Göbl/Ningel.
Seit 1958 konkurrieren Kilius/Bäumler und Göbl/Ningel um die Deutschen Meisterschaften, die beide Paare jeweils zwei Mal gewinnen konnten.
Vor 1958 hatte Marika Kilius zusammen mit Franz Ningel mehrere Titel geholt. Zwischen 1955 und 1957 hatten sie alle Deutschen Meisterschaften im Paarlauf gewonnen. Als jedoch die 14jährige Marika Kilius zu groß wurde, wechselte sie den Partner und gewann 1958 mit Hans-Jürgen Bäumler die Meisterschaft. Franz Ningel fand dagegen in Margret Göbl eine in der Körpergröße passende Partnerin.
Bei den internationalen Wettbewerben unterlagen Göbl/Ningel bisher jedes Mal gegen die Publikumslieblinge Kilius/Bäumler, die 1959, 1960 und 1961 Europameister wurden.

Februar 1961

Mo	Di	Mi	Do	Fr	Sa	So
		1	2	3	4	5
6	7	8	9	10	11	12
13	14	15	16	17	18	19
20	21	22	23	24	25	26
27	28					

1. Februar, Mittwoch

Vor dem Sommersitz des verstorbenen italienischen Senators Ettore Tolomei in Neumarkt (südlich von Bozen) kommt es zu einem Sprengstoffanschlag. → S. 37

Die Vereinigten Staaten starten ihre erste Interkontinentalrakete vom Typ Minuteman. Die Rakete hat eine Reichweite von 9000 km. → S. 44

Das Land Bremen bewilligt zur Sicherung von 20 000 Arbeitsplätzen bei den in Finanzschwierigkeiten geratenen Borgward-Autowerken einen 50-Millionen-DM-Kredit (→ 10. 2./S. 42).

2. Februar, Donnerstag

Um den »Leerlauf und das Elend der Arbeitslosigkeit« zu lindern und die Wirtschaft anzukurbeln, legt US-Präsident John F. Kennedy dem amerikanischen Kongreß ein konjunkturpolitisches Programm vor. Die Zahl der Arbeitslosen in den USA hatte sich im Januar um 900 000 auf 5,4 Millionen erhöht. → S. 38

Am Abend beginnt die Ausbootung der 600 Passagiere der »Santa Maria«, die am 22. Januar von dem portugiesischen Regimegegner Henrique Galvão gekapert worden war. Die Fahrgäste werden in dem brasilianischen Hafen Recife an Land gesetzt (→ 3. 2./S. 35).

Kanada verkauft der Volksrepublik China Weizen und Gerste im Wert von 60 Millionen US-Dollar (etwa 255 Millionen DM) zur Bekämpfung der Hungersnot. → S. 38

In Wuppertal wird im Schauspielhaus das satirische Stück »Die Stühle des Herrn Szmil« von Heinar Kipphardt uraufgeführt.

3. Februar, Freitag

Die Regierung der DDR unternimmt einen neuen Vorstoß gegen die Arbeit der Evangelischen Kirche in Deutschland (EKD). Sie verbietet die Tagung der gesamtdeutschen Synode, die vom 12. bis zum 17. Februar in beiden Teilen Berlins abgehalten werden sollte, für den Bereich des Ostsektors (→ 12. 2./S. 43).

Henrique Galvão übergibt den gekaperten Luxusdampfer »Santa Maria« formell den brasilianischen Behörden. → S. 35

4. Februar, Sonnabend

In Luanda, der Hauptstadt von Portugiesisch-Angola, überfallen mehrere Gruppen bewaffneter Männer zwei Gefängnisse, das Rundfunkhaus und eine Polizeistation. Die Angriffe, die sich gegen die portugiesische Kolonialmacht richten, werden von der Polizei blutig zurückgeschlagen. Es gibt 16 Tote (→ 13. 4./S. 73).

5. Februar, Sonntag

Der Bundesausschuß und das Direktorium der Deutschen Partei (DP) sprechen sich in Kassel ebenso wie der Parteitag der niedersächsischen DP für eine Fusion mit dem Bund der Heimatvertriebenen und Entrechteten (BHE) aus (→ 16. 4./S. 77).

Wenige Stunden nach der Fertigstellung stürzt eine Betonbrücke der Europastraße 3 bei Schleswig ein. Ein Ölofen, der unter der Brücke steht, setzte die Holzverschalung des Bauwerks in Brand. Der Schaden beläuft sich auf über 500 000 DM.

6. Februar, Montag

Die Lage in der portugiesischen Überseeprovinz Angola hat sich vorläufig wieder beruhigt. Die Zahl der Todesopfer der Unruhen ist allerdings auf 24 gestiegen (→ 13. 4./S. 73).

7. Februar, Dienstag

Jeder Versuch der Vereinten Nationen, die Truppen der Katanga-Regierung zu entwaffnen, werde als Kriegserklärung gegen Katanga betrachtet. Mit dieser Warnung beantwortet der Präsident von Katanga, Moise Tschombé, den auch von US-Präsident John F. Kennedy unterstützten Plan des UN-Generalsekretärs Dag Hammarskjöld zur Neutralisierung aller kongolesischen Truppen (→ 13. 2./S. 34).

Ein Großbrand zerstört die 1755 entstandenen Deckengemälde von Gregorio Guglielmo im Festsaal der alten Universität in Wien. Die Decke stürzt ein.

Nach Mitteilung der Zentralstelle der Landesjustizverwaltungen in Ludwigsburg sind im Bundesgebiet in 700 Fällen Ermittlungen wegen Teilnahme an NS-Gewalttaten eingeleitet.

8. Februar, Mittwoch

Für die Bauern sollen, nach einem Beschluß der Bonner Regierung, im Bundeshaushalt 1961 weitere 300 Millionen DM an Subventionen bereitgestellt werden. Die Gelder werden zusätzlich zu dem im Herbst 1960 von der Bundesregierung vorgelegten Grünen Plan, in dem 1,6 Milliarden DM für die Landwirtschaft vorgesehen sind, ausgeschüttet.

Arzneimittel dürfen künftig in der Bundesrepublik nur hergestellt werden, wenn dafür eine besondere Erlaubnis vorliegt. Diese Bestimmung ist die wesentliche Neuerung des vom Bundestag einstimmig verabschiedeten Arzneimittelgesetzes. → S. 46

Das US-Raketenflugzeug X-15 erreicht bei einem Testflug mit 3380 km/h die dreifache Schallgeschwindigkeit.

Ein voller Erfolg wird die US-amerikanische Erstaufführung des »Faust« von Johann Wolfgang von Goethe durch das Ensemble des Hamburger Schauspielhauses unter der Leitung von Gustaf Gründgens im New Yorker City Center of Music and Drama.

9. Februar, Donnerstag

Der kongolesische Staatspräsident Joseph Kasawubu ernennt Joseph Iléo zum neuen Ministerpräsidenten des Kongo (→ 13. 2./S. 34).

Pinhas Lavon, der Generalsekretär des israelischen Gewerkschaftsbundes Histadrut, erklärt seinen Rücktritt. Die Auseinandersetzungen um die Person Lavons hatten am 31. Januar zum Rücktritt des Ministerpräsidenten David Ben Gurion geführt. → S. 36

Die von der Deutschen Bundesbank angekündigten neuen Banknoten zu 20 DM werden von sofort an ausgegeben. Wie die Bundesbank in Frankfurt am Main mitteilt, bleiben die bisherigen 20-DM-Scheine weiterhin gültig. → S. 46

In New York wird der Spielfilm »Misfits« (»Nicht gesellschaftsfähig«) von John Huston uraufgeführt. Die Hauptrollen spielen Marilyn Monroe, Clark Gable und Montgomery Clift. → S. 47

10. Februar, Freitag

Beim Pariser Gipfeltreffen der sechs Staatschefs der Länder der Europäischen Wirtschaftsgemeinschaft (EWG) wird die engere politische Zusammenarbeit der EWG-Staaten vereinbart. Dem französischen Diplomaten Christian Fouchet wird die Leitung der Kommission zur Ausarbeitung von Plänen für eine europäische Einigung übertragen. → S. 36

Der Prozeß gegen den früheren SS-Obergruppenführer und General der Waffen-SS, Erich von dem Bach-Zelewski, geht zu Ende. Bach-Zelewski wird wegen Totschlag zu viereinhalb Jahren Gefängnis verurteilt. → S. 40

In Bremen werden die Borgward Werke AG gegründet. Das Grundkapital der Gesellschaft in Höhe von 50 Millionen DM wird im wesentlichen von der Freien Hansestadt Bremen aufgebracht. → S. 42

Von 1000 jungen Mädchen werden seit drei Jahren jährlich 39 auf den Namen Petra getauft. Bei den Jungen wurden 56mal die Vornamen Thomas und Michael gewählt. Diese Vornamen sind in der Bundesrepublik die beliebtesten.

11. Februar, Sonnabend

Zum dritten Mal innerhalb einer Woche kommt es in Luanda, der Hauptstadt von Portugiesisch-Angola, zu einem Gefecht zwischen Aufständischen und der Polizei. Die Lage, die sich zunächst anscheinend beruhigt hat, spitzt sich nun weiter zu (→ 13. 4./S. 73).

Einem Lehrer, der die zur Zeit lehrerlosen Kinder in der niederbayerischen Gemeinde Indersbach unterrichten will, bietet die Gemeinde eine Wohnung mit modernem Bad und das Jagdrecht im Gemeindeforst an – ein Beispiel dafür, wie in vielen Orten der Bundesrepublik – oft auf ungewöhnliche Weise – versucht wird, dem Lehrermangel zu begegnen.

12. Februar, Sonntag

Die Behörden in Berlin (Ost) hindern zahlreiche evangelische Bischöfe und Synodale, die am Eröffnungsgottesdienst der gesamtdeutschen Synode in der Ostberliner Marienkirche teilnehmen wollen, am Betreten des Ostsektors. → S. 43

In Winterberg gehen die Deutschen Nordischen Meisterschaften zu Ende. In der Nordischen Kombination gewinnt Georg Thoma aus Hinterzarten. Im 15-km-Lauf kann sich Sepp Maier aus St. Peter neuer Deutscher Meister nennen. In der 4 × 10-km-Staffel siegt die Mannschaft Schwarzwald I vor Bayern I und Schwarzwald II. Das Skispringen gewinnt ebenfalls der Hinterzartener Georg Thoma.

13. Februar, Montag

Die Regierung von Katanga, in deren Gewahrsam sich der ehemalige kongolesische Ministerpräsident Patrice Lumumba befand, gibt bekannt, daß Patrice Lumumba ermordet worden sei. → S. 34

Das umkämpfte Sparprogramm der belgischen Regierung, das Anlaß für den Streik wallonischer Arbeiter war, hat seine letzte parlamentarische Hürde genommen. Nach fünftägigen Beratungen billigt der Senat den Gesetzentwurf (→ 23. 1./S. 19).

Die Kommandanten der drei Westsektoren von Berlin melden beim sowjetischen Kommandanten Protest gegen die Behinderung der evangelischen Bischöfe und Synodalen an (→ 12. 2./S. 43).

Der seit Donnerstag von mehr als 1000 Polizisten gesuchte Anführer der »Al-Capone-Bande« wird mit seiner 19jährigen Braut, gen. Revolver-Tilly, in Lambrecht in der Pfalz gestellt. → S. 44

In den österreichischen Alpen herrscht höchste Lawinengefahr. Nach starken Schneefällen am Wochenende beträgt die Neuschneehöhe in manchen Gebieten bis zu zwei Meter. Sogar in den Bergen rund um Wien wird Lawinenalarm gegeben.

14. Februar, Dienstag

Die Sowjetunion entzieht dem UNO-Generalsekretär Dag Hammarskjöld ihre Anerkennung und fordert, daß innerhalb eines Monats alle ausländischen Truppen aus dem Kongo (Zaïre) abgezogen werden. Damit solle dem kongolesischen Volk Gelegenheit gegeben werden, seine inneren Angelegenheiten selbst zu regeln (→ 13. 2./S. 34).

Die Illustrierte »Quick« vom 19. Februar 1961 mit einem Bericht über die Entführung des Passagierschiffes »Santa Maria« durch den portugiesischen Hauptmann Henrique Galvão

Februar 1961

Im vergangenen Jahr haben 1963045 ausländische Touristen die französische Hauptstadt Paris besucht, wie von zuständiger französischer Stelle mitgeteilt wird. Gegenüber 1959 bedeutet das eine Steigerung um fast 16%. Das stärkste Kontingent stellten mit 437791 Touristen die US-Amerikaner vor den Briten. Knapp 125000 Besucher kamen aus der Bundesrepublik. Auch die französische Riviera hatte 1960 eine Steigerung des Touristenstroms um 16% zu verzeichnen.

15. Februar, Mittwoch

Ab 7.42 Uhr herrscht in Europa eine Sonnenfinsternis, die um 8.42 Uhr ihren Höhepunkt erreicht. Die nächste in Europa sichtbare Sonnenfinsternis wird erst wieder am 11. August 1999 zu beobachten sein. → S. 44

Beim Absturz einer Sabena-Maschine bei Brüssel kommt die gesamte US-amerikanische Eislaufelite ums Leben. Der Flugzeugabsturz fordert 73 Menschenleben. → S. 43

16. Februar, Donnerstag

Die Erleichterungen bei der Erteilung von Passierscheinen für Bundesbürger zum Besuch von Berlin (Ost) treten in Kraft. → S. 44

Zum neuen Ratsvorsitzenden der Evangelischen Kirche wählt die Gesamtdeutsche Synode Präses Kurt Scharf aus Berlin. Stellvertreter des Ratsvorsitzenden wird der hannoversche Landesbischof Hanns Lilje (→ 12. 2./S. 43).

In Katanga befinden sich allein in den zwei Gefängnissen von Buluo und Kasapa mehr als 1000 politische Häftlinge. Dies geht aus einem Bericht des internationalen Komitees des Roten Kreuzes über seine Tätigkeit im Kongo (Zaïre) hervor. Die internationale Juristenkommission in Genf fordert in einem Telegramm an den Ministerpräsidenten Katangas, Moise Tschombé, eine unparteiische Untersuchung des Todes von Patrice Lumumba (→ 13. 2./S. 34).

Obwohl die Zahl der Schulabgänger in der Bundesrepublik zum ersten Mal seit 1955 steigt, können mehr als 200000 Lehrstellen nicht besetzt werden. Insgesamt verlassen in diesem Jahr 677000 Schüler die Schule (1960: 577000). → S. 42

Die deutschen Hausfrauen kochen wieder mehr ein. Die Glaswerke Ruhr berichten in Essen, daß sie wegen der steigenden Nachfrage die Herstellung von Einmachgläsern in diesem Winter nicht unterbrochen haben.

Im Schillertheater in Berlin (West) wird das Stück »Die bösen Köche« von Günter Grass uraufgeführt.

17. Februar, Freitag

Über 1,5 Milliarden Dollar hat die Regierung unter John F. Kennedy beschleunigt aus Haushaltsmitteln zur Verfügung gestellt, um die US-amerikanische Wirtschaft anzukurbeln und die Konjunkturflaute zu dämpfen (→ 2. 2./S. 38).

Wegen Ärztemangels müssen viele Krankenhäuser in Niedersachsen nach Mitteilung des Geschäftsführers des niedersächsischen Landkreistages ganze Abteilungen schließen. Mit der Erklärung nimmt der Geschäftsführer Stellung gegen eine Flugblattaktion der Ärztekammer Niedersachsen, mit der Abiturienten vor dem Medizinstudium gewarnt werden. → S. 42

Die Deutsche Meisterschaft im Riesenslalom geht in Garmisch-Partenkirchen zu Ende. Bei den Herren gewinnt der Traunsteiner Ferdl Fettig. Bei den Damen siegt Heidi Biebl aus Oberstaufen (→ 19. 2./S. 47).

18. Februar, Sonnabend

5000 Menschen protestieren mit einem Sitzstreik zweieinhalb Stunden lang auf den Bürgersteigen des Londoner Regierungsviertels gegen die Errichtung eines US-amerikanischen Polaris-Raketenstützpunktes in Schottland. → S. 38

Gegen »Trunkenbolde und Spekulanten« nimmt der sowjetische Parteichef Nikita Chruschtschow erneut in einer Rede in Woronesch Stellung. Chruschtschow wiederholt bei der Gelegenheit seine Forderung nach verstärkten »materiellen Anreizen«, um eine Steigerung der Produktivität zu erreichen. Die Verwirklichung seines Ziels, die USA in der Agrarproduktion zu überholen, verlange eine scharfe Bekämpfung des »antisozialistischen Verhaltens«.

19. Februar, Sonntag

Die Deutschen Alpinen Skimeisterschaften enden in Garmisch-Partenkirchen. Im Abfahrtslauf der Herren siegt Fritz Wagnerberger (Traunstein). Den Sieg im Slalom sichert sich überlegen der Münchner Willy Bogner. In der Kombination wird Adalbert Leitner aus Kleinwalsertal Sieger. Bei den Damen gewinnt Heidi Biebl (Oberstaufen) den Abfahrtslauf. Auch im Slalom wird Heidi Biebl Erste, außerdem gewinnt sie die Kombination mit der Idealnote 0. → S. 47

20. Februar, Montag

Über 100000 Passagiere sitzen infolge des wilden Streiks US-amerikanischer Bordmechaniker, der fast das gesamte Langstreckenflugnetz der USA lahm legt, in New York fest. → S. 46

Auf 600000 Klassenzimmer hat US-Präsident John F. Kennedy den Bedarf der USA an Schulräumen für die nächsten zehn Jahre beziffert. Dies geht aus einer Sonderbotschaft hervor, in der Kennedy den Kongreß in Washington um 5,7 Milliarden Dollar (etwa 23,9 Milliarden DM) für ein Erziehungs- und Ausbildungsprogramm ersucht.

21. Februar, Dienstag

Katanga-Präsident Moise Tschombé ordnet die Mobilmachung aller weißen und schwarzen Bewohner der Provinz Katanga an. Er bezeichnet in einer Rundfunkerklärung die Resolution des Weltsicherheitsrates zur Lösung der Kongokrise als eine »Kriegserklärung der UNO gegen Katanga« (→ 13. 2./S. 34).

In Moskau wird neben der staatlichen Nachrichtenagentur TASS eine zweite Presseagentur, Nowosti (Neuigkeiten), gegründet.

Die USA geben die Namen der für Weltraumflüge vorgesehenen Astronauten mit Oberleutnant John Glenn, Hauptmann Virgil Grissom und Kommandant Alan B. Shepard bekannt.

22. Februar, Mittwoch

Bundeskanzler Konrad Adenauer hält sich bis zum 23. Februar zu einem Staatsbesuch in London auf. Adenauer und der britische Premierminister Harold Macmillan kommen überein, die Westeuropäische Union (WEU) als Bindeglied zwischen Großbritannien und den Staaten der Europäischen Wirtschaftsgemeinschaft auszubauen.

Sieben Verbände der mensurschlagenden Korporationen des Convents Deutscher Korporationsverbände werden in Zukunft auf Veranlassung von Bundesinnenminister Gerhard Schröder (CDU) und Bundesfamilienminister Franz-Joseph Wuermeling (CDU) durch Mittel aus dem Bundesjugendplan gefördert werden – eine Entscheidung, die in der Öffentlichkeit auf Kritik stößt.

Die Oper »Ein Sommernachtstraum« des britischen Komponisten Benjamin Britten erlebt in Hamburg ihre deutsche Erstaufführung.

23. Februar, Donnerstag

Das umfangreichste Tarifwerk in der Bundesrepublik, der Bundesangestelltentarif (BAT), wird nach neunjährigen Verhandlungen in Bad Nauheim unterzeichnet. Der Tarifvertrag regelt die Arbeitsbedingungen für mehr als 500000 Angestellte des Bundes, der Länder und Gemeinden. Er tritt am 1. April in Kraft und löst sämtliche bestehenden Tarife und dazugehörenden Dienstordnungen aus dem Jahr 1938 ab. → S. 42

24. Februar, Freitag

Der bisherige SPD-Abgeordnete Arno Behrisch scheidet aus seiner Fraktion aus und tritt zur Deutschen Friedensunion (DFU) über. Damit ist die am 17. Dezember 1960 gegründete DFU bis zum Ende der 3. Legislaturperiode im Bundestag vertreten (→ 17. 9./S. 160).

Als eine der größten Errungenschaften Frankreichs nach dem Kriege bezeichnet der französische Staatspräsident Charles de Gaulle den neuen Flughafen Paris-Orly, dessen Empfangsgebäude de Gaulle seiner Bestimmung übergibt. Für den Flughafen sind in den letzten Jahren fast 500 Millionen DM ausgegeben worden. Das Abfertigungsgebäude gilt weltweit als das modernste aller Flughäfen. → S. 39

Immer noch müssen viele Eltern in Nordrhein-Westfalen bei ihren Kindern Schichtunterricht in Kauf nehmen. Betroffen sind 2747 Klassen in Volksschulen, 374 in Realschulen sowie 389 in den höheren Schulen. Im vergangenen Jahr konnte die Zahl der Klassen mit Schichtunterricht insgesamt nur um 782 gesenkt werden.

Der jugoslawische Skispringer Joze Slibar verbessert in Oberstdorf vor 15000 Zuschauern den Weltrekord im Skiflug auf 141 m.

25. Februar, Sonnabend

Wie der Zentralverband der elektrotechnischen Industrie berichtet, ist die Bundesrepublik nach den USA der größte Kühlschrankhersteller der Welt. Letztes Jahr wurden in der Bundesrepublik nach ersten Erhebungen über 2,2 Millionen Haushaltskühlschränke hergestellt. Das waren rund 400000 mehr als 1959.

26. Februar, Sonntag

Nach dem Tod von Muhammad V. in Rabat, Sultan und König von Marokko, wird Hasan II. marokkanischer König. → S. 36

27. Februar, Montag

Der Ministerrat der Westeuropäischen Union (WEU) tritt für eine Verstärkung der politischen und wirtschaftlichen Einheit Europas ein. Großbritannien erklärt zum ersten Mal die Bereitschaft zum Eintritt in die Europäische Wirtschaftsgemeinschaft (→ 8. 11./S. 186).

Verkehrsunfälle sind nach einer Mitteilung des Statistischen Bundesamtes in Wiesbaden die häufigste Todesursache für Kinder.

28. Februar, Dienstag

Das Bundesverfassungsgericht in Karlsruhe verurteilt die Gründung der Deutschland Fernsehen GmbH durch Bundeskanzler Konrad Adenauer (CDU) als einen Verstoß gegen das Grundgesetz der Bundesrepublik Deutschland. → S. 40

Der US-amerikanische Präsident John F. Kennedy ernennt den Harvard-Professor Henry Kissinger zum Sonderberater für Fragen der nationalen Sicherheit. → S. 36

Gestorben:

3. Bremen: Minna Specht (*22. 12. 1879, Reinbek/Hamburg), Pädagogin.

22. Cannes: George Marquis de Cuevas (*1885, Santiago de Chile), US-amerikanischer Ballettdirektor.

26. Rabat: Muhammad V. (*10. 8. 1909, Fes), marokkanischer König. → S. 36

26. Ettlingen: Karl Albiker (*16. 9. 1878, Ühlingen bei Waldshut), deutscher Bildhauer.

Mittwoch, 15. Februar 1961 Der Zürcher Zeitung 182. Jahrgang Fernausgabe Nr. 45 Blatt 1

Neue Zürcher Zeitung

und schweizerisches Handelsblatt

Der Tod Lumumbas

Inhaltsübersicht

Elisabethville meldet die Massakrierung des Politikers

Die politische Laufbahn Lumumbas

Die Schweizer Tageszeitung »Neue Zürcher Zeitung« mit einem Bericht über den Tod des kongolesischen Ministerpräsidenten Patrice Lumumba

Tagebuchnotizen aus Bangkok: Fernsehen in der Hütte (Seite 3)

DIE WELT

UNABHÄNGIGE TAGESZEITUNG FÜR DEUTSCHLAND

Mittwoch, 22. Februar 1961 Ausgabe D Nr. 45 · Preis 30 Pf

Tschombe befiehlt Mobilmachung „UNO hat uns den Krieg erklärt"

Freie Hand

Mobutu zum Schlag gegen Gizenga bereit

Neue Vollmachten für Hammarskjöld

Nebel über dem Kanal

1200 warten auf Abflug aus Tempelhof

Nur eine Kontrolle für Lastwagen nach Berlin

London setzt Hoffnung auf Adenauer

London besorgt über Nordrhodesien

Gastwirte werden politisch geschult

Der Vorsprung des Kanzlers wächst

Etzel: Keine Ergänzungsabgabe

Unruhen im Kongo (Zaïre) als Leitartikel in der Tageszeitung »Die Welt« vom 22. Februar 1961

Was wird nun im Kongo?: Lumumba — Opfer seiner Besessenheit (Seite 3)

Verlag DIE WELT, Essen, Sachsenstr. 36, Tel 2 14 21, Fernschr. 0857 341, Hamburg 36, Kaiser-Wilhelm-Str. 16, Tel. 34 10 10. Fernschr. 0211 149. Berlin-Tempelhof, Mariendorfer Damm 1/3, Tel. 75 05 86. Verlagsleiter: Dr. Heinrich Schulte

DIE WELT

UNABHÄNGIGE TAGESZEITUNG FÜR DEUTSCHLAND

Abonnement durch Träger oder Post, monatlich DM 6,60 einschl. Zustellgebühr. Postabholer DM 6,06, Auslandsbezug DM 9,— einschl. Porto. Anzeigenpreisliste Nr. 29 vom 15. 8. 1960. Verantwortlich für Anzeigen: Karl Heinz Holz.

Mittwoch, 15. Februar 1961 1 H 7109 A Ausgabe D Nr. 39 - Preis 30 Pf

Nach der Ermordung Lumumbas:

Moskau bricht mit Hammarskjöld Verhaftung Tschombes gefordert

Einen Tag danach

E. U. F. — Am Montag wurde die Ermordung Lumumbas bekannt. Schon 24 Stunden später kam die zu erwartende Antwort aus Moskau.

Anstatt in der Sitzung des Sicherheitsrats unter dem Eindruck der Nachricht von dem politischen Mord neue Aufträge an Hammarskjöld zu beschließen, hatte sich der Rat auf Wunsch des Sowjetdelegierten Sorin vertagt. Er kannte die Marschrichtung seiner Regierung noch nicht. Jetzt ist sie klar. Die Sowjetunion ist der UNO zuvorgekommen und konfrontiert sie mit einer neuen Situation.

Lange genug hatte Hammarskjöld gewarnt. Die Kongo-Krise war zur Krise der Vereinten Nationen geworden. Man ließ ihn allein. Nun gibt die Untat von Katanga den

Hilfe für Gizenga angekündigt

Nachrichtendienst der WELT

Moskau, 14. Februar

Die Sowjetunion hat am Dienstag dem UNO-Generalsekretär Hammarskjöld offiziell ihre Anerkennung entzogen und gefordert, daß innerhalb eines Monats alle ausländischen Truppen aus dem Kongo abgezogen werden. Damit solle dem kongolesischen Volk Gelegenheit gegeben werden, seine inneren Angelegenheiten selbst zu regeln.

Die Sowjetunion erklärte ferner:

1. Belgien müsse für die Ermordung Lumumbas verurteilt werden;

2. Der Regierungchef der abgefallenen Provinz Katanga, Tschombe, sei zu verhaften.

3. Auch der kongolesische Armeebefehlshaber Mobutu sei in Gewahrsam zu nehmen.

4. Unverzüglich seien alle Truppen und Polizeieinheiten zu entwaffnen, die Befehle von Mobutu oder Tschombe entgegennähmen.

5. Die Sowjetunion betrachte es als eine heilige Pflicht, den Lumumba-Anhänger Gizenga, der in der Ost-

Scharfe Reaktion aus London

Springer-Auslandsdienst

London/New York, 14. Februar

Die von den Sowjets gegen Hammarskjöld erhobenen Forderungen haben in Londoner Regierungskreisen eine scharfe Reaktion ausgelöst.

Ein Sprecher des britischen Außenministeriums erklärte: „Wenn die sowjetische Regierung wirklich diese Ansicht vertritt, wäre das äußerst be-

Brentano: Entwicklungshilfe eine dauernde Aufgabe

Abflug nach USA — Finanzgespräch soll wieder in Fluß kommen

Von unserem Korrespondenten

Schr. Bonn, 14. Februar

Bundesaußenminister von Brentano ist am Dienstag mit der Absicht in die Vereinigten Staaten abgeflogen, das festgefahrene deutsch-amerikanische Gespräch über Finanzfragen wieder in Fluß zu bringen. Wie er vor dem Abflug erklärte, wird es nicht bei der vorgesehenen Leistung der Bundesrepublik von vier Milliarden D-Mark für die Entwicklungshilfe bleiben.

Unmittelbar bevor Brentano seine Reise antrat, hatte der amerikanische Botschafter Dowling noch eine längere Aussprache mit Bundeskanzler Adenauer.

Um 14.20 Uhr startete in Frankfurt die Lufthansa-Maschine, die Heinrich von Brentano, Staatssekretär van Scherpenberg und Ministerialdirektor von Etzdorf zunächst nach New York und dann nach Washington bringt.

Zehn Minuten später folgte Botschafter Dowling in einem Pan-American-Flugzeug. Mit sich nahm er zur Berichterstattung an Präsident Kennedy und Außenminister Dean Rusk die Versicherung Adenauers, daß die Bundesregierung unverändert stärksten Wert auf beste Beziehungen zu den Vereinigten Staaten lege. Deshalb werde auch ein Weg gefunden werden, die in den Finanzgesprächen aufgetauchten Mißverständnisse zu beseitigen.

Bonn für politische Brücke zu England

Von unserem Korrespondenten

Schr. Bonn, 14. Februar

Die Bundesregierung wird auf der Mai-Tagung der Regierungschefs der sechs Staaten der Europäischen Wirtschaftsgemeinschaft vorschlagen, daß neben die ständige politische Konsultation der Sechs auch eine ständige Konsultation des gleichen Kreises einschließlich Großbritanniens treten soll. Sie hofft, wie Bundesaußenminister von Brentano Dienstag zu verstehen gab, damit auch politisch eine Brücke zu England schlagen zu können.

Eine Erklärung der britischen Regierung hat klargestellt, daß Großbritannien an dem Versuch teilnehmen will, eine engere politische Zusammenarbeit zu schaffen. Voraussetzung dafür wäre die einstimmige Aufforderung Englands. Die französische Regierung hat das aber auf der Pariser Konferenz

Aschermittwoch

Von FERDINAND FRIED

Kennedy bittet zur Kasse

Deutsche Hilfe für den Dollar

Opfer werden erwartet

Auf das fröhliche Faschingstreiben folgt nun der Aschermittwoch, und die Fastenzeit beginnt. Nach den heiteren Jahren eines ständig steigenden Wohlstandes, bei dem wir so recht aus dem vollen wirtschaften konnten, wird uns nun von den Amerikanern die Rechnung präsentiert, und wir sollen nun auch Opfer bringen, Opfer für die Verteidigung des Westens im weitesten Sinne, Opfer für die Erhaltung unseres ganzen Lebensstils.

In diesen Tagen, da die Fastenzeit beginnt, befindet sich Herr von Brentano mit seiner Begleitmannschaft in Washington, um zu erkunden, was der neue Präsident der Vereinigten Staaten eigentlich von uns will, nachdem er bisher alle unsere Angebote als unbefriedigend abgelehnt hat. Allerdings war die Ablehnung bei ihm nicht so hart und heftig, wie es dann aus dem Echo in der Presse erscheinen mochte; vielmehr hat er alle Verhandlungs-

Die Tageszeitung »Die Welt« berichtet über die Folgen der Bekanntgabe der Ermordung von Patrice Lumumba

Lumumba in Katanga ermordet

13. Februar. Der Innenminister der selbständigen Kongo-Provinz Katanga, Godefroid Munongo, gibt in Elisabethville bekannt, daß der gefangengehaltene ehemalige kongolesische Ministerpräsident Patrice Lumumba auf der Flucht getötet worden sei. Später stellt sich heraus, daß Lumumba schon am → 17. Januar (S. 18) von der Katanga-Regierung in Elisabethville ermordet worden ist.

Lumumba, der auch in der Haft die beherrschende Figur der kongolesischen Politik geblieben war, ist seinen Rivalen Joseph Kasawubu, dem kongolesischen Staatspräsidenten, und dem Präsidenten des unabhängigen Katanga, Moise Tschombé, zu gefährlich geworden. Wäre Lumumba unter dem außenpolitischen Druck zahlreicher afrikanischer und asiatischer Staaten freigekommen und hätte eine neue kongolesische Zentralregierung bilden können, so wären die Unabhängigkeit Katangas und die föderalistischen Pläne Kasawubus bedroht gewesen.

Die Ermordung Lumumbas wird von der Katanga-Regierung als Tat von Dorfbewohnern hingestellt. Sie sollen Lumumba angeblich auf der Flucht getötet haben, weil sie vermutet hätten, er sei bewaffnet gewesen. Katanga-Innenminister Munongo erklärt dazu: »Die Täter können nicht ernsthaft getadelt werden, weil sie den Kongo, Afrika und die Welt von einem Problem befreit haben . . .«

Am 14. Februar bekräftigt Antoine Gizenga, stellvertretender Ministerpräsident der ehemaligen Lumumba-Regierung, in Stanleyville seinen Anspruch, als neuer kongolesischer Regierungschef anerkannt zu werden. Gizenga wird von der Sowjetunion und 22 afrikanischen, asiatischen und kommunistischen Staaten unterstützt.

Am 21. Februar nimmt der UN-Sicherheitsrat seine Debatte über den Kongo wieder auf und verabschiedet eine Resolution, in der die »Ergreifung von sofortigen Maßnahmen für den Rückzug und die Evakuierung allen belgischen und anderen ausländischen militärischen und paramilitärischen Personals, aller politischen Berater, die nicht dem UN-Kommando unterstehen, und aller Söldner« gefordert wird.

Katanga-Präsident Moise Tschombé, dessen Streitkräfte von belgischen Offizieren geführt werden und dessen Politik von der belgischen Bergwerksgesellschaft Union Minière unterstützt wird, beantwortet die UN-Resolution mit einer allgemeinen Mobilmachung. Auch der seit dem 9. Februar amtierende Ministerpräsident der kongolesischen Zentralregierung, Joseph Iléo, bezeichnet das Vorgehen der UNO als eine Einmischung in die inneren Angelegenheiten des Kongo.

Die Situation der UN-Truppen hat sich dadurch wesentlich verschlechtert, sie werden weder von Katanga noch von der Zentralregierung unterstützt und stehen außerdem im Gegensatz zu der Regierung Gizengas (→ 12. 3./S. 53).

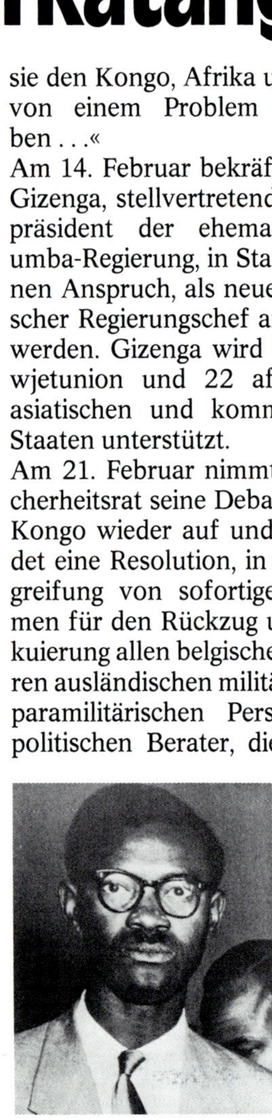

Ex-Regierungschef Patrice Lumumba

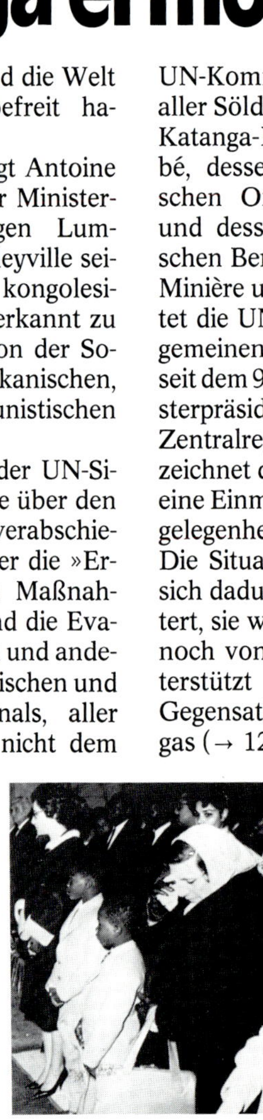

Die Kinder des toten Patrice Lumumba

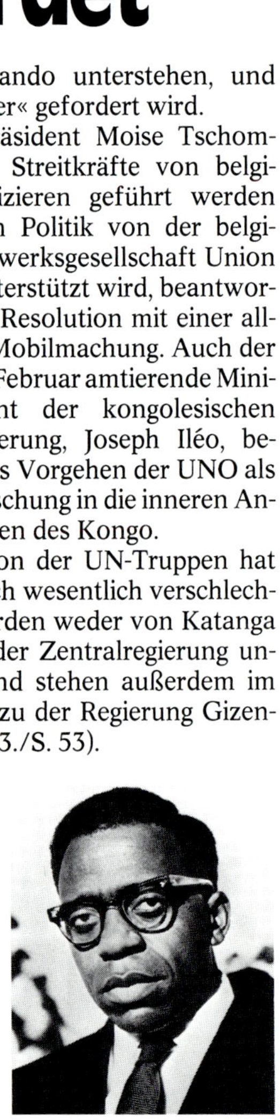

Der lumumbatreue Antoine Gizenga

Laufbahn eines Kongo-Politikers

Oktober 1958: Patrice Lumumba gründet im Alter von 33 Jahren die kongolesische Nationalbewegung (Mouvement National Congolais).

25. 1. 1960: Lumumba nimmt an der in Brüssel tagenden Kongo-Konferenz teil, die über die Unabhängigkeit berät. Lumumba, der eine geeinte Republik Kongo vertritt, steht damit im Gegensatz zu Joseph Kasawubu, der einen lockeren Zusammenschluß der kongolesischen Gebiete fordert.

Mai 1960: Lumumba erringt bei den ersten Parlamentswahlen eine große Mehrheit.

30. 6. 1960: Die belgische Kongo-Kolonie erhält ihre Unabhängigkeit unter Lumumba als Ministerpräsident und Kasawubu als Staatspräsident.

11. 7. 1960: Moise Tschombé proklamiert die Provinz Katanga als unabhängigen Staat. Lumumba bittet die Vereinten Nationen, sofort einzugreifen und die belgischen Truppen, die inzwischen im Kongo gelandet sind, zu vertreiben.

7. 8. 1960: Kasawubu entzieht dem in Rabat weilenden Lumumba sein Vertrauen.

9. 8. 1960: In Léopoldville (Kinshasa) ordnet Lumumba den Einmarsch seiner Truppen in Katanga an.

17. 8. 1960: Lumumba fordert den Abzug aller weißen UN-Truppen aus dem Kongo.

23. 8. 1960: Lumumba versöhnt sich mit der UNO und zieht seine Drohung, sowjetische Truppen in den Kongo zu holen, zurück.

24. 9. 1960: Oberst Joseph Désiré Mobutu stellt Lumumba unter Hausarrest.

28. 11. 1960: Lumumba flüchtet aus Léopoldville.

2. 12. 1960: Lumumba wird von Mobutu gefangengenommen. Mehrere afrikanische und asiatische Staaten verlangen die Freilassung.

17. 1. 1961: Lumumba wird nach Elisabethville, die Hauptstadt Katangas, gebracht und am selben Tag mit Wissen von Tschombé ermordet.

Henrique Galvão (Mitte) salutiert nach der Übergabe der »Santa Maria« im brasilianischen Hafen Recife

General Humberto Delgado, Führer der portugiesischen Oppostion

Hauptmann Henrique Galvão, der die »Santa Maria« kaperte

Luxusschiff gekapert

3. Februar. Mit der Übergabe des gekaperten Passagierschiffs »Santa Maria« an die brasilianischen Behörden in Recife endet die zwölftägige Aktion des portugiesischen Oppositionspolitikers Henrique Galvão, der die Weltöffentlichkeit auf die politische Unterdrückung in Portugal aufmerksam machen wollte.

Das 20 906-BRT-Passagierschiff »Santa Maria« war am 22. Januar während einer Kreuzfahrt im Karibischen Meer von 40 Bewaffneten unter der Führung des 65jährigen Galvão gekapert worden. Am 24. Januar gab Galvão bekannt, daß er das Schiff im Namen der Nationalen Unabhängigen Befreiungsjunta okkupiert habe, deren Führer General Humberto Delgado ist.

Am 26. Januar gab Galvão als Ziel der »Santa Maria« die portugiesische Kolonie Angola an. Von hier aus sollte die Revolution gegen den Diktator António de Oliveira Salazar entfacht werden.

Die portugiesische Regierung bat die US-amerikanische und die britische Regierung, ihr beim Aufbringen der »Santa Maria« behilflich zu sein. Bei der Kaperung des Schiffes handele es sich nicht um einen politischen Akt, sondern um Piraterie. Sowohl Washington wie auch London reagierten jedoch zurückhaltend.

Nach Verhandlungen mit der US-Marine und der brasilianischen Regierung, die Galvão politisches Asyl zusagte, lief die »Santa Maria« am 2. Februar in Recife ein.

Portugal unter António Salazar

António de Oliveira Salazar beherrscht Portugal seit 1932. Als Ministerpräsident ist er mit unbeschränkten Vollmachten ausgestattet.

Mit der Verfassungsänderung von 1933 schuf Salazar den »Estado Novo«, den ständisch-autoritären »Neuen Staat«. Mit Hilfe der Pressezensur und der gefürchteten Geheimpolizei PIDE (Policia Internacional e de Defesa do Estado) wird in Portugal jegliche politische Opposition unterdrückt. Freie Wahlen finden nicht statt, da es nur die 1930 von Salazar gegründete União Nacional gibt.

Unterstützt wird Salazar in seiner Politik von den Militärs, der katholischen Kirche und den Wirtschaftskreisen, deren Interessen er mit seiner restriktiven Kolonialpolitik vertritt.

Während des Zweiten Weltkriegs blieb Portugal neutral. In der Nachkriegszeit bemühte sich Salazar erfolgreich um eine Annäherung an die Westmächte.

In den 50er Jahren wurden die Folgen der reaktionären Wirtschaftspolitik spürbar. Im Agrarbereich, der einen großen Teil der portugiesischen Wirtschaft ausmacht, zeichnen sich die Folgen der falschen Agrarpolitik ab. Zwar entwickelte Salazar 1953 einen Sechsjahresplan zur Förderung der Wirtschaft, doch bleibt Portugal trotzdem weit hinter der wirtschaftlichen Entwicklung des übrigen Europa zurück.

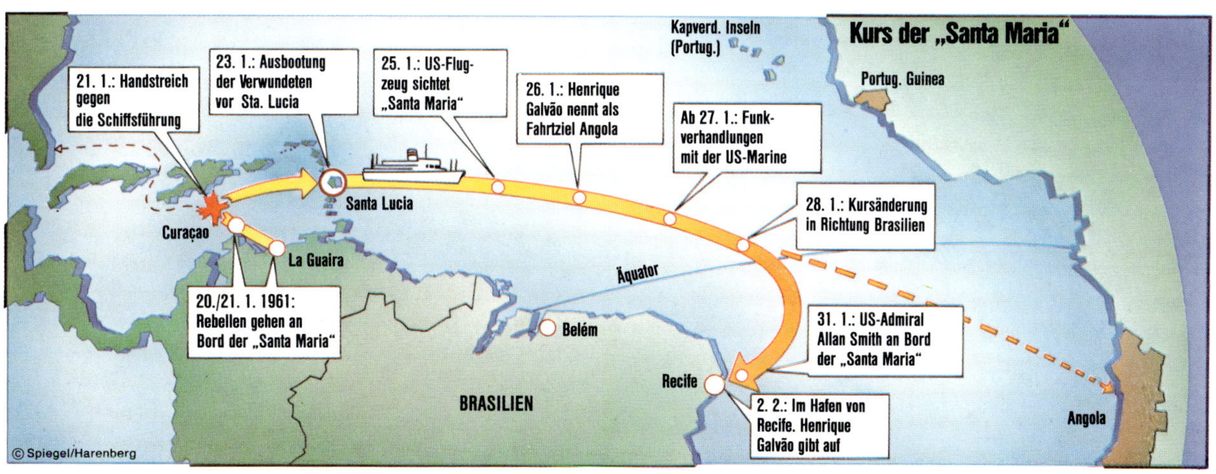

Zusammenarbeit der EWG enger

10. Februar. In Paris treffen die Regierungschefs der sechs Staaten der Europäischen Wirtschaftsgemeinschaft (EWG) zusammen. Ergebnis der Beratungen ist die Verstärkung der politischen Zusammenarbeit der sechs Staaten.

Um eine bessere Koordinierung der Politik der sechs EWG-Länder Frankreich, Belgien, Niederlande, Luxemburg, Italien und Bundesrepublik Deutschland zu erreichen, wird vereinbart, daß häufige Konferenzen der Regierungschefs stattfinden sollen. Ob diese Tagungen regelmäßig durchgeführt werden sollen, bleibt zunächst offen. Der Verteidigungsbereich bleibt ausgespart. Vor allem die Niederlande befürchten bei einer engen Zusammenarbeit der EWG-Staaten in Verteidigungsfragen eine Schwächung des Nordatlantischen Verteidigungspaktes (NATO) und eine Lockerung der Beziehungen zu den Vereinigten Staaten.

Die Vereinbarungen über eine engere Zusammenarbeit beinhalten auch die Einrichtung einer Kommission, die Pläne für eine Annäherung der EWG-Staaten ausarbeiten soll. Sie steht unter der Leitung des französischen Diplomaten Christian Fouchet.

Der engere Zusammenschluß der EWG könnte nach Auffassung von Kritikern zu einer Blockbildung innerhalb von Westeuropa führen. Dazu erklärt aber der italienische Außenminister Antonio Segni: »Nichts wird an der Struktur oder an der Aktivität der bestehenden Gemeinschaften geändert werden. Nichts wird geschehen, was den notwendigen Zusammenhalt aller Staaten des Atlantik-Pakts schwächen könnte und nichts ist beschlossen worden, was die wirtschaftliche Spaltung zwischen den Sechs und dem übrigen Freien Europa vertiefen könnte« (→ 18. 7./S. 132).

Bundeskanzler Konrad Adenauer (l.) und Außenminister Heinrich von Brentano beraten über die Außenpolitik

Henry Kissinger, Sonderberater von Präsident John F. Kennedy

Präsidentenberater

28. Februar. Der Harvard-Professor Henry Kissinger wird von US-Präsident John F. Kennedy zum Sonderberater für Fragen der nationalen Sicherheit ernannt.

Kissinger, der seit 1954 an der Harvard-Universität lehrt, ist Spezialist für Militärpolitik und Europafragen. Er wurde 1923 in Fürth bei Nürnberg geboren. Seine Familie wanderte wegen der Judenverfolgungen 1938 aus. Von 1943 bis Mai 1946 gehörte er der US-Armee an und war zuletzt Lektor an einer US-amerikanischen Agentenschule in Oberammergau.

Nach dem Krieg studierte Kissinger in Harvard und promovierte 1954. Seine Dissertation behandelt die Probleme europäischer Politik zwischen 1812 und 1822, die Diplomatie des Wiener Kongresses 1815. Nach 1954 arbeitete er an einem Forschungsprojekt zur Beantwortung der Frage, wie der militärischen Herausforderung durch die Sowjetunion begegnet werden könne. Seine 1957 erschienene Analyse fand weltweit Interesse.

Von 1950 bis 1960 war Kissinger Berater der Behörde für Waffenentwicklung beim US-Generalstab.

Regierungskrise um Pinhas Lavon

9. Februar. Der frühere israelische Verteidigungsminister Pinhas Lavon, Mittelpunkt der jüngsten Kabinettskrise des Landes, ist als Generalsekretär des israelischen Gewerkschaftsbundes Histadrut zurückgetreten. Lavon erklärt, dieser Rücktritt sei von Ministerpräsident David Ben Gurion erzwungen worden, weil es innerhalb der regierenden Mapai-Partei zu Auseinandersetzungen um seine Person gekommen sei. Die Streitigkeiten um Lavon reichen in das Jahr 1955 zurück, als er aufgrund einer mißglückten militärischen Aktion des Geheimdienstes zurücktreten mußte. 1960 entschied das Kabinett, Lavon zu rehabilitieren. Ben Gurion erklärte daraufhin am 31. Januar seinen Rücktritt (→ 15. 8./S. 152).

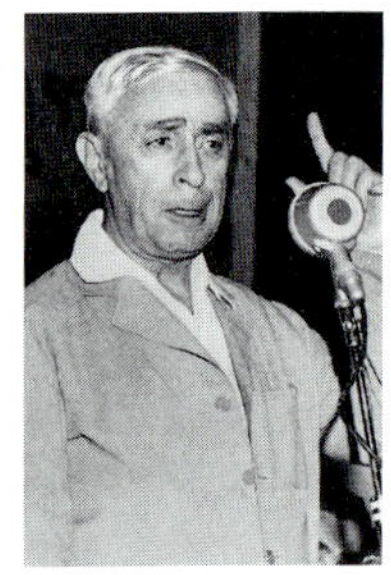

Pinhas Lavon

Muhammad V. – König von Marokko

26. Februar. In Rabat stirbt im Alter von 51 Jahren der marokkanische König Muhammad V. Nachfolger wird sein Sohn Hasan II., der sich vor allem um die wirtschaftliche Entwicklung und die sozialen Probleme des nordafrikanischen Landes kümmern will. Muhammad V. war 1927 nach dem Tod seines Vaters Sultan von Marokko geworden. Wegen seiner Forderung nach nationaler Unabhängigkeit wurde er 1953 von den französischen Kolonialherren abgesetzt und nach Frankreich gebracht.

Muhammad V.

Nach zwei Jahren im Exil kehrte Muhammad nach Marokko zurück. Ein Jahr später, 1956, wurde Marokko von Spanien und Frankreich unabhängig. Im August 1957 wurde das Land Königreich.

Verhandlungen zwischen dem österreichischen Außenminister Bruno Kreisky (2. v. r.) und seinem italienischen Amtskollegen Antonio Segni (2. v. l.) über einen Autonomie-Status für die deutschsprachigen Südtiroler

Konflikt um Südtirol verstärkt

1. Februar. In Südtirol wird ein Sprengstoffanschlag auf die Villa des verstorbenen Hauptverfechters der faschistischen Italienisierungspolitik in Südtirol, Graf Ettore Tolomei, bei Neumarkt verübt. Das Attentat ist eine Reaktion auf die am 28. Januar in Mailand gescheiterten Verhandlungen zwischen Österreich und Italien über eine Autonomie-Regelung für Südtirol.

Das Südtirol-Problem schwelt seit Abschluß des Ersten Weltkriegs. 1919 mußte der Verlierer Österreich im Staatsvertrag von Saint-Germain-en-Laye Südtirol an Italien abtreten. Unter Benito Mussolini wurde ab 1922 eine radikale Italienisierungspolitik betrieben.

Nach dem Zweiten Weltkrieg hoffte Österreich auf eine Wiedereingliederung Südtirols, die bestehende Teilung Tirols wurde jedoch – trotz der Proteste der Südtiroler – nicht aufgehoben. Nach Verhandlungen zwischen Italien und Österreich wurde am 5. September 1946 in Paris ein Abkommen über Südtirol geschlossen. In diesem Abkommen wird den deutschsprachigen Südtirolern Gleichberechtigung mit den Italienern und eine gewisse kulturelle und administrative Autonomie zugestanden.

Die mangelhafte Ausführung des Abkommens führte jedoch in der Folgezeit wiederholt zu Spannungen zwischen Italien und Österreich. Beschwerden der deutschsprachigen Südtiroler in Rom blieben ergebnislos, so daß sie die österreichische Regierung um Hilfe bei der Durchsetzung ihrer Rechte ersuchten. 1960 wurde das Südtirol-Problem vor der UNO verhandelt; die Weltsicherheitsorganisation forderte Italien und Österreich zur Aufnahme von Gesprächen auf und bekräftigte das Pariser Abkommen von 1946. Aufgrund dieser UNO-Resolution fanden am 27. und 28. Januar in Mailand Verhandlungen zwischen dem italienischen Außenminister Antonio Segni und seinem österreichischen Kollegen Bruno Kreisky statt. Österreich und Italien kamen jedoch zu keiner Einigung.

Der diplomatische Mißerfolg verschärfte die politische Lage, so daß es zu Bombenattentaten gegen italienische Einrichtungen wie auch zu antiösterreichischen Demonstrationen kommt (→ 24. 5./S. 90).

Außenminister Bruno Kreisky

Spannung in Südtirol verschärft

Wien: Bombenanschläge ein untaugliches Mittel

Von unseren Korrespondenten
F. M. **Rom** / M. R. **Wien,** 1. Februar

Der zweite Sprengstoffanschlag in Südtirol innerhalb von 48 Stunden hat die Spannung unter der Bevölkerung beträchtlich erhöht. Der verstorbene Graf Ettore Tolomei, gegen dessen Haus sich der Anschlag richtete, leitete in den zwanziger Jahren als Beauftragter Mussolinis die Italienisierung Südtirols. Hauptsächlich auf sein Betreiben hin wurden damals die Orts- und Familiennamen entdeutscht, die deutschen Schulen abgeschafft und sogar das Denkmal des Dichters Walther von der Vogelweide auf dem Bozener Walther-Platz abgerissen.

Die Radikalisierungswelle in Südtirol wird in Wien auch als „äußerst erschwerend" für die Fortsetzung der in Mailand abgebrochenen österreichisch-italienischen Verhandlungen betrachtet. Man nimmt sogar an, daß Rom die Bombenanschläge in Südtirol zum Vorwand nehmen wird, um die nächste Zusammenkunft der Außenminister beider Staaten, die im März in Salzburg stattfinden soll, hinauszuzögern.

In der italienischen Abgeordnetenkammer wird am Freitag eine Debatte über die außen- und innenpolitischen Aspekte der Südtirolfrage stattfinden. Die Regierung wird bei dieser Gelegenheit auch eine Interpellation der Neofaschisten beantworten, die das Verbot der Südtiroler Volkspartei fordern.

Bericht der Zeitung »Die Welt« am 1. Februar über die Spannungen und die Attentate im deutschsprachigen Teil des italienischen Südtirol

Das Abkommen von Paris 1946

In Paris wurde am 5. September 1946 ein Abkommen zwischen Österreich (Außenminister Karl Gruber) und Italien (Ministerpräsident Alcide de Gasperi) über Südtirol geschlossen. In den beiden ersten Artikeln ist die Rechtsstellung der Südtiroler geregelt.

»Art. 1: Den deutschsprachigen Einwohnern der Provinz Bozen und der benachbarten zweisprachigen Ortschaften der Provinz Trient wird vollständige Rechtsgleichheit mit den italienischsprachigen Einwohnern im Rahmen besonderer Maßnahmen zum Schutze des Volkscharakters und der kulturellen und wirtschaftlichen Entwicklung des deutschsprachigen Bevölkerungsteils zugesichert werden.

Im Einklang mit einer schon eingeleiteten oder in Vorbereitung befindlichen Gesetzgebung wird den deutschsprachigen Staatsbürgern insbesondere folgendes gewährt werden:

- ▷ Volks- und Mittelschulunterricht in der Muttersprache
- ▷ Gleichstellung der deutschen und italienischen Sprache in den öffentlichen Ämtern und amtlichen Urkunden, wie auch bei den zweisprachigen Ortsbezeichnungen
- ▷ Das Recht, die deutschen Familiennamen, die in den letzten Jahren italienisiert wurden, wiederherzustellen
- ▷ Rechtsgleichheit hinsichtlich der Einstellung in öffentliche Ämter, um ein besseres Anstellungsverhältnis zwischen den beiden Volksgruppen zu erzielen.

Art. 2: Der Bevölkerung der oben erwähnten Gebiete wird die Ausübung einer autonomen regionalen Gesetzgebungs- und Exekutivgewalt gewährt werden. Der Rahmen für die Anwendung dieser autonomen Einrichtungen wird in Beratungen auch mit einheimischen deutschsprachigen bevollmächtigten Persönlichkeiten festgelegt werden.«

Das Abkommen ist der erste nach dem Zweiten Weltkrieg abgeschlossene Minderheitenschutzvertrag.

Atomwaffengegner Bertrand Russell (vorn r.) beim Sitzstreik vor dem britischen Verteidigungsministerium

Sitzstreik gegen Atomwaffen

18. Februar. Rund zweieinhalb Stunden protestieren in London rund 5000 Menschen unter Führung des britischen Philosophen Bertrand Russell mit einem Sitzstreik gegen die Errichtung eines Stützpunktes für die US-Atom-Unterseeboote mit Polaris-Raketen (→ 22.1./S. 26) in Schottland.

Nach einem Demonstrationsmarsch durch London lassen sich die Atomwaffengegner auf den Bürgersteigen des Regierungsviertels nieder. Bertrand Russell überreicht eine Petition im Verteidigungsministerium, in der die Aufhebung des US-amerikanisch-britischen Abkommens über den U-Boot-Stützpunkt und die Abschaffung aller Atomwaffen gefordert wird.

Im schottischen Glasgow findet zur gleichen Zeit eine ähnliche Demonstration statt.

Der 88jährige Philosoph Bertrand Russell hatte sich schon 1916 während des Ersten Weltkriegs gegen Rüstung ausgesprochen.

China im Kampf gegen den Hunger

2. Februar. Die schwierige Versorgungslage zwingt die Volksrepublik China zum Einkauf von Getreide in Kanada im Wert von 255 Millionen DM. Mit den Importen aus Australien belaufen sich die Getreideeinkäufe auf rund 500 Millionen DM.

Die Hungersnot in China resultiert zum einen aus Naturkatastrophen, die 1959 und 1960 zu Mißernten führten, zum anderen aus Fehlern in der Wirtschaftsplanung.

Bis Ende der 50er Jahre hatte der Aufbau der Schwerindustrie Vorrang vor den notwendigen Investitionen in der Landwirtschaft. Die Industrialisierung führte zu einer Abwanderung vieler Arbeitskräfte in die Städte. In den Volkskommunen auf dem Land fehlen außerdem Fachleute, die eine Intensivierung des Ackerbaus nach modernen Methoden betreiben könnten.

Das größte Problem ist jedoch der rapide Bevölkerungszuwachs in China. Er beträgt bei einer Gesamtbevölkerung von knapp 700 Millionen Menschen allein im Jahr 1961 etwa 2,2%.

Neben den Getreideeinkäufen in Kanada und Australien hat die chinesische Regierung weitere Sofortmaßnahmen eingeleitet. So werden verstärkt Arbeitseinsätze in der Landwirtschaft durchgeführt. Langfristig soll die Wirtschaftsplanung so geändert werden, daß die Entwicklung der Landwirtschaft zur Hauptaufgabe wird.

Ein Programm zur Wirtschaftsförderung

2. Februar. US-Präsident John F. Kennedy legt dem Kongreß in Washington ein umfangreiches Programm gegen die Rezession vor. Vorgesehen sind eine neue Zinspolitik, eine Erweiterung der Arbeitslosenunterstützung, höhere Sozialleistungen und der vorzeitige Einsatz bereits geplanter staatlicher Ausgaben.

Kennedy sieht die Wachstumsrate des US-Nationalprodukts, die seit 1953 im Durchschnitt jährlich 2,5% beträgt, als zu gering an. In seiner Rede geht er außerdem auf die Arbeitslosenzahl ein, die im Januar auf 5,4 Millionen gestiegen ist. Die Konjunktur soll vor allem durch die Zinspolitik angekurbelt werden. Der Zins für langfristige Anleihen und Hypotheken soll sinken, während der Zins für kurzfristige Kredite stabil gehalten werden soll (um einen Abfluß von US-Dollars ins Ausland zu vermeiden).

Die Dauer der Leistungen der Arbeitslosenunterstützung soll von bisher 26 auf höchstens 39 Wochen verlängert werden. Für Gebiete mit struktureller Arbeitslosigkeit fordert Kennedy ein Anleiheprogramm, mit dem die Ansiedlung neuer Industrien finanziert werden kann.

Außerdem schlägt Kennedy ein Hilfsprogramm vor, mit dem die Kinder bedürftiger Arbeitsloser unterstützt werden sollen.

Am 17. Februar stellt die US-Regierung über 1,5 Milliarden US-Dollar zur Verfügung, um bereits geplante staatliche Investitionen beschleunigt durchzuführen:

▷ Verteidigungsminister Robert McNamara vergibt Aufträge in Höhe von 650 Millionen US-Dollar (rund 2,8 Milliarden DM) für Materiallieferungen an die private Wirtschaft
▷ Präsident Kennedy gibt 724 Millionen US-Dollar (rund 3,1 Milliarden DM) für den Straßenbau und 350 Millionen US-Dollar (rund 1,5 Milliarden DM) für Bauten der Schul-, Gesundheits- und Wohlfahrtsverwaltung vorzeitig frei (die Mittel sollten ursprünglich erst ab dem 1. April verfügbar sein)
▷ Innenminister Stewart Udall läßt die Ausarbeitung der Pläne für öffentliche Bauvorhaben beschleunigen.

Die modern gestaltete neue Empfangshalle in Orly

Das neuerrichtete Empfangsgebäude des Pariser Flughafens Orly von der Straße aus gesehen

Orly – der Flughafen der Zukunft

24. Februar. Der französische Staatspräsident Charles de Gaulle weiht bei einer Feier mit 10000 Gästen das neue Empfangsgebäude des Flughafens Paris-Orly ein.

Das Empfangsgebäude wurde innerhalb von vier Jahren fertiggestellt und gilt als eines der modernsten der Welt. Insgesamt betrugen die Baukosten rund 100 Millionen DM. Die Glasfassaden des Gebäudes, das nach Entwürfen des Architekten Henri Vicariot erbaut wurde, sind zur Straße hin glatt, zum Flughafengelände hin terrassenförmig gestaltet. Der Mitteltrakt mit acht Stockwerken (davon zwei unterirdisch) hat eine Länge von 200 m bei einer Breite von 70 m. Daran schließen sich zwei je 250 m lange zweistökkige Flügel an, von denen sich der eine noch im Bau befindet und erst im nächsten Jahr fertiggestellt werden soll.

Das Innere des Abfertigungsgebäudes wurde nach den neuesten technischen Erkenntnissen ausgestattet. Restaurants, ein Hotel, ein Kino, eine Bankfiliale und andere Service-Einrichtungen sollen den Aufenthalt des Reisenden auf dem Flughafen so angenehm wie möglich machen. Die Fassaden sind so gut isoliert, daß der Fluglärm kaum zu hören ist.

Der Großflughafen Orly, 14 km südlich der französischen Hauptstadt, hier wurden im Jahr 1960 zwei Millionen Passagiere abgefertigt

Die Organisation der einzelnen Reiseformalitäten wie Gepäckabgabe, Zollkontrolle, Paßüberprüfung usw., zielt auf Zeitersparnis ab.

Vorbildlich für den Flughafen Orly ist die gute Verkehrsanbindung an die französische Hauptstadt. Durch eine neugebaute Autobahn, die direkt am Abfertigungsgebäude vorbeiführt, ist es möglich, den Flughafen von der Pariser Innenstadt aus innerhalb von 35 Minuten zu erreichen. Vom Bahnhof Gare des Invalides aus gibt es außerdem eine ständige Busverbindung nach Orly.

In Orly mit seinen 18000 Angestellten soll ab 8. März der gesamte interkontinentale Flugverkehr Frankreichs abgewickelt werden. Die Flughafenleitung rechnet damit, daß zunächst jährlich drei Millionen Passagiere in Orly abgefertigt werden. Bis 1965 soll sich die Zahl auf sechs Millionen erhöht haben.

Der Flughafen Orly, der von Charles de Gaulle als eine der größten Errungenschaften Frankreichs nach dem Krieg bezeichnet wird, war noch 1950 ein unbedeutender Kleinflugplatz. Für den Ausbau des Flughafens wurden fast 500 Millionen DM aufgewendet.

Durch weitere Investitionen soll in nächster Zukunft die Anlage einer zweiten großen Start- und Landebahn ermöglicht werden.

Wichtige Daten zur Luftfahrt

25. 4. 1783: Etienne Jacques und Michel Joseph Montgolfier lassen den ersten Heißluftballon aufsteigen.

3. 8. 1884: Das bemannte, durch einen Elektromotor angetriebene Luftschiff »La France« unternimmt seine erste Fahrt.

2. 7. 1900: Das deutsche Zeppelin-Luftschiff LZ 1 startet zum ersten Mal, brennt jedoch kurz nach dem Start ab.

17. 12. 1903: In den Vereinigten Staaten gelingt den Brüdern Orville und Wilbur Wright der erste Motorflug mit dem Doppeldecker »Flyer 1«.

25. 7. 1909: Der Franzose Louis Blériot überfliegt in 36:60 Minuten den Ärmelkanal.

21. 5. 1927: Der US-amerikanische Pilot Charles Lindbergh trifft nach 33:29 Stunden aus New York kommend als erster Transatlantik-Alleinflieger in Paris ein.

27. 8. 1939: Das erste Düsenflugzeug der Welt, die H 178, wird bei Rostock erfolgreich erprobt.

14. 10. 1947: Der US-Amerikaner Charles Yeager durchbricht mit der Bell X-1 die Schallmauer.

2. 3. 1949: Eine Boeing B-50 der US-Luftwaffe schafft den ersten Nonstopflug um die Erde. Der Pilot braucht 94:01 Stunden für die 37742 km.

Verbot für das Staatsfernsehen

28. Februar. Das Bundesverfassungsgericht in Karlsruhe beendet den jahrelangen Fernsehstreit über die Einrichtung eines zweiten Programms zwischen Bund und Ländern mit der Entscheidung, daß dem Bund die Organisation und Veranstaltung von Fernsehsendungen verboten ist. Die Gründung der Deutschland-Fernseh-GmbH durch Bundeskanzler Konrad Adenauer (CDU) am 25. Juli 1960 verstößt demzufolge gegen das Grundgesetz der Bundesrepublik Deutschland.

Damit ist auch das Verwaltungsabkommen der CDU/CSU-regierten Länder mit dem Bund hinfällig, in dem sie sich mit der Einrichtung eines zweiten Programms durch den Bund einverstanden erklärten, wenn den Ländern das dritte Programm überlassen bliebe. Von den Fernsehgebühren sollte das »Adenauer-Fernsehen« zunächst 50%, später 30% erhalten. Dieses Abkommen führte zur Klage der vier SPD-regierten Länder Hamburg, Bremen, Niedersachsen und Hessen beim Bundesverfassungsgericht in Karlsruhe.

Als verfassungswidrig bezeichnet das Gericht nicht nur die Gründung der Bonner Fernsehgesellschaft, sondern auch das länderfeindliche Verhalten der Bundesregierung bei den Fernseh-Verhandlungen.

Das Karlsruher Gericht begründete seine Entscheidung mit folgenden Tatsachen:

▷ Die Veranstaltung von Rundfunksendungen ist eine öffentliche Aufgabe, die entsprechend dem Artikel 30 des Grundgesetzes in die Kompetenz der Länder fällt. Zwar hat der Bund die Gesetzgebungsbefugnis über das Post- und Fernmeldewesen (Artikel 73), das heißt über die technischen Sendeanlagen, allerdings nicht über die Programmgestaltung

▷ Die Vorgehensweise bei der Gründung der Deutschland-Fernseh-GmbH verstößt gegen die Pflicht zu länderfreundlichem Verhalten des Bundes. Zum einen ist es unzulässig, bei der Behandlung von Dingen, die alle Länder angehen – wie die Einrichtung eines zweiten Fernsehprogramms – nur mit den CDU-Ländern zu verhandeln und eine Vereinbarung zu treffen, während die anderen Länder unter den Zwang zum Beitritt gestellt werden. Zum anderen ist es mit der Pflicht zu länderfreundlichem Verhalten unvereinbar, wenn der Bund eine Fernseh-GmbH gründet, an der die Länder zwar beteiligt werden sollen, für die aber der Bundeskanzler selbst den Treuhänder (Justizminister Fritz Schäffer, CSU) bestimmt

▷ Die Gründung der Deutschland-Fernseh-GmbH verstößt zudem gegen Artikel 5 des Grundgesetzes, der die Meinungs- und Rundfunkfreiheit regelt und besagt, daß Hörfunk und Fernsehen vom Staat unabhängig sein müssen. Zwar ist nach der Entscheidung der Karlsruher Richter aus dem Grundgesetz nicht abzulesen, daß nur Anstalten des öffentlichen Rechts Veranstalter von Rundfunksendungen sein können, aber es muß garantiert sein, daß in den Sendeanstalten sämtliche Träger der öffentlichen Meinungsbildung zu Wort kommen können und keine Abhängigkeit von der Regierung oder einer gesellschaftlichen Gruppe entsteht

Bundeskanzler Konrad Adenauer gründete 1960 die jetzt verbotene Deutschland-Fernseh-GmbH

Nach der Entscheidung der Karlsruher Richter ist der Weg frei für die Einrichtung eines zweiten Fernsehprogramms durch die Länder. Der Norddeutsche und der Hessische Rundfunk geben bekannt, daß sie von der technischen Seite her innerhalb eines Monats mit der Ausstrahlung eines zweiten Programms beginnen könnten. Beim Bayrischen Rundfunk wird der Aufbau entsprechender Sendeanlagen noch etwa ein Jahr dauern. Im März wollen die Länder über die Einrichtung eines zweiten Programms entscheiden (→ 17. 3./S. 61) und die Gründung einer zweiten Fernsehanstalt diskutieren.

In den Bundesländern wird die Karlsruher Entscheidung durchweg als ein Sieg des Föderalismus über die zentralistischen Tendenzen der Bonner Regierung unter Bundeskanzler Adenauer bezeichnet.

hat das Bundesverfassungsgericht – Zweiter Senat ...

auf Grund der mündlichen Verhandlung vom 28., 29. und 30. November 1960 durch

Urteil

für Recht erkannt:

... 2. Der Bund hat durch die Gründung der Deutschland-Fernsehen-GmbH gegen Artikel 30 in Verbindung mit dem VIII. Abschnitt des Grundgesetzes sowie gegen den Grundsatz bundesfreundlichen Verhaltens und gegen Artikel 5 des Grundgesetzes verstoßen. ...

Dr. Schunck	Dr. Klaas	Henneka
Dr. Leibholz	Dr. Friesenhahn	Dr. Rupp
Dr. Geiger	Dr. Federer	Dr. Kutscher

An die Regierung des Landes Rheinland-Pfalz,
vertreten durch den Herrn Ministerpräsidenten,
M a i n z, Schillerplatz 3

Das Bundesverfassungsgericht in Karlsruhe erklärt die Gründung der Deutschland-Fernseh-GmbH durch Adenauer für verfassungswidrig

Der frühere SS-Obergruppenführer Erich von dem Bach-Zelewski während der Verhandlung in Nürnberg

Prozesse gegen Angehörige der SS

10. Februar. Der frühere SS-Obergruppenführer und General der Waffen-SS, Erich von dem Bach-Zelewski, wird in Nürnberg wegen Totschlags zu viereinhalb Jahren Gefängnis verurteilt.

Bach-Zelewski wurde für schuldig befunden, für die Erschießung des ostpreußischen Rittergutsbesitzers Anton von Hohberg und Buchwald am 2. Juli 1934 während des Röhm-Putsches verantwortlich gewesen zu sein. Hohberg, der selbst der SS angehörte, hatte vertrauliche Informationen an die Wehrmacht weitergegeben. Bach-Zelewski hatte den Röhm-Putsch zum Anlaß genommen, Hohberg zu beseitigen.

Bach-Zelewski, der während der Nürnberger Prozesse 1945 als Kronzeuge gegen die NS-Größen aufgetreten war, hatte 1958 zugegeben, den Erschießungsbefehl erteilt zu haben, dieses Geständnis jedoch später widerrufen.

Der Prozeß gegen Bach-Zelewski gehört zu einer Reihe von Verfahren, die seit wenigen Jahren vermehrt gegen einstige NS-Größen durchgeführt werden. Da nach den Nürnberger Prozessen 1946 in der Öffentlichkeit die Meinung vorherrschte, die Verantwortlichen für die Greueltaten des NS-Regimes seien abgeurteilt, wurde erst 1958 die Zentralstelle der Landesjustizverwaltungen zur Aufklärung nationalsozialistischer Verbrechen in Ludwigsburg eingerichtet.

Landwirtschaft 1961:

Überproduktion wird gefördert

Werner Schwarz (CDU), Bundesminister für Landwirtschaft und Forsten seit Oktober 1959

Die Agrarpolitik in der Bundesrepublik Deutschland ist durch ein umfangreiches Agrarschutzsystem geprägt, das auch von der 1957 gegründeten Europäischen Wirtschaftsgemeinschaft übernommen wurde. Die Landwirtschaft wird nicht durch marktwirtschaftliche Mechanismen bestimmt, sondern durch protektionistische Maßnahmen.

Mitte der 50er Jahre waren durch die erhöhte Produktion nach der Überwindung der Folgen des Zweiten Weltkriegs die Preise für landwirtschaftliche Erzeugnisse auf dem Weltmarkt niedriger als die Inlandspreise. Da man jedoch die einheimische Landwirtschaft schützen und außerdem die Einkommenslage der in der Landwirtschaft Beschäftigten verbessern wollte, mußte man zu Preisregulierungen greifen. Der Bauernverband bestärkte die Regierung in dieser Ablehnung marktwirtschaftlicher Prinzipien.

Mit solchen Preisregulierungen soll verhindert werden, daß niedrigere oder höhere Weltmarktpreise den Inlandspreis beeinflussen können, oder daß eine Überproduktion im Inland auf die Preise drückt. Einfuhr- und Vorratsstellen kaufen die inländischen Produkte zu einem Mindestpreis (Interventionspreis), so daß der inländische Erzeugerpreis nicht unter diese Grenze sinken kann. Bei niedrigerem Weltmarktpreis werden die eingeführten Produkte durch Abgaben auf das Niveau der Inlandspreise gebracht, bei hohem Weltmarktpreis werden die Einfuhren subventioniert, so daß die Preise auf das Inlandsniveau gedrückt werden.

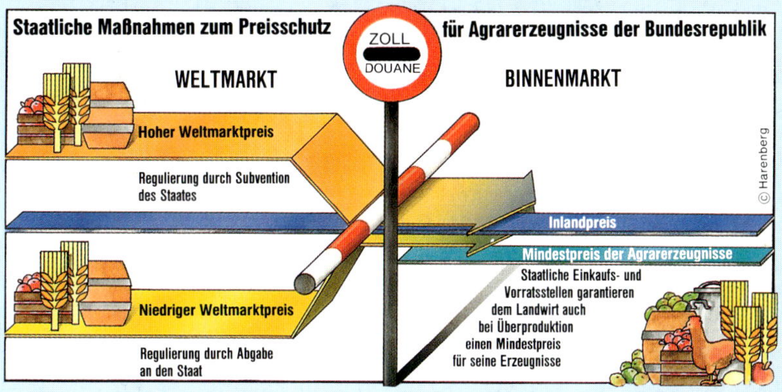

Zwar wird durch dieses System der Lebensstandard der Beschäftigten in der Landwirtschaft gesichert (er liegt allerdings unter dem der im gewerblichen Bereich Beschäftigten), doch führen die Regulierungsmaßnahmen zu einer starken Ausdehnung der Landwirtschaft und zu Überproduktionen. Eine Ertragssteigerung ist auch durch die nach dem Zweiten Weltkrieg einsetzende Mechanisierung und Rationalisierung möglich geworden. Bei einer sinkenden Anzahl von Beschäftigten im Agrarbereich steigt der Ertrag pro Hektar kontinuierlich.

Die Kosten dieses Preisregulierungssystems müssen einerseits die inländischen Verbraucher tragen, da sie z. B. nicht in den Genuß niedriger Weltmarktpreise kommen, andererseits die Steuerzahler, da sie die Kosten für die Einfuhr- und Vorratsstellen aufbringen müssen.

1961 erhält die Landwirtschaft gemäß dem Grünen Plan der Bundesregierung fast zwei Milliarden DM für Subventionen und andere Hilfsmaßnahmen.

Edmund Rehwinkel, seit Januar 1959 Präsident des Deutschen Bauernverbandes

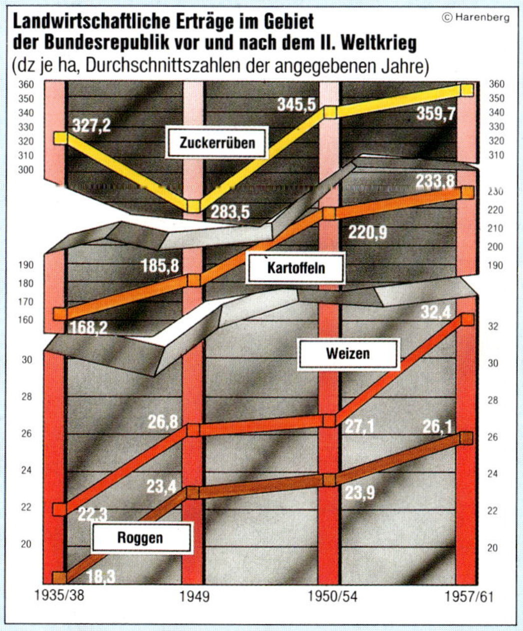

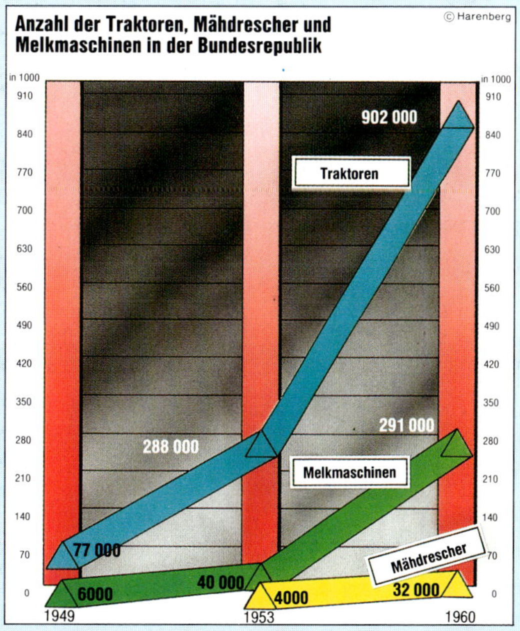

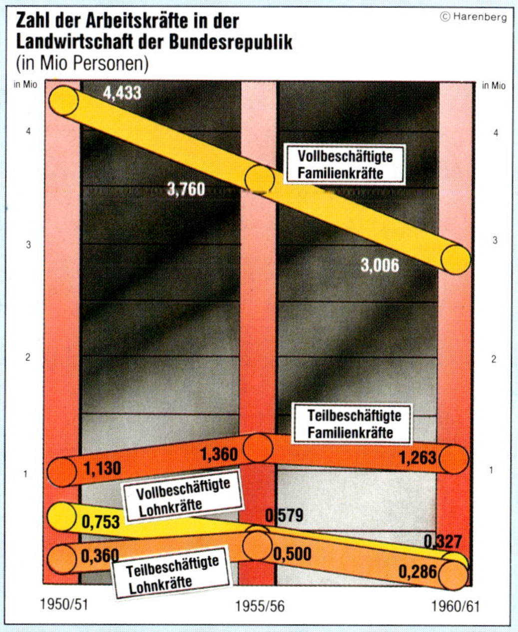

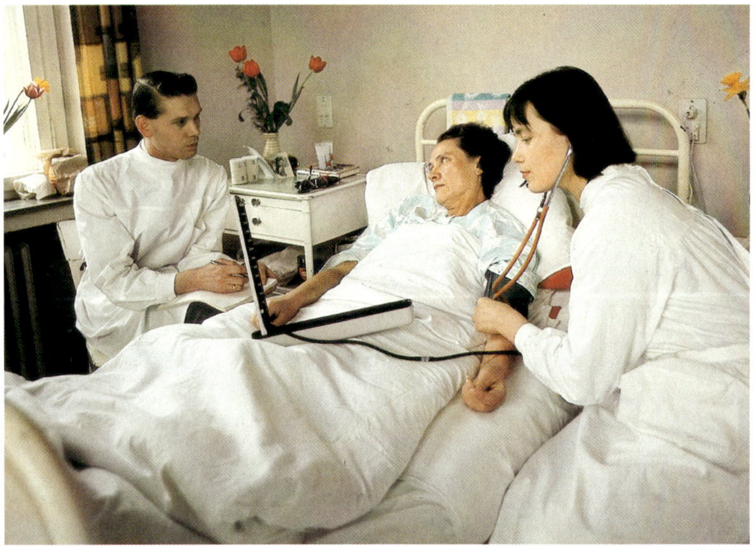

Zwei Studenten bei der medizinischen Untersuchung einer Patientin

Zuwenig Ärzte an Krankenhäusern

17. Februar. Mit dem Hinweis auf den gravierenden Mangel an Assistenzärzten antwortet der niedersächsische Landkreistag auf die Aktionen der Ärztekammer, Abiturienten vor dem Studium der Medizin zu warnen.

An den Krankenhäusern der Bundesrepublik sind zwar insgesamt 13 190 Assistenzärzte beschäftigt, es fehlen jedoch weitere 3000. Im Bereich der Anästhesie ist die Lage noch schwieriger. In den rund 3500 Krankenhäusern der Bundesrepublik sind zur Zeit nur 100 ausgebildete Narkosefachärzte tätig – wünschenswert wären 2000. Auf eine Million Einwohner kommen in der Bundesrepublik nur 1,8 Fachanästhesisten (in Dänemark sind es 23, in Belgien und den Niederlanden 15).

Durch den erheblichen Schwesternmangel – rund 21 000 Stellen sind unbesetzt – wird die Situation zusätzlich erschwert.

Facharbeiter bei der Herstellung von Teilen für den Karosseriebau

Die Industrie sucht neue Lehrlinge

16. Februar. 200 000 Lehrstellen müssen in diesem Jahr unbesetzt bleiben – weil es an Schulabgängern fehlt.

Wie in den Vorjahren sind bei den 677 000 Schulentlassenen bestimmte Berufe besonders gefragt. Bei den Jungen stehen die qualifizierten Metall- und Elektroberufe im Vordergrund. Der Ausbildungsplatz soll möglichst in einem industriellen Großbetrieb liegen. Das Hauptinteresse der Mädchen richtet sich dagegen auf kaufmännische Berufe.

Große Schwierigkeiten, die Lehrstellen zu besetzen, haben vor allem das Handwerk und der Einzelhandel.

Nach den Beobachtungen der Berufsberater an den Arbeitsämtern fällen die 14jährigen Schulabgänger ihre Berufsentscheidung aufgrund der zu erwartenden Pension, der Aufstiegsmöglichkeiten und der Sicherheiten.

Borgward-Werke in Finanzproblemen

10. Februar. Mit einem Grundkapital von 50 Millionen DM, das im wesentlichen die Freie Hansestadt Bremen aufbringt, wird die Borgward Werke AG gegründet. Die Gesellschaft übernimmt sämtliche Kapitalanteile des ehemaligen Alleininhabers des Bremer Automobilkonzerns, Carl F. W. Borgward.

Bereits am 1. Februar hatte das Land Bremen den nötigen Kredit in Höhe von 50 Millionen DM bewilligt, um die rund 20 000 Arbeitsplätze bei Borgward zu sichern.

Der rasche technische Fortschritt im Automobilbau nach dem Zweiten Weltkrieg und notwendige Rationalisierungsmaßnahmen hatten den Borgward-Konzern in finanzielle Schwierigkeiten gebracht. Hinzu kam, daß einige Automodelle sich als schwer verkäuflich erwiesen. (→ 27. 7./S. 133).

BAT nach neun Jahren vereinbart

23. Februar. Nach neunjähriger Verhandlungsdauer wird in Bad Nauheim der Bundesangestelltentarifvertrag (BAT) unterzeichnet; er löst die Dienstordnungen aus dem Jahr 1938 ab.

Die Bestimmungen des Tarifvertrags verbessern die Arbeitsbedingungen für die 500 000 Angestellten des Bundes, der Länder und Gemeinden. So wird festgelegt, daß Angestellte des öffentlichen Dienstes nach 15 Jahren unkündbar sind. Die Gehaltsfortzahlung im Krankheitsfall wird von 16 Wochen auf 26 Wochen verlängert.

Das Sterbegeld wird nunmehr für einen Zeitraum von drei Monaten ausgezahlt (bisher 45 Tage).

Überstunden und Mehrarbeit werden entweder mit Zulagen vergütet oder durch Freizeit ausgeglichen. Zusätzlich werden die Urlaubsbestimmungen verbessert.

Nach Ablauf von zwei Jahren sind Verhandlungen über eine Arbeitszeitverkürzung vorgesehen. Gespräche über eine Gehaltserhöhung sind allerdings schon für den 3. März vereinbart. Die Gewerkschaften ÖTV und DAG fordern eine Gehaltsverbesserung von 15%.

Adolph Kummernuss, Vorsitzender der Gewerkschaft ÖTV

Heinz Groteguth von der Deutschen Angestellten-Gewerkschaft

Synode betont die Einheit der EKD

12. Februar. Die gesamtdeutsche Synode der Evangelischen Kirche Deutschlands (EKD) in Berlin beginnt mit einem Affront durch die Behörden in Berlin (Ost): Zahlreiche Bischöfe und Synodale, die am Eröffnungsgottesdienst in der Ostberliner Marienkirche teilnehmen wollten, werden am Betreten des Ostsektors gehindert.

Im Mittelpunkt der gesamtdeutschen Synode, die bis zum 17. Februar dauert, steht die Festigung der Einheit der evangelischen Kirche. Im weiteren Verlauf werden eine einheitliche Konfirmationsordnung für den gesamten Bereich der EKD und die Stellung zur Atomrüstung diskutiert. In beiden Fragen wird jedoch keine Einigung erzielt.

Weitere Hauptthemen der Synode sind die Besetzung des Amtes des Präses der Synode und die Wahl des neuen Ratsvorsitzenden der EKD. Am 15. Februar wird Hans Puttfarcken vom hessischen Justizministerium als Nachfolger von Constantin von Dietze zum neuen Präses der Synode gewählt. Einen Tag später erfolgen die Wahlen des neuen Ratsvorsitzenden der EKD und seines Stellvertreters. Diese Wahlen sind notwendig geworden, weil der bisherige Ratsvorsitzende, Bischof Otto Dibelius, das Amt aus Altersgründen nicht mehr ausüben will. Nach drei Wahlgängen wird der in Berlin (Ost) lebende Präses Kurt Scharf zum neuen Ratsvorsitzenden gewählt. Sein Stellvertreter wird der hannoversche Landesbischof Hanns Lilje.

Ratsvorsitzender Kurt Scharf (l.) mit Landesbischof Hanns Lilje

Mitglieder der Rettungsmannschaften in den Trümmern der bei Brüssel verunglückten Boeing 707 der Sabena

Eislaufelite der USA abgestürzt

15. Februar. 73 Tote sind die traurige Bilanz des Absturzes einer Boeing 707 der belgischen Fluggesellschaft Sabena in der Nähe des Brüsseler Flughafens. Unter den Opfern befindet sich die Eislaufmannschaft der USA, die am 22. Februar an den Weltmeisterschaften in Prag teilnehmen wollte.

Die Katastrophe ereignete sich bei gutem Flugwetter. Die vierstrahlige Düsenmaschine flog zunächst einige Runden über dem Flughafen Zaventem, setzte dann zur Landung an und stürzte vor der Landebahn in der Nähe der Siedlung Lemeken auf freiem Feld ab. Die Trümmer erschlugen einen auf dem Feld arbeitenden Bauern und verletzten einen anderen schwer.

Augenzeugen berichten, die Maschine habe drei Mal über dem Flugfeld gekreist und dann begonnen niederzugehen. Sie sei jedoch plötzlich wieder gestiegen, dann allerdings schnell abgesackt. Das Flugzeug sei fast senkrecht nach unten gefallen.

Für die Polizei und die Feuerwehr wurde sofort Großalarm gegeben. Trotz der Löscharbeiten an dem brennenden Wrack konnten die Passagiere jedoch nicht mehr gerettet werden.

Unter den Opfern der Flugzeugkatastrophe befindet sich die nahezu komplette Eislaufmannschaft der USA. Zu den Verunglückten gehören die Trainerin Maribel Vinson-Owen, die neunfache US-Meisterin und Olympiadritte von 1932, ihre beiden Töchter Maribel und Laurence sowie Maribels Paarlaufpartner Dudley Richards.

Weitere Opfer sind die zum hochtalentierten Nachwuchs zählenden Gregory Kelly und Douglas Ramsay, die Paarläufer Inga und Ray Hadley, Stephanie Westerfield, Rhodie Michelson, die Tanzpaare Laurie und Bill Hockox, Pat und Bob Dineen, Larry Pierce, Roger Campbell sowie die Trainer Deane McMinn und Eddie Scholdan.

Die Eislauf-Weltmeisterschaften, die vom 22. bis 26. Februar in Prag ausgetragen werden sollten, werden abgesagt.

Die Eislaufmannschaft der Vereinigten Staaten vor der Boeing 707 der belgischen Fluggesellschaft Sabena beim Abflug in New York

Über dem Zentrum der Sowjetunion herrscht am 15. Februar 1961 eine totale Verfinsterung der Sonne, gegen 8.42 Uhr erreicht die Verfinsterung durch den Mond ihren Höhepunkt

Europa wird durch eine Sonnenfinsternis verdunkelt

15. Februar. Über Europa herrscht eine Sonnenfinsternis, die um 8.42 Uhr ihren Höhepunkt erreicht. Der Kernschatten des Mondes verdunkelt eine Zone, die vom Golf von Biskaya, durch Südwestfrankreich, Italien, Jugoslawien, die Ukraine bis zum nördlichen Eismeer reicht.

In Süddeutschland ist die Sonne zu 95% verdunkelt, in Norddeutschland nur zu 85%. In einigen Teilen Bayerns und im Rheinland machen die Wetterverhältnisse die Beobachtung der Sonnenfinsternis nahezu unmöglich.

In Norditalien ist die Sonne zwei Minuten lang völlig vom Mond verdeckt. Die Temperaturen sinken spürbar ab, und der Himmel verdunkelt sich. Der US-Filmregisseur Richard Fleischer nutzt dieses Phänomen aus, um für seinen Film »Barabbas« die Kreuzigungsszene wirklichkeitsgetreu zu filmen. In der Bibel heißt es: »Und es ward Finsternis über das ganze Land ... und die Sonne verlor ihren Schein.«

Die nächste Sonnenfinsternis über Europa wird erst am 11. August 1999 stattfinden.

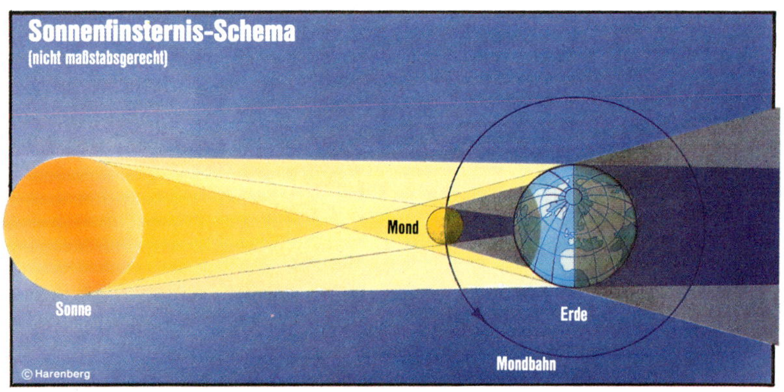

Minuteman – Stolz der US-Luftwaffe

1. Februar. Zum erstenmal haben die USA eine Interkontinentalrakete vom Typ Minuteman von Cape Canaveral aus gestartet. Die Reichweite des mit festem Treibstoff arbeitenden Flugkörpers beträgt 9000 km. Die Rakete wiegt 30 Tonnen.

Nach Fertigstellung des Gesamtprogramms sollen die Minuteman-Raketen an allen strategisch wichtigen Orten der USA in Bunkern aufgestellt werden. Eine Minuteman-Rakete kostet mit voller Ausrüstung einschließlich des Bunkers 2,2 Millionen US-Dollar (über neun Millionen DM); sie braucht nur neun Mann Wartungspersonal.

Minuteman-Rakete der USA beim Start in Cape Canaveral

Al Capone in der Pfalz

13. Februar. In Lambrecht in der Pfalz wird der Anführer der »Al-Capone-Bande« mit seiner Braut von der Polizei gestellt.

Der 25jährige, dem mehrere Überfälle zur Last gelegt werden und der außerdem in der Silvesternacht einen 49jährigen Buchdrucker erschossen haben soll, war am Donnerstag der Polizei bei einem Lokaltermin entwischt.

Als der Anführer der »Al-Capone-Bande« der Polizei zusammen mit seiner Braut »Revolver-Tilly« sein Waffenversteck im Pfälzer Wald zeigen sollte und ihm die Handschellen abgenommen wurden, sprang er in ein Gebüsch und holte eine Maschinenpistole hervor, mit der er auf die völlig überraschten Polizeibeamten feuerte. Danach konnte er mit seiner Braut entkommen.

Auf ihrer Flucht bedrohte das Paar einen ehemaligen Arbeitskollegen und verlangte, daß dieser etwas zu essen und ein Auto besorgt. Die Polizei riegelte an den folgenden Tagen alle Hauptverkehrsstraßen in der Nähe von Lambrecht, wo die beiden die erste Fluchtnacht in einer Kabine des Schwimmbads verbrachten, hermetisch ab.

Die Grenze zwischen dem Ost- und den Westsektoren im geteilten Berlin am Brandenburger Tor

Besuche in Berlin (Ost) vereinfacht

16. Februar. Die Erteilung von Passierscheinen bzw. Genehmigungen für den Aufenthalt in Berlin (Ost) wird vereinfacht.

Die Besucher aus der Bundesrepublik müssen zwar weiterhin mit ihrem Personalausweis einen Passierschein beantragen, doch wird das Verfahren an den Sektorengrenzen innerhalb von wenigen Minuten abgewickelt. Die Besucher werden nicht mehr in eine Liste eingetragen und brauchen auch nicht mehr Zweck und Dauer ihres Besuches anzugeben.

Elektrische Haushaltsgeräte wie diese Küchenmaschine, die mit Zusatzgeräten ergänzt werden kann, sollen bei der Hausarbeit helfen

Familie beim Einkauf in einem Supermarkt mit reichhaltigem Angebot in der niedersächsischen Stadt Friedland an der Grenze zur DDR

Geschirrhersteller werben mit einer kultivierteren Lebensart

Werbung für Geschirr und stilvolles Eßbesteck aus Silber

Ernährung 1961:

Tiefkühlkost in den Haushalten

Innerhalb der meisten Haushalte in der Bundesrepublik ist die Aufbauphase nach dem Krieg im wesentlichen abgeschlossen, der Nachholbedarf ausgeglichen. Für Nahrungsmittel steht mehr Geld als früher zur Verfügung.

In der Ernährung treten insofern Veränderungen ein, als der Verbrauch von Fleisch, Milch, Eiern und Butter steigt. Die Ernährung wird fettreicher, kohlehydratreiche Lebensmittel treten in den Hintergrund.

Auch in der Zubereitung der Speisen verändern sich die Gewohnheiten. Da mehr Geld für den Kauf von Lebensmitteln zur Verfügung steht, wird immer häufiger zu tiefgefrorenen Fertigprodukten gegriffen, die zwar teurer als Frischwaren sind, aber schneller zubereitet werden können. 1960 betrug der Pro-Kopf-Verbrauch von Tiefkühlkost in der Bundesrepublik trotz dieses Trends allerdings erst 400 g, während in Schweden und Großbritannien bereits 2,2 kg und in den Vereinigten Staaten sogar 16,5 kg pro Kopf registriert werden.

Auch der Konsum von Genußmitteln nimmt zu. Während zum Beispiel 1948 erst 6,6 Millionen Flaschen Sekt gekauft wurden, waren es 1955 bereits 27,9 Millionen und 1960 fast 69 Millionen Flaschen.

Luxusdelikatessen wie Hummer, Kaviar und feine Fischkonserven sind für den Bundesbürger in den letzten Jahren erschwinglich geworden

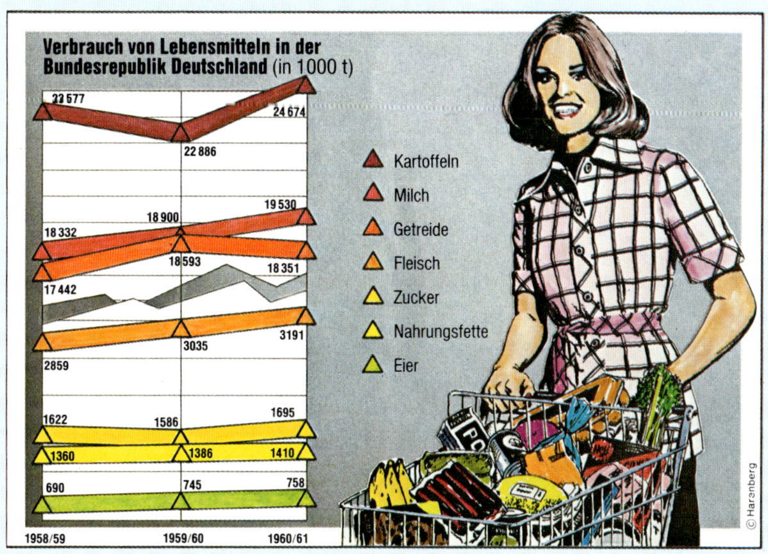

Herstellung von Arzneien geregelt

8. Februar. Einstimmig verabschiedet der Bundestag in Bonn das Arzneimittelgesetz, das dem Verbraucher einen besseren Schutz gegen unkontrollierte und nicht erprobte Arzneimittel bieten soll. Bisher hatte es in der Bundesrepublik kein Arzneimittelgesetz gegeben; die einzige Rechtsgrundlage war eine kaiserliche Verordnung von 1901.

Das Arzneimittelgesetz unterwirft vor allem die Arzneimittelherstellung einer scharfen Kontrolle. Eine Produktionserlaubnis wird künftig nur gegeben, wenn der Antragsteller ausreichende Sachkenntnis nachweisen kann.

Bei industriell hergestellten Arzneien müssen künftig auf der Verpackung die Bestandteile des Mittels mengenmäßig aufgeführt werden, sie müssen außerdem den Vermerk »rezeptpflichtig« bzw. »apothekenpflichtig« tragen.

Die langwierigsten Beratungen hatte es um die Bestimmungen über die apothekenpflichtigen Arzneien gegeben. Hier hatten die Drogisten gefordert, daß z. B. Schmerzmittel nicht nur in Apotheken verkauft werden dürften. Im neuen Arzneimittelgesetz ist jedoch die Monopolstellung der Apotheken trotz aller Einschränkung im wesentlichen unterstrichen worden.

Finanzminister Franz Etzel

»Elisabeth Tucher« (Dürer, 1499)

Der 20-DM-Schein der Deutschen Bundesbank mit Elisabeth Tucher

Neuer 20-DM-Schein mit Dürerbild

9. Februar. Die Deutsche Bundesbank in Frankfurt am Main gibt neue 20-DM-Scheine heraus. Sie zeigen das Bildnis der Nürnberger Kaufmannsfrau und Patrizierin Elisabeth Tucher.

Als Grundlage des neuen 20-DM-Scheins dient ein Gemälde des deutschen Meisters Albrecht Dürer aus dem Jahr 1499, das in der Kasseler Gemäldegalerie aufbewahrt wird.

Flugbetrieb durch Streik lahmgelegt

20. Februar. Ein Streik der Bordmechaniker legt den zivilen Luftverkehr in den Vereinigten Staaten im Inland und auch nach Übersee weitgehend lahm. Weder die Drohung von fünf Fluggesellschaften, 74 000 Angestellte zu entlassen, noch der Erlaß einstweiliger Verfügungen haben ein Ende des Ausstands bewirken können.

Die Bordmechaniker protestieren gegen eine Entscheidung der Bundesschlichtungsstelle, nach der sie künftig zusammen mit der Pilotengewerkschaft ihre Verhandlungen führen sollen. Die Bordmechaniker befürchten durch eine solche Auflösung ihrer eigenen Gewerkschaft eine finanzielle und soziale Benachteiligung.

Unmittelbarer Anlaß des Streiks, den die Bordmechaniker der US-amerikanischen Fluggesellschaft Pan American Airways begonnen haben, war die Weigerung der Gesellschaft, der Forderung nach einer Verkürzung der Arbeitszeit nachzukommen.

Der Ausstand wird erst am 24. Februar durch das Eingreifen von US-Präsident John F. Kennedy beendet. Innerhalb einer Frist von 60 Tagen sollen Verhandlungen zwischen den Bordmechanikern und den Fluggesellschaften geführt werden.

Go-Kart-Rennstrecke mit slalomartigen Kurven

Go-Kart-Fahrer in der Berliner Deutschlandhalle

Go-Kart-Fahren wie im Rennwagen

Februar. Das Go-Kart-Fahren, ein aus den Vereinigten Staaten importierter Motorsport, wird in Europa Mode.

Die Go-Karts, die mit ihren kleinen 18-PS-Motoren Höchstgeschwindigkeiten von bis zu 90 km/h erreichen, sind bewußt einfach gebaut. Ihr Anschaffungspreis liegt mit 600 bis 1000 DM relativ niedrig, und die Betriebskosten sind gering. Das Go-Kart, das 1956 in den USA entwickelt wurde, soll auch in Europa das Rennauto des »kleinen Mannes« werden.

In Frankreich gibt es bereits 80 Rennpisten für Go-Karts. Bei Wettfahrten beträgt die Strecke nicht mehr als 400 m – die vielen Kurven verlangen jedoch eine gute Fahrtechnik.

»Nicht gesellschaftsfähig« – letzter Film mit Clark Gable

9. Februar. »Misfits« (»Nicht gesellschaftsfähig«) von John Huston, der letzte Film mit Clark Gable und Marilyn Monroe, wird in New York uraufgeführt.
Der Film erzählt die Geschichte einer jungen Frau (Marilyn Monroe), die sich nach ihrer Scheidung in Reno einsam fühlt. Sie begegnet Guido (Eli Wallach), einem ehemaligen Mechaniker, dessen Frau gestorben ist. Guido macht die junge Frau Roslyn mit dem Pferdefänger Gay Langland (Clark Gable) bekannt, in den sich Roslyn verliebt. Guido, Langland und der erfolglose Rodeoreiter Perce Howland (Montgomery Clift) schließen sich zusammen, um wilde Pferde zu fangen, die in der Schlachterei enden und als Hundefutter verarbeitet werden sollen.
Als Roslyn dies erfährt, bittet sie die Männer, die Tiere freizulassen. Sie kann Perce dazu überreden, die Pferde zu befreien, doch Langland gelingt es nach einer mühevollen Jagd, die Tiere wieder einzufangen. Nachdem er seine Stärke und Macht auf diese Weise dokumentiert hat, läßt er die Pferde von sich aus frei. Die Jagd hat zwar finanziell nichts eingebracht, doch Roslyn und Langland haben sich durch diese Erfahrung verstehen gelernt.
Der Film, für den der US-amerikanische Schriftsteller Arthur Miller (Marilyn Monroes dritter Ehemann) das Drehbuch schrieb, besticht vor allem durch seine Naturaufnahmen.
Gables Darstellung des Gay Langland gilt als eine der besten seiner Karriere. Gable starb kurz nach Abschluß der Dreharbeiten am 16. November 1960.

V. l. Montgomery Clift, Marilyn Monroe und Clark Gable in »Misfits«

Die 20jährige Skisportlerin Heidi Biebl aus Oberstaufen gewinnt mit ihrem Kampfgeist alle Meistertitel

Heidi Biebl gewinnt alpine Ski-Titel

19. Februar. Die Deutschen Alpinen Meisterschaften von Garmisch-Partenkirchen enden für die 20jährige Oberstaufenerin Heidi Biebl mit einem sensationellen Erfolg. Sie erringt die ersten Plätze im Abfahrtslauf (3:00,9), Slalom (0:84,9) und in der Kombination. Am 17. Februar hatte sie bereits den ersten Platz im Riesenslalom erkämpft (1:39,9).
Im Vorjahr hatte Heidi Biebl bei den Olympischen Winterspielen im US-amerikanischen Squaw Valley vom 18. bis 28. Februar überraschend die Goldmedaille im Abfahrtslauf gewonnen. Ihr Stil zeichnet sich besonders durch Kraft und kämpferischen Einsatz aus.
Die Partenkirchnerin Bärbel Hornsteiner holt sich sowohl im Abfahrtslauf wie auch in der Kombination den zweiten Platz und ist die einzige ernstzunehmende Konkurrenz für Heidi Biebl.
Bei den Herren gewinnt der 18jährige Adalbert Leitner aus Kleinwalsertal die Kombination. Beim Abfahrtslauf siegt der Traunsteiner Fritz Wagnerberger (3:16,3), beim Slalom Willy Bogner aus München (1:53,9). Am 17. Februar konnte der Traunsteiner Ferdl Fettig den Riesenslalom für sich entscheiden (1:45,6).
Bei den Herren sind es vor allem Adalbert Leitner, sein älterer Bruder Ludwig und Willy Bogner, auf denen die Hoffnungen der deutschen Skifans liegen.

Ein Exzentriker auf der Bühne

Mit Gedichten von François Villon und Arthur Rimbaud sowie Stücken aus dem Neuen Testament gestaltet der Schauspieler Klaus Kinski seine Deklamationsabende. Jährlich finden rund 100 Auftritte in der Bundesrepublik Deutschland, Österreich und der Schweiz statt.
Kinski deklamiert auf leerer, kahler Bühne – entweder in strenger, schwarzer Soutane, verwaschenen Jeans oder im Lumpenkittel. Sein Vortrag ist immer exzessiv, erotisch und vor allem lautstark. Seine Publikumsbeschimpfungen werden mit Beifall aufgenommen.
Seine Deklamationsabende sind besonders erfolgreich, weil sie sich von den sonstigen, eher betulichen und ruhigen Rezitationsabenden unterscheiden. Kinski, der auch Klassiker wie Friedrich Schiller vorträgt, paßt die Texte zumeist der heutigen Sprache und Zeit an, bevor er sie in sein Repertoire aufnimmt.
Zu Kinskis Erfolgen als Rezitator trägt auch sein Gebaren als »enfant terrible« bei. Skandal und Klatsch sind dem Exzentriker nicht unangenehm – im Gegenteil, er nutzt sie als erfolgreiche Werbung.

Schauspieler Klaus Kinski bei einer seiner expressiven Rezitationen

März 1961

Mo	Di	Mi	Do	Fr	Sa	So
		1	2	3	4	5
6	7	8	9	10	11	12
13	14	15	16	17	18	19
20	21	22	23	24	25	26
27	28	29	30	31		

1. März, Mittwoch

US-Präsident John F. Kennedy gibt die Errichtung eines Friedenskorps bekannt. Es soll Entwicklungsländer beim wirtschaftlichen Aufbau unterstützen. → S. 53

Frankreich ist bereit, mit dem Führer der algerischen Aufständischen, Ferhat Abbas, ohne jede Bedingung über die politische Zukunft Algeriens zu verhandeln. Die bisherige Bedingung des französischen Staatspräsidenten Charles de Gaulle, daß solche Gespräche erst nach einem Waffenstillstand geführt werden könnten, wird fallengelassen (→ 31. 3./S. 52).

2. März, Donnerstag

Der deutsche Verteidigungsminister Franz Josef Strauß (CSU) hält US-amerikanische Überlegungen, das Hauptgewicht der in Europa stationierten Truppen des Nordatlantischen Verteidigungspakts (NATO) von den Atomwaffen auf die konventionelle Bewaffnung zu verlegen, für gefährlich.

Der 79jährige Maler Pablo Picasso heiratet seine Lebensgefährtin Jacqueline Roque. → S. 61

3. März, Freitag

Die Bevölkerung in der Schweiz lehnt in einer Volksabstimmung die Erhöhung des Benzinpreises um sieben Rappen (rund 8 Pfennig) zur Finanzierung von Straßenbauprojekten ab.

522 Spielfilme wurden 1960 im Bundesgebiet und Berlin (West) ur- und erstaufgeführt. Davon waren 98 deutsche Filme, einschließlich zwölf deutsch-ausländischer Koproduktionen, 16 Filme kamen aus Österreich. Mit 175 Filmen stellten die USA den größten Teil der in der Bundesrepublik gezeigten Produktionen. Die Zahl der uraufgeführten deutschen Titel ging im Vergleich zum Vorjahr um neun Titel zurück.

4. März, Sonnabend

In den wachsenden Flüchtlingszahlen sieht der Bundesminister für Gesamtdeutsche Fragen, Ernst Lemmer (CDU), eine Ausblutung der DDR, die immer erschreckendere Formen annehme. → S. 55

17% aller Einwohner der Bundesrepublik schlafen im Durchschnitt jede Nacht weniger als sechs Stunden. 25% gaben bei einer Umfrage an, daß sie sich keine ausreichende Nachtruhe gönnen könnten. Das bedeutet nach Meinung der Kirchenzeitung für das Kölner Erzbistum, daß jeder vierte Bundesbürger zu den »gereizten und schlechtgelaunten Zeitgenossen« gehört.

5. März, Sonntag

In Frankfurt am Main wird die Frühjahrsmesse eröffnet. Sie dauert bis zum 9. März.

Der DDR-Minister für Außenhandel und innerdeutschen Handel, Heinrich Rau, eröffnet die Leipziger Frühjahrsmesse, die am 14. März endet.

Mit einem scharfen Protest wenden sich die im Bundesjugendring zusammengeschlossenen 14 großen bundesdeutschen Jugendverbände gegen die am 22. Februar bekanntgewordene Absicht des Bundesinnenministers Gerhard Schröder, künftig auch die Mensur schlagenden Korporationen aus Geldern des Bundesjugendplans zu fördern.

Boxweltmeister im Mittelgewicht, Gene Fullmer, verteidigt seinen Titel in Las Vegas/USA erfolgreich gegen Sugar Ray Robinson. Fullmer siegt in einem Kampf über 15 Runden nach Punkten.

6. März, Montag

Die DM wird um 4,75% aufgewertet, um die Konjunktur in der Bundesrepublik zu dämpfen und die internationale Zahlungsbilanz auszugleichen. Die Parität zum US-Dollar beträgt nun 4:1 statt 4,20:1. → S. 58

Flugreisen mit der Lufthansa ins Ausland werden billiger. Im Zuge der DM-Aufwertung sinken die Preise für Flugscheine, die mit DM bezahlt werden, um rund 5%. Die skandinavische Fluggesellschaft SAS schließt sich dieser Maßnahme an.

7. März, Dienstag

Kritik an der Agrarpolitik der Bundesregierung üben der Präsident des Deutschen Bauernverbandes, Edmund Rehwinkel, und der Präsident des Westfälisch-Lippischen Landwirtschaftsverbandes, Freiherr Antonius von Oer, bei einer Kundgebung in der Dortmunder Westfalenhalle, die von über 20000 Landwirten besucht ist. Sie fordern statt der Subventionen Preiserhöhungen für die deutschen Agrarerzeugnisse.

In London beginnt eine zehntägige Konferenz der Regierungschefs der Commonwealth-Staaten. Hauptpunkt der Besprechungen, die am 17. März enden, ist die Apartheidpolitik in Südafrika (→ 17. 3./S. 52).

Ein 24jähriger früherer Fallschirmjäger und ein 38 Jahre alter Berufsverbrecher gestehen vor der französischen Polizei, am 12. April 1960 den Peugeot-Enkel Eric entführt zu haben. Der Junge war gegen ein Lösegeld von 500000 neuen Francs (rund 425000 DM) freigelassen worden. → S. 61

Königin Elisabeth II. von Großbritannien und ihr Mann Prinz Philipp beenden ihren Staatsbesuch in Indien (→ 21. 1./S. 19).

8. März, Mittwoch

Die Schaumweinindustrie im Bundesgebiet hat 1960 einen neuen Rekordumsatz erzielt. Bei einer Steigerung von etwa 20% gegenüber dem Vorjahr wurden insgesamt 70,8 Millionen Flaschen verkauft, davon 68,8 Millionen im Inland. Die Einnahmen aus der Sektsteuer beliefen sich auf 68,5 Millionen DM.

Ein Treffer in der 32. Minute durch den deutschen Linksaußen Gerd (»Charly«) Dörfel entscheidet das Fußball-Länderspiel Bundesrepublik Deutschland gegen Belgien in Frankfurt am Main. Vor 65000 Zuschauern gewinnt die deutsche Mannschaft 1:0.

9. März, Donnerstag

Die Frankfurter Frühjahrsmesse geht zu Ende. Vor allem das Inlandsgeschäft war lebhaft, die Abschlüsse lagen vielfach über denen des Vorjahres. Die ausländischen Einkäufer waren allerdings nicht ohne weiteres bereit, die durch die Aufwertung der DM für sie eingetretenen Preiserhöhungen hinzunehmen.

Die Sowjetunion startet innerhalb von 14 Tagen zwei Raumschiffe mit Tieren und bekräftigt damit ihren Vorsprung in der Weltraumfahrt vor den US-Amerikanern.

10. März, Freitag

Die US-amerikanische Zeitung »Washington Post« kauft für (umgerechnet) 32 Millionen DM das Nachrichtenmagazin »Newsweek«. Die Zeitung erwirbt 59% der Anteile von der Astor-Stiftung. Außerdem bietet die »Washington Post« an, die übrigen Aktien zu gleichen Bedingungen zu kaufen. »Newsweek« hat eine Auflage von 1,46 Millionen. Die Leitung der Zeitschrift soll der Präsident der »Washington Post«, Philip Graham, übernehmen.

11. März, Sonnabend

Jeder zweite Bundesbürger lebt nach seiner Auffassung heute besser als vor dem Zweiten Weltkrieg. Bei einer Umfrage des EMNID-Instituts äußern nur 15% der Befragten, sie stünden heute schlechter da als vor dem Krieg. 27% sehen keinen Unterschied in ihrer Lebenshaltung gegenüber der Vorkriegszeit.

12. März, Sonntag

In Tananarivo (Madagaskar) geht die seit dem 8. März dauernde Konferenz der führenden Politiker des Kongo (Zaïre) zu Ende. Auf der Konferenz wird die Umwandlung des kongolesischen Einheitsstaates in einen Staatenbund beschlossen. → S. 53

Im österreichischen Bundesland Steiermark finden Landtagswahlen statt. Die Österreichische Volkspartei (ÖVP) erhält 24 Mandate, die Sozialistische Partei Österreichs (SPÖ) 20 Mandate, die Freisinnige Partei Österreichs (FPÖ) erreicht drei Mandate und die Kommunisten und Linkssozialisten (KLS) gewinnen ein Mandat.

Erstmals wird die Eiger-Nordwand im Winter bestiegen: Einer deutsch-österreichischen Seilschaft unter der Führung von Toni Hiebeler gelingt dieses Projekt. → S. 65

Bei den Eishockey-Weltmeisterschaften in der Schweiz gewinnt im Gesamtergebnis die kanadische Mannschaft mit 5:1 Punkten gegen die Sowjetunion, die dritte wird. Die Mannschaft der ČSSR erreicht den zweiten Platz.
Die bundesdeutsche National-Mannschaft trat zu ihrem letzten Spiel gegen die DDR-Mannschaft nicht mehr an, da keine Einigung darüber erzielt werden konnte, welche Flagge und welche Nationalhymne bei der Siegerehrung gezeigt bzw. gespielt werden sollten.

12000 Zuschauer erleben in der Dortmunder Westfalenhalle das Endspiel der Hallenhandball-Weltmeisterschaften. Rumänien siegt mit 9:8 (7:7, 7:7, 4:4) über die tschechoslowakische Mannschaft. Den dritten Platz erreicht Schweden, das 1954 und 1958 Weltmeister war.

13. März, Montag

US-Präsident John F. Kennedy garantiert dem Berliner Regierenden Bürgermeister Willy Brandt (SPD) in einer dreiviertelstündigen Unterredung in Washington die Entschlossenheit der USA, die Freiheit Berlins zu erhalten, zu der sich die USA durch Vertrag und Überzeugung verpflichtet fühlen. → S. 54

Der Boxer Floyd Patterson verteidigt seinen Weltmeistertitel im Schwergewicht durch K.o. in der sechsten Runde gegen den Schweden Ingemar Johansson in Miami Beach/USA. → S. 65

14. März, Dienstag

In Leipzig geht die Frühjahrsmesse zu Ende, die am 5. März eröffnet worden ist.

Der Wunsch nach einem Eigenheim ist bei den Arbeitnehmern in der Bundesrepublik besonders stark ausgeprägt, wie der Gemeinschaftsdienst der deutschen Sparkassen in Bonn bekanntgibt. 1960 entfielen fast zwei Drittel der neu abgeschlossenen Bausparverträge auf Arbeitnehmer. Die Arbeiter bilden mit 28% den größten Anteil, die Angestellten folgen mit 24% und die Beamten mit 11%.

Die Hamburger Hauptkirche St. Michaelis (»Michel«) wird 300 Jahre alt. Ein feierlicher Gedenkgottesdienst erinnert an die Gründung der Kirche am 14. März 1661. → S. 62

15. März, Mittwoch

Südafrika tritt aus dem Commonwealth aus. Nach dreitägigen Debatten über die Rassenfrage wird die Entscheidung in einer Verlautbarung der zwölf Regierungschefs des Commonwealth bekanntgegeben.
Die Mitgliedschaft Südafrikas endet am 31. Mai 1961 (→ 17. 3./S. 52; 31. 5./S. 92).

ie Fußball-Illustrierte »Kicker« mit einer Sonderausgabe über den türmer Uwe Seeler und den 4:1-Sieg des HSV über den englischen Meiter FC Burnley

Aufnahmen: Eberhard Seeliger (8), dpa (4).

Politik und Geschäft an der Pleiße

Die Leipziger Frühjahrsmesse 1961 — Ulbricht lächelte und kritisierte — Propaganda und politischer Sekt — Gastfreundliche Leipziger

In den Gläsern der westdeutschen Aussteller schäumte diesmal kein Sekt, als Walter Ulbricht mit seinem großen Gefolge erschien und eine süßsaure Phrase ins Kruppsche Gästebuch schrieb. Diese Geste widerfuhr der sowjetzonalen Regierungsdelegation bei der Eröffnung der Leipziger Frühjahrsmesse 1961 dafür nicht ohne Grund bei den Engländern: Die Zone hofft, sich über engere und länger befristete Handelsabkommen zu Großbritannien ein Handelsabkommen und damit die Defacto-Anerkennung einzuhandeln, und die Briten fragten sich, warum sie die „goldene Gelegenheit für Geschäfte mit dem ostdeutschen Markt" nicht nutzen sollten, wie es die Bundesrepublik tue.

Die westdeutschen Aussteller hielten sich indessen auf dieser Messe, die den Veranstaltern mehr zu politischen als zu wirtschaftlichen Zwecken dient, zurück. Man erinnerte sich an die Kritik, die die politisch ungeschickten Äußerungen im vorigen Jahr hervorgerufen hatten, und außerdem war die Stimmung leicht gereizt, weil nur wenige Aussteller ihre angestammten Plätze wieder erhalten hatten. Mit dem Hinweis auf die Auseinandersetzungen im Interzonenhandelsverkehr gab Ulbricht die Erklärung: „Wundern Sie sich nicht, meine Herren, daß Firmen anderer Länder Ihnen die Geschäfte vor der Nase wegnehmen, wenn die Bonner Regierung dauernd Sprünge macht, statt sachlich Handel zu treiben." Im bunten Flaggenspalier Leipzigs fehlte auch die schwarzrotgoldene Fahne der Bundesrepublik, dafür wehte nach langer Zeit wieder einmal das Sternenbanner an der Pleiße: Einige amerikanische Stahl-Konzerne hatten sich zum Stolz der Zonenmachthaber eingefunden.

Nicht geändert hat sich die Gastfreundschaft der Leipziger, denen das Ereignis wenigstens für kurze Zeit ein paar ungewohnte Genüsse eintrug. Ihr Bemühen um die Fremden hatte freilich dort seine Grenzen, wo Aufgeschlossenheit und Planmängel aufeinanderstießen: Es war zuweilen schwer, ein Unterkommen zu finden.

Die Leipziger, weniger von der Messe angetan als von der „Atmosphäre", die dieses Ereignis verbreitet, bemühten sich mit Hingabe um die Gäste. Meist empfohlene Sehenswürdigkeit und zugleich Postkarten-Bestseller war das neu erstandene Opernhaus.

Wenn eine Dame Hilfe braucht, regelt sich der Verkehr von selbst: Ein Polizist trägt einer westdeutschen Besucherin das Paket zum Auto. In der Reihenfolge dienstlicher Obliegenheiten der sowjetzonalen Volkspolizei stand anderthalb Wochen lang das Wort Kavalier obenan.

Besondere Fürsorge ließen die SED-Funktionäre den Besuchern aus afrikanischen und asiatischen Ländern angedeihen, auch wenn sie mehr politisch als geschäftlich zu Buche schlagen sollte. Unser Bild zeigt einige Ghanesen vor dem sowjetischen Modell eines Hochofens.

„Saporoshez", der seines Vorbildes wegen im Westen als „Volks-Fiatowitsch" bespöttelte Kleinwagen, gehörte zu den populärsten Attraktionen des sowjetischen Pavillons. Ähnlich umlagert waren die Mercedeswagen, deren Prospekte schnell zum Messe-Souvenir avancierten.

Mit süßlichem Lächeln und bieder gefalteten Händen: Walter Ulbricht auf einem Stand der englischen Stahlindustrie, die er betont freundlich umwarb. Freundlich — und bemüht um bürgerliche Eleganz — gab sich an seiner Seite indessen auch Frau Lotte Ulbricht (Bild). Sie gehörte zu den wenigen, die den SED-Chef auf den stundenlangen Gängen bis zum späten Schluß begleiteten.

Die Hamburger Wochenzeitschrift »Die Zeit« berichtet über die Leipziger Frühjahrsmesse

März 1961

In Moskau beginnt der Titelkampf zwischen Schachweltmeister Michail Tal und seinem Vorgänger Michail Botwinnik. → S. 65

16. März, Donnerstag

In Genf wird der 31. Autosalon eröffnet. Die Veranstaltung, bei der die neuesten Automodelle vorgestellt werden, dauert bis zum 26. März.

17. März, Freitag

Der Bundestag verabschiedet den Bundeshaushalt 1961. Die Ausgaben in diesem Haushaltsjahr betragen 52,26 Milliarden DM.

Eine Konferenz der Ministerpräsidenten der Bundesländer beschließt die Gründung einer zweiten Fernsehanstalt. → S. 61

Die israelische Regierung beschließt die Auflösung des Parlaments und Neuwahlen im August. Der zurückgetretene Ministerpräsident David Ben Gurion übernimmt am 19. März die Leitung der bis zu den Neuwahlen geschäftsführenden Regierung in Jerusalem (→ 9. 2./S. 36; 15. 8./S. 152).

Die algerische Exilregierung in Tunis stimmt dem französischen Vorschlag zur Aufnahme offizieller Verhandlungen über die Zukunft Algeriens zu (→ 31. 3./S. 52).

In London geht die Konferenz der zwölf Regierungschefs der Commonwealth-Staaten zu Ende. → S. 52

18. März, Sonnabend

Franz Josef Strauß wird von einem außerordentlichen CSU-Parteitag mit 547 von 576 abgegebenen Stimmen zum neuen Landesvorsitzenden gewählt. Strauß löst Hanns Seidel ab. → S. 55

19. März, Sonntag

Die Kommunalwahlen in Nordrhein-Westfalen und Niedersachsen enden mit Erfolgen der Christlichen Demokraten. Die Deutsche Partei in Niedersachsen hat erheblich an Stimmen verloren. In Nordrhein-Westfalen erreicht die CDU 45,0%, die SPD 40,7% und die FDP 10,2%. In Niedersachsen gewinnen die Parteien folgende Stimmenanteile: SPD 38,8%, CDU 28,2%, DP 9,4%, BHE 8,4% und FDP 6,9%.

400 junge Menschen in der Bundesrepublik sind bisher dem Ruf der Evangelischen Landeskirchen zu einem einjährigen freiwilligen Dienst an hilfsbedürftigen Menschen und zur Entlastung des überforderten, hauptberuflichen Pflegepersonals gefolgt. Mit 604 Anmeldungen zum Diakonischen Jahr steht Württemberg an erster Stelle. Es folgen das Rheinland (572) und Bayern (520).

20. März, Montag

Drei Monate nach seiner Scheidung von der Schauspielerin Vivien Leigh heiratet der britische Schauspieler Laurence Olivier in der Nähe von New York seine Kollegin Joan Plowright (→ 2. 3./S. 61).

Der Frühling beginnt mit heftigen Stürmen und Schneefällen. Die Temperaturen sinken auf wenige Grade über dem Gefrierpunkt.

21. März, Dienstag

Der Run auf die Aktien der zur AG umgewandelten Volkswagen GmbH ist so groß, daß bei Zeichnungsschluß eine Überzeichnung von 85,4% registriert wird. → S. 59

Die Genfer Konferenz über die Nichtfortsetzung von Kernwaffenversuchen, die im Dezember 1960 vertagt worden war, wird wieder eröffnet. → S. 54

Unter der Leitung von José Miró Cardona bildet sich in New York ein Revolutionärer Rat von Exilkubanern, die sich gegen die Regierung Fidel Castros wenden. → S. 52

Eine Reorganisation der Staatsführung und eine Kabinettsumbildung beschließt das Parlament in Bukarest. Höchstes Staatsorgan in Rumänien wird künftig ein aus 17 Mitgliedern bestehender Staatsrat unter dem Vorsitz des Parteivorsitzenden Georghe Georghiu-Dej.

Das schweizerische Parlament verabschiedet das Gesetz gegen den »Ausverkauf des Heimatbodens«. → S. 54

Abwechselnd mit der Gruppe Bluegenes (später Swinging Blue Jeans) treten die Beatles erstmals im Liverpooler Cavern Club auf. → S. 62

22. März, Mittwoch

US-Präsident John F. Kennedy legt dem US-amerikanischen Kongreß in Washington ein Acht-Punkte-Programm zur Reform der Auslandshilfe vor und fordert für das am 1. Juli beginnende neue Haushaltsjahr vier Milliarden US-Dollar (16 Milliarden DM) für diese Zwecke. Kennedy erklärt ferner, daß er von den anderen Industrieländern eine stärkere Beteiligung an der Entwicklungshilfe erwarte.

23. März, Donnerstag

Die britische Regierung übermittelt der Sowjetunion ein Memorandum zur Beendigung des Bürgerkriegs in Laos. → S. 53

Die Konferenz der Intendanten der Landesrundfunkanstalten beschließt die Einführung eines zweiten Fernsehprogramms in der Bundesrepublik (→ 17. 3./S. 61).

In Moskau werden die Zensurmaßnahmen für ausländische Korrespondenten aufgehoben. → S. 54

Der deutsche Chemiker Hermann Staudinger, der als »Vater der Kunststoffe« gilt, wird 80 Jahre alt.

24. März, Freitag

In der Dortmunder Westfalenhalle gewinnt Hermann Schridde auf »Flagrant« den »Großen Preis der Bundesrepublik«.

Der Film »Rom – Offene Stadt« von Regisseur Roberto Rossellini erlebt 16 Jahre nach seinem Entstehen die deutsche Erstaufführung. → S. 64

25. März, Sonnabend

In Frankfurt am Main geht der XII. Ordentliche Bundesparteitag der FDP zu Ende, der am 23. März begonnen hatte. Die FDP stellt ihr Programm für die Bundestagswahlen am 17. September vor.

Den Sturz des Kabinetts Hinrich Wilhelm Kopf (SPD) als Voraussetzung für eine Fusion mit dem Gesamtdeutschen Block/BHE verlangt die Deutsche Partei in Niedersachsen. Die Regierung Kopf, der außer den Sozialdemokraten auch die Freien Demokraten angehören, ist auf die Unterstützung des Bundes der Heimatvertriebenen und Entrechteten (BHE) angewiesen (→ 16. 4./S. 77).

26. März, Sonntag

Bei den Parlamentswahlen in Belgien bleibt die Christlichsoziale Partei trotz Verlusten weiterhin die stärkste Partei mit 41,6% der Stimmen (1958: 46,5%). Das zweitbeste Ergebnis erzielt die Sozialistische Partei mit 36,7% (1958: 36,8%). Die Liberale Partei steht mit 12,3% (1958: 12,1%) an dritter Stelle. Die neue belgische Regierung bildet sich erst am 25. April (→ 2. 5./S. 90).

Vor 60 000 Zuschauern unterliegt die deutsche Fußball-Nationalmannschaft in Santiago de Chile 1 : 3 gegen Chile.

27. März, Montag

Nach der Reisewelle und der Motorisierung ist jetzt das »Volkstelefon« im Kommen. Im letzten Jahr ist die Zahl der Fernsprechanträge in der Bundesrepublik in einem bislang noch nicht dagewesenen Maße in die Höhe geschnellt. Fast 150 000 Anschlußanträge liegen zur Zeit bei der Bundespost vor. Ende 1960 betrug die Gesamtzahl der Hauptanschlüsse in der Bundesrepublik 5,91 Millionen, zehn Jahre zuvor gab es nur 2,47 Millionen Hauptanschlüsse.

In Berlin findet eine Ausstellung zum 100jährigen Bestehen der Nationalgalerie statt. → S. 64

28. März, Dienstag

Indiens Ministerpräsident Jawaharlal Nehru eröffnet in Rourkela ein mit deutscher und österreichischer Hilfe erbautes Stahlwerk. → S. 58

Der in Moskau tagende Politische Beratende Ausschuß des Warschauer Pakts fordert den »Abschluß eines Friedensvertrages mit beiden deutschen Staaten« und die Umwandlung von Berlin (West) in eine entmilitarisierte »Freie Stadt«. → S. 54

US-Präsident John F. Kennedy fordert im Kongreß in Washington die Erhöhung des Verteidigungsetats um 900 Millionen US-Dollar (3,6 Milliarden DM) auf 43,8 Milliarden US-Dollar (175,2 Milliarden DM).

Fast drei Millionen Kinder sehen sich in der Bundesrepublik täglich Fernsehsendungen an. Das sind nach Feststellungen des Allensbacher Instituts für Demoskopie 28% der Kinder zwischen zwei und 16 Jahren. Etwa jeder fünfte Fernsehzuschauer ist also ein Kind.

Etwa doppelt so viele Osterpäckchen wie in den vergangenen Jahren haben die Bürger der Bundesrepublik bisher in die DDR geschickt. Nach Mitteilung der Bundespost wurden bisher allein in Nordrhein-Westfalen von den zentralen Paketumschlagstellen 110 Güterwaggons mit 232 100 Paketen für die DDR abgefertigt.

29. März, Mittwoch

In Bangkok geht die seit dem 27. März dauernde Konferenz des Ministerrats der Staaten des Südostasien-Pakts (SEATO) zu Ende, in deren Mittelpunkt die Laos-Krise stand (→ 23. 3./S. 52).

Österreich und die USA unterzeichnen ein Abkommen, wonach Österreich das freie Verfügungsrecht über Mittel aus dem Marshallplan, dem US-amerikanischen Hilfsprogramm für Europa, erhält, in Höhe von über einer Milliarde DM.

30. März, Donnerstag

In vielen Städten der Bundesrepublik Deutschland nehmen Atomwaffengegner an Ostermärschen gegen die Aufrüstung teil.

Die Sauerstoffwerk Westfalen AG, die in Nordrhein-Westfalen und Niedersachsen ein eigenes Netz von etwa 300 Tankstellen besitzt, senkt mit Wirkung vom 1. April die Tankstellenpreise für Westfalen-Markenkraftstoffe um zwei Pfennig auf 58 Pfennig je Liter Normalbenzin und 65 Pfennig für Superbenzin.

31. März, Karfreitag

Die für den 7. April in Evian in Frankreich geplanten französisch-algerischen Friedensverhandlungen werden nicht stattfinden. Die algerische Exilregierung lehnt die Verhandlungen ab, nachdem bekannt wird, daß die französische Regierung auch mit anderen algerischen Gruppen Gespräche führen will. → S. 52

In Dortmund gründen zehn Schriftsteller sowie einige Literaturkritiker und Journalisten einen »Arbeitskreis für künstlerische Auseinandersetzung mit der industriellen Arbeitswelt«. Nach dem Gründungsjahr und dem Gründungsort nennt sich der Zusammenschluß auch »Dortmunder Gruppe 61«. → S. 64

Gestorben:

5. Kopenhagen: Kjeld Abell (*25. 8. 1901, Ripen), dänischer Schriftsteller.

8. London: Sir Thomas Beecham (*29. 4. 1879, Saint Helens/Liverpool), britischer Dirigent.

13. Paris: Ruth Fischer (*11. 12. 1895, Leipzig), deutsche Politikerin.

Die Londoner Zeitung »The Times« vom 13. März 1961 mit einer Sonderbeilage über Seereisen in den 60er Jahren

THE TIMES

MONDAY MARCH 13 1961

SUPPLEMENT

ON

SEA TRAVEL IN THE SIXTIES

CONTENTS

Verlag DIE WELT, Essen, Sachsenstr. 36, Tel. 2 14 21, Fernschr. 0857 341, Hamburg 36, Kaiser-Wilhelm-Str. 16, Tel. 34 10 10, Fernschr. 0211 149. Berlin-Tempelhof, Mariendorfer Damm 1/3, Tel. 75 05 86, Verlagsleiter: Dr. Heinrich Schulte

DIE WELT

UNABHÄNGIGE TAGESZEITUNG FÜR DEUTSCHLAND

Abonnement durch Träger oder Post, monatlich DM 6,60 einschl. Zustellgebühr. Postabholer DM 6,06, Auslandsbezug DM 9,— einschl. Porto. Anzeigenpreisliste Nr. 29 vom 15. 8. 1960. Verantwortlich für Anzeigen: Karl Heinz Holz.

Freitag, 17. März 1961 1 H 7109 A Ausgabe D Nr. 65 - Preis 30 Pf

Nach dem Austritt aus dem Commonwealth

Südafrika fürchtet ernste Folgen
Verwoerd sagt Bonn-Besuch ab

Goldener Faden

F. F. — Der Austritt der Südafrikanischen Union aus dem Commonwealth war zwar eine überraschende politische Demonstration. Wenn man aber die weiteren Meldungen über das künftige Verhältnis Südafrikas zum Commonwealth betrachtet, dann gewinnt man den Eindruck, als würde hier wieder eine typisch angelsächsische pragmatische Lösung angestrebt.

England hat ein zu starkes wirtschaftliches Interesse an Südafrika, um es einfach abtreiben zu lassen. Es ist für britische Erzeugnisse ein viel zu wichtiger Absatzmarkt, und es ist viel zuviel britisches Kapital dort angelegt worden — fast eine Milliarde Pfund! —, das man nicht so einfach aufgeben kann. Aber auch für Südafrika ist der wirtschaftliche Zusammenhang mit dem Commonwealth ganz entscheidend.

Macmillan hofft auf Ausgleich

Von unseren Korrespondenten

Schr./gl. Bonn/London, 16. März

Einen Tag nach dem Austritt Südafrikas aus dem britischen Commonwealth hat Ministerpräsident Verwoerd seinen angekündigten offiziellen Besuch in Bonn abgesagt. In London äußerte Premierminister Macmillan die Hoffnung, daß Südafrika eines Tages wieder in das Commonwealth zurückkehren werde.

Nach Mitteilung eines Sprechers des Auswärtigen Amtes in Bonn hat Verwoerd die Bundesregierung wissen lassen, daß er wegen anderer dringender Verpflichtungen nicht nach Bonn kommen könne. Deutsche Diplomaten hatten schon Befürchtungen darüber geäußert, daß der Besuch Verwoerds ungünstige Auswirkungen auf die Beziehungen der Bundesrepublik zu den jungen afrikanischen Staaten haben würde.

In der südafrikanischen Öffentlichkeit hat der Austritt aus dem Commonwealth

Kursverluste an der Londoner Börse

Nachrichtendienst der WELT

London, 16. März

Das Ausscheiden Südafrikas aus dem Commonwealth hat in Londoner Wirtschaftskreisen überrascht. An der Börse kam es zu Kursstürzen für südafrikanische Werte, die sich später aber wieder etwa fingen. Die Wertpapiermakler hatten schon zu Börsenbeginn

CDU und SPD auf Tuchfühlung

Von GEORG SCHRÖDER, Bonn

Die Haushaltsdebatte in Bonn

Opposition ohne Gegenprogramm

Ein Streit um Nuancen

Es gibt in Bonn eine Alternative der Personen. Aber man muß die Lupe zu Hilfe nehmen, um eine Alternative in der Sache zu entdecken. Die sechstägige Bundestagsdebatte bei der zweiten Lesung des Haushalts erhärtet solche Meinung. Sie mag zugespitzt klingen. Das aber sollte nicht darüber hinwegtäuschen, daß der Mangel einer Alternative in den großen politischen Fragen während der letzten Wochen ganz offensichtlich immer deutlicher erkannt und auch beklagt wird.

Nun läßt sich mit Recht fragen, ob solche Klagen und solches Unbehagen nicht nur Ausdruck für intellektuelle Unruhe seien, ob nicht von der politischen Notwendigkeit eines geteilten und gefährdeten Volkes her das enge Zusammenrücken der Parteien bei den großen Fragen zu fördern und zu begrüßen sei. Welche Antwort immer gegeben werden mag, eines ist sicher: eine Woche unermüdlicher Diskussionen

Die Tageszeitung »Die Welt« berichtet am 17. März über den Austritt von Südafrika aus dem Commonwealth

Commonwealth ohne Südafrika

17. März. Die Konferenz der Regierungschefs der Commonwealth-Mitglieder, die am 7. März begonnen hatte, geht in London zu Ende. Hauptergebnis der Tagung ist der Austritt Südafrikas aus der Gemeinschaft mit Wirkung vom → 31. Mai 1961 (S. 92).

Die Regierungschefs hatten zunächst über die weltpolitische Lage debattiert und sich dann der Abrüstungsfrage zugewandt. Mehrheitlich konnten sich die Regierungschefs darauf einigen, die Aufnahme Chinas in die Vereinten Nationen zu befürworten. Nur Südafrika hatte sich dagegen gewandt.

Die Debatten über die Rassenpolitik in Südafrika weiteten sich zum Hauptthema der Tagung aus. Vor allem die afrikanischen Commonwealth-Mitglieder protestierten gegen die Politik der strikten Rassentrennung, die in Südafrika praktiziert wird. Der britische Premierminister Harold Macmillan versuchte vergeblich, die politischen Gegensätze durch eine Kompromißformel auszugleichen. Am 15. März zog Südafrika die Konsequenzen und trat aus dem Commonwealth aus; es will allerdings weiterhin enge wirtschaftliche Beziehungen zu Großbritannien aufrechterhalten.

In der Öffentlichkeit wird der Austritt Südafrikas positiv beurteilt, das Commonwealth sei dadurch politisch und moralisch gestärkt.

Mitglieder des Commonwealth

Großbritannien	(1931)
Kanada	(1931)
Australien	(1931)
Neuseeland	(1931)
Indien	(1947)
Pakistan	(1947)
Ceylon (Sri Lanka)	(1947)
Ghana	(1957)
Malaiische Föderation (Malaysia)	(1957)
Nigeria	(1960)
Zypern	(1961)

Algeriengespräche zunächst vertagt

31. März. Die nach langen Verhandlungen verabredeten Gespräche zwischen Frankreich und der algerischen Exilregierung werden nun vorerst doch nicht stattfinden. Die Regierung in Paris will nicht allein mit den Vertretern der algerischen Befreiungsbewegung FLN (Front de Libération Nationale) über die Zukunft des nordafrikanischen Staates verhandeln – was zur Absage der FLN führt.

Nach dem Votum für seine Algerienpolitik am → 8. Januar (S. 18) hatte der französische Staatspräsident Charles de Gaulle verstärkt den Kontakt zur algerischen Exilregierung gesucht. Am 17. März stimmte die Exilregierung in Tunis dem 7. April als Termin für den Beginn von Friedensverhandlungen in Evian zu. Am 30. März erklärte jedoch der französische Algerienminister Louis Joxe vor der Presse in Oran, daß Paris auch Gespräche mit den Vertretern des MNA (Mouvement Nationaliste Algerien) führen werde.

Das MNA, das sich für eine enge Anlehnung an Frankreich einsetzt, wurde 1955 von dem algerischen Politiker Messali Hadj gegründet. Es ging ebenso wie die FLN aus der Spaltung des MTLD (Mouvement pour le Triumphe de Libertés Democratiques) hervor. Messali Hadj gehört zwar zu den frühesten Kämpfern für die algerische Unabhängigkeit, er findet jedoch fast nur noch bei den in Frankreich lebenden Algeriern Unterstützung (→ 26. 4./S. 74).

Eingang zu dem US-amerikanischen Militärstützpunkt Guantánamo an der Ostküste von Kuba

Kuba vor der Invasion

21. März. Die Gegner des kubanischen Ministerpräsidenten Fidel Castro formieren sich: In New York gründet der ehemalige kubanische Ministerpräsident José Miró Cardona einen Revolutionären Rat, der von den USA als Provisorische Regierung anerkannt wird.

In diesem Rat sind zwei Hauptgruppen vertreten: Die Volksrevolutionäre Bewegung und die Demokratisch-Revolutionäre Front; beide Gruppen haben sich zum Ziel gesetzt, den kommunistischen Einfluß in Kuba zurückzudrängen.

Parallel zum politischen Zusammenschluß der kubanischen Castro-Gegner führt der US-amerikanische Geheimdienst CIA seine Vorbereitungen für eine Invasion Kubas fort (→ 20. 4./S. 72). Am 10. Januar gab der guatemaltekische Präsident Miguel Ydigoras Fuentes zwar zu, daß in einem Trainingslager in Guatemala Truppen von US-Offizieren im Guerillakampf ausgebildet werden, er dementierte jedoch, daß diese Soldaten für eine Invasion in Kuba trainiert würden.

In Kuba selbst hat sich die Lage nach den Auseinandersetzungen mit den USA und dem Abbruch der diplomatischen Beziehungen (→ 3. 1./S. 15) beruhigt.

Der französische Algerienminister Louis Joxe, der die Verhandlungen mit der Exilregierung leiten soll

Warnung an UdSSR wegen Laos-Krise

23. März. Die Krise um den südostasiatischen Staat Laos spitzt sich zu: In Abstimmung mit den USA überreicht der britische Botschafter in Moskau, Sir Frank Roberts, der sowjetischen Regierung eine Note, die besagt, daß die britische Regierung ein militärisches Vorgehen in Laos nicht mehr ausschließen kann, falls die sowjetische Unterstützung für die Pathet-Lao fortgesetzt werde.

Das Memorandum enthält einen Dreistufenplan zur Lösung des Laoskonflikts. Der Plan sieht im einzelnen vor:

▷ Großbritannien und die Sowjetunion richten einen Appell für einen sofortigen Waffenstillstand an die prokommunistische Pathet-Lao und die von den USA unterstützte Partei um Bun Um
▷ Falls der Appell Erfolg hat, tritt die Internationale Kontrollkommission (Indien, Kanada und Polen) wieder zusammen, um die Einhaltung des Waffenstillstands zu überwachen
▷ Nach zufriedenstellenden Berichten der Kontrollkommission wird eine internationale Konferenz einberufen. Sie hat die Aufgabe, Laos eine Regierung zu geben, die auf einer breiten, alle wesentlichen Gruppen umfassenden Basis ruht und die Integrität und Neutralität von Laos gewährleisten kann

Angehörige der königstreuen laotischen Truppen (l.) bringen Kämpfer der Aufständischen-Einheit »Freies Laos« in ein Gefangenenlager

Daß Großbritannien in der Laos-Frage eine solche Initiative ergreift, geht auf die Genfer Indochina-Konferenz von 1954 zurück, bei der Großbritannien und die Sowjetunion den Vorsitz hatten.

US-Präsident John F. Kennedy macht am 23. März während einer Presseerklärung in Washington deutlich, daß auch die USA in Laos zu einem militärischen Eingreifen bereit sind, falls sich die Lage der von den USA unterstützten Partei von Bun Um weiter verschlechtern sollte.

Die Laos-Frage steht auch im Mittelpunkt der Sitzung des Ministerrats des Südostasienpakts (SEATO), die vom 27. bis 29. März in Bangkok stattfindet. Die SEATO, zu der die USA, Großbritannien, Frankreich, Australien, Neuseeland, Pakistan, die Philippinen und Thailand gehören, verabschiedet eine Resolution zur Laos-Frage, in der die Entschlossenheit zu militärischer Unterstützung von Bun Um deutlich wird (→ 25. 4./S. 75).

Friedenskorps eingerichtet

1. März. Per Erlaß ordnet US-Präsident John F. Kennedy die Errichtung eines Friedenskorps an, einer freiwilligen Hilfsorganisation junger US-Amerikaner für die Entwicklungsländer. Leiter des Friedenskorps wird der Kennedy-Schwager Robert Sargent Shriver.

Kennedy hofft, daß bis Ende 1961 etwa 500 bis 1000 junge Amerikaner im Friedenskorps im Einsatz sein werden. Die Freiwilligen bekommen eine Besoldung, die ihnen einen Lebensstandard ermöglichen soll, der mit dem Standard einheimischer Kollegen in den jeweiligen Entwicklungsländern zu vergleichen ist.

Entsprechend seiner Aufgabenstellung legt das Friedenskorps Wert auf Pädagogen, Landwirte und Gesundheitsfachleute. Sprachkundige Bewerber werden bevorzugt. Dem Einsatz in Übersee, der zwei bis drei Jahre dauern soll, geht eine gründliche Ausbildung von drei bis sechs Monaten Dauer in den Vereinigten Staaten voraus. Die jährlichen Kosten belaufen sich auf 20 000 bis zu 50 000 DM für jeden Freiwilligen.

Der Schwager von US-Präsident John F. Kennedy, Robert Sargent Shriver, leitet das Friedenskorps

Die Rekrutierung soll durch die Hochschulen und durch private Agenturen erfolgen. Das Programm, die Ausbildung und der Einsatz werden vom Außenministerium überwacht. Der Einsatz des Friedenskorps soll nur auf Wunsch der jeweiligen Entwicklungsländer vorgenommen werden.

Bereits nach wenigen Tagen liegen dem Leiter des Korps über 6000 Bewerbungen von Freiwilligen vor. Die ersten Einsatzländer werden Brasilien, Kolumbien, Nigeria, Pakistan und die Philippinen sein.

Kongo-Politiker vorläufig einig

12. März. Die von Staatspräsident Joseph Kasawubu geleitete Konferenz kongolesischer Politiker in Tananarivo, der Hauptstadt von Madagaskar, geht mit dem Beschluß zu Ende, den Kongo (Zaïre) in einen Staatenbund umzuwandeln.

Staatspräsident Joseph Kasawubu soll den Staatenbund außenpolitisch vertreten. Die innere Struktur sieht eine Aufteilung in acht Gliedstaaten vor, die durch ihre Präsidenten in einem Länderrat, der die allgemeine innere und internationale Politik bestimmen soll, vertreten sind. Jeder der acht Teilstaaten soll über seine eigene Polizei verfügen. Angesichts der nach ihrer Meinung durch diese Beschlüsse wiederhergestellten Ordnung im Kongo fordern die Politiker in Tananarivo die Annullierung der UN-Resolution vom 21. Februar (→ 13. 2./S. 34), in der die Forderung nach dem Rückzug aller ausländischen Truppen gefordert wurde.

Die Einigung der rivalisierenden kongolesischen Führer war nach der Verabschiedung der UN-Resolution vom 21. Februar, die von den Kongo-Politikern als Eingriff in ihre Souveränität aufgefaßt wird, zustandegekommen.

Die Beschlüsse von Tananarivo richten sich sowohl gegen die Pläne der UNO, die nur einen kongolesischen Einheitsstaat für wirtschaftlich lebensfähig halten, als auch gegen Antoine Gizenga, der sich als rechtmäßiger Nachfolger des ermordeten ehemaligen Ministerpräsidenten Patrice Lumumba sieht.

Die Umwandlung des Kongo in einen Staatenbund stellt einen Erfolg des Katanga-Präsidenten Moise Tschombé dar, der sich von Anfang an gegen die zentralistische Regierung Lumumbas gewehrt und seine an Bodenschätzen reiche Provinz für unabhängig erklärt hatte. Die Selbständigkeit Katangas ist durch die Konferenz ebenso wie die des Bergwerksstaates Süd-Kasai offiziell anerkannt worden.

Konferenzteilnehmer in Tananarivo erklären, der größte Erfolg der Beratungen sei die Schaffung einer gemeinsamen Front gegen Antoine Gizenga, der notfalls mit Waffengewalt zur Anerkennung der neuen Ordnung im Kongo gezwungen werden soll. (→ 27. 5./S. 92).

Gespräche über Atomteststopp

21. März. Nach dreimonatiger Unterbrechung werden in Genf die Verhandlungen über ein Atomteststopp-Abkommen zwischen der Sowjetunion, den USA und Großbritannien wieder aufgenommen.
Hauptthemen sind die Vorschläge zur Besetzung der obersten Kontrollbehörde zur Überwachung eines Abkommens und die Zahl der Inspektionen, die jeder Vertragsstaat jährlich zugestehen muß.
Der sowjetische Delegierte Semjon Zarapkin fordert für die Leitung der Kontrollkommission ein Gremium von drei gleichberechtigten Administratoren. Außerdem will Zarapkin nur drei jährliche Kontrollinspektionen in der UdSSR zulassen.
Die Vertreter der Vereinigten Staaten, Arthur Dean, und Großbritanniens, David Ormsby-Gore, wollen für die Kontrollbehörde nur einen Administrator, damit die Arbeit der Kontrollkommission nicht lahmgelegt wird, und fordern im Gegensatz zur UdSSR 20 Kontrollinspektionen jährlich (→ 29. 5., S. 93).

UdSSR-Berichte jetzt ohne Zensur

23. März. Der Pressechef des sowjetischen Außenministeriums, Michail Charlamow, gibt die Aufhebung der Vorzensur für Auslandskorrespondenten bekannt. Charlamow begründet diese Maßnahme unter anderem mit der rasch auf jetzt 150 angewachsenen Zahl der in Moskau akkreditierten Korrespondenten aus dem Ausland.
Die Mitarbeiter der Zensurbehörde GLAWLIT (Hauptverwaltung für Literatur), deren Büro sich im Zentral-Telegrafenamt in Moskau befindet, hatten jeden Bericht ausländischer Journalisten geprüft und gegebenenfalls geändert, bevor er telefonisch oder telegrafisch durchgegeben wurde. Stichprobenweise wurde kontrolliert, ob die Journalisten auch tatsächlich den zensierten Text ins Ausland übermittelt haben.
Das US-Außenministerium begrüßt die Aufhebung der Zensur und äußert die Hoffnung, daß die Störungen des Empfangs westlicher Rundfunksendungen in der Sowjetunion ebenfalls bald aufhören werden.

Gordon Lonsdale verriet britische Militärgeheimnisse an die UdSSR

Hohe Strafen für Spione der UdSSR

22. März. Zu hohen Freiheitsstrafen verurteilt ein Londoner Schwurgericht die fünf Angeklagten in dem am 13. März begonnenen Spionageprozeß. Der Hauptangeklagte, Gordon Lonsdale, erhält eine Strafe von 25 Jahren Gefängnis wegen Spionage im Marinestützpunkt Portland.

Kein »Ausverkauf des Heimatbodens«

21. März. Das Parlament der Schweiz beschließt ein Gesetz über die Beschränkung des Erwerbs schweizerischer Grundstücke durch Ausländer.
Die wichtigste Bestimmung des Gesetzes lautet: »Der Erwerb von Grundstücken in der Schweiz durch Personen mit Sitz oder Wohnsitz im Ausland bedarf der Zustimmung der zuständigen kantonalen Behörden.« Er darf dann nicht versagt werden, wenn der ausländische Käufer ein Blutsverwandter des Verkäufers ist. Ebenso muß die Kauferlaubnis erteilt werden, wenn auf dem zu erwerbenden Grundstück ein Fabrikations- oder Handelsunternehmen errichtet werden soll.
Weite Kreise der Schweizer Bevölkerung hatten im vergangenen Jahr von der Regierung Maßnahmen gegen die angestiegenen Käufe von Grundstücken durch Ausländer gefordert. Im Tessin hatte der Entwurf für das jetzt verabschiedete Gesetz keine Zustimmung gefunden.

US-Präsident John F. Kennedy (l.) empfängt Willy Brandt in den USA

USA stehen zur Freiheit von Berlin

13. März. Der Regierende Bürgermeister von Berlin (West), Willy Brandt, der Kanzlerkandidat der SPD für die Bundestagswahlen im September 1961, erörtert in einem herzlichen Gespräch mit US-Präsident John F. Kennedy Fragen der Deutschlandpolitik und der Zukunft Berlins.
Kennedy bekräftigt noch einmal die Garantien für die Freiheit der Westsektoren der geteilten Stadt.

Walter Ulbricht leitet die Sitzung der Warschauer-Pakt-Staaten

Berlin soll eine »Freie Stadt« werden

28. März. Unter dem Vorsitz von DDR-Regierungschef Walter Ulbricht tagt in Moskau der Politische Beratende Ausschuß des Warschauer Pakts. Die Delegierten fordern in ihrem Abschlußkommuniqué vom 29. März den »Abschluß eines Friedensvertrages mit den beiden deutschen Staaten« und die Umwandlung von Berlin (West) in eine entmilitarisierte »Freie Stadt«.

Ernst Lemmer, Bundesminister für Gesamtdeutsche Fragen (ganz r.), im Flüchtlingslager Marienfelde/Berlin

Ansteigende Flüchtlingszahlen

4. März. Der Bundesminister für Gesamtdeutsche Fragen, Ernst Lemmer (CDU), bezeichnet die zunehmenden Zahlen von Flüchtlingen aus der DDR als besorgniserregend. In einem Rundfunkvortrag weist er darauf hin, daß mit fast 200 000 Flüchtlingen im vergangenen Jahr fast 38,4% mehr Flüchtlinge in die Bundesrepublik gekommen seien als im Jahr zuvor. In den ersten beiden Monaten des vergangenen Jahres seien 19 700 DDR-Bürger aufgenommen worden. Im Januar und Februar 1961 seien es mehr als 30 000 gewesen. Das bedeute eine Zunahme um 53%. In der letzten Februarwoche wurde mit 4282 aufgenommenen Flüchtlingen eine Rekordhöhe erreicht.

Gleichbleibend ist nach Angaben Lemmers der Anteil der Jugendlichen mit 50%, beträchtlich gestiegen sei dagegen der Anteil der bisher wirtschaftlich Selbständigen aus Gewerbe und Landwirtschaft.

Ursachen der ansteigenden Flüchtlingszahlen liegen u. a. in der Wirtschaftspolitik der DDR-Regierung. Sowohl die verstärkte Kollektivierung der Landwirtschaft wie auch die daraus resultierenden Versorgungsschwierigkeiten lassen den Flüchtlingsstrom ständig weiter anschwellen.

Die Forderungen der Sowjetunion und der DDR-Regierung nach Abschluß eines Friedensvertrages möglichst noch 1961 erhöhen in der DDR die Furcht, bald nicht mehr nach Berlin (West) reisen zu können. Die Maßnahmen der DDR-Regierung, den Flüchtlingsstrom durch höhere Strafen für Personen, die bei mißglückter Flucht in den Westen festgenommen werden, zu vermindern, führen im Gegenteil zu einer noch weiteren Steigerung der Flüchtlingszahlen.

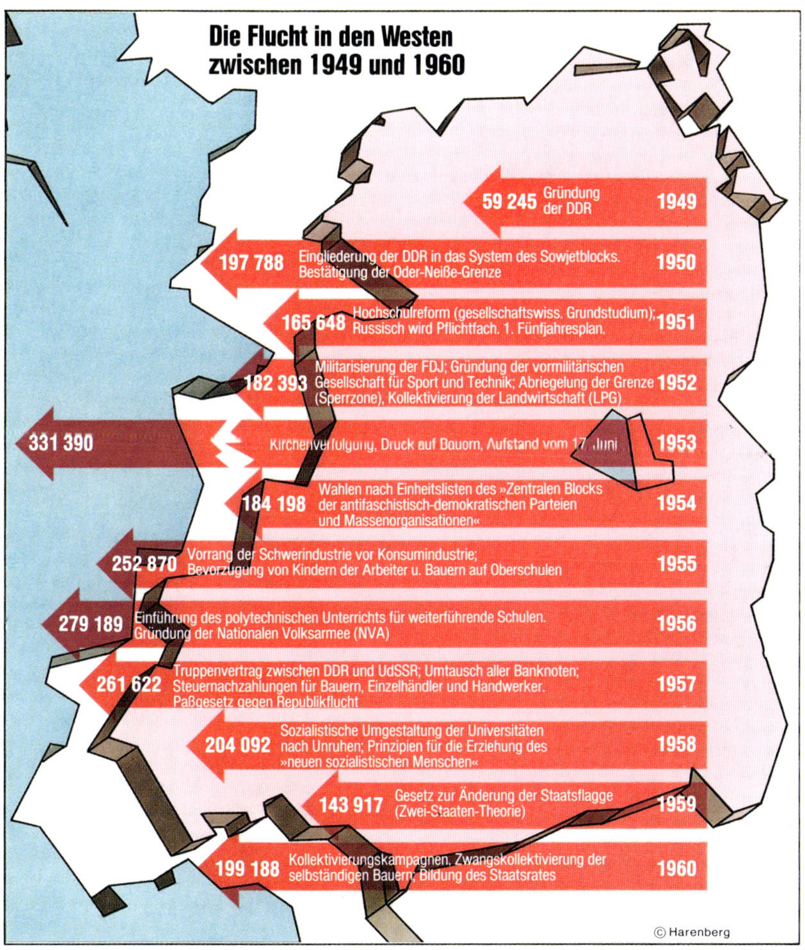

Strauß wird der neue Chef der CSU

18. März. Die Landesversammlung der Christlich-Sozialen Union wählt den 45jährigen Bundesverteidigungsminister Franz Josef Strauß in München zum neuen Vorsitzenden der CSU. Strauß, der bisher jüngste Vorsitzende der CSU und der erste, der gleichzeitig Bundesminister ist, wird der Nachfolger des seit längerer Zeit erkrankten Hanns Seidel (59).

Hanns Seidel

Durch seine Wahl zum CSU-Vorsitzenden rückt Strauß einer Kandidatur als Bundeskanzler und Nachfolger von Konrad Adenauer näher. Mit der CSU verfügt Strauß über eine Hausmacht, die durch sein Amt als Bundesverteidigungsminister noch verstärkt wird.

Allerdings muß Strauß vorerst auf die CDU Rücksicht nehmen, weil er eine eventuelle Kanzlerkandidatur ohne die Schwesterpartei CDU nicht erreichen kann.

Bundesverteidigungsminister Franz Josef Strauß wird CSU-Chef

In einer ersten Stellungnahme zu der Wahl von Strauß erklärt die SPD, daß sie erwarte, daß Strauß sein Staats- und sein Parteiamt voneinander trennen werde, und betont, daß die Wahl für Franz Josef Strauß einen erheblichen Machtzuwachs bedeute.

Opel Rekord Caravan, ein wendiger Kombiwagen, mit dem auch größeres Gepäck und sperrige Güter problemlos befördert werden können

BMW 507 Sport, ein leistungsfähiges Kabriolett aus München

BMW 600, Klein-PKW von den Bayerischen Motorenwerken

Personenwagenproduktion 1950, 1960 und 1961 in ausgewählten Ländern

	1950	1960	1961
weltweit	8 169 021	12 878 626	11 662 735
USA	6 665 863	6 674 796	5 542 707
Bundesrepublik	219 409	1 816 779	1 903 975
Frankreich	257 292	1 175 301	1 063 595
Großbritannien	522 515	1 352 728	1 003 967
Italien	101 301	595 907	693 695
Japan	1 594	165 094	249 508
Österreich	–	15 025	13 587

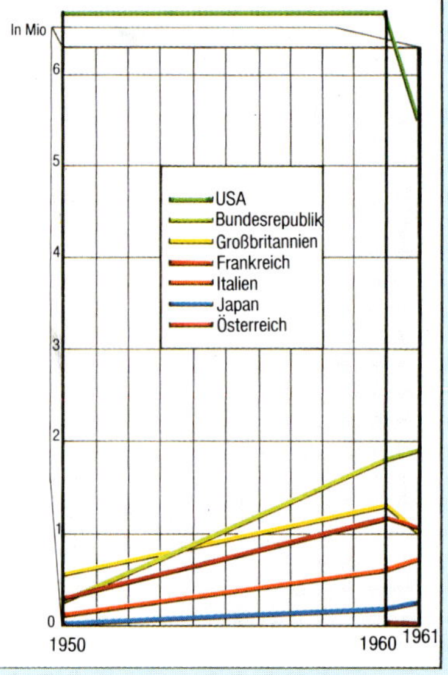

Autos 1961:

Die Autos bekommen

Eine kontinuierliche Produktionssteigerung und ein scharfer Konkurrenzkampf kennzeichnen die Automobilindustrie im Jahr 1961. Die Technik der Autos wird verbessert, das Fahren komfortabler, und im Design wird eine Abkehr von allzu bizarren Formen deutlich.

Die Bundesrepublik ist 1961 der wichtigste Autoproduzent Europas mit 1,9 Millionen Fahrzeugen und steht nach den USA mit 5,5 Millionen Pkw an zweiter Stelle der Welt. Zwar ist der Markt in der Bundesrepublik noch aufnahmefähig, doch beginnt ein sich verschärfender Konkurrenzkampf, dem kleinere Autoproduzenten zum Opfer fallen.

Die japanische Autoindustrie ist zwar noch keine bedeutende Konkurrenz für die US-Amerikaner oder Europäer, sie zeichnet sich jedoch durch ein sprunghaftes Wachstum aus.

Im technischen Bereich setzt sich der Vorderradantrieb nur langsam durch – Standard ist immer noch der Heckantrieb bei vorne liegen-

Mercedes-Benz 220 S Limousine mit 110 PS bei 5000 U/min und einem Hubraum von über 2000 cm³

Volkswagen (»Käfer«), 1961

Opel Rekord Limousine mit tiefliegendem, über die ganze Wagenbreite gezogenem Kühllufteintritt, in modischer Pastellfarbe

Sportliches BMW-700-Coupé mit einer Spitzengeschwindigkeit von 125 km/h, das mit seinen angedeuteten Heckflossen an US-Autos erinnert

mmer mehr Komfort

dem Motor. Das Getriebe ist in den meisten Modellen nicht voll synchronisiert, so daß beim Zurückschalten vom zweiten in den ersten Gang mit Zwischengas gearbeitet werden muß. Bei leistungsstarken Autos wird bei einigen Modellen das Vierganggetriebe statt des üblichen Dreiganggetriebes eingebaut. Bei den meisten Pkw befindet sich der Schaltknüppel am Lenkrad.
Im Unterschied zu den Heckflossenmodellen der 50er Jahre, die nur noch vereinzelt produziert werden, herrschen bei den Autos von 1961 ruhigere Formen mit glatten Linien vor. Der Windschlüpfrigkeit wird mehr Beachtung geschenkt. Eine Neuheit sind die Heckklappenlimousinen. Sie vereinen das Design eines Personenwagens mit den Vorteilen eines Kombiwagens und bieten die Möglichkeit eines leichten Gütertransports. Mit dem R 4 stellt die französische Firma Renault 1961 einen Heckklappen-Kleinwagen vor. Bei den sportlichen Modellen wird der Jaguar-E-Type von 1961 zum Vorbild.

Das Luxusmodell der Bayerischen Motorenwerke in München, der BMW 502/V8, ein repräsentatives Auto im Stil eines Rolls-Royce

Der Opel Kapitän (90 PS und 2,6 Liter Hubraum) erreicht eine Geschwindigkeit von 150 km/h

Die BMW Isetta, Kleinauto mit 13 PS

Halle des Hüttenwerks des mit deutscher und österreichischer Hilfe erbauten Stahlwerks Rourkela in Indien

Stahlwerk Rourkela eröffnet

28. März. Der indische Staat übernimmt das von deutschen und österreichischen Firmen erbaute Hüttenwerk Rourkela im indischen Bundesstaat Orissa. Die Breitbandstraße des Walzwerks von Rourkela ist die einzige ihrer Art in Asien.

Die Anlagen von Rourkela umfassen eine Großkokerei, ein Hochofenwerk, ein Stahlwerk und das Walzwerk mit der Breitbandstraße. Rourkela ist das teuerste der drei neuen Stahlwerke in Indien, jedoch auch das technisch vollkommenste. Die Produkte aus Rourkela bringen pro Tonne Stahl 250 DM mehr ein als die Tonne Stahl in dem von den Sowjets gebauten Stahlwerk in Bhilai oder dem britischen Werk in Durgapur. Im Gegensatz zu Bhilai und Durgapur produziert Rourkela nicht Eisen und Rohstahl, sondern hochspezialisierte Endprodukte. Nach der Fertigstellung der Breitbandstraßen in Rourkela kann das Stahlwerk mit der Veredelung der bereits auf Lager liegenden rund 165 000 Tonnen Halbfertigprodukte beginnen. In den nächsten sechs Monaten sollen die Kaltwalzanlagen fertiggestellt werden. Danach wird das Werk auf eine Kapazität von 1,8 Millionen Tonnen Stahl (jetzt 1,0 Millionen Tonnen) im Jahr erweitert werden.

Jawaharlal Nehru, der indische Premierminister, eröffnet das Werk

Um Indien finanziell zu entlasten, hat die Bundesrepublik Indien 230 Millionen DM, die als erste Rückzahlung für Rourkela fällig sind, gestundet. Außerdem überreicht der Vertreter der Bundesregierung, Staatssekretär Hilger Albert van Scherpenberg, bei der Eröffnung des Werks als Geschenk ein Stipendium für 20 indische Rourkela-Ingenieure, die eine 18monatige Spezialausbildung in der Bundesrepublik erhalten sollen.

Das Gebläsehaus im Kraftwerk des indischen Stahlwerks Rourkela, des modernsten Stahlwerks von ganz Indien, im Bundesstaat Orissa

Die Stadt Rourkela, im Hintergrund in der Mitte das Stahlwerk

Preisstabilität durch Aufwertung

6. März. Die vor zwei Tagen einstimmig von der Bundesregierung in Bonn beschlossene Aufwertung der DM um 4,75% tritt in Kraft.

Die Bonner Regierung erhofft sich von der überraschend vereinbarten Maßnahme eine konjunkturdämpfende Wirkung und – daraus schlußfolgernd – die Erhaltung der Vollbeschäftigung und stabile Preise. Durch die Auswirkungen der Aufwertung auf Import und Export soll die Zahlungsbilanz ausgeglichen werden. Der Überhang des Exports gegenüber den Importen führt zu Preissteigerungen im Inland, die durch die Verteuerung der Ausfuhren infolge der Aufwertung verlangsamt werden sollen.

Der Präsident des Bundesverbandes der Deutschen Industrie, Fritz Berg, kritisiert die Aufwertung, weil die Hauptlast dieser Maßnahme von der Industrie getragen werden müsse.

Neue Wechselkurse für die DM

Währungseinheit	DM
1 US-Dollar	4,0000
100 belgische Franken	8,0000
100 dänische Kronen	57,9111
100 neue franz. Franken	81,0199
100 griechische Drachmen	13,3333
1 Pfund Sterling	11,2000
1000 italienische Lire	6,4000
100 holl. Gulden	105,2632
100 norwegische Kronen	56,0000
100 österreich. Schilling	15,3846
100 portug. Escudos	13,9130
100 schwedische Kronen	77,3214
100 Schweizer Franken	91,4742
100 spanische Peseten	6,6667
100 türkische Pfunde	44,4444

Für den Verbraucher wird sich die Aufwertung kaum spürbar auswirken. Zwar werden die Einfuhren in die Bundesrepublik um 4,75% billiger, bei den entscheidenden Konsumgütern wird sich das jedoch kaum auswirken, da sie in der Einfuhr beschränkt sind.

Auslandsreisen werden für die Bundesbürger billiger, da sie fast 5% mehr Devisen erhalten – umgekehrt werden für Ausländer die Fahrten in die Bundesrepublik teurer.

Wer sein Geld im Ausland angelegt hat, büßt rund 5% seiner Vermögensanlagen ein. Löhne und Gehälter dagegen werden unverändert bleiben, genauso wie die Kaufkraft der DM im Inland.

Das Karmann-Ghia-Coupé, das in Zusammenarbeit mit dem Volkswagenwerk gebaut wird, Modell 1961

Über 1,5 Millionen VW-Aktionäre

21. März. In Bonn wird das endgültige Ergebnis der Zeichnung der Aktien der Volkswagenwerk AG bekanntgegeben. Insgesamt 1 547 503 Interessenten haben Volkswagenaktien im Nennbetrag von 667 472 000 DM gezeichnet. Dies bedeutet eine Überzeichnung in Höhe von 85,4%.

Von den 3,6 Millionen Aktien über je 100 DM Nennwert zum Ausgabekurs von 350 DM werden rund drei Millionen benötigt, um bis zu zwei Aktien an alle Interessenten auszuteilen. Von Anlegewilligen, die mehr als zwei Aktien gezeichnet haben, wird nur jeder dritte eine weitere Aktie erhalten. Dieser Personenkreis wird in den nächsten Wochen durch eine Auslosung ermittelt.

Die restlichen Aktien werden vorab an die VW-Belegschaftsmitglieder ausgeteilt, die unbeschränkt bis zu zehn Aktien zeichnen konnten.

Der Bund wird aus dem Verkauf der Volkswagenaktien einen Erlös von über einer Milliarde DM erzielen. Dieser Betrag geht an die Stiftung Volkswagenwerk, wird aber dem Bund für insgesamt 20 Jahre als Darlehen gegeben.

Das Volkswagenwerk, das im Besitz des Bundes war, wurde am 16. März 1960 gegen die Stimmen der Sozialdemokraten privatisiert. Von dem Grundkapital, das auf 600 Millionen DM erhöht wurde, sind je 20% (120 Millionen DM) im Besitz des Bundes und des Landes Niedersachsen, die restlichen 60% (360 Millionen DM) werden jetzt als Volksaktien ausgegeben. Bei der Ausgabe der Aktien werden Sozialrabatte von 10 bis 25% je nach Kinderzahl und Einkommen gewährt. Außerdem gibt es die Möglichkeit des Ratenkaufs, die jedoch nur von rund 15% der Aktienkäufer wahrgenommen wird.

Die hohe Überzeichnung der Aktien hat alle Erwartungen übertroffen. Weder die Krise bei Borgward (→ 10. 2./S. 42), noch die Aufwertung der DM, durch die der Export des Volkswagens erschwert wird (→ 6. 3./S. 58) haben die Nachfrage nach Volkswagenaktien gedämpft.

Heinrich Nordhoff, der erfolgreiche Leiter des VW-Werks in Wolfsburg

Blick auf einen Teil des Volkswagenwerks in Wolfsburg, das 1945 mit der Produktion des in den 30er Jahren konzipierten Volkswagen begonnen hat

Die Geschichte des Volkswagens

22. 6. 1934: Der Reichsverband der Automobilindustrie (RdA) unterzeichnet einen Vertrag mit dem Stuttgarter Ingenieur Ferdinand Porsche über die Entwicklung eines »Volkswagens«, der weniger als 1000 RM kosten soll.

28. 5. 1937: Die Gesellschaft zur Vorbereitung des deutschen Volkswagens mbH (Gezuvor) wird gegründet. Es wird mit dem Bau der VW-30-Versuchsserie begonnen: Die 30 Fahrzeuge legen insgesamt rund 2,4 Millionen km zurück.

26. 5. 1938: In der Nähe von Fallersleben wird der Grundstein für eine Automobilfabrik für den Volkswagen, der in Kraft-durch-Freude-Wagen umbenannt wird, gelegt.

1. 7. 1938: Mehrere Gemeinden bei Fallersleben schließen sich zur Stadt des Kraft-durch-Freude-Wagens zusammen (seit 1945 Wolfsburg).

6. 10. 1938: Die Gezuvor wird in Volkswagenwerk umbenannt. Der Volkswagen hat seine endgültige »Käfer«-Form erhalten und soll 990 RM kosten. Der Preis kann in Wochenraten von fünf RM bei der Organisation Kraft durch Freude (KdF) angespart werden. Ferdinand Porsche wird mit der Gesamtplanung des Volkswagenwerks betraut und bleibt bis 1945 dessen Leiter.

1. 9. 1939: Bei Kriegsbeginn ist das Volkswagenwerk weitgehend fertiggestellt. Die Produktion wird aber auf Rüstungsgüter umgestellt.

1945: Unter britischer Besetzung wird in den Volkswagen-Anlagen, die jetzt in Wolfsburg Motor Works umbenannt sind, die eigentliche Volkswagenproduktion aufgenommen.

1. 1. 1948: Der ehemalige Opel-Direktor Heinrich Nordhoff übernimmt die Leitung des Werks.

1950: Der Wiederaufbau des Werks ist abgeschlossen. Der 100 000. VW wird hergestellt.

6. 3. 1960: Das Volkswagenwerk wird in eine Aktiengesellschaft umgewandelt.

Der Rendsburger Kanaltunnel wird am 25. Juli 1961 eingeweiht

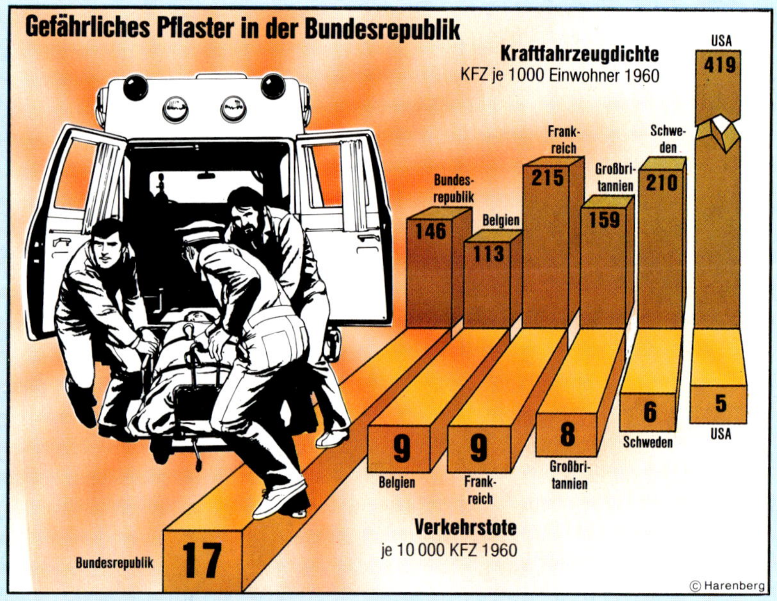

Straßenbau 1961:

Kein Geld für den Ausbau der Straßen

Das Straßennetz der Bundesrepublik mit seinen insgesamt 371 069 km Autobahnen, Bundes-, Land- und Kommunalstraßen ist in einem schlechten Zustand. Zwei Drittel der 229 000 km Kommunalstraßen sind sog. Staubstraßen ohne Unterbau oder Schotterbahnen. Es fehlen die finanziellen Mittel zum Bau neuer Straßen und zur Instandhaltung der bestehenden Verkehrswege.

Hauptmängel der Straßen in der Bundesrepublik sind:

▷ Schlechter Zustand der Straßenoberfläche, z. B. Frostschäden aufgrund des ungenügenden Unterbaus
▷ Unzureichende Beleuchtung der Straßen und Verkehrszeichen
▷ Wechsel in der Fahrbahndecke, z. B. Übergang von Asphalt zu Kopfsteinpflaster
▷ Zu schmale Fahrbahnen

Experten schätzen, daß bis zu 14,4% der Verkehrsunfälle, bei denen 1960 rund 14 000 Menschen ums Leben kamen und fast 440 000 verletzt wurden, auf den schlechten Zustand der Straßen zurückzuführen ist.

Die Behebung dieser Mißstände wird durch das zwischen Bund, Ländern und Gemeinden gesetzlich geregelte Finanzierungssystem erschwert. Der Bund, der nur 8,3% aller Straßen verwaltet (30 845 km Autobahnen und Bundesstraßen), erhält rund 70% aller Abgaben, die durch den Zoll und die Steuern, mit denen das Mineralöl und seine Veredlungsprodukte belegt sind, erhoben werden. Die Länder, denen rund 16% aller Straßen (etwa 59 115 km Landstraßen I. Ordnung) gehören, erhalten die restlichen 30%, während die Städte, Gemeinden und Kreise, die für rund 76% aller Straßen zuständig sind (rund 281 047 km), an den Abgaben nicht direkt beteiligt werden. Besonders schwerwiegend sind die Verkehrsprobleme in den Großstädten. Auch hier fehlt es am Geld für den Bau von unterirdischen Straßen und Verkehrsmitteln. Angesichts der gegenüber Frankreich, Großbritannien und den USA noch relativ geringen Verkehrsdichte fehlt es in der Bundesrepublik auch an einer Konzeption zur Entlastung der Straßen durch die Verbesserung der öffentlichen Verkehrsmittel.

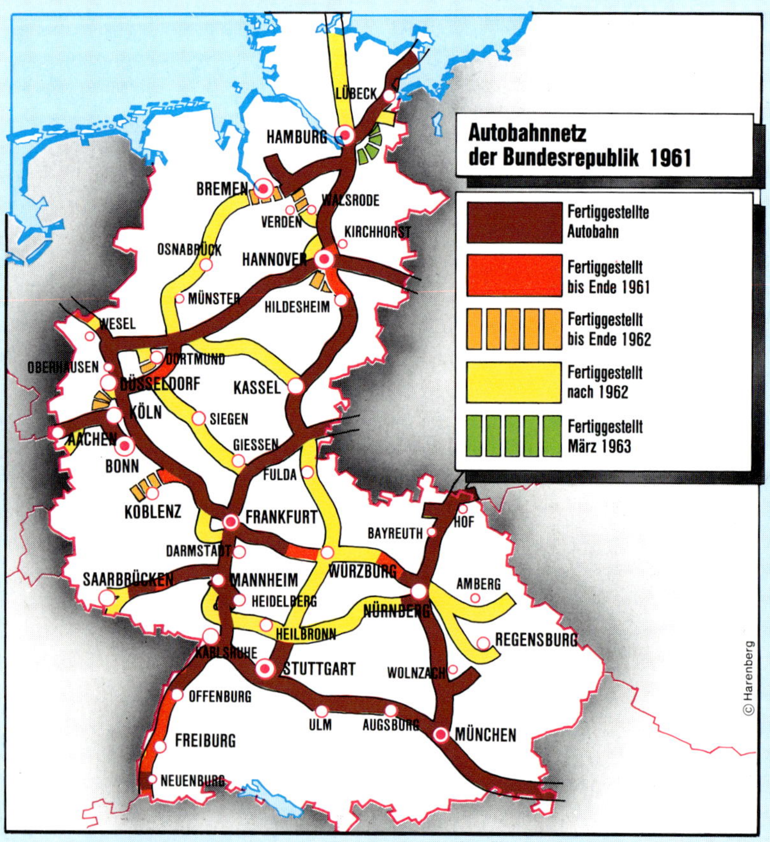

Verkehrsminister Hans-Christoph Seebohm bei Straßeneröffnung

Länder einig über neue Sendeanstalt

17. März. Die Ministerpräsidenten der Bundesländer sprechen sich in Bonn einstimmig dafür aus, daß ein zweites Fernsehprogramm künftig von einer von den bestehenden Rundfunkanstalten unabhängigen Anstalt des öffentlichen Rechts ausgestrahlt wird, die von den Ländern gemeinsam errichtet wird. Während einer Übergangszeit bis längstens zum 30. Juni 1962 sollen die bestehenden Rundfunkanstalten ein zweites Programm produzieren und ausstrahlen.

Der Beschluß ist eine Reaktion auf das Urteil des Bundesverfassungsgerichts in Karlsruhe, das am → 28. Februar (S. 40) die Gründung der Deutschland-Fernseh-GmbH durch Bundeskanzler Konrad Adenauer für verfassungswidrig erklärt hatte.

Die Ministerpräsidenten in Bonn beauftragen eine Kommission mit der Ausarbeitung eines Entwurfs für einen Staatsvertrag zwischen den elf Bundesländern über die Errichtung der neuen Fernsehanstalt, die ein für das gesamte Bundesgebiet einheitliches Fernsehprogramm ausstrahlen soll (→ 6. 6./S. 111).

Der Staatsvertrag muß von den Landtagen ratifiziert werden, was etwa ein Jahr in Anspruch nehmen wird. Deshalb ist die Übergangszeit für ein Kontrastprogramm der Landesrundfunkanstalten bis Ende Juni 1962 befristet. Ein solches zweites Programm könnte bislang von etwa 65% der Fernsehzuschauer, vor allem in den Großstädten, empfangen werden. Am 23. März beschließen die Intendanten der Landesrundfunkanstalten, ab dem 1. Juni solch ein gemeinsames Kontrastprogramm auszustrahlen.

Die für die Übergangszeit geschaffenen Kapazitäten sollen nach der Gründung der zweiten Fernsehanstalt für ein drittes Programm mit stärker regionalem Charakter nutzbar gemacht werden.

Über eine Beteiligung des Bundes an der neu zu gründenden Fernsehanstalt kann bei den Besprechungen in Bonn keine Einigkeit erzielt werden. Das Schicksal der Gesellschaft Freies Fernsehen, die bereits mit der Produktion von Sendungen für die von Konrad Adenauer gegründete Deutschland-Fernseh-GmbH begonnen hat, wird auf der Konferenz nicht behandelt.

Pablo Picasso und seine zweite Frau Jaqueline

Laurence Olivier und Joan Plowright auf der Bühne

Zwei Prominentenhochzeiten

2. März. In Vallauris in Südfrankreich heiratet der 79jährige spanische Maler Pablo Picasso seine Lebensgefährtin Jacqueline Roque (37).

Es ist die zweite Hochzeit des Malers, der 1918 in Paris die russische Tänzerin Olga Chochlowa geheiratet hatte und bis 1937 mit ihr zusammenlebte. 1955 starb Picassos erste Frau. Picasso hält seine Hochzeit mit Jacqueline Roque, mit der er seit vier Jahren zusammenlebt, zunächst geheim.

Vivien Leigh 1961 in London

Am 20. März heiratet der britische Schauspieler Laurence Olivier seine Kollegin Joan Plowright in der Nähe von New York. Von 1930 bis 1940 war Olivier mit Jill Esmond verheiratet, dann heiratete er Vivien Leigh, von der er im Januar dieses Jahres geschieden worden ist.

Laurence Olivier, der für seine Filme »Heinrich V.« und »Hamlet« 1949 zwei Mal den Oscar erhalten hat, wurde als Shakespeare-Darsteller weltberühmt.

Eric Peugeot (Mitte) nach seiner Freilassung durch die beiden Entführer am 15. April 1960 auf dem Arm seiner Mutter, daneben steht Roland Peugeot mit Erics älterem Bruder Jean-Philippe auf dem Arm

Eric Peugeots Entführer gefaßt

7. März. Nach elf Monaten intensiver Fahndung hat die französische Polizei die Entführung des vierjährigen Eric Peugeot, des Enkels des Automobilfabrikanten Roland Peugeot, aufgeklärt. Nach einem 48stündigen Verhör in Annecy haben ein 24jähriger ehemaliger Fallschirmjäger und ein 38 Jahre alter Berufsverbrecher gestanden.

Eric Peugeot war am 12. April 1960 auf einem Spielplatz gekidnappt worden, wurde aber nach der Übergabe eines Lösegeldes von 425 000 DM zwei Tage später freigelassen. Nach Angaben der Täter sind von dem Lösegeld nur noch rund 55 000 DM übrig.

Beatles in neuer Besetzung im Cavern Club, v. l.: John Lennon, George Harrison, Ringo Starr, Paul McCartney

Der Beginn der Beatles-Karriere

21. März. Die Beatles mit John Lennon, Paul McCartney, George Harrison und Pete Best treten zum ersten Mal im berühmten Liverpooler Cavern Club auf.
Im Cavern Club, der 1957 als Jazzklub gegründet wurde, wird mittags und abends Beatmusik geboten. Die Gruppen, die hier auftreten und den Mersey-Beat spielen, eine Liverpooler Entwicklung aus dem Rock 'n' Roll, bestehen meist aus semiprofessionellen Musikern.
Die Anfänge der Beatles reichen in das Jahr 1955 zurück, als John Lennon an seiner Schule die Quarrymen gründete, eine Gruppe, die bei Schulfesten und Tanzabenden spielte. Lennon interessierte sich in dieser Zeit für Skiffle und Rock 'n' Roll, für die Musik von Lonny Donegan, Bill Haley und Elvis Presley.
1956 lernte Lennon Paul McCartney kennen, der wie John Gitarre spielt. McCartney schloß sich noch im selben Jahr den Quarrymen an, und es begann eine enge Zusammenarbeit der beiden Musiker. 1958 kam George Harrison, ein Schulfreund von Paul McCartney, zu den Quarrymen, im gleichen Jahr schloß sich auch Stuart Sutcliffe der Gruppe an. 1960 wurde Pete Best als Schlagzeuger aufgenommen.
Im August 1960 kam die erste Auslandsverpflichtung zustande: Von August bis Dezember traten die Beatles, wie sich die Gruppe nun nannte, in Hamburg auf. Stuart Sutcliffe blieb in Hamburg, während die anderen Beatles nach Liverpool zurückkehrten.

Hamburger Michel ist 300 Jahre alt

14. März. Die St.-Michaelis-Kirche, der Hamburger Michel, wird 300 Jahre alt.
Die Entstehung und Weihe am 14. März 1661 verdankt die Kirche ursprünglich den Friedhöfen für die Pesttoten, die Anfang des 17. Jahrhunderts vor den Festungswällen angelegt wurden. Als mit Beginn des Dreißigjährigen Krieges zahlreiche Flüchtlinge in die Stadt strömten, wurde der Ring der Festungsanlagen weiter gezogen.
In der Neustadt vor dem Millerntor wurden die Michaelisgemeinde und -kirche gegründet.

Die Michaelis-Kirche, das Wahrzeichen der Hansestadt Hamburg

Der Richter bei der Vernehmung des Angeklagten Christian Wartburg (Jöns Andersson) am zweiten Verhandlungstag des Fernsehgerichts, einer dreiteiligen Sendung des Norddeutschen Rundfunks

Fernsehgericht tagt

26. März. Der Norddeutsche Rundfunk beginnt mit der Ausstrahlung der dreiteiligen Fernsehserie »Das Fernsehgericht tagt«.
Die Fernsehzuschauer erleben den Ablauf einer Gerichtsverhandlung von der Vernehmung der Angeklagten über Sachverständigen-Gutachten und die Plädoyers von Staatsanwalt und Verteidiger bis zum Urteilsspruch des Richters.
Der erste Fall der neuen Sendereihe behandelt an drei aufeinanderfolgenden Abenden einen Einbruch, der mehreren jungen Menschen zur Last gelegt wird. Der Ausgang der Gerichtsverhandlung ist weder dem Produzenten, noch dem Regisseur oder den Schauspielern bekannt, sondern entwickelt sich aus der Darstellung des Falles und der Verhandlung. Die Schauspieler haben für ihre Rolle kein festes Drehbuch. Als Anhaltspunkte für die Darstellung kennen sie den konstruierten Lebenslauf der Person und den ihr zur Last gelegten Tatbestand. Die Aussagen vor Gericht müssen improvisiert werden und ergeben sich aus den Fragen des Richters, eines pensionierten Amtsgerichtsdirektors. Verteidiger und Staatsanwalt sind ebenfalls »echt«.
Bevor die Serie gedreht werden konnte, mußten Produzent Wolf Citron und Regisseur Ruprecht Eßberger bestimmte Bedingungen der Anwaltskammer erfüllen. So dürfen z. B. die Namen der Anwälte nicht genannt werden.

Berliner Philharmonie von Hans Scharoun (im Bau)

Wohnhaus Salute, Stuttgart (im Bau)

Thyssen-Hochhaus in Düsseldorf, 1961 vollendet

Architektur 1961:

Quader aus Beton und Glas

Rechtwinklige Stahl- und Glaskuben mit vorgehängten oder ausgefachten Fassaden sind die charakteristischen Bauten der Zeit.

Führende Vertreter dieses sachlichen, oft kalt wirkenden Baustils sind in der Bundesrepublik Architekten wie Otto Apel, Helmut Hentrich, Hubert Petschnigg oder Egon Eiermann. Beton und Glas sind die Hauptelemente der zumeist glatten schmucklosen Fassaden, die häufig nur durch die rechtwinkligen Fensterfächer gegliedert sind. Dieser Baustil knüpft an die Ideen des Bauhauses in Weimar an. Architekten wie Ludwig Mies van der Rohe übertrugen die Prinzipien des Bauhauses auf die Architektur der Nachkriegszeit.

Im Gegensatz zu dieser sachlichen Architektur stehen die Entwürfe von Hans Scharoun und seiner Schule. Scharouns Bauten, wie die seit 1960 im Bau befindliche Berliner Philharmonie, haben freie Grundrißformen und organisch wirkende Baukörper.

Für die Städteplanung, die angesichts der Kriegszerstörungen ein Hauptproblem der Architektur ist, werden kaum Lösungen gefunden, die sowohl dem Anspruch auf preiswertes Bauen wie auch der Forderung nach einem sozialen Umfeld gerecht werden.

Architekt Hans Scharoun bevorzugt organische Bauformen

Moderne Wohnsiedlung am Stadtrand von Velbert im Rheinland

Erstes Modell der Berliner Philharmonie mit Kammermusiksaal des Architekten Hans Scharoun von Nordwesten aus gesehen, der Bau der Berliner Philharmonie wird 1963 seiner Bestimmung übergeben

Jubiläum der Nationalgalerie

27. März. In der Orangerie des Charlottenburger Schlosses in Berlin (West) wird die Ausstellung »Die Nationalgalerie und ihre Stifter« aus Anlaß des 100jährigen Bestehens des Kunstmuseums eröffnet.

Der Gedanke zum Aufbau eines nationalen Kunstmuseums war im Zuge der Einigungsbestrebungen im 19. Jahrhundert entstanden. Während der Revolution von 1848 forderten Düsseldorfer Maler im Frankfurter Parlament die Einrichtung eines solchen Nationalmuseums. Verwirklicht wurde dieser Gedanke durch die Initiative des Berliner Kaufmanns Heinrich Wagener, der 1861 seine 262 Gemälde umfassende Sammlung zeitgenössischer Kunst zum Zweck einer Museumsgründung dem preußischen König Wilhelm I. testamentarisch vermachte.

1876 wurde auf der Museumsinsel (heute in Berlin-Ost) die erste Nationalgalerie eröffnet. Nachdem 1896 Hugo von Tschudi die Leitung der Galerie übernommen hatte, wurden verstärkt auch ausländische Sammlungen aufgenommen. 1909 wurde Ludwig Justi Nachfolger Tschudis als Leiter der Nationalgalerie, für die er u. a. Werke des Expressionismus und Gemälde von Künstlern wie Pablo Picasso und Georges Braque ankaufte.

Seit 1945 sind die Sammlungen in einen östlichen und einen westlichen Teil getrennt. In Berlin (Ost) sind die Sammlungen auf der Museumsinsel untergebracht, im Westteil der Stadt wird nach den Plänen des Architekten Ludwig Mies van der Rohe ein Museumsgebäude errichtet, in dem die Sammlungen in Zukunft Platz finden sollen.

Eines der berühmten Werke der Berliner Sammlungen: »Im Wintergarten« (Gemälde von Edouard Manet, 1879; Nationalgalerie, Berlin-West)

Die Arbeitswelt als ein Thema der Nachkriegsliteratur

31. März. In Dortmund wird die Dortmunder Gruppe 61 gegründet, ein Zusammenschluß von Schriftstellern und Literaturkritikern mit dem Ziel, das Thema Arbeitswelt über die Literatur stärker in das Bewußtsein der Öffentlichkeit zu rücken.

Zu den Gründungsmitgliedern gehören u. a. Fritz Hüser, Bruno Gluchowski, Artur Granitzki, Max von der Grün, Walter Köpping, Edgar Struchhold, Erwin Sylvanus und Günter Westerhoff. Das Programm der Gruppe umfaßt folgende Ziele:

▷ Literarisch-künstlerische Auseinandersetzung mit der industriellen Arbeitswelt der Gegenwart und ihren sozialen Problemen

▷ Geistige Auseinandersetzung mit dem technischen Zeitalter

▷ Verbindung mit der sozialen Dichtung anderer Völker

▷ Kritische Beschäftigung mit der frühen Arbeiterdichtung und ihrer Geschichte

Im letzten Programmpunkt wird das Verhältnis der Gruppe 61 zur Arbeiterdichtung des 19. und beginnenden 20. Jahrhunderts deutlich. Die Dortmunder wollen nicht als Arbeiter für Arbeiter schreiben – nicht der Beruf und die soziale Stellung des jeweiligen Schriftstellers sind für die Gruppe 61 wichtig, sondern die künstlerisch-kritische Behandlung des Themas Arbeitswelt.

Sachlich und distanziert, doch auch engagiert soll die Situation des Menschen in der Industrie mit ihrer Eintönigkeit und Entfremdung sowie den Auswirkungen dieser Arbeitsbedingungen auf Familie und Freizeit gezeigt werden.

Die Texte der Mitglieder der Gruppe 61 werden in öffentlichen Lesungen vorgestellt und kritisiert. Über die Aufnahme von Bewerbern in die Gruppe wird gemeinsam diskutiert.

Um ihre Unabhängigkeit zu bewahren, finanziert sich die Dortmunder Gruppe 61 selbst.

Schriftsteller Max von der Grün bei einer Veranstaltung

Endlich im Kino: »Rom – offene Stadt«

24. März. Der 1945 entstandene Film »Rom – offene Stadt« von Roberto Rossellini kommt erstmals in die deutschen Kinos.

Der Film, der 1944 spielt und die Leiden eines kommunistischen Widerstandskämpfers und eines Priesters in der von der SS beherrschten italienischen Hauptstadt schildert, war vor zehn Jahren von der Freiwilligen Selbstkontrolle (FSK) der deutschen Filmwirtschaft abgelehnt worden, »im Interesse einer allgemeinen, besonders einer europäischen Völkerverständigung«.

»Rom – offene Stadt«, eines der besten Beispiele des italienischen Neorealismus, wurde 1945 in den Trümmern Roms nach einem Drehbuch von Federico Fellini gedreht. Der Widerstandskämpfer Manfredi (Marcello Pagliero), der sich zunächst bei einer Bekannten (Anna Magnani) versteckt, muß fliehen, wird von seiner Freundin verraten und zusammen mit einem Priester (Aldo Fabrici) von der Gestapo gefangengenommen. Manfredi gibt trotz der Folterungen den Namen

Anna Magnani als Bekannte des Partisanen Manfredi in Roberto Rossellinis »Rom – offene Stadt«

seiner Genossen nicht preis und wird vor seinem Tod von dem Priester gesegnet, der danach füsiliert wird. Diese Szene, in der die Hoffnung auf Solidarität der politischen Gruppen in Italien nach dem Krieg ausgedrückt werden soll, ist in der deutschen Fassung entstellt worden. Manfredi wird nicht als Kommunist bezeichnet, sondern vage als Atheist oder Sozialist.

V. l.: Toni Hiebeler, Anton Kinshofer, Andreas Mannhardt und Walter Almberger nach der Erstbesteigung

Eiger Nordwand ist bezwungen

12. März. Zum ersten Mal in der Geschichte der Alpinistik wird die Nordwand des 3970 m hohen Eiger im Berner Oberland im Winter bezwungen. Die am vergangenen Montag in die Wand eingestiegene deutsch-österreichische Seilschaft, Toni Hiebeler (31), Andreas Mannhardt (22), Anton Kinshofer (27) und Walter Almberger (28), erreichte nach sieben Tagen und sechs Nächten in der Wand den Gipfel bei strahlendem Sonnenschein.

Der Eiger im Berner Oberland ist zum ersten Mal 1858 von dem Briten Charles Barrington unter der Führung von Christian Almer und Peter Bohrer bestiegen worden. Die 1800 m hohe Nordwand des Eiger wurde jedoch erst im Sommer 1938 von Heinrich Harrer, Ludwig Vörg, Andreas Heckmair und Fritz Kasparek bezwungen. Die erste Winterbesteigung wurde im Februar 1960 nach wenigen Tagen erfolglos abgebrochen.

Von den zahlreichen Versuchen zur Bezwingung der Eiger Nordwand hatten nur 15 Erfolg, insgesamt 18 Alpinisten kamen bei den Bergtouren ums Leben.

Die Besteigung der Nordwand wird vor allem durch die Lawinengefahr, Steinschläge und Wetterstürze erschwert. Der Weg selbst gehört nicht zu den schwierigsten Bergtouren.

Blick auf die Nordwand des Eiger im Berner Oberland, deren Besteigung im Winter vor allem durch die Witterungsverhältnisse erschwert wird

Tal und Botwinnik in der Schach-WM

13. März. Mit einem Zug seines c-Bauern nach c4 eröffnet Michail Botwinnik den Revanchekampf gegen den Schachweltmeister Michail Tal in Moskau.

Der 50jährige Botwinnik war 1960 von Michail Tal überlegen mit 12,5 : 8,5 Punkten geschlagen worden. Als besiegter Weltmeister bekommt Botwinnik nunmehr Revanche (diese Regelung soll demnächst abgeschafft werden, so daß sich auch der Ex-Weltmeister wieder durch Kandidatenturniere für den Weltmeisterschaftskampf qualifizieren muß).

Der 24jährige Michail Tal hat die Hürden zum Titelkampf mit Leichtigkeit überwunden. 1957 war er sowjetischer Meister, ein Jahr später Sieger im Interzonenturnier. 1959 gewann er das Kandidatenturnier und im vergangenen Jahr die Schachweltmeisterschaft gegen Botwinnik.

Die erste der 24 Schachpartien wird mit leichten Gewinnchancen für Michail Botwinnik abgebrochen (→ 11. 5./S. 103).

Patterson kann Titel verteidigen

13. März. Im dritten Kampf zwischen dem US-Amerikaner Floyd Patterson und dem schwedischen Boxer Ingemar Johansson kann Patterson seinen Titel als Weltmeister im Schwergewicht verteidigen.

Während die ersten beiden Runden an den Schweden gingen, holte Patterson in der dritten und vierten Runde auf und lag in der fünften Runde knapp in Führung. Durch K. o. in der sechsten Runde wird der Kampf vor rund 15 000 Zuschauern in Miami Beach entschieden.

Floyd Patterson hatte sich seinen Weltmeistertitel am 20. Juni 1960 in New York im zweiten Kampf gegen den Schweden Ingemar Johansson zurückgeholt. Auch dieser Kampf wurde durch ein K. o. (in der fünften Runde) entschieden.

Für den Kampf in Miami Beach erhält Patterson eine Gesamtbörse von 912 000 US-Dollar (rund 3,6 Millionen DM), Johansson rund 700 000 US-Dollar (rund 2,8 Millionen DM).

April 1961

Mo	Di	Mi	Do	Fr	Sa	So
					1	2
3	4	5	6	7	8	9
10	11	12	13	14	15	16
17	18	19	20	21	22	23
24	25	26	27	28	29	30

1. April, Sonnabend

In ihrer Antwortnote auf das britische Memorandum zur Laos-Frage vom 23. März erklärt sich die Sowjetunion mit den Vorschlägen Großbritanniens für einen Waffenstillstand prinzipiell einverstanden (→ 23. 3./S. 53; 25. 4./S. 75).

Die portugiesische Regierung gibt die Bildung eines Freiwilligenkorps zur Verteidigung der überseeischen Besitzungen bekannt. Gleichzeitig wird ein weibliches Sanitätskorps in Portugal geschaffen (→ 13. 4./S. 73).

Neue geheime Unterredungen zwischen der französischen Regierung und der algerischen Aufstandsbewegung (FLN) sollen die Friedenskonferenz von Evian retten, die ursprünglich am 7. April stattfinden sollte (→ 31. 3., S. 52).

Für die 70 000 Angestellten des privaten Bankgewerbes wird künftig jeder zweite und dritte Samstag im Monat arbeitsfrei sein. Der Deutsche Gewerkschaftsbund (DGB) fordert die gleiche Regelung auch für die 120 000 Angestellten aller übrigen Banken und Sparkassen.

2. April, Ostersonntag

Papst Johannes XXIII. verliest vom Balkon der Peterskirche in Rom aus die Osterbotschaft und mahnt die Völker zum Frieden.

Die Sozialkommission der Vereinten Nationen berichtet, daß die Bevölkerung der Welt noch in diesem Jahr die Drei-Milliarden-Grenze überschreiten wird. Der jährliche Bevölkerungszuwachs beträgt derzeit zwischen 45 und 55 Millionen Menschen. Die jährliche Zuwachsrate hat vor dem Zweiten Weltkrieg 1,1% betragen und beträgt heute zwischen 1,6% und 1,9%. → S. 78

Der in Brühl bei Köln geborene Maler Max Ernst, einer der bedeutendsten Surrealisten, wird 70 Jahre alt.

3. April, Ostermontag

Während der Osterfeiertage melden sich in Berlin (West) etwa 5500 Bewohner der DDR und bitten um politisches Asyl.

Die US-Regierung veröffentlicht eine Broschüre, in der sie den kubanischen Ministerpräsidenten Fidel Castro beschuldigt, aus Kuba einen sowjetischen Satellitenstaat zu machen (→ 20. 4./S. 72).

Etwa 40 000 Teilnehmer an den Ostermärschen der britischen Atomwaffengegner versammeln sich auf dem Trafalgar Square in London zu einer Massenkundgebung, bei der u. a. der 88jährige Vorsitzende der britischen Atomwaffengegner, Bertrand Russell, spricht.

Die ersten Zivildienstleistenden in der Bundesrepublik beginnen ihren einjährigen Dienst in sozialen Einrichtungen.

4. April, Dienstag

In der spanischen Sahara ist es nach Berichten aus El Aaiun, der Hauptstadt dieses Gebietes, zu einem Feuergefecht zwischen spanischen Grenzwachen und marokkanischen Partisanen gekommen.

Die beliebtesten Tänze bei jungen Menschen sind in der Bundesrepublik Tango und Wiener Walzer. Bei einer Erhebung des Institutes für Demoskopie in Allensbach am Bodensee bezeichneten 32% der Befragten den Tango und 30% den Wiener Walzer als ihren Lieblingstanz. Von den Teenagern entschieden sich allerdings 34% für Cha-Cha-Cha, Rock 'n Roll und andere moderne Tänze. Etwa 75% der jungen Leute gehen mindestens einmal im Jahr zum Tanzen, Mädchen etwas häufiger als die Jungen. 15% der jungen Männer und nur 6% der jungen Mädchen können nicht tanzen.

5. April, Mittwoch

Eine Welle von Sprengstoffanschlägen, die bisher ein Todesopfer und mehr als 30 Verletzte gefordert hat, beunruhigt die Öffentlichkeit in Frankreich schwer. Rechtsextremistische Gruppen wie die geheime Armeeorganisation OAS wollen mit diesen Anschlägen gegen die Algerienpolitik des französischen Staatspräsidenten Charles de Gaulle protestieren (→ 26. 4./S. 74).

15 Jahre nach Kriegsende will die Reichsbahn der DDR das Streckennetz der S-Bahn in der Umgebung von Berlin wieder zweigleisig ausbauen. Auf sowjetischen Befehl war im Sommer 1945 das zweite Gleis auf allen Eisenbahnstrecken in der DDR demontiert und die Bahn auf eingleisigen Betrieb umgestellt worden. Bis 1965 sollen auf den S-Bahnstrecken Grünau–Zeuthen (später bis Königs-Wusterhausen), Pankow–Blankenburg–Zepernick und Wilhelmsruh–Frohnau die zweiten Gleise wieder eingesetzt werden.

Eine besondere Prüfung als Abschluß einer ärztlichen Spezialausbildung fordert der Präsident der Deutschen Gesellschaft für Chirurgie, Professor Herbert Junghanns (Oldenburg), zu Beginn der 78. Tagung dieser ärztlichen Vereinigung in München. → S. 79

In der Südpfalz wird bereits der erste Spargel geerntet. Die Erzeuger erhalten je Pfund 2,40 DM für die erste und 1,90 DM für die dritte Qualität.

6. April, Donnerstag

Mit 2,6 Milliarden Fahrgästen im Jahr 1960 sind die Straßenbahnen im Orts- und Nachbarortsverkehr nach wie vor das wichtigste Nahverkehrsmittel in der Bundesrepublik. Omnibusse befördern im Nahverkehr 1,68 Milliarden Fahrgäste. Von den Nahverkehrsunternehmen wurden 1960 insgesamt 5,7 Milliarden Fahrgäste befördert.

Drastische Programmkürzungen, »billigere« Musik und Beschneidung der Übertragungen der teuren Salzburger Festspiele hat der Österreichische Rundfunk in Wien angekündigt. Die Kürzungen sollen helfen, die Defizite auszugleichen. → S. 81

Durch Erlaß des Innenministeriums in Bonn wird ein Bundesinstitut zur Erforschung des Marxismus-Leninismus (Institut für Sowjetologie) mit Sitz in Köln gegründet.

7. April, Freitag

Die UNO-Vollversammlung in New York nimmt mit 83 Stimmen bei neun Enthaltungen eine Resolution gegen die Rassentrennungspolitik Südafrikas im Mandatsgebiet Südwestafrika (Namibia) an. In der Resolution wird die »zunehmende Verschlechterung der Lage in Südwestafrika, die von der fortgesetzten Anwendung einer tyrannischen Politik und Praxis wie der Apartheid« herrührt, verurteilt. Bei der Abstimmung enthalten sich u. a. Australien, Belgien, Frankreich, Kamerun, Luxemburg, die Niederlande, Portugal, Spanien und Großbritannien der Stimme.

Die Vereinigten Staaten sagen der Regierung in Südvietnam anläßlich der Präsidentschaftswahlen vom 9. April »starke Unterstützung« im Kampf gegen die oppositionellen Kräfte zu (→ 13. 6./S. 115).

Der erste offizielle Kurs der Volkswagenaktien beträgt – gemessen am Nennwert – 700%. Zu diesem Kurs wechseln VW-Aktien heute, am ersten Tag des offiziellen Handels an den meisten deutschen Börsen, den Besitzer (→ 21. 3./S. 59).

Der neue Flughafen Fiumicino in der Nähe der italienischen Hauptstadt Rom und die italienischen Eisenbahnen stehen im Kreuzfeuer der öffentlichen Kritik in Italien. Es wird befürchtet, daß der erst vor drei Monaten eingeweihte Flughafen bei Rom schon jetzt wegen mangelnder Verkehrssicherheit gesperrt werden muß. Die italienischen Eisenbahnen sind nach Ansicht der Kritiker überlastet. In letzter Zeit war es zu zahlreichen Todesopfern gekommen.

8. April, Sonnabend

Der britische Premierminister Harold Macmillan und US-Präsident John F. Kennedy beenden ihre am 5. April begonnenen Gespräche über Laos und die anderen Krisenherde. Beide Regierungschefs bekräftigen in einer Erklärung ihre Absicht, den Nordatlantischen Verteidigungspakt (NATO) und die UNO zu stärken sowie für einen erfolgreichen Abschluß der Genfer Verhandlungen über eine Beendigung von Atomtests sich einzusetzen.

Der erste fugenlose Bau einer Straßendecke mit einer Breite von mehr als zehn Metern wird auf der Bundesstraße 38 bei Mannheim vorgeführt. Die von einer Mannheimer Firma entwickelten Maschinen ermöglichen den Bau von 10,25 m breiten Straßendecken mit Schwarzasphalt oder Beton in einer einzigen Schicht. Bisher waren auf einer solchen Breite störende Nähte unvermeidbar.

9. April, Sonntag

Kubanische Rebellenkommandos landen an mehreren Stellen Kubas. Sie sollen Brückenköpfe bilden, um die Landung der angeblich 5000 Mann starken »Befreiungsarmee« vorzubereiten (20. 4./S. 72).

Die Wahlen in Südvietnam ergeben eine klare Mehrheit für den bisherigen Präsidenten Ngo Dinh Diem. Für Diem und seinen Vizepräsidentschaftskandidaten, Nguen Ngoc Tho, wurden rund 76% der gültigen Stimmen abgegeben. Über 70% der sieben Millionen Wahlberechtigten machten von ihrem Stimmrecht Gebrauch (→ 13. 6./S. 115).

Nach der Dürrekatastrophe des Vorsommers drohen nun bedeutende Ausfälle im Baumwollanbau in China.

Eine Brandkatastrophe auf dem britischen Passagierschiff »Dara« im Persischen Golf fordert 212 Menschenleben. → S. 81

10. April, Montag

»Wir wünschen, daß in diesem Prozeß die volle Wahrheit ans Licht kommt und daß Gerechtigkeit geübt wird«, sagt Bundeskanzler Konrad Adenauer (CDU) in einer Erklärung im Deutschen Fernsehen zu dem am 11. April in Jerusalem beginnenden Prozeß gegen den ehemaligen SS-Obersturmbannführer Adolf Eichmann (→ 11. 4./S. 76).

Der nepalesische König Mahendra hebt durch einen Erlaß das seit zwei Jahrhunderten gültige Vasallensystem auf und integriert die Gebiete, die bisher von 15 Vasallenfürsten verwaltet wurden, in die allgemeine Verwaltung des Landes.

11. April, Dienstag

In Jerusalem beginnt der Prozeß gegen den ehemaligen SS-Obersturmbannführer Adolf Eichmann. → S. 76

Der österreichische Bundeskanzler Julius Raab und sein Kabinett treten zurück. Neuer Bundeskanzler wird Alfons Gorbach von der Österreichischen Volkspartei (ÖVP). → S. 76

Der polnische Parteichef Wladyslaw Gomulka fordert von der Bundesrepublik Deutschland die Anerkennung der Oder-Neiße-Linie als spezielle Staatsgrenze.

*itelmädchen der französischen Il-
strierten »Match« ist die Schau-
ielerin Dany Saval*

April 1961

Das Schwurgericht Ansbach verurteilt den ehemaligen Leiter des KZ-Nebenlagers Gusen, Karl Chmielewski, wegen 282 nachgewiesenen Morden zu lebenslänglich Zuchthaus. → S. 77

12. April, Mittwoch

Der sowjetische Kosmonaut Juri Gagarin umkreist als erster Mensch die Erde in einer Raumkapsel. → S. 70

Die Volkskammer der DDR beschließt das »Gesetzbuch der Arbeit«. → S. 78

13. April, Donnerstag

Der portugiesische Ministerpräsident und Diktator António de Oliveira Salazar bildet das Kabinett um und übernimmt auch die Leitung des Verteidigungsministeriums. Anlaß sind die Unruhen in der Überseeprovinz Angola. → S. 73

14. April, Freitag

In Wien geht nach sechswöchiger Dauer der internationale Diplomatenkongreß zu Ende. In der neuen »Wiener Konvention« ist der diplomatische Verkehr geregelt (Immunität der Diplomaten, Berufstätigkeit, Personalbestand der Missionen im Ausland). → S. 79

Der Unterricht in wenigstens einer Fremdsprache in allen Schularten und allen Ländern, die an europäischen Organisationen beteiligt sind, hat die zweite europäische Kultusministerkonferenz, die nach zweitägiger Dauer in Hamburg zu Ende geht, gefordert.

15. April, Sonnabend

Sechs oder sieben Maschinen der kubanischen Luftwaffe haben den Militärflughafen von Havanna, den Zivilflughafen von Santiago und das Hauptquartier der kubanischen Luftwaffe in San Antonio de Los Banos mit Bomben und Raketen angegriffen. Der kubanische Regierungschef Fidel Castro ordnet daraufhin die Mobilmachung an (→ 20. 4./S. 72).

Die Unruhen in der portugiesischen Kolonie Angola gehen weiter. In der Hauptstadt Luanda ist eine Ausgangssperre von abends 20 Uhr bis morgens eingeführt worden. Schwerbewaffnete Polizei- und Armeestreifen patrouillieren durch die Hauptstadt (→ 13. 4./S. 73).

16. April, Sonntag

Die nationale Gesamtdeutsche Partei (GDP) wird durch den Zusammenschluß der Deutschen Partei (DP) mit dem Gesamtdeutschen Block/Block der Heimatvertriebenen und Entrechteten (GB/BHE) in Bonn gegründet. → S. 77

In Polen finden Wahlen für den Sejm (Parlament) statt. Die Kommunistische Partei Polens erreicht mit 255 Mandaten gegenüber den Wahlen von 1957 (237 Mandate) eine stärkere Mehrheit innerhalb des 460 Abgeordnete zählenden Parlaments. 117 Abgeordnete gehören der Bauernpartei an, 39 der Demokratischen Partei, 49 sind parteilos.

17. April, Montag

Exil-Kubaner unternehmen eine Invasion auf Kuba, die am 20. April scheitert (→ 20. 4./S. 72).

Jeder achte Franzose fuhr Anfang des Jahres einen Personenwagen. Da in Frankreich durchschnittlich vier Personen zu einem Haushalt gehören, besitzt durchschnittlich jede zweite Familie in Frankreich ein Automobil. Am 1. Januar 1961 waren 5,55 Millionen Pkw in Frankreich zugelassen.

In der Grugahalle finden zum dritten Mal die Essener Jazztage statt. Zu den Mitwirkenden gehören u. a. der Pianist Thelonius Monk, der Schlagzeuger Kenny Clarke und der Saxophonist Roland Kirk.

18. April, Dienstag

Bundeskanzler Konrad Adenauer kehrt von seinen am 11. April begonnenen Gesprächen mit US-Präsident John F. Kennedy aus Washington zurück. Kennedy hat das Verteidigungsversprechen der Vereinigten Staaten für die Bundesrepublik und Berlin (West) erneuert.

In Santa Monica/USA werden die diesjährigen Oscars für herausragende Leistungen im Bereich des Films verliehen. → S. 82

Die Vereinigten Staaten errichten eine militärische Beratergruppe in Laos zur Unterstützung der Regierung Bun Um (→ 25. 4./S. 75).

19. April, Mittwoch

Den Zerfall Lateinamerikas in eine Gruppe für und eine gegen Fidel Castro befürchtet die brasilianische Regierung für den Fall, daß die Kämpfe in Kuba andauern. Schwere innenpolitische Auseinandersetzungen seien in Kolumbien und Uruguay zu erwarten (→ 20. 4./S. 72).

20. April, Donnerstag

Kubas Regierungschef Fidel Castro gibt den Sieg über die auf der Insel gelandeten gegenrevolutionären Truppen bekannt. → S. 72

»Kuba darf den Kommunisten nicht überlassen werden, und wir haben nicht die Absicht, es ihnen zu überlassen«, sagt US-Präsident John F. Kennedy in seiner ersten öffentlichen Stellungnahme zu den Ereignissen in Kuba.

Die UN-Vollversammlung in New York nimmt eine Resolution gegen die portugiesische Kolonialpolitik in Angola an (→ 13. 4./S. 73).

21. April, Freitag

Der niederländische Politiker und Diplomat Dirk Uipko Stikker löst Paul Henri Spaak als NATO-Generalsekretär ab. → S. 79

Im größten Geldfälscherprozeß der Bundesrepublik werden in Osnabrück die Urteile verkündet. → S. 81

Der Film »Rocco und seine Brüder« von Luchino Visconti läuft in der Bundesrepublik an. → S. 82

22. April, Sonnabend

In der französischen Kolonie Algerien beginnt ein Putsch französischer Generale (u. a. Maurice Challe, Raoul Salan) gegen die Regierung des französischen Staatspräsidenten Charles de Gaulle (→ 26. 4./S. 74).

23. April, Sonntag

Der stellvertretende Vorsitzende der Sozialdemokraten, Herbert Wehner, deutet die Bereitschaft seiner Partei zu einer Koalition mit der CDU an (→ 28. 4./S. 77).

Über den Rundfunksender UKW-West werden erstmals die Kraftfahrer über Verkehrsstauungen in der Nähe der Erholungsgebiete und auf der Autobahn informiert. Solche Durchsagen über die Verkehrslage sollen bis auf weiteres an jedem Sonntag zwischen 17.15 Uhr und 18 Uhr über den Westdeutschen Rundfunk gesendet werden.

24. April, Montag

Die Landesanstalt für Bodennutzungsschutz in Bochum, das Forschungsinstitut für Luftreinhaltung in Essen und das Institut für Boden-, Wasser- und Lufthygiene in Berlin wollen in den nächsten Wochen die Ursachen der Luftverschmutzung im Ruhrgebiet untersuchen. → S. 79

Die vor 333 Jahren gesunkene »Wasa« wird im Stockholmer Hafen geborgen. Das Kriegsschiff war am 10. August 1628 gekentert. → S. 81

25. April, Dienstag

Bundeskanzler Konrad Adenauer lehnt auf dem Kölner CDU-Parteitag jede nur denkbare Zusammenarbeit mit der SPD ab (→ 24. 8./S. 77).

Großbritannien und die UdSSR richten einen Waffenstillstandsappell an die streitenden Parteien in Laos. → S. 75

Der christlich-soziale belgische Ministerpräsident Theo Lefèvre bildet eine Koalitionsregierung, der elf christlich-soziale und neun sozialistische Politiker angehören. Außenminister wird der ehemalige NATO-Generalsekretär, der Sozialist Paul Henri Spaak (→ 2. 5./S. 90).

Vom Berliner Ensemble wird in Berlin (Ost) das Stück »Frau Flinz« von Helmut Baierl uraufgeführt.

26. April, Mittwoch

Der Putsch der Generale in Algerien ist zusammengebrochen. Der Anführer, Maurice Challe, stellt sich den französischen Behörden. → S. 74

Der interamerikanische Verteidigungsrat der Organisation der amerikanischen Staaten (OAS) beschließt mit zwölf gegen eine Stimme (Kuba) bei vier Enthaltungen, daß Kuba solange nicht an den Sitzungen teilnehmen darf, wie es seine engen Beziehungen zur Sowjetunion aufrechterhält.

27. April, Donnerstag

In Köln geht der am 24. April begonnene Parteitag der CDU zu Ende. In ihrem Wahlmanifest fordern die Christlichen Demokraten Freiheit, Frieden und Einheit (→ 28. 4./S. 77).

Die erste Phase des Deltaplans in den Niederlanden zur Sicherung der Küsten wird beendet. Das Veersche Gatt in Seeland wird gegen das Meer abgeriegelt. → S. 78

Sierra Leone in Westafrika erhielt seine Unabhängigkeit von Großbritannien.

Uwe Seeler, Mittelstürmer des Hamburger SV und der Nationalmannschaft, wird keinen Vertrag bei einem ausländischen Fußballverein unterschreiben. Das ist das Ergebnis eines Gespräches zwischen Seeler und Bundestrainer Sepp Herberger in Hamburg. → S. 82

28. April, Freitag

Mit scharfen Angriffen gegen Bundeskanzler Konrad Adenauer und die CDU verbindet der Spitzenkandidat der Sozialdemokraten, Willy Brandt, die Bekanntgabe seines Regierungsprogramms in Bonn. → S. 77

Das belgische Königspaar hält sich zu einem Staatsbesuch in Bonn auf; der Besuch wird als Zeichen der Bereitschaft Belgiens zur Aussöhnung mit den Deutschen gewertet.

29. April, Sonnabend

Die Laoskrise hat sich verschärft: Die prokommunistische Pathet-Lao-Bewegung setzt ihre Offensive fort. Die Staaten der SEATO, der südatlantischen Verteidigungsorganisation, führen in Südostasien ein Flottenmanöver durch (→ 25. 4./S. 75).

Insgesamt 2 034 329 Verbrechen und kleinere Vergehen wurden 1960 in der Bundesrepublik und Berlin (West) gemeldet. Gegenüber 1959 bedeutet das eine Zunahme um 83 249 Fälle (4,25%). 65,6% der Verbrechen und Vergehen wurden 1960 aufgeklärt (1959: 67,3%).

30. April, Sonntag

In Hannover wird mit über 5000 Ausstellern die Hannovermesse, die größte Messe dieser Art in der Welt, eröffnet. Sie dauert bis zum 9. Mai (→ 9. 5./S. 96).

Gestorben:

6. Brüssel: Jules Bordet (* 13. 6. 1870, Soignies), belgischer Mikrobiologe.

9. Paris: Zogu I. (* 8. 10. 1895, Schloß Burgajet), Ex-König von Albanien.

25. Hamburg: Hans Friedrich Blunck (* 3. 9. 1888, Altona/Hamburg), deutscher Schriftsteller.

30. Fischbach bei Schliersee: Hanns Klemm (* 4. 4. 1885, Stuttgart), deutscher Flugzeugkonstrukteur.

eitartikel und Kommentar er »Frankfurter Allgemeien« vom 13. April 1961 über en erfolgreichen Weltraum-ug des sowjetischen Majors uri Alexejewitsch Gagarin

Frankfurter Allgemeine

ZEITUNG FÜR DEUTSCHLAND

S-Ausgabe / Donnerstag, 13. April 1961 — Herausgegeben von Hans Baumgarten, Erich Dombrowski, Karl Korn, Benno Reifenberg, Jürgen Tern, Erich Welter — Preis 30 Pfennig / Nr. 86 / D 2955 A

Sowjetischer Major aus dem Weltraum zurück

In einem viereinhalb Tonnen schweren Raumschiff um die Erde / 302 Kilometer hoch / Der Pilot soll gesund sein

F.A.Z. FRANKFURT, 12. April. Der erste Weltraumflug eines Menschen rund um die Erde ist am Mittwoch gelungen. Der sowjetische Fliegermajor Juri Alexejewitsch Gagarin wurde in einem Raumschiff auf eine elliptische Umlaufbahn geschossen und kehrte wohlbehalten an den berechneten Zielort innerhalb der Sowjetunion zurück. Das Ringen der Wissenschaftler und Techniker um die Entsendung des ersten Menschen in den Weltraum wurde damit von den Sowjetrussen vor den Amerikanern gewonnen.

Die von der sowjetischen Nachrichtenagentur Tass verbreitete erste amtliche Mitteilung über den Start eines Menschen zu einem Weltraumflug hat folgenden Wortlaut:

„Am 12. April 1961 ist in der Sowjetunion zum erstenmal in der Welt ein Raumschiff-sputnik, ‚Wostok', mit einem Menschen an Bord auf die Reise um die Erde geschickt worden. Der Pilot des Raumschiffs ist der Sowjetbürger Fliegermajor Juri Alexejewitsch Gagarin.

Der Start der mehrstufigen kosmischen Rakete verlief erfolgreich. Nachdem das Raumschiff die erste kosmische Geschwindigkeit erreicht und sich von der letzten Stufe der Trägerrakete losgelöst hatte, begann es mit dem freien Flug auf einer Bahn um die Erde. Nach vorläufigen Angaben beträgt die Erdumlaufzeit des Sputniks 89,1 Minuten.

Das Perigaeum beläuft sich auf 175 Kilometer und das Apogaeum auf 302 Kilometer. Der Neigungswinkel der Bahnebene zum Aequator macht 65 Grad 4 Minuten aus.

Das Raumschiff mit Raumfahrer wiegt 4725 Kilogramm, die letzte Stufe der Trägerrakete nicht eingerechnet. Mit dem Raumfahrer Gagarin besteht zweiseitige Funkverbindung. Die Frequenz der Kurzwellensender an Bord des Raumschiffs beträgt 9,019 Megahertz, 20,006 Megahertz und im Ultrakurzwellenbereich 143,625 Megahertz. Mit Hilfe eines funktelemetrischen und eines Fernsehsystems wird der Zustand des Raumfahrers während des Flugs beobachtet.

Der Raumfahrer Gagarin hat den Einflug in die Kreisbahn befriedigend überstanden und fühlt sich jetzt wohl. Die Systeme, die die nötigen Lebensbedingungen in der Kabine gewährleisten, funktionieren normal. Der Flug des Sputnikschiffs ‚Wostok' mit dem Raumfahrer Gagarin wird fortgesetzt."

Der Start des Raumschiffes mit dem Astronauten an Bord wurde von Radio Moskau um 8.02 Uhr mitteleuropäischer Zeit verkündet. Die Nachricht wurde dreimal verlesen. Um 10.07 Uhr folgte dann die lapidare Meldung, daß Gagarin um 8.55 Uhr Mitteleuropäischer Zeit wohlbehalten mit seiner Kapsel im vorbestimmten Zielgebiet innerhalb der Sowjetunion gelandet sei.

Die Startzeit wurde von der sowjetischen Weltraumbehörde mit 7.07 Uhr mitteleuropäischer Zeit angegeben. Da die berechnete Umlaufzeit des Weltraumschiffes 89,1 Minuten beträgt, bedeutet dies, daß Gagarin mit der „Wostok" (Der Osten) etwas mehr als eine Erdumkreisung zurückgelegt hat. Auf telegrafischem Wege übermittelte der Raumfahrer einige Meldungen an die Bodenstelle. Beim Ueberfliegen Südamerikas, um 7.22 Uhr MEZ, teilte er mit: „Der Flug verläuft normal, ich fühle mich wohlauf." Kurze Zeit darauf meldete er sich aus seiner Position über dem Gebiet von Togo in Westafrika: „Den Zustand der Schwerelosigkeit vertrage ich gut."

Die ersten Worte des sowjetischen Weltraumfliegers Major Gagarin nach dem Start von Bord des Raumschiffes waren: „Ich sehe die Welt in Dunst gehüllt." Die sowjetische Regierungszeitung „Iswestija" veröffentlichte am Mittwochabend den ersten Bericht der Landung Gagarins. Nach seiner Landung erzählte Gagarin: „Der Himmel war sehr, sehr dunkel, aber die Erde war bläulich. Es war alles deutlich zu erkennen." Als Hubschrauber sich dem Landeplatz Gagarins näherten, war der Weltraumflieger bereits seiner Kabine entstiegen und ging lächelnd auf die Besatzungen der Hubschrauber zu. Er trug einen hellblauen Raumanzug und einen Helm. Die Kombination war nicht aus steifem Material, sondern leicht und flexibel.

Nach einer herzlichen Begrüßung brachte ihn ein Hubschrauber sofort zum nächstgelegenen Ort, wo er am Telefon die Stimme des sowjetischen Ministerpräsidenten Chruschtschow hörte, der ihm gratulierte. Während des Fluges übertrugen sowjetische Radiostationen auf einer besonderen Wellenlänge Musik zur Unterhaltung des Weltraumfliegers, aus Moskau „Flieger über Moskau", aus Chabarowsk „Amurwellen". Gagarin war einer von mehreren Weltraumfliegern, die sich einem verhältnismäßig kurzen Training unterzogen hatten. (Fortsetzung auf Seite 4.)

Der Generalstaatsanwalt widerspricht Eichmanns Verteidiger

Auseinandersetzung über die Zuständigkeit des Gerichts / Vernehmung des Angeklagten frühestens in einer Woche

Bericht unseres nach Jerusalem entsandten Redaktionsmitgliedes

schw. JERUSALEM, 12. April. Im Prozeß gegen Adolf Eichmann hat Generalstaatsanwalt Hausner am Mittwoch seine gegen die Anträge der Verteidigung auf Befangenheit und Unzuständigkeit des Gerichts zielende Argumentation fortgesetzt. Hausner wird seine umfangreichen völkerrechtlichen Darlegungen erst am Freitag abschließen können, da am Donnerstag wegen des Gedenktages für die Opfer der Verfolgung verhandlungsfrei ist. Mit der Entscheidung des Gerichts über die Anträge der Verteidigung ist daher frühestens Montag oder Dienstag zu rechnen, da auch der Samstag (Sabbat) und der Sonntag als Verhandlungstage ausfallen. Bis zum Beginn der Vernehmung des Angeklagten, mit der Eichmann in den Mittelpunkt des Interesses rückt, wird daher mindestens noch eine Woche verstreichen. Allgemein wird erwartet, daß sich das Gericht für zuständig und für nicht befangen erklärt. Der Auseinandersetzung zwischen Verteidigung und Anklage kommt dennoch mehr als formale Bedeutung zu, da es hierbei bereits um die rechtliche Grundlage des Prozesses geht, die in der Weltöffentlichkeit durchaus umstritten ist und bleibt.

Daher waren auch die Ausführungen von Hausner für die juristisch geschulten Prozeßbeobachter trotz ihrer scheinbaren Trockenheit eine Delikatesse, weil sie in zahlreiche seit dem Kriege immer wieder erörterte Völkerrechtsfragen, wie die Definition von Kriegsverbrechen und Verbrechen gegen die Menschlichkeit, die Zuständigkeit nationaler Gerichtshöfe zu ihrer Aburteilung und die Kodifizierung eines international gültigen Strafrechts, hineinführten. Der Angeklagte Eichmann, der sich am Mittwoch zum erstenmal Notizen machte, hatte naturgemäß an dieser Auseinandersetzung keinen Anteil. Er verfolgte weiter unbewegt und diszipliniert, die Kopfhörer aufgesetzt, diese Debatte grundsätzlicher Art, die über seine Person und seinen Fall weit hinausgeht.

Hausner versuchte zunächst, wie schon in der Sitzung am Dienstagnachmittag, den Einwand der Verteidigung zu entkräften, das Gericht sei unzuständig, weil der Angeklagte gewaltsam nach Israel entführt worden sei. Er führte hierzu höchstrichterliche Entscheidungen aus der amerikanischen und der englischen Rechtsgeschichte an, in denen die Zuständigkeit des Gerichts festgestellt worden war, obgleich die Angeklagten in den betreffenden Fällen mit Gewalt aus fremden Hoheitsgebieten entführt worden waren. Er folgerte daraus, eine Person werde von der Verantwortung vor einem zuständigen Gericht nicht dadurch befreit, daß sie aus einem anderen Land mit Gewalt dorthin gebracht worden sei. Das Gericht habe überhaupt nicht über die Umstände zu befinden, unter denen der Angeklagte vor ihm erscheine, sondern lediglich darüber, ob er rechtmäßig angeklagt sei und ob das Verfahren nach gültigem Recht ablaufe. Als einen solchen markanten Fall zitierte Hausner neben vielen anderen den eines Amerikaners aus den dreißiger Jahren, der anscheinend auf Ersuchen der amerikanischen Behörden im Bosporus von einem griechischen Schiff gewaltsam durch türkische Beamte fortgeführt und einem amerikanischen Gericht überstellt wurde, das ihn aburteilte, obgleich zwischen den Vereinigten Staaten, Griechenland und der Türkei keine Auslieferungsverträge bestanden. Im Falle Eichmann sei zudem noch unerheblich, ob er von Privatpersonen oder von israelischen Staatsorganen entführt worden sei, da sich Israel und Argentinien am 3. August vorigen Jahres verständigt hätten, den Zwischenfall als beigelegt zu betrachten. (Fortsetzung auf Seite 5).

Kennedy bespricht seine Nato-Pläne mit dem Bundeskanzler

Adenauer zur ersten Aussprache mit dem Präsidenten im Weißen Haus / Brentano bei Rusk

Bericht unseres Washingtoner Korrespondenten

J. R. WASHINGTON, 12. April. Im Verfolg seiner Bemühungen um persönliches Kennenlernen seiner Kollegen unter den westlichen Regierungschefs hat Präsident Kennedy am Mittwochvormittag ein über einstündiges Gespräch unter vier Augen mit Bundeskanzler Adenauer geführt. Erst zur letzten halben Stunde wurden die Außenminister Rusk und von Brentano hinzugezogen. Eine dürre Mitteilung des Weißen Hauses besagte nur, daß Fragen des Nordatlantikpaktes und der Festigung der westlichen Allianz Gesprächsthemen waren. Die umfangreiche Beratergruppe, die ursprünglich an der Arbeitssitzung im Kabinettsraum des Weißen Hauses hatte teilnehmen sollen, wartete, bis der Bundeskanzler um 11.40 Uhr Ortszeit wortlos das Weiße Haus verließ, um sich im Hause von Botschafter Grewe für eine Stunde vor dem Herren-Mittagessen auszuruhen, das Kennedy für seine Hauptberater und die Mitglieder der deutschen Delegation gab. Am Mittwochnachmittag fuhr Brentano zu einer dreistündigen Arbeitssitzung mit Außenminister Rusk und dessen Mitarbeitern ins Außenministerium. Es fiel auf, daß ursprünglich geplante Unterrichtungen der Presse sich auf das Notwendigste, wie die Themenangabe sowie Aeußerlichkeiten, wie die Teilnehmerliste an den Mittagessen und dessen Zusammensetzung, beschränkten. Hierzu war zu erfahren, daß dies Absicht ist: Der Präsident möchte zunächst die Gelegenheit wahrnehmen, den Kanzler allein kennenzulernen, und ihm dann durch seine Mitarbeiter die Ansichten der neuen Regierung mitteilen. Eine ständige Publizität schade diesem Vorhaben.

Die erste Begegnung des Kanzlers mit dem Präsidenten stand deutlich im Schatten der Nachricht des gelungenen Weltraumfluges in der Sowjetunion. Der Präsident hatte die Nachricht um 8 Uhr morgens erfahren und daraufhin den sowjetischen Wissenschaftlern zu ihrem Erfolg gratuliert. Die Stimmung in Washington ist jedoch resigniert, denn die Möglichkeit, den ersten amerikanischen Astronauten auf seine Bahn zu senden, ist frühestens in anderthalb Jahren gegeben.

Die Tatsache, daß nur die Themen Nato und Festigung des Westens Gegenstand der ersten Begegnung Adenauer—Kennedy waren beweist, daß die amerikanische Seite einen Wunsch des Kanzlers, sich nicht auf spezifische Fragen einzulassen, sondern in allgemeinen Fragen zu verharren — sollte dieser bestehen —, nicht nachgekommen ist. Sie beweist, daß Kennedy, genau wie vor einigen Wochen mit Brandt, präzise, genau vorher überlegte Fragen in rascher Folge gestellt hat. Von amtlicher deutscher Seite war zu hören, das Gespräch sei freimütig, lebhaft und befriedigend gewesen. Die amerikanischen Gesprächspartner haben eine genaue Liste von Fragen vorbereitet, die dem Kanzler gestellt werden sollten.

Es ist anzunehmen, daß diese vor allen Dingen auf seine Gedanken über einen deutschen Beitrag zur Strukturverlagerung der Nato auf größere Verstärkung der herkömmlichen Streitkräfte, Entwicklungshilfe auf lange Sicht und schließlich die Berlin-Frage abgestellt sind. Was Berlin anbelangt, so liegt die Thematik seit 1958 unverändert auf der Hand: wie sich der Westen angesichts spezifischer Versuche der Sowjetunion und der Zone verhalten müßte. Dazu ist zu sagen, daß die sogenannte Berlin-Planung (Contingeney Planning) bereits im wesentlichen festliegt. Es geht nur um Ergänzungen, die einem strategischen Sandkastenspiel gleichen. Berlin wird Gegenstand der zweiten Begegnung des Kanzlers mit Kennedy am Donnerstag sein.

Der Bundeskanzler war am Dienstagabend 18 Uhr Ortszeit pünktlich mit seiner Lufthansa-Sondermaschine, einer auf den Namen „Bonn" getauften Boeing 707, auf dem Andrews-Luftstützpunkt in Maryland im Südostkosten Washingtons gelandet. (Siehe Seite 6.)

Briefwechsel Adenauer—Gürsel

BONN, 12. April (AP). Der türkische Staatschef General Gürsel hat im Zusammenhang mit den deutsch-türkischen Kreditverhandlungen in einem Schreiben an den Bundeskanzler die Hoffnung geäußert, daß die Bundesrepublik „in den kommenden Jahren wie bisher" die Bemühungen um die Hebung des Lebensstandards in der Türkei unterstützen werde. Der Kanzler erwiderte, die Bundesregierung werde alle Anstrengungen unternehmen, um dem türkischen Aufbauwerk zum Erfolg zu verhelfen, doch gebe es bei den Kreditverhandlungen, die am Freitag in Bonn fortgesetzt werden, „mancherlei Schwierigkeiten zu überwinden, zumal ja auch die Begrenzung der der Bundesregierung zur Verfügung stehenden Mittel berücksichtigt werden muß". Im April des vorigen Jahres hatte Bonn der Türkei einen Kredit von 50 Millionen Dollar (damals 210 Millionen Mark) als Entwicklungshilfe gewährt.

Prozeß gegen Frenzel am 24. April

Eigener Bericht

h. s. KARLSRUHE, 12. April. Der Prozeß gegen den früheren sozialdemokratischen Bundestagsabgeordneten Alfred Frenzel soll am 24. April vor dem Dritten Strafsenat des Bundesgerichtshofes beginnen. Der 61 Jahre alte Frenzel wird beschuldigt, vom April 1956 bis zu seiner Festnahme am 28. Oktober 1960 landesverräterische Beziehungen zum tschechoslowakischen Nachrichtendienst unterhalten und an diesen Staatsgeheimnisse verraten zu haben. Außerdem wird ihm zur Last gelegt, als Zeuge in einem Strafverfahren einen Meineid geleistet zu haben. Der Prozeß gegen Frenzel soll etwa drei bis vier Tage dauern.

de Gaulle wieder auf Reisen

PARIS, 12. April (AP/dpa). Staatspräsident de Gaulle hat am Mittwoch die zwölfte Reise in die Provinz seit seiner Amtszeit angetreten, um für seine Algerienpolitik zu werben. Er flog im Anschluß an eine Kabinettsitzung nach Mont de Marsan südlich von Bordeaux und wird sich fünf Tage in Südwestfrankreich aufhalten.

Die algerische Exilregierung lehnte am Mittwoch jede Stellungnahme zu der Pressekonferenz de Gaulles vom Vortage ab. Das strikte Schweigen der algerischen Sprecher hat bei gut informierten Beobachtern den Eindruck verstärkt, daß bestimmte Einzelheiten in den Ausführungen de Gaulles bei den Algeriern als wenig positiv beurteilt werden. (Siehe Seite 5.)

Freilassung von Powers?

LONDON, 12. April (AP). Der amerikanische Pilot Powers, der vor einem Jahr mit seiner Aufklärungsmaschine über Swerdlowsk abgeschossen worden war, soll nach einem Bericht der Londoner Zeitung „Daily Mail" in den nächsten Wochen freigelassen werden. Wie der Moskauer Korrespondent des Blattes schreibt, wollen die Sowjets Powers am 1. Mai, genau ein Jahr nach seinem Abschuß, die Freiheit wiedergeben, um den guten Willen zur Verbesserung der Beziehungen zwischen den Vereinigten Staaten und der Sowjetunion zu demonstrieren.

FC Barcelona—Hamburger SV 1:0

F.A.Z. BARCELONA, 12. April. Vor mehr als 100 000 Zuschauern hat der deutsche Fußballmeister, Hamburger Sportverein, in seinem ersten Vorschlußrundenspiel um den Europapokal gegen den FC Barcelona auf dessen Platz mit 0:1 eine unerwartet knappe Niederlage erlitten. Dieses höchst ehrenvolle Abschneiden gibt den Hamburgern Hoffnung für das Rückspiel am 26. April in Hamburg. (Ausführlicher Bericht im Sportteil)

Sieg für die Menschheit

N. B. Die Glückwünsche, die Rußland heute von allen Seiten zuströmen, sind nicht mühsam einer schlechten Laune über den Erfolg einer anderen Seite abgerungen; sie sind aufrichtig. In solchen Augenblicken, in denen dem menschlichen Geist ein Vorstoß in Bereiche gelungen ist, die ihm durch Jahrtausende verschlossen waren, stellt sich wie von selbst ein schönes Bewußtsein der Solidarität ein. Wir spüren, daß wir nicht nur Bürger eines Staats oder Einwohner eines Kontinents sind, sondern lebendige Teile jenes abstrakten Begriffs, der Menschheit genannt wird. Der sowjetische Major Juri Alexejewitsch Gagarin, von seinen Landsleuten stürmisch gefeiert, hat als erster Mensch mit einem von Menschen geschaffenen künstlichen Stern den Erdball umkreist. Indem man seiner Vaterstadt und seinem Vaterland den Ruhm des ersten Astronauten, der symbolhaft für ein ganzes Heer von Wissenschaftlern und Technikern steht, aufrichtig gönnt, bekennt man sich zu den großen gemeinsamen Bestrebungen der Menschheit.

Zwar sind nicht alle von uns davon überzeugt, daß der Vorstoß in den Weltraum, der Flug zum Mond und zu den Planeten zu den dringlichsten und nobelsten Aufgaben der Menschheit dieser Tage gehört. Viele von uns meinen, es wäre besser, wenn alle Energie und alles Denken darauf gerichtet würden, daß die Menschheit sich hier „unten" auf der Erde etwas vernünftiger einrichte, als sie es gemeinhin tut. Aber der Geist weht, wo er will, und vieles geht nebeneinander her. Im Grunde ist es der gleiche Forschungsdrang, der einst die Anatomie des Menschen durchleuchtete und der heute den Raum kennenlernen will, in dem unser Stern sich dreht.

Es hat den Anschein, daß man trotz des bewußt und ganz gewiß auch mit dem Blick auf die propagandistische Wirkung forcierten Erfolges der Sowjets in der westlichen Welt und insbesondere in Amerika das Ereignis viel unbefangener und gelassener aufnimmt als seinerzeit die erste Erdumkreisung des unbemannten russischen Satelliten. Dieser hatte geradezu einen Schock ausgelöst — vielleicht einen heilsamen. Inzwischen hat man in Amerika große Fortschritte gemacht; man übersieht besser die Abstände, die es — nach beiden Richtungen — gibt; man überschätzt nicht die praktische und nicht die propagandistische Bedeutung der Bruchteile von Sekunden, um die auf den Bahnen des Weltgeschehens die Läufer früher oder später Ziellinien erreichen. Und es ist zu hoffen, daß um so eher auf beiden Seiten bei diesem Wettbewerb das Bewußtsein wachsen kann, daß solche Daten weit mehr Marksteine der Geschichte der Menschheit als der nationalen Geschichten sind.

Moskau oder Peking?

Von Bruno Dechamps

Seit einer Woche hat es über den Streit um Laos keine großen Neuigkeiten mehr gegeben. Aber in diesem Falle ist das kein gutes Zeichen. Die Nachricht, die ausbleibt, ist die über das Zustandekommen einer Waffenstillstandsvereinbarung und einer internationalen Konferenz zur Neutralisierung des kleinen Landes, in dem die weltpolitischen Ismen aufeinander losgelassen worden sind, obgleich die Mehrheit seiner Bevölkerung von ihnen nichts weiß und auch nichts zu wissen verlangt. Jeder Tag, an dem Moskau sich nicht mit den Briten über deren Befriedungspläne einigt, begräbt die Hoffnung auf Frieden ein wenig tiefer. Warum entscheidet Moskau sich nicht?

Anfang März war klargeworden, daß der Bürgerkrieg der Laoten nur mit einer Vereinbarung der großen Mächte beendet werden könnte. Damit bot sich gleichzeitig der Konflikt als das Versuchsfeld an, auf dem Absichten, Entschiedenheit und Stil, aber auch die Möglichkeiten der Sowjetunion wie Amerikas sich nach dem Führungswechsel in Washington erproben ließen. Die „Laos-Krise" gewann daher eine so zentrale Bedeutung im weltpolitischen Geschehen, wie das Ländchen, dessen Durcheinander den Anlaß gab, an seinem Rande zu liegen schien.

Am 19. März setzten sich der russische Außenminister Gromyko und sein amerikanischer Kollege Rusk in Washington überraschend zu einem fünfstündigen Gespräch zusammen, in dessen Mittelpunkt Laos stand. Über den Verlauf dieses Gesprächs wurde nichts mitgeteilt. Doch wurden fortan zwischen Washington und London die diplomatischen Kabel heiß. Am 24. März ließ die britische Regierung in Moskau ein Memorandum überreichen: Beide Seiten sollten ihre Parteigänger in Laos auffordern, das Feuer einzustellen; dann solle der Waffenstillstand von einer internationalen Kommission gesichert und überwacht werden; seien die Berichte der Kommission zufriedenstellend, solle eine internationale Konferenz nach früheren sowjetischen Vorschlägen zusammentreten.

Gleichzeitig trafen die Vereinigten Staaten demonstrativ militärische Vorbereitungen für den Fall eines Fortgangs des Bürgerkriegs; und Präsident Kennedy machte unmißverständlich, aber in verbindlichem Tone klar, daß der Westen nicht mehr als eine wirkliche Neutralität und tatsächliche Unabhängigkeit von beiden Seiten für Laos im Sinne habe, daß er aber nicht unter dem ständigen Druck kriegerischer Erpressung verhandeln werde. Eine plötzliche Laos-Konferenz zwischen Macmillan und Kennedy in Key West am 26. März demonstrierte die volle Einmütigkeit der Hand in Hand spielenden angelsächsischen Mächte, die beim Aufkommen der Krise im vorigen Jahr unglücklicherweise gefehlt hatte. Das faire Angebot des Westens fand die Zustimmung der neutralen Staaten Asiens, vor allem Indiens.

Schon am Tage nach dem Treffen in Key West sprach Außenminister Gromyko bei Kennedy vor. Man unterhielt sich eine Stunde lang. Nachher wurde erklärt, Moskau werde „in sehr naher Zukunft" auf das Memorandum antworten. Die „Prawda" stimmte den britischen Vorschlägen weitgehend zu. Zum Osterfest tat das auch die Regierung der Sowjetunion, allerdings vorerst nur in einem Aide-mémoire, in dem sie sich zu der Frage der Prioritäten von Waffenstillstand und Konferenz mit Fleiß verschwommen ausdrückte. Eine Vereinbarung war noch nicht getroffen. Aber aus Moskau wurde von „Fortschritten" bei den Verhandlungen berichtet; am 6. April erwartete man in Washington und London den Aufruf zum Waffenstillstand „innerhalb der nächsten 24 oder 48 Stunden".

Man hört statt dessen von einer Verstärkung der russischen Luftbrücke für Waffenhilfe. War also das Einlenken Moskaus nur ein Ablenkungsmanöver? Glaubt Chruschtschow, die Westmächte hinhalten zu können, bis seine Waffen vollendete Tatsachen geschaffen haben? Oder glaubt er, die Zeit bis zum Beginn der Regenperiode im Sommer noch nutzen zu können, der den Streit um die Reihenfolge von Konferenz und Waffenstillstand gegenstandslos machen würde? Aber die ersten Reaktionen Moskaus auf den Plan Großbritanniens schienen doch deutlich machen zu wollen, daß dieser alte Trick sowjetischer Politik diesmal nicht angewandt werden solle, daß vielmehr der Versuch gemacht werden solle, am Rande des Friedens statt an dem des Krieges zu wandeln. Die Vermutung liegt nahe, es habe sich nicht nur der von diesen beiden Rändern markierte Grat als äußerst schmal erwiesen, sondern es habe ein dritter Mann das Spiel des Kremls in letzter Stunde durchkreuzt: Mao Tse-tung. Die Chinesen haben ihre Finger mit am Abzug der laotischen Gewehre; sie könnten den politischen Kredit ihrer russischen Freunde arg schädigen, wenn sie sich um einen Waffenstillstandsappell aus Moskau den Teufel scherten.

Russische und chinesische Interessen widersprechen sich in Laos. Chruschtschow möchte sich auch dort als der eine Verhandlungspartner des Westens ausweisen. Ihm könnte daran gelegen sein, ein Exempel für die Möglichkeit seiner „friedlichen Koexistenz" zu statuieren. Beides wollen die Chinesen nicht. Ein Fortgang der terrorisierenden Expansion des Kommunismus in Südostasien entspricht ihrem politischen Konzept, während die Russen unter dem Eindruck der neuen, zwar maßvollen, biegsamen und höflichen, aber auch entschiedenen Politik Washingtons auf die Asiaten ein Interesse daran haben müssen, zu beweisen, daß sie die Neutralität und Unversehrtheit neutraler asiatischer Staaten zu achten gewillt und gegen chinesische Angriffe zu schützen auch in der Lage sind.

Damit wäre die Laos-Krise zu einem Test auf die Bewegungsfreiheit Moskaus im eigenen Lager geworden, dessen Ausgang man allerdings mit banger Sorge erwarten muß. Vielleicht glaubt Moskau, aus seiner vertrackten Lage lasse sich das Beste machen, wenn es den Schwarzen Peter nach Washington zurückspiele und Kennedy in die Lage bringe, zu beweisen, wieviel Freiheit er denn im eigenen Lande und im westlichen Lager habe, Warnungen direkter militärischer Intervention in die Tat umzusetzen. So käme alles ins alte Gleis zurück. Aber die Wiederkehr müßte gefährlicher sein, als das Verbleiben auf dem alten Pfad es gewesen wäre.

Vorerst bauen die Amerikaner Chruschtschow goldene Brücken: Die Verstärkung der Luftbrücke habe wohl nur „Wettergründe", keine politischen; man erwarte die sowjetische Antwort auf die britischen Vorschläge immer noch „in wenigen Tagen". Aber Amerika läßt gleichzeitig keinen Zweifel an seiner Entschlossenheit, zu handeln, wenn die goldenen Brücken nicht betreten werden. Auch die amerikanische Waffenhilfe wird nun verstärkt. Ein Sieg der militanten Chinesen müßte alle anderen, auch Moskau, in unabsehbare Gefahren stürzen.

»Der Flug ist normal, ich fühle mich wohl«

12. April. Nach 108 Minuten geht der erste Flug eines Menschen durch den Weltraum zu Ende. Der 27jährige sowjetische Kosmonaut Juri Gagarin landet sicher in der Nähe von Saratow an der Wolga.

In Moskau und zahlreichen anderen Städten der Sowjetunion finden öffentliche Freudenkundgebungen statt. Aus aller Welt treffen Glückwunschtelegramme für den Kosmonauten ein; als einer der ersten gratuliert Hermann Oberth, der Begründer der deutschen Raketentechnik.

Der sowjetische Regierungschef Nikita Chruschtschow, der Gagarin zu der »größten historischen Tat« gratuliert, richtet einen Friedensappell an alle Völker der Welt und fordert eine allgemeine Abrüstung.

Gagarin startete in Baikonur um 9.07 Uhr Moskauer Zeit mit dem 4725 kg schweren Raumschiff »Wostok« (Osten). Er umrundete die Erde auf einer elliptischen Bahn mit einem Abstand zwischen 175 und 327 km zur Erde. Die Erdumrundung dauerte 89,1 Minuten. Zwischen dem Kosmonauten und der Erde bestand während des gesamten Flugs wechselseitiger Funkverkehr. Durch Fernsehkameras, die im Raumschiff installiert sind und deren Bilder live übertragen wurden, konnte Gagarin von der Erde aus beobachtet werden. Während des Fluges befand sich der Luftwaffenmajor insgesamt 70 Minuten im Zustand der Schwerelosigkeit. Um 10.05 Uhr landete die Raumkapsel, deren Flug in der letzten Phase durch Fallschirme abgebremst wurde, bei Smelowka in der Gegend von Saratow. Bei seiner Erdumrundung erreichte der Kosmonaut eine Geschwindigkeit von 29 000 km/h.

Gagarin ist verheiratet und hat zwei Kinder. Er absolvierte eine Ausbildung zum Gießer und studierte dann am Industrietechnikum in Saratow, das er 1955 mit Auszeichnung verließ. Während seines Studiums in Saratow besuchte Gagarin die ersten Fliegerkurse. Seit 1957 ist er Pilot der sowjetischen Luftflotte. 1960 trat er in die Kommunistische Partei ein.

Für die US-Amerikaner, die seit 1958 am Merkur-Programm für den bemannten Raumflug arbeiten, bedeutet der Flug Gagarins einen Rückschlag, ähnlich wie der Sputnik-Schock (1957 gelang es den Sowjets als ersten, mit dem »Sputnik II« einen Erdsatelliten in eine Umlaufbahn zu bringen). Vor der Presse erklärt US-Präsident John F. Kennedy, er sei es leid, »im Weltraum-Wettlauf mit der Sowjetunion an zweiter Stelle zu stehen« (→ 5. 5./S. 89).

EXTRABLATT

Proletarier aller Länder vereinigt euch!

NEUES DEUTSCHLAND

ORGAN DES ZENTRALKOMITEES DER SOZIALISTISCHEN EINHEITSPARTEI DEUTSCHLANDS

Berlin, Mittwoch, 12. April 1961

Sowjetmajor J. A. Gagarin Erster Mensch im Weltraum

Kommunismus verwirklicht kühnste Träume der Menschheit

Raumschiff „Wostok" glücklich gelandet

TRIUMPH

Seit wenigen Stunden ist der größte Traum der Menschheit erfüllt. Heute morgen, am 12. April des Jahres 1961, ist der erste Mensch in den Weltenraum vorgestoßen. Dem Zehntausende Jahre alten sehnsuchtsvollen Blick des Erdbewohners zu den Sternen ist nunmehr erstmalig ein kosmischer Höhenflug gefolgt. Der bislang an die Erde gefesselte Prometheus hat sich losgerissen und auf die Fahrt in den unendlichen Raum der Gestirne begeben. An die Stelle der erträumten Himmelfahrt ist heute die wirkliche getreten. Nach einer langen, qualvollen Geschichte hat die Menschheit an diesem Tage Anlaß zu Jubel und Freude wie niemals zuvor.

Der erste Weltraumfahrer ist ein Bürger des ersten sozialistischen Staates der Erde. Sein Raumschiff trägt den symbolischen Namen Wostok (Osten). So wunderbar diese gewaltige Tat auch anmutet, daß sie von einem Sowjetbürger vollbracht wurde, ist kein Wunder, sondern Ausdruck der menschheitsbefreienden Schöpferkraft des Sozialismus. Jenes Himmelsschiff, das in diesen Minuten um die Erde sauste und die Gedanken der rund drei Milliarden Erdbewohner mit elementarer Macht auf sich zieht, ist die bislang gewaltigste Bestätigung des Lenin-Wortes: „Der Marxismus ist allmächtig, weil er wahr ist."

Unsere Hirne und Herzen waren in diesen Stunden beim Genossen Fliegermajor Juri Alexejewitsch Gagarin. Er kehrte nach dem erfolgreichen Start und Flug wohlbehalten zu unserer Erde zurück, um von jenen Gefilden zu künden, die der Kommunismus dem Menschen erschlossen hat. In dieser Stunde gehen unsere heißesten Glückwünsche in das Land Lenins. Wir danken den sowjetischen Wissenschaftlern und Arbeitern für diese neue, prächtige und wunderbare Großtat.

Alle Welt blickt nach Moskau

Die historische Nachricht

Moskau (ADN). TASS verbreitet folgende Mitteilung: Am 12. April 1961 ist in der Sowjetunion zum [illegible] Mal in der Welt ein Raumschiffsputnik „Wostok", mit einem Menschen an Bord auf die Reise [illegible] die Erde geschickt worden.

Der Pilot des Raumschiffs, des Sputnik „Wostok", ist der Bürger der Union der Sozialistischen Sowjetrepubliken Fliegermajor Juri Alexejewitsch Gagarin.

Der Start der mehrstufigen kosmischen Rakete verlief erfolgreich, und nachdem das Raumschiff die erste kosmische Geschwindigkeit erreicht und sich von der letzten Stufe der Trägerrakete losgelöst hatte, begann es mit dem freien Flug auf einer Bahn um die Erde.

Nach vorläufigen Angaben beträgt die Erdumlaufzeit des Sputniks 89.1 Minuten.

Das Perigaeum beläuft sich auf 175 Kilometer; und das Apogaeum auf 302 Kilometer; der Neigungswinkel der Bahnebene zum Äquator macht 65 Grad 4 Minuten aus.

Das Raumschiff mit Raumfahrer wiegt 4725 Kilogramm, die letzte Stufe der Trägerrakete nicht eingerechnet.

Mit dem Raumfahrer Gagarin besteht zweiseitige Funkverbindung. Die Frequenz der Kurzwellensender an Bord des Raumschiffs beträgt 9.019 Megahertz und 20.006 Megahertz und im Ultrakurzwellenbereich 143.625 Megahertz. Mit Hilfe eines funktelemetrischen und eines Fernsehsystems wird der Zustand des Raumfahrers während des Flugs beobachtet.

Der Raumfahrer Gagarin hat den Einflug in die Kreisbahn befriedigend überstanden und fühlt sich wohl. Die Systeme, die die nötigen Lebensbedingungen in der Kabine gewährleisten, funktionieren normal. Der Flug des Sputnikschiffs „Wostok" mit dem Raumfahrer Gagarin wird fortgesetzt.

Erste Meldungen aus dem Weltraum

Moskau (ADN). „Der Flug verläuft normal. Fühle mich gut." Dieser Funkspruch des ersten Raumfahrers Gagarin wurde 9.22 Uhr Moskauer Zeit von Bord des Raumschiffes, das sich zu [...] Um 10 Uhr Moskauer Zeit übermittelte Major Gagarin, als er sich über Afrika befand, von Bord des Sputnik-Raumschiffs „Wostok": „Flug verläuft normal. Den Zustand der Schwerelosig- [...]

Der Siegeszug ins All

1903: Zielkowskis Arbeit: „Die Erforschung des Weltraumes mit Reaktionsapparaten" erscheint in Moskau.
1924: „Die Rakete im kosmischen Raum." Ein weitere bedeutende Arbeit Zielkowskis erscheint in der Sowjetunion.
1919: Entwicklung von Flüssigkeitsgroßraketen in der Sowjetunion. Sie werden in der Höhenforschung eingesetzt.
1934: Start einer Höhenrakete mit einem Affen und anderen Lebewesen an Bord. Erreichte Höhe 50 km.
1951: Albina und Kosjawka erreichen in einer Höhenrakete 100 km und landen glücklich auf der Erde.
27. 8. 58: Zwei Hunde erreichen erstmals eine Höhe von 452 km und kehren wohlbehalten zur Erde zurück.
4. 10. 57: Sputnik 1, 83,6 kg, nach 1400 Erdumkreisungen am 4. Januar 1958 verglüht.
3. 11. 57: Sputnik 2, 508,3 kg, mit Versuchshund „Laika" an Bord am 14. April 1958 verglüht.
15. 5. 58: Sputnik 3, 1327 kg, nach 10 037 Erdumkreisungen am 6. April 1960 verglüht.
4. 2. 61: Sputnik 4, 6,483 Tonnen, Forschungsprogramm beim Start erfüllt.
2. 1. 59: Lunik 1, 1472 kg, auf der Bahn um die Sonne.
12. 9. 59: Lunik 2, 1511 kg, am 13. September 1959 auf dem Mond gelandet.
4. 10. 59: Lunik 3, 1553 kg, fotografierte am 7. Oktober 1959 Rückseite des Mondes.
15. 5. 60: Raumschiff 1, 4,54 Tonnen, umkreist die Erde.
19. 8. 60: Raumschiff 2, 4,6 Tonnen, mit den Versuchshunden „Strelka" und „Belka" am 20. August 1960 zur Erde zurückgekehrt.
1. 12. 60: Raumschiff 3, 4,563 Tonnen, mit zwei Versuchshunden. Im Dezember 1960 verglüht.
12. 2. 61: Venusrakete, interplanetarische Station mit einem Gewicht von 643,5 kg, von einem Sputnik aus gestartet, auf dem Wege zur Venus.
9. 3. 61: Raumschiff 4, 4,7 Tonnen, mit dem Versuchshund „Tschernuschka" auf der Erde gelandet.
25. 3. 61: Raumschiff 5, 4,695 Tonnen, mit dem Versuchshund „Swjosdotschka" zur Erde zurückgekehrt.
12. 4. 61: Raumschiff "Wostok" (4,725 Tonnen), mit dem ersten Raumfahrer an Bord, fliegt um die Erde.

Moskau 10.02 Uhr

Moskau (ADN-Korr.). Um 10.02 Uhr Moskauer Zeit unterbrach Radio Moskau sein Vormittagspro- [...]

Die im Ostteil von Berlin erscheinende Tageszeitung »Neues Deutschland« bringt anläßlich des Weltraumflugs von Juri Gagarin ein Extrablatt

Luftwaffenmajor Juri Gagarin, erster Mensch im Weltraum

Von der Flüssigkeitsrakete zum bemannten Raumflug

16. 3. 1926: Dem US-amerikanischen Raketenforscher Robert Hutchins Goddard gelingt in Auburn/Massachusetts der Start der ersten Flüssigkeitsrakete.

3. 10. 1942: Im deutschen Raketenforschungszentrum Peenemünde an der Ostsee, in dem u. a. Wernher von Braun und Hermann Oberth mitarbeiten, wird zum ersten Mal erfolgreich eine Großrakete gestartet.

20. 8. 1953: In Cape Canaveral/Florida startet eine Redstone-Rakete zu ihrem ersten Probeflug. Sie ist eine Weiterentwicklung der in Peenemünde im Zweiten Weltkrieg entstandenen »V 2«.

1954: Der Fliegerarzt John Paul Stapp unternimmt in Alamogordo/USA Versuche mit einem Raketenschlitten, um zu prüfen, welchen Druck Menschen bei extremen Beschleunigungen und Abbremsungen aushalten können.

3. 8. 1957: Die Sowjets starten ihre erste Interkontinentalrakete.

4. 10. 1957: Der erste künstliche Satellit, »Sputnik I«, wird von der Sowjetunion in eine Erdumlaufbahn geschossen.

3. 11. 1957: Die Hündin Laika wird an Bord des sowjetischen Satelliten »Sputnik II« als erstes Lebewesen ins All befördert.

1. 2. 1958: Die Vereinigten Staaten starten ihren ersten Satelliten, »Explorer I«, ins All.

Oktober 1958: In den Vereinigten Staaten wird das Merkur-Programm beschlossen, in dem Möglichkeiten für einen bemannten Raumflug um die Erde entwickelt werden sollen.

2. 1. 1959: Der UdSSR gelingt es, mit einem Satelliten das Schwerefeld der Erde zu verlassen. »Lunik I« fliegt in einer Entfernung von 7500 km am Mond vorbei.

3. 3. 1959: Die Vereinigten Staaten starten Pioneer 4. Die Sonde fliegt in 60 000 km Entfernung am Mond vorbei – in einer Sonnenumlaufbahn.

13. 9. 1959: Eine sowjetische Rakete erreicht den Mond, zerschellt aber an der Oberfläche des Planeten.

4. 10. 1959: Die interplanetare Station »Lunik III« der Sowjetunion macht Aufnahmen von der erdabgewandten Seite des Mondes.

12. 4. 1961: Als erster Mensch umkreist der sowjetische Kosmonaut Juri Gagarin in einem Raumschiff die Erde. Er erreicht eine Umlaufbahn zwischen 175 km und 327 km Höhe und eine Geschwindigkeit von 29 000 km/h.

Kosmonaut Juri Gagarin verläßt die Raumkapsel »Wostok« (Osten) nach der erfolgreichen Umrundung der Erde in 89,1 Minuten ▷

Zerschossener Kampfpanzer in der Nähe der kubanischen Schweinebucht

Siegreiche kubanische Soldaten beim Abtransport eines toten Rebellen

Schweinebucht-Invasion wird abgewehrt

20. April. Der kubanische Ministerpräsident Fidel Castro gibt bekannt, daß die Invasion der Exilkubaner, die seit dem → 21. März (S. 52) unter der Führung von José Miró Cardona stehen, gescheitert ist.

Nachdem am 9. April kubanische Sabotagegruppen an mehreren Stellen Kubas gelandet waren, um eine Invasion der »Befreiungsarmee« der Exilkubaner vorzubereiten, wurden am 15. April Luftangriffe von einigen Maschinen der kubanischen Luftwaffe auf den Militärflughafen von Havanna und das Luftwaffenhauptquartier in San Antonio de los Banos geflogen. Castro ordnete daraufhin die Mobilmachung an.

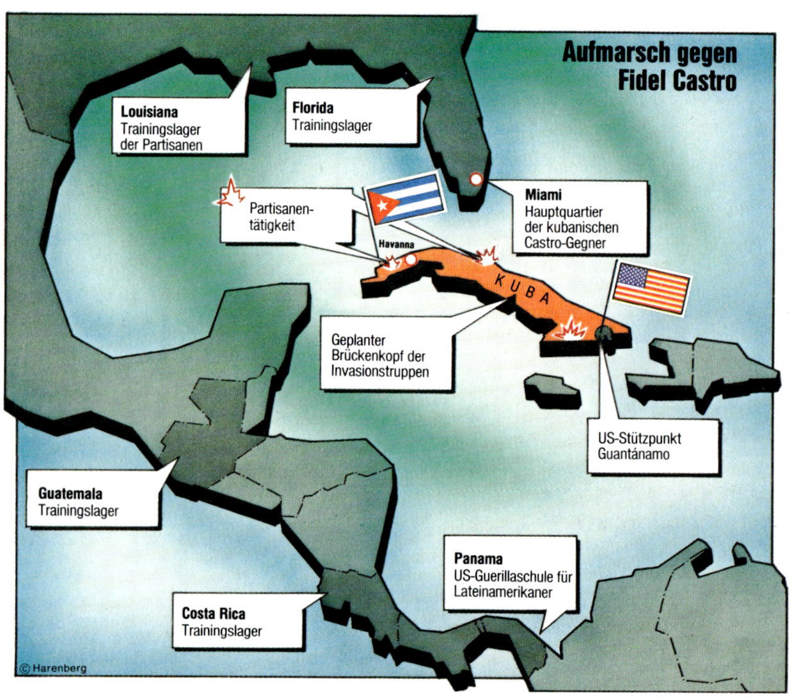

Am 17. April begann die vom US-amerikanischen Geheimdienst CIA unterstützte Invasion in der Schweinebucht. Die Invasionstruppe bestand aus den von den USA trainierten Exilkubanern und war u. a. mit ausgedienten US-Kampfflugzeugen vom Typ B-26 ausgerüstet. In Verkennung der Lage auf Kuba hatte der CIA eine Erhebung castrofeindlicher Truppen und den Anschluß von Teilen der kubanischen Streitkräfte an die Rebellenarmee nach deren Landung vorausgesagt. Da jedoch erbitterter Widerstand gegen die Invasion geleistet wird, scheitert das Unternehmen nach drei Tagen.

Die Invasion in der Schweinebucht war mit massiver Unterstützung der USA von langer Hand vorbereitet worden:

▷ US-amerikanische Offiziere trainierten kubanische Rebellen auf speziellen Übungsplätzen in den USA, in Guatemala, Panama und Costa Rica

▷ Eine von Kongreßabgeordneten und pensionierten Staatssekretären geleitete US-Organisation rüstete die Invasoren mit Waffen und Munition aus

▷ Das US-Verteidigungsministerium verstärkte den an der kubanischen Küste gelegenen Militärstützpunkt Guantánamo

Die USA, die den amerikanischen Kontinent und vor allem die Karibik aus wirtschaftlichen und politischen Gründen als ihren Interessenbereich ansehen, fürchten, daß die kubanische Revolution in anderen unterentwickelten Ländern Lateinamerikas Nachahmer findet und der kommunistische Einfluß wächst.

In der Öffentlichkeit distanzierte sich die US-Regierung von den Exilkubanern unter der Führung von Cardona und lehnte einen direkten Angriff auf Kuba ab. Sie leistete jedoch auf propagandistischem Gebiet Hilfe, indem sie am 3. April eine Broschüre veröffentlichte, in der Fidel Castro des Verrats an der kubanischen Revolution beschuldigt und ihm der Vorwurf gemacht wird, Kuba zum sowjetischen Satellitenstaat zu machen.

Der mißglückte Stellvertreterkrieg in Kuba bedeutet für die Regierung Kennedy einen empfindlichen Prestigeverlust. Nicht nur in der Sowjetunion, auch in Lateinamerika und im Westen wird das Vorgehen Kennedys kritisiert (→ 18. 5./S. 93).

Kritik an der Kuba-Politik der USA

Während im Ostblock und in vielen Teilen Lateinamerikas die Politik John F. Kennedys in Kuba als eine Einmischung in die inneren Angelegenheiten eines selbständigen Staates verurteilt wird, bedauern konservative Kreise in den USA und im übrigen Westen das Fehlschlagen der Aktion. Neutrale Länder wie Indien halten die gesamte Aktion für verfehlt.

Der sowjetische Regierungschef Nikita Chruschtschow hatte bereits einen Tag nach der Landung, am 18. April, eine Erklärung veröffentlicht, in der er die Verantwortung für die Invasion den USA zuschrieb, da ohne US-amerikanische Unterstützung der Angriff der Exilkubaner nicht möglich gewesen wäre. Wörtlich heißt es, »daß die UdSSR gleich anderen friedliebenden Ländern das kubanische Volk nicht im Stich lassen und ihm im gerechten Kampf um Freiheit und Unabhängigkeit Kubas alle erforderliche Hilfe und Unterstützung erweisen wird«.

Diese Drohung beantwortete Kennedy am selben Tag mit einer Bekräftigung, daß keine Intervention der USA in Kuba geplant sei, allerdings hätten die US-Amerikaner Sympathien für die Rebellen. Falls die Sicherheitsinteressen der USA gefährdet seien, könnten sich die Vereinigten Staaten zu einer Intervention entschließen.

In Lateinamerika kommt es in vielen Städten zu Demonstrationen gegen die USA und zu Sympathiekundgebungen für den kubanischen Ministerpräsidenten Fidel Castro.

In den westlichen Ländern wird das Unternehmen Schweinebucht mit kritischer Zurückhaltung beurteilt. Allgemein wird der Prestigeverlust der Regierung Kennedy bedauert. Die liberale britische Zeitung »Guardian« kommentiert: »Präsident Kennedys Antwort auf Chruschtschows Botschaft über die amerikanische Intervention auf Kuba wird nur diejenigen überzeugen, die überzeugt werden wollen.«

Der indische Premierminister Jawaharlal Nehru schreibt in einer Rede vor dem Parlament am 20. April die Verantwortung für die Invasion Kubas der US-Regierung zu. Nach seiner Ansicht ist die Invasion gefährlich, weil sich daraus Schwierigkeiten, z. B. in Laos, ergeben könnten. Viele Menschen in Indien seien enttäuscht über das Vorgehen Kennedys.

Fidel Castro kann die vom CIA unterstützte Invasion abwehren

Nikita S. Chruschtschow

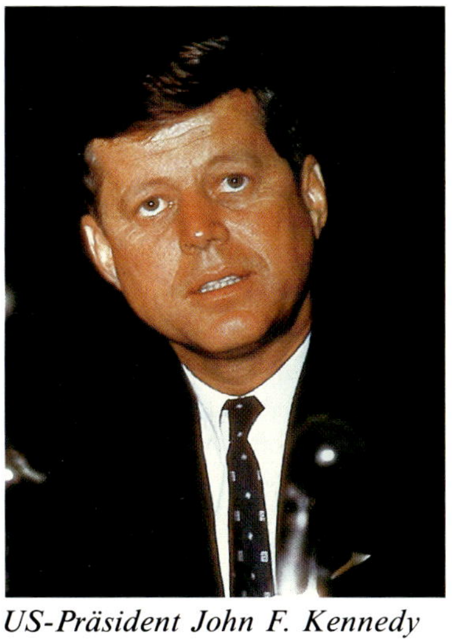

US-Präsident John F. Kennedy

Polizeiterror in Quitexe im Norden der portugiesischen Kolonie Angola

Aufstände in Angola

13. April. Der portugiesische Ministerpräsident António de Oliveira Salazar, der in Portugal diktatorisch regiert, übernimmt wegen der Unruhen in der Überseeprovinz Angola das Verteidigungsministerium, dessen Leiter bislang General Julio Botelho Moniz war. Salazar ordnet eine Teilmobilisierung in Angola an, um genügend Truppen gegen die Aufständischen zu haben.

Nach der Entführung des portugiesischen Luxusdampfers »Santa Maria« durch portugiesische Oppositionspolitiker (→ 3. 2./S. 35), die mit ihrer Aktion die Weltöffentlichkeit auf die politische Unterdrückung in Portugal und seinen Kolonien aufmerksam machen wollten, kam es in Angola verstärkt zu Aufständen.

Bereits Mitte der 50er Jahre hatten sich in Angola Untergrundorganisationen gebildet, die Angola von der Kolonialherrschaft befreien wollen. Die UPA (União das Populaçoes de Angola) wurde 1954 von Holden Alvaro Roberto gegründet, das MPLA (Movimento Popular de Libertaçao de Angola) drei Jahre später von Mario de Andrade.

In Angola wie in den anderen Überseeprovinzen Portugals, Mosambik und Guinea-Bissau, werden der afrikanischen Bevölkerung jegliche politischen Rechte vorenthalten. Wie im Mutterland selbst gibt es in den Kolonien nur die offizielle Staatspartei, die von der weißen Bevölkerung getragen wird. Von den Afrikanern ist nur 1% wahlberechtigt (die »Assimilados«). Den »Assimilado«-Status erhält ein Afrikaner, wenn er fließend Portugiesisch sprechen, lesen und schreiben kann und sich bislang gegenüber der portugiesischen Regierung nicht mißliebig verhalten hat. Eine umfassende Bildung kann jedoch von den wenigsten afrikanischen Einwohnern finanziert werden, so daß die Analphabetenrate bei über 95% liegt.

Die portugiesische Regierung bekämpft die Aufstände in Angola mit aller Härte, denn ein Verlust der Kolonie hätte für das Mutterland katastrophale wirtschaftliche Folgen. Die Überseeprovinzen sind z. B. ein geschützter Markt für Portugals international nicht konkurrenzfähige Industrieprodukte, die dort über dem Weltmarktpreis verkauft werden. Angola dagegen muß seine Rohstoffe unter Weltmarktpreis an Portugal liefern. Zudem ist das Lohnniveau in den Kolonien wesentlich niedriger als in Portugal.

Putsch der Armee in Algerien ist erfolglos

26. April. Nach vier Tagen ist der Putsch in Algerien, der sich gegen eine Selbständigkeit der französischen Kolonie, die von Staatspräsident Charles de Gaulle angestrebt wird, gerichtet hat, weitgehend unblutig niedergeschlagen.

Nachdem de Gaulle den loyalen Einheiten in Algerien Schießbefehl gegen die Aufrührer erteilt hatte, räumten die revoltierenden Truppen ihre Positionen und zogen sich zurück. Einer der Anführer, Ex-General Maurice Challe, stellt sich der Regierung, die drei anderen Anführer, die Ex-Generale Raoul Salan, Edmond Jouhaud und Marie-André Zeller, sind geflohen.

Der Putsch hatte am 22. April mit der Besetzung Algiers begonnen. Von der 500 000 Mann starken Algerien-Armee waren Teile der Fallschirmjäger und der Fremdenlegionäre, beides Einheiten, die bei einem Ende des Algerien-Kriegs von der Auflösung betroffen sind, beteiligt. Über den besetzten Sender Algier gaben die Putschisten den Belagerungszustand bekannt. Im Laufe des Tages schloß sich die Stadt Oran der Rebellion an. Parallel zu den Ereignissen in Algerien wurden in Frankreich am 22. April Sicherheitsmaßnahmen getroffen, da man eine Landung der Putschisten in der Nähe von Paris befürchtete. Der Ausnahmezustand wurde verhängt.

Am 23. April traf General Raoul Salan, der ehemalige Oberbefehlshaber in Algerien, von Spanien aus in Algerien ein, um die Putschisten zu unterstützen. Die Städte Constantine und Mostaganem wurden von den Rebellen besetzt. In Paris schützten Panzer die Regierungsgebäude. Über Nacht wurde der Flugverkehr über Paris eingestellt, da man immer noch eine Landung rebellierender Fallschirmjäger befürchtete.

Der Widerstand der regierungstreuen Truppen in Algerien gegen die Putschisten begann am 24. April. De Gaulle verfügte eine Wirtschaftsblockade über die französische Kolonie, durch die das Land vollständig von Frankreich abgeschnitten wurde. Außerdem begannen neugegründete Bürgermilizen in Frankreich mit der Rekrutierung von Freiwilligen, die allerdings nicht zum Einsatz kamen. Die Unterstützung

Verlag DIE WELT. Essen, Sachsenstr. 36 Tel. 2 14 21. Fernschr. 0857 341. Hamburg 36. Kaiser-Wilhelm-Str. 16. Tel. 34 10 10. Fernschr. 0211 149 Berlin-Tempelhof, Mariendorfer Damm 1/3. Tel. 75 05 86. Verlagsleiter: Dr. Heinrich Schulte

DIE WELT

UNABHÄNGIGE TAGESZEITUNG FÜR DEUTSCHLAND

Abonnement durch Träger oder Post, monatlich DM 6,60 einschl. Zustellgebühr. Postabholer DM 6,06. Auslandsbezug DM 9,— einschl. Porto. Anzeigenpreisliste Nr. 29 vom 15. 8. 1960. Verantwortlich für Anzeigen: Karl Heinz Holz

Donnerstag, 27. April 1961 — 1 H 7109 A — Ausgabe D — Nr. 98 - Preis 30 Pf

Der Sieger: Charles de Gaulle

Exgeneral Challe als Gefangener in Paris

Nachrichtendienst der WELT

Paris/Algier, 26. April

Nach dem Scheitern des Putsches in Algerien ist Präsident de Gaulle als Sieger aus der bisher größten Krise in der Nachkriegsgeschichte Frankreichs hervorgegangen. Seine zivilen und militärischen Beauftragten haben in ganz Algerien die Macht wieder übernommen. Der seines Ranges entkleidete General Challe traf als Gefangener in Paris ein, wurde in das Santé-Gefängnis eingeliefert und der „Verschwörung gegen Autorität und Bestand des Staates" angeklagt. Darauf steht die Todesstrafe.

Inzwischen befinden sich weitere Generale, die sich den Putschisten angeschlossen hatten, auf dem Weg nach Paris. Es handelt sich dabei um den früheren Befehlshaber der Luftwaffe in Algerien, General Bigot, und den früheren Kommandeur des algerischen Militärsekretariats, General Petit. Auch der frühere Befehlshaber des Gebietes von Constantine, General Gouraud, wurde nach Paris beordert.

In der ganzen westlichen Welt wurde die Niederlage der Meuterer mit großer Befriedigung begrüßt.

Für die kommenden Monate kündigte der französische Premierminister Debré in einer Rundfunkansprache eine „Regierung der festen Hand" an. Nach einer amtlichen Mitteilung wird Präsident de Gaulle in den nächsten Tagen persönlich die notwendigen Maßnahmen gegen die Putschgenerale ergreifen. Er soll planen, einen Sondergerichtshof einzusetzen.

In unterrichteten Kreisen der französischen Hauptstadt werden vor allem drei Schritte de Gaulles erwartet:

1. Eine umfassende Säuberung in der Armee, der Polizei und der Sicherheitspolizei,

2. Umbesetzungen in Schlüsselstellungen der Zivilverwaltung,

3. verstärkte Bemühungen um Friedensverhandlungen mit der algerischen Exilregierung.

Mit dem Befehl zu einer durchgreifenden Säuberung der Armee und der Reorganisation bestimmter Truppenteile flog Verteidigungsminister Messmer nach Algier.

Über das Schicksal der führenden Putschisten, mit Ausnahme von General Challe, war bis zum Mittwochabend nichts Genaues bekannt. Die Generale Salan, Zeller und Jouhaud, die auf einem Lastwagen des 1. Fallschirmjägerregiments zusammen mit etwa 35 anderen führenden Rebellen die Flucht ergriffen hatten, sind nach wie vor verschwunden. Sie fliehen nach US-Rundfunkberichten mit zwei Fallschirmjäger-Regimentern in Richtung auf die Sahara.

In Algier hat die Polizei im Verlaufe des Mittwochs zahlreiche Personen verhaftet, die mit den Rebellen zusammengearbeitet hatten. Unter ihnen waren auch einige Offiziere.

Am Mittwochnachmittag wurde die nach der Meuterei verhängte Blockade Algeriens wiederaufgehoben. Der Schiffs- und Flugverkehr beginnt sich zu normalisieren. (Siehe auch Seiten 3 und 4.)

Der General hat die Machtprobe bestanden — Foto: UPI

Lohnwelle

F. F. — Die Einigung zwischen den Kommunen und der Gewerkschaft Öffentliche Dienste (ÖTV) über eine allgemeine Lohn- und Gehaltserhöhung von neun bis zwölf Prozent wird mit zwiespältigen Gefühlen aufgenommen werden.

Auf der einen Seite ist den Angestellten und Arbeitern im öffentlichen Dienst jede Verbesserung ihrer Bezüge zu gönnen, soweit sie im Rahmen der Haushalte liegen. Auf der anderen Seite durchbricht dieses neue Tarifabkommen mit den Gemeinden jene Grenze, die sich kurz vorher Bund und Länder selbst als erträglich gesetzt hatten.

Eine etwa achtprozentige Lohn- und Gehaltserhöhung hatte der Bund schon vor einigen Wochen gewährt. Aber es geschah nicht im Verhandlungswege, sondern war ein einseitiger Verwaltungsakt. Die Gewerkschaft ÖTV und ihr Führer Kummernuß waren darüber sehr erbittert und gebrauchten harte Worte. Nun haben sie mit dem neuen, für sie besseren Abkommen einen neuen Trumpf im Spiel. Aber die Länder wollen ihre Haltung nicht aufgeben und sich weiter hinter den Bund stellen. Doch es bleibt fraglich, ob Bund und Länder ihre Position auf die Dauer halten können.

Offensichtlich hatte die Konjunkturpolitik Bund und Länder bisher bewogen, in der Lohnfrage starrer zu bleiben, als sie es sonst gewesen wären. Und die Sorgen, daß trotz der Aufwertung eine starke Lohnwelle über das Land gehen werde, sind zweifellos nicht unbegründet, nachdem der Bau und die öffentlichen Dienste so begonnen haben.

Es fragt sich nur, wieweit und wie lange man die Preise halten kann, wenn diese Woge erst auf die weiteren Industriebereiche übergreift!

Neue Offensive der Rebellen in Laos

Nachrichtendienst der WELT

Vientiane, 26. April

Vor dem in Aussicht stehenden Waffenstillstand sind die prokommunisti-

Wieder Kampf gegen die Algerier

Algier, 26. April (UPI)

Eine Wiederaufnahme der militärischen Operation gegen die algerischen Aufständischen der Freiheitsbewegung FLN haben die Pariser Behörden am Mittwoch knapp 24 Stunden nach der Niederschlagung des Generalsputsches angeordnet. Der Oberbefehlshaber der französischen Streitkräfte, der in Algier weilende General Olie, verlas einen entsprechenden Befehl über den Rundfunk. Diejenigen Truppen, die sich während des Putsches treu zur Regierung verhalten hätten, sollten die Operationen wieder aufnehmen.

„Paris – unser Gegner"

Rom, 26. April (dpa-sad)

„Bis wir nicht über den Frieden diskutieren, bleibt de Gaulles Politik für uns gegnerisch", sagte der Bevollmächtigte der algerischen Exilregierung für die Vorbereitungen von Verhandlungen mit Frankreich, Boulharouf, am Mittwoch in Rom. Er fügte allerdings hinzu, die Exilalgerier seien jederzeit zu Verhandlungen in Paris bereit. Nach in London vorliegenden Berichten wollen sie als Termin dafür den 11. Mai vorschlagen.

„Weg zum Frieden frei"

Tunis, 26. April (dpa)

„Nichts steht jetzt mehr dem Frieden in Algerien im Wege", erklärte der tunesische Staatspräsident Bourguiba am Mittwochabend zum Ende des Generalsputsches. Der aufsehenerregende Sieg de Gaulles über die aufständischen Militärs sei auf der ganzen Linie positiv zu bewerten. „Wir freuen uns rückhaltlos darüber."

HSV schlägt Barcelona 2:1

Nachrichtendienst der WELT

Hamburg, 26. April

Durch ein Tor in letzter Minute erzwang der FC Barcelona ein Entscheidungsspiel mit dem Hamburger SV um den Einzug ins Finale des Europapokals der Fußball-Landesmeister. Der Deutsche Meister führte nach Treffern von Wulf und Uwe Seeler 2:0, als dem Ex-Ungarn Kocsis in der 90. Minute der Anschlußtreffer gelang. Nachdem die Spanier das Hinspiel 1:0 gewonnen hatten, bedeutet dies eine dritte Begegnung zwischen beiden Mannschaften. Dieses Spiel soll am 3. Mai in Brüssel ausgetragen werden. (Siehe Sportteil.)

Einigung im Tarifstreit mit Gemeinden

Von unserem Korrespondenten

cs. Stuttgart, 26. April

Eine Erhöhung der Gehälter um neun Prozent für die Angestellten der Gemeinden, eine Erhöhung der Ecklöhne um 20 Pfennig und der Stundenlöhne um acht Pfennig (zwölf Prozent) für die

15 Jahre Zuchthaus für Frenzel beantragt

Von unserem Korrespondenten

Sel. Karlsruhe, 26. April

Fünfzehn Jahre Zuchthaus und die Aberkennung der bürgerlichen Ehrenrechte auf zehn Jahre forderte Bundesanwalt Kuhn am Mittwoch für den 61 Jahre alten ehemaligen SPD-Bundestagsabgeordneten Frenzel. Der Angeklagte, erklärte Kuhn vor dem Dritten

Frankreich

Von E. WEISENFELD, Paris

Nach dem Scheitern des Putsches

Das Volk half de Gaulle

Bald Frieden in Algerien?

Welche Bilanz auch immer die Historiker eines Tages aus diesem Leben ziehen mögen — im Urteil der Zeitgenossen nimmt Charles de Gaulle heute schon den Platz ein, auf den er sich gesetzt hat: er ist Frankreich. Die Wirklichkeit hat schon das Maß der Legende. Dreimal konnte er in den kritischsten Zeiten seines Landes ins Rad der Geschichte greifen, und dreimal wurde er „Der Retter des Vaterlandes".

In den letzten Tagen sah Frankreich das Gespenst des Bürgerkrieges. Es ist von der Algerienfrage nie zu trennen gewesen. 1958 hatte man gerade darum nach de Gaulle gerufen, weil er der einzige war, der dem Land diesen Bürgerkrieg ersparen konnte. In der Folgezeit wurde immer deutlicher, daß jede ernsthafte Lösung der Algerienfrage, wenn sie schon den Bürgerkrieg umgehen konnte, immer noch eine andere Gefahr heraufbeschwor: die Gefahr, daß die Armee dabei zerbrechen würde — wenigstens moralisch.

*

Vier Tage lang sah sich Frankreich nun plötzlich von beiden Gefahren bedroht. Ohne die Entschlossenheit und die oft blitzschnellen Reaktionen de Gaulles hätte das Ende auch anders sein können — zumindest eine monatelange Unsicherheit.

Wie im Mai 1958 hat die westliche Welt und haben vor allem die Nachbarn wieder empfunden, was eine stabile Ordnung Frankreichs für sie bedeutet. Die neue Aussicht auf eine Anarchie an dieser Stelle Europas hat vielen Menschen den Schlaf geraubt. Wenn die Gefahr nun so gebannt ist wie eine Krankheit, sobald der Körper alle Gifte ausgeschieden hat, dann gilt nicht nur der Dank der Franzosen dem Arzt. Es wird heute das Bedürfnis vieler Menschen sein, dem General de Gaulle zu sagen, er habe sich um Europa verdient gemacht.

Die schnelle Klärung der Lage ist aber nicht allein ihm zu verdanken. Das ganze Volk hat daran seinen Anteil. Wir haben zu Beginn der neuen Krise an dieser Stelle gesagt: „Ein Volk kann nicht nach der Zahl der Verschwörer, Abenteurer, Fana-

Die Tageszeitung »Die Welt« berichtet am 27. April über die geglückte Niederschlagung des Putsches

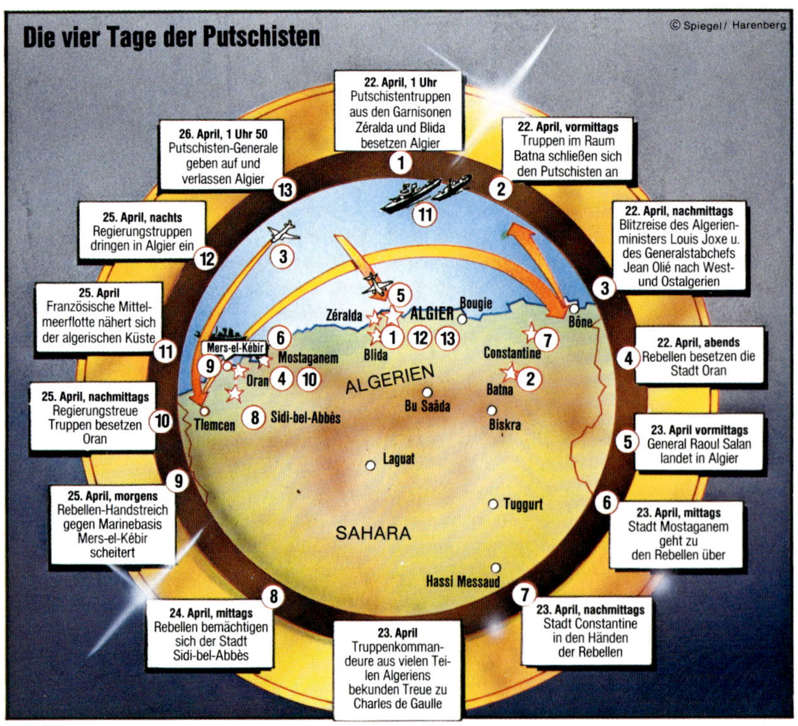

Die Grafik zeigt den Verlauf des vier Tage dauernden Putsches der rechtsgerichteten französischen Generale in der französischen Kolonie Algerien

de Gaulles durch die französische Bevölkerung wurde in einem von allen Gewerkschaften proklamierten einstündigen Proteststreik deutlich, an dem sich rund zehn Millionen Franzosen beteiligten. Am 24. April verfügte Staatspräsident de Gaulle die Entlassung der Putschgenerale aus der Armee.

Der nächste Tag brachte sodann die Wende in Algerien: Der Versuch der Putschisten, die Marinebasis Mers-el-Kébir einzunehmen, scheiterte am Widerstand der Marine. Am Nachmittag zogen sich die Rebellen aus Oran und Constantine zurück. Am Abend rückten loyale Truppen in Algier ein. Am 26. April um 1.50 Uhr verließen die Generale Challe, Salan, Jouhaud und Zeller Algier.

Die Abwehr der Rebellion wird in fast allen Ländern Europas begrüßt. Auch das US-Außenministerium übermittelt de Gaulle seine Glückwünsche. Einzig Portugal hatte während des Putsches mit den Rebellen sympathisiert (→ 20. 5./S. 93).

»Franzosen, helft mir!«

23. April. Der französische Staatspräsident Charles de Gaulle ruft angesichts des Algerien-Putsches den Notstand aus:

»In Algerien hat sich durch ein militärisches Pronunciamiento eine aufrührerische Macht gebildet. Diejenigen, die die Schuld an der Usurpation tragen, haben die Leidenschaft der Kader gewisser Spezialeinheiten, die aufgeregte Stimmung eines Teiles der europäischen Bevölkerung, die durch Befürchtungen und Mythen irregeleitet wurde, und die Ohnmacht der Verantwortlichen, die von der militärischen Verschwörung hinweggefegt wurden, ausgenützt. Diese Macht hat eine Erscheinungsform: Vier Generäle im Ruhestand und eine Wirklichkeit: Eine Gruppe von ehrgeizigen und fanatischen Offizieren, die mitmachen. Diese Offiziere besitzen gewisse Sachkenntnisse; aber sie sehen und kennen die Nation und die Welt nur im Zerrbild ihrer Verblendung. Ihr Unternehmen kann nur zu einem nationalen Unglück führen, denn die ungeheure Anstrengung zur Wiederaufrichtung Frankreichs, die am 18. Juni 1940 ganz unten aufgenommen wurde, führte trotz allem zur Erringung des Sieges, zur Sicherstellung der Unabhängigkeit, zur Wiederherstellung der Republik. Diese Anstrengung wurde vor drei Jahren wieder aufgenommen, um den Staat neu zu gestalten, die nationale Einheit zu erhalten, unsere Macht wieder zu bilden, unsere Stellung nach außen wiederherzustellen und unser Werk der notwendigen Dekolonialisierung in Übersee fortzusetzen. All das steht nun in Gefahr, vergeblich geleistet worden zu sein... Im Namen Frankreichs befehle ich, daß alle Mittel, ich sage alle Mittel, angewendet werden, um diesen Männern den Weg zu versperren, bis sie gebändigt sind. Ich verbiete jedem Franzosen und vor allem jedem Soldaten, irgendeinen Befehl von ihnen auszuführen. Das Argument, es könne in gewissen lokalen Situationen notwendig sein, ihre Befehlsgewalt anzunehmen unter dem Vorwand operativer oder administrativer Verpflichtungen, kann niemanden täuschen. Die einzigen zivilen und militärischen Führer, die das Recht haben, Verantwortlichkeiten auf sich zu nehmen, sind diejenigen, die regulär dazu ernannt wurden... Angesichts des Unglücks, das über dem Vaterland schwebt, und angesichts der Drohung, die auf der Republik lastet, und nachdem ich die offizielle Ansicht des Verfassungsrates, des Premierministers, der Präsidenten des Senates und der Nationalversammlung vernommen habe, habe ich beschlossen, Artikel 16 unserer Verfassung anzuwenden. Von heute an werde ich, wenn nötig direkt, jene Maßnahmen ergreifen, die mir unter den gegenwärtigen Umständen als gegeben erscheinen. Dadurch übe ich die legitime Autorität aus, die mir von der Nation verliehen worden ist. Ich werde diese Autorität weiter ausüben, was auch kommen möge, bis zum Ende meines Mandats oder, bis ich nicht mehr bei Kräften oder nicht mehr am Leben bin. Ich werde dafür sorgen, daß sie nach mir Bestand haben wird. Französinnen, Franzosen, erkennt, zu was Frankreich erniedrigt zu werden droht, im Vergleich zu dem, was es wieder zu werden im Begriffe war. Französinnen, Franzosen, helft mir!«

Staatspräsident Charles de Gaulle im Elysée-Palast in Paris

Der Ermächtigungsartikel 16 der französischen Verfassung im Wortlaut

Die rechtliche Handhabe für die Einführung der Präsidialdiktatur in Frankreich in besonderen Notfällen bietet der Artikel 16 der Verfassung der Fünften Republik:

»Wenn die Einrichtungen der Republik, die Unabhängigkeit der Nation, die Integrität ihres Staatsgebietes oder die Erfüllung ihrer internationalen Verpflichtungen schwer und unmittelbar bedroht sind und die ordentliche Ausübung der öffentlichen Gewalt unterbrochen ist, ergreift der Präsident der Republik nach förmlicher Beratung mit dem Premierminister und den Präsidenten der Versammlungen sowie des Verfassungsrates, die diesen Umständen nach erforderlichen Maßnahmen. Er gibt sie der Nation in einer Botschaft bekannt.

Diese Maßnahmen müssen von dem Willen bestimmt sein, der öffentlichen Gewalt in kürzester Frist die Mittel zur Erfüllung ihrer Aufgaben zu verschaffen. Dabei ist der Verfassungsrat anzuhören. Das Parlament tritt rechtmäßig zusammen.

Die Nationalversammlung kann während der Ausübung der außerordentlichen Vollmachten nicht aufgelöst werden.«

Alexander Frederick Douglas-Home, der britische Außenminister, setzt sich für Frieden in Laos ein

Waffenstillstand in Laos gefordert

25. April. Großbritannien und die UdSSR, die bei der Genfer Indochinakonferenz von 1954 den Vorsitz hatten, appellieren an die Bürgerkriegsparteien in Laos, einen Waffenstillstand zu vereinbaren.

Der Aufruf zum Waffenstillstand geht auf eine Initiative Großbritanniens zurück, das am → 23. März (S. 53) ein entsprechendes Memorandum an die UdSSR gerichtet hat. Die Sowjetunion erklärte sich in ihrer Antwortnote vom 1. April sowohl mit dem Waffenstillstand als auch mit der Einberufung einer internationalen Kontrollkommission und dem Zusammentritt einer Indochinakonferenz einverstanden. In Verhandlungen zwischen Großbritannien und der UdSSR wurde festgelegt, daß zunächst der Waffenstillstand angestrebt werden soll.

Dem Aufruf zur Waffenruhe stimmen am 26. April die Bürgerkriegsparteien zu. Währenddessen gehen die Kämpfe in Laos weiter: Die prokommunistische Pathet-Lao setzt ihre Offensive fort, während die Bun-Um-Regierung seit dem 19. April verstärkt von den USA mit militärischen Gütern beliefert wird. Jede der Parteien versucht, ihre militärische Position vor dem Waffenstillstand auszubauen.

Am 28. April tritt in Neu-Delhi die Kontrollkommission, der Indien, Polen und Kanada angehören, zu ihren ersten Beratungen zusammen (→ 16. 5./S. 91).

Eichmann-Prozeß beginnt in Israel

11. April. Vor rund 500 Journalisten und Beobachtern aus 40 Ländern beginnt im Jerusalemer Volkshaus der Prozeß gegen den 55 Jahre alten ehemaligen SS-Obersturmbannführer Adolf Eichmann, den Organisator der nationalsozialistischen Judenvernichtung.

Die Anklage wird von dem israelischen Generalstaatsanwalt Gideon Hausner vertreten; Vorsitzender ist der Richter beim Obersten Israelischen Gerichtshof, Mosche Landau; verteidigt wird Eichmann von dem Rechtsanwalt Robert Servatius.

Der Prozeß beginnt mit der Verlesung der Anklage, die in 15 Punkten auf Ermordung von Millionen von Juden, Verbrechen gegen die Menschlichkeit und Kriegsverbrechen lautet. Die Anklage nennt 20 Länder, in denen Verbrechen Eichmanns begangen wurden. Auf zwölf der Anklagepunkte steht die Todesstrafe. Nach der Verlesung der Anklageschrift bringt Eichmanns Verteidiger Servatius zwei Anträge ein, in denen das Gericht wegen Befangenheit und Nichtzuständigkeit abgelehnt wird. Das gesamte jüdische Volk stehe in einem engen Verhältnis zu dem Gegenstand der Anklage, die Besorgnis des Angeklagten wegen Befangenheit gelte deshalb für alle drei Richter. Bei seiner Feststellung, das Gericht sei nicht zuständig, bezieht sich Servatius auf den rückwirkenden Charakter des israelischen Gesetzes zur Bestrafung von Nationalsozialisten und Kollaborateuren. Er stellt sich auf den Standpunkt, daß dieses Gesetz aus dem Jahr 1950 dem Völkerrecht widerspreche. Es sei unannehmbar, weil es Strafen anführe für »Handlungen, die vor der Gründung des Staates Israel (1948), außerhalb der Grenzen des jetzigen Staates Israel und an Menschen begangen wurden, die nicht Bürger des Staates Israel waren«.

In den Anträgen von Servatius, die vom Gericht abgelehnt werden, wird das Unbehagen formuliert, das weltweit über den Eichmann-Prozeß in Israel herrscht. Die Schuld Eichmanns wird dabei allerdings nirgendwo in Zweifel gezogen.

Der in Solingen geborene Adolf Eichmann war seit 1934 in Reinhard Heydrichs Sicherheitsdienst-Hauptamt beschäftigt. 1939 wurde er Leiter des Judenreferats im Reichssicherheitshauptamt. Ab 1941 führte er die »Endlösung« der Judenfrage, den Transport der Juden in die Massenvernichtungslager durch. Nach Kriegsende flüchtete er nach Argentinien, wo er 1960 vom israelischen Geheimdienst aufgespürt und nach Jerusalem gebracht wurde (→ 15. 12./S. 200).

Adolf Eichmann (l.) betritt den kugelsicheren Glaskasten, von dem aus er den Prozeß verfolgt, Gideon Hausner (r.) vertritt die Anklage

Der erste Zeuge gegen Adolf Eichmann, der 72jährige Jakob Virnik, erklärt dem Gericht in Jerusalem die Anlage des Konzentrationslagers Treblinka

Adolf Schärf (l.), österreichischer Präsident, mit Alfons Gorbach

Regierung Raab in Wien tritt zurück

11. April. Nachdem Julius Raab (ÖVP) aus Gesundheitsgründen zurückgetreten ist, wird der ÖVP-Vorsitzende Alfons Gorbach als neuer österreichischer Bundeskanzler Vorsitzender der großen Koalition von ÖVP und SPÖ.

Julius Raab, Mitbegründer der Österreichischen Volkspartei 1945, amtierte von 1953 bis 1961 als Bundeskanzler einer Koalitionsregierung von ÖVP und SPÖ. 1955 gelang es ihm, die sowjetische Zustimmung zum Staatsvertrag zu erreichen und damit das Besatzungsregime in Österreich zu beenden.

Raab übernimmt nach seinem Rücktritt die Präsidentschaft der Bundeskammer der gewerblichen Wirtschaft, die er selbst gegründet hat.

Alfons Gorbach, ÖVP-Vorsitzender, wird neuer Bundeskanzler

Konrad Adenauer, der CDU/CSU-Kandidat für die Wahlen zum vierten deutschen Bundestag

Willy Brandt versucht mit seiner Ausstrahlung der SPD zum Wahlsieg zu verhelfen

V. l.: Hermann Vietzen, FDP-Vorsitzender Erich Mende, Wolfgang Haußmann mit FDP-Plakat

Bundesparteien rüsten zur Wahl

28. April. Die Sozialdemokraten beraten in Bonn auf einem außerordentlichen Parteikongreß ihr Regierungsprogramm. Einen Tag zuvor hat auch die CDU auf ihrem Parteitag in Köln ein Wahlmanifest für die Bundestagswahlen vom → 17. September (S. 160) vorgelegt.

In einer zweistündigen Rede stellt der Spitzenkandidat der SPD, Willy Brandt, das Regierungsprogramm seiner Partei vor. In den Richtlinien zur Außen- und Sicherheitspolitik wird die Treue der Bundesrepublik zum atlantischen Verteidigungsbündnis betont. Auf die Wehrpflicht wollen die Sozialdemokraten nicht verzichten.

Den größten Teil des Programms nehmen innenpolitische Fragen ein. So will sich Brandt vor allem für den Ausbau des sozialen Netzes einsetzen. Als Ziele der Wirtschaftspolitik nennt er die Stabilisierung der Preise sowie die gerechtere Verteilung der Steuerlasten.

Der SPD-Wahlkongreß in Bonn wendet sich außerdem gegen die strikte Ablehnung Konrad Adenauers, eine Koalition mit der SPD einzugehen, und verurteilt diesen »Totalitätsanspruch« der CDU. Außerdem habe sich beim Parteitag der CDU die Programmlosigkeit der Partei gezeigt, die nach zwölf Jahren Regierungsverantwortung abgelöst werden müsse.

Die CDU beendete am 27. April in Köln ihren Parteitag mit der Verabschiedung eines Wahlmanifests, das den Schwerpunkt auf eine Weiterführung der bisherigen Politik legt: »Wer das Erreichte nicht aufs Spiel setzen, wer unsere Zukunft sichern und wer den Weg nach oben weitergehen will, wählt die Christlich-Demokratische Union Deutschlands.«

Der Sprecher der CDU-Bundestagsfraktion, Heinrich Krone, distanzierte sich in seiner Rede von der FDP, die das »Zünglein an der Waage spielen« wolle.

Bei der Eröffnung des nordrhein-westfälischen Landesparteitages in Bochum formuliert der Bundesvorsitzende der FDP, Erich Mende, am 28. April das Ziel seiner Partei, in der nächsten Regierung als gleichberechtigter Partner der CDU beteiligt zu sein. Gleichzeitig bekräftigt er die Ablehnung einer großen Koalition, bei der die FDP nicht an der Regierung beteiligt wäre.

Die CDU wirbt für sich mit einer Drohgebärde von Chruschtschow

In Bonn nationale Partei gegründet

16. April. Durch den Zusammenschluß von Deutscher Partei (DP) und Gesamtdeutschem Block/Block der Heimatvertriebenen und Entrechteten (GB/BHE) wird in Bonn die Gesamtdeutsche Partei (GDP) gegründet.

Frank Seiboth (BHE) und Herbert Schneider (DP) werden zu gleichberechtigten Vorsitzenden gewählt. Die GDP will der »Erneuerung des Reiches aus konservativem Geist dienen«. Sie fordert die Wiederherstellung des Deutschen Reiches »in seinen ihm rechtens zustehenden Grenzen«.

Frank Seiboth vom BHE, einer der beiden Vorsitzenden der GDP

SS-Scherge schuld an 282 Mordtaten

11. April. Der 56jährige ehemalige SS-Hauptsturmführer Karl Chmielewski wird vom Schwurgericht Ansbach wegen 282fachen Mordes zu lebenslänglichem Zuchthaus und Verlust der bürgerlichen Ehrenrechte verurteilt.

Das Gericht sieht es als erwiesen an, daß der Angeklagte als Leiter des KZ-Nebenlagers Gusen in den Jahren 1941 und 1942 den Befehl zur Tötung von 242 Häftlingen durch sog. Totbaden (Untertauchen, bzw. unerträgliche Wassertemperaturen) gegeben habe. Weitere 40 Häftlinge sind von Chmielewskis Helfershelfern mit dessen Billigung umgebracht worden.

»Um den Komplex nicht ins uferlose auszudehnen«, hatte sich die Anklage auf 293 Morde beschränkt, obwohl nach Ansicht des Staatsanwalts in Wirklichkeit 11 000 bis 12 000 Menschen unter Chmielewski getötet worden sind.

Der Verteidiger Chmielewskis hatte Freispruch mangels Beweisen gefordert. Chmielewski habe außerdem nur befehlsmäßig gehandelt und sei nur ausführendes Organ, während die Verantwortlichkeit bei der Regierung in Berlin gelegen habe. Das Gericht schließt sich dieser Ansicht jedoch nicht an.

Chmielewski beharrte vom ersten Prozeßtag an darauf, »daß ich unschuldig bin, denn ich kann mir nicht vorstellen, daß unter meiner Leitung in Gusen Menschen so mißhandelt worden sind. Ich habe keinen Häftling getötet und habe auch nie einer Tötung beigewohnt.«

Weltbevölkerung 3 Milliarden

2. April. Die Weltbevölkerung wächst jährlich um 45 bis 55 Millionen Menschen und wird noch in diesem Jahr die Drei-Milliarden-Grenze überschreiten. Diese Angaben enthält ein Bericht der UN-Sozialkommission über die sozialen Verhältnisse der Welt.
Der Bericht, der einen Zeitraum von sieben Jahren umfaßt, stellt fest, daß die Menschen in den hochindustrialisierten Ländern höhere Verdienststeigerungen haben und mehr konsumieren, als die in weniger industrialisierten Ländern. Die Kluft zwischen den Industrieländern und der Dritten Welt werde immer breiter.
Die größte Bevölkerungszahl hat China mit 669 Millionen Menschen, es folgen Indien mit 403 Millionen, die Sowjetunion mit 209 Millionen, die USA mit 178 Millionen und Japan mit 92 Millionen. Die Bundesrepublik hat 56,17 Millionen Einwohner. Die Zahl der Geburten weltweit auf je 1000 Einwohner liegt bei rund 35 und der Todesfälle bei etwa 18. Derzeit lebt etwas mehr als die Hälfte der Weltbevölkerung in Asien, in Europa leben dagegen nur rund 14%.
Um das rapide Bevölkerungswachstum einzudämmen, werden vor allem in asiatischen Ländern erste Schritte zu einer Bevölkerungsplanung unternommen.

Erdbevölkerung 1920–1960 in Mio © Harenberg

	Fläche in 1000 km²	1920	1940	1960
Erdbevölkerung	135 175	1811	2249	2995
Europa	4953	329	381	427
UdSSR	22 402	158	192	214
Asien	26 930	966	1212	1679
Afrika	30 291	141	176	254
Nordamerika	21 499	117	146	199
Mittel- und Südamerika	20 541	91	131	206
Australien und Ozeanien	8559	9	11	17

Zuwachs der Erdbevölkerung 1920–1960 in % © Harenberg

	Durchschnittliche jährliche Zuwachsraten 1920/30	1940/50	1950/60	Gesamtzunahme 1920–60
Erdbevölkerung	1,1	1,7	1,8	65,4
Europa	0,8	0,4	0,8	29,8
UdSSR	1,1	−0,6	1,7	35,4
Asien	1,0	1,3	1,9	73,8
Afrika	1,1	1,6	2,1	80,1
Nordamerika	1,4	1,4	1,8	70,1
Mittel- und Südamerika	1,8	2,1	2,4	126,4
Australien und Ozeanien	1,1	1,1	1,8	88,9

Straffere Gesetze im Arbeitsbereich

12. April. Das »Gesetzbuch der Arbeit«, das einstimmig von der DDR-Volkskammer beschlossen wird, faßt sämtliche Rechtsvorschriften, die das Arbeitsleben betreffen, zusammen.
Das Arbeitsgesetzbuch bringt eine stärkere Stellung der Betriebsleiter. Forderungen nach größerer Mitbestimmung der Arbeiter bleiben unberücksichtigt, ebenso wie die Möglichkeit eines Streiks.
Die Arbeitswoche ist weiterhin auf sechs Tage festgelegt, auch der Urlaubsanspruch von zwölf Tagen wurde nicht erhöht. Der Lohn richtet sich in Zukunft nicht nur nach der Erfüllung der staatlich festgelegten Arbeitsnormen, sondern auch nach der Qualität der Produkte.
Der Entwurf des Arbeitsgesetzbuches war vor der Verabschiedung durch die Volkskammer in den Betrieben offiziell beraten worden, von den 23 000 Änderungsanträgen – z. B. zur Arbeitszeitverkürzung oder Lohnerhöhung – wurden jedoch die wesentlichen nicht berücksichtigt.

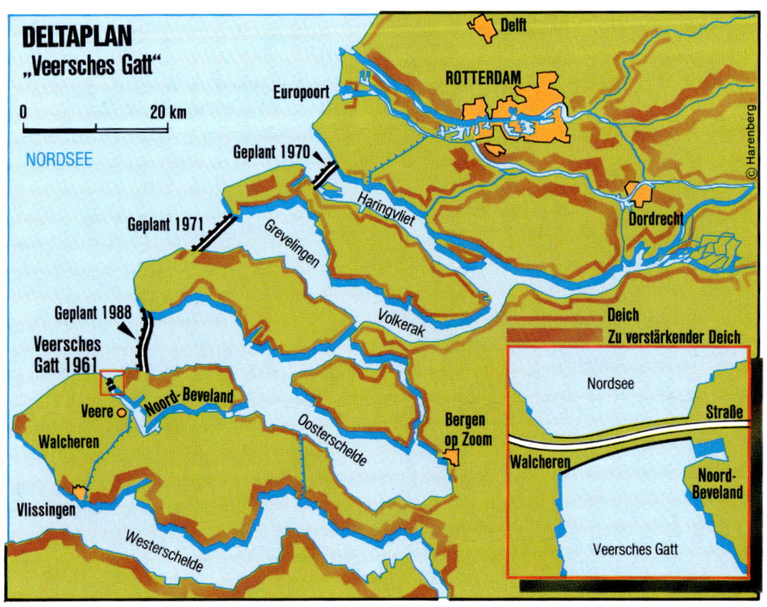

Der erste der sieben schwimmenden, hochhausgroßen sog. Durchlaßcaissons, die ins Wasser versenkt den Meeresarm abschließen sollen

Erste Phase des Deltaprojektes fertig

27. April. Mit der Absperrung des Veerschen Gatts zwischen Walcheren und Noord-Beveland ist der erste Damm des Deltaplans zum Schutz gegen eine Flutkatastrophe in den Niederlanden fertiggestellt.
Der auf einem Gesetz von 1957 beruhende Deltaplan sieht die Abriegelung der Meeresarme im Rhein-Maas-Delta durch vier große Dämme mit einer Gesamtlänge von 33 km vor. Nur der Zugang zum Rotterdamer Hafen und die Westerschelde mit der Zufahrt nach Antwerpen bleiben frei.

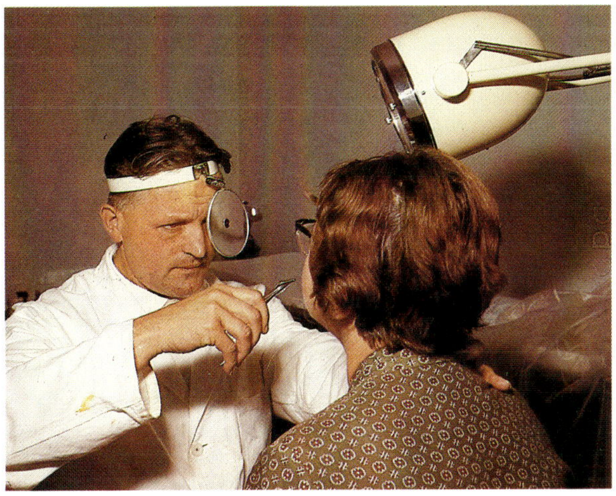

Facharzt für Hals-, Nasen- und Ohrenerkrankungen bei der Untersuchung und Behandlung

Herbert Junghanns (l.) mit dem Leiter der chirurgischen Abteilung der Ostberliner Charité, Walter Felix

Bessere Facharzt-Ausbildung

5. April. In München beginnt der viertägige Kongreß der Deutschen Gesellschaft für Chirurgie mit 2000 Gästen aus dem In- und Ausland. Hauptthema der Tagung, mit dem sich auch der Präsident dieser ärztlichen Vereinigung, Professor Herbert Junghanns (Oldenburg), in seiner Eröffnungsrede auseinandersetzt, ist die Verbesserung der Ausbildung von Fachärzten.

Bislang ist die Regelung so, daß ein Arzt, der sich spezialisieren will, eine bestimmte Zeit in einem entsprechenden Krankenhaus tätig sein muß und eine positive Beurteilung des Klinikchefs vorlegen muß. Danach kann er sich als Spezialist niederlassen. Junghanns fordert nunmehr die Einführung einer Prüfung. Verbesserungsmöglichkeiten werden auf dem Münchner Kongreß auch für die Ausbildung der Allgemeinmediziner diskutiert. Es wird der Vorschlag gemacht, ähnlich der Spezialausbildung der Fachärzte auch eine besondere Ausbildung für Allgemeinmediziner einzuführen. Bis jetzt kann ein Facharzt, auch wenn er sich jahrelang nur mit seinem Spezialgebiet befaßt hat, ohne zusätzliche Ausbildung eine allgemeine Praxis eröffnen.

Ruhrgebietsluft wird analysiert

24. April. Die Umweltverschmutzung vor allem im Ruhrgebiet beginnt in das Bewußtsein der Wissenschaftler und Politiker zu rücken: Die Landesanstalt für Bodennutzungschutz in Bochum will zusammen mit dem Forschungsinstitut für Luftreinhaltung in Essen und dem Institut für Boden-, Wasser- und Lufthygiene in Berlin ein umfangreiches Untersuchungsprogramm über die Ursachen der Luftverschmutzung im Ruhrgebiet durchführen.
Zunächst soll der Smog in der Stadt Duisburg untersucht werden. Neue, mit modernsten Meßgeräten ausgestattete Fahrzeuge sollen helfen, in bestimmten Abständen die in der Luft enthaltenen Schadstoffe festzustellen. Gleichzeitig soll durch 700 mit einer Vaselineschicht bedeckte Folien der Staubniederschlag gemessen werden.
Umweltschutz im Ruhrgebiet ist auch für die Politiker ein Thema geworden. So verspricht der SPD-Spitzenkandidat Willy Brandt in seinem Wahlprogramm: »Der Himmel über der Ruhr muß wieder blau werden.«

Feste Regeln für die Diplomatie

14. April. Der am 2. März in der Wiener Hofburg begonnene internationale Kongreß über den diplomatischen Verkehr geht zu Ende.
Delegierte aus 84 Staaten haben mehr als einen Monat über die Kodifizierung bislang gewohnheitsrechtlicher Bestimmungen des Völkerrechts, die den diplomatischen Verkehr und die Immunität der Diplomaten regeln, beraten. Die UN-Staatenkonferenz nimmt am 14. April das Ergebnis der Verhandlungen als »Wiener Konvention« an.
In den 50 Punkten dieser Vereinbarung wird die Wiener Konvention vom 9. Juni 1815 den heutigen Gegebenheiten angepaßt. So wird z. B. die Immunität der Diplomaten und der Missionen auch auf die Beförderungsmittel der Botschaft ausgedehnt. Neu ist die Bestimmung, daß Diplomaten keinen Nebenberuf ausüben dürfen, schriftstellerische Tätigkeit oder Vortragsreisen ausgenommen.

Der Konferenzsaal der Wiener Hofburg während der Ansprache des österreichischen Bundespräsidenten Adolf Schärf zur Eröffnung des Kongresses

Streitigkeiten gab es während der Tagung über den Punkt zehn der Konvention, der sinngemäß lautet: Der Personalbestand einer Mission muß sich in normalen und vernünftigen Grenzen halten, sonst kann sich das Gastland dagegen verwahren. Die Sowjets plädierten für eine Aufhebung dieser Größenbeschränkung, konnten sich jedoch nicht durchsetzen.
Die Wiener Konvention tritt in Kraft, wenn sie von mindestens 22 Staaten ratifiziert worden ist.

Dirk Stikker wird Spaak-Nachfolger

21. April. Der Niederländer Dirk Uipko Stikker wird vom Ständigen NATO-Rat zum neuen Generalsekretär ernannt. Stikker tritt damit die Nachfolge des Belgiers Paul Henri Spaak an.
Die Regierungen der Mitgliedsländer des Nordatlantikpakts hatten die Ernennung Stikkers am 18. April einstimmig beschlossen. Zuvor hatte Frankreich den Italiener Manlio Brosio favorisiert.
Der 64jährige Stikker war von 1948 bis 1952 niederländischer Außenminister gewesen, danach Botschafter in London bis 1958. Seit drei Jahren ist er als Ständiger Niederländischer Vertreter beim NATO-Rat tätig.
Stikker ist für seine oft undiplomatische, dafür aber geradlinige und offene Art gleichermaßen gefürchtet wie auch geachtet.
Seine Hauptaufgabe als Generalsekretär sieht der Niederländer im Ausgleich der Konflikte innerhalb der NATO.

Bergarbeiter in der Zeche Wilhelmine-Victoria in Gelsenkirchen segnen die erste Lore geförderter Kohle aus einem neuen Kohlenflöz

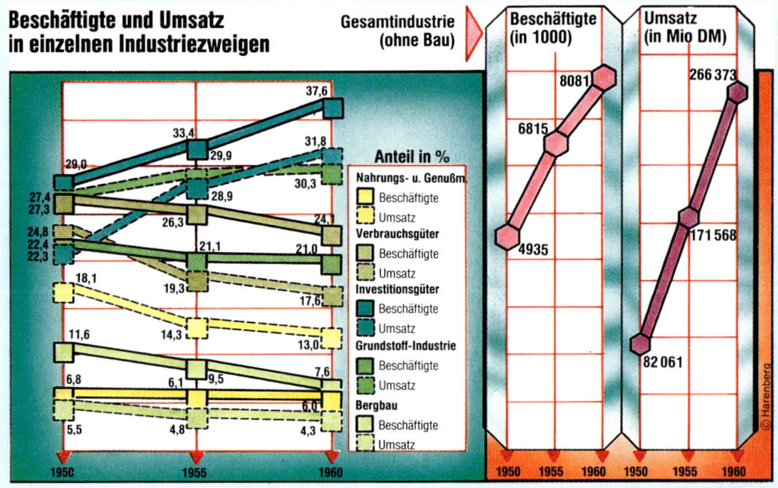

Arbeitswelt 1961:

Die Wirtschaft im Aufschwung

Vollbeschäftigung und kontinuierliches Wachstum kennzeichnen im Jahr 1961 die wirtschaftliche Situation in der Bundesrepublik.

Die Arbeitslosigkeit beträgt seit 1960 weniger als 1% der Zahl der Erwerbstätigen – auf einen Arbeitslosen kommen sechs freie Stellen. Der Arbeitskräftemangel wird durch verstärkte Beschäftigung ausländischer Arbeitnehmer ausgeglichen.

Metallgewerbe, Baugewerbe, Steine, Erden und Chemie sowie die Elektro- und Feinmechanikbranche haben in besonderem Maß Steigerungen des Umsatzes zu verzeichnen.

Der Wirtschaftsaufschwung nach dem Zweiten Weltkrieg, der durch die Hilfen der USA, die Einführung der sozialen Marktwirtschaft und den Ersatzbedarf infolge der Kriegsschäden beschleunigt wurde, ermöglicht ein kontinuierliches Ansteigen der Einkommen und die Durchsetzung von Arbeitszeitverkürzungen.

So hat sich das Durchschnitts-Bruttoeinkommen bei männlichen Angestellten innerhalb eines Jahres um 9% auf 788 DM monatlich 1961 erhöht. Die weiblichen Arbeitnehmer, etwa 37% der Erwerbstätigen, verdienen durchweg allerdings deutlich weniger. So beträgt das monatliche Durchschnitts-Bruttoeinkommen weiblicher Angestellter 1961 nur 461 DM. Bei den Industriearbeitern liegt der durchschnittliche Bruttostundenlohn 1961 bei 3,17 DM bei den Männern, bzw. 2,13 DM für Frauen. Die Löhne der Industriearbeiter haben sich zwischen 1958 und 1960 um 15% erhöht, das ist die höchste Zuwachsrate in Europa.

Die Fünf-Tage-Woche ist bei etwa 50% der Beschäftigten verwirklicht. (Zum Vergleich: Im Oktober 1959 mußten noch 56,5% der Erwerbstätigen mehr als fünf Tage pro Woche arbeiten.)

Bauarbeiten bei der Verlegung der Pipeline, die von Wilhelmshaven ins Ruhrgebiet führt

Bearbeitung einer Welle auf der Drehbank in einem Stahlwerk der Firma Krupp

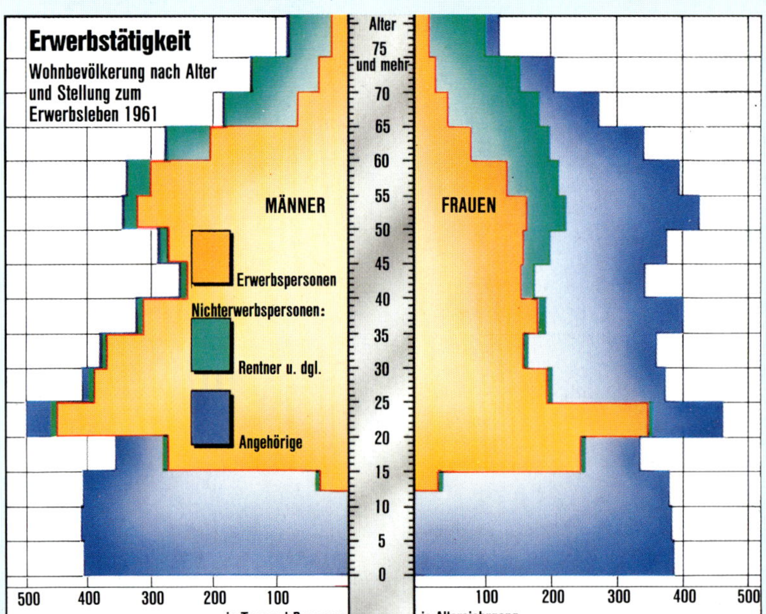

In der Gießerei eines Stahlwerks, die Stahlindustrie ist 1961 im Aufschwung

Urteile gegen drei Geldfälscher

21. April. Die Große Strafkammer des Landgerichts Osnabrück fällt die Urteile über die drei Angeklagten im bisher größten Geldfälscherprozeß in der Bundesrepublik.
Der 48jährige niederländische Chemigraph und Lithograph Albertus Oeldrich wird zu zwei Jahren und sechs Monaten Gefängnis verurteilt, der 38jährige algerische Kaufmann Ahmed Abbas und der 58jährige Deutsche Helmut Schneeweiß erhalten Strafen von je zwei Jahren Gefängnis. Allen Angeklagten wird die fast einjährige Untersuchungshaft angerechnet.
Die Falschmünzer hatten beabsichtigt, französisches Geld im Wert von 96 Millionen Francs (rund 77,8 Millionen DM) herzustellen. Mit den »Blüten«, deren Probestücke meisterhaft gelungen waren, sollten die algerische Freiheitsbewegung FLN unterstützt und die französische Wirtschaft geschädigt werden. Die Angeklagten wurden am 10. Juni 1960, als sie mit dem Druck beginnen wollten, verhaftet.
Oeldrich war für die technische Seite des Unternehmens zuständig, Schneeweiß richtete die Druckerei ein und Abbas überbrachte das Betriebskapital in Höhe von 70 000 Schweizer Franken (rund 65 000 DM). Die Hintermänner des Unternehmens, das teils von finanziellen, teils von politischen Motiven geprägt war, sind in den Niederlanden zu finden. Oeldrich hatte in Amsterdam zusammen mit Mitgliedern einer trotzkistischen Gruppe den Plan für die Geldfälscherei entwickelt. Danach setzte er sich mit Oeldrich in Osnabrück, mit dem er während des Zweiten Weltkrieges in einer Widerstandsgruppe in den Niederlanden zusammengearbeitet hatte, in Verbindung. Abbas lieferte sodann das nötige Kapital zur Einrichtung der Fälscherwerkstatt.

Osnabrück (AP)
Mehrjährige Gefängnisstrafen hat die Große Strafkammer des Landgerichts Osnabrück am Freitag im Geldfälscherprozeß gegen die drei Angeklagten verhängt. Wegen gemeinschaftlich versuchter Geldfälschung wurden der 48jährige holländische Chemigraph und Lithograph Albertus Oeldrich aus Haarlem zu zwei Jahren und sechs Monaten, der 38jährige algerische Kaufmann und Musiker Ahmed Abbas aus Köln sowie der 58jährige berufslose Deutsche Helmut Schneeweiß aus Osnabrück zu je zwei Jahren Gefängnis verurteilt. Allen drei Angeklagten, die mit Ausnahme von Abbas weitgehend geständig waren, wurde die seit Juni 1960 erlittene Untersuchungshaft auf die Strafe angerechnet.

Bericht der Münchner »Süddeutschen Zeitung« über die Falschmünzer in Osnabrück, die jeweils zu über zwei Jahren Gefängnis verurteilt werden

Wiener Rundfunk in roten Zahlen

6. April. Der Österreichische Rundfunk in Wien muß zu einschneidenden Sparmaßnahmen greifen.
Die zwei Millionen Rundfunkhörer in Österreich müssen damit rechnen, daß die drei Programme des Funks in Zukunft wesentlich eingeschränkt werden müssen, wenn die Rundfunkanstalt auch weiterhin mit dem bisherigen finanziellen Budget auskommen soll. Folgende Kürzungen sind vorgesehen:
- ▷ Festspielübertragungen werden gestrichen
- ▷ Alle teuren Sendungen wie Hörspiele, Kinder- und Frauensendungen sowie wissenschaftliche Vorträge werden um die Hälfte gekürzt
- ▷ Die Sender des dritten Programms werden stillgelegt.

Als Hauptursachen des Defizits, das mit 60 bis 80 Millionen Schilling beziffert wird (mehr als zehn Millionen DM), bezeichnen die verantwortlichen Stellen die Personalkosten und die Ablehnung einer Erhöhung der Rundfunkgebühren. Um die Lage zu erleichtern, beschließt der Aufsichtsrat die Erhöhung der Gebühren für Werbesendungen.

Vor 333 Jahren im Hafen gekentert

24. April. Die am 20. August 1959 begonnene Aktion zur Bergung der »Wasa«, des Flaggschiffs des schwedischen Königs Gustav Adolf aus dem 17. Jahrhundert, wird beendet: Der Schiffsrumpf wird im Stockholmer Hafen geborgen.
Vor sieben Jahren war es dem 44jährigen Anders Franzén gelungen, das Wrack der »Wasa«, die vor 333 Jahren, am 10. August 1628, im Stockholmer Hafen bei Antritt ihrer Jungfernfahrt gekentert war, ausfindig zu machen. Zunächst wurde das Wrack aus dem Schlamm gelöst. Als das Schiff flott war, wurde es 1960 langsam zu einem vorübergehenden Ruheplatz gebracht.
Nach der Hebung wird der 50 m lange, über 10 m breite und 14 m hohe Schiffsrumpf in ein Trockendock gebracht. Die Experten erhoffen sich eine reiche Beute an kulturgeschichtlich interessanten Gegenständen.

212 Tote bei einem Schiffsbrand im Persischen Golf

9. April. Nach einem heftigen Gewittersturm gerät das britische Passagierschiff »Dara« in Brand. 212 Menschen kommen bei dem Unglück im Persischen Golf ums Leben.
Nach dem Gewitter kam es zu einer Explosion zwischen den Decks; innerhalb von 20 Minuten gerieten die Aufbauten des 5030 BRT großen Schiffes in Brand. Die Rettungsboote, die zu Wasser gelassen wurden, waren zum Teil überfüllt; zwei kenterten.
Drei britische Fregatten und ein US-amerikanischer Zerstörer kämpfen darum, den Brand unter Kontrolle zu bringen und suchen nach Überlebenden.
Die »Dara« versah einen regelmäßigen Fracht-, Passagier- und Postdienst zwischen Bombay, Karatschi und Basra über verschiedene Häfen am Persischen Golf.

Das britische Passagierschiff »Dara« am 10. April, nachdem der Brand unter Kontrolle gebracht wurde

Nord-Süd-Konflikt in Viscontis Film

21. April. »Rocco und seine Brüder«, der 1960 entstandene Film des italienischen Regisseurs Luchino Visconti, wird erstmals auch in der Bundesrepublik gezeigt.

Visconti stellt in diesem Film den sozialen Gegensatz zwischen dem bäuerlichen, armen Süden und dem industrialisierten Norden Italiens dar. Eine Mutter (Katina Paxinou) geht mit ihren fünf Söhnen nach Mailand, weil dort die Aufstiegsmöglichkeiten besser zu sein scheinen als in Sizilien. Die Familie muß sich mit Vorurteilen auseinandersetzen. Der älteste Sohn, der schon länger in Mailand lebt, kann sein Ideal, eine Frau, eine Wohnung und Möbel auf Abzahlung, verwirklichen. Die beiden jüngeren Brüder Simone (Renato Salvatori) und Rocco (Alain Delon) versuchen, als Boxer den Aufstieg zu erreichen. Simone scheitert und endet als Mörder. Rocco, der positive Held des Films, opfert sich für die Familie. Ciro, der vierte Bruder, weist den Weg in die Zukunft: Er besucht Weiterbildungsveranstaltungen und wird Facharbeiter in einer Autofabrik.

Auch in diesem Film macht Visconti den Widerspruch zwischen seiner Einsicht in die Notwendigkeit der Veränderung und seiner Trauer über das Verschwinden des Alten deutlich.

Renato Salvatori als der scheiternde Simone, der zum Mörder wird, und Katina Paxinou als seine Mutter in Viscontis »Rocco und seine Brüder«

V. l.: Hauptdarsteller Alain Delon als Rocco, der sich für die Familie opfert, Claudia Cardinale als Ginetta und Renato Salvatori als Simone

Oscar-Verleihung in Santa Monica

18. April. Die besten Leistungen in der Filmindustrie werden in Santa Monica/USA mit Oscars prämiert. Diese Auszeichnungen werden alljährlich von den etwa 2400 Mitgliedern der amerikanischen Filmakademie verteilt.

Die US-amerikanische Schauspielerin Elizabeth Taylor erhält den Oscar als beste weibliche Hauptdarstellerin für ihre Rolle als Nymphomanin in dem Film »Telefon Butterfield 8« von Daniel Mann. Für seine Hauptrolle als Elmer Gantry in dem gleichnamigen Film erhält Burt Lancaster des Oscar als bester männlicher Hauptdarsteller. Der Film entstand 1960 nach dem gleichnamigen Roman von Sinclair Lewis (1927), der den Aufstieg des skrupellosen Zeltpredigers Gantry beschreibt.

Der von Regisseur Billy Wilder 1960 gedrehte Streifen »Das Appartement« wird als bester Film ausgezeichnet. Der Streifen mit Jack Lemmon und Shirley MacLaine in den Hauptrollen prangert die amoralische Lebensweise reicher Geschäftsleute in den USA an. Billy Wilder erhält für diesen Streifen den Oscar sowohl als Produzent wie auch als Regisseur und Drehbuchautor.

Als beste weibliche Nebendarstellerin (in »Elmer Gantry«) erhält Shirley Jones einen Oscar, die Auszeichnung für den besten männlichen Nebendarsteller wird Peter Ustinov für seine Rolle in »Spartacus« zugesprochen. Ein Sonderpreis wird Gary Cooper verliehen (→ 13. 5./S. 100).

Jack Lemmon als C. C. Baxter in dem Film »Das Appartement« (1960), von Billy Wilder

Uwe Seeler bleibt beim HSV

HSV-Mittelstürmer Uwe Seeler (l.) bei einem Fallrückzieher mit Friedel Lutz bei einem Endrundenspiel zur deutschen Fußballmeisterschaft am 3. Juni in Hamburg, das der HSV 2:1 gegen Eintracht Frankfurt gewinnt

27. April. Uwe Seeler bleibt beim Hamburger Sportverein und damit Mitglied der Fußball-Nationalmannschaft.

Noch am Abend des 26. April, nach dem Europapokalspiel, das der HSV 2:1 gegen den FC Barcelona gewann, hatte Uwe Seeler eine Unterredung mit Vertretern des Fußballklubs Internazionale Mailand. Ihm wurde angeboten, für ein Handgeld von etwa 1,1 Millionen DM zu dem italienischen Klub zu wechseln.

Nach einem Gespräch mit Bundestrainer Sepp Herberger ist jedoch entschieden, daß der berühmte Mittelstürmer in der Bundesrepublik bleibt. Grund ist die wirtschaftliche Absicherung Seelers durch ein führendes Unternehmen der Sportartikelindustrie.

»Das ABC der Gesichtsteile« (Gemälde von Larry Rivers, 1961; Tate Gallery, London)

Der 40jährige Düsseldorfer Künstler Joseph Beuys vor der Kunstakademie in seiner Heimatstadt

Komposition Rudolf Hausner

Kunst 1961:

Isolation vom Alltagsleben

Abgetrenntsein vom Leben ist eines der Hauptprobleme der modernen Kunst und der Künstler im Jahr 1961.

Fast alle modernen Kunstrichtungen, ob es sich um die abstrakte Malerei oder Materialinszenierungen und -zusammenstellungen in Form von Collagen, Environments oder Aktionen wie Happenings handelt, versuchen, Kunst wieder in den gesellschaftlichen Lebenszusammenhang zu integrieren und das Problem der Isolation zu lösen.

Bei Kunstrichtungen, die mit dem Prinzip der Collage, des Zusammenbringens von verschiedensten Gegenständen und Formen arbeiten, wird die Aufhebung der Isolation durch die Einbeziehung von Gegenständen der Alltagswelt in das Kunstwerk versucht. Zu den collageartigen Kunstformen gehören auch die Happenings, bei denen der Mensch und seine Bewegungen als »Material« für die Kunst genutzt werden.

Abstrakte Kunst beschäftigt sich mit Realität insofern, als sie neue Wirklichkeiten setzen will. Durch Zusammenstellungen von Farben und Formen sollen neue künstlerische Realitäten erfahrbar werden. Andere Künstler versuchen die Aufhebung der Isolation dadurch zu erreichen, daß der Akt des Malens als Ausdruck des unbewußten Lebens des Künstlers in den Vordergrund rückt (z. B. beim Action Painting). Grundsätzlich sollen die Kunstwerke nicht über sich hinausweisen.

Für die meisten Betrachter bleibt die Grenze zwischen Kunst und eigenem Leben bestehen. Kunstrichtungen wie die Pop Art können erst zu Kunst werden, weil sie im Museum ausgestellt werden. In alltäglichen Lebenszusammenhängen würden sie wohl kaum als Kunst erkannt werden.

Frauen, von Willem de Kooning

»Wachsende Stille« (Gemälde des deutschen Surrealisten Richard Oelze, 1961; Wallraf-Richartz-Museum und Museum Ludwig, Köln)

Der surrealistische Künstler Max Ernst, der am 2. April 70 Jahre alt geworden ist, in seinem Atelier in dem Dorf Huismes an der Loire

Mai 1961

Mo	Di	Mi	Do	Fr	Sa	So
1	2	3	4	5	6	7
8	9	10	11	12	13	14
15	16	17	18	19	20	21
22	23	24	25	26	27	28
29	30	31				

1. Mai, Maifeiertag

Der kubanische Ministerpräsident Fidel Castro kündigt auf einer Kundgebung in Havanna die Umwandlung Kubas in einen sozialistischen Staat an.

2. Mai, Dienstag

Der belgische Ministerpräsident Theo Lefèvre gibt die Regierungserklärung der am 25. April neugebildeten Regierung ab. → S. 90

Auf Mallorca wird zum ersten Mal der von Verlegern gestiftete Prix Formentor vergeben. → S. 100

3. Mai, Mittwoch

Die Leichen von 24 ghanesischen Soldaten des UNO-Kontingentes werden im Kongo aus dem Lulua-Fluß bei Port Franqui geborgen. In Port Franqui war es kürzlich zu einem schweren Zusammenstoß zwischen Ghanesen und kongolesischen Truppen gekommen. UNO-Stellen gehen davon aus, daß insgesamt 48 Vertreter der Vereinten Nationen ums Leben gekommen sind.

Zum zweiten Mal innerhalb von 48 Stunden kommt es in Teheran zu Auseinandersetzungen zwischen etwa 2000 demonstrierenden Studenten und Lehrern mit der Polizei. Bereits am Dienstag war bei einer Demonstration von Lehrern für eine höhere Besoldung ein Teilnehmer erschossen worden (→ 5. 5./S. 92).

George Blake, Beamter der britischen Regierung, wird in London wegen Spionage für die Sowjetunion zu einer Freiheitsstrafe von 42 Jahren Gefängnis verurteilt. → S. 97

Das Europacup-Halbfinalspiel Rapid Wien gegen Benfica Lissabon wird in der 89. Minute beim Stand von 1:1 wegen Raufereien am Spielfeld in Wien abgebrochen.

4. Mai, Donnerstag

Der Bundestag in Bonn billigt den im August 1959 unterzeichneten neuen Truppenvertrag zwischen der Bundesrepublik, den USA, Frankreich, Großbritannien, Kanada, den Niederlanden und Belgien. Der neue Truppenvertrag enthält wesentliche Verbesserungen für die deutsche Seite gegenüber den bisherigen Regelungen. Unter anderem werden die alliierten Manöverrechte eingeschränkt und die Zuständigkeiten der deutschen Gerichtsbarkeit erweitert.

Der Deutsche Bundestag verabschiedet gegen die Stimmen der Sozialdemokraten das Bundessozialhilfegesetz. → S. 94

Kuba wird 1000 ausgewählte junge Männer zum landwirtschaftlichen Studium in die UdSSR schicken, gibt der kubanische Ministerpräsident Fidel Castro bekannt. Er teilt außerdem mit, daß 300 sowjetische Experten in Kuba eintreffen werden, die als Berater für die industrielle Entwicklung bestimmt seien (→ 18. 5./S. 93).

5. Mai, Freitag

Alan B. Shepard fliegt als erster US-Amerikaner in den Weltraum. → S. 89

In den USA werden die Mindestlöhne für die nächsten zwei Jahre von 1 US-Dollar (4 DM) auf 1,25 US-Dollar (5 DM) pro Stunde heraufgesetzt. Diese Regelung betrifft 23,9 Millionen Arbeiter in den Vereinigten Staaten.

Die iranische Regierung des Ministerpräsidenten Jafar Sharif Emami erklärt den Rücktritt. Anlaß sind die Demonstrationen der Lehrerschaft gegen die unzureichende Besoldung. Am 9. Mai stellt der neue Ministerpräsident Ali Amini, der Führer der Liberalen, sein Kabinett vor. → S. 92

In Verbindung mit der einstimmigen Verabschiedung des Gesetzes über die Finanzierungshilfe für Entwicklungsländer wird die Entwicklungshilfepolitik der Bonner Regierung erörtert. → S. 94

Der Diskontsatz in der Bundesrepublik wird auf 3% gesenkt. Mit dieser bis Januar 1965 gültigen Senkung will der Zentralbankrat die auf eine Stabilisierung des Preisniveaus gerichteten wirtschaftspolitischen Bemühungen der Bundesregierung unterstützen.

In Cannes werden die Filmfestspiele mit dem Film »Exodus« von Otto Preminger nach dem gleichnamigen Buch von Leon Uris eröffnet. Sie dauern bis zum 18. Mai. → S. 102

6. Mai, Sonnabend

Der Regierende Bürgermeister von Berlin (West), Willy Brandt, wird vom Landesparteitag der Berliner SPD mit 225 gegen 21 Stimmen bei 23 Enthaltungen als Vorsitzender wiedergewählt.

7. Mai, Sonntag

Die kongolesische Zentralregierung will den Präsidenten von Katanga, Moise Tschombé, wegen Hochverrats und anderer Verbrechen vor Gericht stellen. Tschombé soll auch wegen der Ermordung des ehemaligen kongolesischen Ministerpräsidenten Patrice Lumumba abgeurteilt werden (→ 27. 5./S. 92).

Im englischen Cup-Finale im Londoner Wembley-Stadion siegt der englische Meister Tottenham Hotspur 2:0 gegen Leicester City.

8. Mai, Montag

In Oslo beginnt eine Tagung des NATO-Ministerrats, die bis zum 10. Mai dauert. Im Rahmen dieser Tagung findet eine Konferenz der Außenminister von Großbritannien, Frankreich, den USA und der Bundesrepublik statt. Zu den Ergebnissen gehört die Feststellung, daß eine Lösung der Deutschlandfrage nur auf der Grundlage des Selbstbestimmungsrechts möglich sei.

9. Mai, Dienstag

Die Außenminister der drei Westmächte erteilen auf der NATO-Tagung in Oslo dem sowjetischen Regierungschef Nikita Chruschtschow, der auf Verhandlungen über Berlin gedrängt hatte, eine klare Absage. Die Westmächte wollen sich weder durch die Drohung mit einem Separatfrieden noch durch andere Pressionen unter Druck setzen lassen.

Die 15. Deutsche Industriemesse in Hannover wird nach zehntägiger Dauer beendet. → S. 96

10. Mai, Mittwoch

Der türkische Staatschef General Cemal Gürsel verhängt den Belagerungszustand über das Land. Alle Städte der Türkei werden von Truppen besetzt. Anlaß für diese Maßnahme ist die Aufdeckung einer Verschwörung von Anhängern des ehemaligen Ministerpräsidenten Adnan Menderes.

Der 66jährige frühere Generalgouverneur Charles Robberts Swart wird zum ersten Präsidenten der Republik Südafrika ernannt; sie wird am 31. Mai proklamiert (→ 31. 5./S. 92).

Die internationale Kontrollkommission für Laos, der Indien, Kanada und Polen angehören, trifft in Vientiane ein (→ 16. 5./S. 91).

2:1 siegt die deutsche Nationalelf gegen Nordirland im Qualifikationsspiel zur Fußballweltmeisterschaft im ausverkauften Olympiastadion in Berlin (West).

11. Mai, Christi Himmelfahrt

Nach statistischen Berechnungen wird die erwerbstätige Bevölkerung der DDR in den nächsten Jahren um 700 000 Menschen abnehmen. → S. 99

Ein Sieg in der 21. Partie entscheidet das Turnier um die Schachweltmeisterschaft zugunsten des Herausforderers Michail Botwinnik (Sowjetunion). Sein Landsmann, Titelverteidiger Michail Tal, unterliegt nach 33 Zügen. → S. 103

12. Mai, Freitag

Der Vorsitzende der FDP, Erich Mende, erklärt in Hamburg, daß eine Koalition mit einer künftigen SPD-Regierung undenkbar sei, weil das Regierungsprogramm der Sozialdemokraten zwangsläufig den Inflations- und Gefälligkeitsstaat sozialistischer Prägung bringen müsse.

13. Mai, Sonnabend

Die iranische Regierung unter dem neuen Ministerpräsidenten Ali Amini läßt fünf hohe Generale, darunter zwei ehemalige Minister, unter dem Verdacht der Korruption, der Unterschlagung, des Mißbrauchs der Amtsgewalt und der unrechtmäßigen Verwendung öffentlicher Gelder verhaften (→ 5. 5./S. 92).

In Ban Na Mon in der Provinz Vientiane unterzeichneten Delegierte der Regierung Bun Um, der Pathet-Lao und des Neutralisten Suvanna Phuma ein Waffenstillstandsabkommen für Laos, das rückwirkend zum 3. Mai in Kraft tritt (→ 16. 5./S. 91).

14. Mai, Sonntag

Rassenfanatiker greifen einen Autobus nach Anniston im US-amerikanischen Bundesstaat Alabama an. Der Bus, in dem Schwarze und Weiße gemeinsam befördert werden, geht in Flammen auf. (→ 21. 5./S. 88).

Der britische Rennfahrer Stirling Moss gewinnt den »Großen Preis von Monaco«. → S. 103

15. Mai, Montag

Die Sowjets drohen mit dem Abbruch der Genfer Verhandlungen über die Einschränkung der Atomtests – falls Frankreich oder eine andere NATO-Macht neue Kernwaffenversuche unternehmen (→ 29. 5./S. 93).

16. Mai, Dienstag

Die südkoreanischen Streitkräfte unter Führung ihres Befehlshabers, Generalleutnant Chang Do Yung, reißen die Macht in Südkorea an sich. Die neuen Befehlshaber wollen die antikommunistische Position Südkoreas stärken. → S. 91

Die Genfer Konferenz zur Laos-Frage wird vom Staatschef von Kambodscha (Kampuchea), Prinz Norodom Sihanuk, eröffnet. → S. 91

Bei der ersten Sitzung des am 16. April neugewählten polnischen Parlaments (Sejm) wird Józef Cyrankiewicz erneut zum polnischen Ministerpräsidenten gewählt.

17. Mai, Mittwoch

Bei einem schweren Unglücksfall, der sich nach Abschluß von Landemanövern der Bundeswehr vor Borkum ereignet, kommen vier Soldaten ums Leben. → S. 99

Mehr als 500 Kollegen und Freunde sowie Hunderte von Verehrern nehmen an der Beisetzung des US-amerikanischen Filmschauspielers Gary Cooper in Hollywood teil. Cooper war am 13. Mai an Krebs gestorben (→ 13. 5./S. 100).

18. Mai, Donnerstag

Der kubanische Ministerpräsident Fidel Castro bietet den USA auf einer Landarbeiter-Kundgebung in Havanna an, seine bei der gescheiterten Invasion Kubas in Gefangenschaft geratenen Gegner gegen eine Entschädigung von 500 Traktoren freizugeben. Für den Fall, daß sich Washington auf diesen Handel nicht einlassen wird, droht Castro an, die Gefangenen als Zwangsarbeiter für Befestigungsanlagen einzusetzen. → S. 93

ie österreichische Tageszeitung Die Presse« vom 6. Mai 1961 mel- et den ersten bemannten Welt- umflug der USA mit dem Astro- auten Alan Shepard

Wochentag 2 Schilling

Redaktion und Verwaltung: Inseratenannahme: Wien, I., Fleischmarkt 3-5, Pressehaus Telephon 63 07 81 Serie

Telegrammadresse: Wienpresse Wien Fernschreibnummer 01-1450

Erscheinungsort Wien Verlagspostamt Wien 1, F. b. b.

Die Presse

Unabhängige Zeitung für Österreich

Jahrgang 1961 / Nr. 3866 — Wien, Samstag, den 6. Mai 1961 — Gegründet 1848

DAS WETTER:
Zeitweise sonnig
Gewitterneigung
(AUSFÜHRLICH SEITE 6)

Start des US-Astronauten endlich gelungen

Kapsel mit Alan Shepard erreichte 185 km Höhe

Nach 15 Minuten heil im Atlantik gelandet

KAP CANEVERAL (UP, Reuter, AP). Die Vereinigten Staaten haben am Freitag zum erstenmal erfolgreich einen Menschen zu einem kurzen Flug in den Weltraum entsandt. In einer Raumkapsel an der Spitze einer Redstone-Rakete stieß der 37jährige Marineoffizier Alan Shepard 185 Kilometer tief in den Weltraum vor und landete nach 15minutigem Flug 470 Kilometer vom Startplatz entfernt heil auf dem Atlantik.

Dem Start war eine nervenzermürbende Ungewißheit zuvorgegangen. Wenige Stunden vor dem Start hatte man Fehler in einem Transformator der Rakete entdeckt, die in mehrstündiger Arbeit behoben werden mußten. Der Kosmonaut Shepard blieb während der Reparaturen in seiner Kapsel, in der er sich seit 11.18 Uhr MEZ befand, eingeschlossen.

Um 15.34 Uhr MEZ war der Schaden behoben. Mit einem donnerartigen Grollen erhob sich die Rakete von ihrem Startplatz und verschwand hinter einer Wolke glühendroter Auspuffgase. Die Rakete erreichte kurz nach dem Start eine Geschwindigkeit von 5280 Stundenkilometer. Zwei andere amerikanische Kosmonauten: Scott Carpenter und Walter Schirra, waren kurze Zeit zuvor in zwei Jagdflugzeugen vom Typ F 106 (mit einer Spitzengeschwindigkeit von 1600 Stundenkilometer) aufgestiegen, um die Kapsel mit Shepard ein Stück zu begleiten und den Flug aus 6000 Meter Höhe zu beobachten.

Bildbericht vom US-Raumflug auf Seite 16

„Ein wunderbarer Anblick"

Die Kapsel trennte sich von der Trägerrakete, nachdem sie einen Weg von 145 Kilometer zurückgelcgt hatte Shepard, der mit der Erde in Funkverbindung stand, berichtete 200 Sekunden nach dem Start: „Welch wunderbarer Anblick. Ich kann deutlchi Kap Hatteras in Nordkorolina sehen." Sechs Minuten und 30 Sekunden nach dem Start wurden die Bremsraketen in Betrieb gesetzt und Shepard meldete, daß in der Kapsel alles funktioniere, wie in einem gewöhnlichen Flugzeug. Nach mehreren Minuten der Gewichtlosigkeit bereitete er sich für den Wiedereintritt in die Erdatmosphäre vor. Er hatte Kontakt mit den Bergungsschiffen und teilte ihnen die jeweiligen Phasen des Fluges mit

Kurze Zeit später öffnete sich der Hauptfallschirm und der Flugzeugträger „Lake Champlain", der im vorgesehenen Zielgebiet im Atlantik wartete, meldete, daß er die Kapsel gesichtet habe. Minuten später schlug die Kapsel viereinhalb Kilometer vor dem Flugzeugträger im Meer auf. Shepard, der die Raumfahrt liegend hinter sich gebracht hatte, kletterte aus der auf den Wellen schwimmenden Kapsel und wurde samt seinem Fluggerät von einem Helikopter an Bord der „Lake Champlain" gebracht.

Verlauf besser als erwartet

„Alles okay", waren die Worte, mit denen der Kosmonaut seine Kameraden begrüßte. Ärzte, die Shepard an Bord des Flugzeugträgers erwarteten, überprüften seinen Gesundheitszustand und erklärten, daß er sich in ausgezeichneter Verfassung befinde. Auch die Fachleute äußerten sich befriedigt über den Raumflug, der möglicherweise besser als erwartet verlaufen sei. Der Kosmonaut wurde nach wenigen Stunden von der „Lake Champlain" nach den Bahma-Inseln gebracht, wo er 48 Stunden lang unter ärztlicher Beobachtung bleiben wird, ehe er sich nach Washington begeben wird.

In Kap Canaveral wurde hervorgehoben, daß Shepard während des Fluges die Kontrolle über die Bewegungen der Kapsel habe ausüben können, während das sowjetische Raumschiff mit dem Kosmonauten Juri Gagarin von der Erde aus gesteuert worden sei.

(Fortsetzung auf Seite 5, Spalte 3 bis 5)

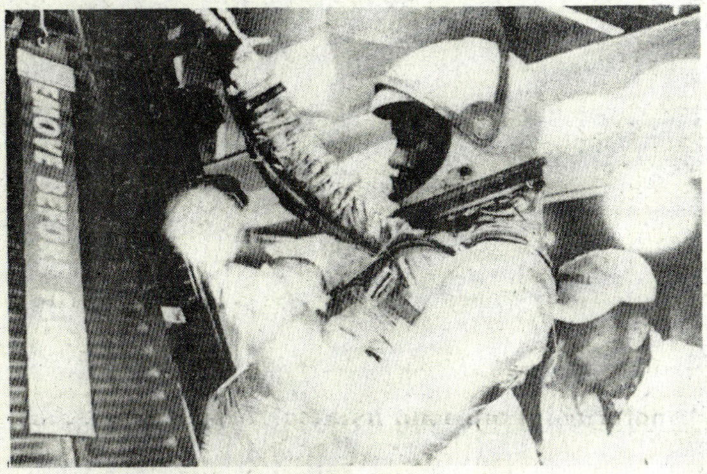

VOR DEM START. DER RAUMFAHRER KLETTERT IN DIE MERCURY-KAPSEL.

„Lebenslänglich" für Max Gufler

WIEN. Der Frauenmörder Max Gufler ist Freitag nach fast vier Wochen dauerndem Prozeß von den Geschworenen einstimmig des vierfachen Meuchelmordes und des zweifachen Mordversuches schuldig gesprochen worden. Der Gerichtshof verurteilte Gufler zu lebenslangem schwerem und verschärftem Kerker. Der „Blaubart von Sankt Pölten" war von den Geschworenen in allen zehn Punkten der Anklage schuldig befunden worden: des tückischen Raubmordes an Emilie Meystrzik, Josefine Kamleitner, Marie Robas und Juliane Naß, ferner des Raubmordversuches an dem Juwelier Karl Kovariček und dem Schmuckvertreter Richard Wagner, schließlich auch des Betruges durch Heiratsschwindels. Gufler verzichtete auf Bedenkzeit und nahm das Urteil an.

(Siehe Bericht Seite 5, Spalte 2 bis 4)

Gorbach erwartet Disziplin in der „Paritätischen"

Eigenbericht der „Presse"

WIEN. Die Paritätische Kommission dürfte voraussichtlich in der kommenden Woche ihre nächste Sitzung abhalten und dabei nicht nur über Lohnforderungen der Bauarbeiter und der Handelsarbeiter, sondern auch über einen Antrag auf Erhöhung der Ziegelpreise beraten. Bundeskanzler Gorbach erklärte Freitag in einer Rede, er erwarte bei den kommenden Verhandlungen der Paritätischen Kommission von allen Beteiligten Ernst und Verantwortungsbewußtsein.

(Siehe Bericht auf Seite 4)

Bonn: EWG-Außenminister beraten über die Integration

Tel.-Bericht unseres Korrespondenten Klaus Emmerich.

BONN. Freitag versammelten sich in Bonn die sechs EWG-Außenminister, um eine Reihe der als vordringlich bezeichneten Fragen der europäischen Integration zu besprechen und das für den 19. Mai anberaumte Treffen der EWG-Regierungschefs vorzubereiten. Samstag wird der britische Minister Heath zugezogen.

Obwohl über beide Ministertreffen strenges Stillschweigen bewahrt wird, verlautet aus deutschen und diplomatischen Kreisen, für das Verhältnis EWG-EFTA zeichne sich bereits ein möglicher Zeitplan für konkrete Verhandlungen (vor allem mit Großbritannien) über die Modalitäten eines Beitrittes ab. Bis zum Treffen der Regierungschefs solle vor allem gegenüber den mittleren und kleineren EFTA-Staaten das Feld bereitet werden, um den Regierungschefs das Zustandekommen eines Akkords zu erleichtern.

Nach wie vor — und entgegen andersartigen Erklärungen aus dem Kreis der EFTA-Staaten — bleibt man in deutschen Regierungskreisen bei der optimistischen Version, daß schon in Kürze ein förmlicher Beitritt Großbritanniens zur EWG und der Abschluß einer Zollunion zwischen der EWG und den politisch neutralen Mitgliedsstaaten der EFTA erwartet werden könnte. Die „Diplomatische Korrespondenz", die dem Auswärtigen Amt nahesteht, schreibt, der Beschluß des WEU-Parlaments vom 30. November 1960 über den Beitritt Großbritanniens zu den drei europäischen Gemeinschaften werde seiner Verwirklichung schneller nähergebracht, als bisher allgemein angenommen worden sei.

Bundestag verabschiedet Truppenvertrag

Der im August 1959 unterzeichnete neue Truppenvertrag zwischen der deutschen Bundesrepublik, den USA, Frankreich, Kanada, den Niederlanden und Belgien ist nunmehr in dritter Lesung vom Bundestag ratifiziert worden. Die in dem Truppenvertrag enthaltenen Regelungen bringen in zahlreichen Punkten eine wesentliche Verbesserung für die deutsche Seite. Insbesondere wird das alliierte Manöverrecht Beschränkungen unterworfen, die Zuständigkeiten der deutschen Gerichtsbarkeit erweitert und die Möglichkeit zur Zwangsvollstreckung gegenüber den Angehörigen der alliierten Streitkräfte geschaffen.

Zuzüglich verabschiedete der Bonner Bundestag den deutsch-holländischen Ausgleichsvertrag. Er regelt unter anderem die Grenzziehung und die Entschädigung niederländischer Bürger, die Opfer der deutschen Besetzung während des zweiten Weltkrieges wurden. Durch den Grenzvertrag kommen 94 Prozent der 1949 unter niederländische Verwaltung gestellten Gebiete und 7000 Deutsche wieder in die deutsche Bundesrepublik zurück.

London und Moskau über Laos einig

Boun Oum entsandte Delegation zu Verhandlungen mit Rebellen

LONDON (UPI, Reuter). Großbritannien und die Sowjetunion haben sich, dem Vernehmen nach, auf Instruktionen für die internationale Kontrollkommission geeinigt, die den Waffenstillstand in Laos überwachen soll. Mit dem Eintreffen der Kommission in Vientiane wird zum Wochenende gerechnet. Die königlich-laotische Regierung entsandte Freitag eine Delegation nach Ban Hin Heup zu Waffenstillstandsverhandlungen mit den Rebellen und der Pathet-Lao.

Bei einer neuerlichen Konferenz des stellvertretenden sowjetischen Außenministers Puschkin mit dem britischen Botschafter in Moskau, Roberts, sei es nach Angaben von unterrichteter Londoner Seite zu einer Einigung bezüglich der Instruktionen gekommen, die der gegenwärtig in Neu-Delhi tagenden internationalen Kontrollkommission erteilt werden sollen, die den Waffenstillstand in Laos zu überwachen haben wird. Es wird damit gerechnet, daß die Instruktionen der, aus Vertreter Indiens, Polens und Kanadas bestehenden Kommission gleich übermittelt wurden.

Damit steht einer Reise der Kommission nach Laos nichts mehr im Wege und es wird angenommen, daß sie sich noch am Wochenende nach Vientiane begibt. In Neu-Delhi stehen zwei britische Flugzeuge zur Verfügung der Kommisson startbereit

Regierunsgtruppen abgezogen

Aus Vientiane startete Freitag eine sechsköpfige laotische Regierungsdelegation unter der Führung des Generalinspekteurs der Armee, General Rattanasamay, in das Dschungeldorf Ban Hin Heup am Flusse Nam Lik, rund 70 Kilometer nördlich der Hauptstadt. In dieser kleinen Stadt wurden bereits weiße und rote Fahnen gehißt Tische für die Delegationen der Regierung sowie des ehemaligen Ministerpräsidenten Suvanna Phouma und der Pathet-Lao-Bewegung aufgestellt. Alle Regierungstruppen sind aus dem Ort abgezogen worden, in einiger Entfernung steht jedoch eine Einheit für Notfälle bereit.

Bei der Verabschiedung der Delegation gab Verteidigungsminsiter Phoumi Nosavan seiner Zuversicht auf einen erfolgreichen Verlauf der Mission Ausdruck, fügte jedoch hinzu, daß auf den Regierungsvorschlag für ein Zusammentreffen am Freitag noch keine Antwort von seiten der Pathet-Lao erfolgt sei.

Noch am Donnerstag beschuldigte Radio Pathet-Lao die prowestlichen Streitkräfte, bei den Bemühungen um eine Feuereinstellung in Laos ein Doppelspiel zu betreiben. Wie der Sender erklärte, seien „gewaltige Anstrengungen" im Interesse des Beginns von Waffenstillstandsverhandlungen unternommen worden, doch sei es „auf Grund des Mangels an Aufrichtigkeit auf seiten der Phoumi-Boun-Oum-Clique" noch zu keinen Besprechungen gekommen.

US-Außenminister Rusk bestätigte Donnerstag vor der Presse in Washington Berichte, wonach Südvietnam zu einem Bollwerk gegen die kommunistische Expansion in Südostasien gemacht werdeu soll. Präsident Kennedy sei ermächtigt worden, diesem Land verstärkte militärische Hilfe zu gewähren. Er könne jedoch weder bestätigen, noch dementieren, daß Kennedy dem südvietnamesischen Präsidenten Ngo Dinh Diem eine militärische Intervention für den Notfall zugesagt habe.

Später erklärte der Vorsitzende des außenpolitischen Ausschusses des Senats, Fulbright, nach einer Zusammenkunft mit Präsident Kennedy, die USA zögen, seiner Meinung nach, ein militärisches Eingreifen in Südvietnam in Erwägung, wenn die anderen Versuche die Lage in dem asiatischen Land, in dem kommunistische Guerillas operieren, zu stabilisieren fehlschlügen. US-Vizepräsident Johnson wird kommende Woche nach Südostasien reisen, um den Ländern dort den Schutz der USA zuzusichern.

Mai 1961

Mit der Verleihung der »Goldenen Palme« gehen die Internationalen Filmfestspiele in Cannes zu Ende. → S. 102

19. Mai, Freitag

Der südkoreanische Staatspräsident Yun Poson tritt von seinem Posten zurück, widerruft aber am 20. Mai seine Demission auf Druck der Militärregierung, damit die »Legalität« gewahrt bleibe (→ 16. 5./S. 91).

Die Sowjetunion und Großbritannien unterzeichnen ein Abkommen über die friedliche Nutzung von Atomenergie. In dem Abkommen ist der Austausch nichtgeheimer Informationen sowie die Veranstaltung von Konferenzen und Besuchen von Spezialisten vorgesehen.

Am Schloßpark-Theater in Berlin (West) wird das Schauspiel »Wände überall« des französischen Schriftstellers Jean Genet in einer Inszenierung von Hans Lietzau uraufgeführt.

20. Mai, Sonnabend

Bei einem Arbeitsbesuch in Bonn fordert der französische Staatspräsident Charles de Gaulle die Einbeziehung der Landwirtschaft in den Gemeinsamen Markt (EWG). → S. 90

In Evian findet die erste Sitzung der Konferenz über die Zukunft Algeriens statt. → S. 93

Die Oper »Elegie für junge Liebende« von Hans Werner Henze wird während der Festspiele in Schwetzingen uraufgeführt.

In Bern trennen sich die Fußball-Nationalmannschaften der Schweiz und Belgiens 2:1.

21. Mai, Pfingstsonntag

Die USA werden von den heftigsten Rassenunruhen der letzten zwei Jahre erschüttert. In Montgomery im Staat Alabama kommt es zu so heftigen Auseinandersetzungen über die Rassenfrage, daß der Gouverneur ein beschränktes Kriegsrecht verhängt und die Kennedy-Regierung zum direkten Eingreifen gezwungen wird. → S. 88

Der Versuch des Staatschefs von Kambodscha (Kampuchea), Prinz Sihanuk, die Führer aller drei streitenden laotischen Parteien nach Genf zu holen, scheitert (→ 16. 5./S. 91).

In Köln findet das diesjährige Treffen der Sudetendeutschen Landsmannschaft statt. → S. 97

22. Mai, Pfingstmontag

Die Militärregierung in Südkorea schafft alle Sonn- und Feiertage für die Staatsbediensteten vorläufig ab. Nur durch harte Arbeit und einen Wettkampf mit Nordkorea um einen höheren Lebensstandard könne die Wiedervereinigung erreicht werden. Insgesamt 2014 Personen sind nach dem Militärputsch verhaftet worden (→ 16. 5./S. 91).

23. Mai, Dienstag

In seinen Bonner Gesprächen mit Bundeskanzler Konrad Adenauer erklärt der dänische Ministerpräsident Viggo Kampmann die Bereitschaft Dänemarks, der EWG beizutreten – allerdings unter der Voraussetzung, daß sich auch Großbritannien zu diesem Schritt entschließt. Kampmann bleibt bis zum 27. Mai in der Bundesrepublik (→ 20. 5./S. 90).

Das Ermittlungsverfahren wegen des Vorwurfs der Beteiligung an Judendeportationen während des Zweiten Weltkriegs gegen den Staatssekretär im Bundeskanzleramt, Hans Globke, wird eingestellt. Für den Vorwurf haben sich keine ausreichenden Beweise finden lassen. → S. 96

In Echternach im Großherzogtum Luxemburg findet die traditionelle Springprozession statt. → S. 99

24. Mai, Mittwoch

In Klagenfurt finden bis zum 25. Mai erneut Verhandlungen über Südtirol zwischen dem österreichischen Außenminister Bruno Kreisky und seinem italienischen Kollegen Antonio Segni statt. Die Gespräche verlaufen in einer entspannten Atmosphäre, kommen jedoch zu keinem Ergebnis. Sie werden auf den 24. Juni vertagt. → S. 90

Zu drei Jahren und acht Monaten Gefängnis verurteilt die Erste Große Strafkammer des Landgerichts Bonn wegen passiver Bestechung den ehemaligen Leiter der Abteilung Straßenbau im Bundesverkehrsministerium, Ministerialdirektor Hermann Kunde. → S. 96

Unter starker Beteiligung von Ärzten aus der DDR wird in Berlin (West) der zehnte Kongreß für ärztliche Fortbildung eröffnet. Der Kongreß geht am 28. Mai zu Ende.

25. Mai, Donnerstag

Die Innenminister der Länder erklären gemeinsam die Organisationen der sog. Ludendorff-Bewegung für verfassungsfeindlich und ordnen ihre Auflösung an. Nachfolge- und Ersatzorganisationen dürfen nicht gebildet, Zeitschriften der Ludendorff-Bewegung nicht mehr hergestellt oder vertrieben werden. → S. 97

Der Andreas-Hofer-Gedenkstein in Cittadella bei Mantua wird in der Nacht zum Donnerstag von Mitgliedern eines italienischen Freikorps in die Luft gesprengt. Die Tat steht im Zusammenhang mit den Südtirol-Verhandlungen zwischen dem österreichischen Außenminister Bruno Kreisky und seinem italienischen Kollegen Antonio Segni (→ 24. 5./S. 90).

Prinzessin Brigitta von Schweden, Enkelin des schwedischen Königs Gustaf VI. Adolf, wird im Stockholmer Thronsaal mit Prinz Johann-Georg von Hohenzollern-Sigmaringen standesamtlich getraut. Die kirchliche Hochzeit findet am 30. Mai in Sigmaringen statt. → S. 100

König Husain von Jordanien heiratet in der jordanischen Hauptstadt Amman die Tochter eines britischen Armeeobersten, Toni Averil Gardiner. → S. 100

26. Mai, Freitag

US-Präsident John F. Kennedy unterbreitet dem amerikanischen Kongreß in Washington Vorschläge für ein neues langfristiges Auslandshilfeprogramm. Er fordert vor allem die Einrichtung eines zentralen Amtes für diesen Zweck und die Erlaubnis zur Aufnahme von Krediten in Höhe von 7,3 Milliarden US-Dollar (29,2 Milliarden DM) während der nächsten fünf Jahre.

27. Mai, Sonnabend

In der kongolesischen Stadt Coquilhatville geht eine Konferenz führender Kongo-Politiker, die am 24. April begonnen hat, zu Ende. → S. 92

Ralph Boston (USA) verbessert im kalifornischen Modesto seinen Weitsprung-Weltrekord auf 8,24 m. Am 16. Juli gelingt ihm in Moskau die Verbesserung auf 8,28 m. → S. 103

Als erste Mannschaft gewinnt der FC Florenz mit einem 2:1 gegen die Glasgow Rangers in Florenz den Europapokal der Pokalsieger. Das Hinspiel am 17. Mai hatten die Italiener 2:0 gewonnen.

28. Mai, Sonntag

Der Schweizer Bundesrat Peter von Moos präzisiert in einer Rede in St. Gallen die Schweizer Bedingungen für einen Beitritt zur EWG, der Europäischen Wirtschaftsgemeinschaft (→ 20. 5./S. 90).

Bei Schnee, Regen und eisigem Wind fahren 64 der besten Sportwagenfahrer der Welt fast acht Stunden lang über den Nürburgring. Das 1000-km-Rennen endet mit einer Überraschung: Es siegen die Außenseiter Lucky Gregory und Masten Cassner auf Maserati.

Das Fußball-Länderspiel Österreich gegen England in Wien endet vor über 90 000 Zuschauern 3:1.

In Stockholm siegt die Fußball-Nationalmannschaft von Schweden 4:0 über die Schweiz.

29. Mai, Montag

Großbritannien und die USA machen der Sowjetunion auf der Drei-Mächte-Konferenz über die kontrollierte Einstellung der Kernwaffenversuche in Genf ein wichtiges Zugeständnis. Die beiden westlichen Atommächte lassen ihre Forderung nach mindestens 20 jährlichen Inspektionen an Ort und Stelle verdächtiger Erdbewegungen fallen und kommen damit den Vorstellungen der UdSSR, die nur drei Inspektionen wollen, entgegen. → S. 93

30. Mai, Dienstag

Der dominikanische Staatspräsident und Diktator Rafael Leonidas Trujillo y Molina wird nahe der Stadt Ciudad Trujillo (Santo Domingo) ermordet (→ 1. 6./S. 116).

Eine Düsenverkehrsmaschine vom Typ DC-8 stürzt vor Lissabon mit 62 Menschen an Bord ab.

31. Mai, Mittwoch

US-Präsident John F. Kennedy trifft zu einem Staatsbesuch in Paris ein, der bis zum 2. Juni dauert. → S. 89

Die Generale Maurice Challe und André Zeller, die an dem Putsch in Algerien vom 22. April beteiligt waren, werden in Paris zu 15 Jahren Haft verurteilt (→ 26. 4./S. 74).

Die Südafrikanische Union wird Republik und verläßt das Commonwealth, entsprechend dem Beschluß vom 15. März. → S. 92

In der Bundesrepublik gab es im Jahr 1957 insgesamt 3502 Millionäre, wie das Bundesfinanzministerium in der Fragestunde des Bundestages mitteilt. Dies entspricht einem Anteil von 0,07 Millionären je 1000 Einwohner. In der Schweiz dagegen betrage der Anteil 0,77 je 1000 Einwohner. Die gegenwärtige Zahl der Millionäre in der Bundesrepublik soll mit Hilfe einer neuen Steuererhebung ermittelt werden, die schon angelaufen ist und Mitte 1962 abgeschlossen sein wird.

Auf der Autobahnstrecke Köln–Bonn soll die Höchstgeschwindigkeit in der Zeit zwischen sechs und 22 Uhr auf 100 km/h beschränkt werden. Nach Untersuchungen des Düsseldorfer Verkehrsministeriums ereignen sich auf der 1932 gebauten Autobahnstrecke doppelt so viele tödliche Unfälle wie auf den übrigen Autobahnabschnitten im Bezirk Köln.

Zur Reinhaltung der Flüsse wird im Bundestag in Bonn ein Gesetz über die Beschaffenheit von Waschmitteln verabschiedet. → S. 99

Benfica Lissabon gewinnt den Europapokal der Landesmeister mit einem 3:2-Sieg gegen FC Barcelona in Bern.

Gestorben:

1. Goldern/Kanton Bern: Paul Geheeb (* 10. 10. 1870, Geisa), deutscher Pädagoge.

6. Klausenburg: Lucian Blaga (* 9. 5. 1895, Lancram/Siebenbürgen), rumänischer Dichter.

7. Berlin: Jakob Kaiser (* 8. 2. 1888, Hammelburg), deutscher Politiker.

11. Wien: Paul Zsolnay (* 12. 6. 1895, Budapest), österreichischer Verleger.

13. Hollywood: Gary Cooper (* 7. 5. 1901, Helena/Montana), US-amerikanischer Filmschauspieler. → S. 100

30. Ciudad Trujillo: Rafael Leonidas Trujillo y Molina (* 24. 10. 1891, San Cristóbal), dominikanischer Politiker (→ 1. 6./S. 116).

Ein Bericht über den FDP-Vorsitzenden Erich Mende als Titelbild des Hamburger Magazins »Der Spiegel« vom 31. Mai 1961

Die Arche Noah als Titelseite der Londoner Satire-Zeitschrift »Punch«

Am 24. Mai werden in Jackson/Mississippi schwarze »Freiheitsfahrer« von der Staatspolizei verhaftet, als sie mit dem Bus dort ankommen

Vier weiße College-Professoren und drei schwarze Studenten werden am 25. Mai von der Staatspolizei in Alabama an der Busstation festgenommen

Rassisten überfallen die »Freiheitsfahrer«

21. Mai. In Montgomery, der Hauptstadt des US-Bundesstaates Alabama, kommt es zu schweren Rassenkrawallen, die zu energischen Gegenmaßnahmen des US-Justizministers Robert Kennedy und damit zu einem Konflikt zwischen Bundes- und Staatsbehörden führen. Der Gouverneur von Alabama, John Patterson, verhängt ein beschränktes Kriegsrecht über den Staat.

Die Krawalle begannen am 20. Mai, als eine Gruppe von Schwarzen und Weißen, sog. Freiheitsfahrer, demonstrativ die Rassentrennung an den Busbahnhöfen durchbrechen wollte und dabei von Weißen verprügelt wurde. Über 20 Personen wurden dabei verletzt.

Am nächsten Tag gehen die Unruhen in Montgomery weiter. Mehrere hundert Weiße rotten sich vor einer Kirche zusammen, in der Schwarze mit dem schwarzen Bürgerrechtler Martin Luther King versammelt sind. Bundespolizei, die gegen den Willen des Gouverneurs von Alabama nach Montgomery entsandt worden ist, soll die Kirche vor den aufgebrachten Weißen schützen; sie geht mit Tränengas gegen die Menge vor, die zur Kirche vordringen will und einen Personenwagen in Brand setzt. Erst nach mehreren Stunden können die Gottesdienstteilnehmer die Kirche gefahrlos verlassen.

Justizminister Robert Kennedy, der die Entsendung von rund 500 Bundesbeamten und Bundespolizisten nach Alabama angeordnet hat, wirft Gouverneur Patterson vor, er habe sich nicht an die gegebene Zusicherung gehalten, bei der angekündigten Ankunft eines Omnibusses mit Freiheitsfahrern für deren Sicherheit zu sorgen. Patterson, der sich gegen die Einschaltung der Bundespolizei wehrt, protestiert gegen Kennedy und droht mit der Festnahme von Bundespolizisten.

Präsident John F. Kennedy bei einer Pressekonferenz in Washington

Anlaß der Krawalle, die zum ersten Eingreifen der Kennedy-Regierung in einen Rassenkonflikt führen, sind die Aktionen der Freiheitsfahrer (Freedom riders), die Mitglieder des New Yorker Kongreß für Rassengleichheit (Congress of Racial Equality) sind. Die weißen und schwarzen Freiheitsfahrer wollen bei einer Busfahrt im Süden gemeinsam alle Gaststätten an Busstationen, in denen die Rassentrennung praktiziert wird, aufsuchen, um mit gewaltfreien Mitteln gegen die Unterdrückung der Schwarzen zu demonstrieren. Getragen werden solche Freiheitsfahrten vorwiegend von Studenten, wobei sich erst in letzter Zeit auch Weiße beteiligen. Diese Aktionen sind legal, da die in Washington beheimatete Bundeskommission für zwischenstaatlichen Handel, die auch den inneramerikanischen Verkehr beaufsichtigt, die Rassentrennung in den öffentlichen Fernverkehrsmitteln schon vor sechs Jahren untersagt hat.

Von weißen Rassisten in der Nähe von Anniston am 14. Mai in Brand gesetzter Bus; bei dem Überfall werden mehrere Menschen schwer verletzt

Am 14. Mai war es bereits zu ersten Zusammenstößen zwischen den Freiheitsfahrern und rassistischen Weißen in der Nähe von Anniston in Alabama gekommen. Die Rassisten hatten einen Autobus angegriffen und in Brand gesetzt, der wegen einer Autopanne zum Halten gekommen war. Dabei wurden einige Passagiere schwer verletzt.

Durch ihr schnelles Eingreifen in Alabama macht die Kennedy-Regierung mit ihrem Anspruch auf eine Führungsrolle beim Kampf gegen Rassenschranken Ernst. Vor drei Jahren hatte der damalige US-Präsident Dwight D. Eisenhower solange gezögert, sich in den Rassenkrawall in Little Rock in Arkansas einzuschalten, daß er schließlich zum äußersten Machtmittel, dem Einsatz von Truppen, greifen mußte. Gouverneur Orval Faubus hatte damals das bundesstaatliche Gesetz gegen die Rassentrennung in Schulen sabotiert.

Astronaut Alan B. Shepard in seiner Raumkapsel kurz vor dem Start in Cape Canaveral in Florida

Die Berlin-Frage ist Hauptthema

31. Mai. In Paris beginnen Gespräche zwischen dem US-Präsidenten John F. Kennedy und dem französischen Staatspräsidenten Charles de Gaulle, die bis zum 2. Juni dauern. Im Mittelpunkt der Unterredungen steht die Berlin-Frage. Beide Staatschefs bekräftigen ihre Verpflichtung, für die Freiheit des Westteils der Stadt einzutreten und erzielen ein Einvernehmen über die politische Strategie Kennedys bei seinem bevorstehenden Treffen mit dem sowjetischen Regierungschef Nikita Chruschtschow in Wien (→ 3. 6./S. 108). Auch über die Stellung Europas in der Entwicklungshilfe sind sich die beiden Staatschefs einig: Europa soll sich in diesem Bereich zu einer dritten Kraft neben den USA und der UdSSR entwickeln.

J. F. Kennedy

Keine Einigung wird über die Forderungen de Gaulles erzielt, ein Dreierdirektorium mit den Mitgliedern USA, Frankreich und Großbritannien einzurichten, das Frankreich eine stärkere Weltgeltung verschaffen soll. Kennedy lehnt im Hinblick auf die anderen westlichen Verbündeten ein solches Triumvirat ab.

Shepard erster US-Amerikaner im Weltraum

5. Mai. Zum ersten Mal unternimmt ein US-Amerikaner einen Weltraumflug. In der Satellitenkapsel »Liberty 7« (Freiheit) fliegt der 37jährige Fregattenkapitän Alan B. Shepard bis etwa 185 km Höhe in den Weltraum und wassert nach einem 15minütigen Flug etwa 486 km von Cape Canaveral entfernt in der Nähe der Bahamas.

Die Höchstgeschwindigkeit der Kapsel, die um 9.34 Uhr Ortszeit in Cape Canaveral von einer Redstone-Trägerrakete gestartet wird, beträgt etwa 8800 km/h. Während des Fluges, der nur 15 Minuten dauert, befindet sich Shepard fünf Minuten lang im Zustand der Schwerelosigkeit, und etwa vier Sekunden lang muß er das Zehnfache des normalen Drucks aushalten. Während der gesamten Dauer des Fluges hat Shepard Sprechfunkverbindung mit der Bodenstation in Cape Canaveral.

Der Unterschied zu dem Weltraumflug des Russen Juri Gagarin (→ 12. 4./S. 70) besteht vor allem in zwei Dingen: Gagarin hat die Erde einmal umrundet, während Shepards Kapsel nur eine ballistische, geschoßähnliche Bahn beschreibt; zum anderen ist Shepards Kapsel mit Steuermechanismen ausgestattet, so daß er z. B. selbst die Bremsraketen zündet, während »Wostok« vom Boden aus dirigiert wurde.

Nach dem gelungenen Raumflug erhält Shepard Glückwünsche aus aller Welt. Sowjetische Experten erklären, daß der Flug des US-Astronauten mit den sowjetischen Tierversuchen von 1959 vergleichbar sei, und daß die Vereinigten Staaten dementsprechend gegenüber der Sowjetunion in der Raumfahrt zwei Jahre zurückliegen.

US-Präsident John F. Kennedy fordert in seiner Stellungnahme eine rasche und intensive Fortsetzung der Raumforschung.

Ein Vergleich des US-amerikanischen mit dem sowjetischen Weltraumflug

Objekt	USA	UdSSR
Träger:	Redstone-Rakete mit etwa 34 020 kp Schubkraft	Vielstufen-Rakete mit 340 200 kp Schubkraft
Weltraumkapsel:	930 kp	4724 kp
Flugdistanz zwischen Start- und Landepunkt:	486 km	etwa 40 231 km
Flugdauer:	15 Minuten	108 Minuten
Geschwindigkeit gegenüber dem Boden:	8800 km/h	29 000 km/h
Größte Höhe:	185 km	327 km
Zeit der Schwerelosigkeit:	5 Minuten	70 Minuten
Datum:	5. Mai 1961	12. April 1961

Mehr Länder wollen in die EWG

20. Mai. Die Einigung der europäischen Staaten macht Fortschritte. Während eines inoffiziellen Arbeitsbesuchs in Bonn betont der französische Staatspräsident Charles de Gaulle den Willen zu enger wirtschaftlicher und politischer Zusammenarbeit im Rahmen der Europäischen Wirtschaftsgemeinschaft (EWG). Auch in Dänemark und in der Schweiz rückt die Überlegung eines EWG-Beitritts wie in Großbritannien in den Vordergrund.
Staatspräsident de Gaulle hält sich mit dem französischen Außenminister Maurice Couve de Murville zu einem eintägigen Besuch in Bonn auf. Bei den Gesprächen zwischen Bundeskanzler Konrad Adenauer und de Gaulle wird Übereinstimmung in Fragen der Europapolitik erzielt. De Gaulle verlangt allerdings die baldige vollständige Einbeziehung auch der Agrarpolitik in den Gemeinsamen Markt und die Beendigung der entsprechenden Übergangslösungen. Beide Regierungschefs wünschen innerhalb der EWG auch Konsultationen über Verteidigungsfragen – im Gegensatz zu den Niederlanden, die eine Aushöhlung des Nordatlantischen Verteidigungspakts (NATO) fürchten.
Auch bei den vom 23. bis 25. Mai in Bonn stattfindenden Gesprächen zwischen dem dänischen Ministerpräsidenten Viggo Kampmann und Adenauer bildet die EWG ein Hauptthema. Dänemark macht seine Entscheidung für einen EWG-Beitritt im wesentlichen von einem entsprechenden Entschluß Großbritanniens, dem Hauptabnehmer der dänischen Agrarerzeugnisse, abhängig. Außerdem wünscht Dänemark bei einem eventuellen Beitritt besondere Maßnahmen, um seine Agrarexporte nicht zu gefährden.
In einer Rede in St. Gallen formuliert der Schweizer Bundesrat Peter von Moos am 28. Mai die Bedingungen, unter denen sich die Schweiz zu einem Beitritt zur EWG entschließen könnte. Die Schweiz bevorzugt ein unpolitisches, rein wirtschaftliches Bündnis der europäischen Staaten. Ein Beitritt zur EWG könne nur mit drei Auflagen vollzogen werden: Die Schweiz müsse ihre volle Selbständigkeit behalten, die Agrarpolitik dürfe nicht miteinbezogen werden und die Neutralität des Landes müsse gewahrt bleiben.

V. l.: Viggo Kampmann, der dänische Ministerpräsident, Bundespräsident Heinrich Lübke und Bundesaußenminister Heinrich von Brentano in Bonn

V. l.: Charles de Gaulle, der französische Außenminister Maurice Couve de Murville, Konrad Adenauer und Außenminister Heinrich von Brentano

Der dänische Ministerpräsident Viggo Kampmann (l.) bei seinen Gesprächen mit Bundeskanzler Konrad Adenauer im Palais Schaumburg in Bonn

Tirol: Annäherung in Klagenfurt

24. Mai. Die im Januar (→ 1. 2./S. 37) gescheiterten Verhandlungen über Südtirol werden von dem österreichischen Außenminister Bruno Kreisky und seinem Kollegen aus Italien, Antonio Segni, in Klagenfurt wieder aufgenommen.
Durch den Verzicht Kreiskys, die Gewährung einer separaten Autonomie für die Provinz Bozen zu einer Bedingung für Verhandlungen überhaupt zu machen, wird in Klagenfurt ein sachliches Gespräch möglich. Allerdings hält Österreich weiterhin daran fest, daß die Erfüllung des Pariser Abkommens von 1946 (→ 1. 2./S. 37), das der Südtiroler Bevölkerung weitgehend Autonomie zusichert, nur durch eine Änderung des Regionalstatuts von Südtirol möglich sei.
Im Gegensatz dazu erklärt Italiens Außenminister Segni, daß Italien das Abkommen von 1946 erfülle, aber bereit sei, darüber hinaus Maßnahmen zugunsten der deutschsprachigen Bevölkerung in Südtirol zu treffen (→ 25. 6./S. 117).

Lefèvre belgischer Ministerpräsident

Theo Lefèvre

2. Mai. Theo Lefèvre, der als belgischer Ministerpräsident einer Koalitionsregierung der Christlich - Sozialen und der Sozialistischen Partei vorsteht, gibt die Regierungserklärung für das am 25. April gebildete Kabinett ab. In der Außenpolitik will sich die Regierung um eine Intensivierung der Zusammenarbeit in Europa bemühen. Außerdem wollen die Belgier gegenüber ihrer ehemaligen Kolonie Kongo (Zaïre) ein freundschaftliches Verhältnis aufbauen.
Der Streit zwischen Flamen und Wallonen, der kulturelle und soziale Ursachen hat, ist das Hauptthema der Innenpolitik. Außerdem sollen einige Punkte des Sparprogramms überprüft werden, das im Dezember und Januar zu schweren Streiks geführt hatte (→ 23. 1./S. 19).

Eröffnung der Laos-Konferenz mit Vertretern aus 14 Ländern (Thailand und Vietnam sind noch nicht anwesend)

Indochina-Konferenz in Genf

16. Mai. In Genf beginnt die Konferenz über Laos, auf der die Delegierten von 14 Staaten aus Ost und West über einen neutralen Status des vom Bürgerkrieg erschütterten indochinesischen Königreichs beraten werden. Die Konferenz wird ohne Vertreter der von den USA unterstützten Regierung Bun Um eröffnet, da diese einen Kompromiß der übrigen Konferenzteilnehmer abgelehnt haben. Danach sollten alle drei laotischen Bürgerkriegsparteien (Bun Um, Neutralisten, Pathet-Lao) gleichberechtigt an der Tagung teilnehmen.

US-Einheiten zur Unterstützung von Bun Um Bangkok (1962)

Während in Genf über eine friedliche Lösung der Bürgerkriegssituation in Laos beraten wird, gehen die Kämpfe im Königreich selbst weiter

14 Staaten sind an der Konferenz beteiligt: Großbritannien, Frankreich, USA, UdSSR, VR China, Nord- und Südvietnam, Kambodscha (Kampuchea), Kanada, Indien, Polen, Birma, Thailand und Laos.

Die Konferenz will sich ausschließlich mit dem internationalen Status von Laos befassen und ein System von Garantien für ein neutrales und unabhängiges Laos ausarbeiten, das keinem der beiden Machtblöcke angehört. Die innenpolitischen Fragen, vor allem die Bildung einer Regierung auf breiter Grundlage – unter Einbeziehung der zerstrittenen Parteien –, sollen von den Laoten, die seit der Verabschiedung eines Waffenstillstands am 13. Mai in Ban Na Mon bei Vientiane tagen, selbst verhandelt werden.

Differenzen gibt es während der Konferenz vor allem bei der Besetzung und den Vollmachten der internationalen Kommission, die den Waffenstillstand und die Neutralität in Laos kontrollieren soll. Die USA wünschen eine Kommission, der Birma, Kambodscha und Indonesien angehören sollen und die mit umfassenden Vollmachten ausgestattet ist. Die UdSSR will vor allem verhindern, daß sich Laos unter den Schutz des von den USA beherrschten Südostasienpakt (SEATO) stellt und fordert ein Vetorecht in der Kontrollkommission (→ 22. 6./S. 116).

Nach Putsch in Südkorea Diktatur

16. Mai. Durch einen Militärputsch in Südkorea wird die Regierung von Ministerpräsident John M. Chang gestürzt. Die Streitkräfte unter Führung des 39jährigen Generalleutnants Chang Do Yung beginnen mit der Umwandlung des Staates in eine Militärdiktatur.

Die neue rechtsgerichtete Militärregierung verhängt eine Ausgangssperre, führt die Pressezensur ein und löst die Nationalversammlung, den Senat und die Provinzräte auf. Sobald eine starke antikommunistische Zivilregierung eingesetzt werden könne, wollen die Militärs die Macht abtreten.

Kleine Truppeneinheiten sorgen in Seoul für Ruhe nach dem Putsch

Am 18. Mai gibt die neue Regierung ihr Programm bekannt:

- ▷ Stärkung der antikommunistischen Verteidigung
- ▷ Kampf gegen die Korruption
- ▷ Wiedervereinigung Koreas durch den Zusammenschluß aller antikommunistischen Kräfte
- ▷ Rückkehr zur Zivilregierung

Am 22. Mai werden alle politischen Parteien und Gewerkschaften aufgelöst. Einige tausend Jugendliche werden zur »Besserung« in die staatlichen Kohlengruben geschickt. Größere Wirtschaftsunternehmen werden dem Militär unterstellt.

Die USA bedauern zwar den Militärputsch, stimmen jedoch mit den politischen Zielen der Militärdiktatur überein (→ 3. 7./S. 129).

Südafrika Republik

31. Mai. In Pretoria wird die Republik Südafrika proklamiert. Erster Staatspräsident wird der am 10. Mai gewählte frühere Generalgouverneur Charles Robberts Swart. Mit der Umwandlung in eine Republik wird auch der Austritt Südafrikas aus dem Commonwealth (→ 17. 3./S. 52) rechtskräftig.

Großbritannien will die engen Beziehungen zu Südafrika vorläufig aufrechterhalten, so daß die junge Republik zumindest wirtschaftlich nicht isoliert wird.

Die Proklamation der Republik geht auf den Beschluß Südafrikas vom 15. März zurück, aus dem Commonwealth auszutreten. Anlaß waren heftige Meinungsverschiedenheiten über die Apartheidpolitik.

Die Apartheid, die Politik der völligen Trennung von Weißen und Schwarzen, wird seit 1948, dem Wahlsieg der radikalen Nationalpartei, die seitdem alle Regierungen stellte, praktiziert. Ziel der Apartheid ist, durch politische, wirtschaftliche, soziale und räumliche Trennung der verschiedenen Bevölkerungsteile die unbeschränkte Herrschaft der Weißen, die nur 18,9% der Bevölkerung ausmachen, festzuschreiben.

Seit 1949 sind nicht nur Ehen, sondern auch der Geschlechtsverkehr zwischen Angehörigen verschiedener Rassen verboten. In allen öffentlichen Einrichtungen herrscht strenge Rassentrennung. 1950 wurden Gesetze beschlossen, durch die jeder Südafrikaner einer Rasse und einem bestimmten Wohngebiet zugeordnet wurde. 1954 wurden für die schwarze Bevölkerung fünf »Heimatländer« (Homelands) geschaffen, die insgesamt etwa 13% der gesamten Fläche Südafrikas ausmachen. Jeder Schwarze muß Bürger eines solchen Homelands werden. Die große Zahl der Schwarzen, die in den Städten arbeiten, erhält deshalb den Status von Fremdarbeitern, deren Aufenthaltsgenehmigung außerhalb der Homelands jederzeit widerrufen werden kann.

Die 68,7% Bantus haben ebensowenig politische Rechte wie die 9,7% Mischlinge oder die 0,5% Asiaten.

Der ehemalige Generalgouverneur Charles Robberts Swart wird der erste Präsident von Südafrika

Für alle Farbigen besteht Koalitions- und Streikverbot. Alle Aktionen gegen die Apartheidspolitik, die vom 1960 verbotenen Afrikanischen Nationalkongreß (ANC) oder dem ebenfalls illegalen Panafrikanischen Kongreß (PAC) organisiert wurden, führten zu einer Verschärfung der Polizeigesetze.

Moise Tschombé ausgeschaltet

27. Mai. In Coquilhatville geht eine Konferenz kongolesischer Politiker zu Ende, die am 24. April einberufen worden war, um in Fortsetzung der Tagung von Tananarivo (→ 12. 3./S. 54) die Bildung eines kongolesischen Staatenbunds zu erörtern. Antoine Gizenga nahm an der Konferenz nicht teil.

Katanga-Präsident Moise Tschombé forderte zu Beginn der Tagung, daß die kongolesischen Politiker gegen die UN-Truppen protestieren sollten und nur die Kongo-Politiker an der Konferenz teilnehmen dürfen, die auch in Tananarivo anwesend waren. Beide Forderungen wurden abgelehnt. Nachdem Tschombé daraufhin die Konferenz verließ, wurde er am 26. April inhaftiert und am 7. Mai wegen Hochverrats und der Ermordung von Patrice Lumumba (→ 13. 2./S. 34) angeklagt.

Die Konferenz von Coquilhatville billigte das Vorgehen gegen Tschombé und verurteilte seine separatistischen Tendenzen. Im Gegensatz zu den Beschlüssen von Tananarivo, die wesentlich unter dem Einfluß von Tschombé zustande kamen, verabschiedeten die Politiker in Coquilhatville einen Verfassungsentwurf, der einen festeren Zusammenschluß der Kongo-Provinzen zu einem Bundesstaat vorsieht. Staatspräsident Joseph Kasawubu kann in der Konferenz außerdem durchsetzen, daß die kongolesischen Politiker einer Zusammenarbeit mit der UNO zustimmen (→ 22. 6./S. 115).

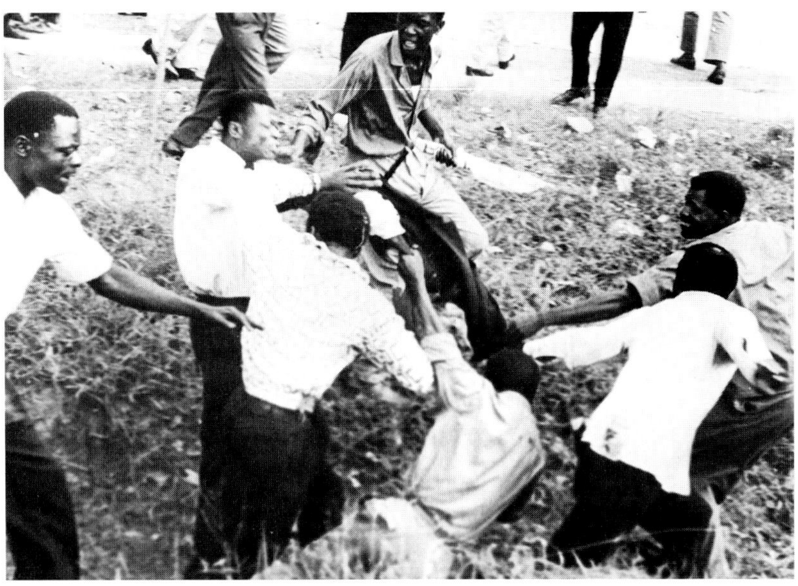

Schlägereien zwischen Anhängern des ehemaligen Ministerpräsidenten Patrice Lumumba mit Soldaten der Zentralregierung in Léopoldsville

Regierung im Iran gegen Korruption

5. Mai. Aus Anlaß der am 2. und 3. Mai stattgefundenen Demonstrationen gegen ein neues Lehrerbesoldungsgesetz, bei denen ein Demonstrant getötet wurde, tritt die Regierung des iranischen Ministerpräsidenten Jafar Sharif Emami zurück.

Schah Mohammad Resa Pahlawi nimmt den Rücktritt entgegen und beauftragt den Führer der Liberalen, Ali Amini, mit der Bildung einer neuen Regierung. Am 9. Mai stellt Amini sein Kabinett vor. Am selben Tag löst der Schah beide Häuser des Parlaments auf und ordnet Neuwahlen an. Ali Amini gibt am 11. Mai sein Regierungsprogramm bekannt, das vor allem gegen die Korruption gerichtet ist. Außerdem will Amini die Bodenreform durch eine strenge Begrenzung der Betriebsgrößen und die Verteilung des dadurch gewonnenen Landes an Kleinbauern durchführen. Die Ausgaben der Behörden sollen eingeschränkt werden, die Verwaltung will Amini dezentralisieren. Für Beamte und besonders für Lehrer sollen bessere Lebensbedingungen geschaffen werden.

Als ersten Schritt im Kampf gegen die Korruption läßt die neue Regierung am 13. Mai fünf Generale verhaften, darunter zwei ehemalige Minister. Ihnen wird Korruption, Unterschlagung und Mißbrauch der Amtsgewalt sowie unrechtmäßige Verwendung öffentlicher Gelder vorgeworfen.

Ali Amini von den Liberalen wird neuer iranischer Ministerpräsident

Kompromißvorschläge in Genf

29. Mai. Bei einem Hauptstreitpunkt auf den Genfer Verhandlungen über ein Atomteststopp-Abkommen, der Zahl der jährlichen Kontrollinspektionen, scheint sich ein Kompromiß abzuzeichnen.
Die USA und Großbritannien hatten ursprünglich 20 Inspektionen jährlich gefordert (→ 21. 3./S. 54), während die Sowjetunion nur drei Kontrollen zugestehen wollte. Die Delegierten von USA und Großbritannien unterbreiten einen Kompromißvorschlag, der eine Mindestanzahl von zwölf Inspektionen vorsieht, die unter Umständen auf 20 pro Jahr erhöht werden kann. Semjon K. Zarapkin, der sowjetische Vertreter, besteht jedoch zunächst auf nur drei Kontrollen.
Mit diesem Vorschlag der Westmächte ist jedoch zumindest die Gefahr eines Abbruchs der Verhandlungen, wie er sich am 15. Mai abgezeichnet hatte, vom Tisch. Zarapkin hatte an diesem Tag mit der Wiederaufnahme sowjetischer Tests gedroht, falls die französischen Atomversuche fortgesetzt würden.

V. l.: Die US-Delegation mit Arthur Dean, die Sowjets mit Semjon K. Zarapkin (Mitte) und die britischen Vertreter mit David Ormsby-Gore

Verhandlungen über Algerien

20. Mai. Nach der Ablehnung der Verhandlungen durch die Algerier am → 31. März (S. 52) und nach dem Putsch rechtsextremistischer französischer Generale (→ 26. 4./S. 74) beginnt in Evian am Genfer See mit fast zweimonatiger Verspätung die erste Sitzung der Konferenz über die Zukunft Algeriens.
Delegationsleiter der Franzosen ist Staatsminister Louis Joxe, für die Algerier spricht Krim Belkassem, der stellvertretende Ministerpräsident der Provisorischen Regierung Algeriens.
Um die Atmosphäre zu entspannen, verfügt Staatspräsident Charles de Gaulle in Algerien eine Feuerpause und kündigt die schrittweise Freilassung von 6000 internierten Algeriern an. Außerdem soll Ahmed Ben Bella, der sich seit 1956 in französischer Haft befindet und zu den wichtigsten algerischen Politikern zählt, aus der Haft entlassen werden. An der Konferenz in Evian kann er allerdings trotz der entsprechenden Forderung Belkassems nicht teilnehmen, da sein Zwangsaufenthalt in einem Loire-Schloß angeordnet ist.
Die Verwaltung der Sahara wird bereits bei der ersten Sitzung zu einem Streitpunkt. Louis Joxe will das Ölgebiet unter eine Art internationale Kontrolle durch Frankreich und die angrenzenden Staaten stellen und dadurch die französische Verfügungsgewalt über das Öl sichern. Belkassem beansprucht das Gebiet für Algerien (→ 20. 7./S. 130).

Mit einem großen Militäraufgebot – wie auf dem Regierungsplatz in Algier – versuchen die Franzosen, die Ruhe in Algerien aufrechtzuerhalten

Traktoren gegen Kriegsgefangene

18. Mai. Fidel Castro, der kubanische Ministerpräsident, verlangt von den Vereinigten Staaten einen Ausgleich für den Schaden, der Kuba durch die Invasion in der Schweinebucht (→ 20. 4./S. 72) zugefügt worden ist.
Castro fordert die Lieferung von 500 Traktoren und bietet im Gegenzug die Freilassung aller 1214 Personen an, die bei der Invasion gefangengenommen wurden. Am 22. Mai treffen zehn dieser Gefangenen in Washington ein, um über einen Austausch zu verhandeln.
In den USA bildet sich ein Komitee, dem u. a. Eleanor Roosevelt und der Führer der Exilkubaner, Juan Miró Cardona, angehören, um Spenden für den Ankauf von Traktoren zu sammeln. Die US-Regierung beteiligt sich offiziell nicht an der Hilfsaktion, unterstützt aber das Komitee. Am 24. Mai ruft US-Präsident John F. Kennedy die amerikanische Bevölkerung zu freiwilligen Spenden auf, damit die notwendigen Mittel für die Traktoren aufgebracht werden. Am 25. Juni scheitert die Aktion jedoch an neuen Forderungen Fidel Castros.
In Kuba selbst wird der Aufbau von Landwirtschaft und Industrie wieder zum wichtigstes Ziel. Aus der Sowjetunion kommen 300 Experten für industrielle Projekte, außerdem sollen 1000 Kubaner in der Sowjetunion eine landwirtschaftliche Ausbildung erhalten.

Castro-Gegner in einem Lager in der Provinz Las Villas

Deutsche Entwicklungspolitik

5. Mai. In einer fünfstündigen Debatte im Bonner Bundestag werden die Aufgaben und Möglichkeiten der Entwicklungshilfe erörtert. Danach wird das Gesetz zur Finanzierungshilfe für Entwicklungsländer einstimmig verabschiedet.
In seiner Antwort auf die Große Anfrage der Sozialdemokraten zur Entwicklungspolitik erklärt Außenminister Heinrich von Brentano, nach Auffassung der Bundesregierung hätten die jungen Staaten der Dritten Welt ein Recht auf Gleichberechtigung und Selbstbestimmung. Die Bundesrepublik wolle sich nicht in die inneren Angelegenheiten dieser Staaten einmischen, deshalb könne die Entwicklungshilfe auch nicht von der Erfüllung politischer Auflagen abhängig gemacht werden. Die deutsche Entwicklungshilfe, die nur im engen Einvernehmen mit dem betreffenden Land gewährt werde, solle die Selbsthilfe der Staaten fördern.
Zur Unterstützung dieser Selbsthilfe sei eine ausreichende Ausbildung nötig, weshalb zur Zeit rund 14 000 Studenten aus der Dritten Welt in der Bundesrepublik studierten.
Als weiteren wichtigen Punkt sieht Brentano die Verstärkung der Öffentlichkeitsarbeit, um ein positives Image der Bundesrepublik aufzubauen.

Außenminister Heinrich von Brentano vertritt die Ansicht, daß Entwicklungshilfe nicht von politischem Wohlverhalten abhängig sein darf

Bundeswirtschaftsminister Ludwig Erhard gibt in seiner Rede, die wegen seiner Abwesenheit verlesen wird, zusätzlich zu bedenken, daß, je schneller es gelänge, den Entwicklungsländern zu Wohlstand zu verhelfen, sie desto mehr für die Politik des Westens ansprechbar wären.
Tatsächlich jedoch ist die Entwicklungshilfe der Bundesrepublik an bestimmte politische Voraussetzungen gebunden. Zum einen fördert die Bundesrepublik fast ausschließlich Länder, die zum nichtkommunistischen Machtbereich gehören und z. B. die Anerkennung der DDR verweigern. Zum anderen will die Bundesrepublik das Prinzip der Marktwirtschaft auch in den Entwicklungsländern durchsetzen.
Vorwürfe gegen die Entwicklungshilfe richten sich auch dagegen, daß die Hilfen oft ein zu hohes technisches Niveau haben und nicht an den Bedingungen im Entwicklungsland orientiert sind.

Sozialhilfegesetz heftig umstritten

4. Mai. Mit 193 gegen 150 Stimmen verabschiedet der Bundestag in Bonn das Bundessozialhilfegesetz, das die grundlegenden Bestimmungen des Fürsorgegesetzes von 1924 ablöst.
Die Sozialhilfe soll in Zusammenarbeit mit den Verbänden der freien Wohlfahrtspflege in Not geratenen Bürgern helfen. Sozialhilfeleistungen müssen nur zurückgezahlt werden, wenn die Hilfsbedürftigkeit vorsätzlich herbeigeführt wird.
SPD und FDP stimmten gegen die Neuordnung der Fürsorge in dieser Form, weil damit die öffentliche Sozialarbeit und die kommunale Selbstverwaltung eingeschränkt werden. Durch die Bestimmung, daß die Träger der Sozialhilfe keine eigenen Einrichtungen schaffen sollen, falls solche der freien Wohlfahrtspflege vorhanden sind, können Gemeinden gezwungen werden, mit Steuermitteln leistungsunfähige Wohlfahrtsvereine zu finanzieren.
Die CDU begründet diesen Vorrang der konfessionellen und freien Wohlfahrtsverbände vor den Kommunen mit Grundsätzen der katholischen Soziallehre. Um dieser Konfessionalisierung der Sozialhilfe zu begegnen, will die SPD das Bundesverfassungsgericht in Karlsruhe anrufen.

Grundsätze Bonner Entwicklungshilfe

5. Mai. Bundeswirtschaftsminister Ludwig Erhard (CDU) erläutert, wie die für 1961 und 1962 bereitgestellten fünf Milliarden DM für Entwicklungshilfe verwendet werden sollen:

»Der überwiegende Teil der bereitgestellen Mittel wird für die bilaterale Entwicklungshilfe verwendet, und zwar insgesamt 4,25 Milliarden DM. Hiervon sind 300 Millionen DM für Ausbildung und Beratung und 3,95 Milliarden DM für langfristige Finanzierungen in Entwicklungsländern bestimmt. Die restlichen 750 Millionen DM werden für die multilaterale Entwicklungshilfe der Bundesregierung verwendet, also für die Beiträge zum erweiterten Technischen Hilfsprogramm der Vereinten Nationen und zu deren Sonderfonds, für die Beiträge zu Sonderorganisationen der Vereinten Nationen, die sich mit technischer Hilfe befassen, für die Beiträge zum EWG-Entwicklungsfonds für die überseeischen Länder und Hoheitsgebiete sowie für die Leistungen der Bundesrepublik auf ihren erhöhten Kapitalanteil an der Weltbank und auf ihren Kapitalanteilen an der Internationalen Entwicklungs-Organisation. Nachdem die Grundsätze für die Vergabe von Entwicklungskrediten aufgestellt und auch die Voraussetzungen für eine Projektprüfung gegeben sind, rechnet die Bundesregierung damit, daß die bereitgestellten fünf Milliarden DM in den Jahren 1961 und 1962 zum überwiegenden Teil auch tatsächlich verausgabt werden. Natürlich kann die endgültige Höhe der Auszahlungen nicht genau vorhergesagt werden, weil hier eine Reihe von verschiedenen Faktoren, wie die Aufstellung von Projekten durch die Entwicklungsländer usw., eine Rolle spielt. Das Fünf-Milliarden-Programm der Bundesregierung stellt natürlich nur einen Teil der gesamten Entwicklungshilfe der Bundesrepublik dar. Zu diesen Mitteln werden auch weiterhin bundesverbürgte Kredite der privaten Wirtschaft an Entwicklungsländer in einer erheblichen Größenordnung treten. Außerdem rechnet die Bundesregierung mit einem weiteren Ansteigen der privaten Kapitalinvestitionen in Entwicklungsländern. Ich habe bereits darauf hingewiesen, daß der Weltbank von der Deutschen Bundesbank im Jahre 1961 ein weiterer namhafter Betrag, nämlich 900 Millionen DM, aus dem im Sommer 1960 zugesagten 1000-Millionen-DM-Darlehen zur Verfügung gestellt wird. Zu der Entwicklungshilfe von rund fünf Milliarden DM treten also erhebliche weitere Leistungen an Entwicklungsländer, die nach vorsichtiger Schätzung allein 1961 einen Betrag von zwei Milliarden DM erreichen dürften. Diese Leistungen müssen hinzugerechnet werden, wenn die Gesamtleistung ... für den wirtschaftlichen Aufbau der Entwicklungsländer zutreffend gewürdigt werden soll.«

In einer Tanzschule in Frankfurt wird der neueste Tanz aus den USA, Twist, gelernt

Links: Nordirlands Elf setzte sich beim 3:4 in Belfast aus folgenden Spielern zusammen (von links): McAdams, McParland, McIlroy, Bingham, Forde, Peacock, Hill, Elder, Keith, McClelland und Danny Blanchflower

Rechts: Die Deutschen beim 4:3-Sieg über die Nordiren im Herbst vorigen Jahres waren (von links): Erhardt, Tilkowski, Schnellinger, Wilden, Szymaniak, Giesemann, Kreß, Herrmann, Uwe Seeler, Dörfel und Albert Brülls

FUSSBALL-LÄNDERSPIEL **Deutschland - Nordirland**

Zu den Übertragungen des Rundfunks und des Fernsehens am Mittwoch

Die Fahrkarte nach Chile fällt der deutschen Fußball-Nationalmannschaft nicht in den Schoß. Bevor Herbergers Mannen 1962 an der Weltmeisterschaft teilnehmen dürfen, haben sie schwere Qualifikationsspiele zu bestreiten, und zwar gegen Nordirland und gegen Griechenland. Die beiden Hinspiele endeten für unsere Elf recht erfreulich. In Belfast wurden die Nordiren 4:3 geschlagen, und in Athen siegte Deutschland 3:0 über die Griechen. Am 10. Mai müssen Herbergers Schützlinge in Berlin zum Rückspiel gegen Nordirland antreten. Wenn sie auch diesen Kampf gewinnen, dürfte die Reise nach Chile gesichert sein.

Fußballspiele locken Zuschauer vor den Bildschirm

Der Jazz-Club »Oxidyll« in Fulda wird in den ehemaligen Gefängniszellen im Keller der Fuldaer Hauptwache 1961 eröffnet

Freizeit 1961:

Bowling, Milchbar und Rock 'n' Roll

Bowling, die US-amerikanische Abart des Kegelns, soll in Europa neuer Freizeitsport werden und Kinos, Sportveranstaltungen oder Milchbars im Kampf um Geld und Freizeit des Bundesbürgers Konkurrenz machen.

Bowling wird im Gegensatz zum Kegeln mit zehn Kegeln und einer 15pfündigen Kugel mit Grifflöchern für Daumen, Zeigefinger und Mittelfinger gespielt. Ein Chicagoer Unternehmer will bis Jahresende in Europa 1000 Bowling-Center mit 20 und mehr vollautomatisierten Bahnen einrichten lassen. Das erste dieser Center in der Bundesrepublik wird am 1. Juli in Mannheim eröffnet. Der Umsatz wird vor allem durch den Getränkekonsum erzielt.

Freizeitbeschäftigung Nummer eins ist das Fernsehen, das dem Kino immer stärkere Konkurrenz macht. Auf je zehn Bürger kommt in der Bundesrepublik bereits ein Fernsehapparat. Insgesamt gibt es 1961 5,879 Millionen Fernsehgenehmigungen.

Jugendliche gehen eher ins Kino oder in eine Milchbar. Etwa 75% aller jungen Leute zwischen 16 und 29 gehen mindestens einmal im Jahr zum Tanzen. Zu den beliebtesten Tänzen gehören Tango und Wiener Walzer, bei den Teenagern Rock 'n' Roll und Cha-Cha-Cha.

Bowling — Amerikas Familiensport — soll auch Deutschland erobern

Die gesunde Kugel

Das gute alte Kegelspiel feiert Auferstehung in neuem, modernem Gewand. Massen-Schiebung ist Trumpf: Amerikas größte Bowlinghalle hat nicht weniger als 112 Bahnen nebeneinander.

Alle Zehne!

Mit Kind und Kegel

Amerikanisches Bowling wird in der Bundesrepublik heimisch

Twist, eine Mischung zwischen Hula aus Hawaii und einem afrikanischen Ritualtanz, entstand in einem Nachtklub in New York

Komiker im Fernsehen, Walter Groß, Peter Frankenfeld

Kein Verfahren gegen Globke

23. Mai. Der Verdacht, daß sich der Staatssekretär im Bundeskanzleramt, Hans Globke, an den Judenverfolgungen in Griechenland beteiligt habe, ist durch die sechsmonatigen Ermittlungen nicht bestätigt worden. Das teilt die Bonner Oberstaatsanwaltschaft zur Einstellung des Ermittlungsverfahrens gegen Globke mit.

Globke war von dem Berliner Rechtsanwalt Max Merten, der während des Zweiten Weltkriegs Kriegsverwaltungsrat in Saloniki war, beschuldigt worden, die Deportation der Juden aus Griechenland gefördert und damit Beihilfe zu deren Ermordung geleistet zu haben. Merten hatte behauptet, Globke habe dessen Plan vereitelt, 10000 jüdische Frauen und Kinder von Saloniki nach Palästina zu verschiffen, um sie so vor der Deportation zu bewahren. Er, Merten, sei nach Berlin zu SS-Obersturmbannführer Adolf Eichmann (→ 11.4./S. 76) gefahren, um diesen Plan durchzusetzen. Eichmann sei einverstanden gewesen, habe aber nach einem Telefonat mit Globke, Referent für Staatsangehörigkeitsfragen im Reichsinnenministerium, den Plan abgelehnt.

Hans Globke, Staatssekretär in Adenauers Bundeskanzleramt

Eichmann, der in Jerusalem zu diesen Anschuldigungen befragt wurde, erklärte, er kenne Merten nicht, außerdem habe er mit Globke keine Beziehungen unterhalten.

Nachdem keine Anhaltspunkte für die Wahrheit der von Merten aufgestellten Behauptungen gefunden werden konnten, eröffnet die Bonner Staatsanwaltschaft ein Ermittlungsverfahren gegen Merten wegen falscher Aussage und falscher Anschuldigung.

Globke, der seit Oktober 1949 im Bundeskanzleramt tätig ist und 1953 von Bundeskanzler Konrad Adenauer zum Staatssekretär ernannt wurde, gehört zu den umstrittenen Personen der Regierung Adenauer. Vor allem von sozialdemokratischer und gewerkschaftlicher Seite wird kritisiert, daß ein Mann wie Globke, der an der Herausgabe des Kommentars zu den Nürnberger Rassengesetzen 1935 mitgewirkt hat, in einer Bundesregierung einen solchen politischen Einfluß gewinnen konnte.

Mit dem Hinweis darauf, daß die politische Vergangenheit Globkes von den Alliierten überprüft worden sei und Globke zwischen 1933 und 1944 zahlreichen Juden geholfen habe, gibt Adenauer seinem Staatssekretär Rückendeckung.

Bestechungsaffäre im Ministerium

24. Mai. Der ehemalige Leiter der Abteilung Straßenbau im Bundesverkehrsministerium, Ministerialdirektor Hermann Kunde, wird wegen schwerer passiver Bestechung in 23 Fällen und Betrugs in einem Fall zu einer Gefängnisstrafe von 44 Monaten verurteilt. Die Erste Große Strafkammer des Landgerichts Bonn verurteilt Kunde außerdem zu einer Geldstrafe von 200 DM. Hermann Kunde muß an unrechtmäßig erworbenem Vermögen 42630 DM, ein Ölgemälde und ein Turngerät an den Staat abführen.

H. Kunde

In der Urteilsbegründung führt Landgerichtsdirektor Helmut Quirini aus, Kunde habe jahrelang von Straßenbaufirmen und Architekten Zuwendungen in größerem Umfang angenommen.

Baumaschinenausstellung auf dem Freigelände der Hannover-Messe, die mit 519000 m² Ausstellungsfläche die größte dieser Art ist

Aussteller mit Messe zufrieden

9. Mai. Die am 30. April eröffnete Industriemesse in Hannover geht zu Ende. Die meisten der 5120 Aussteller aus 25 Ländern bezeichnen das Messegeschäft als sehr gut. Besonders erfolgreiche Geschäfte sind im Maschinenbau und der Elektroindustrie registriert worden.

Ein Rekordergebnis brachte die Messe für die 75 in Hannover vertretenen Uhrenfabrikanten. Von dem Arbeitskräftemangel, der zur Rationalisierung auch bei kleineren und mittleren Betrieben führt, profitieren die Aussteller der Büroindustrie. Die Aufwertung der DM (→ 6. 3./S. 58) wirkte sich vor allem auf die Edelmetallindustrie und die Rundfunk- und Fernsehbranche negativ aus.

Etwa 80% der Messebesucher kamen aus Europa, nur 20% aus Übersee. Rund die Hälfte der ausländischen Besucher war zum ersten Mal auf der Messe.

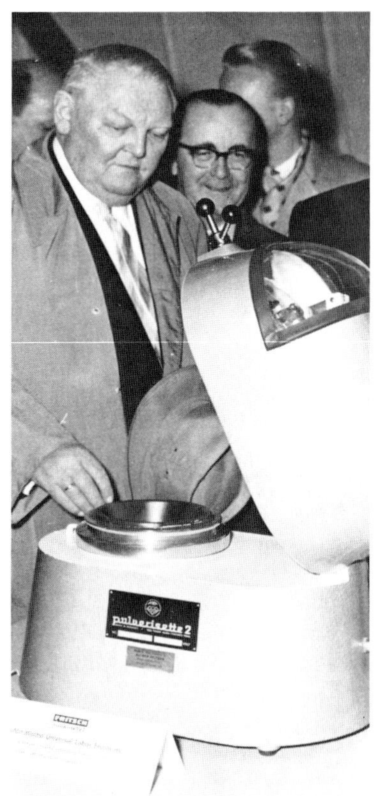

Bundeswirtschaftsminister Ludwig Erhard mit Labormühle

George Blake, britischer Regierungsbeamter und Diplomat, wird wegen Spionage verurteilt

Ludendorff-Bewegung

25. Mai. Die Organisationen der Ludendorff-Bewegung, zu der sowohl der Verlag Hohe Warte in Pähl (Oberbayern) als auch der Bund für Gotterkenntnis mit 5000 Mitgliedern gehören, werden von den Innenministern der Bundesländer für verfassungsfeindlich erklärt und verboten.

Die Ludendorff-Bewegung wurde 1925 durch den damaligen General Erich Ludendorff, der zum völkischen Flügel der Rechtsextremisten gehörte, als Tannenbergbund gegründet. Seit 1937 wird der Tannenbergbund als Bund für Deutsche Gotterkenntnis von Ludendorffs Frau Mathilde geführt.

Das Programm der Ludendorff-Bewegung sieht die Bildung eines »wehrhaften und freien Großdeutschland« unter autoritärer Staatsgewalt, als »Volksschöpfung im Sinne der Einheit von Rasse, Erbgut, Glaube, Kultur, Recht und Wirtschaft auf der Grundlage deutscher Gotterkenntnis« vor.

Die Geschäftsstelle des Bundes befindet sich in der Villa von Mathilde Ludendorff in Tutzing. Am 2. Mai hatte der Gemeinderat in Tutzing beschlossen, einen Verbindungsweg zu dieser Villa künftig Ludendorffstraße zu nennen. Erst nach einem Einspruch des bayerischen Innenministeriums verzichteten die Tutzinger am 6. Mai auf diese Straßenbenennung.

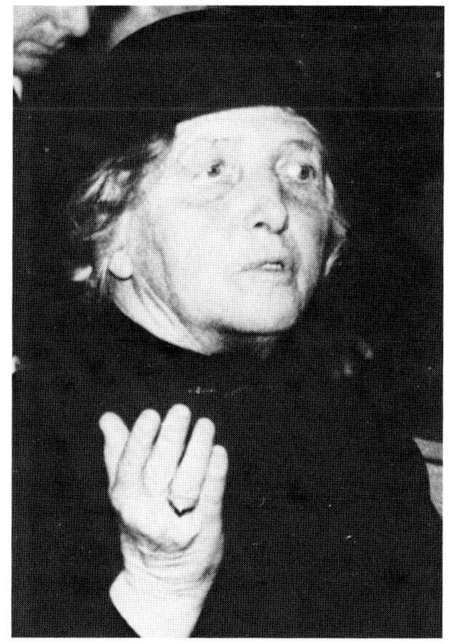

Mathilde Ludendorff, die Leiterin des jetzt verbotenen rechtsradikalen Bundes für Gotterkenntnis

42 Jahre Haft für Sowjetspion Blake

3. Mai. Mit der Verkündung der längsten Freiheitsstrafe, die ein britische Gericht bislang wegen Spionage verhängt hat – 42 Jahre Gefängnis –, geht in London der Prozeß gegen George Blake zu Ende.

Der 38jährige Verurteilte gestand, viele Jahre lang der Sowjetunion Kopien jedes Regierungsdokuments übermittelt zu haben, dessen er als Beamter der britischen Regierung habhaft werden konnte. Blake hatte allerdings keinen Zugang zu Informationen über geheime Waffen oder Atomwaffen.

Blake ist gebürtiger Niederländer und war im Zweiten Weltkrieg nach Großbritannien geflohen. Er diente in der britischen Marine und trat dann in den diplomatischen Dienst Großbritanniens ein.

Blake war 1950 Vizekonsul in Korea und wurde dort vom nordkoreanischen Einmarsch überrascht. In einem nordkoreanischen Lager entschloß er sich im November 1951, für die Sowjetunion zu spionieren.

1953 wurde Blake aus dem Lager entlassen und übernahm neun Monate später einen diplomatischen Posten in London. Von 1955 bis 1959 gehörte er der britischen Militärverwaltung in Berlin (West) an. Nach der Rückkehr nach London wurde er im September 1960 nach Beirut versetzt. Im April 1961 wurde er in der libanesischen Hauptstadt verhaftet.

Im Rahmen des Sudetendeutschen Tages in Köln 1961 wird in der bis auf den letzten Platz besetzten Kongreßhalle auf dem Messegelände ein großer Volkstumsabend, u. a. mit Tanzgruppen, veranstaltet

Verkehrsminister Hans-Christoph Seebohm, Sprecher der Sudetendeutschen Landsmannschaft

Sudetendeutscher Tag

21. Mai. Eine Volksabstimmung der Sudetendeutschen, die aber nur in der ehemaligen Heimat stattfinden könne, fordert Bundesverkehrsminister Hans-Christoph Seebohm (CDU) als Sprecher der Sudetendeutschen Landsmannschaft auf deren Tagung in Köln.

Ziele der rund 350 000 organisierten Sudetendeutschen sind die Rückkehr in eine nichtkommunistische Tschechoslowakei bzw. der Anschluß des Sudetenlandes an Deutschland, wie z. B. Adolf Hitler ihn 1938 praktiziert hatte.

Die revisionistische Politik der organisierten Sudetendeutschen hat sich in den letzten Jahren allerdings insofern gemäßigt, als die Rückkehr in die Heimat auf dem Verhandlungsweg durchgesetzt werden soll.

Sudetensprecher Seebohm hält derzeit jedoch solche Verhandlungen mit der Tschechoslowakei über das sudetendeutsche Problem für sinnlos, denn »bolschewistische Machthaber« würden keinen derartigen Vertrag einhalten.

Da nach einer Meinungsumfrage nur noch 50% der Sudetendeutschen rückkehrwillig sind, ruft Seebohm in Köln seine Landsleute auf, den Gedanken an die Heimat wachzuhalten.

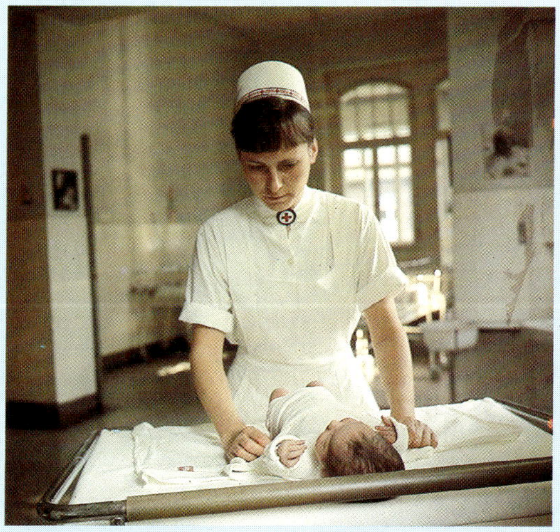

Säuglingsschwester beim Wickeln eines Babys in einem Altbau-Krankenhaus

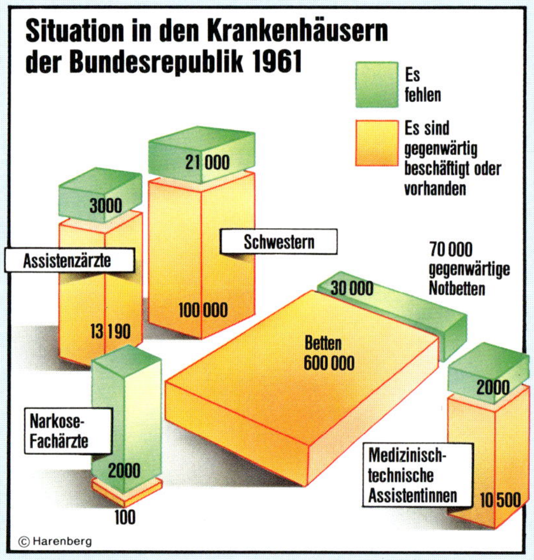

Durch den Personalmangel in den Hospitälern sind die Krankenschwestern überfordert

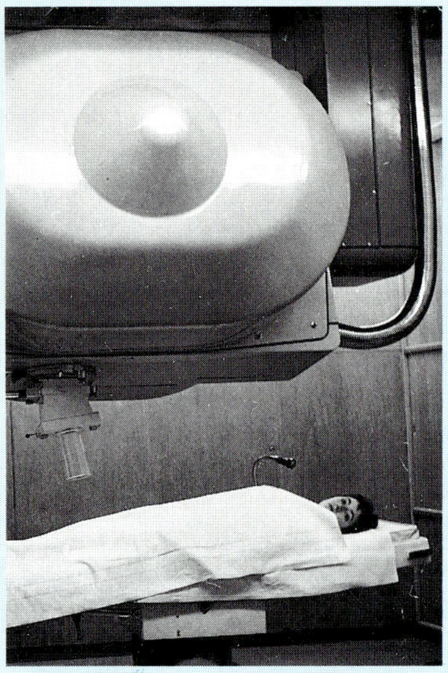

Das Rudolf-Virchow-Krankenhaus in Berlin erhält als erstes ein Betatron-Bestrahlungsgerät

Gesundheit 1961:

Notlage in den Krankenhäusern

Angesichts der 30 000 fehlenden Betten ist die ärztliche Versorgung in den bundesdeutschen Krankenhäusern 1961 unzureichend. Verschärft wird die Situation in den Hospitälern durch den Mangel an Pflegekräften. Insgesamt wären Mittel in Höhe von drei Milliarden DM notwendig, um die Krankenhäuser zu sanieren.

Vor allem in den Ballungszentren herrscht Bettennotstand. Vielerorts sind die Patienten in 12- oder 14-Betten-Zimmern mit unzureichenden Waschmöglichkeiten untergebracht. Wenn in den Zimmern kein Platz ist, werden die Betten auf die Gänge gestellt. Allein um die fehlenden Betten zu finanzieren, wären 1,2 Milliarden DM nötig, dazu müßten weitere 1,4 Milliarden DM aufgebracht werden, um die Überbelegung der Zimmer abzubauen. Zwar existieren in ländlichen Gebieten noch genügend Betten in Kleinstkrankenhäusern, doch sind diese Hospitäler in technischer Hinsicht völlig unzureichend ausgestattet. Bei diesen Anstalten beträgt die Bettenausnutzung z. T. nur 50%.

Die durchschnittliche wöchentliche Arbeitszeit der Krankenschwestern beträgt derzeit 55 Stunden. Allein um die Arbeitszeit auf 48 Stunden zu verringern, müßten 15 000 zusätzliche Pflegekräfte eingestellt werden. Ferner fehlen 6000 weitere Pflegekräfte und 3000 Assistenzärzte. Neben den etwa 221 Millionen DM, die für eine Aufstockung des Personals notwendig wären, müßten rund 180 Millionen DM für Rationalisierungsmaßnahmen ausgegeben werden.

In erster Linie sind jedoch die oft finanziell überlasteten Kommunen und Gebietskörperschaften für die Krankenhäuser zuständig – sie müssen für insgesamt 55,3% der Betten aufkommen. Rund 38,1% der Betten sind in konfessioneller Trägerschaft oder gehören dem Roten Kreuz und der Arbeiterwohlfahrt. Die restlichen 6,6% verteilen sich auf Privatkliniken.

Beengte Wohnverhältnisse, die Berufstätigkeit aller gesunden Familienmitglieder und die Lockerung der familiären Bindungen sind Gründe für den zunehmenden Andrang auf die Krankenhäuser. Viele Patienten, die früher zu Hause gepflegt werden konnten, werden heute ins Krankenhaus eingewiesen. 1960 wurden die rund 600 000 Krankenhausbetten in der Bundesrepublik von 7,5 Millionen Patienten in Anspruch genommen.

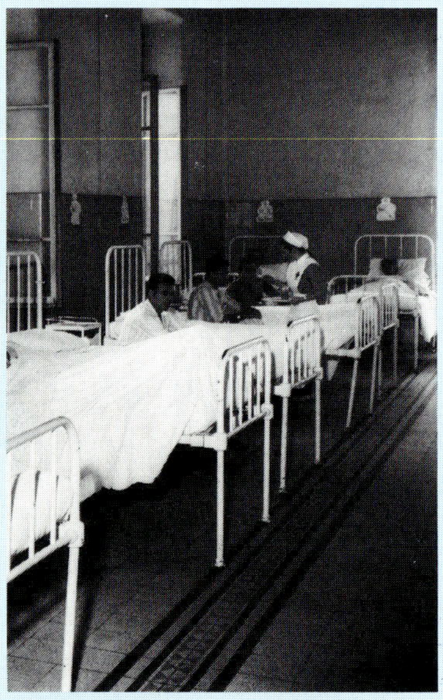

Auch in Italien sind Kranke häufig in Bettensälen untergebracht

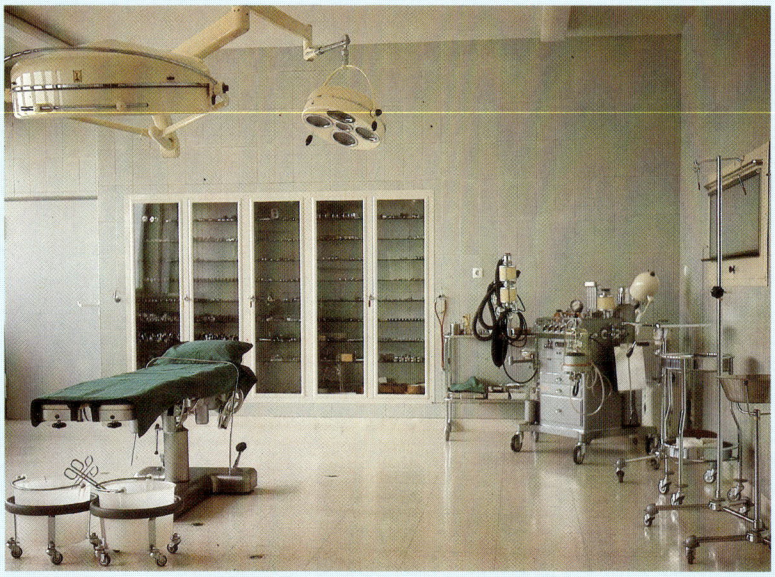

Operationssaal; trotz der finanziellen Misere bemühen sich die Krankenhäuser um eine Verbesserung der technischen Ausstattung

Geburtenziffern in der DDR sinken

11. Mai. Statistiken der DDR zeigen eine deutliche Abnahme der Zahl der Personen im erwerbstätigen Alter. Nach Vorausberechnungen von DDR-Statistikern wird die Zahl der Erwerbstätigen um 700 000 in den nächsten Jahren abnehmen. Die Zahl der Flüchtlinge – etwa 200 000 pro Jahr – ist in dieser Rechnung nicht berücksichtigt.

Unter Hinweis auf diese Entwicklung sowie die sinkenden Geburts- und steigenden Sterbeziffern schlagen die Statistiker in einem Gutachten vor, »Maßnahmen zur Erhöhung der Geburtenfreudigkeit zu ergreifen und einen prinzipiellen Kampf gegen die Republikflucht zu führen«.

Im einzelnen wird eine Erhöhung des Kindergelds empfohlen, die Verkürzung der Arbeitszeit und die Verlängerung des Urlaubs für arbeitende Mütter mit Kleinkindern sowie Preissenkungen für Kindernahrung und -bekleidung.

1960 kamen auf je 100 Personen im erwerbsfähigen Alter 62,6 Rentner und Kinder, nach den statistischen Vorausberechnungen werden es 1965 70,8 Rentner und Kinder auf 100 Erwerbstätige sein.

Straßenszene mit einem älteren Ehepaar in Berlin (Ost), hier wird der Unterschied zum Lebensstandard in der Bundesrepublik deutlich

Vier Verunglückte bei NATO-Manöver

17. Mai. Bei dem NATO-Manöver »Wolf orange« in der Nordsee verunglücken vier Soldaten der Bundeswehr tödlich.

Der Unfall ereignet sich nach Abschluß der eigentlichen Übung bei der Verladung der auf der Insel Borkum eingesetzten Soldaten und Panzerfahrzeuge. Ein Schwimmwagen mit 21 Soldaten an Bord rutscht von der Rampe eines Landungsschiffes ab und versinkt. Von den 18 aus dem kalten Wasser geretteten Soldaten erliegt einer später einem Herzschlag. Drei Soldaten sind vermißt.

Das Manöver, bisher die größte kombinierte Landungsübung der Bundeswehr, sollte die Zusammenarbeit von Verbänden des Heeres, der Marine und der Luftwaffe der Bundeswehr prüfen. Insgesamt nahmen rund 1000 Bundeswehrsoldaten an der Übung teil.

Ziel des Manövers war die Rückeroberung der von »Feinden« besetzten Insel Borkum. Als erstes wurden Pioniereinheiten an Land gesetzt, die von den nachrückenden Panzern und Panzerspähwagen unterstützt werden sollten. Nach zwei Stunden war Borkum planmäßig »zurückerobert«.

Umweltfreundliche Reinigungsmittel

31. Mai. Der Bundestag in Bonn verabschiedet ein Gesetz über die Beschaffenheit von Wasch- und Reinigungsmitteln sowie die dafür bestimmten Rohstoffe. Das Gesetz gibt der Bundesregierung die Möglichkeit, bis zum 30. Juni 1962 Normen festzulegen, so daß für die Waschmittel nur noch Rohstoffe verwandt werden dürfen, durch die das Wasser nicht belastet wird.

Die Gesetzesinitiative wurde ausgelöst, weil synthetische Waschmittel in den Kläranlagen, Flußläufen und Seen nicht in ausreichendem Maß durch den natürlichen Reinigungsprozeß des Wassers abgebaut werden können. An manchen Flüssen entstehen Schaumberge, die stellenweise bereits die Schiffahrt behindern sowie den Zutritt von Luft und Licht zum Wasser und damit den biologischen Reinigungsprozeß unmöglich machen.

Drei Schritte vor und zwei zurück

23. Mai. Tausende von Pilgern aus Westeuropa beteiligen sich an der traditionellen Springprozession, die alljährlich in Echternach im Großherzogtum Luxemburg stattfindet.

Die Prozessionsteilnehmer springen nach jahrhundertealter Regel jeweils drei Schritte vor und zwei zurück, bis sie das Grab des Friedensapostels Willibrord in der Echternacher Basilika erreichen. Drei Stunden lang erklingen die monotonen Hymnen der Willibrordus-Litanei, während die mit Taschentüchern aneinandergeketteten Wallfahrer in Sechserreihen den Prozessionsweg zurücklegen.

Der heilige Willibrord, der 698 in Echternach eine Benediktinerabtei stiftete, gilt als Patron gegen Epilepsie und ähnliche Krankheiten. Die Prozession geht auf seit dem 11. Jahrhundert bezeugte Pflichtprozessionen zurück.

Seite aus dem wertvoll mit Perlen und Edelsteinen verzierten »Codex Aureus Epternacensis«, dem Goldenen Echternacher Evangelienbuch, mit Darstellungen aus dem Echternacher Klosterleben (um 1030 entstanden)

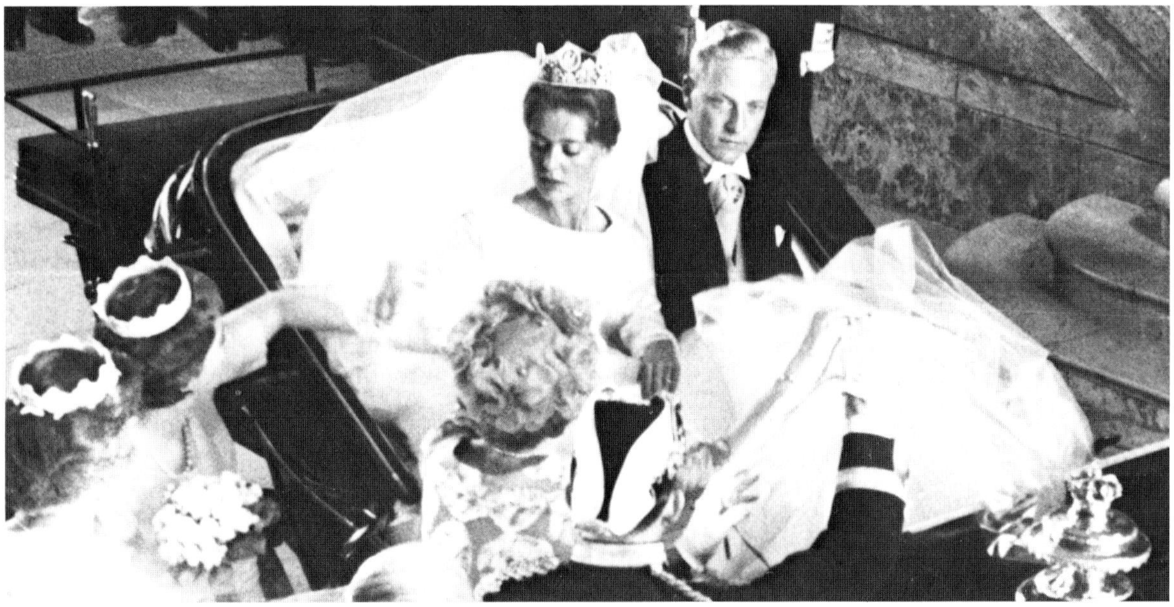
Prinzessin Brigitta von Schweden mit ihrem Mann Prinz Johann-Georg von Hohenzollern-Sigmaringen

Königliche Hochzeitspaare

25. Mai. Während sich in Stockholm Prinzessin Brigitta von Schweden und Prinz Johann-Georg von Hohenzollern-Sigmaringen das Jawort geben, heiratet der jordanische König Husain die Britin Toni Averil Gardiner.

Die standesamtliche Hochzeit in Stockholm wird vor 700 Gästen im Thronsaal vom Stockholmer Bürgermeister vorgenommen.

König Husain heiratet in der jordanischen Hauptstadt Amman die Tochter eines britischen Armeeobersten nach moslemischem Ritus. Die zweite Frau Husains wird weder den Titel einer Königin noch einer Prinzessin führen, weil sich die Bevölkerung Jordaniens gegen eine ausländische Herrscherin gewehrt hat.

König Husain von Jordanien mit seiner Frau Toni Averil Gardiner nach der Heirat in der jordanischen Hauptstadt Amman

Tod des populären Stars Gary Cooper

13. Mai. Sechs Tage nach Vollendung seines 60. Lebensjahres stirbt der US-amerikanische Filmschauspieler Gary Cooper in Hollywood an Krebs.

Gary Cooper begann seine Filmkarriere als Statist und Nebendarsteller. Sein erster Tonfilm (»Der Virginier«) machte ihn 1930 zum Star und begründete seine Rolle als schweigsamer, tapferer Held. Neben seinen Rollen in Western – die berühmteste ist die des Marshall Will Kane in »Zwölf Uhr mittags« (1952) mit Grace Kelly – spielte Gary Cooper in Liebeskomödien und abenteuerlichen Dramen. So verkörperte er den Helden in dem nach einem Roman von Ernest Hemingway (→ 2. 7./S. 135) 1933 gedrehten Film »In einem anderen Land«.

Gary Cooper

1941 erhielt Cooper seinen ersten Oscar für die Titelrolle in Howard Hawks Film »Sergeant York«. Auch bei der Verfilmung des Hemingway-Romans »Wem die Stunde schlägt«, spielte Cooper wieder die Hauptrolle (1943). Seinen zweiten Oscar erhielt er erst 1952 für seine Rolle in »Zwölf Uhr mittags« mit Grace Kelly.

Obwohl Coopers Fähigkeiten als Charakterdarsteller insofern begrenzt waren, als er z. B. keinen Schurken gespielt hat, war er einer der populärsten, angesehensten Hollywoodstars.

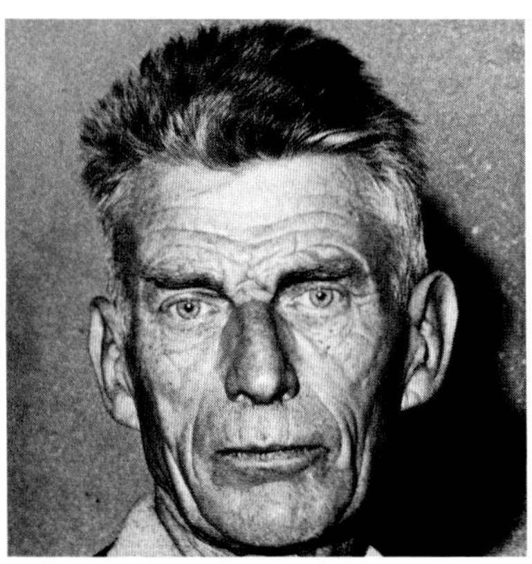
Der irische Dramatiker Samuel Beckett schreibt französisch

Neuer Literaturpreis

1. Mai. Der mit 10 000 US-Dollar (40 000 DM) dotierte »Internationale Literaturpreis« wird in Formentor auf der Balearen-Insel Mallorca zum ersten Mal verliehen.

Der irische Dichter Samuel Beckett und der argentinische Schriftsteller Juan Luis Borges erhalten den Preis von einer 30köpfigen Jury zu gleichen Teilen zugesprochen.

Der Spanier Juan García Hortelano erhält für seinen Roman »Sommergewitter« den ebenfalls mit 10 000 US-Dollar (40 000 DM) dotierten internationalen »Formentorpreis«, mit dem noch nicht veröffentlichte Werke weniger bekannter Autoren ausgezeichnet werden.

Stifter dieser beiden internationalen Literaturpreise sind die Verlage Rowohlt (Hamburg), Gallimard (Paris), Weidenfeld (London), Grove Press (New York), Einaudi (Turin) und Barral (Barcelona).

Gary Cooper und Ingrid Bergman in »Wem die Stunde schlägt«

In ihrer soliden und eleganten Aufmachung richtet sich die Werbung für koffeinfreien Kaffee vor allem an ein älteres Publikum

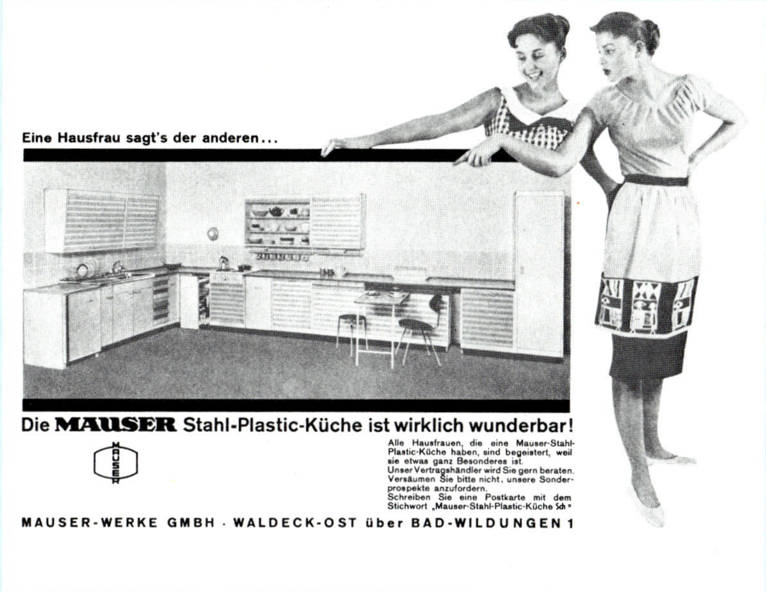

Sauberkeit, Funktionalität und Übersichtlichkeit sollen – nach Meinung der Mauser-Werke – die Begeisterung aller Hausfrauen wecken

Werbung 1961:

Mehr Reklame im TV

Die Erweiterung der Produktangebote und die sich verschärfende Konkurrenz führen zu immer höheren Aufwendungen für Design, Verpackung und Werbung.

So stiegen die Ausgaben für Werbemaßnahmen von 1959 bis 1960 um 300 Millionen DM auf 2,2 Milliarden DM (13%). Die größte Steigerung war bei der Fernsehwerbung zu verzeichnen: 1960 wurden mit 132,1 Millionen DM 75,3 Millionen DM mehr ausgegeben als 1959. Insgesamt betrug der Anteil der Fernsehwerbung 6,6%.

Zur Zeit kostet ein Werbespot von 60 sec Dauer im deutschen Fernsehen 19 000 DM. Solche Ausgaben leisten sich vor allem die Großunternehmen der Kosmetikindustrie, der Waschmittelherstellung und der Zigarettenindustrie.

Der größte Anteil der 2,2 Milliarden DM Werbekosten entfiel im Jahr 1960 auf die Anzeigen in Zeitschriften und Zeitungen. Etwa 50% der Werbung erschienen in Zeitungen, weitere 35,2% in Zeitschriften; auf die übrigen Werbeträger kamen etwa 8,2%.

Eine Zeichnung in duftigen Farben soll die Eleganz der angepriesenen Schuhe unterstreichen

Dieser Staubsauger mit seinem modischen Design in Pastellfarben wirbt für sich selbst

Mit Begriffen wie Fortschritt und Leistung wird für die Zigarettenmarke »Simona« geworben

Mit einer durch die große Schrift sehr wirkungsvollen Anzeige wird der neue VW vorgestellt

Die Firma Opel wirbt mit einer eleganten Dame und der modernen Form des Opel Kapitän L

Kunststoffe sollten verstärkt im Wohnbereich eingesetzt werden, meint Dynamit Nobel

Filmstar Gina Lollobrigida trifft am 12. Mai, von den Fans umjubelt, bei den Filmfestspielen in Cannes ein

Starlett Helly Therms läßt sich von Zeichner Bellus porträtieren

Sophia Loren mit Carlo Ponti (l.) und Vittorio de Sica, dem Regisseur von »La Ciociara«

»Goldene Palme« für Luis Buñuel

18. Mai. Die Jury der Internationalen Filmfestspiele in Cannes vergibt die »Goldene Palme« für den besten Film zu gleichen Teilen an den spanischen Film »Viridiana« von Luis Buñuel und an den französischen Streifen »Noch nach Jahr und Tag« von Henri Colpi.

»Viridiana« mit Silvia Pinal in der Titelrolle und Fernando Rey als Don Jaime schildert den Versuch einer Novizin, ein Leben zu führen, das ihren weltfremden Idealvorstellungen entspricht. Dabei wird sie beständig betrogen und ausgenutzt, nicht nur für die sexuellen Interessen ihres Onkels, sondern auch von den Armen, für die sie sich einsetzt. Wegen seiner antiklerikalen und antibourgeoisen Haltung wird der Film in Spanien sofort verboten.

Den Film »Noch nach Jahr und Tag« drehte der Franzose Henri Colpi nach einem Roman von Marguerite Duras mit der italienischen Schauspielerin Alida Valli.

Die »Goldene Palme« für die besten schauspielerischen Leistungen erhalten Sophia Loren für ihre Rolle in »Und dennoch leben sie« von Vittorio de Sica und Anthony Perkins für »Lieben Sie Brahms ...?«, einem Film von Anatole Litvak.

Unter den Kurzfilmen erhält der französische Streifen »La petite cuiller« (»Der kleine Löffel«) die Auszeichnung. Ein Sonderpreis wird an den ungarischen Kurzfilm »Das Duell« vergeben.

Die italienische Schauspielerin Sophia Loren in der Hauptrolle des Films »Und dennoch leben sie« (La Ciociara, die Bäuerin) des italienischen Regisseurs Vittorio de Sica, für die sie 1962 den Oscar erhält

Sal Mineo und Jill Haworth, Hauptdarsteller in »Exodus«

Film über die Anfänge Israels

5. Mai. Mit dem fast dreieinhalb Stunden langen US-amerikanischen Film »Exodus« von Otto Preminger werden die Filmfestspiele in Cannes eröffnet.

»Exodus«, nach dem gleichnamigen Roman von Leon Uris, schildert, wie 1947 die jüdische Widerstandsorganisation Hagana Juden aus den britischen Internierungslagern auf Zypern nach Palästina bringt. Ein weiterer Themenkreis des Films behandelt den Kampf von Hagana und der Terrororganisation Irgun gegen die britischen Mandatssoldaten in Israel. Im dritten Teil wird der Kampf der Israelis gegen die arabische Bevölkerung gezeigt.

Preminger hat mit »Exodus« 1960 seinen ersten selbstproduzierten Großfilm realisiert.

Botwinnik Schachweltmeister

11. Mai. Der Sowjetrusse Michail Botwinnik gewinnt in der 21. Partie den entscheidenden 13. Punkt gegen seinen Landsmann, den Titelverteidiger Michail Tal, und wird in Moskau erneut Schachweltmeister.

Botwinnik wurde zum ersten Mal 1948 Weltmeister in einem Turnier mit Wassili Smyslow, Paul Keres, Samuel Reshevsky und Max Euwe, nach dem Tod des Titelverteidigers Alexander Aljechin. 1957 verlor er die Meisterschaft an seinen Landsmann Wassili Smyslow, gewann sie aber ein Jahr später wieder zurück. 1960 wurde Botwinnik von Michail Tal geschlagen, der nun im Revanchekampf unterliegt.

Für den Titelkampf, der am →15. März (S. 65) in Moskau begonnen hat, waren 24 Partien angesetzt. Um zu gewinnen, mußten 13 Punkte erreicht werden. Botwinnik gewann die erste, dritte, siebte, neunte bis elfte, dreizehnte, fünfzehnte, achtzehnte und die entscheidende 21. Partie. Sechs Spiele endeten mit einem Remis. Titelverteidiger Tal konnte nur acht Punkte erreichen.

Die Gründe für den unerwartet hohen Sieg des 50jährigen Botwinnik liegen in seiner intensiven Spielvorbereitung. Durch genaues Analysieren der Fehler, die er bei seiner Niederlage 1960 gegen Tal gemacht hat, stellte sich Botwinnik auf die ungewöhnliche Spielweise seines Gegners ein. 1960 war es dem 24jährigen Tal häufig gelungen, Botwinnik in Zeitnot zu bringen und ihn dadurch am genauen Durchdenken der Spielzüge zu hindern. Botwinnik hatte sich in der Vorbereitung auf den Kampf gegen Tal an eine Zeiteinteilung gewöhnt, mit der er die oft riskanten Züge Tals ausgezeichnet analysieren konnte.

Tal dagegen hat die Weltmeisterschaft zu sorglos begonnen. Mit seinen oft unüberlegt erscheinenden Zügen kann er Botwinnik, der über ein immenses theoretisches Wissen verfügt, nicht verwirren. Gegen Botwinniks Training kann Tal seinen psychologisch - kombinatorischen Stil nicht ausspielen.

Michail Tal versuchte mit überraschenden Zügen zu gewinnen

Ex-Weltmeister Michail Botwinnik siegt in der Meisterschaft

Moss siegt in Monaco

14. Mai. Der Brite Stirling Moss gewinnt zum dritten Mal den Großen Preis von Monaco auf Lotus und erreicht damit neun Punkte im ersten Grand-Prix-Rennen der Saison.

Moss stellte mit seinem Lotus mit 135-PS-Motor einen neuen Streckenrekord auf. Er erreichte eine Geschwindigkeit von 113,7 km/h. Der alte Rekord, der 1958 aufgestellt wurde, lag bei 109,4 km/h.

Bis in die 14. Runde hatte der US-Amerikaner Richie Ginther auf einem 180-PS-Ferrari die Führung. Danach setzte sich Moss an die Spitze und konnte den ersten Platz bis ins Ziel behaupten.

Insgesamt wurden in Monte Carlo 100 Runden durch die Straßen der monegassischen Hauptstadt gefahren. Der Rundkurs ist 3,14 km lang.

Beim Großen Preis von Monaco entscheiden weniger die Motoren als das fahrerische Können.

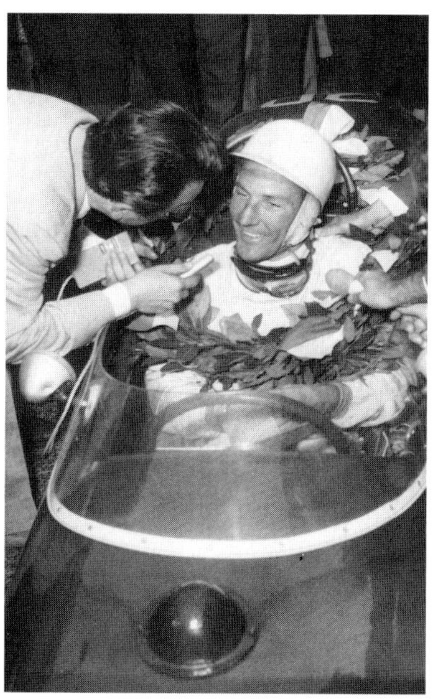

Der britische Rennfahrer Stirling Moss nach seinem Sieg in Monaco

Neuer Weltrekord im Weitsprung

27. Mai. Der neue Weltrekord im Weitsprung steht bei 8,24 m. Der US-amerikanische Leichtathlet Ralph Boston erreicht die neue Rekordmarke bei einem Wettkampf in Modesto in Kalifornien.

Boston übertrifft mit der neuen Weite seinen eigenen Weltrekord, den er im letzten Jahr in Walnut aufstellte, um drei Zentimeter. Am →16. Juli (S. 137) gelingt Boston die Verbesserung seines Rekords auf 8,28 m.

Bei den Olympischen Spielen 1960 in Rom gewann Boston die Weitsprung-Goldmedaille mit 8,12 m vor seinem Landsmann Irvin Robertson (8,11 m) und dem Sowjetrussen Igor Ter-Ovanesyan (8,04 m). Er brach damit den Weltrekord von Jesse Owens (USA), den dieser mit 8,13 m am 25. Mai 1935 in den USA aufgestellt hatte.

Die Weltmeister im Schachspiel

1851: Adolf Anderssen (Deutsches Reich, 1818–1879), in einem Turnier mit mehreren Kandidaten ermittelt

1858: Paul Morphy (USA, 1837–1884) gegen Adolf Anderssen 8:3

1866: Wilhelm Steinitz (Österreich/USA, 1836–1900) gegen Adolf Anderssen 8:6

1886: Wilhelm Steinitz gegen Johannes Hermann Zukertort 12½:7½

1889: Wilhelm Steinitz gegen Michail Tschigorin 10½:6½

1891: Wilhelm Steinitz gegen Isidor Gunsberg 10½:8½

1892: Wilhelm Steinitz gegen Michail Tschigorin 12½:10½

1894: Emanuel Lasker (Deutsches Reich, 1868–1941) gegen Wilhelm Steinitz 12:7

1897: Emanuel Lasker gegen Wilhelm Steinitz 12½:4½

1907: Emanuel Lasker gegen Frank James Marshall 11½:3½

1908: Emanuel Lasker gegen Siegbert Tarrasch 10½:5½

1909: Emanuel Lasker gegen David Janowski 8:2

1910: Emanuel Lasker gegen David Janowski 9½:1½

1921: José Raúl Capablanca (Kuba, 1888–1942) gegen Emanuel Lasker 9:5

1927: Alexander Aljechin (UdSSR/Frankreich, 1892 bis 1946) gegen José Raúl Capablanca 18½:15½

1929: Alexander Aljechin gegen Efim Bogoljubow 15½:10½

1934: Alexander Aljechin gegen Efim Bogoljubow 15½:10½

1935: Max Euwe (Niederlande, *1901) gegen Alexander Aljechin 15½:14½

1937: Alexander Aljechin gegen Max Euwe 15½:9½

1948: Michail Botwinnik (UdSSR, *1911), in einem Turnier ermittelt

1957: Wassili Smyslow (UdSSR, *1921) gegen Michail Botwinnik 12½:9½

1958: Michail Botwinnik gegen Wassili Smyslow 12½:10½

1960: Michail Tal (UdSSR, *1936) gegen Michail Botwinnik 12½:10½

1961: Michail Botwninik gegen Michail Tal 13:8

Juni 1961

Mo	Di	Mi	Do	Fr	Sa	So
			1	2	3	4
5	6	7	8	9	10	11
12	13	14	15	16	17	18
19	20	21	22	23	24	25
26	27	28	29	30		

1. Juni, Donnerstag

Der dominikanische Staatspräsident Joaquin Balaguer ernennt Rafael Leonidas Trujillo, den Sohn des am 30. Mai ermordeten Diktators Rafael Leonidas Trujillo y Molina, zum neuen Oberbefehlshaber der Streitkräfte. → S. 116

Der Primas von Polen, Stefan Kardinal Wyszynski, greift in seiner Fronleichnamspredigt die kommunistische Regierung seines Landes an. → S. 116

In Mailand übertrifft der italienische Speerwerfer Carlo Lievore mit 86,74 m den Weltrekord des US-Amerikaners Al Cantello aus dem Jahr 1959 um 70 cm.

2. Juni, Freitag

Niedersachsen, Hessen und Rheinland-Pfalz werden von schweren Unwettern heimgesucht. In Niedersachsen, insbesondere in den Kreisen Göttingen und Duderstadt, werden die schlimmsten Hochwasserkatastrophen seit 100 Jahren verzeichnet. Die Leine hat einen Wasserstand von 2,65 m (bei einem Normalstand von 1,10 m).

3. Juni, Sonnabend

Der US-amerikanische Präsident John F. Kennedy und der sowjetische Partei- und Regierungschef Nikita Chruschtschow treffen in Wien zu einem Meinungsaustausch über Abrüstungsfragen und das Berlin-Problem zusammen. → S. 108

Bundespräsident Heinrich Lübke legt in Recklinghausen den Grundstein für das neue Haus der Ruhrfestspiele. → S. 121

4. Juni, Sonntag

Der sowjetische Regierungschef Nikita Chruschtschow überreicht US-Präsident John F. Kennedy ein Memorandum zur Deutschlandpolitik. In diesem Memorandum schlägt Chruschtschow die Umwandlung von Berlin (West) in eine entmilitarisierte und neutrale Stadt vor und fordert den Abschluß eines Friedensvertrages. Das Memorandum wird erst am 11. Juni veröffentlicht. → S. 109

Ein Kriegsgericht in der südkoreanischen Hauptstadt Seoul spricht die ersten Todesurteile nach der Machtübernahme des Militärs in Südkorea aus. In einer nur dreistündigen Verhandlung werden drei Männer zum Tode, ein vierter zu fünf Jahren Gefängnis verurteilt. 1385 Staatsbeamte und Offiziere werden wegen »ehrenrührigen Verhaltens« fristlos entlassen (→ 16. 5./S. 91; 3. 7./S. 129).

Mehr als zwei Millionen Campingreisende sind im vorigen Jahr nach einer Mitteilung des Deutschen Camping-Clubs auf 596 Zeltplätzen in der Bundesrepublik gezählt worden. Etwa 800 000 Besucher kamen aus dem Ausland.

Nach Abschluß der Fußballsaison 1960/61 wird Austria Wien mit sieben Punkten Vorsprung vor Vienna Wien Österreichischer Fußballmeister.

5. Juni, Montag

Die dominikanische Polizei entdeckt den früheren General Juan Tomás Diaz, der für das Attentat auf Rafael Leonidas Trujillo verantwortlich gemacht wird, zusammen mit einem weiteren Verschwörer in Ciudad Trujillo (Santo Domingo) und erschießt ihn (→ 1. 6./S. 116).

6. Juni, Dienstag

Durch Staatsvertrag der Länder der Bundesrepublik Deutschland wird das Zweite Deutsche Fernsehen (ZDF) als gemeinnützige Anstalt des öffentlichen Rechts mit Sitz in Mainz gegründet. → S. 111

In der Bundesrepublik wird zum zweiten Mal eine Volkszählung durchgeführt. → S. 112

7. Juni, Mittwoch

Nach dem Abschluß der Wiener Konferenz zwischen US-Präsident John F. Kennedy und dem sowjetischen Regierungschef Nikita Chruschtschow (am 4. Juni) setzt sich SED-Sekretär Walter Ulbricht für ein Gespräch zwischen der Bundesrepublik und der DDR ein. Auf einem Parteiempfang in Berlin (Ost) betont Ulbricht, daß es für die Lösung der deutschen Frage nur den Weg der »militärischen Neutralisierung ganz Deutschlands« gebe.

Vertreter der deutschen und der griechischen Arbeitsverwaltung kommen in Nürnberg überein, daß mehr griechische Arbeitskräfte in die Bundesrepublik vermittelt und hier besser betreut werden sollen. In Frankfurt am Main, München, Stuttgart und Köln sollen Auskunftsbüros für die 40 000 griechischen Arbeitnehmer eingerichtet werden.

Vom 1. August 1961 bis zum 31. Januar 1962 brauchen in der Bundesrepublik keine Beiträge mehr zur Arbeitslosenversicherung gezahlt zu werden, beschließt das Kabinett in Bonn. → S. 114

Der Weinbauminister von Rheinland-Pfalz, Oskar Stübinger, schlägt vor, die Verpflegungsration der Bundeswehrsoldaten um 0,25 Liter Wein pro Tag zu bereichern. Der Vorschlag wird am 14. Juni von Bundesverteidigungsminister Franz Josef Strauß abgelehnt. → S. 111

8. Juni, Donnerstag

Angesichts des neuerlichen Bruchs der Waffenruhe durch die Pathet-Lao in Laos und des sowjetischen Zögerns, sich an Friedensregelungen zu beteiligen, erklären die Vereinigten Staaten, Großbritannien und Frankreich, daß sie vorerst nicht mehr an der Genfer Laos-Konferenz teilnehmen werden (→ 22. 6./S. 116).

In Anwesenheit der britischen Königsfamilie heiratet Prinz Edward George, Herzog von Kent, Catherine Worsley in der mittelalterlichen Kathedrale von York. → S. 119

9. Juni, Freitag

Der Sicherheitsrat der Vereinten Nationen in New York fordert Portugal mit neun gegen null Stimmen bei zwei Enthaltungen auf, die Unterdrückungsmaßnahmen gegen die Bevölkerung der portugiesischen Kolonie Angola in Westafrika so schnell wie möglich einzustellen. Frankreich und Großbritannien enthalten sich der Stimme (→ 13. 4./S. 73).

10. Juni, Sonnabend

Die südafrikanische Regierung legt dem Parlament einen Gesetzentwurf vor, der die Abschaffung der Prohibition für die 12,7 Millionen umfassende farbige Bevölkerung zum Ziel hat. Danach wird es voraussichtlich ab Juli neben Mischlingen und Indern auch allen über 18 Jahre alten Bantus in Südafrika gestattet sein, alkoholische Getränke aller Art zu kaufen (→ 31. 5./S. 92).

Dem sowjetischen Geiger David Oistrach wird von der Zürcher Fremdenpolizei die Erlaubnis zum Auftreten in der Zürcher Tonhalle verweigert. → S. 120

Rund 2300 Briten werden aus Anlaß der offiziellen Feier des Geburtstages der britischen Königin Elisabeth II. mit Orden und Titeln ausgezeichnet. Außerdem wird Prinz Philipp, Herzog von Edinburgh, an diesem Tag 40 Jahre alt.

Das Fußball-Länderspiel Ungarn gegen Österreich endet in Budapest 1:2.

11. Juni, Sonntag

In Mailand finden Geheimverhandlungen zwischen Vertretern der kongolesischen Provinz Katanga und der Zentralregierung statt. Es wird eine Einigung über die Freilassung des Präsidenten von Katanga, Moise Tschombé erzielt, der wegen des Todes von Patrice Lumumba, des Ex-Ministerpräsidenten inhaftiert worden war (→ 22. 6./S. 115).

Das Deutschland-Memorandum des sowjetischen Regierungschefs Nikita Chruschtschow vom 4. Juni wird veröffentlicht. Bundeskanzler Konrad Adenauer lehnt eine Entmilitarisierung Berlins, wie sie Chruschtschow vorschlägt, ab. Auch die drei Westmächte zeigen eine ablehnende Haltung. → S. 109

In der Nacht kommt es zu einer Serie von Sabotageakten in Südtirol. 19 Telefon- und Hochspannungsmasten werden gesprengt (→ 25. 6., S. 117).

Nach anhaltenden Regenfällen wird in der DDR für die Kreise Gotha, Sondershausen und Weimar in Thüringen sowie die Bezirke Karl-Marx-Stadt und Zwickau in Sachsen Hochwasseralarm gegeben. Das kürzlich in Betrieb genommene Rückstaubekken bei Straußfurt, das bis zu 20 Millionen m^3 Wasser stauen kann, ist bis zum Rand gefüllt.

In Mailand geht nach drei Wochen der Giro d'Italia mit einem Sieg des Italieners Armaldo Pambianco zu Ende. Hans Junkermann (Köln) belegt den sechsten Platz. Das Radrennen hatte am 20. Mai begonnen.

Das 24-Stunden-Rennen von Le Mans gewinnt das Team Olivier Gendebien (Belgien) und Phil Hill (USA) auf Ferrari. Sie erreichten eine Durchschnittsgeschwindigkeit von 186,5 km/h.

12. Juni, Montag

Die internationale Laos-Konferenz in Genf wird wieder einberufen. Auch die Führer der drei streitenden laotischen Parteien wollen am 18. Juni in Zürich zusammenkommen (→ 22. 6./S. 116).

Wegen des Mangels an Ausbildungsmöglichkeiten für Medizinstudenten empfiehlt der Wissenschaftsrat die Gründung von sieben neuen medizinischen Akademien in der Bundesrepublik. Die bestehenden medizinischen Fakultäten sollen ausgebaut werden.

Zum ersten Mal steigt die Zahl der Studenten an der Freien Universität Berlin im Sommersemester 1961 auf über 13 000. Die Technische Universität weist für das Sommersemester 1961 rund 8500 Studenten aus. Zusammen mit den Studierenden der Hochschule für Bildende Kunst, der Pädagogischen und der Kirchlichen Hochschule gibt es in Berlin (West) insgesamt rund 25 000 Studenten.

13. Juni, Dienstag

70 Experten für Guerilla- und Dschungelkrieg aus den Vereinigten Staaten treffen in der südvietnamesischen Hauptstadt Saigon ein. Sie sollen die Streitkräfte des Präsidenten Ngo Dinh Diem im Kampf gegen die oppositionellen Vietcong-Verbände unterstützen. → S. 115

Der chinesische Ministerpräsident Chou En-Lai richtet auf seinem Empfang zu Ehren einer nordvietnamesischen Regierungsdelegation heftige Angriffe gegen den »amerikanischen Imperialismus in Südostasien«.

Der österreichische Ministerrat lehnt die am 31. Mai von Otto Habsburg-Lothringen, dem Sohn des letzten österreichischen Kaisers, geleistete Loyalitätserklärung ab. → S. 117

Wegen der Terroranschläge in Algerien werden die Verhandlungen in Evian über die Zukunft Algeriens auf unbestimmte Zeit unterbrochen (→ 20. 7./S. 130).

Die Welt« mit einem eitartikel über das 'reffen des US-amerianischen Präsidenten ohn F. Kennedy mit em Ministerpräsiden-n der UdSSR, Nikita 'hruschtschow, in Wien

Verlag DIE WELT, Essen, Sachsenstr. 36, Tel. 2 14 21, Fernschr. 0857 341, Hamburg 36, Kaiser-Wilhelm-Str. 16, Tel. 34 10 10, Fernschr. 0211 149 Berlin-Tempelhof, Mariendorfer Damm 1/3, Tel. 75 05 86. Verlagsleiter: Dr. Heinrich Schulte

DIE WELT

UNABHÄNGIGE TAGESZEITUNG FÜR DEUTSCHLAND

Abonnement durch Träger oder Post, monatlich DM 6,60 einschl. Zustellgebühr. Postabholer DM 6,66. Auslandsbezug DM 9,— einschl. Porto. Anzeigenpreisliste Nr. 29 vom 15. 8. 1960. Verantwortlich für Anzeigen: Karl Heinz Holz.

Montag, 5. Juni 1961 1 H 7109 A Ausgabe D* Nr. 128 · Preis 30 Pf

Kennedy und Chruschtschow bezeichnen ihr Treffen als nützlich

Wie erwartet

Be. — Das Treffen in Wien endete allem Anschein nach so, wie es erwartet worden war: Kennedy und Chruschtschow fixierten ihre Standpunkte zu den großen internationalen Problemen der Gegenwart. Nach einer amtlichen Version geschah dies in einer „höflichen Atmosphäre". Doch wird niemand daran zweifeln, daß die Führer der zwei mächtigsten Staaten der Erde, so gegensätzlich sie ihrem Wesen nach auch sind, ihre Haltung in aller Härte vorgetragen haben.

Daß sie keine sofort greifbaren Lösungsvorschläge entwickelten, entspricht absolut der Prämisse für diese Begegnung, die keine Verhandlung sein sollte, sondern ein Gespräch, eine Möglichkeit des persönlichen Kennenlernens. Genauso war es vorgesehen. Geschehen ist allerdings eher noch mehr, denn die beiden Männer dehnten ihre Gespräche in einem ganz unerwarteten Maße aus.

Natürlich wird man hierin nicht unbedingt einen Fortschritt in der Sache selbst sehen dürfen, aber unzweifelhaft spricht es dafür, daß sich Kennedy und Chruschtschow mit ihren Auffassungen in einer Form konfrontierten, die auf den Kern der Dinge vorstieß. Beide werden jetzt die Ausgangsposition des anderen genauer kennen, und sie werden auch dessen Entschlossenheit besser abzuschätzen wissen, mit der diese Politik verfochten werden wird. Vor allem Chruschtschow wird nun spüren, daß er niemals zuvor einem westlichen Staatsmann von größerer Standfestigkeit begegnet ist.

Dies kann nicht ohne Einfluß auf die sowjetische Politik bleiben, denn es sind in der Politik ja oft gerade die im persönlichen Bereich mitschwingenden Unwägbarkeiten, die zu allen möglichen Fehlschlüssen oder sogar Kurzschlüssen führen.

In den während des Wiener Gesprächs wechselseitig gewonnenen Aufschlüssen wird man deshalb vorerst, solange die Konturen des Gesprächsinhalts für die Öffentlichkeit noch verschwommen bleiben müssen, die Bedeutung des Treffens sehen müssen. Hierin allein schon Ansätze für eine Entspannung zu sehen, wäre allerdings verfrüht.

Kommuniqué nach dreizehnstündiger Unterredung

Keine Annäherung in der Berlin-Frage

Von unserem Sonderkorrespondenten Graf v. Finckenstein

Wien, 4. Juni

Ohne eine Überwindung der entstandenen Gegensätze zwischen Ost und West, aber mit dem Ausblick auf weitere Kontakte zwischen den USA und der Sowjetunion ist am Sonntagnachmittag die zweitägige Wiener Besprechung zwischen Präsident Kennedy und Ministerpräsident Chruschtschow zu Ende gegangen.

Die beiden Staatsmänner trennten sich nach der insgesamt fast dreizehnstündigen Zusammenkunft, von der sich ein großer Teil nur unter vier Augen abspielte, mit ernsthaften Gesichtern und ohne daß eine der beiden Seiten ihren grundsätzlichen Standpunkt aufgegeben oder geändert hätte.

Die mit soviel Spannung erwartete und von soviel Geheimnissen und Gerüchten umwitterte Konferenz brachte harte offene Auseinandersetzungen, aber blieb im Rahmen einer rein informativen persönlichen Begegnung. Kennedy ist noch am Sonntagabend in London eingetroffen.

In dem kurz gehaltenen Abschlußkommuniqué heißt es, daß die beiden Staatsmänner bei ihrem Zusammentreffen „nützliche Gespräche" geführt haben.

Beide Staatsmänner vereinbarten dem Kommuniqué zufolge, weiterhin Kontakte über alle Fragen aufrechtzuerhalten, die von Interesse für ihre beiden Länder und für die ganze Welt sind. Sie bekräftigten ihre Unterstützung eines neutralen und unabhängigen Laos und einer Regierung, „die von der laotischen Bevölkerung selbst gewählt ist. Chruschtschow und Kennedy erkannten, wie es weiter heißt, die Bedeutung einer tatsächlichen Feuereinstellung in Laos an. Sie wollen die internationalen Abmachungen für eine Sicherstellung dieser Neutralität und Unabhängigkeit unterstützen.

Als Gesprächsthemen des Sonntags erwähnt das Kommuniqué das Abrüstungsproblem, die Frage der Atomwaffenversuche und das Deutschland-Thema.

Entgegen vielen Befürchtungen hat die Berliner Frage auf dieser Konferenz nicht im Vordergrund gestanden. Sie kam erst am zweiten Tag zur Sprache und wurde selbst von Chruschtschow nur als eines unter vielen Problemen behandelt. Beide Seiten beschränkten sich auch hier auf eine Darlegung der gegenseitigen Standpunkte. Es gab weder eine Annäherung noch eine Verschärfung in Form oder Sprache. Chruschtschow nannte andererseits aber auch keinerlei Fristen für die von ihm angestrebte Lösung der Umwandlung Berlins in eine freie Stadt.

Aus Äußerungen der offiziellen Sprecher auf einer gemeinsamen abschließenden Pressekonferenz ging hervor, daß das Berlin-Problem lediglich im Rahmen der gesamten Diskussion über Deutschland behandelt worden ist.

(Fortsetzung Seite 4, Spalten 2 bis 5)

Chruschtschow und Kennedy trafen sich am Sonntag in der sowjetischen Botschaft in Wien. Die Frauen der Staatsmänner (links) aßen zusammen zu Mittag. Telefotos: DIE WELT/UPI

Macmillan: „Ich bin gespannt"

Premierminister begrüßt Kennedy in London

Springer-Auslandsdienst

London, 4. Juni

„Ich mache kein Hehl daraus, daß ich sehr gespannt bin, von Ihnen zu hören, was geschehen ist", erklärte der britische Premierminister Macmillan am Sonntagabend, als er den aus Wien eintreffenden Präsidenten Kennedy in London auf dem Flughafen empfing.

Kennedy erwiderte: „Ich freue mich ganz besonders darüber, eine Gelegenheit zu haben, mich mit Ihnen zu beraten. Dies ist ein passender Abschluß der Reise, die uns von Washington nach Paris und Wien geführt hat."

Auf dem Flughafen schritt der amerikanische Präsident eine Ehrenkompanie ab, die — im Gedenken an den Marinedienst Kennedys während des zweiten Weltkrieges — von Angehörigen der britischen Kriegsflotte gestellt wurde.

Mit dem Ausruf „Good old Jack" (Guter alter Jack) begrüßte eine große Menge begeisterter Londoner auf dem Flughafen das amerikanische Staatsoberhaupt.

Ein Polizist nahm während der Abfahrt Kennedys vom Flughafen einen jungen Mann fest, der versucht hatte, mit einem Transparent, das sich gegen den Atomtod wandte, vor das Auto des Präsidenten zu laufen.

4389 Flüchtlinge

Von unserem Korrespondenten

H.-J. K. Berlin, 4. Juni

In der vergangenen Woche haben 4389 Einwohner der Sowjetzone in den drei Lagern Berlin-Marienfelde, Gießen und Uelzen ihre Notaufnahme beantragt. Darunter waren 672 alleinstehende Personen unter 24 Jahren. In den beiden Wochen zuvor hatten sich 4169 und 3923 Flüchtlinge gemeldet.

Pastor Giesen nach Berlin berufen

Von unserem Korrespondenten

H.-J. K. Berlin, 4. Juni

Der 51jährige Generalsekretär des Deutschen Evangelischen Kirchentages, Pastor Giesen, ist zum 1. Oktober dieses Jahres als Stadtmissionsdirektor nach Berlin berufen worden. In dieser Stellung soll Giesen „neue Wege für die Verkündung des Evangeliums in Berlin" suchen und die Missionsarbeit der Evangelischen Kirche in der deutschen Hauptstadt koordinieren.

Giesen hat die Kirchentagsbewegung mit aufgebaut und war zehn Jahre hindurch für sie als Generalsekretär tätig. Die Berufung nach Berlin war schon im Herbst 1960 an ihn herangetragen worden.

Lübke legte Grundstein für neues Ruhrfestspielhaus

Von unserem Korrespondenten

grü. Recklinghausen, 4. Juni

Bundespräsident Lübke hat am Wochenende in Recklinghausen den Grundstein für das neue Haus der Ruhrfestspiele gelegt. Lübke nannte die Ruhrfestspiele einen Teil der neuen Heimstätte des deutschen Volkes. In dem neuen Festspielhaus sollten allein wahrer Friede und Freiheit wirken.

Lübke äußerte „tiefsten Schmerz" darüber, daß die deutschen Landsleute jenseits des Eisernen Vorhangs noch daran gehindert seien, mit in der gemeinsamen deutschen Heimstätte zu leben.

Der stellvertretende Vorsitzende des Deutschen Gewerkschaftsbundes, Tacke, sagte bei der Grundsteinlegung, der DGB habe das Bestreben, das Ideelle in unserer Gesellschaft zu fördern, damit das Materielle uns nicht verkümmere.

Brenner lehnt die Zwangsbeiträge ab

Augsburg, 4. Juni (dpa)

Gegen die von der Industriegewerkschaft Bau-Steine-Erden vorgeschlagenen Zwangsbeiträge nicht organisierter Arbeiter und die Einrichtung einer besonderen Kasse sprach sich der Vorsitzende der IG Metall, Brenner, in Bremen aus. Nach seiner Ansicht könnte dadurch die Unabhängigkeit der Gewerkschaften gefährdet werden.

Brenner wies vor der Presse darauf hin, daß 1960 fast 100 000 neue Mitglieder zur IG Metall gestoßen seien. Die Gewerkschaft wolle künftig nicht nur die Grundlöhne, sondern auch die Effektivlöhne tarifvertraglich zu sichern versuchen.

Christentum und Wahlkampf

Von BERNT CONRAD

Ringen um evangelische Wähler

Eine Tagung der CDU

Falsche Kritik an der Kirche

Mit dröhnenden Posaunen und kritischen Untertönen hat der Kampf um die Wählerstimmen der evangelischen Christen begonnen. Schauplatz war Hamburg, wo der Evangelische Arbeitskreis der Christlichen Demokraten drei Tage lang die geistigen Waffen für die kommende Auseinandersetzung schliff und die Wähler in einem flammenden Appell aufrief, dafür zu sorgen, daß auch künftig „erfahrene und bewährte Persönlichkeiten von christlicher Grundhaltung" das Steuer in der Bundesrepublik führen.

Fast alle maßgebenden evangelischen Politiker der Union waren nach Norddeutschland gekommen, um diesem Appell den nötigen Nachdruck zu verleihen. Ihre Reden strahlten jenen Optimismus aus, der schon beim Bundesparteitag in Köln die Szene beherrscht hatte. Doch anders als am Rhein brodelte es in der Hansestadt vernehmlich unter der auf Hochglanz polierten Oberfläche. Was Bundesinnenminister Schröder in der einleitenden Pressekonferenz noch elegant in die Form mahnender Worte gekleidet hatte — die Kritik an der mangelnden politischen Aktivität des evangelischen Bevölkerungsteils —, das brach einen Tag später in den Arbeitsgruppenberatungen als elementarer Aufschrei aus den Teilnehmern heraus. Ein Sturm der Entrüstung wehte durch den Großen Saal der „Patriotischen Gesellschaft", und er richtete sich nicht nur gegen die evangelischen Christen, sondern mehr noch gegen die Kirche.

*

Da war auf einmal nichts mehr von der Gelassenheit zu spüren, die Schröder, Erhard, Gerstenmaier und die anderen „Großen" aus Bonn an den Tag gelegt hatten. Lange unterdrückter Groll wurde laut, Unmut über die Situation der evangelischen CDU-Politiker in der Öffentlichkeit und vor allem innerhalb der kirchlichen Gemeinde. Ein Sprecher nach dem anderen stand auf und schleuderte der Kirche seine Anklage entgegen: Die Pfarrer seien politisch indifferent; viele wählten wahrscheinlich die Christlichen Demokraten, vermieden es aber, sich öffentlich zu ihnen zu bekennen; die aktiv in der Union tätigen Menschen drohten zu Stiefkindern der Gemeinde zu werden; die evangelische Kirche versäume es, den Politikern, ähnlich wie die katholische Kirche es tue, Richtlinien und Hilfe zu geben; überhaupt sei die Kirche durch ihre inneren Auseinandersetzungen immobil. Noch weiter ging der württembergische Bundestagsabgeordnete Bausch. Er sagte klipp und klar: „Die evangelische Kirche ist ihren Beitrag zum Wiederaufbau Deutschlands und der Welt bisher schuldig geblieben."

*

Und damit war der Irrtum perfekt. Denn jeder, der mit dem Leben der evangelischen Gemeinde vertraut ist, weiß, daß alles das, was hier von ihr gefordert wurde, einfach nicht von ihr verlangt werden kann und darf. Natürlich bietet die Kirche genügend Anlaß zu Ärgernis, peinigen ihre inneren Spannungen gerade diejenigen, die den leidenschaftlichsten Anteil am Wohlergehen der Gemeinde nehmen. Aber ist eine Kirche, die allein vom Wort her lebt, ohne ein Ringen um die Wahrheit, das heißt ohne widersprüchliche Meinungen denn überhaupt denkbar? Leistet sie nicht vielmehr durch ihre tiefgehenden Auseinandersetzungen (wie ein lutherischer Kirchenvertreter sich ausdrückte) einen stellvertretenden Dienst für die Allgemeinheit?

Gewiß darf die evangelische Kirche zu den großen politischen Fragen der Zeit nicht schweigen, und sie hat das in den Jahren seit dem Kriege auch niemals getan. Doch die Ausgabe konkreter politischer Weisungen oder gar eine parteipolitische Bindung widersprechen ihrem innersten Wesen. Die Grenze der politischen Wirksamkeit der evangelischen Kirche ist nun einmal viel enger gezogen als bei der katholischen Kirche. Auch der protestantische Pfarrer sollte seine Gemeindemitglieder aufrufen, tatkräftig am öffentlichen Leben mitzuwirken. Aber müßte er nicht um den Zu-

(Fortsetzung Seite 2)

Treffen mit Mao?

Peking, 4. Juni (dpa)

Mit der Möglichkeit einer Begegnung zwischen Chruschtschow und dem chinesischen Parteichef Mao Tse-tung rechnen diplomatische Kreise in Peking aus Anlaß von Feierlichkeiten der mongolischen KP Ende Juni. Wie verlautet, werden einige prominente Ostblockpolitiker zu diesen Feierlichkeiten kommen.

De Gaulle schrieb an den Bundeskanzler

Bonn, 4. Juni (dpa)

Staatspräsident de Gaulle hat Bundeskanzler Adenauer am Sonntag durch den französischen Botschafter in Bonn einen Brief überbringen lassen. Einzelheiten des Schreibens sind bisher nicht bekannt. Es wird vermutet, daß de Gaulle den Kanzler über seine Gespräche mit Präsident Kennedy in Paris informiert hat.

Verhaftungen in der Türkei

Springer-Auslandsdienst

Istanbul, 4. Juni

Mehr als 200 Personen sind in der vergangenen Woche in der Türkei verhaftet worden, wie in Istanbul bekannt wurde. Es sind in der Mehrzahl angebliche Anhänger des ehemaligen Ministerpräsidenten Menderes, der gegenwärtig vor Gericht steht.

Im Norden heiter – im Süden Regen

Nachrichtendienst der WELT

Hamburg, 4. Juni

Meist heiteres Wetter mit einzelnen Gewittern und Temperaturen um 25 Grad sagen die Wetterämter für Norddeutschland und Berlin voraus. In Nordrhein-Westfalen werden die Temperaturen nach den Unwettern der letzten Tage auf 20 Grad steigen. Im Süden und Südwesten erwartet man noch strichweise Regen und allmähliche Erwärmung. (Siehe letzte Seite.)

Kohler informiert Adenauer

Nachrichtendienst der WELT

London / Bonn / Paris, 4. Juni

Während es Präsident Kennedy selbst übernommen hat, Premierminister Macmillan über seine Gespräche mit Chruschtschow zu informieren, werden führende amerikanische Bevollmächtigte, die zu seiner Delegation in Wien gehörten, die Regierungen der Bundesrepublik und Frankreichs sowie die der anderen NATO-Verbündeten unterrichten.

Zu diesem Zweck wird der Unterstaatssekretär für europäische Angelegenheiten im US-Außenministerium, Kohler, Bundeskanzler Adenauer aufsuchen. In Paris wird Außenminister Rusk, von dem auch Präsident de Gaulle seine Informationen erhält, den ständigen NATO-Rat unterrichten.

Das Gespräch zwischen dem Bundeskanzler und Kohler wird in Düsseldorf stattfinden. Adenauer nimmt dort am Montag an einer Veranstaltung der Katholischen Arbeiterbewegung teil.

Kreml fordert wieder UNO-Reorganisation

New York, 4. Juni (AP)

Die sowjetische UNO-Delegation hat ihre Forderung nach einer Ablösung des UNO-Generalsekretärs Hammarskjöld durch ein Dreierkollegium erneuert. Ihre Erklärung richtet sich offensichtlich gegen eine Rede Hammarskjölds, in der der Generalsekretär vor kurzem in der Universität Oxford die Einmann-Exekutive der Weltorganisation verteidigt hatte.

Die Sowjetdelegation erklärt, Hammarskjöld werde von einer Reihe von Staaten nicht anerkannt und habe eigenmächtig politische Entscheidungen getroffen. Besonders beim Vorgehen der Vereinten Nationen am Kongo habe er nach Anweisungen der „imperialistischen Mächte" gehandelt. Aus diesem Grunde sei eine Befolgung des Vorschlags Chruschtschows, ein Dreierkollegium mit Vertretern des Ostblocks und der neutralen Staaten an die Spitze der Vereinten Nationen zu setzen, notwendiger denn je.

Die Sowjetunion versucht seit dem vergangenen Herbst, ein derartiges Dreigestirn an der Spitze aller internationalen Gremien zu bringen.

Erste Todesurteile in Südkorea

Söul, 4. Juni (UPI)

Ein Kriegsgericht in Söul hat am Sonntag die ersten Todesurteile nach der Machtübernahme des Militärs in Südkorea ausgesprochen. In einer nur dreistündigen Verhandlung wurden drei Männer wegen Spionage für Nordkorea zum Tode verurteilt. Ein vierter Angeklagter, der der Zusammenarbeit mit ihnen für schuldig befunden wurde, erhielt fünf Jahre Gefängnis.

Wegen ehrenrührigen Verhaltens werden, wie in Söul amtlich mitgeteilt wurde, 1385 Staatsbeamte und Offiziere fristlos entlassen. Gleichzeitig wurde ein großes Revirement im diplomatischen Dienst angekündigt, von dem 32 Diplomaten betroffen sind. Unter den neuernannten Diplomaten befindet sich der bisherige Direktor des politischen Büros, Suk-Hun, der Botschaftsrat in Bonn wird.

Neue Waffenlieferungen Moskaus an Indonesien?

Nachrichtendienst der WELT

Moskau, 4. Juni

Der indonesische Staatspräsident Sukarno und Verteidigungsminister Nasution werden am Montag in Moskau erwartet. Sukarno kommt zum dritten Male in die sowjetische Hauptstadt. Nasution war in diesem Jahr schon einmal in Moskau. Man nimmt an, daß der Verteidigungsminister über neue sowjetische Waffenlieferungen an Indonesien verhandeln wird.

Amateurparagraph neu gefaßt

Nachrichtendienst der WELT

Garmisch-Partenkirchen, 4. Juni

Bezahlung des Verdienstausfalls, der durch sportliche Tätigkeit entsteht, forderte das Nationale Olympische Komitee der Bundesrepublik auf seiner Plenarsitzung in Garmisch-Partenkirchen.

Eine Amateurkommission hat eine Neufassung des olympischen Amateurparagraphen vorgelegt, der auf dem Kongreß des Internationalen Olympischen Komitees in diesem Monat in Athen zur Debatte stehen wird. (Siehe Sport).

Bald Treffen Kanzler—Ollenhauer

SPD-Vorsitzender kündigt Gespräch über Notstandsrecht an

Bergneustadt, 4. Juni (UPI-dpa)

Bundeskanzler Adenauer und der sozialdemokratische Parteivorsitzende Ollenhauer werden voraussichtlich Mitte Juni zu einer Aussprache zusammentreffen. In ihrem Mittelpunkt werden nach Angaben Ollenhauers die Meinungsverschiedenheiten über das geplante Notstandsrecht stehen.

Vor Funktionären seiner Partei gab Ollenhauer am Wochenende in Bergneustadt bekannt, er habe Adenauer Anfang Januar in einem Brief auf die Methoden Bundesinnenminister Schröders hingewiesen, der bei der Vorbereitung des Notstandsrechts unbesehen Material der SED gegen die Sozialdemokraten verwendet habe. In seinem Brief, so erklärte Ollenhauer, habe er eine Aussprache darüber mit dem Kanzler verlangt, die wahrscheinlich Mitte Juni zustande kommen werde.

Ollenhauer warf Schröder vor, er habe verhindert, daß es zu sachlichen interfraktionellen Gesprächen über das Notstandsrecht gekommen sei.

Der stellvertretende SPD-Vorsitzende Wehner erklärte zu Ausführungen Schröders vor dem Evangelischen Arbeitskreis der CDU (über die wir auf Seite 2 berichten), der Minister könne die Haltung der Sozialdemokraten verzerren, wie er wolle. Er könne jedoch nicht bestreiten, daß es ohne die Leistungen der Sozialdemokratie in den Jahren 1945 bis 1948 heute keine Bundesrepublik Deutschland gäbe.

Dem sozialdemokratischen Kanzlerkandidaten Brandt dankte Wehner für seine großen Leistungen in den letzten Monaten. Die Wahlentscheidung konzentriere sich auf das Problem: „Wer nicht Brandt wählt, wählt Strauß."

Juni 1961

Ein Zusammenstoß zweier Vorortzüge bei Esslingen-Wettingen nahe Stuttgart fordert 35 Tote und 36 Schwerverletzte.

In Anwesenheit der britischen Königin Elisabeth II. und ihrer Schwester, Prinzessin Margaret, wird die Rennsaison in Ascot eröffnet. → S. 119

14. Juni, Mittwoch

Vor der Strafkammer des Münchner Landgerichts beginnt der Prozeß gegen den Arzt Josef Issels, den Leiter der Ringberg-Klinik in Rottach-Egern. Josef Issels wird die fahrlässige Tötung von vier an Krebs erkrankten Patienten vorgeworfen (→ 31. 7./S. 139).

Der britische Verteidigungsminister Harold Watkinson läßt die Vorräte der britischen Truppen in Berlin für den Fall überprüfen, daß es zu einer Krise kommen sollte. Watkinson versichert außerdem erneut, daß die Truppen in Berlin bleiben, solange ihre Anwesenheit nötig sei.

15. Juni, Donnerstag

Auf einer internationalen Pressekonferenz in Berlin (Ost) verlangt der DDR-Staatsratsvorsitzende Walter Ulbricht die Neutralisierung von Berlin (West). Die Frage, ob der Bau einer Mauer in Berlin geplant sei, verneint er. → S. 110

Eine ungewöhnlich hohe Dividende von 50% werden die Ford-Werke AG in Köln in diesem Jahr ausschütten. Der Betrag erklärt sich aus der Tatsache, daß der Ford-Konzern steuerliche Vorteile so weit wie möglich ausgenutzt hat. Nur 1% des Aktienkapitals der deutschen Ford-Werke ist im Besitz freier Aktionäre.

16. Juni, Freitag

Das Steueränderungsgesetz zur Entlastung der Steuerzahler wird nach Anrufung des Vermittlungsausschusses durch den Bundesrat in Bonn endgültig verabschiedet. → S. 111

Der sowjetische Ballettänzer Rudolf Nurejew, der in Paris gastiert, bittet auf dem Flughafen Le Bourget um politisches Asyl. → S. 121

In München wird im Deutschen Theater das Musical »West Side Story« des US-amerikanischen Komponisten Leonard Bernstein in der Bundesrepublik Deutschland erstaufgeführt. → S. 112

17. Juni, Tag der deutschen Einheit

In Kahl am Main nimmt der erste Leistungskernreaktor der Bundesrepublik den Betrieb auf. → S. 114

Bei der Entgleisung des Schnellzugs von Paris nach Straßburg kommen bei Ventry-le-François 24 Menschen ums Leben, 109 werden verletzt.

18. Juni, Sonntag

Mit einem Vorsprung von zehn Punkten wird Servette Genf vor Young Boys Bern Schweizer Fußballmeister 1961.

19. Juni, Montag

Kuwait wird ein von Großbritannien unabhängiges Emirat. Staatsoberhaupt wird Abdallah As Salim As Sabah. → S. 117

Die Lage im italienischen Südtirol hat sich weiter zugespitzt. In mehreren Orten kommt es zu Schießereien italienischer Wachtposten. Zwei junge Südtiroler werden dabei getötet (→ 25. 6./S. 117).

20. Juni, Dienstag

Bundespräsident Heinrich Lübke hält sich bis zum 23. Juni in Frankreich zu einem Staatsbesuch auf. Es ist der erste Staatsbesuch Lübkes im Ausland und zugleich der erste Besuch eines Staatsoberhaupts der Bundesrepublik in Frankreich. → S. 110

Vier Millionen DM Sachschaden verursacht ein Großbrand, der eine Schuhfabrik in Sudheim bei Northeim fast völlig zerstört. Die Hauptproduktionsstätten und das Lager der Firma brennen aus. Lediglich die in einem eigenen Gebäude untergebrachte Stepperei bleibt erhalten.

21. Juni, Mittwoch

Der sowjetische Regierungschef Nikita Chruschtschow kündigt für Ende 1961 den Abschluß eines Separatfriedens mit der DDR an.

Die Südtiroler Volkspartei distanziert sich von den Terroranschlägen in Italien (→ 25. 6./S. 117).

22. Juni, Donnerstag

Der Ministerpräsident der kongolesischen Provinz Katanga, Moise Tschombé, wird von der Zentralregierung des Kongo (Zaïre) nach zweimonatiger Haft freigelassen. → S. 115

Die drei Führer der laotischen Parteien einigen sich auf ihrer Gipfelkonferenz in Zürich über die Bildung einer »Regierung der nationalen Einheit« in Laos. → S. 116

23. Juni, Freitag

Die Nationalversammlung der Vereinigten Arabischen Republik (VAR) billigt die Umwandlung der Al-Azhar-Moschee in Kairo in eine moderne Universität. → S. 122

In der Berliner Kongreßhalle eröffnet der Regierende Bürgermeister von Berlin, Willy Brandt, die XI. Internationalen Berliner Filmfestspiele. An den Festspielen, die bis zum 4. Juli dauern, beteiligen sich 47 Länder. → S. 122

24. Juni, Sonnabend

Die Bundesregierung stellt für die nächsten fünf Jahre rund 225 Millionen DM für einen großzügigen Ausbau der Untergrundbahn in Berlin (West) bereit. Dadurch kann das schon geplante fünfte U-Bahn-Projekt der Nachkriegszeit – eine Verbindungslinie zwischen dem Bezirk Tempelhof und dem neuen großen Verwaltungszentrum am Fehrbelliner Platz – in Angriff genommen werden.

Der Deutsche Akademische Austauschdienst teilt mit, daß im Ausland das Interesse an der deutschen Sprache wächst. Das Goethe-Institut, das sich der Pflege der deutschen Sprache und Kultur im Ausland widmet, bietet zur Zeit mehr als 35 000 eingeschriebenen Hörern in der ganzen Welt die Möglichkeit, die deutsche Sprache zu lernen.

Der 1. FC Nürnberg wird mit einem 3:0-Sieg gegen Borussia Dortmund Deutscher Fußballmeister. → S. 123

25. Juni, Sonntag

In Zürich scheitern die am Vortag begonnenen Verhandlungen zwischen dem österreichischen Außenminister Bruno Kreisky und seinem italienischen Amtskollegen Antonio Segni über die Südtirol-Frage. → S. 117

Die Bauernunruhen in der Bretagne und Nordfrankreich greifen in größerem Umfang auch auf Südfrankreich über. Die Bewegung bedroht durch Ausmaß und Heftigkeit die Autorität des französischen Staates. → S. 115

Gegen den Widerstand von Großbritannien und Jordanien beansprucht Irak die Eingliederung des Emirates Kuwait, das am 19. Juni seine Unabhängigkeit von Großbritannien erlangt hat (→ 19. 6./S. 117).

Sechs Todesopfer hat in der Nacht zum Sonntag eine Schiffskollision auf dem Rhein bei Königswinter gefordert.

Die erste Hitzewelle in diesem Jahr löst am Wochenende eine Serie von Badeunfällen aus, bei denen insgesamt 30 Menschen ums Leben kommen. Allein in Bayern ertrinken sieben Personen beim Baden.

26. Juni, Montag

In den meisten osteuropäischen Staaten herrscht Mangel an Lebensmitteln, vor allem an Fleisch. Versorgungsmängel gibt es vor allem in der DDR, in Polen, der Tschechoslowakei und Bulgarien.

Luftpost nach New York braucht bis zu ihrem Ziel nicht länger als Briefe innerhalb der Bundesrepublik. Sendungen, die bis 12.30 Uhr bei der Luftpostleitstelle des Flughafens Köln-Bonn eingeliefert werden, treffen noch am gleichen Nachmittag in New York ein und werden spätestens am nächsten Tag zugestellt. Diese Schnelligkeit wird allerdings durch die Zeitverschiebung zwischen den USA und der Bundesrepublik Deutschland begünstigt.

27. Juni, Dienstag

Der Scheich von Kuwait, Abdallah As Salim As Sabah, verhängt über das Land den Ausnahmezustand und läßt die 6000 Mann starke Armee an der Grenze zum Irak Verteidigungsstellung beziehen. Falls Irak seine Annexionspolitik gegenüber Kuwait nicht aufgibt, ist Großbritannien zu einem militärischen Eingreifen entschlossen (→ 19. 6./S. 117).

Der Weltraum-Ausschuß des US-Senats in Washington billigt die von Präsident John F. Kennedy geforderte Summe von 1,7 Milliarden US-Dollar (über sieben Milliarden DM) für die amerikanische Weltraumforschung im nächsten Finanzjahr. Die Summe ist um 400 Millionen US-Dollar (1,6 Milliarden DM) höher als ein zuvor vom Repräsentantenhaus bewilligter Betrag.

28. Juni, Mittwoch

Gegen die Stimmen von SPD und FDP verabschiedet der Bundestag das Familienrechts-Änderungsgesetz, mit dem die Scheidung erschwert wird. → S. 114

Nach der Beratung im Vermittlungsausschuß verabschiedet der deutsche Bundestag einstimmig das Gesetz zur Verbesserung der wirtschaftlichen Sicherung der Arbeitnehmer im Krankheitsfall. → S. 110

500 Millionen DM will die Bundesrepublik der Vereinigten Arabischen Republik für den Bau eines Staudammes am Euphrat zu günstigen Bedingungen zur Verfügung stellen.

Portugal stationiert 40 000 Mann seiner Streitkräfte in den Überseeprovinzen, davon den größten Teil in Angola.

Waldbrände im kanadischen Winnipeg vernichten über 25 000 Morgen Wald. Einheiten der kanadischen Armee unterstützen die Feuerwehr im Kampf gegen die Flammen.

29. Juni, Donnerstag

Die Arbeitsämter in der Bundesrepublik werden künftig aus Steuergeldern monatlich 25 DM Kindergeld für jedes zweite Kind auszahlen, wenn das Jahreseinkommen der Eltern eine Summe von 7200 DM nicht übersteigt. → S. 112

30. Juni, Freitag

Eine Verordnung über die Sonntagsarbeit in der Eisen- und Stahlindustrie wird vom deutschen Bundesrat mit Mehrheit gebilligt. → S. 114

Bundestagspräsident Eugen Gerstenmaier (CDU) gibt vor dem deutschen Bundestag eine Erklärung im Namen des ganzen Hauses über die Deutschland-Frage ab. → S. 110

Die Wirtschaft der Bundesrepublik erzielte im ersten Halbjahr 1961 einen Ausfuhrüberschuß von 3,6 Milliarden DM, gegenüber 2,2 Milliarden DM im gleichen Zeitraum des Vorjahrs. Der Ausfuhrüberschuß stieg demnach trotz der Aufwertung der DM am 6. März (→ 6. 3./S. 58).

Gestorben:

6. Küsnacht: Carl Gustav Jung (*26. 7. 1875, Kesswil/Thurgau), Schweizer Psychotherapeut und Psychologe. → S. 121

22. Essen: Werner Gilles (*29. 8. 1894, Rheydt), deutscher Maler. → S. 120

*ildbericht der Londoner Tageszei-
ıng »The Times« über den Besuch
es US-amerikanischen Präsiden-
n John F. Kennedy und seiner
rau Jacqueline vom 6. Juni 1961*

22 ✩✩✩ 4 THE TIMES TUESDAY JUNE 6 1961

THE PRESIDENT'S DAY IN LONDON

Mr. Kennedy and his wife leaving Westminster Cathedral after attending the christening of the daughter of Prince and Princess Radziwill. Countess Potocka, the Prince's sister, is holding the child and behind is Cardinal Godfrey. Right, Mrs. Kennedy arriving at Admiralty House for the luncheon given by Mr. Macmillan and Lady Dorothy Macmillan (below).

The President arriving at Admiralty House for his discussions with Mr. Macmillan.

THE TIMES CROSSWORD PUZZLE No. 9,698

US-Präsident John F. Kennedy (r.) mit dem sowjetischen Regierungschef Nikita Chruschtschow am 4. Juni bei ihrem Treffen in Wien

Chruschtschow/Kennedy-Gipfel in Wien

3. Juni. In Wien kommen der sowjetische Ministerpräsident Nikita Chruschtschow und der US-amerikanische Präsident John F. Kennedy auf einem »Zweiergipfel« zu Gesprächen über die weltpolitische Lage zusammen.

Die Ausgangsposition des US-Präsidenten ist durch die mißglückte Invasion Kubas (→ 20. 4./S. 72) geschwächt. Zu konkreten Ergebnissen kommt es während der Gespräche, die am 4. Juni fortgeführt werden, nicht. Hinsichtlich der Atomtests und Abrüstung zeichnet sich kein Übereinkommen ab, auch das Berlin-Problem bleibt kontrovers – Chruschtschow besteht auf seinem Vorschlag, Berlin (West) in eine entmilitarisierte Stadt umzuwandeln, und droht einen Separatfrieden mit der DDR an (→ S. 109). Einzig in der Laos-Frage (→ 4. 1./S. 18) findet eine Annäherung statt – beide Staatsmänner wollen eine Neutralisierung des südostasiatischen Staates (→ 16. 5./S. 91).

Für internationale Kommissionen schlägt Chruschtschow ein Troikasystem vor. An der Spitze jeder internationalen Körperschaft soll ein Dreiergremium stehen, dem je ein Vertreter der kapitalistischen, der kommunistischen und der neutralen Staaten angehören soll. Beschlüsse sollen einstimmig gefaßt werden.

Zum Abschluß des Gipfeltreffens wird ein 33zeiliges Kommuniqué herausgegeben, das jedoch keine inhaltlichen Aussagen enthält. Beide Politiker bezeichnen die Gespräche in Wien als sehr nützlich, der aufgenommene Kontakt soll aufrechterhalten werden. Zu diesem Zweck werden Treffen zwischen dem US-Außenminister Dean Rusk und seinem sowjetischen Amtskollegen Andrei Gromyko vereinbart.

Im wesentlichen dient die Begegnung dem persönlichen Kennenlernen und dem Meinungsaustausch. Bei den offiziellen Anlässen des Gipfeltreffens geben sich beide Politiker heiter und vermitteln das Bild einer politischen Begegnung in lokkerer Atmosphäre.

Die Bevölkerung der österreichischen Hauptstadt Wien nimmt regen Anteil an dem Staatsbesuch und begrüßt die beiden Staatschefs und ihre Frauen mit herzlichem Applaus, wenn sie sich in der Öffentlichkeit zeigen.

Trotz politischer Gegensätze zeigen sich beide Regierungschefs, US-Präsident Kennedy und Regierungschef Chruschtschow (SU), in der Öffentlichkeit herzlich

John F. Kennedy und Nikita Chruschtschow vor der US-amerikanischen Botschaft in Wien nach ihren ersten Besprechungen am 3. Juni

UdSSR zur Deutschland-Frage

4. Juni. Die Sowjetunion übermittelt den Vereinigten Staaten in Wien ein Memorandum zur Deutschland-Frage, das am 11. Juni veröffentlicht wird (Auszüge):

»Die Friedensregelung mit Deutschland, die sich viele Jahre verzögert hat, hat in bedeutendem Maße die gefährliche Entwicklung der Ereignisse im Europa der Nachkriegszeit bestimmt. Die wichtigsten Beschlüsse der Alliierten über die Ausrottung des Militarismus in Deutschland, welche die Regierungen der USA und der UdSSR seinerzeit als Unterpfand eines dauerhaften Friedens ansahen, wurden nur teilweise durchgeführt und werden gegenwärtig auf dem größeren Teil des deutschen Gebiets nicht befolgt... Die Sowjetregierung verfolgt nicht das Ziel, die Interessen der USA oder der anderen Westmächte in Europa zu schädigen. Sie schlägt nicht vor, irgend etwas in Deutschland oder in Berlin (West) zugunsten irgendeines Staates oder einer Staatengruppe zu verändern. Die UdSSR hält es im Interesse der Festigung des Friedens für erforderlich, die nach dem Kriege in Europa entstandene Lage zu fixieren, die Unantastbarkeit der bestehenden deutschen Grenzen juristisch zu formulieren und zu festigen und die Lage in Berlin (West) auf der Grundlage einer vernünftigen Berücksichtigung der Interessen aller Seiten zu normalisieren. Im Interesse einer Einigung über einen Friedensvertrag besteht die Sowjetunion nicht auf einem unverzüglichen Austritt der deutschen Bundesrepublik aus der NATO. Beide deutsche Staaten könnten eine bestimmte Zeit lang nach Abschluß eines Friedensvertrages in den militärischen Gruppierungen verbleiben, deren Mitglieder sie jetzt sind. Der sowjetische Vorschlag verknüpft den Abschluß eines Friedensvertrages nicht mit der Anerkennung der DDR oder der deutschen Bundesrepublik durch alle Partner dieses Vertrages. Ob der eine oder andere Staat anerkannt wird oder nicht, ist Sache einer jeden Regierung. Wenn die USA nicht bereit sind, einen einheitlichen Friedensvertrag mit beiden deutschen Staaten zu unterzeichnen, so könnte eine Friedensregelung auf der Grundlage zweier Verträge getroffen werden. In diesem Falle würden die Teilnehmerstaaten der Anti-Hitler-Koalition einen Friedensvertrag mit beiden oder mit einem deutschen Staat nach eigenem Ermessen unterzeichnen. Diese Verträge müssen nicht unbedingt im Text übereinstimmen, aber sie müssen die gleichen Grundsätze zu den wichtigsten Fragen einer Friedensregelung enthalten.

Der Abschluß eines Friedensvertrages mit Deutschland würde auch die Aufgabe einer Normalisierung der Lage in Berlin (West) lösen. Berlin (West) ist heute, da es keinen festen internationalen Status besitzt, ein Ort, an dem die Bonner revanchistischen Kreise ständig eine äußerst starke Spannung aufrechterhalten und alle nur möglichen Provokationen organisieren, die für die Sache des Friedens überaus gefährlich sind. Wir sind verpflichtet, eine solche Entwicklung abzuwenden, bei der eine Forcierung des westdeutschen Militarismus infolge des ungeregelten Zustandes in Berlin (West) nicht wiedergutzumachende Folgen nach sich ziehen könnte. Die Sowjetregierung sieht heute keine bessere Lösung der Berlin(West)-Frage als die Umwandlung in eine entmilitarisierte freie Stadt... Das bis heute dort bestehende Besatzungsregime ist bereits überlebt. Es hat jede Verbindung mit den Zielen verloren, um deretwillen es geschaffen wurde, und mit den alliierten Abkommen, auf deren Grundlage es existierte. Die Besatzungsrechte erlöschen natürlich mit dem Abschluß eines Friedensvertrages, sei er mit beiden deutschen Staaten oder nur mit der DDR unterzeichnet, innerhalb deren Territorium Berlin (West) liegt. Die Sowjetunion ist dafür, daß eine freie Stadt Berlin (West) ungehindert ihre Verbindungen mit der Außenwelt wahrnimmt und daß die innere Ordnung darin durch den frei geäußerten Willen seiner Bevölkerung bestimmt wird. Es versteht sich von selbst, daß die USA ebenso wie alle anderen Länder die volle Möglichkeit hätten, ihre Beziehungen mit der freien Stadt zu unterhalten und zu entwickeln. Im allgemeinen muß Berlin (West), wie es sich die Sowjetregierung vorstellt, streng neutral sein... Die Sowjetregierung schlägt vor, schon jetzt ohne jede Verzögerung eine Friedenskonferenz einzuberufen, einen Friedensvertrag abzuschließen und auf dieser Grundlage die Frage von Berlin (West) als einer freien Stadt zu lösen. Sollten die Regierungen der USA und der anderen Westmächte aus den einen oder anderen Motiven zum gegenwärtigen Zeitpunkt noch nicht dazu bereit sein, so könnte für eine bestimmte Zeitspanne eine Zwischenlösung getroffen werden. Die Vier Mächte werden sich an die deutschen Staaten mit dem Appell wenden, sich in jeder für sie annehmbaren Form über die Fragen zu einigen, die eine Friedensregelung mit Deutschland und die Wiedervereinigung betreffen. Die Vier Mächte werden von vornherein erklären, daß sie jede Vereinbarung anerkennen, die von den Deutschen getroffen wird. Im Falle eines positiven Ausgangs der Verhandlungen der DDR und der deutschen Bundesrepublik würde hierauf ein einheitlicher deutscher Friedensvertrag vereinbart und unterzeichnet werden. Sollten sich aber die deutschen Staaten in den oben erwähnten Fragen nicht einigen können, dann werden Maßnahmen zum Abschluß eines Friedensvertrages mit beiden deutschen Staaten oder mit einem von ihnen nach Ermessen der interessierten Länder ergriffen werden.

Damit eine Friedensregelung nicht weiter hinausgezögert wird, ist es notwendig, einen Termin festzulegen, binnen dessen die Deutschen nach Möglichkeiten zu Übereinkommen in Fragen ihrer inneren Kompetenz suchen müssen. Die Sowjetregierung hält für solche Verhandlungen eine Frist von nicht mehr als sechs Monaten für genügend. Diese Frist für einen Kontakt zwischen der deutschen Bundesrepublik und der Deutschen Demokratischen Republik und für Verhandlungen zwischen ihnen reicht vollkommen aus...«

Im Westen Nein zu Sowjetvorschlägen

11. Juni. Moskau veröffentlicht das Deutschland-Memorandum, das die Sowjetunion am 4. Juni den USA überreicht hat. Die USA, Großbritannien, Frankreich und die Bundesrepublik Deutschland lehnen die Vorschläge der Sowjetunion ab.

US-Außenminister Dean Rusk erklärt, es sei selbstverständlich, daß die in dem sowjetischen Memorandum enthaltenen Vorschläge unannehmbar seien. Washington werde die Denkschrift jedoch erst nach enger Beratung mit seinen NATO-Verbündeten beantworten.

In der amtlichen »Londoner Diplomatischen Korrespondenz« wird verlautbart, daß die von Moskau aufgestellten Bedingungen keine Verhandlungsgrundlage sein könnten, sondern vielmehr ein erster Schritt in eine Krise seien.

US-Außenminister Dean Rusk lehnt Sowjet-Memorandum ab

Bundeskanzler Konrad Adenauer nimmt vor rund 300 000 in Hannover versammelten Schlesiern Stellung zu dem Memorandum: »Dieses Schriftstück zeigt die Härten des sowjetischen Standpunktes mit voller Klarheit. Es soll alles festgehalten werden, was damals Deutschland an Schwerem auferlegt worden ist – die Abtrennungen und die Einschränkungen der Freiheit; Berlin soll von uns losgerissen werden, wie man versucht, die Zone von uns loszureißen... Wir werden niemals diesem ... Ansinnen zustimmen.«

Der Regierende Bürgermeister von Berlin, Willy Brandt (SPD), erklärt, daß ein Friedensvertrag ohne Wiedervereinigung keine Lösung sei.

Ulbricht: Keine Mauer in Berlin

5. Juni. Während einer Pressekonferenz in Berlin (Ost) nimmt DDR-Staatsratsvorsitzender Walter Ulbricht zur Grenzziehung in Berlin Stellung:

Annamarie Doherr (»Frankfurter Rundschau): »... Herr Vorsitzender! Bedeutet die Bildung einer freien Stadt Ihrer Meinung nach, daß die Staatsgrenze am Brandenburger Tor errichtet wird? ...«

Walter Ulbricht: »Ich verstehe Ihre Frage so, daß es in Westdeutschland Menschen gibt, die wünschen, daß wir die Bauarbeiter der Hauptstadt der DDR dazu mobilisieren, eine Mauer aufzurichten. Mir ist nicht bekannt, daß eine solche Absicht besteht. Die Bauarbeiter unserer Hauptstadt beschäftigen sich hauptsächlich mit Wohnungsbau, und ihre Arbeitskraft wird dafür voll eingesetzt. Niemand hat die Absicht, eine Mauer zu errichten. Ich habe vorhin schon gesagt: Wir sind für vertragliche Regelung der Beziehungen zwischen West-Berlin und der Deutschen Demokratischen Republik ...

Die Staatsgrenze verläuft, wie bekannt, z. B. an der Elbe usw. Und das Territorium West-Berlins gehört zum Territorium der Deutschen Demokratischen Republik. In gewissem Sinne gibt es selbstverständlich staatliche Grenzfragen auch zwischen West-Berlin und der Deutschen Demokratischen Republik, wenn die Neutralisierung West-Berlins erfolgt ...«

DDR-Staatsratsvorsitzender Walter Ulbricht vor der Presse

Bundespräsident Heinrich Lübke (l.) mit dem französischen Staatspräsidenten Charles de Gaulle beim feierlichen Bankett im Elysée-Palast

Für Wiedervereinigung

30. Juni. Der deutsche Bundestag bekräftigt durch eine Erklärung seines Präsidenten Eugen Gerstenmaier (CDU) den Willen, jede Verhandlung zu unterstützen, die den Weg zu einem Friedensvertrag für Deutschland öffnet.

Da zu einem solchen Vertrag jedoch nur eine gesamtdeutsche Regierung ermächtigt sei, müsse den Friedensverhandlungen die Wiedervereinigung vorausgehen. Die Erklärung, die von allen Fraktionen getragen wird, präzisiert den Inhalt solcher Friedensverhandlungen:

- ▷ Der militärische und politische Status von Gesamtdeutschland muß geklärt werden
- ▷ Alle rechtlichen und materiellen Fragen einschließlich der Grenzen, die sich aus dem Zweiten Weltkrieg ergeben haben, müssen bereinigt werden
- ▷ Das Volk muß die Möglichkeit haben, das Recht auf Selbstbestimmung wahrzunehmen

Diese Stellungnahme ist die erste deutsche Antwort auf den im Deutschland-Memorandum der Sowjets gemachten Vorschlag einer Friedenskonferenz (→ 4. 6./S. 109).

Bundestagspräsident Eugen Gerstenmaier fordert Selbstbestimmungsrecht für alle Deutschen

Versöhnungsgeste Lübkes in Paris

20. Juni. Als erstes Staatsoberhaupt der Bundesrepublik stattet Bundespräsident Heinrich Lübke mit seiner Frau Wilhelmine Frankreich einen Staatsbesuch ab (bis 23. Juni).

Betonte Herzlichkeit des französischen Staatspräsidenten Charles de Gaulle, ein glanzvolles Empfangszeremoniell und eine freundliche, aber zurückhaltende Anteilnahme der französischen Bevölkerung kennzeichnen den Aufenthalt Lübkes.

Der Besuch wird als ein Zeichen für die Versöhnung zwischen Frankreich und der Bundesrepublik Deutschland gewertet. Während der Ansprachen und Reden von de Gaulle und Lübke wird immer wieder die Zusammenarbeit der Nachbarländer betont.

Ein Höhepunkt des Staatsbesuchs ist die Niederlegung eines Kranzes durch Lübke am Grabmal des Unbekannten Soldaten unter dem Arc de Triomphe in Paris. Diese Geste hat einen hohen symbolischen Wert: Die Schlachten, die in die Bögen des Arc de Triomphe eingemeißelt sind, wurden zum großen Teil zwischen Franzosen und Deutschen geschlagen.

Im Krankheitsfall Zahlungen erhöht

28. Juni. Der Bundestag in Bonn verabschiedet nach Anrufung des Vermittlungsausschusses ein Gesetz zur Verbesserung der Lohnfortzahlung im Krankheitsfall für Arbeitnehmer.

Im Krankheitsfall erhält der Arbeitnehmer in Zukunft sechs Wochen lang 100% seines Nettolohns, bislang waren es nur 90%. Im Fall eines Krankenhausaufenthalts oder eines Unfalls gibt es künftig keine unbezahlten Karenztage mehr. In allen übrigen Fällen wird das Krankengeld samt Arbeitgeberzuschuß von dem Tag an gezahlt, der einer Krankschreibung folgt. Bisher waren zwei Karenztage vorgesehen, die erst bei einer mindestens 14tägigen Krankheit nachbezahlt wurden.

Krankengeld und Krankenhauspflegegeld werden nicht mehr wie bisher auf 26 Wochen begrenzt. Außerdem wird der Betrag künftig in voller Höhe weitergezahlt.

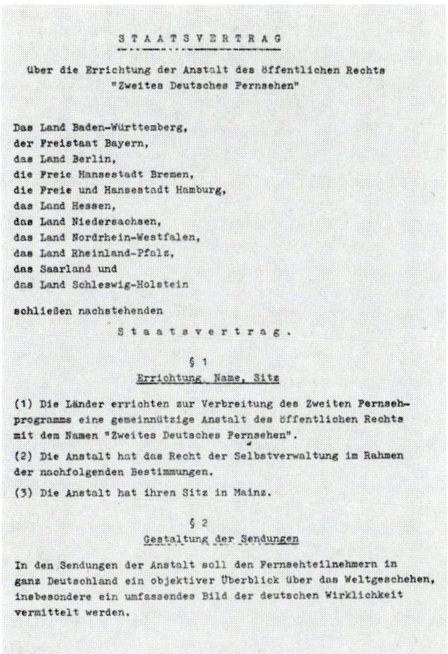

STAATSVERTRAG

über die Errichtung der Anstalt des öffentlichen Rechts
"Zweites Deutsches Fernsehen"

Das Land Baden-Württemberg,
der Freistaat Bayern,
das Land Berlin,
die Freie Hansestadt Bremen,
die Freie und Hansestadt Hamburg,
das Land Hessen,
das Land Niedersachsen,
das Land Nordrhein-Westfalen,
das Land Rheinland-Pfalz,
das Saarland und
das Land Schleswig-Holstein

schließen nachstehenden

Staatsvertrag.

§ 1
Errichtung, Name, Sitz

(1) Die Länder errichten zur Verbreitung des Zweiten Fernsehprogramms eine gemeinnützige Anstalt des öffentlichen Rechts mit dem Namen "Zweites Deutsches Fernsehen".

(2) Die Anstalt hat das Recht der Selbstverwaltung im Rahmen der nachfolgenden Bestimmungen.

(3) Die Anstalt hat ihren Sitz in Mainz.

§ 2
Gestaltung der Sendungen

In den Sendungen der Anstalt soll den Fernsehteilnehmern in ganz Deutschland ein objektiver Überblick über das Weltgeschehen, insbesondere ein umfassendes Bild der deutschen Wirklichkeit vermittelt werden.

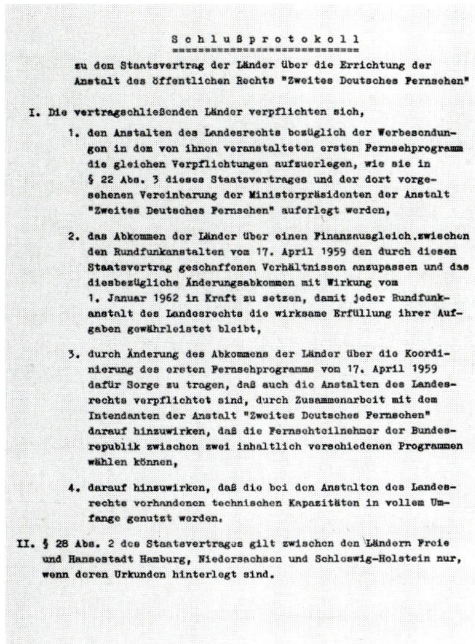

Schlußprotokoll

zu dem Staatsvertrag der Länder über die Errichtung der Anstalt des öffentlichen Rechts "Zweites Deutsches Fernsehen"

I. Die vertragschließenden Länder verpflichten sich,

1. den Anstalten des Landesrechts bezüglich der Werbesendungen in dem von ihnen veranstalteten ersten Fernsehprogramm die gleichen Verpflichtungen aufzuerlegen, wie sie in § 22 Abs. 3 dieses Staatsvertrages und der dort vorgesehenen Vereinbarung der Ministerpräsidenten der Anstalt "Zweites Deutsches Fernsehen" auferlegt werden,

2. das Abkommen der Länder über einen Finanzausgleich zwischen den Rundfunkanstalten vom 17. April 1959 den durch diesen Staatsvertrag geschaffenen Verhältnissen anzupassen und das diesbezügliche Änderungsabkommen mit Wirkung vom 1. Januar 1962 in Kraft zu setzen, damit jeder Rundfunkanstalt des Landesrechts die wirksame Erfüllung ihrer Aufgaben gewährleistet bleibt,

3. durch Änderung des Abkommens der Länder über die Koordinierung des ersten Fernsehprogramms vom 17. April 1959 dafür Sorge zu tragen, daß auch die Anstalten des Landesrechts verpflichtet sind, durch Zusammenarbeit mit dem Intendanten der Anstalt "Zweites Deutsches Fernsehen" darauf hinzuwirken, daß die Fernsehteilnehmer der Bundesrepublik zwischen zwei inhaltlich verschiedenen Programmen wählen können,

4. darauf hinzuwirken, daß die bei den Anstalten des Landesrechts vorhandenen technischen Kapazitäten in vollem Umfange genutzt werden.

II. § 28 Abs. 2 des Staatsvertrages gilt zwischen den Ländern Freie und Hansestadt Hamburg, Niedersachsen und Schleswig-Holstein nur, wenn deren Urkunden hinterlegt sind.

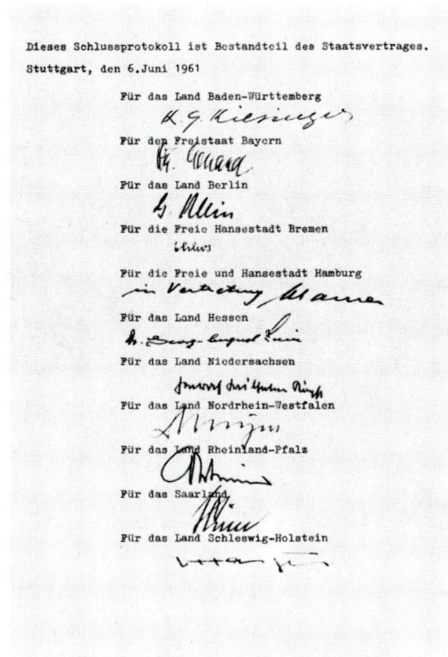

Dieses Schlussprotokoll ist Bestandteil des Staatsvertrages.

Stuttgart, den 6. Juni 1961

Für das Land Baden-Württemberg

Für den Freistaat Bayern

Für das Land Berlin

Für die Freie Hansestadt Bremen

Für die Freie und Hansestadt Hamburg

Für das Land Hessen

Für das Land Niedersachsen

Für das Land Nordrhein-Westfalen

Für das Land Rheinland-Pfalz

Für das Saarland

Für das Land Schleswig-Holstein

Am 6. Juni 1961 wird in Stuttgart der Staatsvertrag über die Gründung des ZDF von den Ländern geschlossen

ZDF in Mainz wird gegründet

6. Juni. Zum Abschluß ihrer zweitägigen Konferenz in Stuttgart unterzeichnen die Ministerpräsidenten der Bundesländer den Staatsvertrag zur Gründung des Zweiten Deutschen Fernsehens (ZDF).

Die neue öffentlich-rechtliche Anstalt wird ihren Sitz in Mainz haben.

Das ZDF soll einen objektiven Überblick über das Weltgeschehen, insbesondere ein umfassendes Bild der deutschen Wirklichkeit vermitteln.

Parteien, die im Bundestag vertreten sind, sollen während der Bundestagswahlen Anspruch auf angemessene Sendezeit haben. Der aus 66 Mitgliedern bestehende Fernsehrat hat die Aufgabe, für die Sendungen Richtlinien auszuarbeiten und den Intendanten bei der Programmauswahl zu beraten. Ein neunköpfiger Verwaltungsrat überwacht die Tätigkeit des Intendanten.

Die Mitglieder des Fernsehrats sollen möglichst einstimmig von den Ministerpräsidenten der Länder berufen werden. Elf Mitglieder des Fernsehrats sind Vertreter der Länder, drei Vertreter des Bundes, zwölf der politischen Parteien nach der Anzahl der Sitze im Bundestag, je zwei Vertreter der evangelischen und der katholischen Kirche und ein Mitglied als Vertreter des Zentralrats der Juden. Dazu kommen 25 Vertreter verschiedener Verbände. Zehn Vertreter sollen Persönlichkeiten aus den freien Berufen, aus Wissenschaft und Kunst sein.

Das ZDF soll 30% der ab 1. Januar 1962 anfallenden Fernsehgebühren erhalten, im übrigen seine Ausgaben aus Werbeeinnahmen decken. Die Sendungen des ZDF sollen spätestens am 1. Juli 1962 beginnen.

Entlastungen für die Steuerzahler

16. Juni. Der Bundesrat stimmt dem am 14. Juni vom Bundestag in Bonn angenommenen Vermittlungsvorschlag über das Steueränderungsgesetz 1961 zu. Damit ist das Gesetz, das Steuererleichterungen vorsieht, endgültig verabschiedet.

Durch dieses Gesetz werden die Steuerzahler im Verlauf eines Jahres um über 1,5 Milliarden DM entlastet. Das Gesetz bringt für den Bund Mindereinnahmen in Höhe von 224 Millionen DM, für die Länder 650 Millionen DM und für die Gemeinden 630 Millionen DM. Die einzelnen Steueränderungen werden zu verschiedenen Zeitpunkten in Kraft treten. Die wichtigste Neuerung ist die Erhöhung des Freibetrags bei der Einkommensteuer für das erste Kind von 900 DM auf 1200 DM.

Das neue Gesetz war am 3. Mai vom Bundestag verabschiedet worden. Am 26. Mai hatte jedoch der Bundesrat den Vermittlungsausschuß angerufen. Ziel dieser Intervention war es, die Steuerzahler im Verlauf eines Jahres nur um 1,3 Milliarden DM zu entlasten.

Der Vermittlungsausschuß hatte am 9. Juni einen Vorschlag ausgearbeitet, der einen vergleichsweise geringen Teil der Änderungswünsche berücksichtigt. Diesem Vermittlungsvorschlag stimmen Bundesrat und Bundestag zu.

Kein Wein für die Bundeswehrsoldaten

7. Juni. Um die Absatzschwierigkeiten der Weinbauern zu beheben, schlägt der Weinbauminister von Rheinland-Pfalz, Oskar Stübinger, vor, die Speisekarte der Bundeswehrsoldaten durch einen Viertelliter Wein pro Tag zu bereichern.

Stübinger weist in seinem Brief an den Bundesverteidigungsminister Franz Josef Strauß auf Gutachten von Medizinern hin, nach denen ein mäßiger Weinkonsum durchaus die Gesundheit fördere.

In seinem Antwortschreiben formuliert Strauß am 14. Juni, daß ein großer Teil der Bundeswehrsoldaten den Genuß von Alkohol ablehne. Auch sei es hierzulande durchweg nicht üblich, bei den Mahlzeiten Wein zu trinken.

Oskar Stübinger, rheinland-pfälzischer Weinbauminister

Fanz Josef Strauß, Bundesverteidigungsminister (CSU)

Für eine tägliche Weinration an die Soldaten wären jährlich rund 200 000 Hektoliter Wein notwendig. Diese Menge würde für Winzer, die keinen ausreichenden Absatzmarkt für ihre großen Weinbestände haben, auch keine fühlbare Entlastung bringen.

Für die Bundeswehr dagegen würde die tägliche Weinration eine Verteuerung des Verpflegungssatzes von 2,75 DM auf 3,00 DM pro Tag bedeuten. Es könne außerdem nicht Aufgabe der Bundeswehr sein, für einen Konjunkturausgleich in benachteiligten Wirtschaftsbereichen zu sorgen.

Was Kinder in 16 Jahren kosten

11. Juni. Der nordrhein-westfälische Sozialminister Konrad Grundmann legt eine Untersuchung über den Warenbedarf von Kindern in den ersten 16 Lebensjahren vor. Danach soll der Mindestunterhalt für uneheliche Kinder auf 83,83 DM festgelegt werden.

Dieser Betrag setzt sich aus folgenden Posten zusammen: Ernährung 46,95 DM, Bekleidung 15,93 DM, Hausrat 3,47 DM, Wohnung 8,21 DM, Heizung und Beleuchtung 3,78 DM, Reinigung und Körperpflege 2,92 DM und Bildung 2,57 DM.

Die monatliche »Lebensmittelration« für einen 16 Jahre alten Jugendlichen enthält z. B. 1,44 kg Fett (davon 150 g Butter), acht Eier, 15 l Vollmilch, 2,45 kg Fleisch- und Wurstwaren, 15,3 kg Kartoffeln, 12,69 kg Brot, 5,1 kg Obst sowie 22 weitere Nahrungsmittel.

Ein Junge braucht bis zu seinem 16. Lebensjahr mindestens 24 Windeln, zwei Krawatten, einen Hut, sechs Mützen, 29 Paar Schuhe und Sandalen, fünf Nachthemden, acht Schlafanzüge, sieben kurze und acht lange Hosen sowie 34 Sport- oder Blusenhemden.

Bei den Mädchen sieht die Bedarfsrechnung etwas anders aus und ist um 55 Pfennig billiger.

Kindergeld für das zweite Kind

29. Juni. Bei vier Gegenstimmen und zwei Enthaltungen wird das Gesetz über die Gewährung von Kindergeld in Höhe von 25 DM monatlich für das zweite Kind im deutschen Bundestag angenommen.

Das Gesetz, das rückwirkend zum 1. April 1961 in Kraft tritt, sieht außerdem die Errichtung einer Kindergeldkasse vor, als deren Außenstellen die örtlichen Arbeitsämter fungieren. Da die Bearbeitung der Anträge längere Zeit in Anspruch nehmen wird, werden die ersten Zahlungen für die in Frage kommenden 1,87 Millionen von insgesamt 4,2 Millionen Kindern vermutlich erst im September erfolgen.

Die Auszahlung des Kindergelds für das zweite Kind ist an eine Höchstgrenze von 7200 DM Jahreseinkommen der Eltern gebunden.

Bundesbürger werden gezählt

6. Juni. Mit einem Kostenaufwand von 127 Millionen DM wird in der Bundesrepublik zum zweitenmal nach dem 13. September 1950 eine Volkszählung durchgeführt. Die Ergebnisse werden allerdings erst im September 1963 vorliegen.

Die Volkszählung, deren Kosten je zur Hälfte vom Bund und von den Ländern getragen werden, ist Teil einer Reihe von größeren Erhebungen, die zwischen 1960 und 1963 vorgenommen werden. 1960 wurden eine Landwirtschaftszählung sowie eine Handels- und Gaststättenzählung abgeschlossen. 1961 findet die Volks- und Arbeitsstättenzählung statt, im nächsten Jahr folgt ein Verkehrszensus.

Rund 600 000 Zähler verteilen die Fragebögen an die einzelnen Haushalte und Betriebe in der Bundesrepublik. Der Haushaltsfragebogen enthält 34 detaillierte Fragen, Hauseigentümer müssen weitere 23 Fragen beantworten, und für Arbeitgeber gibt es noch einen zusätzlichen zweieinhalbseitigen Fragebogen.

Zum Datenschutz bei der Erhebung schreibt Paragraph 9 des Volkszählungsgesetzes vor, daß »alle mit den Zählungen und Befragungen ... sowie mit der Bearbeitung der Zählpapiere befaßten Personen ... zur Verschwiegenheit über alle persönlichen und sachlichen Angaben ...« verpflichtet sind.

Das Statistische Bundesamt in Wiesbaden hat in den letzten Jahren immer größere politische Bedeutung erlangt. So wird der alljährliche »Grüne Bericht« der Bundesregierung, mit dessen Hilfe die Höhe der Subventionen an die Landwirtschaft festgelegt wird, ebenso wie der alljährliche Sozialbericht, der für die Festsetzung der Höhe der Renten maßgeblich ist, auf der Grundlage der Wiesbadener Zahlen erarbeitet. Auch die Konjunkturpolitik des Bundeswirtschaftsministeriums und die Steuerpolitik der öffentlichen Hand werden durch die Zahlen der Bundesstatistiker beeinflußt.

Kritiker dieser Totalerhebung, wie sie 1961 durchgeführt wird, bemängeln die Schwerfälligkeit dieser Methode. 1963, wenn die endgültigen Ergebnisse der Zählung vorliegen werden, sind die Zahlen bereits zwei Jahre alt. Schneller, billiger und nicht weniger genau sind repräsentative Stichproben-Umfragen.

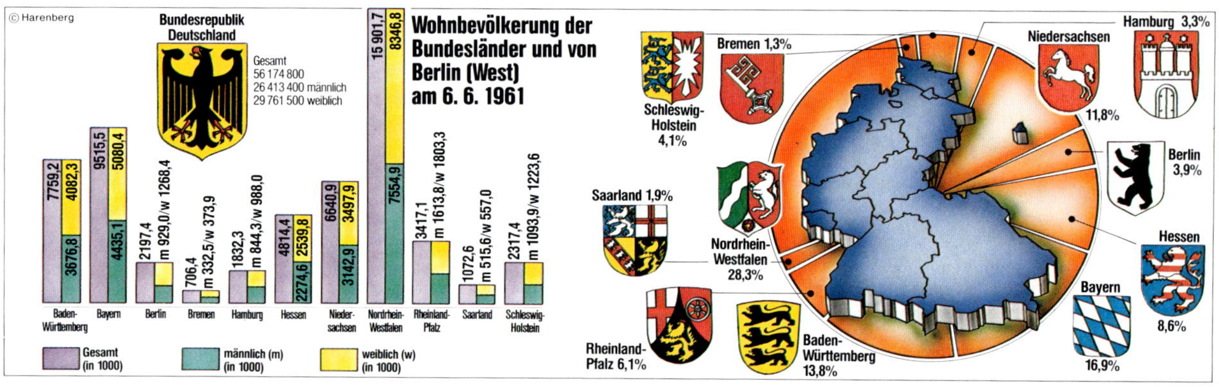

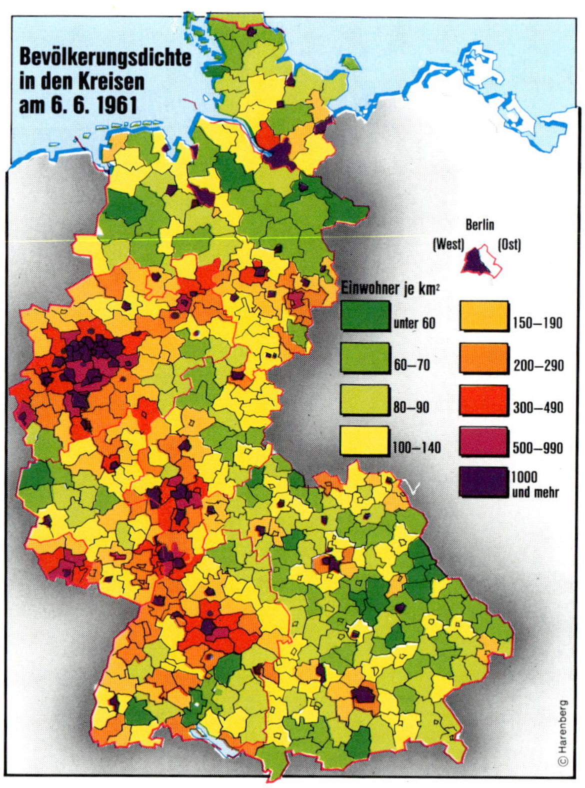

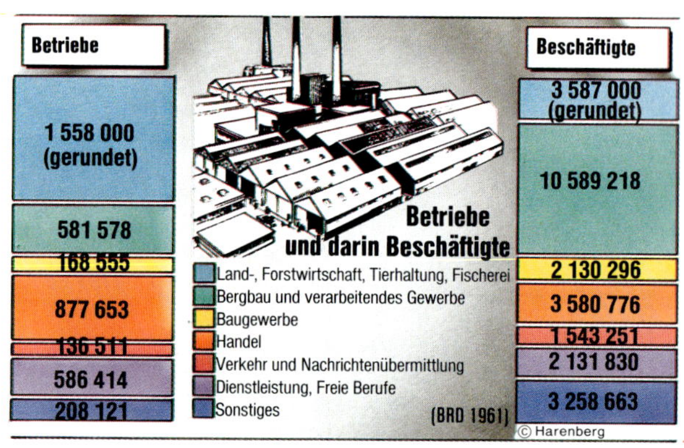

Monatliches Netto-Einkommen des 4-Personen-Haushalts („Index-Haushalt“)

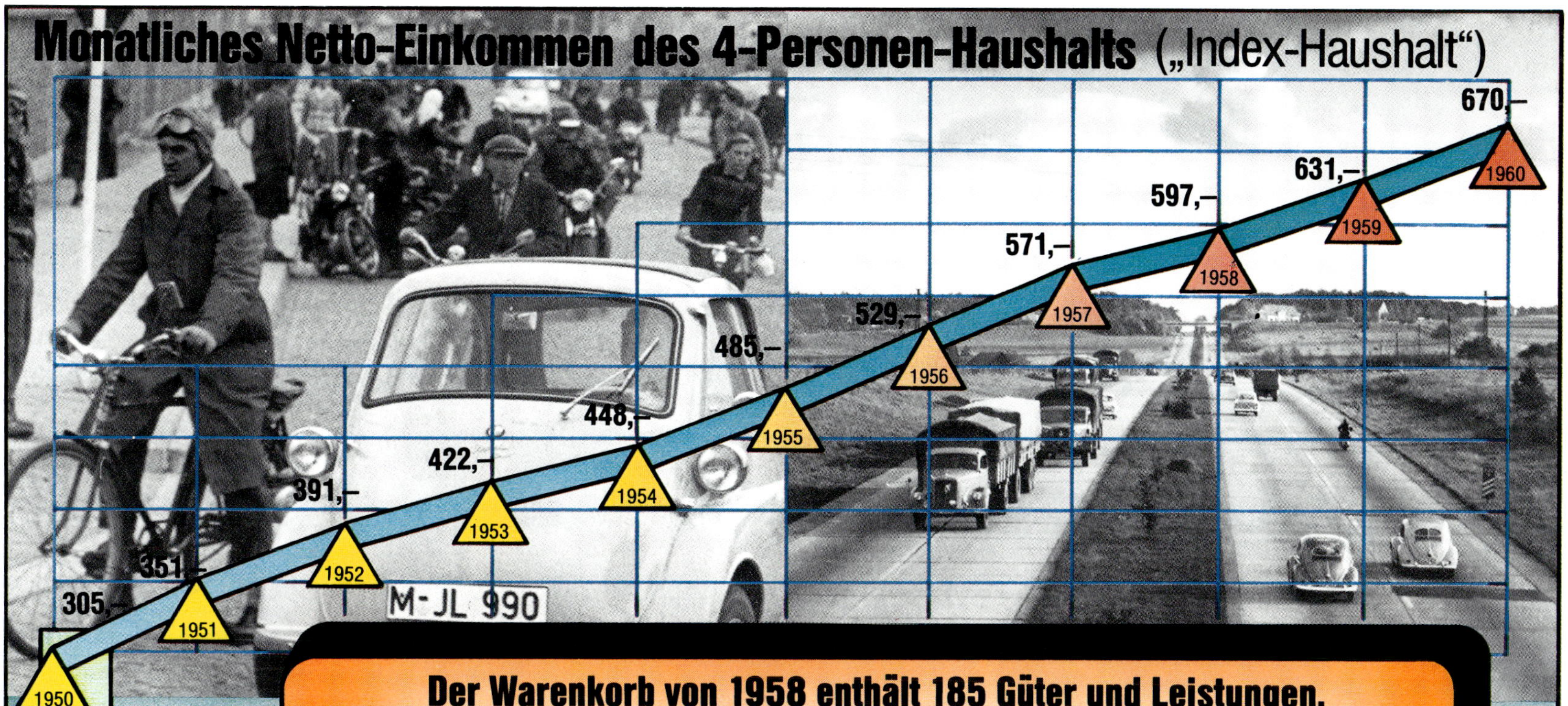

Der Warenkorb von 1958 enthält 185 Güter und Leistungen, die im Warenkorb von 1950 noch nicht enthalten waren, darunter:

Anteile: (Gesamter Warenkorb = 1000)

Schweinskotelett	12,70	Kühlschrank	2,96	Wäschereien	2,47
Marken- und Kondensmilch	9,93	Anbaumöbel	2,61	Private Krankenversicherung	2,52
Alkoholfreie Getränke	4,47	Nähmaschine	2,06	Gewerkschaftsbetrag	6,55
Bananen	3,74	Heizöl	0,51		
Geflügel u. a.	3,51	Aktentasche	2,68	Reisen	20,00
Getränke u. Mahlzeiten in Gaststätten	32,29			Spielzeug	12,53
		Sportsakko	1,36	Bücher	5,80
Wein	4,78	Cordhose	3,37	Fortbildungskurs	3,58
		Herrenschirm	1,00	Photoarbeiten	2,91
Bettcouch	6,81			Fernsehgebühr	1,15
Waschmaschine	6,03	Kosmetika	4,46		
Fernsehgerät	5,28	Dauerwellen	1,91	Kraftfahrzeug	12,90
Radio	3,08	Chemische Reinigung	2,73	Omnibusfahrt	3,58

Umschichtung im Warenkorb des Index-Haushalts 1958 gegenüber 1950 (%)

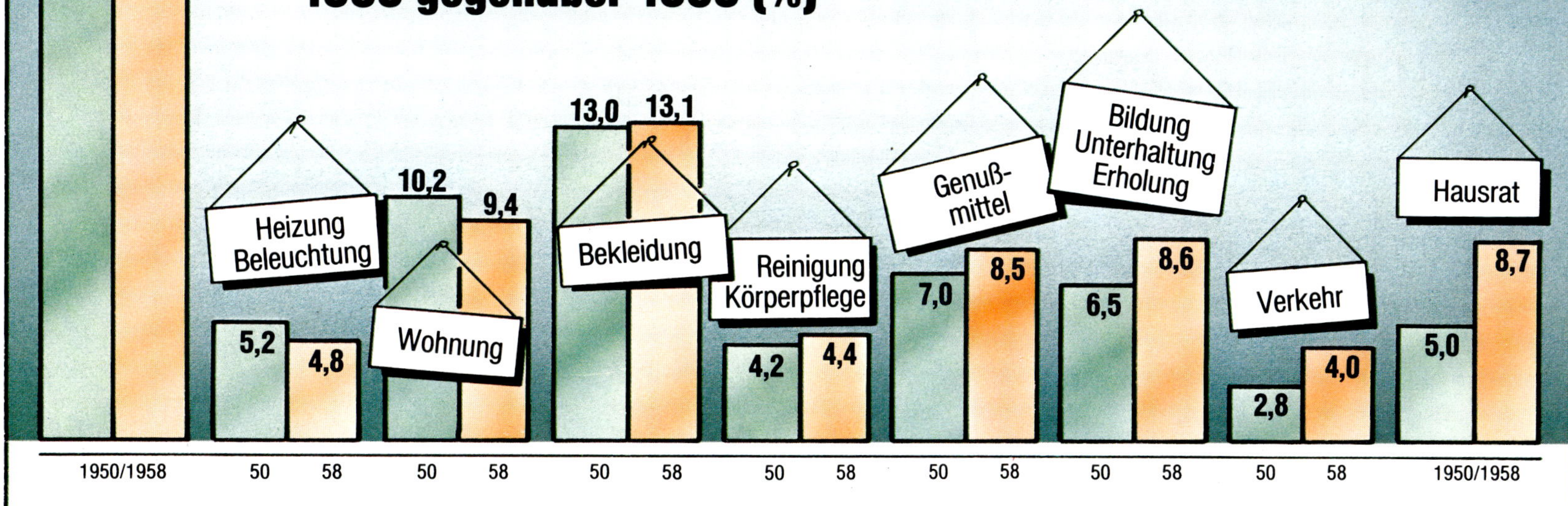

Erstes deutsches Atomkraftwerk

17. Juni. Der erste Leistungs-Atomreaktor der Bundesrepublik liefert Strom für den Verbraucher.
Der Siedewasser-Reaktor in Kahl am Main nimmt mit drei Megawatt seinen Betrieb auf. Die Leistungen sollen in den nächsten Wochen bis auf 15 Megawatt gesteigert werden. Das entspricht dem Elektrizitätsbedarf einer Stadt mit rund 20 000 Einwohnern. Der mit dem Versuchsatomkraftwerk produzierte Strom wird in das Netz der Rheinisch-Westfälischen Elektrizitätswerke (RWE) eingespeist.
An dem Leistungsatomreaktor sind die RWE zu 80% und die Bayernwerke AG zu 20% beteiligt. Die Allgemeine - Electricitäts - Gesellschaft (AEG) in Frankfurt am Main, die im August 1958 mit dem Bau begonnen hatte, stützte sich im wesentlichen auf die Erfahrungen US-amerikanischer Reaktorbauer.
Die Erforschung der Möglichkeiten zur friedlichen Nutzung der Atomenergie begann nach dem Zweiten Weltkrieg. 1954 wurde bei Moskau der erste Leistungsreaktor in Betrieb genommen. Der erste Reaktor der Bundesrepublik ist der 1957 fertiggestellte Forschungsreaktor in Garching.

Das Versuchs-Atomkraftwerk in Kahl soll u. a. dem RWE und dem Bayernwerk die Möglichkeit zur Ausbildung ihrer Atomspezialisten geben

Die Ehescheidung wird schwieriger

28. Juni. Der deutsche Bundestag verabschiedet das von der Bundesregierung eingebrachte Gesetz zur Änderung familienrechtlicher Vorschriften. Strittig war die Neuformulierung des »Zerrüttungsparagraphen« im Scheidungsrecht.
Aufgrund der Anträge der CDU soll nach der Neufassung des Gesetzes eine Ehe künftig gegen den Widerspruch des nicht oder minder schuldigen Ehepartners nicht geschieden werden können, »es sei denn, daß auch dem widersprechenden Ehegatten die Bindung an die Ehe und eine zumutbare Bereitschaft fehlt, die Ehe fortzusetzen«.
Die Neufassung bedeutet eine Einengung des Zerrüttungsprinzips und somit eine Erschwerung der Ehescheidung. Die Opposition wirft der CDU vor, mit dieser Neuregelung einen Schritt in Richtung der Unauflöslichkeit der Ehe – entsprechend dem katholischen Glauben – zu gehen.
Neben der strittigen Neuformulierung im Eherecht enthält das Gesetz neue Bestimmungen zur Stellung unehelicher Kinder. So wird u. a. dem Ehemann die Möglichkeit zur Anfechtung der Ehelichkeit des Kindes gegeben.

Zu hohe Rücklagen bei Arbeitsämtern

7. Juni. Damit die Rücklagen der Bundesanstalt für Arbeitslosenversicherung, die zur Zeit bei rund fünf Milliarden DM liegen, nicht noch weiter anwachsen, billigt das Kabinett in Bonn einen Beschluß, wonach zwischen dem 1. August 1961 und dem 1. Januar 1962 keine Beiträge zur Arbeitslosenversicherung gezahlt werden müssen.
Die Rücklagen der Bundesanstalt sollen allerdings in der bisherigen Höhe beibehalten werden.
Arbeitgebern und Arbeitnehmern bringt die Rechtsverordnung Ersparnisse in Höhe von einer Milliarde DM. Für den einzelnen Versicherten wird die Einsparung in den sechs Monaten insgesamt höchstens 45 DM betragen.
Die Beiträge zur Arbeitslosenversicherung sind derzeit auf 2% des Bruttoverdienstes festgesetzt.

Sonntagsarbeit wird vermindert

30. Juni. Der deutsche Bundesrat billigt eine Verordnung über die Einschränkung der Sonntagsarbeit in der Eisen- und Stahlindustrie. Die Verordnung soll am 1. August 1961 in Kraft treten und in ihren wesentlichen Punkten vom 1. Juli 1962 an wirksam werden.
Bei der abschließenden Beratung im Bundesrat weist Bundesarbeitsminister Theodor Blank darauf hin, daß die jetzt für die Eisen- und Stahlindustrie getroffene Regelung erst der Beginn einer umfassenden Verminderung der Sonntagsarbeit sei.
Nach der neuen Verordnung müssen Stahlarbeitern, die an Öfen arbeiten, die aus technischen Gründen kontinuierlich in Betrieb gehalten werden, mindestens 13 Sonntage mit insgesamt jeweils 72stündigen Freizeiten gewährt werden. An Feiertagen wie Weihnachten, ist für die Stahlarbeiter ebenfalls eine ununterbrochene Ruhezeit von mindestens 40 oder 60 Stunden vorgeschrieben.
Die Spitzenverbände der Eisen- und Stahlindustrie bedauern, daß durch die neue Verordnung eine kontinuierliche Betriebsweise nicht mehr gewährleistet ist.

Bundesarbeitsminister Theodor Blank, der die Verminderung der Sonntagsarbeit begrüßt, während einer Rede auf einem Parteitag der CDU

Bauernkrawalle in Frankreich

25. Juni. Die am 8. Juni wegen des rapide gesunkenen Kartoffelpreises in der Bretagne begonnene Revolte der französischen Bauern greift auch auf Südfrankreich über.
Hauptforderungen der Bauern sind Preisgarantien für die verschiedenen Agrarerzeugnisse und insgesamt eine Erhöhung des Einkommens. Um ihre Forderungen durchzusetzen, demonstrieren die Bauern, verbarrikadieren Straßen und zerstören Telefon- und Stromleitungen.
Die Regierung in Paris versucht, durch Sofortmaßnahmen und mit dem Versprechen einer durchgreifenden Sanierung der Landwirtschaft die Lage in den Griff zu bekommen. Am 17. Juni wurde ein Hilfsprogramm verabschiedet, das u. a. staatliche Ankäufe von überschüssiger Milch und Butter, verstärkte Fleischankäufe, die Ausschaltung des Zwischenhandels und einen schnellen Ausbau der Eisenbahnstrecke Le Mans–Rennes zur Verbilligung des Transports bretonischer Agrarerzeugnisse vorsieht.
Durch die Bauernrevolte werden die Probleme der französischen Landwirtschaft deutlich:
- ▷ Die Agrarproduktion übersteigt bei den wichtigsten Agrarerzeugnissen den Bedarf um 25%
- ▷ Die rund vier Millionen Bauernhöfe sind in mehr als 100 Millionen Parzellen aufgesplittert
- ▷ Rund 27% der Bevölkerung arbeiten in der Landwirtschaft, erhalten aber nur 12% des Volkseinkommens
- ▷ Ein überaltetes Verteilersystem sorgt für hohe Verdienste des Zwischenhandels bei niedrigen Erzeugerpreisen

Angesichts dieser Strukturprobleme erhofft sich die französische Regierung eine Lösung der Überproduktionskrise durch die volle Durchsetzung des Gemeinsamen Marktes im Agrarbereich. Die Bundesrepublik, deren Bauern fürchten, von den billigen französischen Produkten überschwemmt zu werden, versucht dagegen, diese Entscheidung hinauszuzögern.

Bretonische Bauern sperren mit Traktoren Straßen und versuchen, mit diesen Sabotageakten die Regierung auf ihre Lage aufmerksam zu machen

Tschombé wieder in Elisabethville

22. Juni. Verhandlungen zwischen der Kongo-Provinz Katanga und der Zentralregierung in Léopoldville (Kinshasa) führen zur Freilassung des Katanga-Präsidenten Moise Tschombé, der am 26. April inhaftiert worden war (→ 27. 5./S. 92).
Die Freilassung Tschombés ist die Bedingung für die Teilnahme von Politikern aus Katanga an der geplanten Parlamentssitzung der kongolesischen Politiker in der Universität Lovanium.
Bei seiner Freilassung gibt Tschombé den Abschluß eines Vertrages mit dem Oberkommandierenden der kongolesischen Armee, Joseph Desiré Mobutu, über eine Reorganisation der Armee bekannt. Aufgrund dieses Abkommens soll die gesamte Kongo-Armee, auch die Truppen Katangas, unter Mobutus Befehl gestellt werden.
Am 26. Juni wird der Text eines Abkommens zwischen der Zentralregierung und Katanga veröffentlicht, das die wirtschaftliche Einbeziehung des rohstoffreichen Katanga in den Kongo (Zaïre) beinhaltet. Nach der Rückkehr nach Katanga am 26. Juni deutet Tschombé jedoch an, daß er sich nicht an die Abkommen halten wird (→ 1. 8./S. 152).

US-Militär in Saigon

13. Juni. Zur Unterstützung des südvietnamesischen Präsidenten Ngo Dinh Diem gegen die oppositionellen Vietcong treffen 70 US-Spezialisten für Guerilla- und Dschungelkrieg in Saigon ein. Zwar machen die Militärausgaben in Südvietnam rund 50% des Haushaltsbudgets aus, doch kann sich der Präsident ohne Hilfe der USA nicht halten.
Seit der Teilung Vietnams in einen nördlichen und einen südlichen Teil (1954) herrscht in Südvietnam der Katholik Ngo Dinh Diem mit seinen Familienmitgliedern. Die Unterdrückung der Opposition, die weitgehende Kontrolle der Bevölkerung und der starke Einfluß der regierungstreuen Katholiken führten zur Vereinigung aller oppositionellen Gruppen in der Nationalen Front zur Befreiung des Südens (FNL) am 20. Dezember 1960. Die FNL kann sich auf die zunehmende Guerillatätigkeit der Vietcong – zumeist Bauern – stützen.
Auch in den Städten wächst die Unzufriedenheit über den Despotismus des Präsidenten. Am 11. November 1960 unternahmen Fallschirmjäger einen – erfolglosen – Putschversuch, den Diem zum Anlaß für eine »Säuberungsaktion« innerhalb der Beamtenschaft nahm.
Bei einem Besuch in Saigon sicherte US-Vizepräsident Lyndon B. Johnson am 12. Mai dem südvietnamesischen Präsidenten eine Ausweitung der wirtschaftlichen und militärischen Hilfe zu. Für die USA hat die Stützung des antikommunistischen Regimes Diem vor allem politische Bedeutung: Südvietnam soll – auch im Hinblick auf Kuba und Südamerika – zeigen, daß die USA ihren Einfluß verteidigen und in der Lage sind, einen Befreiungskrieg niederzuschlagen (→ 12. 12./S. 199).

Bei den Kämpfen zwischen kongolesischen Einheiten und Truppen der UNO werden auch sudanesische Kontingente gefangengenommen

Diktator Rafael Leonidas Trujillo y Molina, mächtigster Mann der Dominikanischen Republik, wurde am 30. Mai 1961 in Ciudad Trujillo (Santo Domingo) von dem früheren General Juan Tomás Diaz ermordet

Diktator Trujillo erschossen

1. Juni. Mit seiner Ernennung zum Oberkommandierenden der Streitkräfte wird Generalleutnant Rafael Leonidas Trujillo zum mächtigsten Mann der Dominikanischen Republik. Er tritt die Nachfolge seines Vaters Rafael Leonidas Trujillo y Molina an, der am 30. Mai ermordet worden ist.

Trujillo hatte 1930 die Macht in der Dominikanischen Republik an sich gerissen. Seiner Familie gehört ein Drittel des kultivierten Bodens des Landes. Das Vermögen der Trujillos wird auf 800 Millionen US-Dollar (rund 3,2 Milliarden DM) geschätzt. Trujillo beherrschte das Land im Bereich der Westindischen Inseln mit terroristischen Methoden.

In der Verlautbarung des dominikanischen Staatspräsidenten Joaquin Balaguer zur Ermordung Trujillos heißt es, daß der Wohltäter und Vater des Vaterlandes einem hinterlistigen Anschlag zum Opfer gefallen sei. Der Tod eines so großen Mannes stelle einen nicht zu ersetzenden Verlust dar.

Der neue Machthaber, Trujillos Sohn, war von seinem Vater bereits als Dreijähriger zum Major und drei Jahre später zum Oberst ernannt worden. Sein luxuriöser Lebensstandard hatte 1957 zu einer Debatte im US-amerikanischen Kongreß geführt, wobei behauptet wurde, daß ein Großteil der Auslandshilfe der USA von der Familie Trujillo für ihren verschwenderischen Lebensstil verwendet werde.

Am 3. Juni kündigen Trujillo und Balaguer für den 16. Mai 1962 freie Wahlen an.

Die USA verhalten sich zunächst abwartend gegenüber den Ereignissen. Am 5. Juni beschließt der Rat der Organisation Amerikanischer Staaten (OAS) die Entsendung einer Beobachtungskommission, die am 8. Juni in Ciudad Trujillo (Santo Domingo) eintrifft (→ 8. 7., S. 129).

Primas kritisiert Polens Regierung

1. Juni. Während einer Fronleichnamspredigt greift der Primas von Polen, Stefan Kardinal Wyszynski, in Warschau die Regierung des Landes an, weil sie die in Polen in der sog. Corpus-Christi-Oktave üblichen Prozessionen nach dem Fronleichnamstag verboten hat.

Der Erzbischof erklärt vor über 125 000 Gläubigen: »Wir werden für die Absichten der Leute beten, die durch gesetzliche Anordnungen und durch eine falsche Auslegung der Anordnungen des Heiligen Stuhles die Rechte unseres Primas in einer für die Kirche schädlichen Weise verletzen.«

Stefan Kardinal Wyszynski, der Primas der katholischen Kirche

Im Hintergrund v. l.: Bun Um, der prowestliche Regierungschef in Vientiane, Suvanna Phuma, der neutralistische Exil-Ministerpräsident, und der prokommunistische Führer der Pathet-Lao, Suvannavong

Laos-Prinzen einig

22. Juni. Nach dreitägigen Besprechungen in Zürich einigen sich die Führer der drei streitenden laotischen Parteien, die Prinzen Bun Um, Suvanna Phuma und Suvannavong, über ein politisches Programm für Laos und über die Prinzipien für die Regierungsbildung.

Das Programm der zukünftigen Regierung, die aus Vertretern aller Bürgerkriegsparteien bestehen soll, sieht in der Außenpolitik die strikte Neutralität des Landes vor und innenpolitisch die Rückkehr zu demokratischen Verhältnissen sowie den wirtschaftlichen Aufbau. Die Streitkräfte der feindlichen Parteien sollen in einer einheitlichen nationalen Armee zusammengefaßt werden. Als besonders wichtig wird die Hebung des Lebensstandards der Bevölkerung bezeichnet.

Unmittelbare Aufgaben der zukünftigen Regierung sind die Bildung einer Regierungsdelegation zur Teilnahme an der Genfer Laos-Konferenz (→ 16. 5./S. 91), die Einhaltung des Waffenstillstandes, die Freilassung aller politischen Häftlinge und die Organisation allgemeiner Wahlen zur Nationalversammlung.

Während die Konferenz der drei Prinzen erfolgreich zu verlaufen scheint, kommen die internationalen Verhandlungen in Genf zum Stocken (→ 8. 10./S. 175).

Kampf um Scheichtum Kuwait

19. Juni. Das seit 1899 unter britischem Protektorat stehende Emirat Kuwait am Persischen Golf wird unabhängig. Bereits am 25. Juni erhebt der Irak Anspruch auf Kuwait, den wichtigsten Erdölproduzenten im Nahen Osten.

Das kuwaitische Staatsoberhaupt, Abdallah As Salim As Sabah, dessen Dynastie seit 1756 in Kuwait herrscht, verhängt am 27. Juni den Ausnahmezustand und verlegt die 6000 Mann starke Armee an die Grenzen zum Irak.

Scheich Abdallah as Salim As Sabah in seinem königlichen Palast, Staatsoberhaupt des umstrittenen unabhängigen Emirats Kuwait

Kuwait ist wegen seines Ölreichtums für alle umliegenden Staaten des Nahen Ostens von größter Bedeutung. So versucht auch der ägyptische Staatspräsident Gamal Abd el Nasser, politischen Einfluß auf Kuwait zu gewinnen: Er will das Ölscheichtum zum Anschluß an die im Jahr 1945 gegründete Arabische Liga bewegen (in der Ägypten eine starke Stellung hat).

Das Emirat Kuwait exportierte im Jahr 1960 über 82 Millionen Tonnen Rohöl, während es der Irak z. B. nur auf 45 Millionen Tonnen brachte. Die Einnahmen aus dem Ölgeschäft werden gedrittelt: Ein Teil wird für die Entwicklung des Landes verwandt, das zweite Drittel erhält die weitläufige Verwandtschaft des Scheichs, den Rest behält das Staatsoberhaupt für sein Privatvermögen, das auf rund drei Milliarden DM geschätzt wird.

Der Lebensstandard der Kuwaitis ist der höchste der arabischen Welt. Kuwait verfügt über ein gut ausgebautes Straßennetz, moderne Häfen und Flughäfen. Die ärztliche Betreuung der Bevölkerung ist z. B. ebenso kostenlos wie die Verpflegung der rund 40 000 Schüler in den 75 staatlichen Schulen (→ 1. 7./S. 129).

Keine Lösung für die Südtiroler

In Italien und Österreich häufen sich Sabotageakte, wie die Sprengung von Hochspannungsmasten

25. Juni. Attentate und Sabotageakte verschärfen den Gegensatz zwischen Wien und Rom in der Südtirol-Frage. Die Verhandlungen, die am 24. Juni in Zürich begonnen haben, werden abgebrochen.

Österreich verlangt entschiedener als bei der Konferenz in Klagenfurt (→ 20. 5./S. 90) die volle Autonomie für die Provinz Bozen. Italien dagegen ist nur zur Übertragung erweiterter Verwaltungsbefugnisse von der Region Trentino auf die Provinz Bozen bereit.

Nachdem sich zeigt, daß durch zweiseitige Verhandlungen keine Einigung zu erzielen ist, beruft sich Österreich auf den zweiten Teil der UNO-Resolution über Südtirol von 1960, wonach die Beilegung des Konfliktes durch ein »friedliches Mittel«, auf das sich beide Staaten einigen sollen, empfohlen wird. Der österreichische Außenminister Bruno Kreisky schlägt eine internationale Untersuchungskommission für Südtirol vor. Der italienische Außenminister Antonio Segni wünscht dagegen, die Südtirol-Frage vor den Internationalen Gerichtshof in Den Haag zu bringen. Da Wien die Südtirol-Frage als politisches, nicht juristisches Problem ansieht, verwirft Kreisky diesen Vorschlag.

Um diese Kontroverse zu umgehen, will Wien den UNO-Generalsekretär Dag Hammarskjöld einschalten, der bei der Suche nach einem »friedlichen Mittel« behilflich sein soll.

Insgesamt nimmt Wien während der Konferenz in Zürich eine harte Haltung ein. Kreisky will damit die Extremisten in Südtirol beruhigen, die durch Bombenanschläge auf sich aufmerksam machen. Nachdem am 11. Juni 19 Telefon- und Hochspannungsmaste gesprengt wurden, hat der italienische Innenminister Mario Scelba die Polizei in Südtirol verstärkt (→ 12. 7./S. 133).

Otto Habsburg-Lothringen, der Sohn des letzten Kaisers

Kaisersohn nicht nach Österreich

13. Juni. Der österreichische Ministerrat gelangt zu keiner einheitlichen Auffassung über die Loyalitätsbekundung von Otto Habsburg-Lothringen, dem Sohn des letzten österreichischen Kaisers. Die Erklärung gilt deshalb als abgelehnt.

Am 31. Mai hatte Otto Habsburg-Lothringen, der älteste Sohn von Kaiser Karl I. und seiner Frau Zita, zu Protokoll gegeben, daß er auf die Mitgliedschaft zum Haus Habsburg-Lothringen und auf alle Herrschaftsansprüche verzichtet. Diese Erklärung stellt die Voraussetzung für die legale Einreise nach Österreich dar.

Kaiser Karl I.

Die Bestimmungen gehen auf das Gesetz vom 3. April 1919 zurück, mit dem die Mitglieder des Hauses Habsburg-Lothringen des Landes verwiesen und enteignet wurden. Otto Habsburg-Lothringen erhielt zwar am 8. Mai 1956 seine österreichische Staatsbürgerschaft bestätigt, die Einreise wurde ihm jedoch verwehrt, so daß er in Bayern bleibt.

Proteste in Österreich löste die Taufe seines Sohnes im Januar aus, als Otto Habsburg-Lothringen den Eintrag »Erzherzog« im bayerischen Standesamt verlangte.

Mit einem Flugzeug der Lufthansa ist man in kurzer Zeit am Urlaubsort an der Mittelmeerküste, verspricht die Werbung der Lufthansa

Eine zweiwöchige Nordafrika-Kreuzfahrt über Silvester für 1050 DM

Die Kosmetik-Werbung nutzt das Interesse am Urlaub

Die Fernsehzeitung »Hörzu« berichtet über eine Japanreise

Urlaub 1961:

Nachbarländer locken

Neben dem Urlaub im eigenen Land bevorzugen die Bundesbürger vor allem Italien und Österreich als Urlaubsländer.
Von den über 16 Millionen Fremdenmeldungen in der Bundesrepublik kommen im Sommerhalbjahr 1961 fast 12 Millionen Gäste aus dem eigenen Land. Bevorzugte Urlaubsorte sind Nordseeküstenbäder, Mittelgebirge und Alpen.
Von den 18,935 Millionen Ausländern, die in Italien 1961 Urlaub machen, stellen die Bundesbürger mit 4,781 Millionen den größten Anteil, gefolgt von den Schweizern mit 3,4 Millionen und den Franzosen mit rund 2,6 Millionen Besuchern. In Italien locken besonders die nördliche Adriaküste und die italienische Riviera, aber auch Florenz, Rom und Venedig.
In Österreich werden 1961 insgesamt 29,997 Millionen Übernachtungen gezählt. Allein 22,984 Millionen Übernachtungen entfallen auf Gäste aus der Bundesrepublik. Es folgen die Briten mit 1,577 Millionen Übernachtungen.
Auch in der benachbarten Schweiz sind die meisten Gäste Bundesbürger (4,769 Millionen der insgesamt 17,419 Millionen Übernachtungen). Die Schweiz und Österreich haben für deutsche Urlauber schon wegen der gemeinsamen Sprache und der relativ geringen Entfernung eine große Anziehungskraft.
Für Flugtouristen, die nicht das Geld für einen Linienflug ausgeben wollen, bieten Charterfluggesellschaften billigere Reisen an. Seit 1954 werden z. B. Charter-Flugreisen nach Mallorca organisiert. Die Lufthansa bietet seit 1958 sog. Inclusive Tours an, die zwar etwas teurer als die Charter-Flugreisen sind, dafür aber einen individuellen Urlaub ermöglichen. 1960 hatte die Lufthansa rund 25 000 Kunden für die Inclusive Tours, fast genauso viel wie die Chartergesellschaften.
Fernziele, wie z. B. die Vereinigten Staaten, werden aus finanziellen Gründen nur von wenigen bundesrepublikanischen Urlaubern angestrebt.

Die niederländische Fluggesellschaft KLM wirbt mit ihrer langjährigen Erfahrung in der ganzen Welt und ihrem persönlichen Service

Mit speziellen Sonderangeboten will Pan Am in die USA locken

Fotos aus London sollen zu einem Besuch anreizen

Königin Elisabeth II. von Großbritannien in einem weißen Mantel mit ihrem Mann, Prinz Philipp, Herzog von Edinburgh, in Ascot

Rennsaison in Ascot

13. Juni. In Ascot beginnen die viertägigen Rennen, die als Höhepunkt der britischen Rennsaison gelten.
Die Rennen in Ascot, die bereits 250 Jahre alt sind, gelten immer noch als eine persönliche Veranstaltung des Monarchen. Wer Zutritt zu den Rennen haben möchte, muß rechtzeitig einen Antrag stellen.
Die königliche Familie ist an jedem Tag anwesend und folgt in der Ehrenloge den Rennen. Die Männer erscheinen traditionsgemäß im Cutaway und grauem Zylinder, die Frauen tragen die ausgefallensten Kleider und Hüte. Für die Modeschöpfer ist Ascot der Anlaß, ihre gewagten Kreationen vorzuführen.

Glanzvolle Heirat in Großbritannien

8. Juni. In der 1300 Jahre alten Kathedrale von York heiratet Prinz Edward George, Herzog von Kent, Catherine Worsley. Die Trauung findet in Anwesenheit der Königsfamilie und zahlreicher Vertreter des europäischen Hochadels statt.
Rund 30 Millionen britische Fernsehzuschauer können die glanzvolle Hochzeit, die vor 2000 in die Kathedrale geladenen Gästen stattfindet, am Bildschirm verfolgen.
Zwei Tage lang waren 34 Gärtner mit dem Blumenschmuck für die Kirche beschäftigt, in der erstmals seit 633 Jahren wieder eine königliche Hochzeit stattfindet. Rund 200 000 weiße und gelbe Rosen schmücken die Außenwände der Kathedrale – passend zum weiß-gelben, seidenen Hochzeitskleid der Braut.
Nach der Trauung wird das Hochzeitspaar vor der Kirche von Tausenden von Schaulustigen begrüßt.

Prinz Edward George (stehend, 4. v. l.) mit seiner Braut Catherine

Zum Teil mußten bis zu 50 DM bezahlt werden, um einen günstigen Stehplatz vor der Kathedrale in York zu erhalten.
Danach findet ein Empfang auf dem Landsitz der Worsleys statt, die ihren 2000 Hochzeitsgästen an einer 150 m langen Tafel Champagner servieren lassen.

Rohrbach-Freispruch

30. Juni. Das Schwurgericht in Münster spricht im Wiederaufnahmeverfahren die 31jährige Hausfrau Maria Rohrbach von der Anklage des Gattenmordes frei. Das Urteil des Schwurgerichts Münster vom 18. April 1958, das nur aufgrund von Indizien auf lebenslänglich Zuchthaus lautet, wird aufgehoben.
Der Freispruch der Angeklagten erfolgt mangels Beweisen, so daß Maria Rohrbach keine Haftentschädigung für vier Jahre und zwei Monate, die sie hinter Gittern verbracht hat, zusteht.
Maria Rohrbach, die stets ihre Unschuld beteuert hat, war angeklagt, in der Nacht vom 9. zum 10. April 1957 ihren Mann, Hermann Rohrbach, heimtückisch ermordet zu haben. Die Leiche wurde zerstückelt in Münster aufgefunden. Der angeblich von Maria Rohrbach im Küchenherd verbrannte Schädel Hermann Rohrbachs wurde im September 1959, also eineinhalb Jahre nach dem rechtskräftigen Urteil, in einem See bei Münster entdeckt.
Das Gericht führt in der Begründung des Freispruchs aus, daß weder geklärt werden konnte, wie Hermann Rohrbach umgekommen ist, noch wann, wo und wodurch.
Dem Rechtsanwalt der Angeklagten war es in mühevoller Kleinarbeit gelungen, das Wiederaufnahmeverfahren durchzusetzen. Im jetzigen zweiten Prozeß, der fast acht Wochen dauerte, wurden 85 Zeugen und 18 Gutachter gehört. Die meisten Zeugen hielten nicht an den für Maria Rohrbach belastenden Aussagen fest, die sie im ersten Verfahren gemacht hatten. Der Hauptgutachter mußte während des Wiederaufnahmeverfahrens die Fehlerhaftigkeit seines damaligen Gutachtens eingestehen.
Während vieler Prozeßtage stand die z. T. sehr mangelhafte Tätigkeit der damaligen Gutachter im Mittelpunkt. Rückblickend zeigte sich, daß das erste Verfahren von der Voreingenommenheit der Polizei, der Staatsanwaltschaft und des Gerichts beeinflußt war.

Verteidiger Fritz Groß, der das Wiederaufnahmeverfahren für Maria Rohrbach durchgesetzt hat, wird von Prozeßbeobachtern beglückwünscht

Die Angeklagte Maria Rohrbach (r.) und ihr Verteidiger Fritz Groß (l.)

Erdeinbruch in Paris

1. Juni. Ein wahrscheinlich durch starke Regenfälle verursachter Erdeinbruch bringt in Clamart, einem Vorort der französischen Hauptstadt Paris, 25 Häuser zum Einsturz. Aus den Trümmern werden 15 Tote und 30 Verletzte geborgen.
Der Einbruch entsteht auf einer Fläche von rund einem Quadratkilometer. Gleichzeitig explodieren mehrere Gasleitungen. Vermutlich haben die Erdmassen nachgegeben, weil sich an dieser Stelle eine unterirdische Champignonzucht befindet.

Werner Gilles – lyrischer Maler

22. Juni. Zwei Monate vor Vollendung des 75. Lebensjahres stirbt der Maler Werner Gilles in einem Essener Krankenhaus.
Gilles bevorzugte die Spontaneität, seine Gemälde wirken oft fragmentarisch. Dieses Prinzip wurzelt in der Auffassung, daß dem wahren Künstler die Bilder geschenkt werden, daß er nur das Werkzeug einer höheren Macht ist, die den Bildgedanken im Künstler weckt. Der Künstler muß die geeigneten handwerklichen Fähigkeiten haben, aber das Gelingen eines Werkes ist die Gunst einer Stunde, die nicht wiederholbar ist.
Entscheidend für Gilles' expressives Werk ist das Erlebnis von Landschaft, Dichtung und Musik. Die Insel Ischia wurde für den Maler zur zweiten Heimat – hier fand er zahlreiche seiner Bildmotive.
Gilles, der 1894 in Rheydt geboren wurde, studierte in Kassel und am Bauhaus in Weimar, wo er mit dem deutsch-amerikanischen Maler und Graphiker Lyonel Feininger in engen Kontakt kam.

Zürich verbietet Oistrach-Konzert

11. Juni. Die Schweizer Fremdenpolizei in Zürich verweigert dem sowjetischen Geiger David Oistrach die Erlaubnis zu einem Auftritt in der Züricher Tonhalle. Die Fremdenpolizei begründet ihren Schritt damit, daß Oistrach ein »Emissär der kommunistischen Ideologie« sei.
In der Züricher Presse wird die Entscheidung heftig kritisiert, obwohl im Kanton Zürich schon seit langem ein allgemeines Auftrittsverbot für Künstler und Sportler aus der Sowjetunion, der Volksrepublik China und Ungarn besteht. Der Chef der Züricher Fremdenpolizei, Albert Häfeli, erklärt, das Verbot habe zwei Gründe: Zum einen könne der Erfolg der Aufführungen und der Beifall, den die Ausübenden erhielten, einfache Leute zugunsten des Kommunismus beeinflussen. Zum anderen würde man indirekt die Achtbarkeit des kommunistischen Regimes anerkennen, wenn man das Auftreten seiner Repräsentanten dulde.
In der Presse wird dagegen u. a. angeführt, daß Oistrach bereits in fünf Schweizer Städten aufgetreten sei.

»Wallenstein«-Inszenierung von Heinrich Koch mit dem Ensemble der Ruhrfestspiele am 1. 6. in Recklinghausen

Grundstein für Festspielhaus

3. Juni. In Recklinghausen legt Bundespräsident Heinrich Lübke den Grundstein für den Bau eines Festspielhauses für die 1946 begründeten Ruhrfestspiele.
In seiner Festrede nennt Lübke die Ruhrfestspiele einen »Teil der neuen Heimstätte des deutschen Volkes«. In dem neuen Festspielhaus sollten allein »wahrer Friede und Freiheit« wirken.
Für den Deutschen Gewerkschaftsbund (DGB) spricht dessen stellvertretender Vorsitzender, Bernhard Tacke. Er erklärt, der DGB habe das Bestreben, das Ideelle unserer Gesellschaft zu fördern, damit das Materielle nicht verkümmere.
Begründet wurden die Ruhrfestspiele 1946. Wegen Kohlemangels standen die Hamburger Bühnen vor der Situation, schließen zu müssen. In einer Solidaritätsaktion wurde in Recklinghausen genügend Kohle zusammengebracht und nach Hamburg geliefert. Im darauffolgenden Jahr organisierten Vertreter der Hamburger Bühnen, unter ihnen der jetzige künstlerische Leiter der Festspiele, Otto Burrmeister, Festspiele in Recklinghausen – als Dank für die Kohlelieferungen.
1947 wurden die Ruhrfestspiele offiziell vom DGB und der Stadt Recklinghausen gegründet. Seit 1949 werden die Ruhrfestspiele jedes Jahr durchgeführt. Neben die Theateraufführungen traten Kunstausstellungen, Filmvorführungen, Seminare und Buchausstellungen.

Bundespräsident Heinrich Lübke (r.) bei der Einlegung des Grundsteins für das Ruhrfestspielhaus

Jung: Philosoph und Psychologe

6. Juni. Der Schweizer Psychotherapeut und Philosoph Carl Gustav Jung stirbt im Alter von 85 Jahren in seiner Villa in Küsnacht. Er war neben Sigmund Freud und Alfred Adler einer der maßgeblichen Psychologen der Zeit.
Jung wurde 1900 Psychiater in Zürich und zehn Jahre später dort Professor. Er war zunächst ein Anhänger Freuds, entwickelte dann jedoch eine eigene tiefenpsychologische Schule, die »Analytische Psychologie«. Sie unterscheidet sich u. a. dadurch von der Psychoanalyse Freuds, als sie der Sexualität bei der Entstehung von Neurosen keine so zentrale Bedeutung beimißt, dafür aber Mythen, Religion und das kollektive Unbewußte, das überindividuell ererbt ist, berücksichtigt. Die Inhalte des kollektiven Unbewußten bilden die Archetypen, die Urbilder, die aus der Frühgeschichte menschlicher Entwicklung übernommen werden. Die Archetypen sind allen Menschen gemeinsam.
Ein weiterer zentraler Begriff Jungs ist die Individuation. Sie meint die lebenslange Reifung und Veränderung der Persönlichkeit durch das Bewußtmachen des Unbewußten.
Jungs über 100 Bücher umfassendes Werk ist entsprechend seiner vielfältigen Interessen komplex. Neben der Psychologie beschäftigte sich Jung u. a. mit Archäologie, Religionsgeschichte, Mythologie, östlichen Philosophien und Ethnologie.

Carl Gustav Jung, der Begründer der »Analytischen Psychologie«

Nurejew bittet in Paris um Asyl

16. Juni. Mit den Worten »Schützt mich!« bittet der sowjetische Balletttänzer Rudolf Nurejew auf dem Pariser Flughafen Le Bourget um politisches Asyl.
Der 23jährige Tänzer ist seit 1958 Mitglied des Kirow-Balletts in Leningrad. Die Truppe hat ihr Gastspiel in Paris beendet und will nach London weiterreisen. Zwei sowjetische Funktionäre fordern Nurejew vor dem Abflug auf, mit ihnen nach Moskau zurückzukehren.

Der sowjetische Tänzer Rudolf Nurejew, nachdem er das Leningrader Kirow-Ballett verlassen hat, mit der Primaballerina Margot Fonteyn

»West Side Story« deutsche Premiere

16. Juni. Das Musical »West Side Story« des US-amerikanischen Komponisten und Dirigenten Leonard Bernstein erlebt im Münchner Deutschen Theater seine deutsche Erstaufführung.

»West Side Story« ist die Geschichte von Romeo und Julia – aber in die moderne Zeit und nach Manhattan verlegt. Statt feindlichen Familien gehören die beiden Liebenden rivalisierenden Jugendbanden in New York an. Tony/Romeo ist als Abkömmling europäischer Einwanderer Mitglied der »Jets«, während Maria/Julia zu den »Sharks«, einer Gruppe von zugewanderten Puertoricanern, gehört. Bei den Auseinandersetzungen der beiden Banden wird Marias Bruder getötet, am Ende kommt auch Tony, der sich gegen das Blutvergießen gewehrt hat, ums Leben.

Das Musical ist eine Mischung aus Tragödie, Oper und Ballett. Die vielen Tanzszenen nach einer Choreographie von Jerome Robbins lassen die Gesangspartien, die in München auch nicht sehr stark besetzt sind, in den Hintergrund treten.

Von einigen Kritikern werden die Rührseligkeit der Geschichte und die zu kommerzielle Musik bemängelt.

Liebesszene zwischen Tony (Don Grilley) und Maria (Jan Canada) bei der deutschen Erstaufführung des US-amerikanischen Musicals in München

Al-Azhar-Moschee wird moderne Uni

23. Juni. Die 972 n. Chr. gegründete Al-Azhar-Moschee in Kairo wird nach einem Beschluß der Nationalversammlung der Vereinigten Arabischen Republik (VAR) in eine moderne Universität umgewandelt.

Die Al-Azhar-Moschee gehört zu den berühmtesten Universitäten und Koranschulen der islamischen Welt. Hauptfächer sind islamisches Recht, Theologie und arabische Sprache. Erst in den 20er und 30er Jahren wurden Reformen im Lehrbetrieb vorgenommen, Lehrfächer wie Geographie, Mathematik, Geschichte und moderne Sprachen wurden eingeführt sowie Prüfungsordnungen festgelegt. Bis vor kurzem lebten und lernten die insgesamt rund 10 000 Studenten noch nach Nationalitäten getrennt in den Seitenhallen der Moschee. Erst 1958 wurden Wohnheime errichtet.

Durch die Umwandlung in eine moderne Universität, die direkt dem ägyptischen Staatspräsidenten Gamal Abd el Nasser untersteht, soll der religiöse Charakter der Al-Azhar zwar erhalten bleiben, durch die Angliederung von Fakultäten für Medizin, Technik, Landwirtschaft und Verwaltung wird sie jedoch der modernen Entwicklung angepaßt.

Der Regierende Bürgermeister von Berlin, Willy Brandt, mit dem Filmstar Jayne Mansfield bei den XI. internationalen Filmfestspielen in Berlin

1961 – XI. Berlinale

23. Juni. Bis zum 4. Juli dauern die XI. Filmfestspiele in Berlin (West), die von Willy Brandt, dem Regierenden Bürgermeister der Stadt, eröffnet werden.

Der Film habe in Berlin – so Brandt – eine traditionelle Stätte. Hier sei man gezwungen, Scheinlösungen und Illusionen zu mißtrauen und zum Wesentlichen vorzustoßen. Eine Bestandsaufnahme des Films werde in der harten Atmosphäre dieser Stadt realistisch, ehrlich und nützlich sein können.

Zur Eröffnung werden die Bundesfilmpreise 1961 vergeben. Preise für den besten Spielfilm und die beste Regie werden allerdings nicht verliehen. Als bester Hauptdarsteller erhält Heinz Rühmann für seine Rolle in »Das schwarze Schaf« das Filmband in Gold. Als beste Hauptdarstellerin wird Hilde Krahl (in »Das Glas Wasser«) prämiiert.

Insgesamt werden auf der Berlinale Filme aus 47 Ländern gezeigt. Als herausragende Streifen werden »La Notte« (Die Nacht) des italienischen Regisseurs Michelangelo Antonioni und »Das Wunder des Malachias« von Bernhard Wicki mit dem Goldenen bzw. dem Silbernen Bären ausgezeichnet.

In »La Notte« mit Jeanne Moreau und Marcello Mastroianni zeigt Antonioni 24 Stunden im Leben von Giovanni und Lidia Pontana, in denen die zunehmende Leere der Ehe des Paares deutlich wird.

In Bernhard Wickis Film geht es um ein Wunder, die Versetzung einer Nachtbar von ihrem Standort neben einer Kirche auf eine einsame Nordseeinsel, und um die kommerzielle Verwertung dieses Ereignisses. Das »Wunder« wird für Wicki zum Anlaß, ein Spiegelbild der Gegenwart zu zeigen.

Max Morlock im dunklen Trikot mit der »Viktoria« des deutschen Fußballbundes im Niedersachsenstadion

1. FC Nürnberg Rekordmeister

24. Juni. In sommerlicher Hitze wird im Niedersachsenstadion in Hannover der 1. FC Nürnberg vor 82 000 Zuschauern mit einem 3 : 0-Sieg über Borussia Dortmund zum achten Mal Deutscher Fußballmeister. Acht Meisterschaften hat noch kein anderer Verein erringen können.
Die Tore für die spielerisch besseren Nürnberger, die bereits zur Halbzeit 2 : 0 führen, erzielen Kurt Haseneder, Heiner Müller und Heinz Strehl.
Die »Cluberer« haben 1920, 1921, 1924, 1925, 1927, 1936 und 1948 die Meisterschaft gewonnen. Sie halten damit den Rekord vor dem FC Schalke 04, der siebenmal Deutscher Meister war (1934, 1935, 1937, 1939, 1940, 1942 und 1958).
Die Nürnberger spielen mit Roland Wabra; Paul Derbfuß, Helmut Hilpert; Josef Zenger, Ferdinand Wenauer, Stefan Reisch; Gustav Flachenecker, Heinz Strehl, Max Morlock, Kurt Haseneder, Heiner Müller. Die Borussen bieten Heinz Kwiatkowski; Wilhelm Burgsmüller, Rolf Thiemann; Dieter Kurrat, Lothar Geisler, Wolfgang Peters; Alfred Kelbassa, Alfred Schmidt, Jürgen Schütz, Friedhelm Konietzka und Gerd Cyliax auf.

Das zweite Tor für den 1. FC Nürnberg wurde von Heinz Strehl (r.) geschossen, am Boden liegt Torwart Hans Kwiatkowski von Borussia Dortmund, ganz links steht Wilhelm Burgsmüller, ebenfalls von Borussia Dortmund

Die Deutschen Fußballmeister

1903: VfB Leipzig
1904: Das Endspiel wird nicht ausgetragen, für das Finale hatten sich VfB Leipzig und Britannia Berlin qualifiziert
1905: Union 92 Berlin
1906: VfB Leipzig
1907: Freiburger FC
1908: Viktoria 89 Berlin
1909: Phönix Karlsruhe
1910: Karlsruher FV
1911: Viktoria 89 Berlin
1912: Holstein Kiel
1913: VfB Leipzig
1914: SpVgg Fürth
1920: 1. FC Nürnberg
1921: 1. FC Nürnberg
1922: Hamburger SV (nach zwei Unentschieden zwischen HSV und 1. FC Nürnberg erklärte der Deutsche Fußballbund den HSV zum Meister, der aber auf den Titel verzichtete)
1923: Hamburger SV
1924: 1. FC Nürnberg
1925: 1. FC Nürnberg
1926: SpVgg Fürth
1927: 1. FC Nürnberg
1928: Hamburger SV
1929: SpVgg Fürth
1930: Hertha BSC Berlin
1931: Hertha BSC Berlin
1932: Bayern München
1933: Fortuna Düsseldorf
1934: FC Schalke 04
1935: FC Schalke 04
1936: 1. FC Nürnberg
1937: FC Schalke 04
1938: Hannover 96
1939: FC Schalke 04
1940: FC Schalke 04
1941: Rapid Wien (Österreich war 1938 an Deutschland angeschlossen worden)
1942: FC Schalke 04
1943: Dresdner SC
1944: Dresdner SC
1948: 1. FC Nürnberg
1949: VfR Mannheim
1950: VfB Stuttgart
1951: 1. FC Kaiserslautern
1952: VfB Stuttgart
1953: 1. FC Kaiserslautern
1954: Hannover 96
1955: Rot-Weiß Essen
1956: Borussia Dortmund
1957: Borussia Dortmund
1958: FC Schalke 04
1959: Eintracht Frankfurt
1960: Hamburger SV
1961: 1. FC Nürnberg

Juli 1961

Mo	Di	Mi	Do	Fr	Sa	So
					1	2
3	4	5	6	7	8	9
10	11	12	13	14	15	16
17	18	19	20	21	22	23
24	25	26	27	28	29	30
31						

1. Juli, Sonnabend

Großbritannien und Saudi-Arabien beginnen mit der Entsendung von Truppen nach Kuwait, um die Annexionsforderungen des Irak abzuwehren. → S. 129

Einen Krieg ohne Ende kündigt die algerische Befreiungsbewegung FLN (Front de Libération National) für den Fall an, daß der französische Staatspräsident Charles de Gaulle die Drohung einer Teilung Algeriens wahrmacht (→ 20. 7./S. 130).

Zur ersten Hauptversammlung der Volkswagen-AG kommen rund 7000 Kleinaktionäre in die VW-Stadt Wolfsburg. → S. 133

Im Bankengewerbe der Bundesrepublik wird die Fünf-Tage-Woche eingeführt. Von jetzt an werden jeden Sonnabend die Banken geschlossen bleiben.

2. Juli, Sonntag

Von 5,5 Millionen Menschen im Alter von über 65 Jahren leben 64% allein, 20% als Ehepaare ohne Anhang und 16% im Haushalt der Kinder, wie auf dem Ersten Bundes-Altenkongreß der Katholiken Deutschlands in Gelsenkirchen bekannt wird.

Kurz vor der Landung in Buenos Aires stürzt ein argentinisches Flugzeug ab und geht in Flammen auf. Aus den brennenden Trümmern können 13 Menschen lebend, wenn auch zum Teil schwer verletzt, gerettet werden. 22 Personen werden getötet.

3. Juli, Montag

In der südkoreanischen Hauptstadt Seoul wird der Führer des Militärputsches vom 16. Mai, General Chang Do Yung, entmachtet. Der bisherige »zweite« Mann, General Park Chung Hee, wird Alleinherrscher. → S. 129

Die finnische Regierung reicht ihren Rücktritt ein, nachdem Ministerpräsident Väinö Johannes Sukselainen auf eigenen Wunsch von seinem Amt entbunden worden ist. → S. 134

Sprengstoffanschläge in Südtirol und die Gegenmaßnahmen der italienischen Behörden haben den Fremdenverkehr in diesem Gebiet nach Schätzungen des staatlichen Reisebüros in Bozen um 75% absinken lassen. Der Einnahmeverlust wird für dieses Jahr auf rund 30 Milliarden Lire (192 Millionen DM) geschätzt.

Die wöchentliche Arbeitszeit einer Hausfrau beträgt mehr als 130 Stunden, hat das Statistische Bundesamt im Auftrag des Hausfrauenbundes ermittelt. Im Bericht des Amtes heißt es, daß eine Durchschnitts-Hausfrau in einem städtischen Vier-Personen-Arbeitnehmer-Haushalt im Monat 522,7 Stunden arbeitet.

4. Juli, Dienstag

Der Goldene Berliner Bär, der große Preis der Berliner Filmfestspiele, wird an den Film »Die Nacht« des italienischen Regisseurs Michelangelo Antonioni verliehen. Bernhard Wicki erhält den Silbernen Bären für »Das Wunder des Malachias«. Die Darstellerpreise gehen an die Schauspieler Peter Finch (»Und morgen alles«, Großbritannien) und Anna Karina (»Eine Frau ist eine Frau«, Frankreich) (→ 23. 6./S. 122).

5. Juli, Mittwoch

Zusammenstöße zwischen französischem Militär und Moslems in Algerien fordern eine große Zahl von Toten: Etwa 100 Menschen kommen ums Leben (→ 20. 7./S. 130).

Zu einem dreitägigen Staatsbesuch trifft Bundespräsident Heinrich Lübke in der Schweiz ein. Es ist seit dem Besuch des deutschen Kaisers Wilhelm II. 1912 der erste Besuch eines deutschen Staatsoberhauptes in der Schweiz. → S. 134

Ihre Bedenken gegen »automatische Fremdenführer« in den römischen Kirchen hat die päpstliche Kongregation für Fragen des Kultus jetzt zurückgestellt. Es ist den Bischöfen nun selbst überlassen, ob sie solche Geräte in ihren Kirchen aufstellen lassen wollen oder nicht. Touristen können mit Hilfe dieser Geräte, wenn sie eine Münze einwerfen und einen Hörer abnehmen, in mehreren Sprachen Auskünfte über die Sehenswürdigkeiten der Kirche erfahren.

6. Juli, Donnerstag

Die französische Nationalversammlung in Paris fordert ein größeres Mitspracherecht in der Politik. → S. 130

Einen militärischen Freundschafts- und Beistandspakt »für den Fall eines fremden Angriffs« schließen die Sowjetunion und Nordkorea in der sowjetischen Hauptstadt Moskau (→ 3. 7./S. 129).

Der 47jährige Julius Kardinal Döpfner, Bischof von Berlin, wird zum Erzbischof von München-Freising und damit zum Nachfolger des verstorbenen Kardinals Joseph Wendel ernannt. → S. 131

7. Juli, Freitag

Die Sowjetunion legt ihr 95. Veto im Weltsicherheitsrat ein und bringt damit einen britischen Entschließungsentwurf zur Kuwait-Krise zu Fall, mit dem sich der Sicherheitsrat für die territoriale Unabhängigkeit und Integrität Kuwaits aussprechen sollte. Zurückgewiesen wird auch ein Resolutionsentwurf der Vereinigten Arabischen Republik, der den sofortigen Abzug der britischen Truppen aus Kuwait fordert. Für diese Entschließung sprechen sich außer der VAR nur die Sowjetunion und Sri Lanka aus (→ 1. 7./S. 129).

Rod Laver (Australien) gewinnt das Tennisfinale in Wimbledon gegen Charles McKinley (USA) 6:3, 6:1, 6:4 (8. 7./S. 138).

8. Juli, Sonnabend

Nach 30jähriger Einparteienherrschaft führt das erste öffentliche Auftreten von Oppositionsparteien in der Dominikanischen Republik zu heftigen Auseinandersetzungen zwischen politischen Gegnern, bei denen 21 Menschen verletzt werden. → S. 129

Bei einem Großbrand auf dem portugiesischen Truppentransporter »Save« kommen vor der portugiesischen Kolonie Mosambik in Afrika 259 Menschen ums Leben.

108 Personen sterben bei einer Grubenexplosion auf der Dukla-Zeche bei Mährisch-Ostrau (ČSSR).

Angela Mortimer aus Großbritannien gewinnt das Wimbledon-Damenfinale gegen ihre Landsmännin Christine Truman in drei Sätzen 4:6, 6:4, 7:5. → S. 138

9. Juli, Sonntag

In der Türkei wird eine Volksabstimmung über eine neue Verfassung durchgeführt. Die mit 62% der Stimmen angenommene Verfassung der Republik Türkei sieht einen »nationalen, demokratischen Rechtsstaat« vor mit parlamentarisch-demokratischer Regierungsform. Neuer Staatspräsident wird am 26. Oktober General Cemal Gürsel, der im Vorjahr nach einem Putsch die Macht übernommen hatte (→ 20. 11./S. 187).

Zwischen der Europäischen Wirtschaftsgemeinschaft (EWG) und Griechenland wird ein Assoziierungsvertrag unterzeichnet.

10. Juli, Montag

In Norditalien und Südtirol finden Sprengstoffanschläge auf Eisenbahnlinien statt (→ 12. 7./S. 133).

11. Juli, Dienstag

Im Prozeß gegen die Offiziere des Algerienputsches (→ 26. 4./S. 74) werden in Paris die Urteile verkündet. Die Generale Raoul Salan und Edmond Jouhaud werden in Abwesenheit zum Tode verurteilt.

Das niederländische Verteidigungsministerium ordnet eine sofortige Untersuchung der Funkertruppe auf radioaktive Vergiftungserscheinungen an. Wie in Den Haag mitgeteilt wird, ist entdeckt worden, daß der Anstrich der Wählerscheiben der kürzlich an die Armee gelieferten Funkgeräte hochgradig radioaktiv ist. Bei einer Routineuntersuchung sind kurz zuvor in Delft erste Vergiftungserscheinungen entdeckt worden.

12. Juli, Mittwoch

Der deutsche Bundestag verabschiedet einstimmig den Gesetzentwurf zur Förderung der Vermögensbildung von Arbeitnehmern (312-Mark-Gesetz). → S. 132

Etwa 40 000 bis 50 000 Arbeitskräfte fehlen zur Zeit in den acht Verwaltungsbezirken von Berlin (Ost).

Die französische Fremdenlegion öffnet ihre Werbebüros wieder und nimmt die nach dem Algerienputsch vorübergehend unterbrochene Rekrutierung wieder auf. → S. 132

Die italienische Regierung in Rom verfügt einen Visumzwang für Österreicher. → S. 133

13. Juli, Donnerstag

Einheiten der sowjetischen Seestreitkräfte halten seit zwei Wochen große Manöver im Nordatlantik ab. Wie die Osloer Zeitung »Aftenposten« meldet, finden die Manöver in den Gewässern zwischen der Insel Jan Mayen, Island und der Nordspitze von Großbritannien statt.

Die Zahl der Studenten an Ingenieurschulen und Technischen Hochschulen in der Bundesrepublik hat sich in den letzten sechs Jahren nahezu verdoppelt. Wie der Deutsche Akademische Austauschdienst mitteilt, stieg die Zahl der Studenten technischer Fachrichtungen in der Zeit von 1954/55 bis 1960/61 von 58 683 auf 101 598. Während sich die Zahl der Ingenieurschulstudenten in dieser Zeit von 29 015 auf 45 168 erhöhte, nahm die Zahl der Studenten an Technischen Hochschulen von 29 668 auf 56 430 zu. Z. Zt. studieren 8646 ausländische Studenten technische Fächer in der Bundesrepublik.

14. Juli, Freitag

Nach dem Rücktritt der finnischen Regierung am 3. Juli wird Martin Johannes Miettunen mit einer Minderheitsregierung der Bauernpartei neuer Regierungschef in Helsinki (→ 3. 7./S. 134).

Die Schweizer Regierung spricht sich gegen einen Antrag der Kommunistischen Partei aus, in die Verfassung einen Artikel aufzunehmen, der die Herstellung, den Erwerb oder die Lagerung von Atomwaffen in der Schweiz verbietet. Über die kommunistische Forderung wird, nachdem sie durch 73 000 Stimmberechtigte unterstützt worden ist, im Frühjahr 1962 durch eine Volksabstimmung entschieden werden.

Die Sozialenzyklika »Mater et Magistra« von Papst Johannes XXIII. wird in Rom veröffentlicht. → S. 131

15. Juli, Sonnabend

Gegenwärtig haben nach Angaben des Deutschen Industrie-Instituts von den 21 Millionen Beschäftigten in der Bundesrepublik rund zehn bis elf Millionen die Fünf-Tage-Woche (etwa 50%). Im Oktober 1959 war nur für 8,7 Millionen (43,5%) der damals etwa 20 Millionen Beschäftigten die Fünf-Tage-Woche verwirklicht.

Reporter der Illustrierten »Quick« in der Ausgabe vom 9. Juli 1961 über den persischen Schah Mohammad Resa Pahlawi und seine Frau Farah

Süddeutsche Zeitung

MÜNCHNER NEUESTE NACHRICHTEN AUS POLITIK · KULTUR · WIRTSCHAFT · SPORT

17. Jahrgang — München, Montag, 3. Juli 1961 — Nummer 157

Das Streiflicht

Kuweit-Sondersitzung des Sicherheitsrats
England schickt Truppen in den Erdölstaat

Auch Saudi-Arabien bietet Hilfe gegen irakische Bedrohung an / Nasser warnt Kassem vor Gewaltanwendung

Letzte Meldung:

Hemingway tödlich verunglückt

Unfall beim Waffenreinigen

8000 Aktionäre in Wolfsburg

Schießerei in Südtirol

Bauern trotzen de Gaulle

Wenig Hoffnung auf Abrüstung

McCloy und Sorin werden sich nicht einig / Nächstes Gespräch am 17. Juli in Moskau

Warnung Macmillans an Moskau

Der britische Premier bekräftigt die Entschlossenheit des Westens

Zwei westliche Deutschland-Noten an den Kreml

Chruschtschows Memorandum an Kennedy und sein Schreiben an Adenauer werden diese Woche beantwortet

Leitartikel der »Süddeutschen Zeitung« über die Lage im Scheichtum Kuwait, das nach seiner Unabhängigkeit vom Irak bedroht wird

Juli 1961

16. Juli, Sonntag

Der französische Radsportler Jacques Anquetil gewinnt zum zweiten Mal (nach 1957) die Tour de France, die am 25. Juni begonnen hat. → S. 137

In Moskau geht der zweitägige Leichtathletik-Länderkampf zwischen der UdSSR und den Vereinigten Staaten zu Ende. → S. 137

17. Juli, Montag

In ihren Antwortnoten auf das sowjetische Deutschland-Memorandum vom 4. Juni weisen die Westmächte die Behauptung zurück, daß Berlin auf dem Territorium der DDR liege. Frankreich, Großbritannien und die USA betonen erneut ihr Recht auf ihren Aufenthalt in Berlin aufgrund der Vereinbarungen der Siegermächte von 1945 und 1946 (→ 4. 6./S. 109).

18. Juli, Dienstag

Die Staats- und Regierungschefs der sechs Staaten der Europäischen Wirtschaftsgemeinschaft beraten in Bad Godesberg. → S. 132

Österreich meldet das Südtirolproblem für die nächste Generalversammlung der Vereinten Nationen in New York an (→ 12. 7./S. 133).

19. Juli, Mittwoch

Um eine Räumung des französischen Flottenstützpunktes Biserta durchzusetzen, wird die Militärbasis von tunesischen Truppen blockiert. → S. 130

Das Prinzip »gleicher Lohn für gleiche Arbeit« wird nach Ansicht des Deutschen Gewerkschaftsbundes (DGB) in vielen Betrieben zuungunsten der Frauen umgangen. Formalrechtlich sei das Problem gleicher Entlohnung für gleiche Arbeit in den meisten Arbeitsverträgen gelöst. Mit Hilfe von »vorgeschalteten« oder »nachgeschalteten« Lohngruppen sei jedoch auch weiterhin eine ungleiche Bezahlung möglich.

20. Juli, Donnerstag

Die Friedensverhandlungen zwischen Frankreich und der algerischen Exilregierung über die Zukunft Algeriens werden nach rund fünfwöchiger Pause im Château d'Allaman bei Lugrin am Genfer See wieder aufgenommen. Verhandlungsleiter sind der algerische Außenminister Krim Belkassem und der französische Algerienminister Louis Joxe. → S. 130

Nach langen Beratungen wird das Ölscheichtum Kuwait als vollberechtigtes Mitglied in die Arabische Liga aufgenommen. Daraufhin verläßt Irak die Versammlung (→ 1. 7./S. 129).

Die 15. Ruhrfestspiele in Recklinghausen, die am 31. Mai begonnen haben, gehen zu Ende. Mehr als 55 000 Besucher sahen die insgesamt 51 Aufführungen (→ 3. 6./S. 121).

21. Juli, Freitag

Dem US-Fliegerhauptmann Virgil I. Grissom gelingt an Bord des Raumschiffes »Liberty Bell« die Wiederholung des Fluges von Alan Shepard vom → 5. Mai (S. 89).

In Bregenz am Bodensee beginnen die Bregenzer Festspiele. Zur Eröffnung werden auf der schwimmenden Bühne im See »Der Zigeunerbaron« von Johann Strauß (Sohn) und das Ballett »Romeo und Julia« von Sergei Prokofjew aufgeführt. Die Veranstaltungen dauern bis zum 20. August.

22. Juli, Sonnabend

Wegen der starken Verschmutzung des Rheinwassers muß der Stadtrat von Ludwigshafen das einzige Rhein-Strandbad der Stadt schließen. Bei Wasserproben im September 1959 waren in 100 cm³ Wasser 60 000 Colikeime (Kot-Bakterien) festgestellt worden. Im Juni 1960 waren es 1,5 Millionen Bakterien.

23. Juli, Sonntag

In Berlin geht der 10. Deutsche Evangelische Kirchentag mit einer Schlußkundgebung vor 90 000 Besuchern im Olympiastadion zu Ende. Der Kirchentag hatte am 19. Juli begonnen. → S. 132

Aufgrund eines Appells des UNO-Sicherheitsrates vom 22. Juli herrscht in Biserta Waffenruhe zwischen den französischen und tunesischen Truppen (→ 19. 7./S. 130).

Auf Burg Hechingen in Süddeutschland feiert die Familie Hohenzollern ihr 900jähriges Bestehen. → S. 138

Rund 50 000 Zuschauer bei insgesamt 28 Aufführungen werden zu den Bayreuther Richard-Wagner-Festspielen erwartet, die heute mit Wieland Wagners Neuinszenierung des »Tannhäuser« unter der musikalischen Leitung von Wolfgang Sawallisch eröffnet werden. Die Festspiele dauern bis zum 25. August.

24. Juli, Montag

Die australische Behörde für Einwanderungsfragen verkündet eine Visabeschränkung für mittellose Einwanderer. → S. 133

Wegen »Rassenschande« verurteilt ein Gericht in der südafrikanischen Stadt Johannesburg einen ehemaligen britischen Offizier und eine farbige Tänzerin zu je sechs Monaten Gefängnis. Die Rassengesetze in Südafrika stellen Beziehungen zwischen Schwarzen und Weißen unter Strafe.

Der sowjetische Industriearbeiter muß nach Angaben des Deutschen Industrie-Instituts fast dreimal so lange arbeiten wie sein bundesdeutscher Kollege, um von seinem Lohn ein Kilogramm Butter kaufen zu können. Das zeigt ein Vergleich der Kaufkraft der Löhne in der Bundesrepublik und der Sowjetunion.

25. Juli, Dienstag

Im US-amerikanischen Fernsehen betont US-Präsident John F. Kennedy die Entschlossenheit, drei grundlegende Forderungen für Berlin durchzusetzen. Zu diesen drei »Essentials« gehören die Anwesenheit westlicher Truppen in Berlin (West), der freie Zugang von und nach Berlin und die Freiheit und Lebensfähigkeit der Stadt. → S. 128

Die Werften der Bundesrepublik stehen hinter Großbritannien und Japan an dritter Stelle in der Weltrangliste der Schiffbauländer. Am 30. Juni lagen auf den Helgen und an den Ausrüstungspiers der deutschen Werften 188 Schiffe mit 864 262 Bruttoregistertonnen. In Großbritannien waren es 241 Schiffe mit 1,61 Millionen BRT und in Japan 170 Schiffe mit 1,02 Millionen BRT.

Die Lebenshaltungskosten in Großbritannien werden sich durch die Erhöhung der Verbrauchssteuern, die Schatzkanzler Selwyn Lloyd bekanntgibt, um 1,5% erhöhen. Die wirtschaftspolitischen Maßnahmen der Regierung stoßen in Großbritannien auf Kritik aus allen Lagern.

26. Juli, Mittwoch

In Salzburg beginnen die diesjährigen Festspiele, die bis zum 31. August dauern. Während der Festspiele erlebt die Oper »Das Bergwerk zu Falun« von Rudolf Wagner-Régeny ihre Uraufführung.

27. Juli, Donnerstag

Die Bremer Borgward Werke AG kündigen rund 16 000 Beschäftigten und beantragen ein Vergleichsverfahren. → S. 133

28. Juli, Freitag

Der Weltsicherheitsrat berät über den Konflikt in Tunesien. Die französische Delegation bleibt der Sitzung fern. Die Regierung in Paris hatte schon vor Beginn der Sitzung bekanntgegeben, daß sie sich durch keine Beschlüsse des UNO-Sicherheitsrates gebunden fühle. Sie halte es vielmehr für richtiger, den Fall direkt mit Tunesien zu verhandeln (→ 19. 7./S. 130).

Die französisch-algerischen Friedensverhandlungen in Lugrin werden wegen der Sahara-Frage abgebrochen. Ein Termin für die Wiederaufnahme der Konferenz wird nicht vereinbart (→ 20. 7./S. 130).

Das portugiesische Außenministerium teilt in einem Kommuniqué mit, daß Portugal der UNO keine weiteren oder zusätzlichen Untersuchungen auf portugiesischem Gebiet über die Zustände in Angola erlauben werde (→ 13. 4./S. 73).

Das größte Schiff der deutschen Handelsflotte, der 50 000 Tonnen große Turbinentanker »Egmont«, läuft bei der Bremer Vulkanwerft vom Stapel. Der 214 m lange und 31 m breite Riesentanker soll mit einer Getriebeturbine von 17 600 PS 16,3 Knoten (etwa 30,2 km/h) laufen.

Die Bemühungen des bisherigen britischen Labour-Abgeordneten für den Bezirk Bristol-Südost, Wedgwood Benn, durch ausdrücklichen Verzicht auf den ihm zugefallenen Titel eines Lords seinen Platz im Unterhaus zu behalten, sind endgültig an der britischen Rechtsprechung gescheitert. Wedgwood Benn ist Lord und damit Mitglied des politisch bedeutungslosen Oberhauses. Er muß sein Mandat im Unterhaus niederlegen.

29. Juli, Sonnabend

Nach dem Abbruch der französisch-algerischen Verhandlungen und angesichts der Biserta-Krise mehren sich die Terrorakte in Frankreich und Algerien (→ 20. 7./S. 130).

30. Juli, Sonntag

In Südtirol werden durch Sprengstoffanschläge bei Mühlwald zwei Hochspannungsmasten zerstört. Nach Mitteilung der Polizei verwandten die Attentäter Zeitzünderbomben (→ 12. 7./S. 133).

31. Juli, Montag

Der britische Premierminister Harold Macmillan gibt bekannt, daß Großbritannien entschlossen sei, die Aufnahme in die Europäische Wirtschaftsgemeinschaft (EWG) zu beantragen. Der Antrag sei allerdings nicht mit einer endgültigen Entscheidung für die EWG gleichzusetzen.

Wie die Pressestelle des Volkswagenwerks mitteilt, hat der Volkswagen eine Reihe wesentlicher und wertvoller Verbesserungen erhalten. So gibt es jetzt serienmäßig Kraftstoffanzeiger, Lenkradschloß und Vorrichtungen für Sicherheitsgurte. Der Preis des VW liegt bei 4720 DM.

Der frühere Chefarzt der Ringberg-Krebsklinik in Rottach-Egern, Josef Issels, wird von der Zweiten Strafkammer des Münchner Landgerichts wegen fahrlässiger Tötung in drei Fällen zu einem Jahr Gefängnis verurteilt. Die Staatsanwaltschaft hatte 16 Monate Gefängnis gefordert, die Verteidigung hatte Freispruch beantragt. → S. 139

Gestorben:

1. Meudon: Louis Ferdinand Céline (*27. 5. 1894, Courbevoie), französischer Schriftsteller.

1. Ann Arbor/Michigan: Eero Saarinen (*20. 8. 1910, Kirkkonummi bei Helsinki), finnisch-US-amerikanischer Architekt und Designer. → S. 139

2. Ketchum/Idaho: Ernest Hemingway (*21. 7. 1899, Oak Park/Illinois), US-amerikanischer Schriftsteller. → S. 135

6. Oschwand: Cuno Amiet (*28. 3. 1868, Solothurn), schweizerischer Maler. → S 138

Geboren:

1. Willingborough/New Jersey: Carl Lewis, US-amerikanischer Leichtathlet.

1. Sandringham: Diana, Prinzessin von Wales.

)ie Pariser Zeitschrift ·Match« mit inem Titelbild um tödlichen usgang einer esteigung des Mont Blanc-Massivs und iner Über-chrift zur age des fran-ösischen Mili-ärstützpunkts iserta in Tu-esien

PARIS MATCH

N° 642/29 JUILLET 1961/0,80 NF

LES DOCUMENTS DE NOS REPORTERS A BIZERTE

exclusivité mondiale

avec ceux qui sont morts sur le Mont Blanc

les photos en noir et en couleur faites par les victimes

le récit des héros survivants Bonatti et Mazeaud

C'est Bonatti lui-même qui a pris cette extraordinaire photo de deux de ses camarades bloqués par la tempête contre la paroi : Mazeaud, qui survivra, et, derrière, Kohlman, qui mourra fou...

US-Präsident Kennedy verstärkt Aufrüstung

25. Juli. In einer Rundfunk- und Fernsehrede an die US-Bevölkerung kündigt US-Präsident John F. Kennedy eine Beschleunigung der vor sechs Monaten begonnenen militärischen Stärkung der USA an.
Gleichzeitig bietet Kennedy der Sowjetunion Verhandlungen über die Berlin- und Deutschlandfrage einschließlich eines europäischen Sicherheitssystems an.
Das militärische Programm des US-Präsidenten zielt in seinem Hauptteil auf eine Verstärkung der konventionellen Streitkräfte ab. Es ist langfristig angelegt und nicht nur auf die gegenwärtige Berlinkrise abgestellt. Kennedy betont, daß es sich nicht um eine Mobilmachung handele, sondern der Sowjetunion die Bereitschaft und die Stärke der Vereinigten Staaten im Verteidigungsfall demonstrieren solle.
Kennedys Rede findet nicht nur im Westen und vor allem in der Bundesrepublik Beifall – auch innerhalb des US-amerikanischen Kongresses werden die Vorstellungen Kennedys von allen Parteien unterstützt.

Der US-amerikanische Präsident John F. Kennedy bei einer Pressekonferenz vor dem Weißen Haus

Die Vereinigten Staaten bekräftigen ihre Garantien für Berlin (West)

25. Juli. In seiner Ansprache betont US-Präsident John F. Kennedy die Entschlossenheit, für Berlin (West) zu kämpfen (Auszüge):

»Heute nacht sind es sieben Wochen her, daß ich von Europa zurückgekehrt bin und Ihnen über mein Treffen mit dem sowjetischen Ministerpräsidenten Chruschtschow und den anderen berichtet habe. Seine düsteren Warnungen in bezug auf die Zukunft der Welt…, die späteren Reden und die Drohungen, die von ihm und seinen Beauftragten ausgingen, sowie die von ihm verkündete Erhöhung des sowjetischen Militärbudgets, dies alles hat zu einer Reihe von Konsultationen mit den Mitgliedern der NATO geführt…
Die unmittelbare Bedrohung der freien Menschen liegt in West-Berlin. Aber dieser isolierte Vorposten ist kein isoliertes Problem. Die Bedrohung ist weltumfassend… Wir sehen uns einer Bewährungsprobe in Berlin gegenüber… Schon vor langer Zeit wurde West-Berlin unter die Obhut des NATO-Schildes genommen, und wir haben unser Wort gegeben, daß wir jeden Angriff auf diese Stadt als einen gegen uns alle gerichteten Angriff betrachten werden. Denn West-Berlin… spielt eine vielgestaltige Rolle. Es ist mehr als ein Schaufenster der Freiheit – ein Symbol, eine Insel der Freiheit inmitten der kommunistischen Flut. Es ist noch weit mehr als ein Bindeglied zur freien Welt – ein Leuchtfeuer der Hoffnung hinter dem Eisernen Vorhang und ein Schlupfloch für die Flüchtlinge. West-Berlin ist alles das. Aber darüber hinaus ist es jetzt – mehr denn je zuvor – zu dem großen Prüfstein für den Mut und die Willensstärke des Westens geworden, zu einem Brennpunkt, in dem unsere feierlichen, durch all die Jahre bis 1945 zurückreichenden Verpflichtungen jetzt mit den sowjetischen Ambitionen in grundsätzlicher Gegenüberstellung zusammentreffen…
Wir können und werden es nicht zulassen, daß die Kommunisten uns – sei es allmählich oder mit Gewalt – aus Berlin vertreiben. Denn die Erfüllung unseres dieser Stadt gegebenen Versprechens ist für die Moral und Sicherheit Westdeutschlands, für die Einheit Westeuropas und das Vertrauen der gesamten freien Welt wesentlich. Die sowjetische Strategie richtet sich seit langem schon nicht nur auf Berlin, sondern auch auf die Teilung und Neutralisierung ganz Europas, um uns an unsere eigenen Küsten zurückzuwerfen. Wir werden zu allen Zeiten zu Gesprächen bereit sein, wenn Gespräche nützen. Aber wir müssen genauso bereit sein, mit Gewalt zu antworten, wenn uns gegenüber Gewalt angewendet wird. Jedes für sich würde vergeblich sein; vereint aber können beide der Sache des Friedens und der Freiheit nutzen…
Das erste Erfordernis besteht darin, den Fortschritt in Richtung auf die militärischen Ziele zu beschleunigen, die sich die Nordatlantikpakt-Organisation selbst gesetzt hat… Die zusätzlichen Verteidigungsanstrengungen, um die ich den Kongreß im März und Mai ersuchte, haben uns auf dem Wege zu diesen und unseren anderen Verteidigungszielen bereits ein Stück vorangebracht…
Als Unterzeichner der UN-Charta werden wir stets bereit sein, internationale Probleme mit jeder Nation und allen Nationen zu erörtern, die bereit sind, vernünftig zu reden und zuzuhören. Wenn sie Vorschläge – nicht Forderungen – haben, werden wir diese anhören. Wenn sie eine echte Verständigung suchen – nicht Konzessionen in bezug auf unsere Rechte –, werden wir mit ihnen zusammenkommen.
Wir haben bereits früher unsere Bereitschaft bekundet, jedwede wirkliche Störungsfaktoren in West-Berlin zu beseitigen, aber über die Freiheit dieser Stadt gibt es kein Verhandeln… Die Welt läßt sich durch den kommunistischen Versuch, Berlin zu einer Brutstätte des Krieges zu stempeln, nicht täuschen. In Berlin herrscht heute Frieden…«

Krise um Kuwait hat sich beruhigt

1. Juli. Auf Wunsch des kuwaitischen Staatsoberhauptes Abdallah As Salim As Sabah treffen britische und saudi-arabische Truppen in dem Ölscheichtum ein, um es gegen einen Invasionsversuch des Irak zu schützen (→ 19. 6./S. 117).

Am 5. Juli wird in Kairo ein amtliches Kommuniqué veröffentlicht, wonach die Vereinigte Arabische Republik (VAR) die Entsendung britischer Truppen als eine Bedrohung des irakischen Volkes und der gesamten arabischen Welt ansieht. Gleichzeitig lehnt die VAR jedoch die Ansprüche des Irak auf das Emirat Kuwait ab.

Der UN-Sicherheitsrat in New York beschäftigt sich seit dem 2. Juli mit der Kuwait-Frage. Am 7. Juli endet die Debatte, ohne daß eine Resolution angenommen wird. Der britische Resolutionsantrag über die Unabhängigkeit und territoriale Integrität des Emirats scheitert am Veto der Sowjetunion, der Antrag der VAR auf einen sofortigen Rückzug der britischen Truppen findet keine Mehrheit.

Am 28. Juli richtet die Regierung der VAR eine Note an Kuwait, in der sie sich vollständig zur Unabhängigkeit des Emirats bekennt und dessen Aufnahme in die Arabische Liga und die UNO zu unterstützen verspricht.

Einen Tag später beginnen die Briten, die ersten Truppeneinheiten aus Kuwait wieder zurückzuziehen.

Am 20. Juli wird das Scheichtum in die Arabische Liga aufgenommen. Der Beschluß wird mit acht gegen zwei Stimmen (Irak und Jemen) gefaßt. Die irakische Regierung, deren Delegation während der Abstimmung den Saal verläßt, erklärt die Aufnahme für ungültig, da sie nicht einstimmig beschlossen sei.

Teil der Resolution zur Aufnahme Kuwaits ist die Verpflichtung, innerhalb kürzester Zeit den Abzug der britischen Truppen durchzusetzen. Andererseits wird festgestellt, daß sich der Irak verpflichtet habe, keine Gewalt anzuwenden, um Kuwait zu annektieren.

Mit der Mitgliedschaft Kuwaits in der Arabischen Liga hat der ägyptische Staatspräsident Gamal Abd el Nasser, der innerhalb der Organisation eine führende Position einnimmt, Einfluß auf das Emirat gewonnen (→ 27. 12./S. 199).

General Park Chung Hee, der Vorsitzende des Obersten Rates für den nationalen Wiederaufbau in Südkorea

Erneut Machtwechsel in Seoul

3. Juli. Eineinhalb Monate nach dem Putsch der Militärs (→ 16. 5./S. 91) übernimmt General Park Chung Hee die Macht in Südkorea.

Der bisherige Ministerpräsident und Vorsitzende des Obersten Rates für Nationalen Wiederaufbau, Generalleutnant Chang Do Yung, muß beide Ämter aufgeben und wird inhaftiert. Ministerpräsident wird Song Yo Chang, den Vorsitz des Obersten Rates übernimmt Park Chung Hee, der schon beim Putsch vom 16. Mai der eigentliche Drahtzieher war. Der Oberste Rat wird durch keine Instanz kontrolliert, seine Anordnungen müssen von der Regierung ausgeführt werden.

Der Partei des abgesetzten Chang Do Yung wird vorgeworfen, ihre Macht mißbraucht und den Kommunisten bei ihren Versuchen geholfen zu haben, das Land kommunistischen Einflüssen zu öffnen.

Park Chung Hee hatte sich während des Staatsstreichs vom 16. Mai vermutlich wegen seiner kommunistischen Vergangenheit zurückgehalten, um die neue Regierung nicht durch Diskussionen um seine Person zu belasten. Als Vorsitzender des Obersten Rates ist Park Chung Hee faktisch Alleinherrscher in Seoul geworden.

Die Position des Staatspräsidenten Yun Poson bleibt auch von dem neuerlichen Machtwechsel unberührt. Er soll weiterhin den Schein der Legalität aufrechterhalten.

Angesichts des neuen antikommunistischen Regimes in Südkorea schließen die Nordkoreaner ein militärisches Beistandsabkommen mit der Sowjetunion für den Fall eines Angriffs.

Nach der Ankündigung einer Demokratisierung der Verhältnisse durch den Präsidenten Joaquin Balaguer kommt es in Ciudad Trujillo zu Unruhen

Ciudad Trujillo – Straßenschlachten

8. Juli. In der Dominikanischen Republik kommt es zu blutigen Unruhen zwischen den Anhängern der verschiedenen Oppositionsparteien und den Regierungstreuen.

Gemäß der Ankündigung des dominikanischen Staatspräsidenten Joaquin Balaguer, die Verhältnisse zu demokratisieren (→ 1. 6./S. 116), sind Anfang Juli die Oppositionspolitiker aus dem Exil zurückgekehrt, um mit dem Aufbau von Parteiorganisationen zu beginnen.

Bei den Unruhen in Ciudad Trujillo werden das Gebäude des staatlichen Rundfunksenders und das Hauptquartier der Dominikanischen Volkspartei niedergebrannt.

Die französische Regierung in der Krise

Die französische Regierung unter Staatspräsident Charles de Gaulle hat sowohl innen- wie außenpolitisch erhebliche Probleme. Die französische Nationalversammlung verlangt mehr politische Mitsprache und wirft der Regierung – vor allem de Gaulle – Machtmißbrauch vor. Der Konflikt um die französische Kolonie Algerien, die um ihre Unabhängigkeit kämpft, ist trotz der begonnenen Verhandlungen zwischen der algerischen Befreiungsfront FLN (Front de Libération National) und der französischen Regierung nicht beigelegt. Das nordafrikanische Nachbarland Tunesien, das 1956 die Unabhängigkeit von Frankreich erhielt, fordert den Abzug der französischen Truppen aus dem Militärstützpunkt Biserta.

Konflikt um Flottenbasis Biserta

19. Juli. Tunesische Soldaten, Polizeibeamte und Freiwillige blockieren alle Zufahrtsstraßen nach Biserta, dem Militärstützpunkt der Franzosen in Tunesien.

Die Blockade war am 17. Juli vom tunesischen Präsidenten Habib Burgiba angekündigt worden. Burgiba will Frankreich zur schnellen Räumung der Basis zwingen und damit die volle Souveränität des Landes herstellen.

Noch in der Nacht kommt es zu Kampfhandlungen zwischen französischen und tunesischen Truppen, bei denen rund 150 Menschen ums Leben kommen. Auch die Zivilbevölkerung von Biserta wird durch die Kämpfe in Mitleidenschaft gezogen. Am 20. Juli bricht Tunesien die diplomatischen Beziehungen zu Frankreich ab und ersucht den UN-Sicherheitsrat um Vermittlung.

Aufgrund eines Appells des UN-Sicherheitsrates kommt es am 23. Juli zur Feuereinstellung. Zu diesem Zeitpunkt beherrschen die Franzosen nahezu das gesamte Gebiet von Biserta. Sie ziehen sich nicht auf ihre Ausgangsstellungen vor Beginn des Konflikts zurück, wie es in der UN-Resolution verlangt wird. Auch eine entsprechende Initiative des UNO-Generalsekretärs Dag Hammarskjöld scheitert an der Haltung der Franzosen.

Nach den Bemühungen Hammarskjölds tritt am 28. Juli erneut der Weltsicherheitsrat – ohne Ergebnis – zusammen. Zuvor haben 36 afro-asiatische Staaten und Jugoslawien die Forderungen Tunesiens unterstützt. Frankreich bleibt der Sitzung des UN-Sicherheitsrates fern, da es die UNO für nicht zuständig hält. Es schlägt dagegen direkte Verhandlungen mit Tunesien vor (→ 25. 8./S. 151).

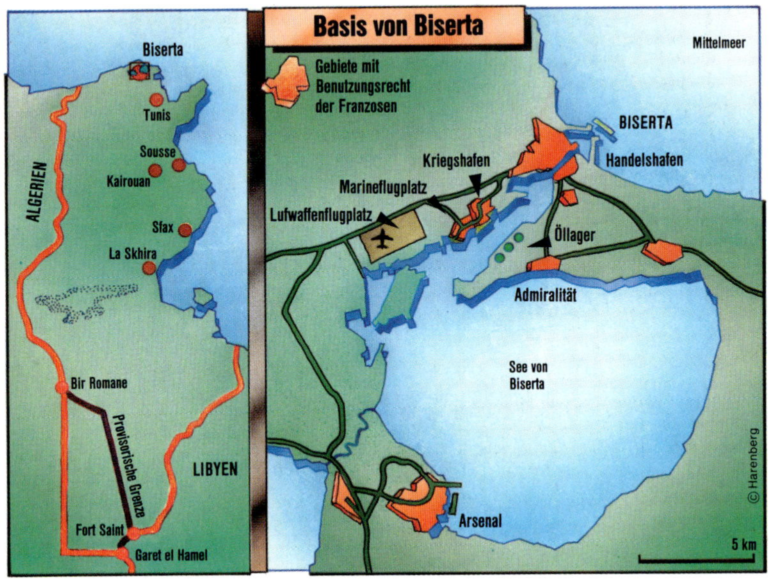

Kritik an de Gaulles Regierung

6. Juli. Der Präsident der französischen Nationalversammlung, Jacques Chaban-Delmas, übt heftige Kritik an den Methoden der Regierung der V. Republik und an Staatspräsident Charles de Gaulle. Chaban-Delmas spricht von »mißbräuchlicher Selbstherrschaft«. Die Rede Chaban-Delmas' enthält drei Forderungen an die französische Regierung:

- ▷ Die Notstandsgesetzgebung nach Artikel 16 der Verfassung, auf den sich de Gaulle seit dem gescheiterten Algerienputsch stützt (→ 23. 4./ S. 75), soll beendet werden
- ▷ Die Kontrolle der Regierung durch das Parlament muß wieder eingeführt werden
- ▷ Die Vormundschaft der Regierung über den Arbeitsplan des Parlaments muß aufhören

Chaban-Delmas, der selbst eines der führenden Mitglieder der gaullistischen »Union für die Neue Republik« ist, erklärt weiter, daß die einzige Waffe des Parlaments in einer Politik der Obstruktion liege. Die Rede wird in der Nationalversammlung von allen Seiten mit Beifall aufgenommen.

Jacques Chaban-Delmas, Präsident der Nationalversammlung

Präsident de Gaulle droht Algeriern mit Teilung und Umsiedlung

20. Juli. Die am 13. Juni von den Franzosen unterbrochenen Verhandlungen über die Zukunft Algeriens werden in Lugrin am Genfer See wieder aufgenommen. Bereits am 28. Juli scheitern sie jedoch wegen der Auseinandersetzungen über die Zugehörigkeit der Sahara zu Algerien.

Streitpunkte zwischen der algerischen Provisorischen Regierung und Frankreich sind nicht nur die Souveränität Algeriens über die Sahara, sondern auch der Teilungsplan der Regierung Charles de Gaulle.

Bei einem Besuch in Verdun hatte de Gaulle am 28. Juni erklärt, der gesunde Menschenverstand verlange, daß sich Algerien mit Frankreich assoziiere. Wenn dies nicht oder mindestens nicht gleich geschehen sollte, werde sich Frankreich veranlaßt sehen, jene Algerier umzusiedeln, die sich nicht verstehen und nicht miteinander zusammenarbeiten wollen. Am selben Tag erklärte Ministerpräsident Michel Debré, daß im Fall eines Scheiterns der Verhandlungen eine Teilung notwendig sei. Außerdem lehnte er die Zugehörigkeit der Sahara zu Algerien ab.

Die Regierung de Gaulle will mit diesen Vorschlägen Druck auf die algerische Befreiungsbewegung ausüben und sich in jedem Fall die Nutzung der Sahara sichern.

In Algerien führten die Ausführungen des französischen Staatspräsidenten zu einer Verschärfung der Lage. Am 5. Juli kommen bei Unruhen rund 100 Menschen ums Leben (→ 27. 8./S. 151).

Staatspräsident Charles de Gaulle befindet sich in der Krise

Papst: Soziale Gerechtigkeit

14. Juli. Das Problem der »Vergesellschaftung« im modernen Leben, das Recht des Menschen auf Privateigentum und auf Mitbestimmung am Arbeitsplatz sowie die Notwendigkeit der Entwicklungshilfe stehen im Mittelpunkt der Sozialenzyklika »Mater et Magistra« (Mutter und Lehrmeisterin), die Papst Johannes XXIII. in Rom veröffentlichen läßt. Der Papst kritisiert scharf die soziale Ungerechtigkeit, die in weiten Teilen der Welt herrscht. In den wirtschaftlich entwickelten Ländern verurteilt Johannes XXIII. die ungerechte Lohnpolitik. Der soziale Fortschritt müsse mit der wirtschaftlichen Entwicklung Hand in Hand gehen. Er empfiehlt, die Mitbestimmung in den Betrieben und die Vermögensbeteiligung einzuführen.

Papst Johannes XXIII. (2. v. l.), der sich für die Mitbestimmung der Arbeiter einsetzt, während einer Zeremonie im Petersdom im Vatikan

Nachdrücklich spricht sich der Papst auch für eine enge wirtschaftliche Zusammenarbeit der Staaten der Welt aus. Gemeinsam sollten sich die wirtschaftlich entwickelten Länder für die Förderung der Staaten der Dritten Welt einsetzen.

Mit einem Hinweis auf die Geschichte meint der Papst, daß politische Systeme, die das Recht auf privates Eigentum nicht anerkennen, auch die fundamentalen Ausdrucksformen der Freiheit unterdrücken würden. Das Recht auf Privateigentum gelte für jede Zeit.

In einer ersten Stellungnahme begrüßen die deutschen Sozialdemokraten am 14. Juli die Ausführungen des Papstes zur Mitbestimmung und Vermögensbildung.

Döpfner Münchens neuer Erzbischof

6. Juli. Julius Kardinal Döpfner, der bisherige katholische Bischof von Berlin, wird von Papst Johannes XXIII. zum Erzbischof von München-Freising ernannt.

Kardinal Döpfner, der in München die Nachfolge des am 31. Dezember 1960 verstorbenen Joseph Kardinal Wendel antritt, bedauert seinen Weggang aus Berlin.

Döpfner wurde am 26. August 1913 in Hausen in der Rhön geboren. Nach dem Studium in Würzburg und Rom, wurde er am 14. Oktober 1948 Bischof von Würzburg. Am 15. Januar 1957 erhielt er die Bischofswürde in Berlin, fast zwei Jahre später, am 15. Dezember 1958, wurde Döpfner Kardinal. Seit Mai 1958 verweigerte die DDR dem Kardinal die Einreise in ihr Gebiet.

Aufsehen erregte der reformfreudige Kardinal bei einer Rede im Oktober 1960, als er Anregungen zu einer Versöhnung zwischen Polen und der Bundesrepublik gab.

In Bayern wird die Ernennung von CSU und SPD begrüßt.

Mitbestimmung und Vermögensbildung

14. Juli. Papst Johannes XXIII. läßt die Sozialenzyklika »Mater et Magistra« veröffentlichen (Auszüge):

»Schwerer Kummer bedrückt Uns angesichts der traurigen Tatsache, daß in vielen Ländern und ganzen Erdteilen zahllosen Arbeitern ein Lohn bezahlt wird, der ihnen selbst und ihren Familien wirklich menschenunwürdige Lebensbedingungen aufzwingt. Das hat gewiß zum Teil darin seine Ursache, daß in diesen Gebieten die industrielle Produktionsweise gerade erst eingeführt wurde oder noch nicht ausreichend fortgeschritten ist. In einigen von diesen Ländern steht jedoch zu diesem Zustand äußersten Elends der Mehrzahl der Überfluß und hemmungslose Luxus weniger Reicher in schreiendem und beleidigendem Gegensatz, während in anderen Ländern die Menschen übermäßig belastet werden, um in kurzer Zeit den nationalen Reichtum in einem Maße zu steigern, wie es ohne Verletzung von Gerechtigkeit und Billigkeit nun einmal nicht möglich ist; in anderen wieder wird ein hoher Anteil des volkswirtschaftlichen Ertrags für ein falsch verstandenes nationales Prestige verschwendet, oder es werden ungeheure Summen für die Rüstung ausgegeben ...

Deshalb halten Wir es für Unsere Pflicht, noch einmal einzuschärfen: Wie die Höhe des Arbeitslohnes nicht einfachhin dem freien Wettbewerb überlassen bleiben darf, so darf sie auch nicht vom Stärkeren nach Willkür diktiert werden. Sie muß sich vielmehr unbedingt an den Maßstab von Gerechtigkeit und Billigkeit halten ...

Der erwähnten Forderung der Gerechtigkeit kann Genüge geschehen in verschiedenen von der Erfahrung nahegelegten Arten. Eine von ihnen, und sie zählt zu den aussichtsreichsten, besteht darin, es den Arbeitern zu ermöglichen, daß sie zum Teilhaben am Eigentum des Betriebes selbst gelangen können ... Uns auf der Linie bewegend, die von Unseren Vorgängern gezogen ist, halten auch Wir dafür, daß es ein berechtigtes Verlangen der Arbeiter ist, sich aktiv am Leben der Unternehmen zu beteiligen, in die sie eingestellt sind und in denen sie arbeiten ... In unserer Zeit ist eine ins Weite gehende Entfaltung der Bewegung der Vereinigung der Arbeiter und deren allgemeine Anerkennung in den Rechtsordnungen der verschiedenen Länder wie auf internationaler Ebene eingetreten ... Wir können aber nicht umhin zu betonen, wie zweckmäßig oder notwendig es ist, daß die Stimme der Arbeiter die Möglichkeit habe, zu Gehör zu kommen und sich Beachtung zu verschaffen über den Umkreis der einzelnen Wirtschaftsunternehmen hinaus und auf allen Ebenen ... Daraus leitet sich die Zweckmäßigkeit oder Notwendigkeit ab, daß in jenen öffentlichen Gremien oder Einrichtungen neben den Trägern des Kapitals und deren Vertretern auch die Arbeiter oder jene dabei seien, die deren Rechte, Forderungen und Erwartungen vertreten ...

Breitere Streuung des Eigentums ist, wenn jemals, dann heute, ganz besonders geboten. In einer wachsenden Zahl von Ländern wächst der wirtschaftliche Wohlstand rasch. Bei kluger Anwendung bereits erprobter Verfahrensweisen dürfte es nicht schwer sein, die wirtschaftliche und soziale Entwicklung in diesen Ländern so zu lenken, daß sie den Zugang zu privatem Eigentum erleichtert und verbreitert ...

Wir müssen auch darauf hinweisen, daß wirtschaftliche Unternehmungen des Staates oder anderer öffentlich-rechtlicher Gebilde nur solchen Männern anvertraut werden dürfen, die sich ... durch großes Verantwortungsbewußtsein gegenüber der Volksgemeinschaft auszeichnen ...«

Evangelische Laien in Berlin

23. Juli. Im Berliner Olympiastadion geht der 10. Deutsche Evangelische Kirchentag, der am 19. Juli begonnen hat, zu Ende. An der Abschlußkundgebung nehmen etwa 90 000 Besucher teil.
Mit über 30 000 Dauergästen war die große evangelische Laienversammlung gut besucht. Ein Drittel der Teilnehmer aus der Bundesrepublik waren Jugendliche.
Der Tagungsort Berlin war seit dem Verbot der DDR vom → 11. Januar (S. 22), Veranstaltungen im Ostteil der Stadt durchzuführen, innerhalb der evangelischen Christen umstritten. Diese Uneinigkeit und die wachsende Entfremdung zwischen der evangelischen Kirche in der Bundesrepublik Deutschland und der DDR wurden auf dem Kirchentag deutlich, der Wille zur Einheit wurde jedoch zugleich bekräftigt.
Unter den unterschiedlichen Arbeitsgruppen ragte die Arbeitsgruppe »Juden und Christen« heraus. Hier wurde eindringlich nach der Bewältigung der nationalsozialistischen Vergangenheit in der Bundesrepublik gefragt. In der Resolution dieser Arbeitsgruppe heißt es, »Personen, die an der Vorbereitung und Durchführung von Verfolgungen beteiligt waren, sollten aus führenden Ämtern ausscheiden«. Während einer Diskussion der Arbeitsgruppe Politik wurde nicht nur über die diskriminierenden Äußerungen Martin Luthers über die Juden gesprochen, sondern auch ganz aktuell die Abberufung des Staatssekretärs Hans Globke wegen seiner politischen Vergangenheit (→ 23. 5./S. 96) verlangt.
Während der Schlußversammlung im Olympiastadion wird die Verbundenheit der Christen aus DDR und Bundesrepublik bekräftigt.

EWG-Gipfeltreffen in Bad Godesberg

18. Juli. Die Regierungschefs und Außenminister Frankreichs, Italiens, der Niederlande, Belgiens, Luxemburgs und der Bundesrepublik treffen sich in Bad Godesberg.
Sie kommen überein, die politische Zusammenarbeit innerhalb der Europäischen Wirtschaftsgemeinschaft (EWG) zu verbessern. Folgende Beschlüsse werden gefaßt:

▷ Die Konferenzen der Regierungschefs sollen in regelmäßigen Abständen stattfinden, damit die Ministerpräsidenten ihre Politik abstimmen können
▷ Die Zusammenarbeit der sechs Länder soll über den politischen Rahmen hinausgehen und insbesondere auf Kultur, Forschung und Unterricht ausgedehnt werden. Zu diesem Zweck sollen nunmehr auch regelmäßige Zusammenkünfte der Kultusminister stattfinden
▷ Eine Kommission wird beauftragt, den Regierungschefs Vorschläge über die Mittel und Wege zu machen, mit deren Hilfe die politische Einigung Europas innerhalb kürzester Zeit verwirklicht werden kann
▷ Das Europa-Parlament wird aufgefordert, seine Beratungen künftig auf die neuen Bereiche der europäischen Einigung, also auf Außen- und Kulturpolitik, auszudehnen

Angesichts der bisher ablehnenden Haltung der Niederlande kommt die Einigung der EWG-Regierungschefs überraschend zustande.

V. l.: Maurice Couve de Murville, Konrad Adenauer, Michel Debré, Felix von Eckardt, Charles de Gaulle und Heinrich von Brentano beim Mokka

Das 312-Mark-Gesetz

12. Juli. Mit dem Gesetz zur Förderung der Vermögensbildung der Arbeitnehmer (»312-Mark-Gesetz«), das im Bundestag einstimmig verabschiedet wird, will die Bundesregierung die Vermögens- und Kapitalbildung einkommensschwacher Bevölkerungsschichten fördern.
Das Gesetz berechtigt jeden Arbeitnehmer, der in der Privatwirtschaft tätig ist, Teile seines Arbeitsentgelts, höchstens jedoch bis zu 312 DM im Jahr (bei Arbeitnehmern mit zwei und mehreren Kindern bis zu 468 DM) vermögenswirksam anzulegen. Für diese Lohnanteile braucht er weder Lohnsteuer noch Sozialversicherungsbeiträge zu entrichten.
Für diese vermögensbildenden Anlagen (Sparverträge, Bausparverträge, Rentensparverträge u. a.) sieht das Gesetz eine Sparzulage durch den Arbeitgeber vor. Werden vermögenswirksame Leistungen im Sinne des Sparprämiengesetzes oder des Wohnungsbauprämiengesetzes angelegt, so erhalten die Arbeitnehmer zusätzlich Spar- bzw. Wohnungsbauprämien.
Das 312-Mark-Gesetz führt die ersten Ansätze für eine breitere Eigentumsstreuung durch vermögenspolitische Maßnahmen weiter. 1958 war mit dem Sparprämiengesetz ein Anfang in dieser Richtung gemacht worden.

Fremdenlegion seit 130 Jahren

12. Juli. Nach einer kurzen Unterbrechung wegen des Algerienputsches (→ 26. 4./S. 74) wird die Rekrutierung für die in Algerien stationierte französische Fremdenlegion wieder aufgenommen.
Etwa 30 000 bis 40 000 Legionäre sind derzeit in Algerien stationiert. Etwa 60% sind Deutsche, 25% Spanier und Italiener, der Rest kommt aus Belgien, der Schweiz, aus Polen, Frankreich und einigen anderen Ländern. Die Uniform der Legionäre gleicht derjenigen der französischen Armee. Als besonderes Kennzeichen tragen die Legionäre ein Abzeichen mit einer siebenstrahligen Flamme und eine weiße Mütze (»Képi blanc«).
Gegründet wurde die Legion durch den französischen König Louis-Philippe am 9. März 1831. Sie wurde in Nordafrika und den überseeischen Besitzungen Frankreichs eingesetzt. Laut Statut darf die Fremdenlegion nicht im Mutterland Frankreich stationiert sein.
Bekannt ist die Legion für ihre Härte; die Überlebenschancen eines Legionärs liegen unter 50%. Trotz dieses unerbittlichen Dienstes kommen immer noch Freiwillige, vor allem aus der Bundesrepublik, in die Fremdenlegion, teils aus Abenteuerlust, teils, weil sie im bürgerlichen Leben gescheitert sind. Berüchtigt ist die Tätigkeit der Werbebüros, die mit illegalen Mitteln Nachwuchs für die Legion beschaffen.

Fremdenlegionäre in der algerischen Stadt Sidi-bel-Abbès feiern Kamerone, ihren Feiertag

Massenentlassung bei Borgward

27. Juli. Rund 16 000 Beschäftigten der Borgward-Werke in Bremen wird vorsorglich gekündigt. Die Geschäftsleitung begründet den Schritt mit der schwierigen Finanzlage des Automobilunternehmens. Gleichzeitig wird ein Vergleichsverfahren beantragt.

Zwar hatte die Freie und Hansestadt Bremen am → 10. Februar (S. 42) durch einen 50-Millionen-DM-Kredit die Gründung der Borgward-Werke AG ermöglicht und damit versucht, die rund 20 000 Arbeitsplätze zu sichern, doch dem Aufsichtsratsvorsitzenden Johannes Semler gelang es nicht, den Automobilkonzern zu sanieren.

Um die Rentabilität des Unternehmens doch noch wiederherzustellen, fordert Semler vom Bremer Senat weitere 50 Millionen DM als Kredit. Der Senat lehnt jedoch ab, da die Bereitstellung einer solchen Summe aus dem öffentlichen Haushalt nicht zu verantworten sei.

Die Borgward-Werke sollen innerhalb der nächsten drei Jahre liquidiert werden. Lediglich im Bremer Goliath-Werk sollen mit rund 1000 Beschäftigten Ersatzteile hergestellt werden (→ 11. 9./S. 164).

Freitag, 28. Juli 1961 1 H 7109 A

16000 Borgward-Arbeitern in Bremen vorsorglich gekündigt

Betriebsräte appellieren an Senat und Bund

Headline der Tageszeitung »Die Welt« zu den Entlassungen bei Borgward

Der »große« Borgward, der P 100 mit sechs Zylindern und einem Hubraum von 2240 cm³, erreicht eine Spitzengeschwindigkeit von 160 km/h

Rom: Visumzwang für Österreicher

12. Juli. Nach den vermehrten Bombenanschlägen wegen der Südtirolfrage führt Italien den Paß- und Visumzwang für Österreicher ein. Auch die Ausreise von italienischen Staatsbürgern nach Österreich wird erschwert.

In Österreich ruft die Anordnung der italienischen Regierung Empörung hervor. Unzählige Urlauber sind von der Maßnahme betroffen. Vor dem italienischen Konsulat bilden sich in Wien lange Schlangen von Antragstellern. Viele versuchen, ihren Italienurlaub umzubuchen.

Das österreichische Außenministerium weist in einer Note die italienische Regierung darauf hin, daß die Wiedereinführung des Visumzwangs gegen den Geist der europäischen Zusammenarbeit verstoße. Außerdem sei es absurd, Österreich für die Bombenattentate in Südtirol verantwortlich zu machen.

Der österreichische Außenminister Bruno Kreisky hält Verhandlungen mit Italien derzeit nicht für zweckmäßig (→ 25. 6./S. 117) und meldet am 18. Juli die Südtirolfrage für die nächste Generalversammlung der UNO an (→ 1. 10./S. 175).

Die Einwanderung wird beschränkt

24. Juli. Australien nimmt eine drastische Einschränkung der Einwanderungsmöglichkeit vor. Ursachen für diese Maßnahme sind die steigenden Arbeitslosenzahlen in Australien und die Unruhen in den Einwandererlagern.

Ausgenommen von den Beschränkungen sind nur Immigranten aus Großbritannien, die ihre Überfahrt selbst zahlen. Mittellose Briten sowie Angehörige anderer Nationen werden nur dann berücksichtigt, wenn sie Fachkenntnisse in einem Beruf nachweisen, für den in Australien Mangel besteht.

Am 26. Juli werden wegen Unruhestiftung, Friedensbruch und Angriffe gegen die Staatsgewalt zwei deutsche und drei italienische Einwanderer in Melbourne festgenommen. Sie werden beschuldigt, für die Unruhen im Einwandererlager Bonegilla bei Victoria verantwortlich zu sein.

Heftige Debatten auf der ersten VW-Hauptversammlung

1. Juli. Die erste Hauptversammlung der am 16. März 1960 teilprivatisierten Volkswagen-Aktiengesellschaft findet in Wolfsburg mit rund 7000 Teilnehmern statt (→ 21. 3./S. 59).

Streitpunkte während der Versammlung sind die Verwendung des Reingewinns (Bund und Niedersachsen erhalten für 1960 noch die volle Dividende) und die Wahlen zum Aufsichtsrat.

Insgesamt wird der Aufsichtsrat des Volkswagenwerks in Wolfsburg 18 Mitglieder haben. Davon werden acht Vertreter der Volksaktionäre sein. Sechs Mitglieder sind bereits von der Belegschaft des Volkswagenwerks gewählt worden (unter ihnen Otto Brenner, der Vorsitzende der Industriegewerkschaft Metall), je zwei weitere sind Vertreter des Bundes und des Landes Niedersachsen.

Nach achtstündiger Debatte erhält die vom Bundesschatzministerium und vom Land Niedersachsen vorgeschlagene und von der VW-Verwaltung empfohlene Liste, der vier Fachleute und nur vier Volksaktionäre angehören, rund 97% der Stimmen.

Von einigen Kleinaktionären wird dieses Ergebnis kritisiert, da so keine wahre Vertretung ihrer Interessen gegeben sei.

Blick auf die Versammlung der rund 7000 VW-Aktionäre und Gäste in Wolfsburg

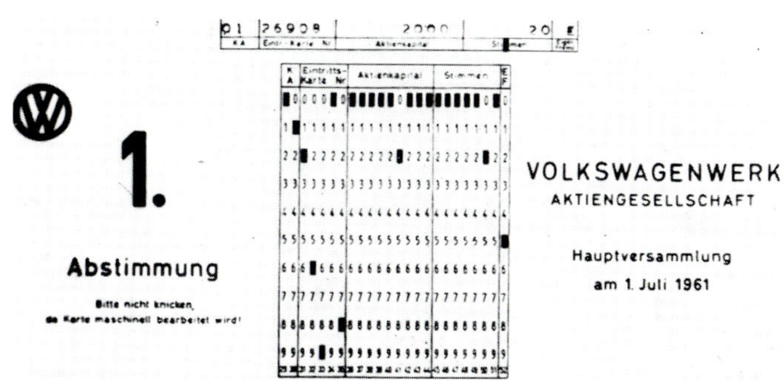

Stimmkarte für die Aufsichtsratswahlen am 1. Juli, gleichzeitig feiert Wolfsburg den 23. Jahrestag seiner Gründung

Finnland in der Krise

3. Juli. Nachdem am 29. Juni der finnische Regierungschef Väinö Johannes Sukselainen seinen Rücktritt erklärt hat, demissioniert die gesamte finnische Minderheitsregierung der Bauernpartei. Bis zur Regierungsneubildung am 14. Juli ernennt Staatspräsident Urho Kaleva Kekkonen den Innenminister Viktor Luukka zum Geschäftsführenden Ministerpräsidenten.

Sukselainen war zurückgetreten, weil er in seiner Eigenschaft als Generaldirektor der Finnischen Volkspensionsanstalt vom Oberlandesgericht in Helsinki wegen fortgesetzter und vorsätzlicher Vergehen im Dienst aus dem Amt entfernt und zu einer Geldstrafe verurteilt worden war. Dem früheren Regierungschef wird u. a. Bereicherung auf Staatskosten vorgeworfen.

Am 14. Juli wird der Gouverneur von Lappland, Martin Johannes Miettunen, Chef einer neuen, von der Bauernpartei gebildeten Minderheitsregierung.

Besonderes politisches Gewicht erhält die Affäre Sukselainen durch die in acht Monaten bevorstehenden Wahlen des Staatspräsidenten. Die Situation Kekkonens, des Kandidaten der Bauernpartei, wird durch die Regierungskrise erschwert. Olavi Honka, der Kandidat der Sozialdemokraten, der drittgrößten Fraktion nach den Kommunisten und der Bauernpartei, kann sich gute Chancen für einen Wahlsieg ausrechnen (→ 26. 11./S. 186).

Durch die Regierungskrise ist die Stellung des finnischen Staatspräsidenten Urho Kekkonen bedroht

Lübke in der Schweiz

5. Juli. Bundespräsident Heinrich Lübke reist mit seiner Frau Wilhelmine und Bundesaußenminister Heinrich von Brentano zu einem Staatsbesuch in die Schweiz.

Der schweizerische Bundespräsident Friedrich Wahlen fordert in seiner Begrüßungsansprache eine baldige Lösung des Problems der europäischen Integration. Der Zusammenschluß Europas könne nur dann dauerhaft sein, wenn der Eigenart jeder Nation Rechnung getragen werde. Besonderheiten, die oft auf jahrhundertealte geschichtliche Erfahrungen zurückgingen, müßten beim Aufbau Europas berücksichtigt werden.

In seiner Antwort verweist Lübke, der bis zum 7. Juli in der Schweiz bleibt, darauf, daß die Bundesrepublik Deutschland die Probleme der Schweiz, vor allem die Wahrung der Neutralität, verstünde. Außerdem hebt Lübke hervor, daß die Schweiz die DDR nicht anerkannt habe.

Der Besuch gilt als Bekräftigung der engen Beziehungen zwischen beiden Ländern. Lübke wird während der verschiedenen Stationen seines dreitägigen Besuchs überall mit freundlichem Beifall empfangen.

Heinrich Lübke und seine Frau Wilhelmine bekräftigen die guten Beziehungen zur Schweiz

Ernest Hemingway 1959 mit seiner vierten Frau Mary Walsh, die er 1944 während des Zweiten Weltkriegs in London geheiratet hatte

Ernest Hemingway als arrivierter Autor Ende der 20er Jahre

Hemingway war seit seiner Kindheit ein begeisterter Jäger

1940 heiratete Hemingway seine dritte Frau, die Schriftstellerin Martha Gellhorn, von der er sich nach vier Jahren scheiden ließ

Nach seiner Scheidung von Martha Gellhorn heiratete Hemingway Mary Walsh

Edgar E. Glenn überreicht Hemingway 1945 die Tapferkeitsmedaille

1928 heiratete Hemingway seine zweite Frau, Pauline Pfeiffer, nach seiner Scheidung von Hadley Richardson

Ernest Hemingway wählt den Freitod

2. Juli. In Ketchum im US-Bundesstaat Idaho begeht der 61jährige US-amerikanische Schriftsteller Ernest Hemingway wegen physischer Beschwerden Selbstmord.
Hemingway führte zeit seines Lebens ein Abenteurerdasein, wie er es in seinen Romanen, Novellen und Kurzgeschichten beschrieben hat. Seine Erlebnisse verarbeitete er thematisch in seinem Werk, das als beispielgebend für die moderne Literatur bezeichnet wird und gleichzeitig Ausdruck einer »verlorenen Generation« ist.
In allen seinen Werken beschrieb Hemingway eine Männerwelt, in der sich die Helden gegenüber einer oft sinnlosen und grausamen Welt nur aufgrund individueller ethischer Formen bewähren. Tapferkeit vor dem Tod und Haltung auch in der Niederlage gehörten zu den Tugenden, die Hemingway bewunderte. Diese Welt schilderte er in einem prägnanten und sachlichen Stil, in dem jede Emotion vermieden wird. Hemingway sah sich in erster Linie als Berichterstatter und suchte seine Themen in Situationen, die Bewährung verlangen.
Hemingway war nach dem Schulbesuch zunächst Reporter geworden. 1918 nahm er als Freiwilliger am Ersten Weltkrieg in Italien teil, wo er schwer verwundet wurde. 1921 ging Hemingway nach Paris und lernte Gertrude Stein und Ezra Pound, seine literarischen Förderer, kennen. 1926 veröffentlichte er den Roman »Fiesta«, in dem er seine Begeisterung für den Stierkampf zum Ausdruck brachte. Dieser Roman und das 1929 erschienene Werk »In einem anderen Land« über seine Erlebnisse im Ersten Weltkrieg machten Hemingway berühmt.
1927 kehrte der Schriftsteller wieder in die USA zurück. Während des Spanischen Bürgerkriegs (1936 bis 1939) unterstützte Hemingway die gegen General Francisco Franco kämpfenden Republikaner. Seine Erfahrungen aus diesem Krieg veröffentlichte Hemingway in dem Roman »Wem die Stunde schlägt« (1940). Am Zweiten Weltkrieg nahm Hemingway als Kriegsberichterstatter in Europa teil.
Zwischen den Kriegen suchte er, der schon als Kind ein begeisterter Jäger und Angler war, das Abenteuer bei Großwildjagden und beim Fischen, wovon er in Kurzgeschichten wie »Die grünen Hügel Afrikas« (1934) oder »Schnee auf dem Kilimandscharo« (1948) berichtet.
1953 gelang Hemingway mit »Der alte Mann und das Meer« sein letzter und größter schriftstellerischer Erfolg. Für diese Parabel des menschlichen Scheiterns erhielt der Autor 1954 den Nobelpreis.

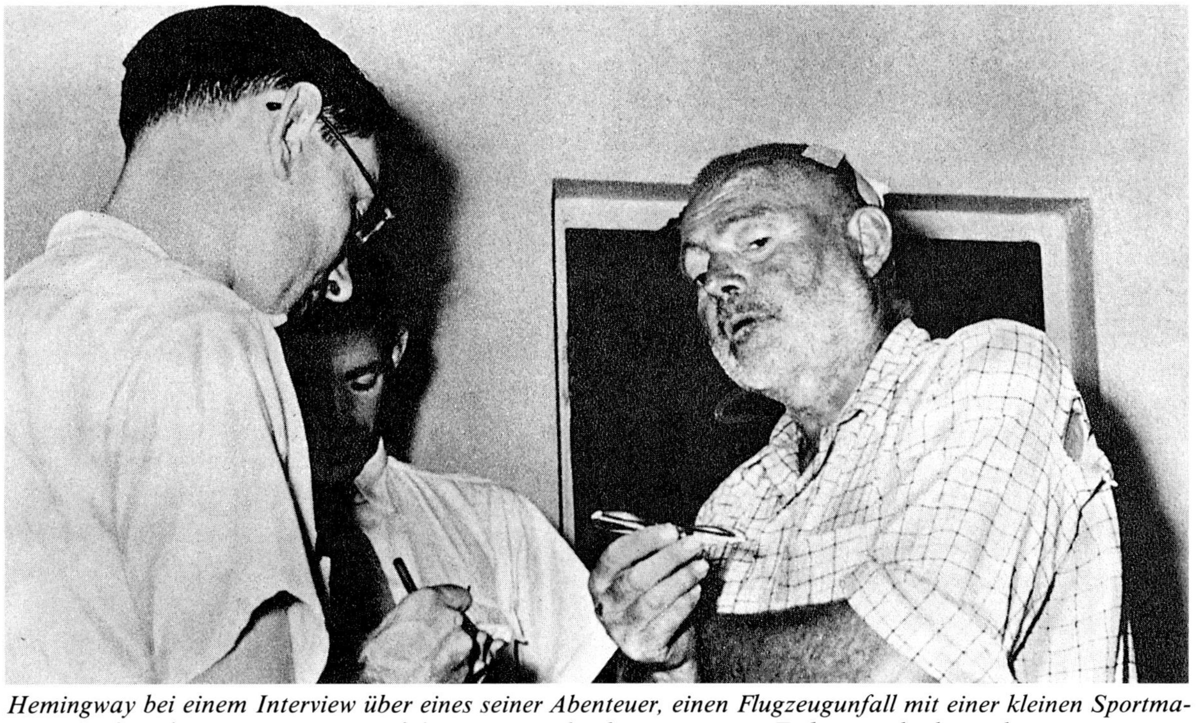

Hemingway bei einem Interview über eines seiner Abenteuer, einen Flugzeugunfall mit einer kleinen Sportmaschine während einer Reise in Ostafrika: »Die Nachricht von meinem Tod ist stark übertrieben.«

Uraufführung von »Alkmene«, vorne v. l.: Merkur (Walter Dicus), Amphitryon (Richard Lewis), Jupiter (Thomas Stewart), Alkmene (Evelyn Lear)

Oper 1961:

Moderne Opern in der Zwölftontechnik

Anti-romantische Einstellung und die Suche nach neuen Ausdrucksformen und Stilmitteln bestimmen die neuen deutschen Opern.

Komponisten wie Paul Hindemith (*1895), Boris Blacher (*1903) oder Rudolf Wagner-Régeny (*1903) streben eine sprachlich neue, formal und inhaltlich in sich ausgewogene Musik an, die unabhängig vom Text und den szenischen Vorgängen eine eigene Entwicklung durchläuft. Carl Orff (*1895) dagegen versucht eine Erneuerung des Musiktheaters durch den Rückgriff auf Stilmittel und Formen mittelalterlicher Mysterienspiele. Komponisten wie Gottfried von Einem (*1918) geben der Oper politischen und sozialen Charakter. Die volkstümliche Theaterwirkung der Oper sucht z. B. Werner Egk (*1901).

Die jüngere Generation der Komponisten, z. B. Hans Werner Henze (*1926), Giselher Klebe (*1925) oder Peter Ronnefeld (*1935), von denen im Jahr 1961 Opern zur Uraufführung kommen, stehen der Zwölftonmusik und der seriellen Kompositionsweise nahe.

Bei den Schwetzinger Festspielen wird am 20. Mai Henzes »Elegie für junge Liebende« uraufgeführt. In der Oper mit dem Text von Wystan H. Auden und Chester Kallmann geht es um einen egozentrischen Künstler, der jede psychische Regung nur mit Blick auf die Verwertbarkeit in seinen Werken sieht. Henze, der die Orchesterbesetzung auf 24 Musiker reduziert, legt besonderen Wert auf die Verständlichkeit des Textes. Der Komponist nutzt die verschiedenen Ausdrucksmöglichkeiten der menschlichen Stimme, etwa das Summen oder das rhythmische Sprechen.

Giselher Klebes Oper »Alkmene« (nach »Amphytrion« von Heinrich von Kleist) wird am 25. September in Berlin uraufgeführt. Klebes strenge Komposition beruht auf Zwölftonreihen.

In Düsseldorf wird Ronnefelds Oper »Die Ameise« am 21. Oktober uraufgeführt. Peter Ronnefeld, der auch den Text (zusammen mit Richard Bletschacher) geschrieben hat, verwendet bei der Komposition durchgehend die Zwölftontechnik.

Werner Egk (60) wurde von Igor Strawinski beeinflußt

Peter Ronnefeld, Komponist der Oper »Die Ameise«

Hans Werner Henze, der am 1. Juli 35 Jahre alt wird

Boris Blacher bemüht sich um neue Musikformen

Carl Orff schuf »Carmina burana«

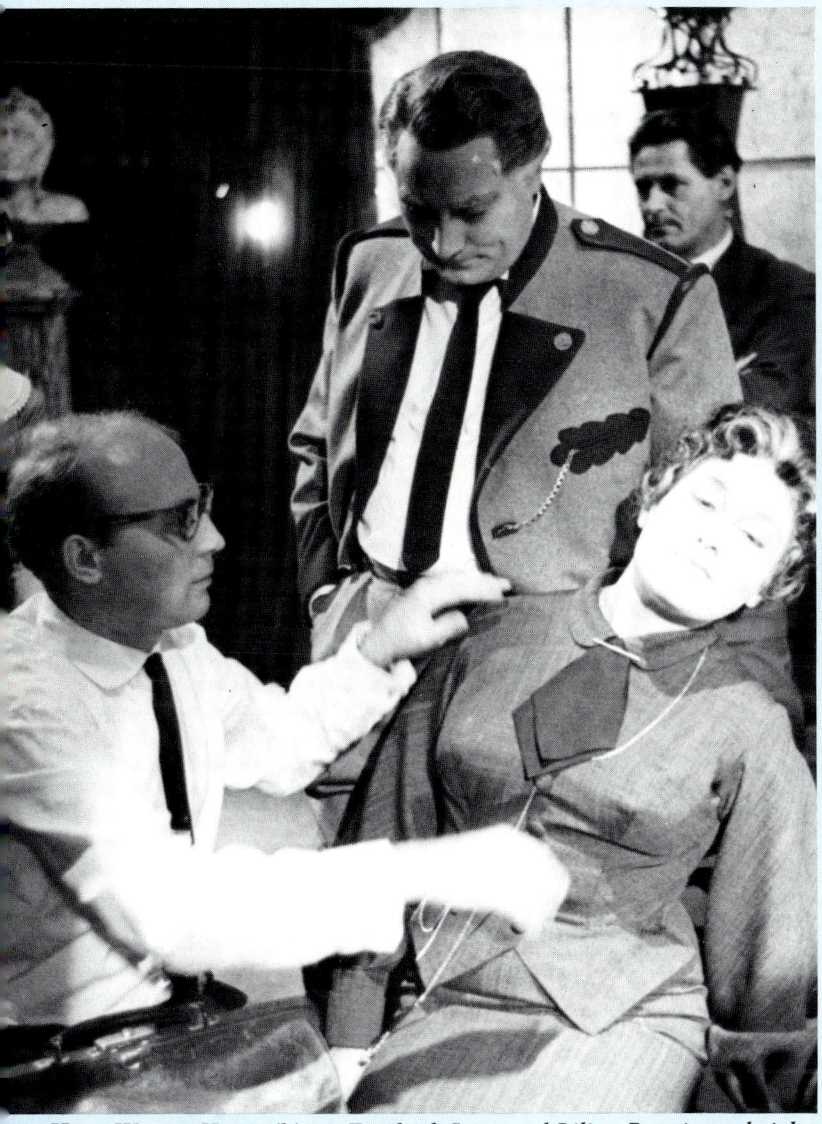

Hans Werner Henze (l.) mit Friedrich Lenz und Lilian Benningen bei den Proben zur Oper »Elegie für junge Liebende« in Schwetzingen

Der in der Schweiz lebende deutsche Komponist Paul Hindemith gilt vor allem mit seinen Frühwerken als Bahnbrecher der Moderne

Tour-Sieger Anquetil

16. Juli. Mit 12:14 Minuten Vorsprung gewinnt der 27jährige Franzose Jacques Anquetil die Tour de France 1961. Der Deutsche Hans Junkermann aus Köln erreicht den fünften Platz.

Anquetil, der die Tour bereits 1957 gewonnen hat, erkämpfte bereits auf der ersten Etappe das Gelbe Trikot des Spitzenreiters und verteidigte es über 20 weitere Etappen und 4395 km bis zum Zielort Paris. Dies gelang vor ihm nur dem Italiener Ottavio Bottecchia (1923), dem Luxemburger Nicolas Frantz (1927) und dem Belgier Romain Maes (1935). Insgesamt erreichte Anquetil das Ziel nach 122:1:33 Stunden.

Rund 45 000 Zuschauer begrüßen die Sieger im Prinzenpark-Stadion in Paris. Trotz des Jubels über die Gewinner wird harte Kritik an der Tour deutlich. Die 72 Berufsfahrer, die das Ziel Paris erreicht haben, hätten nicht genug Kampfgeist gezeigt.

Gleichzeitig mit der Tour de France endet die Tour der Zukunft der Radamateure. Nach 14 Etappen siegt der Italiener Guido de Rosso in 59:58:32 Stunden.

Der Sieger der Tour de France, Jacques Anquetil, bei seiner Ehrenrunde im Prinzenpark-Stadion

Sechs Weltrekorde

16. Juli. Sechs Weltrekorde und ein eingestellter Weltrekord sind das überragende Ergebnis des Leichtathletik-Länderkampfes zwischen der Sowjetunion und den Vereinigten Staaten in Moskau.

Bei den Männern gewinnen die US-Amerikaner mit 124 : 111 Punkten. Die Damenmannschaft der USA unterliegt mit 39 : 68 Punkten.

Höhepunkte sind die Sprungwettbewerbe, die drei Weltrekorde bringen. Waleri Brumel (UdSSR) verbessert den eigenen Hochsprungrekord um einen Zentimeter auf 2,24 m, der US-Amerikaner Ralph Boston übertrifft seinen Weitsprungrekord mit 8,28 m um vier Zentimeter (→ 27. 5./S. 103). Die Sowjetrussin Tatjana Tschelkanowa springt mit 6,48 m ebenfalls einen neuen Weltrekord (bisher 6,42 m) im Weitsprung. In der 4 × 100-m-Staffel der Frauen erreichen die US-Amerikanerinnen neuen Weltrekord mit 44,3 sec (bisher 44,4 sec). Auch die Herren aus den USA erreichen beim Staffellauf neuen Rekord (39,1 sec, bisher 39,5 sec). Den sechsten Weltrekord erreicht die Sowjetrussin Tamara Press beim Diskuswerfen mit 57,43 m (bisher 57,15 m).

Die US-Amerikanerin Wilma Rudolph, die »schwarze Gazelle«, begeistert durch ihren Laufstil

Siegerin Angela Mortimer

Rod Laver, der Gewinner des Herreneinzel, mit der Siegestrophäe

Australier siegen in Wimbledon

8. Juli. In London gehen die 75. Tennismeisterschaften von Wimbledon zu Ende.
Im Damenfinale besiegt die 28jährige Britin Angela Mortimer mit 4:6, 6:4, 7:5 ihre zeitweise durch einen Beinkrampf gehandikapte Landsmännin Christine Truman. Im Herreneinzel siegte am Vortag der Australier Rod Laver mit 6:3, 6:1, 6:4 gegen den US-Amerikaner Charles McKinley. Auch im Herrendoppel gewannen Australier: Neale Fraser und Roy Emerson, die auch 1959 das Doppel gewannen. Bei den Damen kommen überraschend die US-Amerikanerinnen Karen Hentze und Jean Moffit auf den ersten Platz. Im Gemischten Doppel können mit Lesley Turner und Fred Stolle wiederum die Australier einen Sieg verbuchen. Die Deutsche Edda Buding wird mit dem Australier Bob Howe Zweite.

Cuno Amiet stirbt

6. Juli. Im Alter von 93 Jahren stirbt in Solothurn der Schweizer Maler Cuno Amiet, einer der bedeutendsten modernen Maler der Schweiz.
Nach einer zweijährigen Ausbildung bei seinem Landsmann Frank Buchser ging Amiet 1886 an die Münchener Kunstakademie. Dort lernte er Giovanni Giacometti, den Vater des Schweizer Bildhauers Alberto Giacometti, kennen, mit dem er 1887 nach Paris reiste. Hier schloß sich Amiet bald dem Kreis um Paul Gauguin an.
Einer größeren Öffentlichkeit wurde Amiet durch seine Ausstellungen in Wien 1904 und Zürich 1905 bekannt. Sei 1906 war Amiet Mitglied der Künstlervereinigung »Die Brücke«. Die Begegnung mit den Expressionisten der »Brücke« führte zur Herausarbeitung von Amiets persönlicher Malweise. Sein Stil, in dem auch Elemente des Fauvismus verarbeitet sind, besticht durch eindrucksvolle Farbigkeit. Dieser Stil ist in allen Arbeiten Amiets – vom Porträt über die Landschaft und das Stilleben bis zum Sgrafitto – unverwechselbar.

»Bildnis A. A.« (Gemälde von Cuno Amiet, 1923; Musée Cantonal des Beaux-Arts, Lausanne)

Hohenzollernjubiläum

23. Juli. Ihr 900jähriges Bestehen feiern auf ihrer Stammburg Hechingen in Südwürttemberg die Hohenzollern, aus deren Geschlecht die beiden letzten deutschen Kaiser Wilhelm I. und Wilhelm II. stammen.
In seiner Festansprache vor rund 350 Gästen dankt der derzeitige Chef des Hauses Hohenzollern, Prinz Louis Ferdinand von Preußen, dem Schöpfer, daß seine Vorfahren »fast ein Jahrtausend hindurch an der deutschen Geschichte mitbauen durften«.
Mit Friedrich I., der 1417 Kurfürst von Brandenburg wurde, setzten sich die ursprünglich fränkischen Hohenzollern im späteren Preußen fest. 1701 erreichten die Hohenzollern den Titel König in Preußen, Friedrich II., der Große (1712–1786) nannte sich bereits König von Preußen. Seit der Reichsgründung 1871 waren die preußischen Könige gleichzeitig deutsche Kaiser.
Zur Familienfeier, die für Kritiker eher anachronistisch wirkt, erscheinen keine Regierungsvertreter.

Die Proklamation des preußischen Königs Wilhelm I. zum Deutschen Kaiser in Versailles 1871, das bedeutendste Ereignis in der Geschichte der Hohenzollern (Anton von Werner, 1871; Schloß Friedrichsruh bei Hamburg)

Verwaltungsgebäude der John Deere & Co. in Moline/Illinois, 1961 bis 1964 nach Plänen des Architekten Eero Saarinen erbaut

Die US-amerikanische Botschaft in London nach Entwürfen von Eero Saarinen wird nach fünfjähriger Bauzeit im Jahr 1960 fertiggestellt

Krebsarzt Issels wird verurteilt

31. Juli. Nach siebenwöchiger Verhandlungsdauer wird der 54jährige Josef Issels, ehemaliger Chefarzt der Ringberg-Krebsklinik in Rottach-Egern, zu einem Jahr Gefängnis wegen fahrlässiger Tötung dreier Patienten verurteilt.
Issels hatte drei Krebspatienten von einer Operation abgeraten und ihnen eine eigene Heilmethode empfohlen. Das Gericht meint dazu: »Kein vernünftiger Arzt durfte sich bei der geringen Heilquote der internen Therapie für berechtigt halten, auf die bewährten Methoden der Operation und der Bestrahlung zu verzichten und sie nicht den Patienten zu empfehlen. Er hätte Abstand von seiner Therapie nehmen müssen, als er erkannte, daß seine Methoden nicht zum Ziel führten.«
Das Gericht geht in seiner Urteilsbegründung auch auf die Frage nach der Wirksamkeit der Isselstherapie ein und stellt fest, daß es sich nicht in der Lage gesehen habe, ein Urteil über die Krebstherapie von Josef Issels abzugeben.
Freigesprochen wird Issels von der Anklage des Betruges in drei Fällen und der fahrlässigen Tötung in einem Fall. Außerdem werden die sieben Monate Untersuchungshaft auf die einjährige Gefängnisstrafe angerechnet.

Vor Beginn der Verhandlung beim Münchner Landgericht spricht der wegen Tötung und Betrug angeklagte Krebsarzt Josef Issels (r.) mit den Sachverständigen Ernst Zabl aus Berchtesgaden und Rudolf Raven

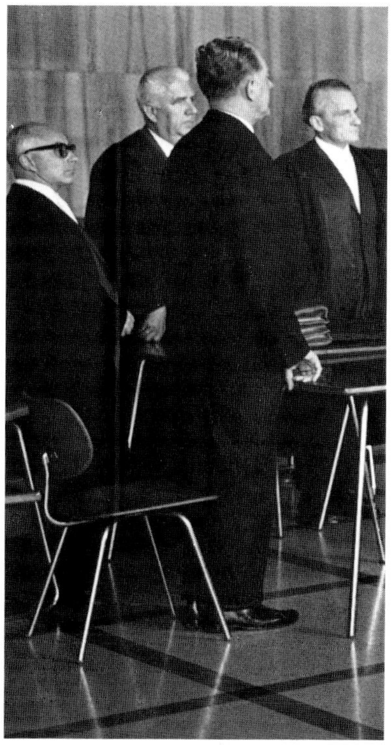

Issels (2. v. r.) mit seinen Anwälten Alfred Seidl, Ernst Fock, Kurt Kirstein bei der Urteilsverkündung

Designer und Architekt Saarinen

1. Juli. In Ann Arbor/Michigan stirbt der 60jährige finnisch-US-amerikanische Architekt und Designer Eero Saarinen.
Der Sohn des Architekten Eliel Saarinen kam 1923 mit seinen Eltern in die USA. Seine Ausbildung begann er mit dem Studium der Bildhauerei in Paris, von 1930 bis 1934 studierte er Architektur an der Yale-Universität in New Haven/Connecticut. 1939 trat er in das Architekturbüro seines Vaters ein und machte sich schließlich 1950 in Birmingham/Michigan selbständig.
Mit seinem Wettbewerbsentwurf für das Jefferson National Expansion Memorial bei St. Louis erregte Saarinen erstes Aufsehen. Das kühne Projekt wird 1963 als Gateway Arch in St. Louis verwirklicht.
1948 bis 1956 baute Saarinen zusammen mit seinem Vater das General Motors Technical Center in Warren/Michigan. Die quaderförmigen Stahl- und Glasgebäude, die um einen künstlichen See angeordnet sind, zeigen den starken Einfluß des Architekten Ludwig Mies van der Rohe.
Saarinen löste sich jedoch bald von diesem geometrischen und technischen Purismus und wandte sich plastischen, geschwungenen Formen zu. Ein Beispiel dafür ist das Gebäude der Trans World Airlines auf dem Idlewild-Flughafen (John-F.-Kennedy-Flughafen) in New York, das 1963 vollendet wird.
Parallel zu seinen Arbeiten als Architekt beschäftigte sich Saarinen mit Designentwürfen, vor allem für Möbel.

Empfangsgebäude, John-F.-Kennedy-Flughafen, New York

Der Dulles International Airport bei Washington, der sich bereits seit 1958 im Bau befindet, wird 1962 seiner Bestimmung übergeben

Auditorium des Massachusetts Institute of Technology in Cambridge/Massachusetts, von 1953 bis 1955 nach Plänen von Saarinen erbaut

August 1961

Mo	Di	Mi	Do	Fr	Sa	So
	1	2	3	4	5	6
7	8	9	10	11	12	13
14	15	16	17	18	19	20
21	22	23	24	25	26	27
28	29	30	31			

1. August, Dienstag

Die Regierung der DDR kündigt Beschränkungen im innerdeutschen Reiseverkehr an.

Irland beantragt die Aufnahme in die Europäische Wirtschaftsgemeinschaft (EWG).

Der kongolesische Staatspräsident Joseph Kasawubu beauftragt den bisherigen Innenminister Cyrille Adoula mit der Bildung einer neuen Zentralregierung. → S. 152

2. August, Mittwoch

Bei einem schweren Omnibusunglück in der Schweiz kommen 16 Menschen ums Leben. Der mit US-amerikanischen Touristen besetzte Bus ist am Fuße des Berges Pilatus in den Vierwaldstätter See gestürzt.

Transportable, zweiklassige Schulpavillons aus vorgefertigten Bauteilen will die Stadt Wiesbaden künftig in ihren Neubaugebieten aufstellen. Damit will der Magistrat die Schulraumnot beheben.

3. August, Donnerstag

Die alliierten Kommandanten der drei Westsektoren von Berlin protestieren bei ihrem sowjetischen Kollegen Andrei Solowjew schriftlich gegen die Maßnahmen, die von den DDR-Behörden gegen die Bewohner der DDR und von Berlin (Ost), die im Westteil Berlins arbeiten (Grenzgänger), eingeleitet worden sind.

Die Regierung der UdSSR übermittelt der Bundesregierung und den Westmächten ein Memorandum, das Forderungen nach einem Friedensvertrag mit Deutschland enthält.

Mit 313 : 5 Stimmen bei Stimmenthaltung der Labour-Partei billigt das britische Unterhaus in London die Beitrittsverhandlungen mit der Europäischen Wirtschaftsgemeinschaft (EWG).

Zwei US-amerikanische Bürger versuchen, eine amerikanische Düsenmaschine aus den Vereinigten Staaten nach Kuba zu entführen. Noch während des Starts kann die Maschine gestoppt werden, um die Geiseln zu befreien (→ 10. 8./S. 153).

4. August, Freitag

Wissenschaftler aus Großbritannien, Kanada und den Vereinigten Staaten bringen auf einer kanadischen Versuchsstation 100 Tonnen herkömmlichen Dynamits für Forschungszwecke zur Explosion.
Diese wahrscheinlich bisher größte nichtatomare Explosion soll Aufschluß über den Bau von Luftschutzräumen geben.

»Das verbrecherische Leben des Archibaldo de la Cruz«, eine »schwarze« Komödie des spanischen Filmregisseurs Luis Buñuel, wird sechs Jahre nach ihrer Premiere in deutschen Kinos erstaufgeführt.

5. August, Sonnabend

Auf einem Treffen der Generalsekretäre der kommunistischen Parteien aller Warschauer-Pakt-Staaten in Moskau, das am 3. August begonnen hat, wird erneut die Forderung nach einem Friedensvertrag für Deutschland aufgestellt. Außerdem erhält DDR-Regierungschef Walter Ulbricht die Zustimmung zur Abriegelung der Fluchtwege in Berlin (→ 13. 8./S. 145).

6. August, Sonntag

Der britische Rennfahrer Stirling Moss auf Lotus gewinnt den »Großen Preis von Europa« auf dem Nürburgring in der Eifel vor 250 000 Zuschauern. Zweiter wird Wolfgang Graf Berghe von Trips aus der Bundesrepublik auf Ferrari.

Die Sowjetunion startet ein zweites bemanntes Raumschiff. Die »Wostok II« bringt den sowjetischen Major German Titow in eine Erdumlaufbahn. Titow kehrt nach einem Flug von 25 Stunden und 18 Minuten am Montag zur Erde zurück.

7. August, Montag

Die am 5. August begonnene Außenministerkonferenz der drei Westmächte und der Bundesrepublik Deutschland in Paris geht zu Ende. Themen waren die militärische Bereitschaft im Fall einer Berlin-Krise und die Frage, wie eine solche Krise durch Verhandlungen vermieden werden kann.

In einer Rundfunkrede kündigt der sowjetische Ministerpräsident Nikita Chruschtschow eine Verstärkung der sowjetischen Streitkräfte an der Westgrenze und die Einberufung von Reservisten an. Außerdem erklärt sich Chruschtschow bereit, eine Klausel über den freien Zugang nach Berlin (West) in einen Friedensvertrag mit Deutschland aufzunehmen.

8. August, Dienstag

Die Vereinigten Staaten erhöhen die Zahl ihrer Kampfdivisionen von 14 auf 17. Wie die US-Armee mitteilt, werden drei Ausbildungsdivisionen in Kampfdivisionen umgewandelt. Die Meldungen von Freiwilligen für die US-Streitkräfte haben in den letzten Wochen rapide zugenommen.

Von den etwa 53 Millionen Haushalten in den USA haben 86% mindestens ein Fernsehgerät. Diese Zahl hat eine Volkszählung aus dem vergangenen Jahr ergeben.

9. August, Mittwoch

Mit 1926 geflohenen DDR-Bürgern wird die bisher höchste Flüchtlingszahl für einen Tag erreicht. Berlin (Ost) beginnt mit der Registrierung der Grenzgänger, die im Westteil der Stadt arbeiten.

Die Vereinigten Staaten bereiten sich darauf vor, im Falle krisenhafter Entwicklungen wegen Berlin sechs Divisionen über eine Luftbrücke nach Europa zu fliegen. Außerdem soll die NATO, die Nordatlantische Verteidigungsorganisation, »angesichts des Ernstes der Lage« die vorgesehene Sollstärke von 30 Divisionen erreichen. Zur Zeit sind 22 Divisionen aufgestellt.

10. August, Donnerstag

Großbritannien und Dänemark beantragen die Aufnahme in die Europäische Wirtschaftsgemeinschaft (EWG).

Der britische Schatzkanzler Selwyn Lloyd verfügt einen Lohn- und Gehaltsstopp für die insgesamt 650 000 Beschäftigten des öffentlichen Dienstes in Großbritannien, um die Staatsausgaben zu vermindern. Die »Lohnpause« soll mindestens sieben Monate dauern.

Rund 700 Wissenschaftler aus dem In- und Ausland nehmen an einem viertägigen Psychologen-Kongreß in Hamburg teil. → S. 154

Innerhalb von 24 Stunden werden über dem Karibischen Meer zwei Flugzeuge entführt. → S. 153

11. August, Freitag

Bei einem Straßenbahnunglück in Stuttgart-Untertürkheim werden 23 Fahrgäste verletzt, sechs davon schwer. Nach Angaben der Polizei ist ein moderner Großraumwagen der Straßenbahn auf einer stark abschüssigen Straße aus der Kurve getragen worden.

12. August, Sonnabend

Der Ministerrat der DDR beschließt die Sperrung der Sektorengrenze in Berlin. → S. 147

In Argentinien scheitert der Putschversuch einer Gruppe von etwa 80 Rebellen. Am Freitag hatten sich die Aufständischen der staatlichen Rundfunkstation in der argentinischen Hauptstadt Buenos Aires und des Hauptfernmeldeamtes bemächtigt. Der Aufruf der Rebellen zu einer machtvollen Demonstration gegen den Präsidenten Arturo Frondizi fand keinen Widerhall.

Der Stadtteil »Neue Vahr« in Bremen mit 10 000 neuen Wohnungen ist fertiggestellt. → S. 153

13. August, Sonntag

Der Ostsektor von Berlin wird mit Stacheldraht, Sperrzäunen und einem großen Aufgebot von Volkspolizisten abgeriegelt. → S. 145

14. August, Montag

Seit 14 Uhr ist das Brandenburger Tor in Berlin auf Anordnung des DDR-Innenministeriums geschlossen. Panzereinheiten und starke Verbände der Volkspolizei der DDR rücken durch das Tor vor und besetzen die Grenzlinie auf den Hindenburgplatz, rund 60 m vor dem Brandenburger Tor (→ 13. 8./S. 145).

Die Telefonverbindungen zwischen der Bundesrepublik und der DDR sind unterbrochen worden. Auch Berlin (West) ist von dieser Sperre betroffen.

Der indische Ministerpräsident Jawaharlal Nehru kündigt an, daß die an der Westküste liegenden letzten portugiesischen Enklaven auf indischem Gebiet – Goa, Daman und Diu – dem indischen Staatsgebiet eingegliedert werden (→ 18. 12./S. 198).

15. August, Dienstag

Die westalliierten Stadtkommandanten von Berlin übergeben ihrem sowjetischen Kollegen eine Protestnote wegen der Verletzung des Viermächtestatus der Stadt (→ 13. 8./S. 145).

In vielen Betrieben in der Bundesrepublik wird die Arbeit für zwei Minuten niedergelegt, um gegen die Absperrung des Berliner Ostsektors zu protestieren.

In Israel finden Wahlen für das Parlament, die Knesset in Jerusalem, statt. Die Wahlen sind durch den Rücktritt des Ministerpräsidenten David Ben Gurion am 31. Januar notwendig geworden. → S. 152

16. August, Mittwoch

Zehntausende von Bürgern aus Berlin (West) demonstrieren auf dem Rudolf-Wilde-Platz gegen die Absperrmaßnahmen der DDR-Regierung.

Bundeskanzler Konrad Adenauer empfängt in Bonn den sowjetischen Botschafter Andrei Smirnow. Adenauer erklärt, er werde nichts unternehmen, was die Beziehungen zwischen der Bundesrepublik Deutschland und der Sowjetunion verschlechtern könne.

Der Regierende Bürgermeister von Berlin, Willy Brandt, informiert US-Präsident John F. Kennedy in einem persönlichen Brief über die Lage in Berlin und warnt vor einer Zurückhaltung der Westmächte in der Berlin-Frage. → S. 147

Der Fernschreibverkehr zwischen der Bundesrepublik und der DDR sowie Berlin (Ost) wird wieder aufgenommen.

An der Sektorengrenze wird mit dem Bau einer Mauer aus Betonplatten begonnen (→ 13. 8./S. 143).

17. August, Donnerstag

Die drei Westmächte fordern die Sowjetunion auf, die Sperrmaßnahmen in Berlin zu beenden. In Protestnoten an Moskau bezeichnen die Vereinigten Staaten, Frankreich und Großbritannien dieses Vorgehen als illegal und als »eine flagrante und äußerst ernste Verletzung des Viermächtestatus von Berlin«.

ie Teilung Berlins
n 13. August 1961
einem Bildbericht
er Hamburger Wo-
enzeitschrift »Die
eit«

13. August 1961: Schwarzer Sonntag für Deutschland

So wurde Ostberlin besetzt

Berlin, im August

In dem Stadtbahnzug, der in den Morgenstunden des 13. August in den Ostsektor Berlins fährt, saßen nur wenige Fahrgäste. Der Zug hielt nicht an den Stationen *Unter den Linden* und nicht am *Potsdamer Platz,* er bremste nur leicht, ein schriller Pfiff, dann brauste er weiter. Er hielt erst wieder im Bahnhof Friedrichstraße. Dort streiften schwerbewaffnete Volkspolizisten durch die große Halle und kontrollierten die Ausweise der Reisenden. Vor dem Bahnhof verstopften Mannschaftswagen der Volkspolizei, Panzerspähwagen und Jeeps die Straße. Sonntag, der 13. August 1961 in Ostberlin: eine Stadt wurde besetzt.

Im Morgengrauen hatte die „Vopo" begonnen, längs der Sektorengrenze Betonpfähle einzurammen und Stacheldraht zu ziehen, das Pflaster aufzureißen und Wachen zu postieren. Um Mittag waren sie noch immer dabei. In Scharen waren die Berliner an die Grenze gezogen und sahen zu. Mit spöttischen Kommentaren hielten sie nicht zurück: „Freunde, geht doch mal zum Alexanderplatz — dort wird das letzte Pfund Butter gezeigt!" — Die Volkspolizisten ignorierten alles — was konnten sie sonst auch tun?

„Drüben" sah es aus wie in einem Heerlager. Lastwagenkolonne auf Lastwagenkolonne rollte heran: kasernierte Volkspolizei. Bewaffnete Betriebskampfgruppen marschierten auf. Kradpatrouillen kurvten durch die Stadt, Panzerspähwagen der Volksarmee rasselten durch die Straßen. Die Truppen massierten sich im Regierungsviertel. Kasernierte Volkspolizei biwakierte gleich hinter dem Brandenburger Tor. Und dann kamen die Panzer.

Die ersten kamen um neun Uhr. Schon um diese Zeit waren viele Westberliner in den Ostsektor gekommen. Sie standen mit verstörten Ostberlinern Unter den Linden. Volkspolizisten drängten sie auf die Bürgersteige: „Die Panzer kommen! Macht Platz und seid vorsichtig!"

Irgendwo pfiff jemand. Noch mehr Pfiffe, Rufe. Die Passanten schrien den übernächtigten Soldaten zu: „Schämt ihr euch nicht — ihr vertretet doch nicht die Sache des Volkes!" Die Vopos hörten weg . . .

Diesseits des Brandenburger Tors standen Sonntagnachmittag Tausende von Westberlinern. Einige versuchten, das sowjetische Ehrenmal in der Straße des 17. Juni zu stürmen. Die Polizei hielt sie mit Gewalt zurück. Am Brandenburger Tor wollten Jugendliche ein Schild mit der Aufschrift „Hier beginnt der Demokratische Sektor Berlins" aus der Erde reißen. Ein paar hatten Steine in der Hand. Erregte Diskussionen überall und laute Protestrufe und Sprechchöre: „Runter mit den roten Fetzen!"

Die Westberliner stellten sich auf den Stacheldraht. Sie spießten daran die Sonderausgaben der Zeitungen auf, die im freien Teil der Stadt erschienen waren. Mit verbissenem Gesicht lasen die Vopos die Schlagzeilen.

Dichter ward die Sperre, kaum mehr zu durchbrechen. Aber es gab Verzweifelte, die es trotzdem versuchten. Ein junger Ostberliner rast mit seinem Personenwagen mitten hindurch. Der Stacheldraht wickelt sich um den Wagen und wird nach Westberlin mitgeschleift. Feuerwehrleute zerren den Draht los und schieben ihn zurück in den Ostsektor.

Ein Grenzgänger aus Wilhelmsruh will nach Westberlin. Ein Vopo hält ihn an: „Du darfst jetzt nicht mehr in den Westen." Sie unterhalten sich. Der junge Wachtposten stellt seinen Karabiner zur Seite. Da packt der Grenzgänger das Gewehr: „Du bleibst jetzt still, bis ich drüben bin!" Und dann rennt er, rennt mit dem Karabiner in der Hand. Andere Volkspolizisten verfolgen ihn. Schon auf Westberliner Gebiet trifft ihn ein Bajonettstich. Aber er schleppt sich weiter, bis er in Sicherheit ist.

Am Dienstag waren die Sperren ganz dicht. Drüben patroullierten weiter die Volkspolizisten, Panzer rasselten durch die Straßen, aber die Stadt schwieg. Sie ist besetzt.

C. M.

Ein junger Volkspolizist — abkommandiert zur Bewachung seiner eigenen Landsleute. Wohl ist ihm offensichtlich nicht dabei: Nachdenklich blickt er auf den Stacheldraht, den seine Kameraden zwischen Deutschen und Deutschen ziehen mußten.

Zwischen den mächtigen Säulen des Brandenburger Tores stehen Panzerspähwagen mit schußbereitem Maschinengewehr. Die Besatzungen blicken hinüber nach Westen, zur Straße des 17. Juni — auf ihre Landsleute . . .

Am Sonntag im Tiergarten: Vopos errichten den Stacheldrahtzaun

Vor dem Brandenburger Tor: Sperrketten und Wasserwerfer riegeln den Ostsektor ab.

Bahnhof Gesundbrunnen: Der Verkehr zwischen Ost- und Westberlin ist unterbunden . . .

August 1961

Mit der Unterzeichnung der Charta von Punta del Este in Uruguay durch die USA und 19 lateinamerikanische Staaten wird die Interamerikanische Wirtschafts- und Sozialkonferenz, die am 6. August begonnen hat, beendet. → S. 151

18. August, Freitag

Auf einer Sondersitzung des deutschen Bundestages in Bonn klagen Bundeskanzler Konrad Adenauer, der Regierende Bürgermeister von Berlin, Willy Brandt, und die Sprecher aller Fraktionen die Sowjetunion des Rechtsbruches und den DDR-Staatschef Walter Ulbricht der Verbrechen gegen die Menschlichkeit an. → S. 147

19. August, Sonnabend

Der US-amerikanische Vizepräsident Lyndon B. Johnson besucht in Begleitung von General Lucius D. Clay bis zum 21. August Berlin. Johnson bekräftigt in einer Ansprache vor dem Schöneberger Rathaus noch einmal die US-amerikanischen Sicherheitsgarantien. → S. 148

Der neue kongolesische Ministerpräsident Cyrille Adoula kündigt auf einer Pressekonferenz für den Kongo (Zaïre) eine Politik der Bündnislosigkeit an. Dem Präsidenten der abgefallenen Provinz Katanga, Moise Tschombé, wurde inzwischen von den Vereinigten Staaten, Großbritannien und Belgien nahegelegt, Verhandlungen mit der neuen Zentralregierung des Kongo in Léopoldville (Kinshasa) aufzunehmen (→ 1. 8./S. 152).

20. August, Sonntag

Der brasilianische Präsident Jânio da Silva Quadros empfängt den kubanischen Wirtschaftsminister Ernesto »Che« Guevara und verleiht ihm die höchste brasilianische Auszeichnung, das Großkreuz des Ordens vom Kreuz des Südens. Die Kuba-freundliche Politik von Präsident Quadros hat innenpolitische Spannungen zur Folge (→ 25. 8./S. 152).

Moktar Ould Daddah wird zum ersten Präsidenten der unabhängig gewordenen Republik Mauretanien gewählt.

Im Kreis Aschendorf im Emsland herrscht Alarmbereitschaft. Die Erdölleitung zwischen Wilhelmshaven und Köln ist gebrochen. → S. 153

In Bregenz gehen die seit dem 21. Juli dauernden Festspiele zu Ende.

In Venedig werden die 22. Internationalen Filmfestspiele eröffnet. Den Hauptpreis, den »Goldenen Löwen von San Marco«, erhält am 3. September der französische Regisseur Alain Resnais für seinen Film »Letztes Jahr in Marienbad«. Der Volpi-Pokal für die beste schauspielerische Leistung wird Suzanne Flon für ihre Rolle in »Du sollst nicht töten« (Claude Autant-Laras) und Toshiro Mifuno für »Yojimbo« von Akiro Kurosawa verliehen.

21. August, Montag

In Abwesenheit der französischen Delegation beginnt vor der Vollversammlung der Vereinten Nationen in New York die von Tunesien geforderte Debatte über die Biserta-Frage. Tunesiens Botschafter Mongi Slim richtet einen leidenschaftlichen Appell an die USA und die NATO-Verbündeten Frankreichs, die Vereinten Nationen zu unterstützen und den Rückzug der französischen Truppen von tunesischem Gebiet zu erzwingen (→ 25. 8./S. 151).

Um eine Vermittlung im Konflikt zwischen Kuba und den USA bittet der kubanische Wirtschaftsminister Ernesto »Che« Guevara den argentinischen Staatspräsidenten Arturo Frondizi.

Eine große Anzahl von Flüchtlingen aus der DDR hat eine gehobene Schulbildung, wie eine Repräsentativumfrage des Allensbacher Instituts für Demoskopie ergibt. Wie das Institut meint, erklärt diese soziale Schichtung der Flüchtlinge die Tatsache, daß die Flüchtlinge in der Bundesrepublik ein relativ höheres Einkommen haben als der Durchschnitt der bundesrepublikanischen Bevölkerung.

22. August, Dienstag

Bundeskanzler Konrad Adenauer besucht Berlin und erklärt, die Betonmauer und der Stacheldrahtverhau mitten durch Berlin seien ein Mahnmal für alle Deutsche, die Wiedervereinigung nicht zu vergessen.

Nachdem die Sperre für den Fernschreibverkehr am 16. August aufgehoben worden ist, können jetzt auch wieder Telefongespräche zwischen der Bundesrepublik Deutschland, der DDR und Berlin (Ost) geführt werden.

Schweden wird nicht der Europäischen Wirtschaftsgemeinschaft beitreten. Diesen Beschluß gibt Ministerpräsident Tage Erlander bekannt. Die Mitgliedschaft in einer Wirtschaftsunion mit stark politischer Zielsetzung ist nach den Worten Erlanders nicht mit der schwedischen Neutralitätspolitik vereinbar.

23. August, Mittwoch

US-amerikanische, britische und französische Streitkräfte mit Panzern und Geschützen nehmen die Sektorengrenzen in Berlin (West) unter ihren Schutz. Damit werden Drohungen der DDR-Behörden beantwortet, die alle Einwohner von Berlin davor gewarnt hatten, sich der Grenze auf mehr als 100 m zu nähern.

Die sowjetische Regierung weist die Westmächte darauf hin, daß die Luftkorridore nach Berlin zur Einschleusung westdeutscher »Agenten, Revanchisten und Militaristen« mißbraucht würden. → S. 150

Nach der Schließung des SPD-Büros im Ostsektor der Stadt Berlin löst der Landesverband der SPD die Kreisorganisation in Berlin (Ost) auf und entläßt die etwa 6000 Ostberliner Mitglieder aus der SPD.

24. August, Donnerstag

Das britische Heeresministerium kündigt die Verlegung eines Regiments zur Verstärkung der NATO-Streitkräfte in der Bundesrepublik an. Die Verlegung soll Ende September vorgenommen werden.

25. August, Freitag

Der brasilianische Staatspräsident Jânio da Silva Quadros, dem von der politischen Rechten des Landes zu starke »Linkstendenzen« und der »Verrat der Nation« vorgeworfen wurden, tritt zurück. → S. 152

Truppenverbände der Vereinten Nationen besetzen die Hauptstadt der kongolesischen Provinz Katanga, Elisabethville, und strategische Punkte in Südkatanga (→ 1. 8./S. 152).

In einer Resolution der UNO wird das Recht Tunesiens bekräftigt, von den Franzosen den Abzug aus dem Flottenstützpunkt Biserta zu verlangen. → S. 151

Vor mehr als 2000 Ehrengästen eröffnet Bundeswirtschaftsminister Ludwig Erhard (CDU) in der Berliner Deutschlandhalle die 22. Rundfunk-, Fernseh- und Phonoausstellung, die bis zum 3. September dauert (→ 3. 9./S. 165).

Die Hamburgische Staatsoper setzt die als erste Premiere der Theatersaison vorgesehene Oper »Aufstieg und Fall der Stadt Mahagonny« von Bertolt Brecht und Kurt Weill angesichts der Ereignisse in Berlin ab. → S. 154

Die Wagner-Festspiele in Bayreuth, die am 23. Juli begonnen haben, gehen zu Ende.

26. August, Sonnabend

US-Vizepräsident Lyndon B. Johnson regt an, daß der französische Staatspräsident Charles de Gaulle und der britische Premierminister Harold Macmillan Berlin (West) besuchen sollten, um der Bevölkerung zu demonstrieren, daß die Westmächte entschlossen seien, ihre Rechte in Berlin zu verteidigen.

27. August, Sonntag

Der bisherige Ministerpräsident der algerischen Exilregierung, Ferhat Abbas, ist abgelöst worden. Nachfolger wird der bisherige Sozialminister Jusuf ibn Chidda, ein Vertreter des linken Flügels der algerischen Freiheitsbewegung FLN. → S. 151

Nach dem Rücktritt des brasilianischen Staatspräsidenten Jânio da Silva Quadros kommt es zu einem Machtkampf zwischen den reaktionären und fortschrittlichen Kräften Brasiliens (→ 25. 8./S. 152).

28. August, Montag

Das südkoreanische Revolutionstribunal verurteilt drei Journalisten zum Tode, weil sie Artikel veröffentlicht haben, mit denen nach Ansicht des Gerichts die nordkoreanischen Kommunisten unterstützt werden sollen (→ 3. 7./S. 129).

29. August, Dienstag

Bundespräsident Heinrich Lübke trifft überraschend mit einer Sondermaschine in Berlin (West) ein.

Ein Seilbahnunglück bei Chamonix in den französischen Alpen fordert neun Todesopfer. Ein Düsenjäger hatte das Zugseil der Bahn zwischen der Aiguille du Midi und dem Hellbronner gestreift und zerrissen.

Rudi Altig aus Mannheim wird in Zürich Weltmeister der Berufsradfahrer im 5000-m-Verfolgungsfahren.

30. August, Mittwoch

90% der Westberliner S-Bahn-Fahrgäste leisten dem Boykottaufruf des Deutschen Gewerkschaftsbundes Folge und meiden die unter Ostberliner Betriebshoheit fahrende S-Bahn in den Westsektoren.

31. August, Donnerstag

Die Sowjetunion beschließt, die Atomwaffenversuche wieder aufzunehmen. In Genf wird die Konferenz über die kontrollierte Einstellung von Atomwaffentests nach der Bekanntgabe des Beschlusses beendet.

Der polnische Außenminister Adam Rapacki fordert erneut die Einrichtung einer atomwaffenfreien Zone in Mitteleuropa als wirksamstes Mittel zur internationalen Entspannung. Bereits 1957 hatte Rapacki einen ähnlichen Vorschlag unterbreitet.

Die Salzburger Festspiele, die am 26. Juli begonnen haben, gehen zu Ende.

Mit 2,25 m verbessert der sowjetrussische Hochspringer Waleri Brumel in Sofia erneut seinen Weltrekord, diesmal um einen Zentimeter.

Gestorben:

5. München: Hanns Seidel (*12. 10. 1901, Schweinheim/Aschaffenburg), CSU-Politiker, Ex-Ministerpräsident von Bayern.

10. Rosenheim: Géza von Bolváry (*26. 12. 1897, Budapest), ungarischer Filmregisseur.

14. L'Isle-Adam/Paris: Henri Breuil (*28. 2. 1877, Mortain/Manche), französischer Prähistoriker.

15. Mailand: Mario Sironi (*12. 5. 1885, Sassari), italienischer Maler.

18. München: Leonhard Frank (*4. 9. 1882, Würzburg), deutscher Schriftsteller.

20. Randolph/New Haven: Percy Williams Bridgeman (*21. 4. 1882, Cambridge/Massachusetts), US-amerikanischer Physiker.

Geboren:

15. Leverkusen: Dietmar Mögenburg, deutscher Hochspringer.

m 14. August 1961 meldet die
Frankfurter Allgemeine« die Ab-
errung des Berliner Ostsektors
urch den Mauerbau

Frankfurter Allgemeine

ZEITUNG FÜR DEUTSCHLAND

S-Ausgabe / Montag, 14. August 1961 — Herausgegeben von Hans Baumgarten, Erich Dombrowski, Karl Korn, Benno Reifenberg, Jürgen Tern, Erich Welter — Preis 30 Pfennig / Nr. 186 / D 2955 A

Ulbricht sperrt den Fluchtweg durch Berlin

Stacheldraht an der Sektorengrenze / S- und U-Bahnverkehr unterbrochen / Panzer im Ostsektor / Interzonenverkehr unbehindert

Bericht unserer Berliner Redaktion

ckn. BERLIN, 13. August. In der Nacht zum Sonntag haben die Sowjetzonenbehörden die Sektorengrenze in Berlin sowie die Grenze zwischen West-Berlin und den Zonenrandgebieten abgeriegelt. Stacheldrahtverhaue, spanische Reiter und bewaffnete Polizeiposten versperren seit 1.00 Uhr alle Fluchtwege nach West-Berlin. Der S-Bahn-Verkehr zwischen beiden Teilen der Stadt ist an der Sektorengrenze unterbrochen. Der S-Bahn-Verkehr zwischen den Zonenrandgebieten und Berlin ist eingestellt worden. Die U-Bahn-Züge, die durch Ost-Berlin wieder nach West-Berlin fahren, dürfen im Ostsektor, mit einer Ausnahme, nicht halten. Die Bahnhöfe auf diesen Strecken wurden geschlossen, ebenso fünf S-Bahnhöfe an der Sektorengrenze. Zwischen West- und Ost-Berlin sind nur noch zwölf scharf kontrollierte Grenzübergänge offen, achtzig wurden gesperrt. Den Grenzgängern ist jede Arbeit in West-Berlin amtlich verboten worden. Bewohner der Zone und Ost-Berlins dürfen die Grenzen nach West-Berlin nur noch mit besonderer Genehmigung der Volkspolizeikreisämter passieren. West-Berliner und Bundesbürger dagegen können wie bisher Ost-Berlin betreten. Der Interzonenverkehr und der Transitverkehr durch die Zone sind von den neuen Sperrmaßnahmen nicht betroffen. Die Interzonenzüge verkehren normal. Der Flugverkehr nach Berlin ist unbehindert. Ost-Berlin glich am Sonntag einer belagerten Stadt. Volkspolizisten zogen an den geschlossenen Sektorenübergängen Stacheldrahtverhaue, rissen mit Preßlufthämmern das Pflaster auf und errichteten Straßensperren. Posten in feldmarschmäßiger Ausrüstung mit aufgepflanztem Bajonett und umgehängtem Stahlhelm bewachten die Nebenstraßen in der Nähe der Sektorengrenze. Polizeiposten und Panzerspähwagen sicherten die wichtigsten Regierungs- und Verwaltungsgebäude. Im Westen haben die Ostberliner Anordnungen Empörung ausgelöst. Der amerikanische Außenminister Rusk bezeichnete die Maßnahmen als „flagrante Verletzung des Rechts auf den freien Verkehr in ganz Berlin". Rusk kündigte einen „scharfen Protest" der Westmächte an. Die Bundesregierung hat inzwischen Besprechungen mit ihren westlichen Verbündeten aufgenommen. Es ist nicht ausgeschlossen, daß wirtschaftliche Sanktionen gegen den Osten ergriffen werden.

troffenen Maßnahmen rückgängig gemacht werden. Man sollte es nicht bei Protesten allein bewenden lassen.

Die West-Berliner Bevölkerung soll in den nächsten Tagen zu einer Protestkundgebung aufgerufen werden. Führende Propagandisten der Zonenregierung versuchten indessen am Sonntag über Fernsehen und Rundfunk die neuen Maßnahmen zu erläutern. Die Frage, wie die mitteldeutsche Bevölkerung und die Ost-Berliner auf die Absperrmaßnahmen reagieren werden, ist für die Partei eine noch völlig offene Frage. Gleichzeitig versicherten sie, die Sperrmaßnahmen würden nach Abschluß eines Friedensvertrages unnötig, da West-Berlin dann eine „Freie Stadt" werde.

Mitten in der Nacht

Die Zonenbehörden begannen mit der Abriegelung der Grenze in der Nacht um 1 Uhr. Bis zuletzt waren die Sperrmaßnahmen geheimgehalten worden. Der amtierende Ministerpräsident Stoph hatte zwar in der Volkskammersitzung am Freitag „Schutzmaßnahmen gegen den Menschenhandel" angekündigt, jedoch auf jeden konkreten Hinweis verzichtet. Nur Gerüchte sprachen von einer bevorstehenden Abriegelung der Fluchtwege nach Berlin, doch hatte man erwartet, das Regime werde allenfalls Reisen nach Berlin möglicherweise genehmigungspflichtig machen oder durch andere administrative Verordnungen versuchen, die Massenflucht einzudämmen. Gegen eine Schließung der Sektorengrenze sprachen vor allem die Argumente, die darin einen Vorgriff auf die sowjetische Berlin-Politik sahen. Jetzt ist klargeworden, daß der Staatsratsvorsitzende Ulbricht bei seinem letzten Aufenthalt in Moskau die Zustimmung für die geplante Abriegelung der Grenzen nach West-Berlin erreichen konnte.

Noch einmal 4130 Flüchtlinge

Die nervöse Unruhe, die die vagen Ankündigungen über Maßnahmen in der mitteldeutschen Bevölkerung ausgelöst hatten, trieben den Flüchtlingsstrom am Wochenende noch einmal auf einen Höhepunkt. Von Samstag, 12, bis Sonntag, 17 Uhr, kamen 4130 Flüchtlinge nach Berlin. Seit der Nacht aber ist der Zustrom versiegt. Die etwa hundert Flüchtlinge, die am Sonntagmorgen noch in Berlin eintrafen, waren durch Kanäle und Flüsse geschwommen oder konnten noch in letzter Minute an einzelnen Ruinen und Laubengrundstücken die Grenze passieren, wenn sie nicht bereits vor Inkrafttreten der Sperre Ost-Berlin verlassen hatten.

Von den Warschauer-Pakt-Mächten gefordert

Der Ministerrat der Sowjetzone begründete die Sperrmaßnahmen, diese bisher schwerste Verletzung des Viermächtestatus der Stadt mit einer Erklärung der Teilnehmerstaaten des Warschauer Paktes und den darin enthaltenen Behauptungen über eine Störtätigkeit der „westdeutschen Revanchisten und Militaristen, die nicht nur der DDR, sondern auch anderen Staaten des sozialistischen Lagers Schaden zufügten" (Wortlaut auf Seite 6). Damit haben sich die Warschauer-Pakt-Staaten hinter die Maßnahmen der Zonenregierung gestellt, durch die die Sektorengrenze faktisch zur Staatsgrenze gemacht wird. Durch dieses gemeinsame Vorgehen des Ostblocks in Berlin sind die Vereinigten Staaten und die Nato nach Auffassung politischer Beobachter direkt angesprochen.

Der Regierende Bürgermeister Brandt, der am Sonntagmorgen von seiner Wahlkampfreise nach Berlin zurückgekehrt war, sprach am Nachmittag auf einer internationalen Pressekonferenz. Der Senat und das Abgeordnetenhaus traten noch am Sonntag zu einer Sondersitzung zusammen. Am Mittag konferierte Brandt mit den westlichen Stadtkommandanten. In der Pressekonferenz am Sonntagnachmittag unterstrich Brandt die Notwendigkeit energischer Schritte „auf hoher Ebene". Er sprach die Erwartung aus, daß Maßnahmen gegen die „portionsweise Durchführung" der kommunistischen „Freie-Stadt-Pläne" eingeleitet werden und die Alliierten in sehr nachdrücklicher Weise die Sowjetunion auf die neue Lage hinweisen.

Als nicht einfach bezeichnete Brandt eine Antwort auf die Frage, ob die Vorbehaltsklausel des Interzonenhandels durch die neuen Maßnahmen berührt würde. Die Abschnurung der Ost-Berliner und der Zonenbewohner sei jedoch verwandt mit der Behinderung der Bundesbürger. Der Interzonenhandel stehe jedenfalls mit zur Debatte, da er zwar nicht unmittelbar, aber dem Sinne nach berührt sei. Bürgermeister Brandt teilte in der Pressekonferenz mit, daß es zu ersten Zwischenfällen in Berlin gekommen sei. Danach traten empörte West-Berliner an einer Stelle der Sektorengrenze die frisch aufgebauten Drahtverhaue nieder. Die West-Berliner Polizei habe daraufhin, um Schlimmeres zu verhüten, eingreifen und die Ordnung wiederherstellen müssen. Aus Ost-Berlin sei ihm von einer kleineren Demonstration berichtet worden, die aber von der Volkspolizei ohne Anwendung von Waffengewalt auseinandergetrieben wurde. An zahlreichen Stellen der Sektorengrenze auf Ost-Berliner Gebiet fänden erregte Diskussionen zwischen kommunistischen Funktionären und Berlinern statt.

In der Sondersitzung des Abgeordnetenhauses, an der auch die Stadtkommandanten teilnahmen, hat Brandt die Berliner Bevölkerung zur Besonnenheit aufgerufen. Er wies den Rechtsbruch der Sowjetzonenbehörden an Hand der interalliierten Vereinbarungen über Berlin nach und bezeichnete die Absperrmaßnahmen als Annexion eines Teiles des unter Viermächteverwaltung stehenden Gebietes von Berlin. Die Westmächte müßten darauf bestehen, sagte Brandt, daß die ge-

Weitere Berichte:

Auf Seite 4 Fortsetzung des Berichtes über die Ereignisse in Berlin sowie die ersten Berichte aus den Hauptstädten der Welt. Auf Seite 5 eine Reportage von der Sektorengrenze. Auf Seite 6 der Wortlaut der Erklärung der Staaten des Warschauer Pakts, der Erklärung des Zonenregimes und ein Auszug aus einer Bekanntmachung des Verkehrsministers der Zone. Im Wirtschaftsblatt: über die wirtschaftlichen Folgen für West-Berlin und: Wirtschaftliche Gegenmaßnahmen des Westens werden erwogen.

Der Kanzler kündigt Gegenmaßnahmen des Westens an

Adenauer fordert Festigkeit und Ruhe Die Sondersitzung des Kabinetts / Folgen für den Interzonenhandel?

Bericht unserer Bonner Redaktion

bi. BONN, 13. August. Entschlossene Gegenmaßnahmen diplomatischer und wirtschaftlicher Art gegen die sowjetzonale Abriegelung von West-Berlin haben führende Politiker aller Parteien am Sonntag in Bonn befürwortet. Der Bundeskanzler erörterte mit Bundesaußenminister von Brentano und dem CDU/CSU-Fraktionsvorsitzenden Dr. Krone die Zuspitzung in Berlin und forderte danach in einer öffentlichen Erklärung das deutsche Volk auf, auf die Maßnahmen der Bundesregierung und der verbündeten Westmächte zu vertrauen. Adenauer sagte:

„Die Machthaber der Sowjetzone haben heute nacht damit begonnen, unter offenem Bruch der Viermächtevereinbarungen, West-Berlin von seiner Umgebung abzuriegeln. Diese Maßnahme ist getroffen worden, weil das der mitteldeutschen Bevölkerung von einer auswärtigen Macht aufgezwungene Regime der inneren Schwierigkeiten in seinem Machtbereich nicht mehr Herr wurde. Die übrigen Ostblockstaaten haben von dem Zonenregime verlangt, diesen Zustand seiner Schwäche und Unsicherheit zu beseitigen. Der gesamten Weltöffentlichkeit wurde durch die Massenflucht aus der Zone tagtäglich gezeigt, unter welchem Druck die Bewohner stehen und daß ihnen das in der ganzen Welt anerkannte Selbstbestimmungsrecht nicht gewährt wird. Durch die Willkür des Pankower Regimes ist eine ernste Situation heraufbeschworen worden.

Im Verein mit unseren Alliierten werden die erforderlichen Gegenmaßnahmen getroffen. Die Bundesregierung bittet alle Deutschen, auf diese Maßnahmen zu vertrauen. Es ist das Gebot der Stunde, in Festigkeit, aber auch in Ruhe der Herausforderung des Ostens zu begegnen und nichts zu unternehmen, was die Lage nur erschweren, aber nicht verbessern kann. Mit den Deutschen in der Sowjetzone und in Ost-Berlin fühlen wir uns nach wie vor aufs engste verbunden; sie sind und bleiben unsere deutschen Brüder und Schwestern. Die Bundesregierung hält an dem Ziel der deutschen Einheit in Freiheit unverrückbar fest. Bei der Bedeutung des Vorgangs habe ich den Außenminister gebeten, die ausländischen Regierungen durch die deutschen Vertretungen unterrichten zu lassen."

Das Auswärtige Amt teilte nach einer Konferenz seiner leitenden Beamten mit, daß es die Botschafter der drei Westmächte für Montag zu sich gebeten habe. Die deutschen Botschafter in London, Paris, Washington und bei der Nato seien, soweit sie sich zur Zeit dienstlich oder aus anderen Gründen nicht in den Hauptstädten befinden, aufgefordert worden, unverzüglich auf ihre Posten zurückzukehren. Aehnliche Vorkehrungen seien auch für das Amt selbst getroffen.

Wie ein Regierungssprecher mitteilte, berate die Bundesregierung mit ihren westlichen Verbündeten, welche Gegenschritte zu unternehmen seien. In Bonn rechnet man mit einem energischen Protest der drei Westmächte. Eventuell werden sich einem solchen Schritt auch alle Nato-Staaten anschließen, da das ostzonale Vorgehen ausdrücklich von den Vertretern der Warschauer-Pakt-Staaten gebilligt worden ist. Das Kabinett wird schon bald zu einer Sondersitzung zusammentreten, um die neue Situation zu erörtern. Neben den politisch-diplomatischen Gegenschritten denkt man besonders an wirtschaftliche Sanktionen. So war am Sonntag bereits der Vorschlag zu hören, die westdeutsche Wirtschaft solle der bevorstehenden Leipziger Herbstmesse fernbleiben. Auch Folgerungen für den Interzonenhandel scheint man ins Auge zu fassen. Die Bundesregierung beabsichtigt ferner, die Unterdrückung des Selbstbestimmungsrechts durch Ulbricht noch mehr als bisher in aller Welt publik zu machen.

Bundeswirtschaftsminister Erhard bezeichnete am Sonntag in einer Wahlkundgebung in der überfüllten Offenbacher Messehalle die Lage in Berlin als ernst. Er ermahnte zur Ruhe und Besonnenheit. Angesichts der Rechtsbrüche in Berlin und der Bedrohung aus dem Osten könne man mit Befriedigung zur Kenntnis nehmen, daß die westliche Welt ihre gemeinsame Stärke dem Kommunismus entgegenstelle.

Einhellig verurteilten die politischen Parteien am Sonntag den Bruch des Viermächtestatus von Berlin durch das Ulbricht-Regime. Es könne niemals hingenommen werden, daß die Zone die Berliner Sektorengrenze einseitig zur Staatsgrenze erkläre, sagte ein Sprecher der CDU/CSU. Ein Sprecher der SPD sagte, Ulbrichts Verzweiflung habe offenbar ihren Höhepunkt erreicht. Niemand könne einen neuen Aufstand in der Zone wünschen, doch treibe der Terror der Kommunisten die Menschen in Mitteldeutschland mehr und mehr in eine solche Richtung. Die Freien Demokraten erklärten, das Ulbricht-Regime habe nun vor aller Welt bekundet, daß es die Nachfolge der unseligen Hitler-Herrschaft angetreten habe, in der ebenfalls die persönliche Freiheit mit Füßen getreten wurde.

Bundestag-Sondersitzung möglich

BONN, 13. August (dpa AP). In Bonn wird erwartet, daß die Bundesregierung dem Bundestag bereits vor der für den 22. August vorgesehenen letzten Sitzung dieser Legislaturperiode eine Regierungserklärung zur außenpolitischen Situation und zur Lage in Berlin abgeben wird. Bundesaußenminister von Brentano bemüht sich darum, daß der Bundestag bereits vor dem 22. August zu einer Sondersitzung zusammentritt. Brentano hat, wie zuverlässig bekannt wurde, am Sonntag mit Bundestagspräsident Gerstenmaier, der sich im Hunsrück im Urlaub befindet, über die Sitzung beraten. Gerstenmaier wird voraussichtlich am Montag vorzeitig nach Bonn zurückkehren, um mit den Fraktionen zu sprechen. Der Bundeskanzler hat eine für Montag geplante Wahlkampffahrt durch Mittelfranken und die Oberpfalz abgesagt. Er wird lediglich am Montagabend in Regensburg sprechen. Der SPD-Vorsitzende Ollenhauer hat das Präsidium der SPD für Dienstag zu einer Sitzung nach Bonn einberufen.

Kursdruck auf die Ostmark

Eigener Bericht

D. V. BERLIN, 13. August. Die Wechselstuben in West-Berlin, soweit am Sonntag geöffnet, haben auch nach der Blockierung des östlichen Teils der Stadt Ostmark gekauft und verkauft. Der bereits am Vortag festgesetzte Kurs belief sich dabei auf unverändert 510 Ostmark für 100 Westmark oder 20,82 Westmark für hundert Ostmark, womit schon am Samstag ein neuer Tiefstand in der Bewertung der DM-Ost erreicht worden war. An einer der größten Berliner Wechselstuben drängten sich am Sonntag die Kunden. Das Angebot an Ostmark überwog zwar bei weitem; jedoch wurden von Reisenden auch erhebliche Beträge in Ostmark gekauft. Wie wir erfahren, ist angesichts der neuen Lage keine Aussetzung der Ostmark-Notiz zu erwarten. Die Wechselstuben werden auch am Montag geöffnet sein. Allerdings rechnet man in Berlin mit einem weiteren scharfen Kursdruck; Fachleute halten es für möglich, daß die Relation auf etwa 600 DM-Ost für hundert DM-West fallen wird.

Luftlandemanöver beendet

CHERAW, Südkarolina, 13. August (UPI). Mit einem Fallschirmspringen von über 4000 amerikanischen Soldaten über dem Staatsforst Sandhills in Südkarolina sind die Luftlandeübungen des Manövers „Swift Strike" am Samstag zu Ende gegangen. An dem Manöver nahmen 17 000 Mann teil.

Das Gefängnis

Dps. Am Sonntagmorgen ist das Gefängnis Sowjetzone aus einer offenen in eine geschlossene Anstalt umgewandelt worden. Ulbricht, der nicht fähig war, es als offene Anstalt zu führen, behauptet weiterhin, sein mit Stacheldraht, Panzern und Maschinengewehrnestern umgebenes Herrschaftsgebiet sei ein Staat.

Alle Gedanken diesseits der Verhaue sind bei den gefangenen Landsleuten. Wir sitzen warm und weich hier im Westen, aber nicht stumpf. Wir wissen, was die „Maßnahmen" drüben bedeuten. Das Heimweh beginnt, wo die Möglichkeit aufhört, in den nächsten Zug oder ins nächste Flugzeug zu steigen, um nach Hause zu fahren. Mit dem Heimweh nach dem wirklichen Deutschland und nach der Freiheit ist das nicht anders. Auszuhalten in den Bedrängnissen und in der Stickluft der Zone, das war schwer genug auch mit der Möglichkeit im Rücken, im äußersten Notfall schließlich doch noch ins Freie und in den Teil des Landes entkommen zu können, der das Ganze vertritt, bis es eines Tages wieder zusammengehören darf. Die Bürde, die man auf sich nahm, war schwer genug; die Last, die nun aufgepackt ist, scheint erdrückend. Unsere Landsleute müssen und werden sie tragen.

Kein Mut ist möglich ohne Hoffnung. Es gibt Hoffnung. Nicht nur, weil immer Hoffnung ist. Was Ulbricht in seiner Verzweiflung unternimmt, kann in Mitteleuropa nicht von Dauer sein. Ein Staat, der keiner ist, kann und wird nicht bestehen. Jedes System, das der Natur des Menschen so kraß widerspricht und seine natürlichsten Rechte mit Füßen tritt, wird vergehen. Das ist sicher wie das Amen in der Kirche, wenn es auch unseren heißen Herzen allzu fern scheint. Näher ist die Hoffnung, daß diesem Rechtsbruch zu wehren ist. Noch sind wir nicht am Ende der sogenannten Berlin-Krise. Den Menschen in der Zone allerdings bleibt nichts, als zu ertragen. Sie dürfen sich nicht entmutigen, aber vor allem auch nicht provozieren lassen. Sie können nichts tun. Ihrer ist der schwerste Teil.

Proteste reichen nicht

Von Joachim Schwelien

Die gestern vom Regime der Sowjetzone mit Rückendeckung der kommunistischen Staaten des Warschauer Paktes in Berlin angeordneten Maßnahmen haben der ganzen Welt mit einem Schlag klargemacht, wie groß, wie explosiv und wie unmittelbar die Gefahr geworden ist. Durch die Straßen Ost-Berlins rollten am Sonntag wie beim Volksaufstand im Jahre 1953 die von der Sowjetunion gelieferten Panzer der Sowjetzonenarmee. Sie fuhren gewiß nicht auf, um die Kontrollen an den wenigen noch benutzbaren Straßenübergängen zu verstärken. Alle militärischen Vorkehrungen der Sowjetzonenmachthaber im abgeriegelten östlichen Teil der Stadt sind allein dazu bestimmt, die Bevölkerung einzuschüchtern und ihr die nackte Gewalt der Waffen anzudrohen, sollte sie ihrer Empörung spontan Luft machen. Ulbricht, seine Kumpane und auch Chruschtschow wissen, daß sie mit der Abriegelung Ost-Berlins Berlin und die Zone in ein Gefängnis der Unterdrückten verwandelt haben. Die „Berliner Krise" enthüllt sich vor aller Augen als der totale Bankrott der nur mit Zwang aufrechtzuerhaltenden Gewaltherrschaft der Kommunisten in der Zone und in Ost-Berlin. Das ist die erste und grundlegende Einsicht, welche die gesamte nichtkommunistische Welt aus den sich zuspitzenden Ereignissen in Deutschland schöpfen muß.

Schleichend war dieser Bankrott schon von den ersten Nachkriegsjahren an, als der Zone eine Gesellschaftsordnung aufgezwungen wurde, welche die Deutschen nun einmal nicht ertragen wollen. Hinzugekommen ist seit Ende 1958 die ständige und in den letzten Wochen verschärfte Drohung mit dem „separaten Friedensvertrag", den die Menschen in der Zone und in Berlin genau als das verstehen, was er tatsächlich bedeuten soll: die endgültige und hermetische Abriegelung vom Vaterland und von der Freiheit. Diese Drohung und nicht die von Ulbricht erfundenen und von den Regierungen der Warschauer-Pakt-Staaten als Popanze benutzten „Kopfjäger, Abwerber und Agenten" hat die Menschen in Ost-Berlin und in der Zone in den letzten Wochen zur Massenflucht getrieben. Die Kausalkette des Unheils beginnt und endet mit Willkürakten der kommunistischen Herrscher. Daran ist kein Zweifel.

Ebensowenig läßt sich daran deuteln, daß die Beschlüsse des Sowjetzonenregimes, gestützt von der Sowjetunion und ihren osteuropäischen Verbündeten, die Vereinbarungen über den freien Verkehr in Berlin brechen und die in der allgemeinen Erklärung der Menschenrechte der Vereinten Nationen verankerten Bestimmungen über die Freizügigkeit mit Füßen treten. Der Rechtsbruch tritt hier besonders eklatant als Element der Fortsetzung kommunistischer Politik mit anderen Mitteln in Erscheinung. Dieser Rechtsbruch wird auch nicht dadurch gemildert, daß die Verordnungen der Sowjetzonenregierung vorläufig den Zugang nach West-Berlin vom Westen her nicht antasten und in das innere Leben West-Berlins nicht eingreifen. Denn in der Erklärung der Warschauer-Pakt-Staaten wird bereits angekündigt, die Ost-Berliner Maßnahmen könnten wegfallen, sobald die Friedensregelung mit Deutschland verwirklicht und auf dieser Grundlage die „spruchreifen Fragen" gelöst seien.

Damit können nur Schritte gemeint sein, deren Effekt noch weit über das hinausgehen würde, was die Welt schon am Sonntagmorgen bestürzt und entsetzt erfuhr. Der Rechtsbruch der Kommunisten ist offenkundig gepaart mit der Absicht, die von den Westmächten in diesen Tagen mehrfach bekundete grundsätzliche Verhandlungsbereitschaft zu überspringen und sie Stück für Stück vor vollendete Tatsachen zu stellen. Wohl offenbaren die vom Zonenregime in Verbindung mit der Sowjetunion am Sonntag getroffenen Maßnahmen die Verlegenheit, Hilflosigkeit und Verwirrung des Regimes gegenüber dem fortgesetzten stummen Protest der Flucht. Sie erweisen jedoch auch die Unfähigkeit der im Osten verantwortlichen Männer, sich bei der Verwirklichung ihrer Ziele Mäßigung im Bewußtsein der Risiken aufzuerlegen, die sie ebenso eingehen, wie sie andere diesen Risiken aussetzen. Während den Deutschen in der Sowjetzone und in Ost-Berlin die einfachsten und selbstverständlichsten menschlichen Freiheiten vorenthalten werden, läßt man einem verantwortungslosen Handlanger wie Ulbricht die Freiheit, mit dem Feuer zu spielen und die Menschheit an eine der gefährlichsten Situationen seit 1945 heranzuführen. Es ist kaum vorstellbar, daß sich die Völker der Sowjetunion und Osteuropa damit abfinden können, Entscheidungen von einem Manne dieses Schlages mitbeeinflußt zu sehen, die über ihr Schicksal ebenso wie über unseres bestimmen könnten.

Alles das führt zu einer nachgerade unerträglichen Situation. Sie führt die drei Westmächte an den Kern ihrer Verantwortung für Deutschland als Ganzes, die sich bisher konkret noch immer mit ihren Rechten in Berlin erhalten hat. Brutaler und ungeschminkter als sogar mit der Berliner Blockade werden diese Rechte mit einem Vorgriff auf die Folgen eines separaten Friedensvertrages mit dem Sowjetzonenregime bedroht, weil Moskau dieses Mal alle Maßnahmen zur Abriegelung der Fluchtwege ausdrücklich von seinen Marionetten in Ost-Berlin selbst hat treffen lassen. Wenn die drei Westmächte diese Maßnahmen hinnähmen, verwandelte sich der von der Sowjetunion unterstützte Scheinanspruch dieses Regimes auf Souveränität merklich in eine Realität; sie würde beim separaten Friedensvertrag als besonders bedrohliches Instrument gegen die bis zur Stunde unberührt gebliebenen Zugangs- und Aufenthaltsrechte der drei Westmächte in Berlin gehandhabt werden können.

Daher genügen Proteste allein nicht. Wohl müssen sie sofort und mit aller Deutlichkeit in Moskau erhoben werden, weil die sowjetische Regierung letzten Endes der Verantwortliche für den Rechtsbruch Ulbrichts in Berlin ist. Die Sowjetregierung könnte diese Verletzung von Abmachungen über die Freizügigkeit des Verkehrs in Berlin sofort rückgängig machen, wenn sie nur wollte, und das ist auch das mindeste, was nachdrücklich gefordert werden muß. Es ist aber davon auszugehen, und die Erklärung der Warschauer-Pakt-Staaten ist hierfür Beweis genug, daß Proteste und Forderungen dieser Art in Ost-Berlin und in Moskau auf taube Ohren stoßen oder höhnisch zurückgewiesen werden. Wie ein Ueberbetonen des eigenen Widerstandswillens dazu führen kann, daß einem die Dinge aus der Hand gleiten, kann auch ein Mangel an entschlossenem Reaktionsvermögen auf der Gegenseite die ebenso verhängnisvolle Leichtfertigkeit zur Folge haben, ungeniert zu tun, was man will. Die drei Westmächte haben erst vor einer Woche in Paris auch die Maßnahmen erwogen und festgelegt, die zu treffen sind, sobald es in der gesamten Krise zu einseitigen Teilmaßnahmen der Sowjetunion und Ost-Berlins käme; ein solcher Fall ist seit Sonntag gegeben. Mit dem Bemühen, die den Berlinern in beiden Teilen der Stadt vertraglich zustehenden Rechte unverzüglich wiederherzustellen, müssen daher wirtschaftliche Sanktionen gegen das Regime Ulbrichts und diplomatische Aktionen in die Wege geleitet werden, welche die Verantwortung der Sowjetunion eindeutig feststellen. Ohne die Nerven zu verlieren, muß der Westen nun handeln.

Das Brandenburger Tor mit der Quadriga von Gottfried von Schadow (1794) im Herzen von Berlin wird durch den Bau der Mauer völlig funktionslos, das Tor ist ab 14. August um 14 Uhr auf Anordnung des Innenministeriums der DDR nicht mehr passierbar

Am 16. August beginnen unter Bewachung Bauarbeiter aus Berlin (Ost) und der DDR mit der Befestigung der Sperranlagen durch den Bau einer festen Mauer

Panzerspähwagen der Volkspolizei der DDR mit aufmarschierenden Volkspolizisten an der Sektorengrenze am Brandenburger Tor sollen die Grenze zwischen den Ost- und den Westsektoren in Berlin bewachen

Eine Gruppe von Volksarmisten am 13. August 1961 in der Nähe des Potsdamer Platzes in Berlin mit Spaten beim Ausheben von Löchern für den Stacheldrahtzaun, der zum Teil schon errichtet worden ist

Die Mauer teilt Berlin

Bauarbeiter an der Sektorengrenze zwischen Potsdamer Platz und der Straße Unter den Linden, die Mauer wird mit Splitbetonplatten und Hohlsteinen gebaut, die ursprünglich für den Häuserbau vorgesehen waren

Blick über den Potsdamer Platz in Berlin in die menschenleere Leipziger Straße, im Vordergrund drei Volkspolizisten der Deutschen Demokratischen Republik beim Ziehen einer Stacheldrahtbarriere am 13. August

13. August. In den frühen Morgenstunden beginnen bewaffnete Einheiten der Grenzpolizei und Betriebskampfgruppen der DDR, die Grenzen zwischen dem Westen und Osten Berlins sowie zwischen den drei Westsektoren und der DDR mit Stacheldraht und Sperrzäunen abzuriegeln; alle Verkehrsverbindungen werden unterbrochen.

Ostberliner und Bewohner der DDR dürfen nur noch mit ausdrücklicher Genehmigung der DDR-Behörden den Westteil der Stadt besuchen, Westberliner benötigen für den Besuch des östlichen Teils ebenfalls eine Erlaubnis der DDR. Von den 81 Sektorenübergängen bleiben nur noch zwölf geöffnet. Die Sperrmaßnahmen unterbrechen außerdem den Durchgangsverkehr von vier U- und acht S-Bahnlinien, für den Verkehr nach Westen bleibt in Berlin (Ost) nur der Bahnhof Friedrichstraße geöffnet. 193 Haupt- und Nebenstraßen in Berlin werden zu Sackgassen.

Der Westen steht den Maßnahmen der DDR-Regierung hilflos gegenüber. Bundesregierung und Berliner Senat appellieren am 14. August an die empörte Bevölkerung, »in Ruhe der Herausforderung des Ostens zu begegnen und nichts zu unternehmen, was die Lage nur erschweren, nicht aber verbessern kann«.

Nachdem am 14. August das Brandenburger Tor zum Westen hin abgeriegelt wird, werden am 15. August erstmals Betonplatten zur Sperrung der Grenzen verwendet: Der Bau der eigentlichen Mauer beginnt. Tausende von Ostberlinern und DDR-Bürgern versuchen, noch im letzten Moment in den Westen zu fliehen.

Erst zwei Tage nach dem Beginn des Mauerbaus, am 15. August, protestieren die westalliierten Stadtkommandanten gegen die Sperrmaßnahmen, bezeichnen sie als eine Verletzung des Viermächtestatus' der Stadt und fordern die Aufhebung der Abriegelung.

In einem Schreiben an US-Präsident John F. Kennedy fordert Willy Brandt, der Regierende Bürgermeister von Berlin, am → 16. August (S. 147) eine entschlossenere Haltung der Westmächte in der Berlin-Frage.

Am 17. August richten die Westmächte (USA, Frankreich, Großbritannien) eine offizielle Protestnote an die Sowjetunion, die 24 Stunden später formell von der Moskauer Regierung zurückgewiesen wird. Daraufhin kündigen Großbritannien und Frankreich eine Verstärkung ihrer Truppen in der Bundesrepublik an.

Bundeskanzler Konrad Adenauer zögert den Besuch von Berlin (West) bis zum 22. August hinaus, da er den Bundestagswahlkampf nicht unterbrechen will. Dieses späte Erscheinen in der nun vollends geteilten Stadt wird in Berlin (West) mit Unmut aufgenommen und kostet Adenauer bei der Bundestagswahl vom → 17. September (S. 160) viele Wählerstimmen.

Am 29. August trifft auch Bundespräsident Heinrich Lübke überraschend in Berlin (West) ein, um sich über die Lage persönlich zu informieren und die Solidarität der Bundesbürger mit den Berlinern zum Ausdruck zu bringen.

Die Absperrmaßnahmen der DDR sind seit langem geplant worden. Die endgültige Entscheidung für den Mauerbau fiel am 5. August während eines Treffens der Generalsekretäre der kommunistischen Parteien aller Warschauer-Pakt-Staaten in Moskau: DDR-Regierungschef Walter Ulbricht erhielt die Zustimmung zur Abriegelung aller Fluchtwege aus der DDR. Andernfalls wäre der wirtschaftliche Zusammenbruch der DDR zu befürchten gewesen. Allein am 1. August wurden in Westberliner Aufnahmelagern 1322 Flüchtlinge registriert.

Die Behörden der DDR richteten ihre Maßnahmen zunächst gegen die rund 53 000 Grenzgänger – DDR-Bürger, die in Berlin (West) ihren Arbeitsplatz hatten. Gegen die Beschränkungen, denen diese Pendler ausgesetzt waren, protestierten die alliierten Kommandanten der drei Westsektoren erfolglos am 3. August bei ihrem sowjetischen Kollegen. Mit der Registrierung der sog. Grenzgänger wird am 9. August begonnen. Neben den Grenzgängern besuchten mehr als 1600 Schüler und Studenten Ausbildungsstätten im Westteil der Stadt. Täglich überschritten rund 500 000 Berliner die Sektorengrenzen.

Am → 12. August (S. 147) beschloß die DDR, die Sektorengrenzen endgültig zu sperren und den Flüchtlingsstrom zu unterbinden.

Konflikt um Berlin seit 1958

10. 11. 1958: Der sowjetische Regierungschef Nikita Chruschtschow fordert anläßlich einer polnisch-sowjetischen Freundschaftskundgebung in Moskau die Aufhebung des Viermächtestatus für Berlin.
27. 11. 1958: In gleichlautenden Noten an die drei Westmächte kündigt die Sowjetunion einseitig den Viermächtestatus von Berlin. Binnen sechs Monaten soll Berlin (West) in eine entmilitarisierte »Freie Stadt« umgewandelt werden. Andernfalls werde die UdSSR ihre Berlin-Rechte an die DDR übertragen (Chruschtschows Berlin-Ultimatum).
31. 12. 1958: Die drei Westmächte (USA, Großbritannien, Frankreich) lehnen die einseitige Aufkündigung des Berliner Viermächtestatus ab. Sie erklären sich zu Verhandlungen mit der Sowjetunion über die deutsche Frage und die Sicherheit in Europa bereit, wobei auch die Berlin-Frage einbezogen werden soll.
Im Jahr 1958 wurden insgesamt 204 092 Flüchtlinge aus der DDR und Berlin (Ost) registriert.
7. 1. 1959: Die Regierung der DDR teilt in einer Note an die Regierung in Moskau die Auffassung der Sowjetunion in der Berlin-Frage. Seit 1949 sei ganz Berlin eigentlich ein Teil des Gebietes der DDR. Deshalb sei es die »natürlichste Lösung«, den Westteil Berlins in die DDR einzugliedern. Angesichts der damit verbundenen Probleme sei die DDR jedoch auch mit der Umwandlung von Berlin (West) in eine entmilitarisierte »Freie Stadt« einverstanden. Die DDR werde dann die Garantien für den Verkehr von und nach Berlin (West) übernehmen.
17. 2. 1959: Der sowjetische Regierungschef Nikita Chruschtschow spricht in einer Rede in Tula erstmals davon, daß die UdSSR im Fall einer Weigerung der Westmächte, einen deutschen Friedensvertrag abzuschließen, mit der DDR einen Separatvertrag unterzeichnen werde.
11. 5. bis 20. 6. 1959: In Genf tagt eine Außenministerkonferenz der drei Westmächte und der UdSSR, an der auch Beraterdelegationen der DDR und der Bundesrepublik teilnehmen. Die Konferenz wird vertagt, weil sich die Verhandlungspartner in der Berlin-Frage nicht einigen können.
28. 9. 1959: US-Präsident Dwight D. Eisenhower erklärt nach einem Treffen mit dem sowjetischen Regierungschef Nikita Chruschtschow in Camp David, daß es für Berlinverhandlungen keine feste Terminierung geben dürfe.
31. 12. 1959: 143 917 Personen verließen im Jahr 1959 die DDR und Berlin (Ost).
1. 5. 1960: Ein Aufklärungsflugzeug der USA vom Typ U 2 wird über Swerdlowsk von sowjetischen Raketen abgeschossen (U 2-Zwischenfall).
17. 5. 1960: Eine Gipfelkonferenz zwischen Großbritannien, Frankreich, den USA und der UdSSR in Paris scheitert an der Forderung des sowjetischen Regierungschefs Nikita Chruschtschow, daß zuvor über die Einstellung von US-Aufklärungsflügen über sowjetischem Gebiet verhandelt werden müsse.
18. 5. 1960: Auf der Gipfelkonferenz in Paris droht der sowjetische Regierungschef Nikita Chruschtschow erneut mit dem Abschluß eines Separatfriedens mit der DDR, der den Westmächten die Grundlage zur Stationierung von Truppen in Berlin entziehen werde.
20. 5. 1960: Der sowjetische Regierungschef Nikita Chruschtschow macht in Berlin (Ost) die Westmächte für das Scheitern der Gipfelkonferenz in Paris verantwortlich.
8. 9. 1960: Das Innenministerium der DDR erläßt eine unbefristete Anordnung, wonach die Einreise von Bundesbürgern nach Berlin (Ost) in Zukunft genehmigungspflichtig ist.
13. 9. 1960: Mit Wirkung vom 15. September beschließt der Ministerrat der DDR, daß der Reisepaß der Bundesrepublik als Reisedokument der Westberliner nicht mehr anerkannt wird.
31. 12. 1960: Im Jahr 1960 wurden insgesamt 199 188 Flüchtlinge registriert.
13. 12. 1961: US-Präsident John F. Kennedy empfängt Willy Brandt, den Regierenden Bürgermeister von Berlin, in Washington. Der US-Präsident bekräftigt erneut die Entschlossenheit der USA, die Freiheit des Westteils von Berlin zu erhalten, wozu die USA auch durch Vertrag und Überzeugung verpflichtet seien (→ S. 54).
29. 3. 1961: Der Politische Beratende Ausschuß des Warschauer Paktes verlangt den Abschluß eines Friedensvertrages mit der DDR und der Bundesrepublik und die Umwandlung von Berlin (West) in eine entmilitarisierte »Freie Stadt« (→ S. 54).
3. bis 4. 6. 1961: US-Präsident John F. Kennedy und der sowjetische Regierungschef Nikita Chruschtschow treffen in Wien zusammen (→ S. 108). Während des Gipfeltreffens überreicht Chruschtschow zwei Memoranden, eines zur Abrüstung, ein weiteres zur Deutschland- und Berlin-Frage. Die UdSSR kündigt in diesem Memorandum den Abschluß eines Separatfriedensvertrages mit der DDR bis Ende 1961 an. Mit diesem Vertrag sollen der DDR die vollen Souveränitätsrechte über die Zugangswege nach Berlin übertragen werden. Der Westen müsse dann über die Verkehrswege nach Berlin mit der DDR-Regierung verhandeln (→ S. 109).
15. 6. 1961: DDR-Regierungschef Walter Ulbricht begrüßt die sowjetischen Vorschläge und bestreitet die Absicht, die Sektorengrenzen in Berlin durch eine Mauer abzusperren (→ S. 110).
25. 7. 1961: In einer Rundfunk- und Fernsehansprache bekräftigt US-Präsident John F. Kennedy die Entschlossenheit der Vereinigten Staaten, für die Rechte der Westmächte in Berlin und die Freiheit der Bevölkerung in Berlin (West) zu kämpfen (→ S. 128).
3. bis 5. 8. 1961: Die Konferenz der Ersten Sekretäre der kommunistischen Parteien der Warschauer-Pakt-Staaten in Moskau erteilt der DDR-Regierung die Zustimmung zur Sperrung der Grenzen innerhalb Berlins.
13. 8. 1961: Der Ostsektor von Berlin wird von der DDR-Regierung abgeriegelt. Der Mauerbau beginnt (→ S. 145).

Walter Ulbricht, DDR-Staatsratsvorsitzender und SED-Vorsitzender

Willy Brandt (SPD), Regierender Bürgermeister von Berlin (West)

Konrad Adenauer (CDU), der Kanzler der Bundesrepublik Deutschland

Eine »verläßliche Bewachung« der Grenzen

12. August. Der Ministerrat der DDR in Berlin beschließt, die Sektorengrenze in Berlin zu sperren (Auszüge):

»... Der Standpunkt der Bonner Regierung, der zweite Weltkrieg sei noch nicht zu Ende, kommt der Forderung gleich auf Freiheit für militaristische Provokationen ...
In Westdeutschland ist eine Verschärfung der Revanchepolitik mit sich steigernden Gebietsforderungen gegenüber der Deutschen Demokratischen Republik und den Nachbarstaaten Deutschlands erfolgt, die in enger Verbindung steht mit der beschleunigten Aufrüstung und Atombewaffnung der westdeutschen Bundeswehr. Es wird eine systematische Bürgerkriegsvorbereitung durch die Adenauer-Regierung gegenüber der Deutschen Demokratischen Republik betrieben. Bürger der Deutschen Demokratischen Republik, die Westdeutschland besuchen, sind in zunehmendem Maße terroristischen Verfolgungen ausgesetzt... Wie aus offiziellen Regierungsdokumenten und aus der Grundsatzerklärung der Parteiführung der CDU/CSU zu entnehmen ist, hat diese aggressive Politik und Störtätigkeit das Ziel, ganz Deutschland in den Militärblock der NATO einzugliedern ...
Aus all diesen Gründen beschließt der Ministerrat der Deutschen Demokratischen Republik in Übereinstimmung mit dem Beschluß des Politischen Beratenden Ausschusses der Staaten des Warschauer Vertrages zur Sicherung des europäischen Friedens, zum Schutze der Deutschen Demokratischen Republik und im Interesse der Sicherheit der Staaten des sozialistischen Lagers folgende Maßnahmen:
Zur Unterbindung der feindlichen Tätigkeit der revanchistischen und militaristischen Kräfte Westdeutschlands und Westberlins wird eine solche Kontrolle an den Grenzen der Deutschen Demokratischen Republik einschließlich der Grenze zu den Westsektoren von Groß-Berlin eingeführt, wie sie an den Grenzen jedes souveränen Staates üblich ist. Es ist an den Westberliner Grenzen eine verläßliche Bewachung und eine wirksame Kontrolle zu gewährleisten, um der Wühltätigkeit den Weg zu verlegen. Diese Grenzen dürfen von Bürgern der Deutschen Demokratischen Republik nur noch mit besonderer Genehmigung passiert werden. Solange Westberlin nicht in eine entmilitarisierte neutrale Freie Stadt verwandelt ist, bedürfen Bürger der Hauptstadt der Deutschen Demokratischen Republik für das Überschreiten der Grenzen nach Westberlin einer besonderen Bescheinigung ...«

Willy Brandt: Der Berlin-Status ist bedroht

16. August. In einem Schreiben an US-Präsident John F. Kennedy geht Willy Brandt, Regierender Bürgermeister von Berlin, auf die Lage in Berlin ein (Auszüge):

»... Die Maßnahmen des Ulbricht-Regimes, gestützt durch die Sowjetunion und den übrigen Ostblock, haben die Reste des Vier-Mächte-Status nahezu völlig zerstört. Während früher die Kommandanten der alliierten Mächte in Berlin bereits gegen Paraden der sog. Volksarmee protestierten, haben sie sich jetzt mit einem verspäteten und nicht sehr kraftvollen Schritt nach der militärischen Besetzung des Ostsektors durch die Volksarmee begnügen müssen. Die illegale Souveränität der Ost-Berliner Regierung ist durch die Hinnahme anerkannt worden, soweit es sich um die Beschränkung der Übergangsstellen und des Zutritts zum Ostsektor handelt. Ich halte es für einen ernsten Einschnitt in der Nachkriegsgeschichte dieser Stadt, wie es ihn seit der Blockade nicht mehr gegeben hat.
Die Entwicklung hat den Widerstandswillen der West-Berliner Bevölkerung nicht verändert, aber sie war geeignet, Zweifel an der Reaktionsfähigkeit und Entschlossenheit der drei Mächte zu wecken. Dabei ist ausschlaggebend, daß der Westen sich stets gerade auf den existierenden Vier-Mächte-Status berufen hat. Ich weiß wohl, daß die gegebenen Garantien für die Freiheit der Bevölkerung, die Anwesenheit der Truppen und den freien Zugang allein für West-Berlin gelten. Dennoch handelt es sich um einen tiefen Einschnitt im Leben des deutschen Volkes und um ein Herausdrängen aus Gebieten der gemeinsamen Verantwortung, durch die das gesamte westliche Prestige berührt wird.
Die politisch-psychologische Gefahr sehe ich in doppelter Hinsicht:
1. Untätigkeit und reine Defensive könnten eine Vertrauenskrise zu den Westmächten hervorrufen.
2. Untätigkeit und reine Defensive könnten zu einem übersteigerten Selbstbewußtsein des Ost-Berliner Regimes führen... Die Sowjetunion hat die Hälfte ihrer Freistadtvorschläge durch den Einsatz der deutschen Volksarmee erreicht. Der zweite Akt ist eine Frage der Zeit. Nach dem zweiten Akt würde es ein Berlin geben, das einem Ghetto gleicht, das nicht nur seine Funktion als Zufluchtsort... verloren hat, sondern auch vom freien Teil Deutschlands abgeschnitten wäre... Ich würde es in dieser Lage für angemessen halten, wenn die Westmächte zwar die Wiederherstellung der Vier-Mächte-Verantwortung verlangen, gleichzeitig aber einen Drei-Mächte-Status West-Berlins proklamieren würden ...«

Adenauer verlangt die Selbstbestimmung

18. August. Bundeskanzler Konrad Adenauer gibt vor dem Deutschen Bundestag eine Erklärung zum Mauerbau ab (Auszüge):

»... Mit der Abriegelung des Verkehrs zwischen Ost- und West-Berlin hat das Zonenregime die bestehenden und von der Regierung der UdSSR bis auf den heutigen Tag anerkannten Viermächte-Vereinbarungen betreffend Berlin einseitig und mit brutaler Gewalt verletzt.
Die Bundesregierung stellt mit großem Bedauern fest, daß dieser Willkürakt mit Billigung der Regierung der Sowjetunion als Führungsmacht des Warschauer Pakts erfolgt ist. Mit dieser Billigung hat sich die sowjetische Regierung in Gegensatz zu ihren ständigen Beteuerungen gestellt, die Deutschland- und Berlin-Frage auf dem Verhandlungswege zu lösen ...
Die Abmachungen der Sowjetunion mit den drei westlichen Mächten wurden zerrissen. Die Panzer der Volksarmee, die Volkspolizei und die Betriebskampfgruppen, die in und um Ost-Berlin zusammengezogen wurden, um einen rechtswidrigen Angriff gegen den Status der Stadt Berlin militärisch zu unterstützen, geben eine Vorahnung dessen, wie die Garantie einer sogenannten Freien Stadt beschaffen wäre ...
Die Bundesregierung hält es für unerläßlich, die Weltöffentlichkeit auf die wahren Ursachen dieser Gewaltpolitik hinzuweisen. Nicht die angebliche militaristische und revanchistische Politik der Bundesrepublik hat die Zonenmachthaber veranlaßt, ihre wahren Absichten offenzulegen, sondern das Resultat ihrer ständigen Weigerung, den in der Zone lebenden Deutschen die Lebensordnung zu geben, die diese Menschen haben wollen. Es mutet wie eine makabre Groteske an, wenn sich die Vertreter des Ulbricht-Regimes heute hinstellen und erklären, daß die Deutschen in der Zone das Selbstbestimmungsrecht bereits ausgeübt hätten. Der Flüchtlingsstrom spricht eine andere Sprache ...
In ihrer seelischen Verzweiflung sahen diese Menschen keinen anderen Ausweg, als ihre Heimat in der Zone zu verlassen, um in der Bundesrepublik ein neues Leben in Freiheit zu beginnen und aufzubauen. Ihr freier Entschluß, ihre Heimat aufzugeben, war die einzige Form, in der sie das ihnen verbliebene persönliche Selbstbestimmungsrecht ausüben konnten. Es blieb ihnen nichts anderes übrig als die ›Abstimmung mit den Füßen‹ ...«

Der US-amerikanische Vizepräsident Lyndon B. Johnson besucht mit General Lucius D. Clay die geteilte Stadt Berlin nach dem Mauerbau

Die zurückhaltende Reaktion des Bundeskanzlers Konrad Adenauer zum Mauerbau führt bei der Bevölkerung von Berlin (West) zu Verbitterung

Westmächte reagieren mit Zurückhaltung

19. August. Um das Vertrauen der Berliner Bevölkerung gegenüber den USA zu stärken, entsendet US-Präsident John F. Kennedy seinen Stellvertreter Lyndon B. Johnson in die Bundesrepublik Deutschland und nach Berlin.

Johnson, der von General Lucius D. Clay begleitet wird, der 1948 die Luftbrücke für Berlin organisiert hatte, führt zunächst in Bonn Gespräche mit Bundeskanzler Konrad Adenauer und reist dann nach Berlin (West) weiter, wo er von der Bevölkerung mit Jubel und Begeisterung begrüßt wird.

Nach dem Bau der Mauer am 13. August hatte sich die Stimmung der Bevölkerung in Berlin aufgrund der abwartenden Haltung der USA und der anderen westlichen Mächte rapide gegen die Vereinigten Staaten gewandt.

Obwohl sich die Krise um Berlin im Sommer deutlich zugespitzt hatte, wurde im Westen nicht mit so einschneidenden Maßnahmen wie der Errichtung einer Mauer gerechnet. So kamen die Sperrmaßnahmen für die führenden Staatsmänner der westlichen Welt völlig unerwartet: US-Präsident Kennedy machte in Hyannis Port (Massachusetts) Urlaub und wurde erst 15 Stunden nach Beginn der Sperrmaßnahmen über die Vorgänge in Berlin unterrichtet. In Beratungen mit US-Außenminister Dean Rusk kam er zu der Auffassung, daß die Interessen der Alliierten in Berlin durch den Mauerbau nicht gefährdet seien.

Vier US-amerikanische Panzer auf dem Weg zum Sektorengrenzübergang an der Friedrichstraße, wo sie passierende Ausländer schützen sollen, der Bahnhof Friedrichstraße bleibt für die S- und U-Bahn-Linien offen

Der französische Staatspräsident Charles de Gaulle hielt sich auf seinem Landsitz auf, während Harold Macmillan, der britische Premierminister, an einer Jagd teilnahm. Auch die Außenminister von Großbritannien und Frankreich, Alexander Frederick Douglas-Home und Maurice Couve de Murville, befanden sich im Urlaub.

Erst der Brief des Regierenden Bürgermeisters von Berlin, Willy Brandt, vom → 16. August (S. 147), in dem sich der Bürgermeister über die Zurückhaltung des Westens beklagt, führte zu einem Umdenken Kennedys. Außerdem schrieb Edgar R. Murrow, der Chef des staatlichen US-Informationsbüros USIA (United States Information Agency): »Die Politik der Vereinigten Staaten geht in Berlin einem Fiasko entgegen, wenn Washington weiter so reagiert wie bisher. Die Stimmung der Bevölkerung ist miserabel. Wenn Washington nicht schnellstens durchgreift, droht uns eine politische Katastrophe.«

Foy Kohler, der Leiter der Berlin-Arbeitsgruppe im US-Außenministerium, schreibt über die Beratungen im Weißen Haus: »Wir hatten in Washington die psychologische und emotionale Lage der Westberliner total unterschätzt.«

Als politische Aktionen gegen den Mauerbau und zur Demonstration der US-amerikanischen Präsenz in Berlin (West) werden zwei Maßnahmen ergriffen. Zum einen wird die US-Garnison in Berlin symbolisch um 1500 Mann verstärkt, die über die Autobahn Helmstedt–Berlin in die geteilte Stadt reisen sollen, um zu demonstrieren, daß die USA auf ihrem freien Zugangsrecht nach Berlin (West) bestehen. Zum anderen reist Vizepräsident Johnson mit General Clay in die geteilte Stadt.

Johnsons Aufgabe in der Bundesrepublik und Berlin ist es, die Position der USA deutlich zu machen. Im Antwortbrief Kennedys an Brandt heißt es dazu: »Aber so ernst diese Angelegenheit auch ist, so stehen uns doch, wie Sie sagen, keine Maßnahmen zur Verfügung, die eine wesentliche Änderung der Sachlage in der derzeitigen Situation bewirken könnten. Da dieses brutale Schließen der Grenze ein deutliches Bekenntnis des Versagens und der politischen Schwäche darstellt, bedeutet dies offensichtlich eine grundlegende sowjetische Entscheidung, die nur durch Krieg rückgängig gemacht werden könnte. Weder Sie noch wir oder irgendeiner unserer Verbündeten haben jemals angenommen, daß wir an diesem Punkt einen Krieg beginnen müßten.«

Die Lage im Osten nach der Mauer

Die Errichtung der Mauer an der Sektorengrenze in Berlin, die Unterbindung der Massenflucht von qualifizierten Arbeitskräften in den Westen bedeutet für die DDR den Beginn einer wirtschaftlichen und politischen Stabilisierung.
Direkt im Anschluß an die Sperrmaßnahmen verfolgt die Führung der SED eine harte Politik gegen jegliche Opposition. Durch einen schonungslosen Kampf gegen »Staatsfeinde« und »Bummelanten«, der teilweise mit Schlägermethoden geführt wird, soll eine Atmosphäre der

---

Aus einem Gespräch des DDR-Staatsratsvorsitzenden Walter Ulbricht (U) mit Mitgliedern der Kampfgruppe (K) am 13. August 1961:

U: »Alle woar'n zu d'r Zeit dort, wo se hingehört'n ja?«
K: »Jawohl ... Die Kampfgruppen, die Kampfgruppen der Betriebe waren auch da.«
U: »Die Gampfgruppen. Und zur Understitzung, nich wahr, stehen einiche Banzer der Zowjetarmee in Resärve, ja? Damit's beim Gächner geine Mißverständnisse nich gibt, ja?«
K: »Und die kennen wir, die Panzer.«
U: »Nich wahr, die genn' wer, ja?«
U: »Die Volgsarmee steht auf'm Bosten, ja? Alles in Ordnung, ja?«
K: »Ich glaube, die sagen nicht mehr ›die sogenannte DDR‹.«
U: »Se säh'n, daß ähm alles büngtlich durchgefiehrt worn is, ja? Es is ähm alles durchgefiehrt worn. Es is alles gut. Da gibt's geine Zweifel. Alles exakt. Der Stacheldraht is da.«
K: »Jawohl, alle Zweifel sind beseitigt.«

Aus einem Bericht des DDR-Fernsehens (nach »Der Spiegel« vom 30. 8. 1961).

Angst erzeugt werden, in der keine politischen Forderungen laut werden. Gegen Ende des Jahres 1961 verringert sich jedoch der Terror.
Die Bevölkerung, der die Flucht in den Westen nahezu unmöglich gemacht worden ist, beginnt, sich mit der Situation abzufinden – die Gegensätze zur SED-Führung verringern sich. Andererseits formiert sich eine Opposition, da die kritischen Kräfte nicht mehr in den Westen abwandern können.

Flucht in der letzten Minute

Ein Flüchtling schildert, wie er am 13. August vom Ostteil Berlins in den Westen flüchtet:

»In der Nacht vom Sonnabend zum Sonntag (Nacht vom 12. zum 13. 8. 1961) kam ich nachts um ... Uhr vom Dienst. Ich legte mich schlafen. Überraschend wurde ich um ca. 8.30 Uhr von meiner Frau geweckt. Sie hatte das Radiogerät angestellt und durch den Rundfunk die Nachricht über die Absperrungsmaßnahmen vernommen. Eiligst stand ich auf und kleidete mich an (Zivilkleidung). Wir nahmen unseren Hund mit und wollten uns zur Sektorengrenze begeben, um uns über die Tatsachen persönlich zu informieren ...
Als wir kurz nach 10 Uhr an der Sektorengrenze ankamen, bemerkten wir eine aufgeregte Menschenansammlung von ca. 200 bis 300 Menschen. An Stacheldrahtrollen, die den Gehsteig und die Fahrbahn zwischen Ost und West absperrten, patrouillierten mit Gewehren und Bajonetten Ostarmisten. Sie patrouillierten unmittelbar am Stacheldraht, und die Menschenmenge stand nur rund einen Meter vom Stacheldraht entfernt. Im Westen standen die Bürger sogar unmittelbar an der Absperrung. Wir orientierten uns über die Verhältnisse und bemerkten eine schmale Passierstelle, die durch einige Soldaten und einen Offizier besetzt war. Erregt trat ich an den Offizier heran und fragte, ob wir passieren dürfen. Ich hätte meine Eltern in Westberlin und wir wären auf dem Weg zu ihnen, sagte ich. Wir wurden abgewiesen. Man sagte uns, wir sollten uns die Anschläge, die überall sichtbar angebracht wären, durchlesen, dann wären wir informiert. Wir ersparten uns diese Arbeit, denn wir waren informiert! Meine Frau konnte sich über den Stacheldraht mit einem Bürger aus dem Westen in Verbindung setzen, der es bereitwillig übernahm, der Tante meiner Frau telefonisch mitzuteilen, sie möchte bitte zur betreffenden Absperrstelle kommen. Wir bekamen Bescheid, sie würde in einer halben Stunde da sein. Es war unsere Absicht, Zeiten zu verabreden, an denen wir uns zu späteren Zeiten an der Grenze treffen könnten, um kurze Mitteilungen austauschen zu können. Ferner sollte die Tante meine Eltern benachrichtigen ...
Es reifte in uns der Entschluß, den schwerwiegenden Schritt zu versuchen, alles im Osten zurückzulassen und zu versuchen, die andere Seite zu erreichen ... Sie sah sich außerstande, den Stacheldraht zu überspringen, da ihr Kostümrock zu eng war. Nach schweren Erwägungen war ich entschlossen. Wir trennten uns, damit nicht zu erkennen war, daß wir zusammengehören. Ich nahm den Hund. Von nun an galt meine Aufmerksamkeit nur dem Stacheldraht und den Posten der Ostarmee. Es war auf rund drei Meter ein Posten aufgestellt, der die Menge beobachtete oder zurückwies.
Plötzlich ging eine Unruhe durch die Menschenmenge. Es war ca. 10.30 Uhr. Der Bürgermeister vom Bezirk Kreuzberg, Willi Kreßmann, erschien im Westen und begab sich unmittelbar an die Absperrung. Klatschen, Beifallsrufe auf beiden Seiten. Die Menge strömte zusammen, um einer evtl. Ansprache des Bürgermeisters besser lauschen zu können ...
Dies war mein Moment, das war mir klar! Ich bückte mich, um den Hund von der Leine zu lösen und im nächsten Augenblick setzte ich mit einem Satz über den Draht (die Stacheldrahtrollen). Am linken Mantelärmel spürte ich einen Griff. Er war zu knapp und konnte mich im Sprung nicht hindern. Westberliner liefen zu mir und riefen begeisterte Ausrufe. Ich wendete mich um und bemerkte, wie zwei Armisten versuchten, den Hund einzufangen, der sich nicht über den Stacheldraht traute ...
Da gelang es dem Hund, eine Lücke zu finden, und er kroch durch ...
Nun versuchte ich, meine Frau aus einiger Entfernung in der Menge auf der anderen Seite ausfindig zu machen. Ich konnte sie entdecken.
... Westler erklärten sich bereit, den Draht etwas niederzutreten. In einem Moment, in dem ich meine Frau nicht ganz im Auge behalten hatte, gelang ihr der Sprung ...«

In letzter Minute ergreift dieser DDR-Volkspolizist die Gelegenheit zur Flucht über den Stacheldraht

Absperrmaßnahmen der DDR-Behörden auf der Boese-Brücke an der Bornholmer Straße in Berlin

Berlinzugang bedroht

23. August. Die Sowjetunion überreicht den drei Westmächten gleichlautende Noten, in denen von einem Mißbrauch der Luftkorridore nach Berlin gesprochen wird. Damit greift Moskau zum ersten Mal die Rechte der Westmächte am freien Zugang zu Berlin an.

In der sowjetischen Note heißt es: »Es ist allgemein bekannt, daß Westberlin nicht zum Bestand der BRD gehört, und daß die Kompetenz der Amtsstellen der BRD sich auf Westberlin nicht erstrecken kann. Dies wird auch von den Regierungen der Westmächte anerkannt. Nichtsdestoweniger hat die Regierung der USA nicht die gebührenden Maßnahmen ergriffen, um die provokatorische Tätigkeit bestimmter Kreise der BRD in Westberlin zu unterbinden ... Aus der BRD werden nach Westberlin Revanchisten, Extremisten, Wühlagenten, Spione und Diversanten jeder Art eingeschleust. Für ihre Einschleusung benutzen die Westmächte die Luftkorridore. Somit mißbrauchen die USA, England und Frankreich offenkundig ihre Position in Westberlin, wobei sie sich des Umstands bedienen, daß die Luftlinien unkontrolliert sind. Infolgedessen ist die 1945 getroffene Vereinbarung in grober Weise verletzt, derzufolge, wie bekannt, Luftkorridore für die drei Westmächte zeitweilig zur Gewährleistung der Bedürfnisse ihrer Militärgarnisonen ... bereitgestellt wurden ...«

In den USA, Großbritannien und Frankreich wird die Drohung der Sowjetunion sehr ernst genommen. In der am selben Tag veröffentlichten Antwortnote führen die USA aus: »Diese Beschuldigungen und Anwürfe können daher nicht ernst genommen werden. Was jedoch von der gesamten Welt ernst genommen werden muß, ist die kaum verhüllte Drohung einer Aggression gegen die alliierten Luftwege von und nach Westberlin. Die Vereinigten Staaten müssen an die Sowjetunion die ernste Warnung richten, daß jede Behinderung des freien Zugangs nach Westberlin durch die sowjetische Regierung oder ihr ostdeutsches Regime ein aggressiver Akt wäre, für dessen Konsequenzen die Sowjetregierung die volle Verantwortung tragen würde.«

Die Errichtung der drei Luftkorridore als Verbindungswege zwischen den drei Westzonen und den drei Westsektoren in Berlin geht auf ein Übereinkommen des Alliierten Kontrollrats vom 30. November 1945 zurück. Von den USA waren sechs Korridore geplant gewesen: Von Berlin aus drei nach Westen und drei in östlicher Richtung. Gegen den Widerstand der Sowjetunion ließ sich dieser Vorschlag jedoch nicht durchsetzen. Im Gegenzug erklärte sich die Sowjetunion allerdings damit einverstanden, daß die Luftkorridore auch für den zivilen Flugverkehr genutzt werden können. Selbst während der Blockade Berlins durch die Sowjetunion 1948 wurde die Freiheit der Luftkorridore nicht angetastet.

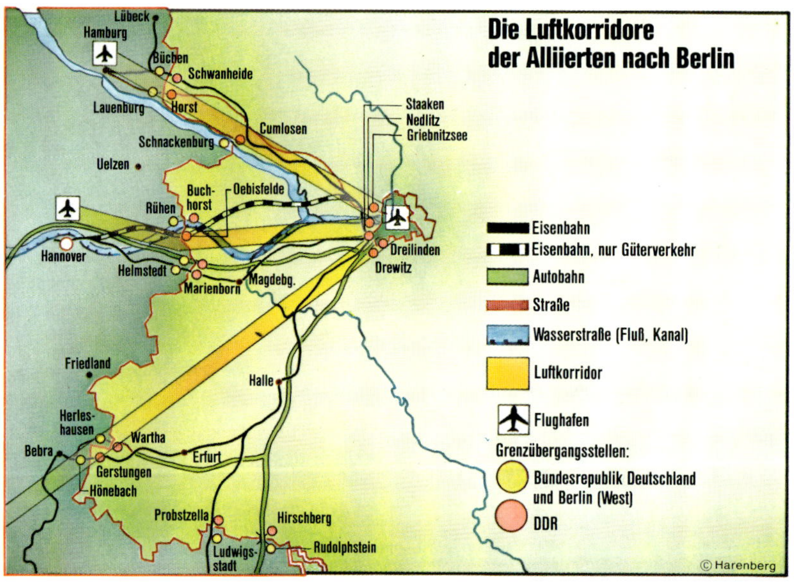

Die Teilung Berlins in vier Sektoren

Das Londoner Protokoll vom 12. September 1944, das am 6. Februar 1945 in Kraft trat, regelte nach dem Zweiten Weltkrieg und der bedingungslosen Kapitulation Deutschlands die Aufteilung des ehemaligen Deutschen Reiches in drei Besatzungszonen. Am 26. Juli 1945 trat auch Frankreich dem Protokoll bei, und aus den Besatzungszonen der Vereinigten Staaten von Amerika und Großbritanniens wurde ein Gebiet für Frankreich abgeteilt. Die Passagen des Protokolls, die Berlin betreffen, lauten:

»Die Regierungen der Vereinigten Staaten von Amerika, des Vereinigten Königreichs von Großbritannien und Nord-Irland und der Union der Sozialistischen Sowjetrepubliken haben das folgende Übereinkommen ... erreicht:

1. Deutschland, innerhalb der Grenzen, wie sie am 31. Dezember 1937 bestanden, wird zum Zwecke der Besetzung in drei Zonen eingeteilt, von denen je eine den drei Mächten zugewiesen wird, und ein besonderes Berliner Gebiet, das gemeinsam von den drei Mächten besetzt wird.
2. Die Grenzen der drei Zonen und des Berliner Gebietes und die Verteilung der drei Zonen unter den USA, dem Vereinigten Königreich und der UdSSR wird wie folgt sein:

Ostzone: Das Gebiet Deutschlands (einschließlich der Provinz Ostpreußen), gelegen östlich einer Linie, die gezogen wird von dem Punkt an der Lübecker Bucht, wo die Grenzen Schleswig-Holsteins und Mecklenburgs zusammentreffen, entlang der Westgrenze Mecklenburgs bis zur Grenze der Provinz Hannover, dann entlang der östlichen Grenze von Hannover bis zur Grenze von Braunschweig, dann längs der westlichen Grenze der preußischen Provinz Sachsen zur westlichen Grenze von Anhalt, dann längs der Westgrenze von Anhalt, dann längs der westlichen Grenze der preußischen Provinz Sachsen und der westlichen Grenze Thüringens bis dahin, wo die letztere die bayerische Grenze trifft, dann ostwärts längs der nördlichen Grenze Bayerns bis zur tschechoslowakischen Grenze 1937, wird von den bewaffneten Streitkräften der UdSSR besetzt mit Ausnahme des Berliner Gebietes, für das ein besonderes Besatzungsgebiet weiter unten vorgesehen ist ...

Das Berliner Gebiet (unter welchem Ausdruck das Territorium Groß-Berlins, wie im Gesetz vom 27. April 1920 definiert, zu verstehen ist) wird gemeinsam von den bewaffneten Streitkräften der USA, des Vereinigten Königreichs und der UdSSR ... besetzt ...

Eine interalliierte Regierungsbehörde (Kommendatura), bestehend aus drei Kommandanten, die jeweils von ihren entsprechenden Oberkommandierenden ernannt worden sind, wird gegründet, um eine gemeinsame Verwaltung des Groß-Berliner Gebiets zu errichten ...«

Sperrmauer, mit Stacheldraht gesichert, an der Berliner Lindenstraße

Eine »Allianz für den Fortschritt«

Ernesto Guevara (l.) mit Kubas Präsident Osvaldo Dórticos Torrado

17. August. Im Badeort Punta del Este in Uruguay geht die seit dem 6. August dauernde Wirtschafts- und Sozialkonferenz der 21 Staaten der OAS, der Organisation Amerikanischer Staaten, zu Ende. Ergebnis der Konferenz ist die Unterzeichnung der Charta von Punta del Este, des Südamerika-Entwicklungshilfeprogramms des US-Präsidenten John F. Kennedy. Kuba ist der einzige Staat der OAS, der an der Entwicklungshilfe nicht beteiligt wird und diese Charta nicht unterzeichnet.

In der Deklaration über die »Allianz für den Fortschritt« heißt es: »Die USA haben die Absicht, Entwicklungsanleihen auf langfristiger Basis mit einer angemessenen Laufzeit bis zu 50 Jahren und zu einem sehr niedrigen oder gar keinen Zinssatz zu gewähren. Die Länder Lateinamerikas ihrerseits stimmen zu, einen rasch wachsenden Anteil ihrer eigenen Ressourcen der wirtschaftlichen und sozialen Entwicklung zu widmen und die notwendigen Reformen durchzuführen, um zu gewährleisten, daß alle an den Früchten der Allianz für den Fortschritt voll teilhaben.«

Ziel der USA ist die Isolierung Kubas innerhalb Lateinamerikas und der Ausschluß der Zuckerinsel aus der OAS. Mit Hilfe des Wirtschaftsprogramms für Lateinamerika wollen die USA die südamerikanischen Länder politisch enger an sich binden. Durch die Hebung des allgemeinen Lebensstandards sollen revolutionäre Bestrebungen an Attraktivität verlieren. Insgesamt wollen die USA innerhalb der nächsten zehn Jahre den südamerikanischen Staaten 20 Milliarden US-Dollar (80 Milliarden DM) zur Verfügung stellen.

Während der Konferenz bestanden die südamerikanischen Staaten darauf, die Wirtschaftshilfe ohne irgendwelche politischen oder sonstigen Bedingungen zu erhalten. Der Plan der USA, ein interamerikanisches Planungsbüro zur Überwachung der einzelnen Entwicklungspläne zu schaffen, mußte deshalb fallengelassen werden; auch die Einrichtung einer zentralen Informationsbehörde konnten die USA nicht durchsetzen.

Die erwartete harte Auseinandersetzung zwischen dem kubanischen Wirtschaftsminister Ernesto »Che« Guevara und dem US-Finanzminister Clarence Douglas Dillon blieb in Punta del Este aus – Guevara versuchte im Gegenteil eine Annäherung an die USA.

Guevara bezeichnete allerdings die Tagung in Uruguay als eine Konferenz mit politischen Zielen, die gegen das Beispiel ankämpfen wolle, das Kuba den Staaten Lateinamerikas gegeben habe.

Neuer Regierungschef

27. August. Das Informationsministerium der algerischen Exilregierung in Tunis gibt die Umbildung der Provisorischen Regierung bekannt. Nachfolger des bisherigen Ministerpräsidenten Ferhat Abbas wird Jusuf ibn Chidda.

Im Gegensatz zu Abbas, der nie gänzlich mit Frankreich gebrochen hat und Verhandlungen befürwortet, gilt Chidda als ein harter, entschlossener Politiker, der den Unabhängigkeitskampf Algeriens bis zum Ende weiterführen will.

In einem Kommuniqué vom 28. August erklärt sich die neue Regierung allerdings bereit, Verhandlungen mit Frankreich auf Basis der Integrität des algerischen Territoriums, einschließlich der Sahara, und der Einheit des algerischen Volkes wiederaufzunehmen. Die Verhandlungen mit Frankreich in Lugrin am Genfer See waren am 28. Juli an der Saharafrage gescheitert (→ 20. 7./S. 130).

Der 39jährige Chidda gehört zu den Gründungsmitgliedern der algerischen Befreiungsfront FLN. Bei der Bildung der Provisorischen algerischen Regierung am 19. September 1958 wurde er zum Sozialminister ernannt. Seine Haupttätigkeit bestand jedoch darin, für die Sache der FLN im Ausland zu werben, wobei er vor allem in Peking diplomatischen Erfolg hatte.

Die Ernennung von Chidda zum Ministerpräsidenten könnte nach der Unabhängigkeit Algeriens die Öffnung des Landes für chinesische und sowjetische Einflüsse zur Folge haben (→ 19. 10./S. 176).

Der 39jährige algerische Exilpolitiker Jusuf ibn Chidda

UN-Resolution zum Biserta-Konflikt

25. August. Die am 21. August begonnene UN-Sondersitzung zum Konflikt um den französischen Flottenstützpunkt Biserta in Tunesien (→ 19. 7./S. 130) geht mit der Verabschiedung einer Resolution zu Ende, die Tunesien zugesteht, den Abzug der Franzosen zu verlangen.

Frankreich hatte die Abstimmung und die Sitzung boykottiert, da es die UNO nicht als zuständig in der Auseinandersetzung anerkennt. Frankreich hatte direkte Verhandlungen mit Tunesien vorgeschlagen, um die Lage in Biserta zu »normalisieren«.

Tunesiens Präsident Habib Burgiba will die Räumung Bisertas

Der tunesische Staatspräsident Habib Burgiba hatte dieses Angebot zurückgewiesen, da er nur Verhandlungen mit dem Ziel eines französischen Rückzugs führen will.

Der Standpunkt Tunesiens wird durch die UN-Resolution, die von zwei Dritteln der Mitgliedsstaaten ohne Gegenstimme bei 30 Enthaltungen (darunter die USA und die meisten NATO-Länder) angenommen wird, unterstützt.

Der französische Staatspräsident Charles de Gaulle will die UN-Resolution jedoch ebenso ignorieren wie die Beschlüsse des Weltsicherheitsrates vom 22. Juli, in denen Frankreich aufgefordert worden war, das Feuer in Biserta einzustellen und seine Truppen auf die Position vor Ausbruch der Feindseligkeiten zurückzuziehen (→ 29. 9./S. 164).

Brasilien von Unruhen bedroht

25. August. Nach nur siebenmonatiger Amtszeit tritt der brasilianische Staatspräsident Jânio da Silva Quadros zurück. Verfassungsgemäß soll Vizepräsident João Belchior Marques Goulart, der sich im Ausland befindet, sein Nachfolger werden. Es beginnt jedoch ein Machtkampf zwischen Goulart und seinen Gegnern.

Quadros, der am 31. Januar Präsident geworden war, mußte sich zu drastischen Sparmaßnahmen entschließen, um die wachsende Belastung des brasilianischen Staatshaushaltes abzubauen und die fortschreitende Inflation zu bekämpfen. Außenpolitisch verfolgte Quadros einen Neutralitätskurs.

Diese Politik löste bei der politischen Rechten des Landes heftige Kritik aus, die einen Höhepunkt erreichte, als Quadros am 20. August dem kubanischen Wirtschaftsminister Ernesto »Che« Guevara den höchsten brasilianischen Orden für Ausländer verlieh. Zu den schärfsten Gegnern des Präsidenten gehört Carlos Lacerda, der Gouverneur von Guanabara, dem das größte Presseimperium Brasiliens gehört. Lacerda, ein entschiedener Antikommunist, hatte zunächst Quadros unterstützt, ihn jedoch bekämpft, als er die Aufnahme diplomatischer Beziehungen und den Abschluß von Handels- und Kulturabkommen mit Ostblockstaaten vorbereitete.

Am 26. August bildet Ranieri Mazilli, während der Abwesenheit Goularts provisorischer Staatspräsident, eine vorläufige Regierung, der auch die drei Militärminister der Regierung Quadros angehören. Am 27. August erklärt Armeeminister Odilo Denys, der zur politischen Rechten gehört, auch im Namen des Marineministers Admiral Silvio Heck und des Luftwaffenministers General Gabriel Grum Moss, er werde Goulart verhaften lassen, wenn dieser nach Brasilien zurückkehre, um sein Amt als Präsident anzutreten. Daraufhin drohen die Anhänger Goularts, der Führer der linksorientierten Arbeiterpartei ist, mit einem Generalstreik. Denys alarmiert die Armee und läßt die Radiostationen im Staat Rio Grande do Sul mit seinen Truppen besetzen. Der Gouverneur des Staates, Leonel Brizzola, und die dort stationierte 3. Armee unterstützen die Präsidentschaft Goularts.

In dieser Situation, wo ein Teil der Armee den verfassungsmäßigen Nachfolger Goulart nicht anerkennt, ein anderer Teil des Heeres den Amtsantritt Goularts erzwingen will, findet der Kongreß durch eine Verfassungsänderung einen Kompromiß, der die Rechte des Präsidenten zugunsten des Parlaments einschränkt (→ 7. 9./S. 164).

Jânio da Silva Quadros, der bisherige Präsident Brasiliens

João Belchior Marques Goulart, Vizepräsident von Brasilien

Sieg der Mapai bei den Knessetwahlen

15. August. Trotz der Verlustes von fünf Mandaten bleibt die Mapai-Partei des israelischen Ministerpräsidenten David Ben Gurion mit 42 Sitzen stärkste Fraktion der Knesset in Jerusalem.

Der Stimmverlust, eine Folge der innerparteilichen Auseinandersetzungen um den ehemaligen Gewerkschaftssekretär Pinhas Lavon (→ 9. 2./S. 36), kommt vor allem der Liberalen Partei zugute.

Am 6. September wird Ben Gurion mit der Regierungsbildung beauftragt, er lehnt jedoch ab. Am 14. September übernimmt der Finanzminister Levi Eshkol diese Aufgabe (→ 1. 11./S. 188).

Israels Ministerpräsident David Ben Gurion (2. v. l.) mit Yitzhak Navon (l.) und Journalisten am 3. Februar 1961 nach seinem Rücktritt

Einigkeit gegen Tschombé im Kongo

1. August. Nachdem die bisherige provisorische Regierung unter Joseph Iléo ihren Rücktritt erklärt hat, beauftragt der kongolesische Staatspräsident Joseph Kasawubu den bisherigen Innenminister Cyrille Adoula mit der Bildung einer Regierung der Nationalen Union. Das in der Nähe von Léopoldville (Kinshasa) tagende Parlament stimmt der Ernennung Adoulas zu.

Die neue Zentralregierung wird von Antoine Gizenga, der sich bisher als legitimer Ministerpräsident verstand, ebenso anerkannt wie von der UNO und der Sowjetunion, die bislang Gizenga unterstützte.

Cyrille Adoula, von Joseph Kasawubu zum Regierungschef ernannt

Katanga will jedoch weiterhin selbständig bleiben. Zwar war am 26. Juni (→ 22. 6./S. 115) ein Abkommen zwischen Katanga-Präsident Moise Tschombé und der Zentralregierung über die Einbindung Katangas in den Kongo unterzeichnet worden, doch das Parlament in Katanga lehnte am 4. Juli diesen Vertrag ab.

Die neue Regierung Adoula erklärt am 2. August, daß sie Katanga so schnell wie möglich wieder in den Kongo (Zaïre) eingliedern will. Auf Anordnung von Staatspräsident Joseph Kasawubu besetzen am 25. August UN-Truppen Teile von Katanga, um ausländisches Militär – entsprechend der UN-Resolution vom Februar (→ 13. 2./S. 34) auszuweisen (→ 13. 9./S. 162).

Maßnahmen gegen die Luftpiraterie

10. August. Nach dem dritten Fall einer versuchten Flugzeugentführung im August verabschiedet der US-Senat in Washington ein Gesetz gegen Luftpiraterie.
Der Gesetzentwurf, der noch vom Repräsentantenhaus gebilligt werden muß, macht die gewaltsame Entführung von Flugzeugen oder die Bedrohung ihrer Besatzungen zu einem Kapitalverbrechen, auf das lebenslange Zuchthausstrafe oder in besonderen Fällen sogar die Todesstrafe steht.
Parallel dazu werden verschiedene Vorsichtsmaßnahmen für Passagiermaschinen auf bestimmten US-amerikanischen Flugrouten eingeleitet. Den Besatzungsmitgliedern wird das Tragen von Waffen gestattet, außerdem können sich in Zukunft bewaffnete Geheimpolizisten an Bord der Flugzeuge befinden.
Am 3. August hatten zwei US-Bürger versucht, eine amerikanische Düsenmaschine in ihre Gewalt zu bringen, um sie nach Kuba zu entführen. Das Flugzeug befand sich auf dem Flug von Los Angeles nach Houston/Texas. Bei einer Zwischenlandung in El Paso betraten zwei bewaffnete Männer die Pilotenkanzel und wollten den Piloten zum Flug nach Havanna zwingen. Die Polizei konnte das Flugzeug jedoch am Starten hindern.
Am Abend des. 9. August wurde eine weitere US-Düsenmaschine mit 72 Passagieren und neun Besatzungsmitgliedern an Bord auf dem Flug von Mexico-City nach Guatemala von einem Passagier mit Waffengewalt zur Landung in Havanna gezwungen. Die kubanische Polizei nahm den Luftpiraten, einen vermutlich geistesgestörten Franzosen, fest, ohne daß es zu Auseinandersetzungen kam.
Einige Stunden später kommt es zu einem Zwischenfall in einer kubanischen Maschine. Mehrere Männer und Frauen, Gegner des kubanischen Ministerpräsidenten Fidel Castro, beginnen während des Flugs bei ihrem Versuch, die Maschine zu kapern, eine Schießerei, bei der drei Menschen getötet und sechs verletzt werden. Das Flugzeug, das nach den USA entführt werden sollte, macht eine Bauchlandung in einem Zuckerrohrfeld, die Piraten können entkommen.

Erdölleitung im Emsland gebrochen

20. August. Zwischen den Dörfern Harrenstätte und Werlte im Kreis Aschendorf ist die Pipeline gebrochen, die Wilhelmshaven und Köln verbindet. Das Rohöl überschwemmt die umliegenden Felder und gefährdet die Wasserversorgung.
Der Bruch der Erdölleitung, die erst nach mehreren Stunden wieder abgedichtet werden kann, geht auf einen Materialfehler zurück.
Die Fachleute nehmen zunächst an, daß der Schaden nur die Landwirtschaft betrifft. Das in den Äckern und Wiesen versickernde Öl sammelt sich jedoch in dem Flüßchen Nordradde und treibt der Ems zu. Erst in einem Seitenarm der Ems gelingt es, das Erdöl aufzufangen.

Das Öl wird von der Ems abgeschöpft

Fachleute versichern: Keine Schäden durch Pipeline-Bruch

Von unserem Redaktionsmitglied
Hamburg, 21. August

Bruch einer Pipeline! Die Landwirtschaft kann sich kaum einen ärgeren Schreckensruf vorstellen. Aber nicht nur die Landwirtschaft wird in so einem Falle betroffen. Auch die Wasserversorgung für Mensch und Vieh, der Fischfang in den Flüssen, die Regeneration des Wassers, selbst die Nordseebäder der Inseln vor dem Jadebusen sind gefährdet: Wie gemeldet, waren in der Nacht zum Sonntag im Emsland die Ölleitungen von Wilhelmshaven zu sieben Raffinerien im Ruhrgebiet zwischen den Dörfern Harrenstätte und Werlte gebrochen.

Hunderte von Kubikmetern Öl sprudelten in einer Fontäne aus der metertief unter dem Erdboden liegenden Ölleitung, rissen Erdbrocken mit sich, verwandelten in Minutenschnelle einen ganzen Acker in einen stinkenden Ölsumpf.

In der Zentrale der Pipeline-Gesellschaft in Wilhelmshaven bemerkte man zur Zeit des Rohrbruches einen Druckabfall in der Rohrleitung. Normalerweise hätte man sofort die Schieber schließen müssen, um den weiteren Zufluß von Öl zu unterbrechen. Das geht in Sekundenschnelle vor sich. Der Mann in der Zentrale braucht nur ein paar Hebel umzulegen. Die ganze Pipeline ist automatisch gesteuert. Die Schalttafeln an den Wänden zeigen präzise für jeden kleinen Abschnitt der Ölleitung den Druckstand.

In diesem Falle hatte man kurz vorher gerade von einer auf eine andere Pumpe umgeschaltet, was selbstverständlich mit einem Druckabfall verbunden ist. Die Reaktion des Mannes in der Zentrale konnte deshalb erst später erfolgen.

Ein psychologisches Moment kommt hinzu: Der Bruch einer Ölleitung ist theoretisch ziemlich ausgeschlossen. Jedes der 12 Meter langen Rohre wird genau mit Röntgengeräten untersucht, bevor es in den Boden versenkt wird. Der Mann in der Zentrale weiß, wie penibel man dabei vorgegangen ist. Er weiß, daß die Baustellenschweißer speziell für diese Arbeit ausgesucht und ausgebildet worden sind.

Dennoch ist es passiert, „so wie eben das theoretisch Unmögliche trotz allem in der Technik doch passiert", stöhnte Dr. Clemens resigniert in die Telephonmuschel. Nun, es wird ihn wenig trösten, daß hier ganz offensichtlich ein Materialfehler vorliegt. Die Längsschweißnaht eines Rohres ist gerissen. Aber die Ölleitungsgesellschaft dürfte bei einer eventuellen Auseinandersetzung mit dem Stahlwerk auf Schwierigkeiten stoßen: die Garantie des erst zweieinhalb Jahre alten Rohres ist abgelaufen. Eine Garantie für ein Rohr, das eigentlich Generationen halten soll, wie noch vor kurzem die Ingenieure einem Vertreter der WELT anläßlich eines Besuches in Wilhelmshaven versicherten.

Am Montagmorgen gab es ein neues Erschrecken. Das in die Felder und Äcker versickerte Öl strömte in dem kleinen Flüßchen Nordradde zusammen. Eine breite Ölschicht trieb mit der Strömung in Richtung Ems, drohte über die Ems in die Nordsee zu gleiten.

Fieberhafte Überlegungen wurden angestellt. Sollte man ähnlich wie in Milford Haven, Englands größtem Ölhafen, mit Chemikalien das Öl unter Wasser drücken? In Milford Haven war vor einem Jahr der erste Tanker, der den neuen Hafen anlief, explodiert; Tausende von Tonnen Öl waren ausgeströmt. Damals machte man das einzig mögliche: Aus Flugzeugen wurden Chemikalien auf die See versprüht, die das Öl banden und mit in die Tiefe nahmen. Auf dem steinigen Untergrund des Superhafens wird es durch die ständige Gezeitenströmung hin und her gerollt und wahrscheinlich so weit verteilt, daß es keinen Schaden mehr anrichtet, wenn es eines Tages wieder an die Oberfläche kommen wird. Der Tidenhub beträgt dort ungefähr fünf Meter.

Für die Jade ist diese Gefahr gebannt. Sie wäre auch schwerlich zu meistern gewesen, denn das Öl hätte sich im Schlick festgesetzt und würde noch nach mehreren Jahren Schaden anrichten können. Die Gesellschaft versicherte der WELT, daß das Öl noch auf der Nordradde abgefangen wird. Man schöpft das an der Oberfläche treibende Öl einfach ab und verlädt es in Leichter. Ein Teil wird in einen Seitenarm der Radde gedrängt und dort abgeschöpft, der andere in der Mündung des Flüßchens, kurz bevor es in die Ems eintritt.

AUS ALLER WELT

Am 22. August berichtet die Tageszeitung »Die Welt« ausführlich über den Bruch der Erdölleitung zwischen Wilhelmshaven und dem Ruhrgebiet

Im neuen Stadtteil »Neue Vahr« in Bremen finden rund 40 000 Menschen eine neue, billige Wohnmöglichkeit

10 000 Wohnungen in der Bremer Vorstadt »Neue Vahr«

12. August. Anläßlich der Fertigstellung der 10 000 Wohnungen im Bremer Stadtteil »Neue Vahr« wird in Bremen eine Woche lang gefeiert. In der »Neuen Vahr«, dem größten geschlossenen Wohnungsbauprojekt in Westeuropa, finden 40 000 Menschen eine neue Wohnung.
Gemäß dem am 23. Februar 1956 beschlossenen »Gesetz zur Behebung der Wohnungsnot im Lande Bremen« wurde mit dem Bau von sieben 14geschossigen und 31 achtgeschossigen Häusern, 224 zwei- bis fünfgeschossigen Wohnblocks, 65 Einfamilienzeilen und einem Wolkenkratzer mit 22 Geschossen begonnen. Das Projekt kostete insgesamt rund 400 Millionen DM. Neben den Wohnhäusern wurden Geschäfte, Schulen, Kirchen, Spielplätze, eine Mehrzweckhalle und ein Hallenbad errichtet. Ein künstlicher See soll der Erholung dienen.
Vor allem junge Familien ziehen in die »Neue Vahr«, denn die Wohnungsmieten liegen bei nur 1,81 DM pro m^2, dazu kommen noch geringe Kosten für Wasser und Heizung. Um die Mieten so niedrig halten zu können, müssen aus dem bremischen Landeshaushalt jährlich rund 30 Millionen DM aufgebracht werden.

Brechtstück abgesetzt

25. August. Im Zusammenhang mit dem Mauerbau in Berlin werden von Theatern und Opernhäusern in der Bundesrepublik Stücke des 1956 in Berlin (Ost) gestorbenen Schriftstellers Bertolt Brecht vom Programm gestrichen.

In der Hamburgischen Staatsoper wird die Oper »Aufstieg und Fall der Stadt Mahagonny« von Bertolt Brecht und Kurt Weill abgesetzt. In einer Stellungnahme des Hamburger Intendanten Rolf Liebermann heißt es: »Die Intendanz ist davon überzeugt, daß in einer Demokratie die freiheitliche Auseinandersetzung mit Kunstwerken aller Richtungen dem Publikum nicht vorenthalten werden sollte ... Doch gibt es Situationen und äußere Umstände, die eine sachliche Auseinandersetzung in Frage stellen.«

In Berlin (West) wird die Aufführung des Brecht-Stücks »Herr Puntila und sein Knecht Matti« abgesagt. Der Intendant des Schiller-Theaters, Boleslaw Barlog, führt dazu aus, er sei der Überzeugung, daß diese Aufführung Mißverständnisse und Ausschreitungen zur Folge haben könnte.

Kurt Hübner, Intendant der Städtischen Bühnen Ulm, will dagegen die Premiere des Brecht-Stücks »Prozess der Jeanne d'Arc zu Rouen 1431« nicht verschieben.

Rolf Liebermann (50), schweizerischer Komponist und seit 1959 Intendant der Hamburger Staatsoper

Regisseur Boleslaw Barlog (55) übernahm 1961 die Leitung des Schiller-Theaters in Berlin

Kinder suchen Rat

10. August. Im Mittelpunkt des diesjährigen viertägigen Psychologen-Kongresses, der in Hamburg beginnt, stehen Fragen der psychologischen Beratung und Behandlung.

Um sich ein Bild über die Praxis der Psychologen zu verschaffen, hatte der Berufsverband Deutscher Psychologen, der Veranstalter des Hamburger Kongresses, an 1255 seiner rund 1400 Mitglieder einen Fragebogen gesandt, dessen Ergebnisse nun veröffentlicht werden.

Rund 60% der bei Psychologen Ratsuchenden sind Kinder und Jugendliche. Bei der psychologischen Behandlung ist der Anteil der Jugendlichen sogar mehr als doppelt so groß wie derjenige der Erwachsenen. Dementsprechend nehmen in der rein beratenden Tätigkeit der Psychologen, von denen nur 25% Frauen sind, Erziehungsfragen den größten Raum ein – in der Bundesrepublik gibt es rund 700 spezielle Erziehungsberatungsstellen –, während der Beratung in persönlichen Konflikten eine geringere Rolle zukommt.

Entgegen einer weitverbreiteten Meinung ist die Durchführung von Tests in der psychologischen Praxis nur ein kleiner Teil der Tätigkeit. Nur 2% der Psychologen gaben in dem Fragebogen an, daß sich ihre Arbeit auf die Durchführung von Testverfahren beschränkt und sie keine beratende Tätigkeit ausüben.

V. l.: Jean-Paul Belmondo, Claudia Cardinale und Regisseur Philippe De Broca bei den Dreharbeiten zu dem Film »Cartouche« (1961)

Peter Lorre in »Der grauenvolle Mister X.« des Regisseurs Roger Corman (1961)

Der österreichische Schauspieler Hans Moser in dem Film »Der verkaufte Großvater« von Hans Albin

Der US-amerikanische Trickfilmregisseur und Produzent Walt Disney bei den Dreharbeiten zu dem Film »Schicksals-Sinfonie« (1961)

Lucyna Winnicka und Mieczyslaw Voit (»Mutter Johanna von den Engeln«, Jerzy Kawalerowicz)

V. l.: Jeanne Moreau, Henri Serre und Oskar Werner in »Jules und Jim« von François Truffaut

Delphine Seyrig in »Letztes Jahr in Marienbad« von Alain Resnais und Alain Robbe-Grillet

Film 1961:

Die Krise des deutschen Films

Durch den Rückgang der Zuschauerzahlen in den Kinos infolge der wachsenden Fernsehkonkurrenz und der Ideenlosigkeit der Produktionen gerät der Film in der Bundesrepublik in eine schwere Krise und kann nicht mit der künstlerischen Entwicklung des Films vor allem in Italien und Frankreich Schritt halten.

Innerhalb der letzten vier Jahre ist die Zahl der Kinobesucher um 27% gesunken, 1961 beträgt sie nur rund 517 Millionen. Die Jahresproduktion an Filmen liegt nur noch bei 79 im Vergleich zu 98 im Vorjahr. Mit 20% machen Schlagerfilme den Hauptanteil der Produktionen aus.

Ein Beispiel für die schlechte Qualität des deutschen Films 1961 ist die Zurückweisung aller fünf von der Bundesrepublik nominierten Filme durch die Leitung der Filmfestspiele in Venedig. Bei der Verleihung der Bundesfilmpreise in Berlin (→ 23. 6./S. 122) wird erstmals kein Spielfilm prämiiert.

Die wirtschaftlichen Schwierigkeiten des Films wirken sich auf die Verleihfirmen aus, die fusionieren müssen oder auch in Konkurs gehen. 1961 muß sich die UFA z. B. mit der Deutschen Filmhansa zur UFA-Filmhansa zusammenschließen; der Union-Verleih und der Neue Filmverleih gehen in Konkurs.

Nur wenige Ausnahmen ragen aus der Filmproduktion, die von Wirklichkeitsflucht und Sentimentalität geprägt ist, heraus.

Die Irin Maureen O'Hara in »Gefährten des Todes«, einem Film von Sam Peckinpah (1961)

Clark Gable (l.), Marilyn Monroe (vorn) und Montgomery Clift (r.) in John Hustons Film »Misfits – Nicht gesellschaftsfähig«

V. l.: Fernando Rey, Silvia Pinal und Margarita Lozano in Luis Buñuels Film »Viridiana«, der in Spanien nicht gezeigt werden darf

September 1961

Mo	Di	Mi	Do	Fr	Sa	So
				1	2	3
4	5	6	7	8	9	10
11	12	13	14	15	16	17
18	19	20	21	22	23	24
25	26	27	28	29	30	

1. September, Freitag

Der Ratsvorsitzende der Evangelischen Kirche in Deutschland (EKD), Präses Kurt Scharf, wird aus Berlin (Ost) ausgewiesen, wo er bisher seinen Wohn- und Amtssitz hatte.

Auf einer Wahlkundgebung der CDU in Hannover fordert Bundeskanzler Konrad Adenauer die Ausrüstung der Bundeswehr mit Atomwaffen.

Die Vereinten Nationen brechen alle Beziehungen zur Regierung der kongolesischen Provinz Katanga ab. Katanga-Präsident Moise Tschombé hat sich geweigert, seinen Innenminister Godefroid Munongo zu entlassen, dem von der UNO eine »mörderische Verschwörung« gegen Vertreter der Vereinten Nationen vorgeworfen wird (→ 13. 9./S. 162).

Im Gebiet von Semipalatinsk in Kasachstan führen die Sowjets einen Atomwaffenversuch durch. Die USA wollen nun so schnell wie möglich ihre Versuche in der Wüste von Nevada wieder aufnehmen.

Das Außenwirtschaftsgesetz vom 28. April tritt in der Bundesrepublik in Kraft. Das Gesetz beendet die Devisenbewirtschaftung und die seit Kriegsende gehandhabten staatlichen Kontrollen des Wirtschaftsverkehrs mit dem Ausland.

2. September, Sonnabend

In Noten an die Vereinigten Staaten, Großbritannien und Frankreich beanstandet die Sowjetunion erneut die angeblich mißbräuchliche Benutzung der Luftkorridore nach Berlin (West) (→ 23. 8./S. 150).

3. September, Sonntag

Die am 25. August begonnene Berliner Funkausstellung geht zu Ende. → S. 165

4. September, Montag

Obwohl die Atomwaffenversuche wieder aufgenommen worden sind, treffen die Delegationen der UdSSR, der USA und Großbritanniens in Genf zu einem weiteren Gespräch über die kontrollierte Einstellung von Atomtests zusammen. Die Vertreter der USA und Großbritanniens fordern die Unterzeichnung eines Vertrages über die Einstellung von Atomexplosionen in der Atmosphäre am 9. September. Am nächsten Tag lehnt die Sowjetunion die Einstellung der Atomwaffenversuche in der Erdatmosphäre ab.

5. September, Dienstag

Zur Wiederaufnahme ihrer unterirdischen Atomwaffenversuche haben sich die Vereinigten Staaten entschlossen. Präsident John F. Kennedy veröffentlicht eine entsprechende Erklärung, nachdem zuvor festgestellt wurde, daß die Sowjetunion zum dritten Mal seit dem 1. September eine Atomexplosion ausgelöst hat.

Gegenwärtig wohnen 39% der Bevölkerung der Bundesrepublik in einem eigenen Haus und 2% in einer Eigentumswohnung. Das hat eine Erhebung des DIVO-Instituts in Frankfurt am Main ergeben. Auf dem Lande wohnen fast zwei Drittel der Bevölkerung im eigenen Haus. In den Großstädten mit mehr als 500 000 Einwohnern beträgt der Anteil der Hausbesitzer dagegen nur 11%.

6. September, Mittwoch

In Belgrad geht die erste Konferenz von 25 blockfreien Staaten zu Ende. → S. 163

Der Verbrauch von Genußmitteln in der Bundesrepublik ist in den vergangenen sechs Jahren ungewöhnlich gestiegen. Wie das Statistische Bundesamt in Wiesbaden ermittelte, wurde 1960 viermal soviel Sekt getrunken wie 1955. Der Kaffeeverbrauch stieg um 56%, der Zigarettenverbrauch um 55%.

7. September, Donnerstag

Der brasilianische Präsident João Belchior Marques Goulart tritt sein Amt an. → S. 164

Die katholischen Bischöfe in der Bundesrepublik fordern in einem gemeinsamen Hirtenwort zur Bundestagswahl vom 17. September die Katholiken auf, sich für jene christlichen Kandidaten einzusetzen, die »einer inneren Bolschewisierung rechtzeitig Einhalt gebieten«.

8. September, Freitag

Zu »nüchternen Verhandlungen« mit US-Präsident John F. Kennedy erklärt sich der sowjetische Ministerpräsident Nikita Chruschtschow bei einer Rede im Moskauer Kreml bereit. Gleichzeitig schlägt er die Mitgliedschaft »beider deutscher Staaten« in der UNO vor.

Auf der Fahrt von Paris zu seinem Landsitz in Colombey-les-deux-Eglises entgeht der französische Staatspräsident Charles de Gaulle knapp einem Attentat. Zahlreiche Anführer der OAS, einer rechtsextremistischen Armeeorganisation, werden daraufhin verhaftet.

Das deutsche Richtergesetz wird verkündet. Es regelt die Rechtsstellung der Richter und das Rechtsverhältnis der Richter im Bundes- und im Landesdienst. Den durch nationalsozialistische Aktivitäten belasteten Richtern wird empfohlen, vorzeitig in den Ruhestand zu treten.

9. September, Sonnabend

Die US-amerikanische Marine stellt mit dem Kreuzer »Long Beach« das erste Überwasserkriegsschiff mit Atomantrieb in Dienst. Die 216 m lange und 14 000 Tonnen große »Long Beach« ist ausschließlich mit weitreichenden, lenkbaren Raketenwaffen ausgerüstet, die ihr zusammen mit dem Atomantrieb einen fast unbegrenzten Aktionsradius ermöglichen.

10. September, Sonntag

Bei einer Flugzeugkatastrophe in der Nähe von Shannon (Irland) kommen 83 Menschen ums Leben, darunter 65 deutsche Landwirte, die zu einer Tagung in die USA fliegen wollten.

Der US-amerikanische Rennfahrer Phil Hill auf Ferrari steht nach seinem Sieg im Großen Preis von Italien in Monza als Sieger der Automobil-Weltmeisterschaft 1961 fest. → S. 167

In Moskau endet das Fußball-Länderspiel Sowjetunion gegen Österreich 0 : 1.

11. September, Montag

Bei den Parlamentswahlen in Norwegen verliert die Sozialdemokratische Norwegische Arbeiterpartei ihre absolute Mehrheit, stellt jedoch weiterhin mit 74 von 150 Mandaten die Regierung.

Zur Stärkung der Westberliner Wirtschaft stellt die Bundesregierung als Sofortmaßnahme einen Betrag von 500 Millionen DM zur Verfügung. Diese Summe wird der Bund zusätzlich zu den rund 1,1 Milliarden DM zahlen, die als Zuschuß für den Haushalt von Berlin (West) dieses Jahr bereits vereinbart worden sind.

Über das Vermögen der Carl F. W. Borgward GmbH und des Schwesterunternehmens Goliath Werke GmbH wird das Anschlußkonkursverfahren eröffnet. → S. 164

Der dänische Stummfilmstar Asta Nielsen wird 80 Jahre alt. → S. 167

12. September, Dienstag

Nach einer Sitzung des Bundesverteidigungsrates beschließt die Bundesregierung, daß die freiwilligen Soldaten auf Zeit über ihre Verpflichtung hinaus weitere drei Monate bei der Bundeswehr bleiben müssen. Durch die Einberufung weiterer Wehrpflichtiger soll die Bundeswehr die Stärke von 350 000 Mann erreichen.

Der Generalsekretär der Vereinten Nationen, Dag Hammarskjöld, der sich im Kongo (Zaïre) aufhält, hat den Präsidenten von Katanga, Moise Tschombé, eingeladen, in einer persönlichen Zusammenkunft ein friedliches Abkommen zur Beendigung der Spaltung des Kongo zu treffen (→ 13. 9./S. 162).

Die schweizerische Regierung ersetzt die bisherige Nationalhymne »Heil dir Helvetia« durch den von einem Mönch im 19. Jahrhundert komponierten »Schweizerpsalm«. → S. 166

13. September, Mittwoch

Auf Veranlassung des kongolesischen Ministerpräsidenten Cyrille Adoula übernehmen Truppen der UNO nach heftigen Kämpfen die Macht in Katanga. → S. 162

Der ungarische Ministerpräsident Ferenc Münnich tritt sein Amt an den kommunistischen Parteichef des Landes, János Kádár, ab. Radio Budapest meldet eine durchgreifende Umbildung des Kabinetts. Münnich übernimmt das Amt eines Staatsministers ohne Portefeuille, das Kádár zuvor innegehabt hatte.

In der ghanesischen Hauptstadt Accra geht die dreitägige Konferenz der Commonwealth-Finanzminister zu Ende. Sie sprechen sich gegen einen Beitritt Großbritanniens zur Europäischen Wirtschaftsgemeinschaft (EWG) aus (→ 8. 11./S. 186).

Eine mehrere tausend Menschen zählende Volksmenge protestiert in Ciudad Trujillo (Santo Domingo) gegen das Regime des vor vier Monaten ermordeten dominikanischen Diktators Rafael Leonidas Trujillo. Die Polizei geht mit Schußwaffen gegen die Demonstranten vor (→ 8. 7./S. 129).

In der Nacht zum Mittwoch stürzt ein Flugzeug in der Nähe der marokkanischen Stadt Rabat ab. 78 Menschen kommen ums Leben.

Das US-amerikanische Raketenflugzeug X-15 stößt in neue Grenzbereiche vor. Testpilot John Walker erreicht mit der fliegenden Rakete einen neuen Geschwindigkeitsrekord von 5832 km/h.

In Athen wird die Verlobung der 22 Jahre alten griechischen Prinzessin Sophia mit dem 23 Jahre alten Sohn des spanischen Thronprätendenten, Juan Carlos von Bourbon, bekanntgegeben. → S. 166

Werder Bremen gewinnt den DFB-Pokal mit einem 2 : 1-Sieg über den 1. FC Kaiserslautern vor 20 000 Zuschauern in Gelsenkirchen.

14. September, Donnerstag

Zwei Düsenjäger der Bundeswehr verfliegen sich nach Berlin und müssen aus Brennstoffmangel eine Notlandung auf dem Flughafen Tempelhof im französischen Sektor von Berlin (West) durchführen. Die Sowjetunion protestiert und kündigt den Abschuß von Flugzeugen für den Fall einer Wiederholung solcher »Provokationen« an.

15. September, Freitag

Die Italiener heben den am 12. Juli für Österreicher verhängten Visumzwang auf (→ 12. 7./S. 133).

Ein türkisches Sondergericht verurteilt den ehemaligen türkischen Ministerpräsidenten Adnan Menderes und den einstigen Staatspräsidenten Celâl Bayar wegen grober Verstöße gegen die Verfassung und anderer Delikte zum Tode. Das Urteil wird am 17. September vollzogen. Gegen zehn weitere Mitangeklagte wurde ebenfalls die Todesstrafe verhängt.

Ein Porträt auf der Titelseite des Hamburger Magazins »Der Spiegel« vom 27. September 1961 kündigt eine Serie über den Bundeskanzler Konrad Adenauer an

September 1961

Der französische Film »Eine Frau ist eine Frau« von Jean-Luc Godard mit Anna Karina in der Hauptrolle wird in deutschen Kinos erstaufgeführt.

16. September, Sonnabend

Die Souveränität über die Sahara als Vorbedingung für weitere Verhandlungen mit Frankreich fordert der neue Ministerpräsident der algerischen Exilregierung, Jusuf ibn Chidda, in seiner ersten Rundfunkansprache an die algerische Bevölkerung (→ 19. 10./S. 176).

17. September, Sonntag

Die CDU verliert bei den Wahlen zum vierten deutschen Bundestag die absolute Mehrheit. Die CDU/CSU erhält 45,9% (1957: 50,2%), die SPD 36,2% (1957: 31,8%) und die FDP 12,8% (1957: 7,7%) der Stimmen. → S. 160

In der DDR finden Gemeindewahlen statt, die mit dem programmierten Erfolg der SED enden.

In New York wird das Schauspiel »Glückliche Tage« von Samuel Bekkett uraufgeführt.

18. September, Montag

Der Generalsekretär der Vereinten Nationen, Dag Hammarskjöld, ist in der Nacht zum Montag auf dem Flug von Léopoldville im Kongo (Zaïre) zur nordrhodesischen Stadt Ndola tödlich verunglückt. → S. 162

In Wien beginnt der Weltbankkongreß. Die Zusammenkunft, an der 70 Nationen beteiligt sind, dauert bis zum 22. September.

19. September, Dienstag

Der US-amerikanische General Lucius D. Clay kommt als Sonderbeauftragter des US-Präsidenten John F. Kennedy nach Berlin. → S. 161

Der Parteivorstand der SPD beschließt, daß die Mitglieder der Partei, die Wahlvorschläge der Deutschen Friedensunion (DFU) unterzeichnet haben, sich damit außerhalb der Partei gestellt haben (→ 9. 1./S. 22).

Die Vollversammlung der UNO tritt in New York zur Eröffnung ihrer 16. Session zusammen. Die Arbeit der Vollversammlung beginnt am 20. September Hauptpunkte sind die Berlin-Frage, Abrüstungsverhandlungen und die Wahl eines Nachfolgers für den am 18. September tödlich verunglückten UNO-Generalsekretär Dag Hammarskjöld.

Der Präsident von Katanga, Moise Tschombé, führt im nordrhodesischen Ndola erste Waffenstillstandsverhandlungen mit Vertretern der UNO (→ 13. 9./S. 162).

Im Deutschen Schauspielhaus in Hamburg wird das Stück »Zeit der Schuldlosen« von Siegfried Lenz uraufgeführt (→ 2. 11./S. 192).

Der deutsche Schauspieler Willy Birgel wird 70 Jahre alt.

20. September, Mittwoch

Die DDR-Volkskammer beschließt ein »Gesetz zur Verteidigung der DDR«, das Walter Ulbricht als Vorsitzenden des DDR-Staatsrats zur formlosen Verkündung des Verteidigungsfalles und zur Außerkraftsetzung der Verfassung der DDR ermächtigt. → S. 161

Die DDR-Behörden beginnen mit der gewaltsamen Räumung von Gebäuden entlang der Sektorengrenze zwischen Berlin (Ost) und Berlin (West). → S. 161

Der griechische Ministerpräsident Konstandinos Karamanlis hat König Paul seinen Rücktritt eingereicht. Der König löst daraufhin das Parlament auf und schreibt Neuwahlen für den 29. Oktober aus. Der frühere General Konstantin Dovas wird zum Chef einer Interimsregierung, die bis zum Zusammentreten des neugewählten Parlaments am 4. November die Regierungsgeschäfte führen soll, ernannt (→ 4. 11./S. 187).

Der Internationale Währungsfonds soll in Zukunft über größere Mittel verfügen, damit sich Spannungen im Zahlungsverkehr schnell und wirksam ausgleichen lassen. Die dafür vom Direktor dieses Fonds, Per Jacobsson, vorgebrachten Vorschläge haben auf der Wiener Jahrestagung des Fonds und der Weltbank die Zustimmung der maßgeblichen Staaten gefunden.

Die Bundesrepublik Deutschland gewinnt in Düsseldorf ein Fußball-Länderspiel gegen Dänemark 5:1.

21. September, Donnerstag

Zwischen dem US-amerikanischen Außenminister Dean Rusk und seinem sowjetischen Kollegen Andrei Gromyko finden in New York erste Gespräche über die Lösung der Berlin-Krise statt.

Im Beisein von Bundespräsident Heinrich Lübke und Bundeswirtschaftsminister Ludwig Erhard wird in Frankfurt am Main die 40. Internationale Automobilausstellung eröffnet. Die Ausstellung endet am 30. September (→ 30. 9./S. 164).

Die anhaltende Trockenheit führt in Wien zu einer kritischen Lage der Trinkwasserversorgung. 1,6 Millionen Wiener sind von der Wasserknappheit bedroht. Die Behörden ordnen drastische Sparmaßnahmen an; Verstöße sollen mit hohen Geldstrafen belegt werden.

Die französischen Winzer erwarten in diesem Jahr einen »Jahrhundertwein«, der nach Ansicht von Fachleuten wenigstens an die Qualität der bisher besten Weine des Jahrhunderts, der Jahrgänge 1947 und 1949, heranreichen soll.

22. September, Freitag

Der österreichische Außenminister Bruno Kreisky und sein italienischer Kollege Antonio Segni einigen sich bei Gesprächen in New York am Donnerstag und Freitag auf eine Art Burgfrieden im Südtirol-Konflikt. Sie kommen überein, daß keine der beiden Seiten etwas unternehmen soll, was die Situation in Südtirol verschärfen könnte (→ 1. 10./S. 175).

23. September, Sonnabend

Vom Raketenversuchsgelände Vandenberg im US-Staat Kalifornien wird eine Interkontinentalrakete des Typs »Titan« in ein Zielgebiet in der Nähe der Insel Wake gesteuert. Die »Titan« wird bei diesem Versuch zum ersten Mal automatisch aus einem unterirdischen Lagerbunker auf die Rampe ausgefahren und ebenfalls automatisch gestartet. Das 30 m lange Projektil hat eine Reichweite von 13 000 km.

Die Sowjets erproben eine Interkontinentalrakete, die mit großer Zielgenauigkeit im Pazifik niedergeht.

24. September, Sonntag

Bei dichtem Nebel ereignen sich im Ärmelkanal drei Schiffskollisionen. Vor Hastings stößt der britische Frachter »Crystal Jewel« mit dem britischen Öltanker »British Aviator« zusammen; eine Person wird getötet. Nördlich vor Cherbourg stößt der britische Frachter »Niceto de Larrinaga« mit dem französischen Tanker »Sitala« zusammen; mehrere Besatzungsmitglieder des britischen Schiffes werden schwer verletzt. Vor den Goodwin Sands kollidieren der italienische Tanker »Aurelia« und das norwegische Motorschiff »Fagerheim«; beide Schiffe werden nur leicht beschädigt.

Die Deutsche Oper in Berlin wird – Höhepunkt der Berliner Festwochen – feierlich eröffnet. → S. 166

25. September, Montag

Der Stiftungsrat der Stiftung Preußischer Kulturbesitz, an der außer dem Bund die Länder Baden-Württemberg, Berlin, Nordrhein-Westfalen und Schleswig-Holstein beteiligt sind, konstituiert sich in Berlin und hält seine erste Sitzung ab. Der Stiftungsrat beschließt, zunächst das Museum in Berlin-Dahlem in zwei Bauabschnitten auszubauen.

In Berlin wird die Oper »Alkmene« von Giselher Klebe uraufgeführt.

26. September, Dienstag

Der frühere französische Ministerpräsident Pierre Mendès-France fordert das Abtreten des französischen Staatspräsidenten Charles de Gaulle; nur so sei ein Bürgerkrieg zu vermeiden. Eine neue provisorische Regierung müsse das Algerienproblem lösen und die demokratischen Institutionen wieder herstellen.

27. September, Mittwoch

Die Berlin-Verhandlungen zwischen dem US-amerikanischen Außenminister Dean Rusk und seinem sowjetischen Kollegen Andrei Gromyko werden in New York fortgeführt. Ergebnisse werden nicht bekannt.

Der Präsident von Katanga, Moise Tschombé, fordert Cyrille Adoula, den Ministerpräsidenten der kongolesischen Zentralregierung, zu Verhandlungen auf (→ 13. 9./S. 162).

28. September, Donnerstag

Offiziere und Armee-Einheiten putschen in Syrien gegen die Zentralregierung der Vereinigten Arabischen Republik (VAR). Die Offiziere beschuldigen die Regierung in Kairo der korrupten Wirtschaftspolitik zum Schaden von Bauern und Arbeitern. → S. 162

Als vierte Bochumer Schachtanlage wird die Zeche Engelsburg der Bochumer Bergbau AG stillgelegt. Die 100 Belegschaftsmitglieder sollen auf der benachbarten Zeche Holland untergebracht werden.

Die neue Kernforschungsanlage in Jülich bei Köln wird vom Ministerpräsidenten des Landes Nordrhein-Westfalen, Franz Meyers, ihrer Bestimmung übergeben. → S. 165

In London wird Sir Stanley Rous zum neuen Präsidenten des Internationalen Fußballverbandes (FIFA) gewählt. → S. 167

29. September, Freitag

Die Bundesregierung lehnt eine atomwaffenfreie Zone oder einen Rückzug der ausländischen Truppen vom Gebiet der Bundesrepublik weiterhin ab. Zugeständnisse auf dem Gebiet der Sicherheit sollten nach deutscher Ansicht nur gemacht werden, wenn sie der stufenweisen Wiedervereinigung dienen.

Frankreich und Tunesien unterzeichnen ein Abkommen, das es Frankreich gestattet, den Flottenstützpunkt Biserta während der gegenwärtigen Ost-West-Spannungen noch zu behalten. → S. 164

30. September, Sonnabend

Die Bevölkerung der Welt ist 1960/61 schneller gewachsen als die Erzeugung von Nahrungsmitteln und landwirtschaftlichen Gütern. Die Weltbevölkerung nahm um 1,6% zu, während sich die Nahrungsmittelproduktion nur um 1% erhöht hat.

Die 40. Internationale Automobilausstellung in Frankfurt am Main geht zu Ende. → S. 164

Gestorben:

10. Monza: Wolfgang Graf Berghe von Trips (* 4. 5. 1928, Hemmersbach bei Horrem), deutscher Rennfahrer. → S. 167

17. Insel Yassi: Adnan Menderes (* 1899, Aydin), türkischer Politiker.

18. Zwischen Léopoldville (Kinshasa) und Ndola: Dag Hammarskjöld (* 29. 7. 1905, Jönköping), schwedischer Politiker → S. 162

22. Wien: Albin Skoda (* 29. 9. 1909, Wien), österreichischer Schauspieler.

er Beginn der Koalitionsgesprä-
he zwischen der CDU und der
DP wird im Leitartikel der Zei-
ng »Die Welt« gemeldet

DIE GEISTIGE WELT (6 Seiten Beilage) / DAS FORUM DER WELT

Verlag DIE WELT, Essen, Sachsenstr. 36, Tel. 2 14 21, Fernschr. 0857 341, Hamburg 36, Kaiser-Wilhelm-Str. 1, Tel. 34 10 10, Fernschr. 0211 149, Berlin-Tempelhof, Mariendorfer Damm 1/3, Tel. 75 05 86. Verlagsleiter: Dr. Heinrich Schulte

DIE WELT

UNABHÄNGIGE TAGESZEITUNG FÜR DEUTSCHLAND

Abonnement, durch Träger oder Post, monatlich DM 6,60 einschl. Zustellgebühr, Postabholer DM 6,06, Auslandsbezug DM 9,— einschl. Porto. Anzeigenpreisliste Nr. 30 vom 15. 7. 1961. Verantwortlich für Anzeigen: Karl Heinz Holz

Sonnabend, 30. September 1961 1 H 7109 A Ausgabe D Nr. 228 - Preis 50 Pf

Montag erstes Koalitionsgespräch zwischen Adenauer und der FDP

Ruf aus Uppsala

B. N. — Das Grundmotiv aller Beileidskundgebungen zum Tod des Generalsekretärs der Vereinten Nationen fand gestern beim Staatsbegräbnis in Uppsala seine tiefste Deutung. „Diener des Friedens", „Diener der Menschheit" — abgesehen von den Kommunisten hatte keiner der Politiker in seiner Antwort auf die Hiobsbotschaft aus dem afrikanischen Busch Dag Hammarskjöld diesen ehrenvollen Titel vorenthalten.

Aber in der Kathedrale von Uppsala erinnerte Erzbischof Erlung Eidem daran, daß „Diener für den Frieden und für die Menschen" die Aufgabe jedes Politikers sei. Der Titel, mit dem die Politiker den toten Hammarskjöld geehrt hatten, wurde an sie als Aufforderung zurückgegeben.

Wir wissen, daß das Wort „dienen" gerade deshalb so oft gebraucht wird, weil seine Ausübung in der Praxis so selten geworden ist. Wir lächeln heute über den „Diener". Im Dienen sehen wir noch nur das stille Gehorchen, das duldsame Hinnehmen von Befehlen. Wir haben darüber vergessen, daß der Diener etwas anders als ein Sklave ist. Dieser ist Objekt der Herrschaft, jener Subjekt, dessen Willen sich freiwillig einer Verantwortung unterzieht.

Zum Dienen gehört es, eigene Initiative zu entwickeln. Dag Hammarskjöld hat es getan. Gerade weil er selber den Frieden planen und gestalten wollte, erwies er sich als Diener der Menschheit.

„Niemand", sagte der Erzbischof, „lebt um seiner selbst willen, sondern für die anderen". Das ist der mahnende Ruf aus Uppsala an alle, die für den Frieden verantwortlich sind.

Auseinandersetzungen bei den Freien Demokraten

Mende: Ich falle nicht um

Von unserem Korrespondenten

Re. Bonn, 29. September

Am kommenden Montag um 10 Uhr werden die offiziellen Verhandlungen zwischen Christlichen Demokraten und Freien Demokraten über die Bildung der neuen Bundesregierung beginnen. Im Palais Schaumburg werden sich die Parteivorsitzenden Adenauer, Strauß und Mende gegenübersitzen.

Mende wird zu dem Gespräch von weiteren Mitgliedern der FDP-Verhandlungsdelegation begleitet werden.

Bundesvorstand und Bundesfraktion der Freien Demokraten erklärten am Freitag ihre Bereitschaft zur Aufnahme der Koalitionsverhandlungen mit den Christlichen Demokraten. Der Name Adenauer ist in dem Kommuniqué, das zweieinhalb Stunden nach Sitzungsbeginn herausgegeben wurde, nicht enthalten.

In der Erklärung heißt es lediglich, die von den Freien Demokraten eingesetzte Verhandlungskommission sei beauftragt, mit den Christlichen Demokraten auf der Grundlage der von einem Arbeitskreis ausgearbeiteten Koalitionsbedingungen und des am 19. September einstimmig gefaßten Beschlusses zu verhandeln.

In dem nach der Fraktionssitzung vom 19. September veröffentlichten Beschluß hatten sich die Freien Demokraten bei gleichzeitiger Absage an eine Koalition mit den Sozialdemokraten bereit erklärt, ein Koalitionsangebot der Christlichen Demokraten auf der Basis einer wirklichen Partnerschaft und nach Erfüllung bestimmter sachlicher und personeller Voraussetzungen anzunehmen.

Mende war in einer Pressekonferenz nach der Fraktionssitzung vom 19. September weit über diese schriftlich niedergelegte Formulierung hinausgegangen und hatte erklärt, die Freien Demokraten würden nicht in ein von Adenauer geführtes Kabinett eintreten, auch nicht, wenn die Kanzlerschaft Adenauers nur noch für eine Übergangsfrist gelten solle.

Das Kommuniqué läßt mehrere Interpretationen zu. Selbst ein Teil der Freien Demokraten, die an der Sitzung teilgenommen hatten, behauptete, das heiße nach wie vor: „Koalition mit den Christlichen Demokraten ja — unter Adenauer nein." Ein anderer Teil meinte, damit seien für die kommenden Verhandlungen zunächst die Sachfragen in den Vordergrund gerückt. Aber auch dieser Teil weigerte sich, klar zu sagen, daß er bereit sei, bei der Kanzlerwahl die Stimme für Adenauer abzugeben.

Seit die Christlich-Demokratische Union Adenauer jedoch wieder als Kanzlerkandidaten auf den Schild hob, war bei Mende die Tendenz spürbar geworden, Adenauer vielleicht für eine Übergangszeit doch als Kanzler zu akzeptieren, um damit eine Koalition von Christlichen Demokraten und Sozialdemokraten zu verhindern.

Während einer Verhandlungspause der Fraktion erklärte Mende vor Journalisten mit Nachdruck: „Ich falle nicht um."

(Fortsetzung Seite 2, Spalten 2 bis 4)

Bonn weiter gegen atomwaffenfreie Zone

Von unserem Korrespondenten

Schr. Bonn, 29. September

Die Bundesregleung lehnt eine atomwaffenfreie Zone oder ein „Disengagement" durch Abmarsch der ausländischen Truppen vom deutschen Boden unverändert ab.

Zugeständnisse auf dem Gebiet der Sicherheit sollten nach deutscher Ansicht nur gemacht werden, wenn sie, wie im westlichen Friedensplan vorgesehen, der stufenweisen Wiedervereinigung dienen.

Diese Informationen wurden am Freitag erhärtet durch ein Interview des Bundesverteidigungsministers Strauß. Die darin entwickelte politische Linie deckt sich, wie wir zuverlässig erfahren, in jedem Punkt mit den Ansichten von Bundeskanzler Adenauer und Bundesaußenminister von Brentano. (Siehe Seite 2.)

Nasser verzichtet auf Truppeneinsatz

Abfall Syriens von Kairo faktisch vollzogen

Nachrichtendienst der WELT

Kairo/Damaskus, 29. September

Präsident Nasser hat seine Pläne für militärische Operationen gegen die syrischen Aufständischen aufgegeben. Vor hunderttausend Menschen teilte er in Kairo in einer Rede mit, er habe allen Einheiten, die schon auf dem Wege nach Syrien waren, den Befehl zur Rückkehr erteilt. Er wolle Blutvergießen vermeiden. Die Gebiete, wo die Truppen landen sollten, seien von den Aufständischen besetzt.

Mit der Bildung einer selbständigen Regierung hat der „syrische Revolutionsrat" am Freitag — einen Tag nach Beginn des Militärputsches gegen die Zentralregierung — den Bruch mit Kairo de facto vollzogen. Als erste Staaten haben Jordanien und die Türkei die syrische Übergangsregierung unter dem 48 Jahre alten Politiker Kusbari anerkannt. Die Regierung soll bis zur Wahl eines Parlaments im Amt bleiben.

Die syrischen Revolutionäre gaben bekannt, daß 120 Fallschirmjäger, die Freitag früh über der Hafenstadt Latakia abgesprungen sind, überwältigt worden seien. Der Befehl Nassers hatte die Fallschirmjäger nicht mehr erreicht. Über die Zahl der Opfer ist bisher nichts bekanntgeworden. (Siehe Seite 4.)

Treffen zwischen Kennedy und Gromyko?

New York, 29. September (UPI)

Präsident Kennedy wird möglicherweise in der nächsten Woche den sowjetischen Außenminister Gromyko in Washington empfangen.

Die Möglichkeit des Treffens wurde am Freitag von amerikanischen Regierungsbeamten angedeutet. Nach ihrer Darstellung ist noch keine endgültige Entscheidung des Weißen Hauses getroffen worden. Wie die Entscheidung ausfalle, werde hauptsächlich vom Ergebnis der Beratungen zwischen Gromyko und dem amerikanischen Außenminister Rusk abhängen. Rusk und Gromyko treffen am Sonnabend zu ihrer dritten Unterredung innerhalb von zehn Tagen zusammen. (Siehe S. 5.)

Der Sarg mit den sterblichen Überresten Dag Hammarskjölds auf dem Wege von der Kathedrale in Uppsala zur Begräbnisstätte der Familie in der alten schwedischen Universitätsstadt

Telefoto: DIE WELT / UPI

Malinowski in der Zone

Springer-Auslandsdienst

London, 29. September

Der sowjetische Verteidigungsminister Marschall Malinowski und sein Stellvertreter Marschall Golikow sind in der Sowjetzone eingetroffen. Dies berichtete nach einer in London aufgefangenen Meldung am Freitag der Sender der sowjetischen Streitkräfte in Mitteldeutschland.

Nach Meinung diplomatischer Kreise steht der Besuch in Zusammenhang mit den seit einiger Zeit bei den sowjetischen Armeegruppen und Militärdistrikten abgehaltenen Parteikonferenzen, die der Vorbereitung des Moskauer KP-Kongresses dienten.

Einigung Paris—Tunis über Biserta

Tunis, 29. September (UPI)

Frankreich und Tunesien haben am Freitag in Biserta ein Abkommen unterzeichnet, das es Frankreich gestattet, den Flottenstützpunkt Biserta während der gegenwärtigen Ost-West-Spannungen noch zu behalten.

Einer der Hauptpunkte des Abkommens ist nach Mitteilung unterrichteter Kreise, daß Frankreich am Sonntag beginnen wird, seine Truppen aus der Stadt Biserta wieder in den Stützpunkt zurückzuziehen.

Von tunesischer Seite wurde erklärt, das Zustandekommen des Abkommens sei wesentlich durch die Fortschritte bei den Pariser Besprechungen über die Wiederaufnahme der französischen „Kulturhilfe" an Tunesien erleichtert worden.

Billige Olympia-Reisen

Rom, 29. September (dpa)

Auch weniger zahlungskräftigen Interessenten soll 1964 eine Reise zu den Olympischen Spielen in Tokio ermöglicht werden. In Bonn wurde ein deutsches Koordinierungsbüro gegründet, das zusammen mit japanischen und deutschen Dienststellen die Reisen organisieren will.

Die Besucher der Spiele sollen an Bord der Schiffe auch während der Liegezeiten Unterkunft finden, so daß die Kosten verhältnismäßig niedrig gehalten werden können. Geldinstitute planen ein „Olympia-Reisesparen".

Unverhältnismäßig warm

Nachrichtendienst der WELT

Hamburg, 29. September

Für die Jahreszeit unverhältnismäßig warmes Wetter sagen die Meteorologen auch für das Wochenende voraus. Die Temperaturen sollen in Süddeutschland sogar über 25 Grad ansteigen. In West- und Süddeutschland besteht Gewittergefahr.

Albert Falderbaum tödlich verunglückt

Augsburg, 29. September (AP)

Der deutsche Kunstflugmeister und bekannte Testpilot Albert Falderbaum aus Hamburg-Othmarschen ist am Freitag bei einem Testflug mit einer neuen Sportmaschine in der Nähe von Augsburg tödlich verunglückt. (Siehe auch Seite 16.)

Die Welt nahm Abschied von Hammarskjöld

Schweden trug einen seiner größten Söhne zu Grabe — Zehntausende säumten die Straßen

Von unserem Korrespondenten

M. S. Uppsala, 29. September

Mit einer eindrucksvollen Trauerfeierlichkeit und einem Staatsbegräbnis, wie es in Schweden sonst nur gekrönten Häuptern zuteil geworden ist, hat die Welt am Freitag Abschied genommen von dem verunglückten Generalsekretär der Vereinten Nationen, Dag Hammarskjöld, der im fernen Afrika sein Leben für die Erhaltung des Friedens lassen mußte. Die schwedische Königsfamilie und 2000 geladene Gäste, darunter Sonderbotschafter und Vertreter der Staatsoberhäupter aus aller Welt, nahmen an der ergreifenden Feier in der 700jährigen gotischen Kathedrale von Uppsala teil.

Zur Seite des Sarges vor dem Altar der 700jährigen Kirche saßen die königliche Familie und die nächsten Angehörigen Hammarskjölds. Alle im Frack, die Damen tief verschleiert, wie es bei schwedischen Begräbnissen üblich ist. Der 80jährige ehemalige Erzbischof und Freund der Hammarskjölds, Erling Eidem, vollzog die Zeremonie.

Der Erzbischof sagte in seiner Grabrede, Hammarskjöld habe die Aufgabe des Dienstes am Nächsten bis zur Selbstaufgabe erfüllt. Gott habe alle zum Dienen in seiner Welt aufgerufen, den einen zu begrenzter Arbeit, den anderen zu einer sehr großen Aufgabe in Ost, West, Nord und Süd. Jeder von Gott aufgetragene Dienst sei eine edle Aufgabe, die dankbar angenommen werden müsse. Als ein Choral im hohen Gewölbe der gotischen Kirche verklungen war, vollzog der Erzbischof die Einsegnung.

Nach einem liturgischen Schlußgesang trug die Opernsängerin Elisabeth Söderström aus Händels „Messias" die Arie „Ich weiß, daß mein Erlöser lebt" vor, und der Domchor sang abschließend „So fahr ich hin" von Heinrich Schütz und den Schlußchoral aus der Johannes-Passion „Sende, Herr, die Engel aus". Beim gemeinsamen Gesang erhob sich die Gemeinde, und unter den Klängen der Orgelfuge in Es-Dur von Johann Sebastian Bach wurde der Sarg Hammarskjölds aus der Kirche getragen.

Tausende warteten geduldig, bis sich die hohen Türen des Domes öffneten und der Sarg auf den mit vier Pferden bespannten königlichen Katafalkwagen gehoben wurde. Schweigend, ergriffen, neigten die Menschen den Kopf zum Abschiedsgruß. Bauern hatten ihre Traktoren auf den Feldern stehenlassen, Kaufleute ihre Läden geschlossen. Hausfrauen nahmen ihre kleinen Kinder an die Hand und stellten sich neben die Arbeiter in Overalls und Studenten in ihren weißen Mützen und blau-gelben Schärpen, um ihrem großen Landsmann die letzte Ehre zu erweisen.

Unter den 1200 Uppsalaer Studenten, die den Weg flankierten, standen Inder und Afrikaner; im Gefolge der ausländischen Gäste sah man viele schwarze Repräsentanten.

Fast jeder der jungen afrikanischen Staaten hatte einen offiziellen Vertreter entsandt. Die ganze Welt stand im buchstäblichen Sinne des Wortes an Hammarskjölds Bahre.

Langsam zog der Leichenwagen, der sonst nur Könige zu Grabe getragen hatte, durch die Straßen zum Friedhof.

(Fortsetzung Seite 5, Spalte 1)

Die Reden Kennedys

Von HANS ZEHRER

I

Mit den Worten der Staatsmänner hat es seine Bewandtnis. Man braucht nicht gleich auf Cäsar zurückzugreifen, dessen klassische Sprache noch heute den Zehnjährigen geboten werden kann. Auch nicht auf Bismarck. Es genügt, sich an die Reden Churchills zu erinnern oder in einem seiner Bücher zu blättern. Das sind die klaren, harten und heute fast schon klassischen Sätze eines Staatsmannes, der, wie seine Vorgänger, Schwert und Feder gleich gut zu handhaben wußte und bei dem Gedanke und Tat ganz dicht beieinander liegen. Es ist große Literatur, aber es ist nicht literarisch. Vor allem aber ist es der unverwechselbare Ausdruck einer einmaligen Persönlichkeit, die von ihren Taten gehämmert und geprägt wurde. Sie haben alle gehandelt und erst dann gesprochen und geschrieben. Das gibt ihrem Wort jene Kraft, an die man sich halten kann, und jene Einfachheit, an der nicht zu deuteln ist.

Auch die Reden und Botschaften Kennedys sind heute jedesmal ein Ereignis. Es sind nicht wenige, denn der neue amerikanische Präsident macht wie kein zweiter vor ihm den Versuch, mit dem geflügelten Werkzeug des Wortes Politik zu treiben und die Dinge in Bewegung zu bringen und zu formen. Sie liegen nicht mehr so einfach wie bei der Generation der Großväter. Es ist eines, mit harter Entschlossenheit von Schweiß, Blut und Tränen zu sprechen, wie es Churchill vor zwei Jahrzehnten tat. Es ist ein anderes, den Leuten zu sagen, daß jeder Bewohner unseres Planeten auf den Tag gefaßt sein müsse, da dieser nicht mehr bewohnbar ist. Es ist eines, die Leute zum Kampf aufzurufen, in dem sie sterben, in dem sie aber auch siegen und überleben können. Es ist ein anderes, ihnen sagen zu müssen, daß die Ereignisse und Entscheidungen der nächsten zehn Monate das Schicksal der Menschheit für die nächsten zehntausend Jahre bestimmen können und daß es keine Revision für diese Entscheidungen geben wird.

II

Kennedy ist in ganz anderer Weise auf das Wort angewiesen als die Staatsmänner vor ihm, und es ist auch ein ganz anderes Wort. Vielleicht verbergen sich viele Entscheidungen und Taten dahinter, die es bereits geprägt haben, aber sie werden nicht so offenbar wie die Taten der früheren Staatsmänner. Denn Kennedy muß sprechen, bevor er handelt, weil es danach keinen Sinn mehr haben könnte, darüber zu sprechen oder zu schreiben. Es ist eines, den Rubikon zu überschreiten und die Legionen in ein fremdes Land zu führen. Es ist ein anderes, auf den Knopf zu drücken und die Hölle loszulassen. Die Welt hat sich grundlegend geändert.

Deshalb erweckt der junge amerikanische Präsident manchmal den Eindruck eines Hamlet, der auf die Atombombe in seiner Hand blickt und seinen Monolog von Sein oder Nichtsein hält. Seine Botschaften und Reden aber zeigen die innere Dynamik eines dialektischen Prozesses, der das logische Denken bis zu jenem Punkt zu steigern sucht, der die Einheit aller Gegensätze bringen soll. Ein Genuß für jene schmale Schicht, die in diesen Kategorien unserer Welt zu denken vermag. Für die breiten Massen aber fremd und nicht von jener Art, an die man sich halten kann, an der nicht zu deuteln ist und die zum unverwechselbaren Ausdruck einer einmaligen Persönlichkeit wird. Diese breiten Massen aber sind heute sehr breit, namentlich dann, wenn man zu den Repräsentanten von hundert Nationen spricht, deren Völker eben erst den Fuß auf die unteren Stufen der Treppe zum Aufstieg gesetzt haben.

III

Die innere Dynamik des dialektischen Prozesses, die diese Reden und Botschaften kennzeichnet, bringt es mit sich, daß sie weiterwirkt und die Gehirne jener schmalen Schicht in Bewegung setzt, deren Denken und Phantasie von ihr ergriffen werden und die sich bewogen fühlt, sie zu deuten und weiter auszuspinnen. Das ist nicht ohne Nutzen, wenn man bedenkt, daß die Menschheit seit anderthalb Jahrzehnten in einer neuen Epoche der Aufklärung lebt, in der ihr die atomare Wirklichkeit nahegebracht und die Möglichkeit ihres Verhaltens einsichtig gemacht werden sollen. Aber das hat auch den Nachteil eines ungeheuren Stimmengewirrs, das bereits dicht neben und unter dem Präsidenten anhebt, sich über die ganze Welt verbreitet und die Vielfalt aller Gegensätze wieder in voller Schärfe in Erscheinung treten läßt. Sehr zum Nachteil auch der Gestalt und der Führung des Präsidenten, die dadurch an Konturen einbüßen.

Das wird zur Gefahr, wenn es sich inmitten einer sehr ernsten weltpolitischen Spannung und angesichts eines Gegners abspielt, der sich nicht von des Gedankens Blässe angekränkelt weiß und sich auch nicht aufgerufen fühlt, die Menschheit aufzuklären, sondern der immer nur handelt und handelt und dessen Worte von seinen Taten geprägt und legitimiert werden. Denn dieses Stimmengewirr dürfte kaum dazu angetan sein, ihn zu beeindrucken und zur Mäßigung zu mahnen. Es könnte ihn im Gegenteil zu der Annahme verführen, daß sich in dieser Vielfalt der Gegensätze der Zerfall der gegnerischen Front offenbart. Und er könnte darüber vergessen, daß sich dahinter ein Mann befindet, der die Hand am Druckknopf hat.

Aber das ist nicht die einzige Problematik, die aus dem ungewöhnlichen und wahrscheinlich notwendigen Gebrauch des Wortes resultiert, dessen sich der amerikanische Präsident bedient. „Diese Generation lernte aus bitterer Erfahrung", sagte er in seiner letzten großen Rede von sich, „daß es nur zum Kriege führen kann, wenn man Drohungen ausstößt oder wenn man sich ihnen beugt. Aber Festigkeit und Vernunft können zu der Art von friedlicher Lösung führen, an die mein Land aufs tiefste glaubt."

IV

Festigkeit und Vernunft, hier ist sie wieder, diese innere dynamische Spannung, die zwei Größen, die nicht gegensätzlich zu sein brauchen, es aber sein können, zur Einheit zusammenfaßt. Aus allen Botschaften und Reden Kennedys lassen sich zahlreiche solcher Begriffspaare heraussuchen, die nicht so selbstverständlich miteinander vereinbar sind, wie sie zusammengefaßt werden, und die deshalb wie zwei Pole wirken können, zwischen denen die Funken hin und her knistern wie bei einer Leydener Flasche.

Vielleicht ist es dieser Generation der Vierzigjährigen, der man Kühle, Nüchternheit und Härte nachsagt oder voraussagt, gar nicht bewußt, daß die Einheit ihrer Begriffspaare nicht so selbstverständlich ist, wie sie dargeboten wird. Vielleicht ist es auch das bewußte Mittel ihrer Dialektik, sich dieser dynamischen Spannung zu bedienen. Aber es ist nur natürlich, wenn die vielen kleineren Geister neben und unter dem Präsidenten und die durchschnittlichen Handwerker im Bereich des Geistes und der Politik in aller Welt nun versuchen, einen solchen Satz zu deuten und zu kommentieren und auf die schwerfällige Ebene der Tatsachen und Ereignisse zu projizieren, und wenn ihnen die ursprüngliche Einheit dabei verlorengeht. Wobei die einen mehr die Festigkeit und die anderen mehr die Vernunft betonen. Und woraus dann die breiten Massen, die noch weniger diffizil zu denken pflegen, jeweils die Folgerung ziehen: Wir bleiben hart, oder wir werden weich. Zumal ihnen zunächst nur Worte, aber nicht Taten mitgegeben werden, an die sie sich leichter halten könnten.

Vielleicht ist das auch wirklich die Art, in der man unter der Räson

(Fortsetzung Seite 2)

Sie lesen heute

Keine absolute CDU-Mehrheit

7. September. Bei einer Wahlbeteiligung von 87,7% verliert die CDU/CSU bei den Wahlen zum vierten deutschen Bundestag ihre absolute Mehrheit, bleibt jedoch mit 45,3% der Stimmen stärkste Fraktion vor der SPD mit 36,2% und der FDP mit 12,8%. Die Gesamtdeutsche Partei (GDP) scheitert an der Fünf-Prozent-Klausel.

Die SPD kann 45 Wahlkreise mehr gewinnen als bei den Wahlen von 1957, darunter die Wahlkreise Mülheim (Ruhr), Bochum, Kiel, Braunschweig, sämtliche drei Wahlkreise in Frankfurt am Main, Mainz, Wiesbaden, Recklinghausen und Ludwigsburg. Einen großen Erfolg erzielen die Sozialdemokraten vor allem in Hessen. Von den 21 Wahlkreisen des Landes können sie 18 direkt gewinnen.

Erhebliche Gewinne verzeichnen auch die Freien Demokraten, vor allem in Niedersachsen. Dabei erhalten sie in der Regel mehr Zweitstimmen als Erststimmen.

Die Hoffnungen der GDP auf eine Mitarbeit im Bundestag erfüllen sich nicht. Die Partei, die am → 16. April (S. 77) in Bonn aus einer Fusion von Deutscher Partei (DP) und dem Block der Heimatvertriebenen und Entrechteten (BHE) entstanden ist, konnte nicht einmal in Niedersachsen, dem Stammland der DP, nennenswerte Erfolge erzielen.

In Bayern behält die CSU ihre überragende Position. Ihre Stimmenverluste sind wesentlich niedriger als die Einbußen der CDU im übrigen Bundesgebiet. In der überwiegenden Mehrzahl der Städte kann die SPD allerdings ihre Anhängerschaft festigen..

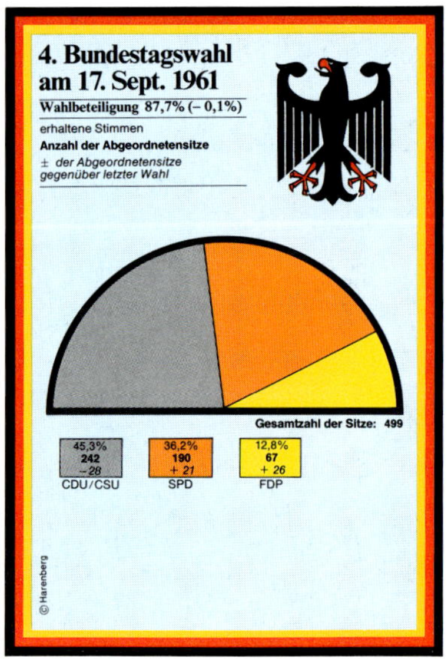

Insgesamt sind rund 300 000 ehrenamtliche Wahlvorsteher und Beisitzer mit der Abwicklung der Bundestagswahlen in den rund 60 000 Wahllokalen beschäftigt. Etwa zwei Millionen Wähler haben bereits vor dem 17. September auf dem Weg der Briefwahl ihre Stimmen abgegeben.

Der Bundestagswahlkampf ist sehr ruhig verlaufen, da die großen Parteien SPD und CDU/CSU sich vor allem in ihren außenpolitischen Vorstellungen genähert haben. Die beiden zentralen Themen des Wahlkampfes waren die absolute Mehrheit der CDU/CSU und die Personen der beiden Kanzlerkandidaten Konrad Adenauer (CDU) und Willy Brandt (SPD). Während die Sozialdemokraten immer wieder das Alter Adenauers (er ist 85) hervorhoben und seine Fähigkeiten angezweifelt haben, Krisen entschlossen meistern zu können, spielte die CDU/CSU auf die Vergangenheit Brandts, insbesondere auf seine Zeit als Emigrant in Norwegen an. Außerdem wurde ihm wirtschaftspolitische Erfahrung abgesprochen.

Brandt hat jedoch während der Berlin-Krise viele Pluspunkte für sich verbuchen können. Mit seinem Brief an US-Präsident John F. Kennedy (→ 16. 8./S. 147) veranlaßte er die US-Amerikaner zu demonstrativen Schritten (→ 19. 8./S. 148). Adenauer, der erst am 22. August, eineinhalb Wochen nach dem Mauerbau, die geteilte Stadt besuchte, verlor in der Bevölkerung an Anerkennung. Seine bisherige starre Deutschlandpolitik wird von vielen Bundesbürgern angezweifelt.

Die Kriegsfurcht, die durch die Berlin-Krise entstanden war, der Wunsch nach Sicherheit und die Angst vor Experimenten sicherten der CDU/CSU schließlich doch noch eine ausreichende Stimmenmehrheit (→ 17. 10./S. 172).

Willy Brandt beim Deutschlandtreffen der SPD am 11. und 12. 8.

Erich Mende, Vorsitzender der FDP, mit Journalisten

Vor dem Bundeskanzleramt in Bonn betreiben die bundesdeutschen Parteien eine besonders starke Propaganda für die Bundestagswahlen 1961

Die Wiedervereinigung Deutschlands und das Leben in Freiheit sind die wichtigsten Schlagwörter in der Wahlpropaganda der Parteien 1961

Zwangsräumung an der Mauer

20. September. In den frühen Morgenstunden beginnen die Behörden der DDR mit der Räumung der Wohnungen an der Sektorengrenze zwischen dem Ost- und dem Westteil von Berlin.

Diese gewaltsamen Evakuierungen betreffen zunächst die unmittelbar an der Sektorengrenze gelegenen Gebäude, werden im Laufe der nächsten Tage jedoch auch auf Häuser ausgedehnt, die 100 m von der Grenze entfernt stehen.

Die Räumungsmaßnahmen setzen im Bezirk Neukölln ein, wo unter schwerster Bewachung durch ein großes Aufgebot von Volkspolizisten rund 250 Menschen aus 20 Häusern evakuiert werden. Den Mietern war die Räumung vorher nicht angekündigt worden.

Im SED-Zentralorgan »Neues Deutschland« werden die Zwangsmaßnahmen am 22. September legitimiert: Die Evakuierung geschehe zur eigenen Sicherheit der Bewohner, da an der Grenze Rowdys, Reporter und Filmleute randalierten.

Am 24. September werden die Evakuierungen an der Bernauer Straße fortgesetzt. Während Volkspolizisten und Möbelpacker mit der Räumung der Wohnungen beginnen, versuchen mehrere Menschen durch einen Sprung aus den oberen Stockwerken der Häuser in Westberliner Gebiet zu flüchten. Die im Westteil alarmierte Feuerwehr spannt Sprungtücher auf, damit sich die Flüchtenden nicht verletzen. Gleichzeitig werfen Polizisten aus Berlin (West) Rauchkörper, um der Volkspolizei der DDR die Sicht zu nehmen.

Durch ein Fenster der im Hochparterre gelegenen Wohnung an der Sektorengrenze flüchtet eine Familie aus Berlin (Ost) in den Westteil

Clay wird in Berlin umjubelt

19. September. Mit stürmischem Jubel begrüßt die Berliner Bevölkerung den 64jährigen General Lucius D. Clay, der als Sonderbeauftragter des US-amerikanischen Präsidenten John F. Kennedy in die geteilte Stadt gekommen ist.

Auf dem Flughafen Tempelhof gibt Clay eine kurze Erklärung ab: »Ich bin als persönlicher Vertreter des amerikanischen Präsidenten nach Berlin entsandt worden, um das tiefe Interesse der USA am Wohlergehen und an der Zukunft der Bevölkerung von Berlin zu unterstreichen.«

Clays Äußerungen zur Berlin-Politik der USA während privater Gespräche bei einem Presseempfang am 22. September lösen jedoch Verwirrung über die Haltung der Vereinigten Staaten aus. Die »New York Times« berichtet, daß Clay gesagt habe, er halte es im Interesse der Bundesrepublik für richtig, wenn sie die Realität zweier deutscher Staaten anerkenne. Eine Wiedervereinigung sei durch Gespräche mit der ostdeutschen Regierung eher zu erreichen als durch deren Ignorierung.

Die US-Regierung gibt ein Dementi heraus, in dem jedoch nicht eindeutig erklärt wird, daß die Vereinigten Staaten an keinerlei Anerkennung der DDR denken.

Lucius D. Clay (r.) während seiner Tätigkeit als Sonderbeauftragter in Berlin mit Otto Bach, dem Präsidenten der Abgeordnetenkammer Berlins

DDR verabschiedet Notstandsgesetze

20. September. Die Volkskammer der DDR verkündet das »Gesetz zur Verteidigung der DDR«, das dem Staatsrat und insbesondere seinem Vorsitzenden umfassende Vollmachten im Verteidigungsfall einräumt.

Der entscheidende Passus des neuen Gesetzes lautet: »Der Staatsrat der DDR erklärt im Falle der Gefahr oder der Auslösung eines Angriffes gegen die DDR oder in Erfüllung internationaler Bündnisverpflichtungen den Verteidigungszustand. Der Verteidigungszustand wird durch den Vorsitzenden des Staatsrates der Republik verkündet. Die Verkündung ist an keine Form gebunden. Der Staatsrat der Republik kann in Wahrnehmung seiner Rechte aus dem Artikel 106 der Verfassung für die Dauer des Verteidigungszustandes die Rechte der Bürger und die Rechtspflege in Übereinstimmung mit den Erfordernissen der Verteidigung der Republik abweichend von der Verfassung regeln.«

Im einzelnen enthält das Gesetz Bestimmungen, mit denen der Staatsrat eine Luftschutzdienstpflicht für alle DDR-Bürger einführen, die Beschlagnahme aller Motorfahrzeuge und Straßenbaumaschinen veranlassen sowie Grundstücke, Betriebe und Werkstätten aller Art für Zwecke der Landesverteidigung in Anspruch nehmen kann. Eine erhöhte Arbeitsleistung im Fall des Verteidigungszustandes ist ebenfalls vorgesehen.

Das Verteidigungsgesetz bedeutet eine umfassende Erweiterung der Machtbefugnisse des Staatsratsvorsitzenden Walter Ulbricht; er entscheidet, wann das Gesetz zur Anwendung gebracht wird.

Der Verteidigungsminister der DDR, Heinz Hoffmann macht in einer Aussprache über das neue Gesetz vor der Volkskammer deutlich, daß das Verteidigungsgesetz auch bei innenpolitischen Krisen angewandt werden kann: »Im vorliegenden Gesetzentwurf sind alle jene grundlegenden Bestimmungen niedergelegt, die es uns ermöglichen, sowohl in Friedenszeiten wie auch im Verteidigungsfall die erforderlichen Maßnahmen zum Schutz unseres Vaterlands durchführen zu können.«

Syrien ist wieder unabhängig

28. September. Unzufriedenheit über die Ägyptisierungspolitik von Präsident Gamal Abd el Nasser und die wirtschaftliche Gleichschaltung Syriens mit Ägypten innerhalb der Vereinigten Arabischen Republik (VAR) führen in Damaskus zu einem Militärputsch und zum Austritt Syriens aus der VAR.
Getragen wird der erfolgreiche Aufstand von Teilen der sozialistischen Bath-Partei und des Offizierskorps.
Am 29. September wird in Syrien eine Regierung unter Ministerpräsident Mahmun al-Kuzbari gebildet, der auch Außen- und Verteidigungsminister wird. Als seine wichtigsten Aufgaben bis zu den Parlamentswahlen am 1. Dezember bezeichnet Kuzbari die Wiederherstellung der Grundfreiheiten, die Verstärkung der Armee und die Gewährung gewerkschaftlicher Freiheiten. Außerdem soll der Wohlstand gefördert werden.
Die neue syrische Regierung wird noch im September von Jordanien und der Türkei anerkannt. Anfang Oktober folgen weitere Staaten, unter ihnen die UdSSR.
Der ägyptische Staatschef Nasser, der zunächst mit Waffengewalt gegen den Putsch vorgehen will, verhält sich angesichts des Ausmaßes der Revolte abwartend. Tunesien und Marokko sprechen dem ägyptischen Präsidenten Nasser ihre Sympathie aus.

Nach der Lösung von der Vereinigten Arabischen Republik kommt es in der syrischen Hauptstadt Damaskus zu Demonstrationen und Unruhen

UN-Truppen in Katanga

13. September. Die UN-Truppen, die am 25. August (→ 1. 8./S. 152) in Katanga einmarschiert sind, haben alle strategisch wichtigen Punkte besetzt und die Regierung von Moise Tschombé gestürzt.
Die Aktion geschieht auf Veranlassung des kongolesischen Ministerpräsidenten Cyrille Adoula, der die Beendigung der Sezession Katangas angekündigt hatte.
Am 19. September kommt es in der nordrhodesischen Stadt Ndola zu ersten Waffenstillstands-Verhandlungen zwischen dem Katanga-Präsidenten Tschombé und Vertretern der Vereinten Nationen. Zwei Tage später unterzeichnen beide Delegationen ein provisorisches Waffenstillstandsabkommen.
Adoula lehnt in einem Schreiben an Sture Linner, den Leiter der UN-Kongo-Aktion, die Anerkennung des Waffenstillstandsabkommens ab. Die Zentralregierung werde notfalls selbst die Integration Katangas durchsetzen (→ 13. 10./S. 175).

UNO-Generalsekretär Dag Hammarskjöld, der sich um Frieden und Entkolonialisierung bemühte, während einer Sitzung der UNO-Vollversammlung im Februar 1961

Der Schwede Dag Hammarskjöld (56) im Plenum der UNO-Vollversammlung

Dag Hammarskjöld verunglückt im Kongo

18. September. Der Generalsekretär der UNO, der Schwede Dag Hammarskjöld, verunglückt im Alter von 56 Jahren tödlich auf dem Flug von Léopoldville (Kinshasa) im Kongo (Zaïre) zur nordrhodesischen Stadt Ndola.
Hammarskjöld wollte in Ndola mit dem gestürzten Katanga-Präsidenten Moise Tschombé zusammentreffen, um Verhandlungen über einen Waffenstillstand zu führen.
Hammarskjöld war lange Jahre in der schwedischen Regierung mit Aufgaben im Finanzwesen und im Auswärtigen Amt betraut, ehe er am 7. April 1953 überraschend als Nachfolger von Trygve Lie zum Generalsekretär der UNO gewählt wurde.
Im Zusammenhang mit der im Sommer 1960 ausgebrochenen Kongo-Krise wurde Hammarskjöld immer mehr zum Angriffsziel der Sowjetunion, die seine Ersetzung durch eine Dreierkommission (Troika) verlangte.

Ägyptens Staatspräsident Gamal Abd el Nasser bei einer Pressekonferenz

Jawaharlal Nehru, Indiens Premierminister, ein Führer der Blockfreien

Friedensappell der blockfreien Staaten

6. September. In der jugoslawischen Hauptstadt Belgrad geht die Konferenz 25 blockfreier Staaten zu Ende, die am 1. September zu einem Meinungsaustausch über internationale Probleme zusammengetreten waren und ihre Bereitschaft zum Weltfrieden und zur friedlichen Zusammenarbeit der Völker demonstrieren wollten. Teilnehmer der Tagung waren: Afghanistan, Algerien, Äthiopien, Birma, Ceylon (Sri Lanka), Ghana, Guinea, Indien, Indonesien, Irak, Jemen, Jugoslawien, Kambodscha (Kampuchea), Kongo (Zaïre), Kuba, Libanon, Mali, Marokko, Nepal, Saudi-Arabien, Somalia, Sudan, Tunesien, Vereinigte Arabische Republik (Ägypten, Syrien). Bolivien, Brasilien und Ecuador waren durch Beobachter vertreten.

Die Sicherung des Friedens, Fragen der Abrüstung, der Kampf gegen Kolonialismus sowie gegen die Rassendiskriminierung gehörten neben der Durchsetzung des Selbstbestimmungsrechts der Völker zu den Hauptthemen der Belgrader Konferenz, die vor allem aufgrund der Initiativen des jugoslawischen Regierungschefs Josip Tito, seines ägyptischen Kollegen Gamal Abd el Nasser und des indischen Premierministers Jawaharlal Nehru zustande gekommen ist.

Angesichts der ergebnislosen Gipfelkonferenz zwischen US-Präsident John F. Kennedy und dem sowjetischen Regierungschef Nikita Chruschtschow in Wien am → 3. Juni (S. 108) und der sich wegen der Berlin-Krise verschärfenden Spannungen zwischen Ost und West versuchen diese Politiker, eine neutrale Außenpolitik zu finden und bemühen sich um ein gemeinsames Auftreten der blockfreien Staaten.

In einer 27-Punkte-Erklärung nahmen die 25 Teilnehmerstaaten zum Abschluß der Konferenz zu Fragen der internationalen Politik Stellung. Im Gegensatz zu den Diskussionen während der Konferenz, wo dem Berlin- und Deutschland-Problem größte Bedeutung beigemessen wurde, wird diese Frage erst in Punkt 27 des Schlußdokuments behandelt. Dort heißt es:

»Die Teilnehmerländer sind der Ansicht, daß das deutsche Problem nicht ein regionales Problem darstellt, sondern zwangsläufig einen entscheidenden Einfluß auf den Verlauf der weiteren Entwicklung in den internationalen Beziehungen ausüben wird. Über die Entwicklung besorgt, die zur Verschlechterung der Situation in Deutschland und Berlin führte, fordern die Teilnehmerländer alle betroffenen Seiten auf, bei der Lösung der deutschen Frage oder des Berlin-Problems nicht zur Gewalt oder zur Androhung von Gewalt zu greifen.«

Die 27-Punkte-Erklärung beginnt mit der Forderung nach Abschaffung des Kolonialismus. In diesem Zusammenhang wird die Unabhängigkeit von Algerien und Angola gefordert und der Abzug fremder Truppen aus Militärbasen wie Guantánamo auf Kuba oder Biserta in Tunesien verlangt. Außerdem wird die Apartheidpolitik in Südafrika verurteilt.

Jusuf ibn Chidda (vorn) leitet die algerische Delegation auf der Belgrader Konferenz der blockfreien Staaten

Vertrag beendet Biserta-Konflikt

19. September. Mit der Unterzeichnung eines Abkommens zwischen Vertretern Frankreichs und Tunesiens, das in der französischen Militärbasis Biserta wieder die Lage herstellt, die vor dem Ausbruch der Kämpfe am → 19. Juli (S. 130) geherrscht hat, gehen die Auseinandersetzungen um die Räumung des Stützpunktes zu Ende.
Das Abkommen, das am 1. Oktober in Kraft tritt, sieht vor, daß Frankreich den Stützpunkt so lange behält, wie die Ost-West-Spannungen anhalten.
Eine Annäherung der Standpunkte von Tunesien und Frankreich war Anfang September deutlich geworden. Am 5. September hatte der französische Staatspräsident Charles de Gaulle erklärt, daß Frankreich die Militärbasis so lange benutzen wolle, wie die angespannte Weltlage sich nicht ändere.
Habib Burgiba, der tunesische Staatspräsident, meinte dazu in einem Interview am nächsten Tag, er habe den Eindruck, daß General de Gaulle den Grundsatz einer Evakuierung der Basis zugebe, jedoch den Wunsch habe, diese Evakuierung erst nach der Beendigung der gegenwärtigen Krise durchzuführen. Da diese Krise nicht ewig dauern werde, könne Tunesien einer solchen Regelung zustimmen.

João Goulart tritt Präsidentenamt an

7. September. João Belchior Marques Goulart, der am 3. September seine Zustimmung zur Verfassungsänderung gegeben hat, die eine Umwandlung des Präsidialregimes in eine parlamentarische Verfassung vorsieht, tritt sein Amt als brasilianischer Staatspräsident an. Am 9. September ernennt er den konservativen Sozialdemokraten Tancredo Neves zum Ministerpräsidenten.
Die Verfassungsänderung, die eine Beendigung des bürgerkriegsähnlichen Zustandes nach dem Rücktritt des Präsidenten Jânio da Silva Quadros (→ 25. 8./S. 152) einleitete, ist am 2. September im Kongreß angenommen worden. Daraufhin erklärten sich die drei Militärminister mit Goulart einverstanden.

Borgward meldet den Konkurs an

Werksgelände der Lloyd-Werke mit unverkauften »Arabellas«

11. September. Da die Voraussetzungen für die Eröffnung eines Vergleichsverfahrens nicht gegeben sind, wird über das Vermögen der Carl F. W. Borgward GmbH und der Goliath Werke GmbH in Bremen ein Anschlußkonkursverfahren eröffnet. Insgesamt belaufen sich die Forderungen der Gläubiger auf rund 500 Millionen DM.
Das Vergleichsverfahren war bereits am → 27. Juli (S. 133) beantragt worden. Für einen Vergleich hätten jedoch 35% der ungesicherten Gläubigerforderungen durch die Vergleichsmasse abgedeckt werden und 51% der Gläubiger mit mindestens 80% der Schuldbeträge dem Vergleich zustimmen müssen.
Da die Vergleichsquote von 35% nicht erreicht werden kann, obwohl der Senat der Hansestadt Bremen sich verpflichtet hat, den Differenzbetrag auszugleichen, wird Konkurs angemeldet. Auch die am → 10. Februar (S. 42) gegründete Auffanggesellschaft Borgward Werke AG steht vor der Auflösung, da ein Konkursverfahren mangels Masse nicht durchgeführt werden kann. Diese Gesellschaft hat ihr gesamtes Aktienkapital in Höhe von 50 Millionen DM der Carl F. W. Borgward GmbH zur Verfügung gestellt.
Während des Konkursverfahrens kommen immer wieder die Mängel des Sanierungsprogramms und die umstrittene Geschäftsführung des Bremer Senats bei Borgward zur Sprache.

Borgward Isabella Coupé von 1961 mit einem Hubraum von 1500 cm³, das Modell wurde 1955 entwickelt

Lloyd Alexander TS von 1961 mit 25-PS-Motor erreicht eine Spitzengeschwindigkeit von 110 km/h

Weltpremiere für den VW 1500

30. September. Auf der in Frankfurt am Main zu Ende gehenden 40. Internationalen Automobilausstellung wird der neue VW 1500 offiziell vorgestellt.
Er wird auch in einer »Variant« genannten Kombi-Form angeboten. Mit einem Hubraum von 1493 cm³ und 45 PS erzielt der neue VW 1500 eine Spitzengeschwindigkeit von über 130 km/h.
Das Innere des VW 1500 ist mit seinen glatten Seitenwänden und den versenkten Griffen auf größtmögliche Sicherheit ausgerichtet.

Das neue Modell des Volkswagenwerks in Wolfsburg, der VW 1500

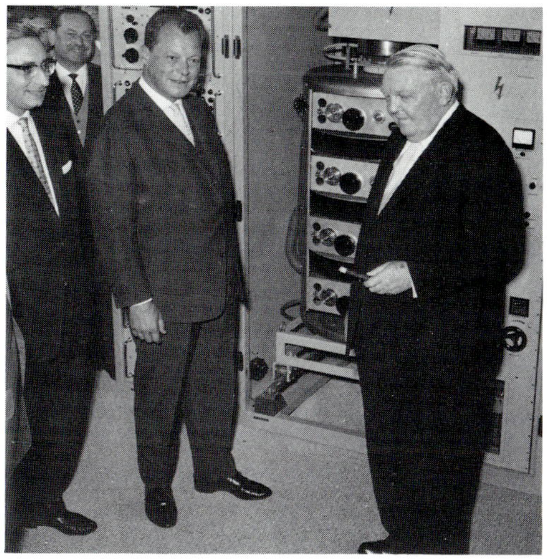

Vorn v. l.: Bürgermeister Fritz Anrehm, Willy Brandt, Ludwig Erhard auf der Messe

Die Elektronikindustrie wirbt für ihre neuen Rundfunk- und Fernsehmodelle mit der Funkausstellung in Berlin

Neues auf dem Medienmarkt

3. September. Rund 400 000 Interessenten aus dem In- und Ausland informierten sich auf der am 25. August begonnenen Berliner Funkausstellung über die Neuheiten im Bereich der Medien.

Mit dem geschäftlichen und fachlichen Ergebnis sind die Aussteller zufrieden. Damit hat sich die Messe trotz der politischen Ereignisse um Berlin als Erfolg erwiesen. Auch die nächste Funkausstellung, die für das Jahr 1963 geplant ist, soll wieder in Berlin stattfinden.

Neuheiten auf der Messe sind z. B. Fernsehgeräte und Musiktruhen im Chippendale-Design oder Schallplattenspieler und Radios, die im Rhythmus der Musik Wasserspiele steuern.

Mit Hilfe neuartiger Technologien wird die Bildqualität verbessert

V. r.: Bundeswirtschaftsminister Ludwig Erhard und Willy Brandt bei der Eröffnung der Funkausstellung in Berlin vor 2000 Ehrengästen am 25. 8.

In Jülich Zentrum für Atomforschung

28. September. Der nordrhein-westfälische Ministerpräsident Franz Meyers (CDU) übergibt die neue Atomforschungsanlage im Stetternicher Forst bei Jülich in der Nähe von Köln ihrer Bestimmung.

Rund zehn Meter hoch ist der Reaktor »Merlin«, der zusammen mit dem Reaktor »Dido« den Mittelpunkt der Forschungsanlagen bildet. Er wurde in 33monatiger Bauzeit errichtet.

Von den insgesamt zehn in Jülich vorgesehenen Instituten arbeiten bereits die Institute für Plasmaphysik, Reaktorentwicklung und Biologie sowie für Reaktorbaustoffe und Reaktorbauelemente. 1962 wird das Institut für Medizin folgen.

Reaktor TENO in der Atomforschungsanlage Jülich im Bau

Insgesamt sollen rund 1000 Menschen in der Jülicher Atomforschungsanlage arbeiten, davon 50 Wissenschaftler, Ingenieure und Arbeiter am »Merlin« und 100 am Reaktor »Dido«. Das Reaktorpersonal wurde in den letzten Jahren in Großbritannien ausgebildet.

Die Ergebnisse der Forschungsarbeiten aus Jülich sollen nicht nur den Hochschulen und Universitäten in Nordrhein-Westfalen, sondern der ganzen Bundesrepublik zugute kommen. Das Land Nordrhein-Westfalen und der Bund haben allein in den Reaktor »Merlin« 14,5 Millionen DM investiert. Mit dieser Finanzhilfe soll der deutschen Wissenschaft der Anschluß an die ausländische Atomforschung ermöglicht werden.

»Schweizerpsalm« als Nationalhymne

12. September. Der »Schweizerpsalm«, der von Leonhard Widmer nach einer Melodie des Zisterziensermönchs Alberik Zwyssig Mitte des 19. Jahrhunderts gedichtet wurde, wird neue schweizerische Nationalhymne.
Gegner der bisherigen Hymne »Heil dir Helvetia« hatten den Text als zu kriegerisch empfunden. Außerdem lasse die Melodie eine Verwechslung mit der britischen Hymne zu.
Die erste Strophe der neuen Hymne lautet: »Trittst im Morgenrot daher, seh ich dich im Strahlenmeer, dich du Hocherhabener, Herrlicher! Wenn der Alpen Firn sich rötet, betet, freie Schweizer, betet; eure fromme Seele ahnt Gott im hehren Vaterland, Gott den Herrn, im hehren Vaterland.«
In den Kantonen der Schweiz gibt es neben der Nationalhymne weitere durch Gewohnheitsrecht eingebürgerte Hymnen, wie z. B. »O mein Heimatland« (Text: Gottfried Keller, Melodie: Wilhelm Baumgartner) und »Rufst du, mein Vaterland«.

Prinzessin Sophia von Griechenland (2. v. r.) mit ihrem Verlobten Juan Carlos von Bourbon (2. v. l.)

Griechische Prinzessin verlobt mit spanischem Prinzen

13. September. Mit 21 Salutschüssen wird in Athen bekanntgegeben, daß sich die 22jährige griechische Prinzessin Sophia in Lausanne mit Prinz Juan Carlos (23), dem Sohn des spanischen Thronprätendenten, verlobt hat.
Die Verlobten hatten sich 1958 auf einer Kreuzfahrt durchs Ägäische Meer kennengelernt.
Prinzessin Sophia, die in der Bundesrepublik in einem Internat erzogen wurde, ist ausgebildete Säuglingsschwester und Krankenpflegerin. Juan Carlos, der große Aussichten hat, als König von Spanien Nachfolger des Diktators Francisco Franco Bahamonde zu werden, studiert in Madrid, nachdem er zuvor die Militärakademie von Saragossa besucht hat.

Deutsche Oper in Berlin eröffnet

24. September. In Anwesenheit von Bundespräsident Heinrich Lübke und dem Regierenden Bürgermeister von Berlin, Willy Brandt, wird mit einer festlichen Aufführung der Oper »Don Giovanni« von Wolfgang Amadeus Mozart die neue Deutsche Oper Berlin eröffnet.
Bei der Schlüsselübergabe an den neuen Intendanten der Oper, Gustav Rudolf Sellner, dem Nachfolger von Carl Eberth, der seit 1954 die Oper leitet, äußert Lübke die Überzeugung, daß die neue Oper dem Musikleben in Deutschland nachhaltige Impulse geben werde. Im weiteren Verlauf seiner Rede geht Heinrich Lübke auf die Situation in Berlin ein: »Ich bin sicher, daß die Berliner Bevölkerung auch in den kommenden Prüfungen jene vorbildliche moralische Kraft, jenen Mut und jene Beharrlichkeit aufbringen wird, von denen sie schon so oft Zeugnis abgelegt hat.«
Die Aufführung des »Don Giovanni« – mit Dietrich Fischer-Dieskau in der Titelrolle unter der musikalischen Leitung von Ferenc Fricsay – bestätigt die hervorragende Akustik des neuen Opernhauses. Der schlichte Neubau wurde in sechsjähriger Bauzeit mit einem Kostenaufwand von rund 30 Millionen DM errichtet.
Die Einweihung der Oper ist der Höhepunkt der 11. Berliner Festwochen, die am 23. September mit einem Eröffnungskonzert der Berliner Philharmoniker unter Karl Böhm begonnen wurden. Werke von Hans Werner Henze, Franz Liszt und Ludwig van Beethoven standen auf dem Programm.
Den Schlußpunkt der Festwochen bildet eine Aufführung des »Amphytrion« von Heinrich von Kleist am 12. Oktober mit Erich Schellow in der Titelrolle.

»Don Giovanni«, Szene mit Dietrich Fischer-Dieskau (Don Giovanni), Elisabeth Grümmer (Donna Anna), Donald Grobe (Don Octavio)

Finale des 1. Aktes von »Don Giovanni« in der Deutschen Oper

Stummfilmstar Asta Nielsen 80

Asta Nielsen

11. September. Die dänische Filmschauspielerin Asta Nielsen, die 1881 in Kopenhagen geboren wurde, vollendet ihr 80. Lebensjahr. Sie drehte ihren ersten Film 1910, nach mehreren Theaterengagements. 1911 erhielt sie eine Einladung nach Berlin.

Mit ihren ausdrucksvollen dunklen Augen und ihrem mimischen und gestischen Können war sie eine der größten Schauspielerinnen der Stummfilmzeit. 1921 spielte sie die Titelrolle in »Hamlet«, es folgten u. a. die Filme »Fräulein Julie« (1922), »Hedda Gabler« (1925) und »Die freudlose Gasse« (1925), in denen sie tragische Frauengestalten verkörperte.

Bei Beginn der Nazi-Zeit kehrte sie nach Kopenhagen zurück. 1939 zog sie sich vom Film zurück.

Stanley Rous wird FIFA-Präsident

Stanley Rous

28. September. Als Nachfolger des Briten Sir Arthur Drewry wird Sir Stanley Rous zum Präsidenten des Internationalen Fußballverbandes (FIFA) gewählt.

Der 65jährige Rous unterrichtete nach dem Ersten Weltkrieg Rugby und machte sich durch seine Tätigkeit als Schiedsrichter im Fußball einen Namen.

1934 wurde Rous Generalsekretär der englischen Football Association, die damals noch nicht der FIFA angehörte. Eine seiner Hauptaufgaben sah Rous darin, England aus der sportlichen Isolation zu führen.

Als Präsident der FIFA will er weiterhin ein Maximum an Fairneß im Fußballspiel erhalten. Er hat sich mehrmals gegen die zunehmende Kommerzialisierung des Fußballs ausgesprochen.

Unfalltod von Trips in Monza

Etwa 220 m vor der Südkurve der Strecke von Monza kollidiert der Ferrari des deutschen Fahrers Trips mit dem Lotus von Jimmy Clark

10. September. Im Alter von 33 Jahren verunglückt in Monza der deutsche Autorennfahrer Wolfgang Graf Berghe von Trips tödlich bei einer Kollision mit Jimmy Clark beim Großen Preis von Italien. Bei dem Unglück werden außerdem 15 Zuschauer getötet.

Trips kollidiert in der zweiten Runde auf der Geraden etwa 220 m vor dem Einlauf in die Südkurve mit dem Schotten Jimmy Clark auf Lotus. Der Ferrari von Trips überschlägt sich und wird in die auf einem Wall entlang der Strecke stehenden Zuschauer geschleudert. Auch der Lotus des Schotten überschlägt sich, kommt jedoch wieder auf die Räder. Clark bleibt unverletzt.

Graf Berghe von Trips, der seit 1954 im Rennsport Erfolge erzielen konnte, stand kurz vor seinem größten Sieg. In der Automobil-Weltmeisterschaft, an der er als Fahrer für Ferrari teilnahm, lag er mit 33 Punkten an der Spitze. Ein Sieg in Monza hätte ihm bereits die Weltmeisterschaft gesichert. Er wäre der erste Deutsche nach dem Zweiten Weltkrieg gewesen, der eine Automobil-Weltmeisterschaft gewonnen hätte. Das Rennen von Monza wird nicht abgebrochen. Den Sieg holt sich der US-Amerikaner Phil Hill auf Ferrari, der sich damit den Weltmeisterschaftstitel 1961 sichert.

Nach der Kollision mit dem Lotus des schottischen Fahrers Jimmy Clark überschlägt sich Trips' Ferrari und rast in die Zuschauer

Wolfgang Berghe von Trips im Ferrari vorm Start in Monza

Der erfolgreiche Rennfahrer Wolfgang Berghe von Trips stirbt bei dem Unfall mit 15 Zuschauern, das Rennen wird nicht abgebrochen

Oktober 1961

Mo	Di	Mi	Do	Fr	Sa	So
						1
2	3	4	5	6	7	8
9	10	11	12	13	14	15
16	17	18	19	20	21	22
23	24	25	26	27	28	29
30	31					

1. Oktober, Sonntag

Der ägyptische Staatspräsident Gamal Abd el Nasser bricht die diplomatischen Beziehungen seines Landes zu Jordanien und der Türkei ab. Der Schritt wird mit der feindlichen Haltung beider Länder anläßlich des syrischen Militärputsches begründet. Beide Staaten hatten die syrische Revolutionsregierung als erste anerkannt (→ 28. 9./S. 162).

Unbekannte Täter sprengen das Andreas-Hofer-Denkmal auf dem Bergisel bei Innsbruck. → S. 175.

In Paris wird die Organisation für wirtschaftliche Zusammenarbeit und Entwicklung (OECD) gegründet → S. 174.

Ein neues Gesetz zum Jugendschutz in der Bundesrepublik tritt in Kraft. Ein Hauptpunkt der Novelle ist die Einführung von ärztlichen Untersuchungen von Berufsanfängern.

2. Oktober, Montag

Die syrische Regierung verhaftet den ehemaligen syrischen Geheimdienstchef und früheren Vizepräsidenten der Vereinigten Arabischen Republik, Oberst Abdel Hamid Serradsch. Ihm wird vorgeworfen, eine Gegenrevolte zu planen.

Etwa zehn Minuten lang weht auf der Kathedrale Notre-Dame in Paris die Fahne der OAS, der geheimen rechtsradikalen Armeeorganisation in Algerien.

Unabhängig davon hat der reaktionäre französische Politiker Pierre Poujade eine gegen die Algerienpolitik von Staatspräsident Charles de Gaulle gerichtete Partei gegründet, die »Union der französischen Brüderlichkeit« (→ 19. 10./S. 176).

Ein zwei Meter hohes Denkmal von Rudolph Valentino wird in Castellaneta in Süditalien, dem Geburtsort des Schauspielers der Stummfilmzeit, enthüllt.

3. Oktober, Dienstag

Bundesverteidigungsminister Franz Josef Strauß (CSU) unterstützt in Bonn vorbehaltlos die Kanzlerkandidatur von Konrad Adenauer (CDU). Damit zerschlagen sich die Hoffnungen der FDP auf eine Wende in der Kanzlerfrage bei den Koalitionsverhandlungen. Während des Wahlkampfs hatten die Freien Demokraten angekündigt, nur dann mit der CDU/CSU zu koalieren, wenn der Kanzlerkandidat Ludwig Erhard heiße.

Mit einer Zunahme um 15 % in der Zeit von 1958 bis 1960 konnten in Europa die bundesdeutschen Industriearbeiter ihre Bruttostundenverdienste am stärksten erhöhen, wie das Deutsche Industrieinstitut mitteilt. An zweiter Stelle stehen die französischen Arbeiter, deren Bruttostundenverdienst um 13% zunahm. Am wenigsten, nämlich nur um 5%, erhöhten sich in Europa die Löhne der britischen Industriearbeiter.

Der ehemalige Hoffotograf Anthony Armstrong-Jones, Gatte der britischen Prinzessin Margaret, wird in den Adelsstand erhoben. Er erhält den Titel Viscount Linley and Earl of Snowdon.

4. Oktober, Mittwoch

Der Jahreskongreß der britischen Labour-Partei in Blackpool, der vom 2. bis 6. Oktober dauert, billigt eine Berlin-Resolution, in der eine Anerkennung der Oder-Neiße-Linie sowie »ein gewisses Ausmaß von De-facto-Anerkennung« der Regierung der DDR empfohlen wird, im Austausch für eine Garantie der Freiheit der Bürger von Berlin (West) und des freien Zugangs der Westmächte nach Berlin. Die Resolution verurteilt die willkürliche Schließung der Zonengrenze durch die DDR-Behörden.

In der Republik Irland finden Wahlen für das Parlament, den Dail, statt. Die Fianna-Fail-Partei des Ministerpräsidenten Sean Lemass erhält zwar die meisten Stimmen, muß jedoch die bisherige absolute Mehrheit einbüßen. Sean Lemass bleibt weiterhin Ministerpräsident.

5. Oktober, Donnerstag

Der ägyptische Präsident Gamal Abd el Nasser erklärt, seine Regierung werde einer Aufnahme des verfeindeten Syriens in die Vereinten Nationen oder in die Arabische Liga keinen Widerstand entgegensetzen.

Der Appell des Bundesjugendrings an die Jungfacharbeiter, ein Jahr lang in Betrieben von Berlin (West) zu arbeiten, wird von der Bundesvereinigung der Deutschen Arbeitgeberverbände begrüßt. Die Bundesvereinigung hat die Betriebe aufgefordert, mit den Jugendlichen das Ruhen des Arbeitsverhältnisses in der Bundesrepublik zu vereinbaren und sie für die Dauer ihrer Tätigkeit in Berlin (West) ohne Bezahlung zu beurlauben.

6. Oktober, Freitag

In Wien wird ein Abkommen zwischen der Sowjetunion und Indien über die friedliche Nutzung von Atomenergie unterzeichnet.

Dem Regierenden Bürgermeister von Berlin, Willy Brandt, wird in New York der Freiheitspreis der privaten US-amerikanischen Organisation Freedom House verliehen.

7. Oktober, Sonnabend

Spanien interniert 17 rechtsextremistische französische Putschistenführer. Zu ihnen gehören die Führer des »Barrikaden-Aufstands« vom Januar 1960 in Algier, Pierre Lagaillarde und Joseph Ortiz, sowie die beiden ehemaligen Obersten Charles Lacheroy und Antoine Argoud.

Frankreich wird vorläufig keine weiteren Atomversuche in der Erdatmosphäre mehr vornehmen, wie die französische Atomenergiekommission bekanntgibt. In ihrem Jahresbericht erklärt die Kommission, mit der letzten französischen Atomexplosion am 25. April 1961 in der Sahara sei das Programm der französischen Atomversuche in der Atmosphäre abgeschlossen worden.

Eine bedenkliche Zunahme der Kinderlähmungsfälle zeichnet sich nach Mitteilung des Münchner Professors Hans-Dietrich Pache ab. → S. 173

8. Oktober, Sonntag

Auf der laotischen Gipfelkonferenz in Hin Heup in der Nähe von Vientiane wird der ehemalige neutralistische Ministerpräsident Suvanna Phuma zum neuen Regierungschef des indochinesischen Königreichs gewählt. → S. 175

In Warschau endet das Fußball-Länderspiel Polen gegen Bundesrepublik Deutschland mit einem 2:0 Sieg der deutschen Mannschaft.

In Wien siegt die österreichische Fußballnationalmannschaft über Ungarn 2:1.

9. Oktober, Montag

Die rechtsradikale französische Geheimorganisation OAS sprengt in Algier eine Sendeanlage des Rundfunks in die Luft (→ 19. 10./S. 176).

Auf dem Amsterdamer Flughafen Schiphol kommt es zu einer Schlägerei zwischen Angehörigen der sowjetischen Botschaft und der niederländischen Polizei um eine Sowjetbürgerin, die nicht mit ihrem Mann in den Niederlanden politisches Asyl beantragen will.

Etwa 90% aller europäischen Schulkinder leiden an Karies, wie in einem Bericht der Weltgesundheitsorganisation mitgeteilt wird.

10. Oktober, Dienstag

Die Vereinigten Staaten erkennen als erste westliche Macht die neue syrische Regierung an. Das Außenministerium in Washington gibt bekannt, daß das US-amerikanische Generalkonsulat in Damaskus zur Botschaft erhoben wird.

Die Evakuierung britischer Streitkräfte aus Kuwait wird beendet. Die Streitkräfte der Arabischen Liga übernehmen nun den Schutz des Emirats vor einem eventuellen irakischen Angriff (→ 1. 7./S. 129).

Die Elektrifizierung der Transsibirischen Eisenbahn auf einer 5500 km langen Strecke zwischen Moskau und dem Baikal-See ist abgeschlossen. → S. 177

Überraschend ruhig verläuft die erste Gläubigerversammlung für die Borgward-Werke GmbH und die Goliath-Werke GmbH. Nur 400 Gläubiger haben sich eingefunden, um den Bericht des Konkursverwalters entgegenzunehmen (→ 11. 9./S. 164).

11. Oktober, Mittwoch

Der portugiesische Generalgouverneur von Angola und Oberkommandierende der portugiesischen Truppen in Angola, General Venancio Deslandes, gibt bekannt, daß der Aufstand gegen die portugiesischen Kolonialherrscher in Angola niedergeschlagen sei (→ 13. 4./S. 73).

Schah Mohammad Resa Pahlawi von Persien und seine Frau Farah Diba treffen zu einem dreitägigen Staatsbesuch in Paris ein. → S. 177

Die Bundesversicherungsanstalt für Angestellte in Berlin, bei der rund sechs Millionen Bundesbürger und Berliner versichert sind, registrierte eine Zunahme der Herz- und Kreislauferkrankungen bei Angestellten um mehr als das Doppelte während der letzten fünf Jahre. Damit stehen die Herz- und Kreislaufkrankheiten an der Spitze aller Gesundheitsstörungen, die Heilmaßnahmen der Bundesversicherungsanstalt erforderlich machen.

In Lausanne endet das Fußball-Länderspiel Schweiz gegen Marokko 8:1.

12. Oktober, Donnerstag

Mit einer Konferenz der Landesvorsitzenden der Freien Demokraten und ihrer Stellvertreter wird in Bonn die dritte Runde der Verhandlungen über die Bildung einer neuen Bundesregierung eröffnet. Die Koalitionsgespräche führen zu einer Übereinstimmung zwischen CDU/CSU und FDP in den Sachfragen.

Die Bundesrepublik Deutschland erkennt Syrien als selbständigen Staat an. Für Syrien geht es dabei auch um eine Anleihe der Bundesrepublik in Höhe von 550 Millionen DM, die der Regierung der damaligen Vereinigten Arabischen Republik für den Bau eines Staudammes am Euphrat in Aussicht gestellt worden war.

13. Oktober, Freitag

Eine »übereinstimmende Beurteilung der außenpolitischen Lage im Grundsätzlichen« stellen Bundeskanzler Konrad Adenauer (CDU) und der Berliner Regierende Bürgermeister, Willi Brandt (SPD), bei einer Besprechung in Bonn fest.

In Elisabethville, der Hauptstadt der kongolesischen Provinz Katanga, wird das Waffenstillstandsabkommen zwischen der UNO und Katanga unterzeichnet. → S. 175

14. Oktober, Sonnabend

Die Vereinigten Staaten und die Sowjetunion einigen sich auf Sithu U Thant aus Birma als Nachfolger des verunglückten UNO-Generalsekretärs Dag Hammarskjöld. → S. 174

Am 19. Oktober berichtet die »Frankfurter Allgemeine« über den Appell des US-amerikanischen Präsidenten John F. Kennedy an den sowjetischen Ministerpräsidenten Nikita Chruschtschow zur Einstellung der Entwicklung einer Wasserstoffbombe

Frankfurter Allgemeine

ZEITUNG FÜR DEUTSCHLAND

S-Ausgabe / Donnerstag, 19. Oktober 1961 — Herausgegeben von Hans Baumgarten, Erich Dombrowski, Karl Korn, Benno Reifenberg, Jürgen Tern, Erich Welter — Preis 30 Pfennig / Nr. 243 / D 2955 A

Moskau soll seine Superbombe nicht zünden

Ein Appell Kennedys / Amerika kann schon seit vier Jahren Hundert-Megatonnen-Waffen herstellen

F.A.Z. WASHINGTON, 18. Oktober. Die amerikanische Regierung hat eindringlich an die Sowjetunion appelliert, ihren Beschluß über die Erprobung einer Super-Kernwaffe mit einer Sprengkraft von 50 Millionen Tonnen des herkömmlichen Sprengstoffes TNT zu widerrufen. In einer vom Weißen Haus veröffentlichen Erklärung heißt es, die Vereinigten Staaten seien schon seit vier Jahren in der Lage, Bomben von 50, 100 oder mehr Megatonnen (eine Megatonne gleich einer Million Tonnen) herzustellen. Sie seien aber für die militärischen Bedürfnisse Amerikas nicht erforderlich. Der angekündigte sowjetische Versuch könne nur „nicht eingestandenen politischen Zielen" dienen. Die Explosion einer 50-Megatonnen-Kernwaffe wäre die größte, die jemals von Menschenhand ausgelöst wurde. Die bisher stärkste Waffe dieser Art, eine Wasserstoffbombe mit einer Sprengwirkung von 15 Megatonnen, hatten die USA am 1. März 1954 gezündet.

Der Sprecher des britischen Außenministeriums hat am Mittwoch die Ankündigung des sowjetischen Versuches als beklagenswert bezeichnet. Der britische Botschafter in Moskau, Roberts, wird am Freitag in London zurückerwartet, um über die Chruschtschow-Rede zu berichten.

In der Erklärung des Weißen Hauses hieß es: „Wir fordern die Sowjetunion zu einer Ueberprüfung dieser Entscheidung auf, falls sie tatsächlich getroffen worden sein sollte. Wir glauben, daß die Völker in aller Welt gemeinsam mit uns an die Sowjetunion appellieren werden, nicht einen Versuch fortzusetzen, der keinen rechtlichen Zielen dienen kann und der den radioaktiven Strahlungen, die in den letzten Wochen ausgelöst worden sind, eine Menge zusätzlicher Radioaktivität hinzufügt."

Der sowjetische Ministerpräsident Chruschtschow hatte die Explosion am Dienstag vor dem 22. Kongreß der Kommunistischen Partei in Moskau als Abschluß der gegenwärtigen sowjetischen Versuchsserie angekündigt. Die seit über fünf Wochen laufende sowjetische Atomversuchsserie wird bis Ende dieses Monats um zwei Drittel mehr Energie ausgelöst haben als alle Atomwaffenexplosionen zwischen 1945 und 1958. Dieses amerikanische Untersuchungsergebnis teilte der amerikanische Chefdelegierte bei der abgebrochenen Genfer Atomkonferenz, Dean, am Dienstag vor dem Politischen Ausschuß der UN-Vollversammlung mit. Er erklärte, Chruschtschows Aeußerung bestätige, daß die Sowjetunion ihre intensive Versuchsserie ungefähr in dem Augenblick beenden wird, in dem in den UN nach einem indischen Antrag ein unkontrolliertes Moratorium für neue Explosionen beschlossen werden soll.

Amerikanische Atomwissenschaftler erklären, daß die Sowjetunion die 50-Megatonnen-Bombe nur in Höhen oberhalb 170 Kilometer mit einiger Sicherheit zünden könne, ohne ihr Staatsgebiet ernsthaft durch radioaktivem Ausfall zu gefährden. Selbst dann könne niemand im Umkreis von 1700 Kilometern um den Detonationspunkt mit bloßem Auge in den Feuerball blicken, ohne ernsthafte Schäden an der Regenbogenhaut zu erleiden. Eine derartige Waffe würde, über der Arktis in Erdbodennähe gezündet, das gesamte Eis zum Schmelzen bringen. Treffe sie ein Erdziel, wie etwa Washington, so werde sie einen Krater von 150 Metern Tiefe und 800 Metern Durchmesser aufreißen, alles Leben im Umkreis von 5,7 Kilometern auslöschen.

Aus Protest gegen die angekündigte Explosion einer 50-Megatonnen-Bombe sind am Dienstagabend vier Mitglieder des britischen „Komitees der 100" in der sowjetischen Botschaft in London in einen Sitzstreik getreten. Der Streik endete erst in den frühen Morgenstunden des Mittwochs, als sie von mehreren britischen Polizisten unter Leitung eines Polizeioffiziers aus dem Botschaftsgebäude herausgetragen wurden.

Die große Bombe

Me. Mit einer Erklärung von höchster amerikanischer Stelle ist gegen die sowjetische Absicht protestiert worden, in wenigen Tagen mit einem Kernwaffenversuch von bisher noch nie unternommenen Ausmaßen die Bevölkerung der nördlichen Erdhälfte in Gefahr zu bringen. Kein Vernünftiger wird sich von diesem Protest ausnehmen wollen. Auch wer längst weiß, daß die sowjetische Führung der kommunistischen Parteiräson und ihrem vermeintlichen Staatsinteresse stets den Vorrang vor jedweden Rücksichten auf die normale menschliche Gesittung gibt, ist dennoch jedesmal aufs neue entsetzt, wenn sich diese Sicht wieder bestätigt.

Bisher ist bei allen Kernwaffenversuchen eine Sprengkraft von fünfzehn Megatonnen nicht überschritten worden. Das war mehr als genug und zog, wie vor allem einige unglückliche japanische Fischer verspüren mußten, bereits Unbeteiligte in Mitleidenschaft. Was soll jetzt die dreimal größere Bombe? Wohl gibt es Militärtheoretiker, die von der Druckwelle einer solchen Bombe annehmen, sie könne möglicherweise auf viele Tausende von Quadratkilometern empfindliche elektronische Warngeräte außer Betrieb setzen und dadurch im Falle einer atomaren Auseinandersetzung sozusagen sinnvoll sein; wenn eine Bresche in das Abwehrsystem des Gegners geschlagen sei, könnten die eigentlichen Angriffswaffen unbehindert ihre Ziele erreichen. Das ist jedoch eine vage Theorie. Auf viel sicherem Boden steht man ohne Zweifel mit der Vermutung, daß der sowjetische Versuch mit einer Superbombe zunächst einmal eine Bresche in die politische Verteidigungsfront gegen die aggressiven Machtansprüche des Kommunismus schlagen soll. Die Bombe soll der Welt das Gefühl geben, daß sie Chruschtschow auf Gedeih und Verderb ausgeliefert sei und ihm in jeder Forderung, sei es in Berlin oder anderswo, zu Willen sein müsse. Möglicherweise ist der sowjetische Partei- und Regierungschef durch die allenthalben viel zu zaghafte Reaktion auf seine neuerlichen Kernwaffenversuche erst richtig zu solcher Spekulation mit der Furcht ermuntert worden.

Kann man ihm jetzt noch Einhalt gebieten? Das Zünden der großen Bombe wird ihm allein mit Protesten jetzt nicht mehr auszureden sein. Würde ihm aber vor Augen geführt, daß mit dem Vorzeigen der Instrumente seiner imperialistischen Politik die übrige Welt und vor allem die Vereinigten Staaten von Amerika seinen Absichten nicht gefügig werden, so nötigte es ihn vielleicht zu neuen Ueberlegungen. Dies ist jedenfalls der einzige Weg.

Chruschtschow verspricht Ueberfluß

Mit der „dritten Raketenstufe" zum Kommunismus / Erläuterung des Parteiprogramms

Bericht unseres Moskauer Korrespondenten

Pzg. MOSKAU, 18. Oktober. Der zweite Tag des Moskauer Parteikongresses hat wieder im Zeichen einer Dauerrede Chruschtschows gestanden, der in seiner Eigenschaft als Erster Sekretär des Zentralkomitees über den Entwurf des Parteiprogramms referierte. Die Anstrengungen des Eröffnungstages hatten keine sichtbaren Spuren hinerlassen; in voller Frische betrat er am Mittwoch um zehn Uhr (acht Uhr MEZ) das wappengeschmückte Rednerpult. Er verlas den vom Zentralkomitee schon zur Kenntnis genommenen und gebilligter. Bericht mit zahlreichen improvisierten Abschweifungen. Einmal zum Beispiel wandte er sich während der Behandlung der Agrarprobleme einer drallen ukrainischen Arbeiterin im bestickten ukrainischen Kopftuch zu, die am Präsidiumstisch saß. „Hier ist unsere berühmte Genossin", sagte er, „wieviel haben Sie gezüchtet?" Sie antwortete leise, unverständlich, fand aber allgemeinen Applaus. Als Chruschtschow auf Weißrußland zu sprechen kam, meinte er: „Es ist besser, wir flüstern; denn wir haben etwas zu flüstern."

Chruschtschow verglich das Parteiprogramm mit einer Dreistufenrakete. „Die erste riß das Land aus der kapitalistischen Welt heraus, die zweite hob es zum Sozialismus empor, die dritte ist berufen, es auf die Kreisbahn des Kommunismus zu führen." Der Parteikongreß werde in die Geschichte eingehen als Kongreß der Erbauer des Kommunismus. Drei wichtige Ergebnisse des „Vormarsches der Gesellschaft" hob Chruschtschow zu Beginn des Berichtes hervor: den Aufbau des sozialistischen Systems, den Zusammenbruch des Kolonialsystems und die Schwächung des Kapitalismus. In der ersten Hälfte des Jahrhunderts habe sich der Sozialismus gefestigt, in der zweiten Hälfte werde der Kommunismus Fuß fassen.

Der Sozialismus habe in der Sowjetunion große Umwälzungen bewirkt. Arbeitslosigkeit sei schon lange beseitigt. Die Reallöhne der Arbeiter hätten sich auf das 5,8fache, die der Bauern um mehr als das Sechsfache erhöht. Die Krise des Kapitalismus habe sich wieder verschärft. Seine wirtschaftliche Labilität sei krasser geworden; Chruschtschow führte zur Begründung vor allem an, daß die Rüstungsproduktion ein ständiges Element der kapitalistischen Wirtschaft geworden sei. 15 bis 20 Prozent des Nationaleinkommens würden in den kapitalistischen Ländern für Rüstungen ausgegeben. (Fortsetzung Seite 4.)

Neue sowjetische Berlin-Note

PARIS, 18. Oktober (dpa). Die sowjetische Regierung hat am Mittwoch in Moskau den Botschaftern der drei Westmächte neue Noten zur Berlin-Frage überreicht. Dies wurde von zuständiger Seite in Paris mitgeteilt. Dem Vernehmen nach soll in der Note nochmals die Frage der Luftkorridore nach Berlin angeschnitten worden sein. Einzelheiten sind bisher nicht bekannt.

Keine Zwischenfälle in Südafrika

Eigener Bericht

HJK. JOHANNESBURG, 18. Oktober. Die Parlamentswahlen in Südafrika und in Südwest sind bis zum Mittwochnachmittag ohne Zwischenfälle verlaufen. Aus vielen der 86 Abstimmungsbezirke, in denen die Europäer zwischen 178 Kandidaten von sechs Parteien zu wählen hatten, wurde nur ein schleppender Verlauf mit Anzeichen von ausgesprochener Wahlmüdigkeit gemeldet. Eine Ausnahme machten nur die 22 Wahlkreise, in denen Kandidaten der für die Abschaffung der Apartheidsgesetzgebung eintretenden Progressiven Parteien gegen Nationalisten und Konservative der Vereinigten Partei auftraten. Die Progressiven wurden von dem südafrikanischen Diamantenkönig Harry Oppenheimer unterstützt.

General Clay besteht auf Meinungsfreiheit in West-Berlin

Der Sonderbeauftragte unterstreicht die Unabdingbarkeit des freien Personen- und Güterverkehrs

Bericht unserer Berliner Redaktion

a. e. BERLIN, 18. Oktober. Der amerikanische Sonderbeauftragte in Berlin, General Clay, hat entschieden die Unabdingbarkeit des freien Personen- und Güterverkehrs nach Berlin sowie der Meinungsfreiheit im freien Teil der Stadt unterstrichen. Er berührte damit den Kernpunkt des Berliner Problems. Ohne freien Güterverkehr, so sagte Clay, könne West-Berlin wirtschaftlich nicht weiterbestehen, ohne freien Personenverkehr könne die Stadt politisch nicht weiterleben, und ohne freien Gedankenaustausch wäre es auch mit dem geistigen Kulturleben Berlins vorbei. Die Amerikaner wie die Sowjets wüßten, daß ungehinderter Verkehr und Nachrichtenverbindung die Schlüssel zur Freiheit seien. „Wir haben genausowenig die Absicht, diesen Schlüssel aus der Hand zu geben, wie wir beabsichtigen, West-Berlin aufzugeben."

General Clay versicherte, West-Berlin und der Schlüssel zu West-Berlin würden so lange verteidigt werden, „bis ein vereinigtes und freies Berlin seinen rechtlichen Platz unter den Weltstädten einnimmt". Clay kam sodann auf sowjetische Forderungen nach einer Beeinträchtigung der Presse- und Rundfunkfreiheit in einer von Moskau verlangten „Freien Stadt West-Berlin" zu sprechen und fuhr fort, das amerikanische Volk und seine Regierung kenne die Bedeutung von Verkehr und Nachrichtenwesen bei der Schaffung einer freien und festgefügten Gesellschaft sehr gut. „Es gilt für uns als selbstverständlich, daß Presse, Rundfunk und Fernsehen in West-Berlin ein Teil des Gesamtsystems von Presse, Rundfunk und Fernsehen der Bundesrepublik und der freien Welt sind." West-Berlin sei darüber hinaus zu einem wichtigen Treffpunkt für akademische, wissenschaftliche und kulturelle Tagungen geworden. Der 13. August habe bewiesen, daß der freie Personenverkehr mit der inneren Sicherheit eines kommunistischen Regimes unvereinbar sei. Er fügte hinzu: „Wenn wir jetzt einen Blick auf die Lage werfen, sehen wir klarer denn je, wie wichtig die Nachrichtenverbindungen mit dem Westen für diese Stadt sind." Clay sprach auf einem Empfang, der im Auftrag des amerikanischen Handelsministeriums in der amerikanischen Ausstellung auf der Deutschen Industrie-Ausstellung gegeben wurde.

In Berlin ist Chruschtschows Rede auf dem Moskauer Parteitag zwar beachtet worden, jedoch zeigte man sich nicht überrascht über die angedeutete Hinauszögerung des Separatfriedensvertrages mit der Zonen-Regierung. Man hat hier noch in Erinnerung, daß bereits der stellvertretende Ministerpräsident Mikojan bei seinem Besuch in Ost-Berlin vor zwei Wochen nicht mehr von festen Terminen sprach, während die Propagandisten Ulbrichts allerdings unermüdlich den Abschluß eines Friedensvertrages „noch in diesem Jahr" propagierten. Von Beamten der Sowjetbotschaft in Ost-Berlin war schon seit geraumer Zeit nicht verhehlt worden, daß Moskau ursprünglich Termine genannt habe, um das Zustandekommen von Verhandlungen zu beschleunigen. Daraus ist hier geschlossen worden, daß der Osten — entgegen seinen Beteuerungen — das Risiko des Abschlusses eines Separatvertrages, insbesondere das Risiko seiner angedrohten Folgen scheut und deshalb zuvor versuchen möchte, vom Westen soviel wie möglich an Zugeständnissen zu erzwingen. Auch die Sowjets möchten offenbar einen Zusammenstoß mit den Westmächten wegen der Verkehrsverbindungen Berlins vermeiden.

Mende von Lübke empfangen

BONN, 18. Oktober (dpa). Bundespräsident Lübke hat am Mittwochabend überraschend den Vorsitzenden der Freien Demokraten, Mende, empfangen. Ueber den Inhalt des etwa eineinhalbstündigen Gesprächs wurde nichts bekannt. Politische Beobachter in Bonn glauben, daß das Gespräch in Zusammenhang mit den Verhandlungen zwischen FDP und CDU/CSU um eine Koalitionsregierung stand, bei denen am Mittwoch zum erstenmal die entscheidenden, aber auch sehr schwierigen personellen Fragen erörtert worden sind. Am Donnerstag wird der Bundespräsident, wie es hieß, den Vorsitzenden der CDU/CSU-Bundestagsfraktion, Krone, zu einer Aussprache empfangen. (Siehe auch Seite 3.)

Fernseh-Initiative gefordert

Eigener Bericht

bi. BONN, 18. Oktober. Die fünfköpfige Fernsehkommission der Länder ist am Mittwoch wieder in Bonn zusammengetreten, um über den weiteren Aufbau der geplanten zweiten Fernsehanstalt zu beraten. Die Kommission war sich darüber einig, daß der Sendebeginn zum 1. Juli 1962 nur dann eingehalten werden kann, wenn die notwendigen Beschlüsse unverzüglich gefaßt werden. Besonders soll der rheinland-pfälzische Ministerpräsident Altmeier darauf hingewiesen haben, daß der Mangel an Geld und die fehlenden Vollmachten für die vorläufige Geschäftsstelle in Mainz zu beträchtlichen Verzögerungen geführt hätten. Altmeier forderte, einen siebenköpfigen Programmaufbaustab mit weitgehenden Vollmachten zu bilden. Außerdem solle bald eine Entscheidung über den Ankauf der Technik der Gesellschaft „Freies Fernsehen" und der Programmreserven fallen.

Literaturbeilage

Aus Anlaß der Frankfurter Buchmesse erscheint in dieser Ausgabe eine besondere Literaturbeilage; über zwanzig Rezensionen informieren den Leser über wichtige Neuerscheinungen. Es werden behandelt: philosophische und geistesgeschichtliche Themen, neue Romane, politische Bücher, Kunstbücher.

Senator Klein scheidet aus

Eigener Bericht

a. e. BERLIN, 18. Oktober. Der Berliner Senator für Bundesangelegenheiten, Klein (SPD), wird, wie zu hören ist, seinen gegenwärtigen Posten und damit seine langjährige „Botschaftertätigkeit" für Berlin in Bonn aufgeben und nur noch unerledigte Geschäftsvorgänge in seinem Bonner Büro aufarbeiten. Er wird die Angelegenheiten Berlins in Zukunft als Mitglied des Bundestages wahrnehmen. Am 17. September hatte er ein Berliner Bundestagsmandat der SPD angenommen. Für Kleins Entschluß werden „persönliche Gründe" als Motiv genannt. Der Senator gehört seit längerem zu den engeren Beratern Brandts.

Kontakt zu Algerien-Rebellen

TUNIS, 18. Oktober (AP). Der Unterstaatssekretär für afrikanische Angelegenheiten im amerikanischen Außenministerium, Williams, hat in Tunis eine dreistündige Unterredung mit dem Außenminister und dem Informationsminister der algerischen Exilregierung geführt. Es handelte sich um den ersten offiziellen Kontakt auf hoher Ebene zu den algerischen Rebellen. Die algerische Exilregierung interpretierte die Kontaktaufnahme als ersten Schritt auf dem Wege zu ihrer Anerkennung durch die Vereinigten Staaten. Politische Beobachter in Tunis werteten das Treffen als Zeichen der Entschlossenheit der Vereinigten Staaten, einen gewissen Einfluß des Westens auf die Rebellen zu wahren, um sie nicht ganz dem Sowjetblock in die Arme zu treiben.

Koalitionskrise in Wien

Eigener Bericht

Ko. WIEN, 18. Oktober. Wieder, wie schon in den letzten beiden Jahren, haben die Beratungen über den nächstjährigen Staatshaushalt Oesterreich in eine Koalitionskrise gestürzt. Ihr Ausgang ist völlig ungewiß. Falls das Kabinett Gorbach bis zum 22. Oktober, dem von der Verfassung vorgeschriebenen Datum für die Einbringung des Haushalts, keine Einigung herbeiführen kann, muß die Regierung zurücktreten. Die Budgetkrise ist diesmal überraschend noch in letzter Minute ausgebrochen. Beide Regierungsparteien, die Volkspartei und die Sozialisten, hatten sich über alle wichtigen Punkte des Budgets bereits geeinigt und dem Entwurf des Finanzministers im Prinzip auch schon zugestimmt, als am vergangenen Wochenende der Oesterreichische Gewerkschaftsbund eine Herabsetzung der Lohnsteuer für die kleineren und mittleren Einkommen forderte.

Die Drohung bleibt

Von Harry Hamm

„In der Kürze liegt die Würze", lehrte man uns in der Schule. Die Kommunisten glauben, wie in manch anderer Hinsicht, die Schulweisheit auf den Kopf stellen zu sollen. Je länger der Wortschwall, desto besser, heißt ihre Parole. Und nicht nur das. Je mehr Wiederholungen von Ausgesprochenem, desto eindrucksvoller. Chruschtschow lieferte zur Eröffnung des Moskauer XXII. Parteikongresses ein Musterbeispiel dieses strengen Rituells kommunistischer Funktionärstagungen. Eine Rede von fast sechseinhalb Stunden verlangt jedem Beobachter Respekt vor der physischen Leistung ab. Wenn dann während dieser Zeit Dinge angehört werden müssen, die im wesentlichen seit Wochen in allen amtlichen Publikationen und Versammlungen in wörtlicher Übereinstimmung vorgetragen werden, und dazu noch an bestimmten Stellen lang anhaltender Beifall, so erfordert das von Zuhörern und Beobachtern ein hohes Maß von Selbstüberwindung. Zieht man in Betracht, daß diese Rede zunächst das erste Auftreten des Parteichefs vor dem Kongreß mit einem Rechenschaftsbericht über die abgelaufene Periode seit dem letzten ordentlichen Parteitag von 1956 gewesen ist und daß eine zweite, vielleicht bedeutsamere Marathonrede über das neue Parteiprogramm in Aussicht steht, dann wächst die Bewunderung vor den sprachathletischen Künsten des Redners ins Ungemessene. Vielleicht dienen die endlosen Tiraden zur neckischen Prüfung, ob die Linientreuen die Spreu vom Weizen zu trennen wissen und ob sie aus der imposanten Anhäufung von längst Bekanntem und aus den spärlich hinzugefügten Daten neue Wendungen herauszuhören vermögen. Wenn dem so wäre — worin bestehen dann die Offenbarungen, die Chruschtschow der Weltöffentlichkeit kundgetan hat?

Gebannt wartete man allenthalben auf eine Stellungnahme zu dem akuten Problem der Ost-West-Spannungen; denn davon hängt weithin die Entscheidung über Krieg und Frieden ab. Chruschtschow ließ in dieser Frage nicht lange auf sich warten. Erneut ist der Termin für den Abschluß eines Separatfriedensvertrages mit dem Zonenregime verschoben worden. Im Westen nimmt man dies mit einem Gefühl der Erleichterung, aber nicht ohne Skepsis auf. In der östlichen Führungselite mag es nicht wenige geben, die ebenfalls, wenn auch aus ganz anderen Gründen, dem nun schon drei Jahre währenden Seiltanz in der Berlin- und Deutschlandfrage Bedenken und große Skepsis entgegenbringen und die auf eine Entscheidung drängen. Nur so ist es zu verstehen, daß der sowjetische Parteichef sich lang und breit in offener und versteckter Form mit den Hitzköpfen und potentiellen Kritikern seiner Politik zu beschäftigen hatte; er wollte ihnen den Wind aus den Segeln nehmen. Nicht zufällig wurden die „Parteifeinde" erstaunlich heftig angegriffen. Wohl wußte Chruschtschow in dieser Sache nicht viel Neues hinzuzufügen. Vielleicht kam es ihm auch nur darauf an, eine drastische Pointe zu inszenieren, die die Ohnmacht seiner früheren Widersacher und seine eigene unantastbare Stellung demonstrieren sollte. Woroschilow, einst Staatsoberhaupt der Sowjetunion, doch im parteiinternen Schrifttum längst als zur „parteifeindlichen" Gruppe zugehörig bezeichnet, diente als Prügelknabe. Er mußte vor aller Öffentlichkeit die Demütigung und eine rüde Bloßstellung über sich ergehen lassen. Chruschtschow liebt nun einmal Effekte, besonders wenn sie, wie im Falle Woroschilows, kaum Risiken enthalten.

Chruschtschow sorgte jedoch noch für einen anderen Effekt, der unter Umständen nicht so harmlose Auswirkungen haben wird. Zum erstenmal ging er öffentlich mit der stalinistischen albanischen Kommunistischen Partei ins Gericht. Wie man weiß, geht es dabei nicht so sehr um Albanien als vielmehr um den mächtigen Bundesgenossen des kleinen Skipetarenlandes, um Rotchina. Was Chruschtschow dem renitenten und militanten Regime Enver Hodschas in bitteren Worten vorgeworfen hat, gilt gleichzeitig als Warnung an die Adresse Pekings. Noch sind die Folgen dieser Verhaltensweise nicht abzusehen. Albanien nahm bislang von dem Moskauer Parteikongreß im Rundfunk und in seiner Presse überhaupt keine Notiz. Peking unterschlug in seinen Kommentaren einfach die Attakken Chruschtschows gegen Albanien. Statt dessen enthalten die chinesischen Nachrichtensendungen auch noch nach der Rede Chruschtschows lange Elogen auf die heroische und erfolgreiche Politik der Genossen in Tirana. Chruschtschow mag dies alles einkalkuliert haben und die Risiken seines Schrittes für nicht allzu gefährlich halten. Ihm schien der Zeitpunkt günstig, und zwar wegen der katastrophalen Rückschläge und Mißerfolge, die die Innenpolitik Mao Tse-tungs in jüngster Zeit erlitten hat; und so hat Chruschtschow die relative Ohnmacht Pekings auszunutzen gesucht, um jene politisch zur Räson zu bringen, die mit dem Kopf durch die Wand wollen.

„Warum auch?" So schien Chruschtschows Motto zu heißen, das sich wie ein roter Faden durch die Rede und durch die nicht enden wollende Aufzählung seiner persönlichen Erfolge hindurchzog. Wirtschaftlich gehe es in der Sowjetunion mit Riesenschritten voran; militärisch verfüge man jetzt über die grausamsten Waffen, die seit Menschengedenken geschaffen wurden; und der Westen schreite in dem Prozeß seiner Fäulnis hurtig voran. Chruschtschows feste Zuversicht, daß der Sieg des Kommunismus auf „friedlichem" Wege sicher sei, war der Tenor seiner Mammutrede, den er mit großem Aufwand, viel Anstrengung und gegen alle nur denkbaren Anfeindungen nochmals herauszukehren für notwendig hielt. Gewiß ist es zunächst beruhigend, daß Chruschtschow an seiner proklamierten Linie der „friedlichen Koexistenz" festhält. Erneut hat er bestätigt, daß er zwar bereit ist, mit kaltblütig berechneter Drohung bis an den Rand des Weltunterganges zu gehen; aber vor dem letzten entscheidenden Schritt hält er zurück. Doch vergessen wir nicht, daß die Drohung dennoch geblieben ist. „Friedliche Koexistenz" hat Chruschtschow einmal selbst präziser als eine „Koexistenz bis aufs Messer" formuliert. Nichts in seiner Rede deutet auf ein auch noch so zaghaftes Zurücknehmen sowjetischer Forderungen in den Hauptfragen der politischen Gegenwart hin. Flexibel zeigt sich der sowjetische Parteichef nur in den selbstgesetzten Fristen, nicht aber in der Sache. Spekuliert Chruschtschow, daß der Westen ihn falsch interpretieren wird? Oder hofft er nach all dem verwirrenden Gerede und Geschwätz in der freien Welt auf Flexibilität und Nachgiebigkeit in der Sache auf seiten seiner westlichen Gesprächs- und Verhandlungspartner, da er sich doch nun mit der Verschiebung der Galgenfrist zu „Konzessionen" bereit erklärt hat? Es fällt dem Westen zu, darauf der Sowjetregierung eine klare, von keinen Illusionen getrübte Antwort zu erteilen.

303

Oktober 1961

Ägypten und Tunesien nehmen ihre vor drei Jahren abgebrochenen diplomatischen Beziehungen wieder auf. Die Aussöhnung ist eine Folge des Biserta-Konflikts zwischen Tunesien und Frankreich, bei dem der ägyptische Staatspräsident Gamal Abd el Nasser den tunesischen Staatspräsidenten Habib Burgiba unterstützt.

15. Oktober, Sonntag

Zwölf Millionen Türken sind aufgerufen, ein neues Parlament zu wählen. Die Wahlbeteiligung ist hoch, doch enden die Wahlen mit einer Pattsituation, da keine Partei eine klare Mehrheit auf sich vereinigen kann (→ 20. 11./S. 187).

16. Oktober, Montag

Im Prozeß der Volkswagen-Sparer kommt nach zwölfjähriger Prozeßdauer ein Vergleich zustande. → S. 173

Fritz Molden legt seine Funktionen als Herausgeber und Chefredakteur für die österreichische Tageszeitung »Die Presse« wegen finanzieller Schwierigkeiten nieder. Die Zeitung wird von Fred Ungart erworben.

Durch eine Hochwasserkatastrophe, die das Gebiet um den Mekong-Fluß in Südvietnam heimsucht, werden rund 500 000 Menschen obdachlos. Das Hochwasser vernichtet 10% der Reisernte von Südvietnam, das entspricht dem gesamten Reisexport des Landes.

17. Oktober, Dienstag

An ihre Verpflichtung zu gesamtdeutschem Handeln erinnert Bundestagspräsident Eugen Gerstenmaier (CDU) in der konstituierenden Sitzung des vierten deutschen Bundestags die neugewählten Abgeordneten bei seiner Amtsübernahme. Gerstenmaier ist zum dritten Mal zum Bundestagspräsidenten gewählt worden.

Vor der CDU/CSU-Bundestagsfraktion gibt Konrad Adenauer seinen Entschluß bekannt, nicht die volle Legislaturperiode Bundeskanzler zu bleiben. Einen genauen Termin für seinen Rücktritt gibt er aber noch nicht bekannt. → S. 172

In Moskau wird der XXII. Parteitag der KPdSU eröffnet, der bis zum 31. Oktober dauert (→ 31. 10./S. 176).

18. Oktober, Mittwoch

Der südvietnamesische Staatspräsident Ngo Dinh Diem verhängt einen zeitlich unbeschränkten Ausnahmezustand über Südvietnam. Außerdem trifft der militärische Sonderbotschafter des US-Präsidenten John F. Kennedy, General Maxwell Taylor, in Saigon ein. Die Truppenstärke der USA in Südvietnam beträgt z. Z. 3500 Mann (→ 12. 12./S. 199).

Der ehemalige türkische Staatspräsident Ismet Inönü erklärt sich in Ankara zur Bildung einer neuen Regierung bereit (→ 20. 11./S. 187).

Bei den Parlamentswahlen in Südafrika, bei denen nur Weiße stimmberechtigt sind, siegt die Nationalpartei des Ministerpräsidenten Hendrik Frensch Verwoerd und erringt die absolute Mehrheit. Die Politik der Rassentrennung wird fortgesetzt.

In Frankfurt am Main beginnt die Buchmesse, die bis zum 23. Oktober dauert. → S. 179

Der Kaviarverbrauch in der Bundesrepublik hat 1960 nach Schätzungen von Fachleuten den bisherigen Höchststand seit Ende des Zweiten Weltkriegs erreicht. Es wurde für vier bis fünf Millionen DM deutscher Kaviar und für drei bis vier Millionen DM Import-Kaviar gekauft. Der Import-Kaviar stammt in erster Linie aus der Sowjetunion.

19. Oktober, Donnerstag

In Paris beginnt die Massendeportation von unliebsamen Algeriern nach Nordafrika. → S. 176

Aus allen Teilen der Welt kommen Proteste und Meldungen von Demonstrationen gegen die Ankündigung des sowjetischen Regierungschefs Nikita Chruschtschow, eine Atomexplosion in einer Stärke von 50 Millionen Tonnen TNT-Sprengstoff durchzuführen.

20. Oktober, Freitag

Schweden bereitet einen Notstandsplan für die von der Sowjetunion geplante Explosion einer 50-Millionen-Tonnen-Bombe vor.

21. Oktober, Sonnabend

Mit 40 Verhaftungen und der Beschlagnahme des Gesamtvermögens von 167 Personen führt die Regierung von Gamal Abd el Nasser in Ägypten einen entscheidenden Schlag gegen die reiche Oberschicht. → S. 174

Holger Börner (SPD) wird anstelle von Hans Jürgen Wischnewski Vorsitzender der Jungsozialisten in der SPD. → S. 172

Das erste für die Bundesmarine neugebaute Unterseeboot wird bei den Howaldtswerken in Kiel zu Wasser gelassen. Die Bundesmarine hat zwölf Unterseeboote in Auftrag gegeben. Sie sind 350 Tonnen groß, mehr als 40 m lang, rund 4,60 m breit und haben 20 Mann Besatzung.

Die Oper »Die Ameise« von Peter Ronnefeld wird in Düsseldorf uraufgeführt.

22. Oktober, Sonntag

Der Friedenspreis des Deutschen Buchhandels wird an den indischen Vizepräsidenten und Religionswissenschaftler Sarvepalli Radhakrishnan verliehen.

In Augsburg gewinnt die Fußballnationalmannschaft der Bundesrepublik Deutschland gegen Griechenland 2:1.

23. Oktober, Montag

Kambodscha (Kampuchea) bricht die diplomatischen Beziehungen zu Thailand ab. Gründe für diese Maßnahme sind die seit Jahren dauernden Grenzstreitigkeiten zwischen beiden Ländern.

24. Oktober, Dienstag

Der Bundesgesundheitsrat erklärt den Schluckimpfstoff gegen Kinderlähmung in der Bundesrepublik für zulässig (→ 7. 10./S. 173).

Die algerische Exilregierung schlägt die unverzügliche Aufnahme neuer Verhandlungen mit Frankreich über die Unabhängigkeit Algeriens und einen Waffenstillstand vor (→ 19. 10./S. 176).

25. Oktober, Mittwoch

Ein Friedensvertrag mit »beiden deutschen Staaten« müsse abgeschlossen werden, auch wenn es mit dem Westen zu keiner Einigung kommen sollte, erklärt der sowjetische Außenminister Andrei Gromyko auf dem XXII. Parteitag der KPdSU in Moskau. Gromyko nennt allerdings keinen Termin für einen solchen Friedensvertrag (→ 31. 10./S. 176).

König Idris von Libyen setzt die erste Ölleitung in Betrieb, die von dem Ölgebiet von Zelten nach dem neuen Ölhafen Masa el Brega führt.

In Berlin (West) findet die deutsche Uraufführung des Musicals »My fair Lady« von Frederick Loewe statt. → S. 179

Der spanische Künstler Pablo Picasso wird 80 Jahre alt. → S. 179

26. Oktober, Donnerstag

Die Koalitionsverhandlungen zwischen der CDU/CSU und der FDP werden für unbestimmte Zeit unterbrochen. Wann die Kanzlerwahl stattfinden soll, bleibt ungewiß.

General Cemal Gürsel wird neuer türkischer Staatspräsident. Ein neuer Ministerpräsident ist noch nicht gewählt (→ 20. 11./2. 187).

27. Oktober, Freitag

Während sich an der Berliner Sektorengrenze erstmals US-amerikanische und sowjetische Panzer gegenüberstehen, stellt das US-Außenministerium in einer offiziellen Erklärung fest, daß die mit sowjetischer Billigung erfolgten Maßnahmen der DDR-Regierung gegen den freien Verkehr der Alliierten in Berlin friedliche Verhandlungen ernsthaft gefährdeten.

Die Streikbewegung, die am Donnerstag den Verkehr in Frankreich weitgehend stillegte, wird mit einem fünfstündigen Ausstand der Gas- und Elektrizitätsarbeiter fortgesetzt. Die Gewerkschaften der öffentlichen Dienste fordern eine elfprozentige Aufbesserung aller Löhne und Gehälter.

Frühestens vom Beginn nächsten Jahres an soll die Polio-Schluckimpfung in allen Bundesländern unter Aufsicht der Gesundheitsbehörden beginnen. Mit diesem Beschluß schließen sich die Medizinalbeamten der Länder in Bad Ems der Empfehlung des Bundesgesundheitsrates an (→ 7. 10./S. 173).

Fast jeder dritte Student in der Bundesrepublik Deutschland wird nach Angaben des Deutschen Studentenwerks finanziell vom Staat unterstützt. Allein 16% werden nach dem »Honnefer Modell« gefördert. Für Stipendien und Darlehen standen im vergangenen Jahr an Bundes- und Landesmitteln rund 48 Millionen DM zur Verfügung.

Edda Buding ist die einzige deutsche Spielerin, die in der neuen Tennis-Weltrangliste des US-amerikanischen Magazins »World Tennis« genannt wird. Sie wird an neunter Stelle geführt.

28. Oktober, Sonnabend

Bei einer Reihe von Überfällen kongolesischer Soldaten auf Grenzdörfer in Katanga kommen rund 40 Personen ums Leben. Die Katanga-Armee entsendet sofort Truppenverstärkungen in das Gebiet an der Grenze zwischen Katanga und der Kongo-Provinz Kasai (→ 13. 10./S. 175).

29. Oktober, Sonntag

In Griechenland finden Parlamentswahlen statt. Die Nationale Radikale Union (ERE) des zurückgetretenen Ministerpräsidenten Konstandinos Karamanlis erhält die absolute Mehrheit. Die Regierungsbildung erfolgt am 4. November (→ 4. 11./S. 187).

In Berlin (West) geht nach 16tägiger Dauer die 12. Deutsche Industrieausstellung zu Ende. → S. 173

Das Fußball-Länderspiel der Schweiz gegen Schweden endet in Bern 3:2.

30. Oktober, Montag

Bundesaußenminister Heinrich von Brentano (CDU) wird verabschiedet, nachdem er am 28. Oktober seinen Rücktritt eingereicht hat; er will die Koalitionsverhandlungen zwischen CDU/CSU und FDP nicht gefährden. → S. 172

Aufgrund der schlechten Wahlergebnisse zerfällt die Gesamtdeutsche Partei (GDP). → S. 172

Im Gebiet von Nowaja Semlja bringt die UdSSR eine 50-Megatonnen-Atombombe zur Explosion.

Die Sowjetunion schlägt Finnland in einer Note Konsultationen über die Sicherung der Grenzen beider Länder gegen einen Überfall durch die Bundesrepublik vor (→ 26. 11./S. 186).

31. Oktober, Dienstag

Der XXII. Parteitag der KPdSU geht in Moskau zu Ende. → S. 176

Gestorben:

30. Rom: Luigi Einaudi (* 24. 3. 1874, Carrù), italienischer Politiker und Finanzwissenschaftler.

Titelblatt der US-amerikanischen Zeitung »Show« vom Oktober 1961, dem exklusiven Magazin für die darstellenden Künste

Kanzler kündigt Rücktritt an

17. Oktober. Bundeskanzler Konrad Adenauer erklärt vor der CDU/CSU-Bundestagsfraktion, er wolle nicht für die ganzen vier Jahre der Legislaturperiode im Amt bleiben, sondern zu einem Zeitpunkt zurücktreten, der seinem Nachfolger eine Einarbeitung bis zu den Bundestagswahlen 1965 ermögliche.
Adenauer lehnt es allerdings ab, einen Termin festzulegen, an dem er seine Amtsgeschäfte übergeben will. Eine solche Festlegung war von der FDP in den Koalitionsverhandlungen verlangt worden.
Bundeswirtschaftsminister Ludwig Erhard, der als Vizekanzler einer neuen Regierung und Nachfolger Adenauers vorgesehen ist, äußert vor der Fraktion den Wunsch nach einer engeren Zusammenarbeit mit Adenauer im Interesse einer Kontinuität der Politik nach dem Rücktritt des Kanzlers. Adenauer sichert seinen Parteifreunden zu, Erhard werde von Anfang an bei den politischen Entscheidungen auch über seine eigentliche Verantwortung als Bundeswirtschaftsminister hinaus gehört werden.
Adenauer wird die Absicht, während der Legislaturperiode zurückzutreten, in einem Brief an den CDU/CSU-Fraktionsvorsitzenden Heinrich Krone niederlegen. Weitere Zugeständnisse sollen der FDP nicht gemacht werden. Neben einem genauen Termin für den Rücktritt Adenauers fordern die Freien Demokraten fünf Ministersitze im zukünftigen Koalitionskabinett. Die FDP will vor allem das Finanzministerium, das Justiz- und das Verkehrsministerium übernehmen.
Während sich die Bildung einer Koalition zwischen FDP und CDU/CSU abzeichnet, fordert SPD-Politiker Willy Brandt die Bildung einer Regierung, an der auch die SPD beteiligt ist (→ 14. 11./S. 184).

Bundeskanzler Adenauer während einer Veranstaltung in Frankfurt am Main, er will nicht die ganze Legislaturperiode im Amt bleiben

Börner neuer Juso-Vorsitzender

21. Oktober. *Der 30jährige Holger Börner (links im Bild) wird Nachfolger des 39jährigen Hans Jürgen Wischnewski (rechts) als Bundesvorsitzender der Jungsozialisten in der SPD.*
Börner, der 1948 in die SPD eintrat, kandidierte 1957 erfolgreich im Wahlkreis Kassel für den Bundestag und wurde als 26jähriger der jüngste Abgeordnete des Bundestages. 1960 wurde Börner, der auch in der Kommunalpolitik seiner Heimatstadt Kassel aktiv ist, Vorsitzender der SPD-Fraktion der Kasseler Stadtverordnetenversammlung.

Fusion DP-BHE ist gescheitert

29. Oktober. Während eines »kleinen« Parteitags der Gesamtdeutschen Partei (GDP) in Hannover wird der Zerfall des Zusammenschlusses von Deutscher Partei (DP) und Block der Heimatvertriebenen und Entrechteten (BHE) deutlich.
Richard Langeheine, der Vorsitzende der GDP, und sein Stellvertreter Werner Schönfelder treten aus der GDP aus.
Anlaß der Auseinandersetzungen ist die politische Lage in Niedersachsen. Hier bildet der BHE zusammen mit der SPD eine Regierungskoalition, während die DP in der Opposition ist. Der BHE fordert das Festhalten der GDP an der Koalition, während Vertreter der DP neue Koalitionsgespräche verlangen.
Da sich in dieser Frage in Hannover keine Einigung erzielen läßt, ist die Fusion der beiden Parteien, die nicht mehr im Bundestag vertreten sind, gescheitert.

Brentano legt sein Amt nieder

30. Oktober. Bundeskanzler Konrad Adenauer nimmt das Rücktrittsgesuch von Bundesaußenminister Heinrich von Brentano (CDU) an.
Brentano reichte seinen Rücktritt ein, nachdem der CDU/CSU-Fraktionsvorstand nach längeren Beratungen dem Wunsch der Freien Demokraten nachgegeben hatte, einen FDP-Staatsminister mit Kabinettsrang ins Auswärtige Amt einer zukünftigen Regierung zu berufen.
In seiner Rücktrittserklärung stellt Brentano fest, daß der Außenminister das Vertrauen des Regierungschefs, aber auch der gesamten Regierungskoalition haben müsse. Dieses Vertrauen sei bei der FDP anscheinend nicht vorhanden, denn über die Mitwirkung an der Außenpolitik durch das Kabinett hinaus verlange sie für sich unmittelbare Einwirkung auf das Auswärtige Amt durch einen Staatsminister mit Kabinettsrang. Eine solche Konstruktion sei mit der Verfassung unvereinbar. Außerdem gehe es der FDP um einen Wechsel in der Außenpolitik.
Bundeskanzler Adenauer nimmt vor allem die politische Begründung des Rücktritts von Brentano mit Empörung entgegen, da er befürchtet, sie könne sich auf die Koalitionsverhandlungen mit der FDP auswirken. Die Erklärung Heinrich von Brentanos, die FDP wolle eine neue Außenpolitik, weist der FDP-Vorsitzende Erich Mende entschieden zurück.

Bundesaußenminister Heinrich von Brentano (l.) mit Konrad Adenauer

Sorge über zunehmende Luftverschmutzung im Ruhrgebiet

Die Luftverschmutzung an der Ruhr, die bei den rund acht Millionen Einwohnern des Ruhrgebiets zu erheblichen Gesundheitsrisiken führt, nimmt immer größere Ausmaße an (Abb.: Zeche Karolinenglück in Bochum).
Die Wahlkampfparole der SPD, daß der Himmel über der Ruhr wieder blau werden müsse, rückte das Problem in das Bewußtsein der Politiker in Bonn, ohne daß es jedoch bisher zu entsprechenden Gesetzen gekommen ist.
Zwischen Hamm und Moers werden im Jahr etwa 1,5 Millionen t Staub, Asche und Ruß sowie rund vier Millionen t Schwefeldioxid in die Luft geblasen. Den Hauptanteil an der Luftverschmutzung tragen 56 Thomas-Stahlkonverter, 75 Zechenkraftwerke und 18 andere Kraftwerke, die mit Kohle betrieben werden, sowie 17 Zementwerke und Ölraffinerien.
Der Einbau von Filteranlagen zur Absorption von Staub und Schwefeldioxid wird von der Industrie mit dem Hinweis auf zu hohe Kosten abgelehnt.

Vergleich beendet VW-Sparer-Prozeß

16. Oktober. Nach zwölf Jahren endet der Prozeß der Volkswagen-Sparer gegen das VW-Werk in Wolfsburg mit einem Vergleich.
Danach erhalten die über 100 000 Sparer, die vor dem Zweiten Weltkrieg bei der Deutschen Arbeitsfront einen Sparvertrag für einen Volkswagen abgeschlossen hatten, eine Entschädigung.
Der Vergleich sieht vor, daß den Sparern beim Kauf eines Volkswagens ein Nachlaß bis zu 600 DM gewährt wird. Dieser Höchstbetrag gilt allerdings nur dann, wenn seinerzeit der Wagen voll mit 999 Reichsmark angespart worden war. Im übrigen richtet sich der Preisnachlaß jeweils nach der Höhe der eingezahlten Sparbeträge. Sparer, die keinen Wagen beim VW-Werk kaufen wollen, können eine Barabfindung bis zu 100 DM erhalten.
Damit haben sich die Hoffnungen der VW-Sparer nicht vollständig erfüllt. Ihr Vorschlag lag bei einem Preisnachlaß von 1300 DM.
Ursprünglich hatten 337 000 Menschen einen Sparvertrag abgeschlossen, 127 610 Ansprüche sind beim VW-Werk angemeldet worden.

360 000 Besucher bei Industrieschau

29. Oktober. In Berlin (West) geht die am 14. Oktober von Bundeswirtschaftsminister Ludwig Erhard eröffnete 12. Deutsche Industrieschau zu Ende.
Ausdrücklich wird von allen Beteiligten die Notwendigkeit betont, die Ausstellung weiterhin zu veranstalten, auch wenn aus der DDR und dem Ostteil Berlins keine Besucher kommen dürfen. Im letzten Jahr kamen neben den 387 000 Besuchern aus dem In- und Ausland 263 000 Besucher aus der DDR.
Hauptthemen der diesjährigen Ausstellung waren Verkehr und Fortschritt. Dabei standen die Gemeinschaftsausstellungen aus dem Ausland, das in diesem Jahr stärker als bisher vertreten war, im Mittelpunkt des Interesses. Schwerpunkt der Industrieausstellung 1962 sollen die Möglichkeiten der wirtschaftlichen Hilfeleistung für die Entwicklungsländer sein.

Willy Brandt, der Regierende Bürgermeister von Berlin (r.), mit Bundeswirtschaftsminister Ludwig Erhard (3. v. r.) auf der Industrieausstellung

Schluckimpfung gegen Polio 1962

7. Oktober. Der Münchner Professor Hans-Dietrich Pache legt genaue Zahlen über die besorgniserregende Zunahme der Polio-Erkrankungen vor. Während 1958 1736 Menschen an Kinderlähmung erkrankt sind, lag die Zahl 1960 bereits bei 4163. In der ersten Hälfte des Jahres 1961 wurden in der Bundesrepublik 1253 neue Fälle gezählt.
Bisher wird der Kinderlähmung mit dem sog. Salk-Serum vorgebeugt, das eine Sicherheit von 70% gewährleistet und injiziert wird.
Die neuentwickelte Schluckimpfung, bei der abgeschwächte, aber lebende Viren mit Hilfe von Zuckerstücken oder Bonbons eingenommen werden, ist umstritten.
Am 24. Oktober gibt der Bundesgesundheitsrat die Impfung frei. Nach einem Beschluß der Medizinalbeamten der Länder vom 27. Oktober soll 1962 mit der Schluckimpfung begonnen werden.

Nasser enteignet Oberschicht

21. Oktober. Nach dem Putsch in Syrien (→ 28. 9./S. 162), der zum Zusammenbruch der Vereinigten Arabischen Republik führte, bemüht sich der ägyptische Staatspräsident Gamal Abd el Nasser um eine Reform seines Landes. Mit 40 Verhaftungen und der Beschlagnahme des Vermögens von 167 Personen wendet sich Nasser entschieden gegen die reiche Oberschicht.

Bisher war diese kleine Schicht zwar offiziell von der Politik ausgeschaltet gewesen, ihr Eigentum wurde jedoch nicht angetastet. Angesichts des Putsches in Syrien befürchtet Nasser nunmehr, daß das Besitzbürgertum, das seinem »arabischen Sozialismus« feindlich gegenübersteht, Auftrieb erhalten könnte und seinen durch Korruption gewonnenen Einfluß ausbauen würde.

Präsident Nassers Ziel ist es, seine Politik nicht nur wie bisher auf die Armee, sondern vor allem auf die Fellachen, die ägyptische Landbevölkerung, zu stützen.

Allerdings ruft die Enteignungswelle nicht nur den Widerstand der Oberschicht hervor, auch die konservative moslemische Geistlichkeit fühlt sich durch die harte Politik Nassers gefährdet.

Am 16. Oktober hatte Nasser seine Maßnahmen in einer Radioansprache angekündigt: »Wir begingen den Fehler, reaktionäre Elemente zu beschwichtigen, die sich als Helfer des Imperialismus erwiesen ... Wir müssen jetzt den Imperialismus in den Palästen der Reaktion bekämpfen und müssen die Reaktion in den Armen des Imperialismus bekämpfen ... Wir haben keine ausreichenden Anstrengungen gemacht, um die Massen mit ihren Rechten und Fähigkeiten vertraut zu machen. Deshalb müssen die revolutionäre Führung und die revolutionäre Basis verbreitert werden. Die Gewerkschaften, die Kooperativen, Universitäten, Wirtschaftsverbände und Frauenorganisationen müssen Zentren der konstruktiven, revolutionären Aktion werden.«

Gamal Abd el Nasser will sich in Zukunft stärker auf die Landbevölkerung in Ägypten stützen, im Hintergrund die Stufenpyramide von Sakkara

Gamal Abd el Nasser will nach der Auflösung der VAR eine Periode der Reformen in Ägypten einleiten

U Thant übernimmt UNO-Sekretariat

14. Oktober. Nach langen Verhandlungen zwischen dem US-amerikanischen und dem sowjetischen Chefdelegierten bei den Vereinten Nationen in New York einigen sich die USA und die UdSSR auf den Vertreter Birmas bei der UNO, Botschafter Sithu U Thant, als Nachfolger des tödlich verunglückten Dag Hammarskjöld (→ 18. 9./S. 162) als UNO-Generalsekretär.

Der 52jährige Diplomat gilt als ein Mann der Vermittlung und des Ausgleichs. In der Ungarnfrage stand er 1956 z. B. auf der Seite des Westens in der Verurteilung des sowjetischen Einmarschs, während er andererseits mit dem Ostblock sich für eine Aufnahme der Volksrepublik China in die UNO eingesetzt hat. Mit den anderen asiatischen und afrikanischen Ländern befürwortet U Thant die schnelle Beseitigung des Kolonialismus. In der Kongo-Krise folgte er in wesentlichen Punkten Hammarskjöld.

Die offizielle Wahl von Sithu U Thant zum ersten asiatischen Generalsekretär der UNO bis zum 10. April 1963, das heißt bis zum Ende der Amtszeit des verunglückten Hammarskjöld, wird am 3. November auf Antrag von Ceylon (Sri Lanka), Liberia und der Vereinigten Arabischen Republik von der UN-Vollversammlung in New York vorgenommen.

Der birmanesische Vertreter bei der UNO, Sithu U Thant, soll neuer Generalsekretär werden

Atlantischer Wirtschaftsbund

1. Oktober. Als Nachfolgerin der Organisation für Europäische Zusammenarbeit (OEEC) wird in Paris die Organisation für Wirtschaftliche Zusammenarbeit und Entwicklung (OECD) gegründet.

Neben den OEEC-Staaten Belgien, Bundesrepublik Deutschland, Dänemark, Frankreich, Österreich, Schweiz, Schweden und Großbritannien werden die USA und Kanada der Organisation angehören.

Hinter der Gründung der OECD steht der Versuch, die Atlantische Gemeinschaft wirtschaftlich zu untermauern, eine einheitliche westliche Konjunkturpolitik zu entwickeln und die Hilfe für die Staaten der Dritten Welt zu koordinieren.

Die Bundesrepublik Deutschland ist als Exportland stark an engen wirtschaftlichen Beziehungen zu Staaten der Dritten Welt interessiert

Das gesprengte Andreas-Hofer-Denkmal auf dem Bergisel bei Innsbruck im österreichischen Teil von Tirol

Terroranschläge in der Auseinandersetzung um Südtirol

1. Oktober. Durch eine Sprengung wird die zehn Meter hohe Bronzestatue des Tiroler Freiheitshelden Andreas Hofer auf dem Bergisel bei Innsbruck vom Sockel gestürzt und stark beschädigt.

Das Attentat ist vermutlich ein Racheakt von Italienern für Sprengstoffaktionen in Südtirol.

Die Verhandlungen zwischen Wien und Rom über ein Autonomiestatut für die Südtiroler sind bislang zu keinem Ergebnis gekommen.

Am 5. September hatte der Politische Ausschuß des Europarats die Einsetzung eines Südtirol-Ausschusses beschlossen, dem neben italienischen und österreichischen Vertretern ein Belgier, ein Schwede und ein Brite angehören.

Krieg trotz Waffenstillstand

13. Oktober. Nachdem bereits am 21. September ein provisorisches Abkommen zwischen den UN-Truppen und Katanga abgeschlossen worden ist, wird gegen den Protest der Zentralregierung in Léopoldville (Kinshasa) der endgültige Waffenstillstand unterzeichnet.

Die UN-Truppen, die am 25. August in Katanga einmarschiert sind, ziehen sich von ihren strategischen Positionen zurück, außerdem werden die Gefangenen ausgetauscht. Katanga-Präsident Moise Tschombé macht im Gegenzug alle ausländischen Militärs in Katanga zu Zivilisten. Das Abkommen enthält ferner den Passus, daß die UN-Truppen nicht intervenieren, falls katangische Streitkräfte einen militärischen Invasionsversuch zurückschlagen sollten. Dieser Teil des Waffenstillstands bedeutet die faktische Anerkennung Katangas.

Die Zentralregierung des Kongo (Zaïre) lehnt das Abkommen ab. Die UNO könne keinen Vertrag mit der Regierung von Katanga abschließen, ohne daß dem die Zentralregierung des Kongo zustimme.

Trotz dieser Einwände wird das Abkommen am 24. Oktober von der UNO ratifiziert. In der Folge kommt es zu bewaffneten Auseinandersetzungen zwischen Einheiten der Zentralregierung und Teilen der Katanga-Armee an der Grenze zu Kasai (→ 17. 11./S. 188).

Da die Zentralregierung in Léopoldville den Waffenstillstand zwischen Katanga und der UNO nicht anerkennt, kommt es zu weiteren Kämpfen

Suvanna Phuma Ministerpräsident

8. Oktober. In Hin Heup bei Vientiane einigen sich die drei laotischen Prinzen Bun Um, Suvanna Phuma und Suvannavong auf den Neutralisten Suvanna Phuma als neuen Ministerpräsidenten einer laotischen Koalitionsregierung, nachdem bereits am → 22. Juni (S. 116) in Zürich eine grundsätzliche Übereinkunft erzielt werden konnte.

In dem Abschlußkommuniqué werden folgende Schritte festgelegt:

▷ Die nationale provisorische Koalitionsregierung soll aus 16 Mitgliedern bestehen
▷ Der Ministerpräsident und sein Stellvertreter sind gleichzeitig Mitglieder des Kabinetts
▷ Prinz Suvanna Phuma wird von den drei Prinzen einstimmig als Ministerpräsident nominiert
▷ Die drei Delegationen der gegnerischen Gruppen der Neutralen, Rechten und Prokommunisten sollen ihre Beratungen über die noch ungelösten Fragen der Bildung der Koalitionsregierung und ihrer Aufgaben fortsetzen. Nach Abschluß der Beratungen sollen die Delegationen an die Prinzen berichten. Danach wird Suvanna Phuma ein neuerliches Gipfeltreffen anberaumen.

Mit dieser Entscheidung, die nach monatelangen Auseinandersetzungen zwischen den drei Prinzen fällt, ist eine Lösung der politischen Spannungen in Laos nähergerückt. Auch die Laos-Konferenz in Genf kann über Detailfragen der Neutralität von Laos und deren Kontrolle eine Einigung erzielen (→ 18. 12./S. 201).

»Revue« berichtet über die Streitigkeiten im Königreich Laos

Blick auf den Roten Platz in Moskau mit Lenin-Mausoleum, Kreml-Mauer und Historischem Museum

Nikita Chruschtschow führt die Entstalinisierung fort

31. Oktober. Der XXII. Parteitag der Kommunistischen Partei in der Sowjetunion in Moskau, der am 17. Oktober von dem sowjetischen Partei- und Regierungschef Nikita Chruschtschow eröffnet worden war, bringt eine Bekräftigung der 1956 eingeleiteten Entstalinisierung und eine Betonung der Politik der friedlichen Koexistenz.

Chruschtschow bekräftigte in seiner Eröffnungsrede die Bedeutung der Zusammenarbeit aller sozialistischen Staaten, wandte sich jedoch scharf gegen die selbständige Politik Jugoslawiens und Albaniens (→ 10. 12./S. 199).

Die UdSSR soll in Zukunft eine flexiblere Außenpolitik betreiben und ihr Augenmerk stärker auf die Entwicklungsländer der Dritten Welt richten.

In der Frage der Deutschland- und Berlin-Politik erklärt der sowjetische Parteichef: »Wenn die Westmächte Bereitschaft zur Regelung des deutschen Problems zeigen, so wird die Frage des Termins der Unterzeichnung eines deutschen Friedensvertrags nicht solche Bedeutung haben.«

Ein weiterer Hauptpunkt des Parteitags war die Abrechnung mit der dogmatischen »parteifeindlichen« Gruppe um den ehemaligen Verteidigungsminister Wjatscheslaw Molotow. Chruschtschow erklärte, diese Gruppe habe sich entschieden gegen die auf dem XX. Parteitag 1956 begonnene Entstalinisierung, die Verurteilung der Terrormaßnahmen und des Personenkultes um Josef Stalin gewehrt (→ 11. 11./S. 186).

Gegen diese Fortführung der Neuorientierung der sowjetischen Politik in Richtung auf mehr politische Flexibilität protestierte am 21. Oktober der chinesische Regierungschef Chou En-Lai mit einer Kranzniederlegung an Stalins Grab und seiner Abreise nach China.

Der Parteitag beschließt am 30. Oktober, den Leichnam Stalins aus dem Mausoleum am Roten Platz in Moskau zu entfernen und ihn auf dem Friedhof an der Kreml-Mauer zu begraben.

Nikita S. Chruschtschow, Regierungschef der UdSSR

Der am 5. März 1953 verstorbene Josef W. Stalin wird aus dem Lenin-Mausoleum entfernt und an der Kreml-Mauer beigesetzt

Wieder Unruhen in Paris und Algerien

19. Oktober. Nach Demonstrationen von Algeriern in Paris gegen die restriktiven Maßnahmen der französischen Regierung beginnt die Anfang September beschlossene Deportation unliebsamer Algerier in ihre Heimat, wo sie unter Hausarrest gestellt werden sollen.

Anlaß der neuen Unruhen am 17. und 18. Oktober sind die von der Polizeipräfektur in Paris verhängten Maßnahmen gegen die Algerier, vor allem das Ausgehverbot und das Verbot des Besuchs von öffentlichen Lokalen in den Abend- und Nachtstunden. Bei den Demonstrationen kommen vier Algerier ums Leben, etwa 400 werden verletzt und über 13000 verhaftet. Rund 2000 Algerier sollen in den nächsten Tagen in ihre Heimat abgeschoben werden.

Der französische Innenminister Roger Frey begründet die Unterdrükkungsmaßnahmen mit der hohen Zahl der Attentate in Paris. In der Zeit vom 29. August bis 7. Oktober seien in Paris durch Algerier 102 Attentate verübt worden, bei denen 63 Menschen getötet wurden.

Derweil setzt die OAS, die rechtsradikale Geheimorganisation, die gegen die Selbständigkeit Algeriens kämpft, ihre Aktionen fort. Am 2. Oktober gelang es ihr, für zehn Minuten auf der Kathedrale Notre-Dame in Paris ihre Fahne zu hissen, am 9. Oktober sprengte sie in Algier eine Rundfunksendeanlage.

In Oran kam es am 16. Oktober zu blutigen Unruhen, als Franzosen zur Selbstjustiz griffen. Eine wütende Volksmenge europäischer Siedler steckte einen Kraftwagen in Brand und hinderte den algerischen Fahrer so lange am Verlassen des Autos, bis er bei lebendigem Leib verbrannt war. Diese Tat war der Racheakt für den Mord an einem französischen Soldaten, der von einem algerischen Terroristen erschossen wurde.

Angesichts der unruhigen Lage in Algerien schlägt der Präsident der algerischen Exilregierung, Jusuf ibn Chidda, den Wiederbeginn von Verhandlungen mit Frankreich über die Unabhängigkeit Algeriens und einen Waffenstillstand vor. In weiteren Gesprächen soll über die Zusammenarbeit zwischen Frankreich und Algerien und Garantien für die Franzosen verhandelt werden.

Transsib elektrisch

10. Oktober. Die Elektrifizierung eines 5500 km langen Teilstücks der Transsibirischen Eisenbahn (Transsib), die von Moskau nach Wladiwostok am Pazifischen Ozean führt, ist abgeschlossen.

Die Transsib mit ihrer Gesamtlänge von 9300 km ist die Hauptverkehrsader Sibiriens. Sie hat nicht nur wirtschaftliche, sondern auch politische und militärische Bedeutung. Vom Jaroslawler Bahnhof in Moskau führt die Transsib über Kasan nach Swerdlowsk, dann weiter nach Omsk, über die große Industriestadt Nowosibirsk nach Krasnojarsk, Taischet, Irkutsk, Tschita und Chabarowsk nach Wladiwostok. Ab Irkutsk am Baikal-See verläuft die Bahn auf einer Länge von rund 3200 km entlang der Flüsse Ussuri und Amur in einer Entfernung von 15 km bis 130 km in etwa parallel zur Nordgrenze Chinas.

Mit dem Bau der Transsibirischen Eisenbahn wurde 1891 auf Anweisung des russischen Zaren Alexander III. begonnen. Die Bauarbeiten, die hauptsächlich von Sträflingen durchgeführt wurden, zogen sich bis 1916 hin.

Um die Strecke um rund 500 km zu verkürzen, wurde 1938 mit dem Bau der Baikal-Amur-Magistrale begonnen, die von Taischet aus den Baikal-See nördlich umrunden soll.

Die Transsibirische Eisenbahn zweichen Moskau und Wladiwostok, der Rossia-Expreß in Nachodka, der letzten Station vor Wladiwostok

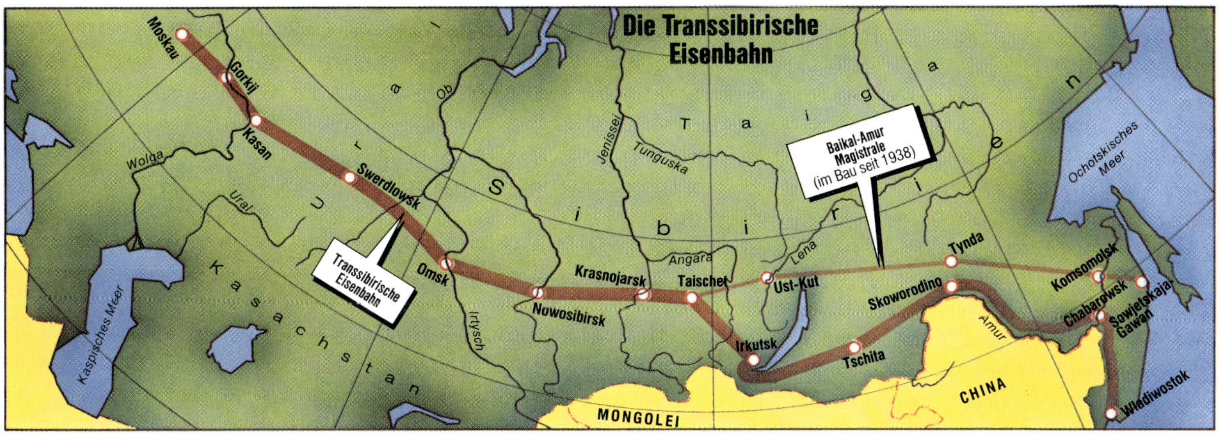

Das Zeichen der sowjetischen Staatsbahnen zeigt eine Weltkugel

In Paris herzlicher Empfang für Kaiserpaar aus dem Iran

11. Oktober. Als erstes Staatsoberhaupt Persiens seit 75 Jahren trifft Schah Mohammad Resa Pahlawi mit seiner Frau Farah Diba zu einem dreitägigen offiziellen Besuch in der französischen Hauptstadt Paris ein.

Der französische Staatspräsident Charles de Gaulle, der die Gäste aus Iran mit allem protokollarischen Prunk auf dem Pariser Flughafen Orly begrüßt, bezeichnet den Schah als einen »wahren Wohltäter seines Volkes, als einen Freund Frankreichs und für die Welt als ein Element der Stabilität«.

Der persische Monarch betont in seiner Antwort die enge Verbundenheit des Iran mit Frankreich und überreicht dem französischen Staatspräsidenten de Gaulle den »Großkordon der Pahlawi«, die höchste persische Auszeichnung.

Schah Mohammad Resa Pahlawi und seine Frau Farah Diba verabschieden sich vor ihrer Reise vom iranischen Kabinett in Teheran

Mohammad Resa Pahlawi vor dem iranischen Parlament

Sänger Bill Ramsey bringt 1961 die »Zuckerpuppe aus der Bauchtanzgruppe« heraus

Die Sängerin Caterina Valente bei einem ihrer erfolgreichen Auftritte in einer Show

Chris Howland, bekannt aus »Musik aus Studio B«, singt die »Hämmerchen-Polka«

Sängerin Heidi Brühl wurde 1960 mit »Wir wollen niemals auseinandergehen« berühmt

Schlager 1961:

Einsamkeit und Liebe

Sentimentale Musik und inhaltslose, realitätsferne Texte kennzeichnen die meisten der bundesrepublikanischen Schlager 1961.

In einigen Texten, in denen Cowboyromantik und Einsamkeit geschildert werden, spiegelt sich die Entwurzelung eines Teils der Bevölkerung nach dem Zweiten Weltkrieg. So handeln z. B. die Lieder von Freddy Quinn zumeist von Heimweh und Alleinsein.

Der größere Teil der Schlager beschäftigt sich jedoch mit der Liebe: »Tanze mit mir in den Morgen« (Gerhard Wendland, 1961) oder »Hello Mary-Lou« (Jan und Kjeld Wennick, 1961). Um Text und Melodie interessanter zu machen, werden Musikelemente fremdländischer Folklore eingefügt oder die Songs von ausländischen Interpreten vorgetragen. So feiert z. B. Nana Mouskouri mit »Weiße Rosen aus Athen« 1961 Erfolge. Die Sparfreudigkeit besingt Chris Howland 1961 mit der »Hämmerchen-Polka (Das Sparschwein)«. Auch im Schlager sind die USA Vorbild: Englische Wörter werden in die Texte eingefügt, deutsche Interpreten singen unter englischem Pseudonym.

Film- und Schlagerstar Heidi Brühl spielte bereits als 12jährige in »Der letzte Sommer«

Camillo Felgen, Schauspielerin und Sängerin Cornelia Froboess

V. l.: Schlagersänger Gerhard Wendland, Heidi Brühl und Wyn Hoop

13. Buchmesse in Frankfurt am Main

18. Oktober. Mehr als 1800 Verlage aus 32 Ländern beteiligen sich an der diesjährigen 13. Buchmesse in Frankfurt am Main, die bis zum 23. Oktober dauert. Zum ersten Mal sind Verlage aus Kanada, Mexiko und Südkorea vertreten.
Insgesamt werden von den 1800 Verlagen, von denen 1100 aus dem Ausland kommen, rund 70 000 Bücher vorgestellt. Während bei den deutschen Verlagen vor allem Werke von bereits etablierten Schriftstellern vorgestellt werden, fallen bei den osteuropäischen Verlagen die aufwendig gestalteten Kunst- und Photobände auf.
Mit einem wachsenden Angebot an preiswerten Taschenbüchern versuchen die deutschen Verleger sich gegen die Konkurrenz der Buchgemeinschaften zu behaupten.

Paul Hubschmid als Professor Higgins in der deutschen Erstaufführung des Musicals »My fair Lady« in Berlin

Picasso vollendet das 80. Lebensjahr

25. Oktober. Der in Malaga geborene Maler und Bildhauer Pablo Picasso wird 80 Jahre alt.
Wie kein anderer Künstler dieses Jahrhunderts hat Picasso alle Richtungen der modernen Kunst entweder initiiert oder entscheidend geprägt. Seine Stilbreite reicht von neoklassizistischen Gemälden wie dem »Sitzenden Pierrot« (1918) bis zu den kubistischen »Mädchen von Avignon« (1906/07). Durch den spontanen Wechsel und das Nebeneinander verschiedener Arbeitsschwerpunkte und -methoden entzieht sich Picasso immer wieder einer systematischen Einordnung.

Pablo Picasso

Die Begabung von Picasso zeigte sich schon in jungen Jahren. 1904 siedelte der junge Künstler nach Paris über.
Picassos spektakulärstes Werk ist »Guernica«, eine Anklage gegen die Bombardierung der baskischen Stadt durch die Deutschen während des Spanischen Bürgerkriegs 1937.

Erste deutsche »My fair Lady«

25. Oktober: Im neueröffneten »Theater des Westens« in Berlin (West) wird das Musical »My fair Lady« zum ersten Mal in deutscher Sprache aufgeführt.
Das Musical, das von Frederick Loewe komponiert wurde und nach dem Text von Alan Jay Lerner gespielt wird, erlebte seine Uraufführung 1956 in New York. Seitdem wurde es rund 10 000mal gespielt und brachte bislang Einnahmen in Höhe von 50 Millionen US-Dollar (200 Millionen DM).
Auch die deutsche Uraufführung des Musicals in Berlin wird zum Erfolg. Vor allem Karin Hübner in der Titelrolle zeigt sich ihrer Partie, die Gesang, Tanz und schauspielerisches Können verlangt, gewachsen. In der Rolle des Alfred P. Doolittle, des Vaters der »fair Lady«, eines lustigen Trunkenbolds, glänzt Alfred Schieske. Paul Hubschmid in der männlichen Hauptrolle als Professor Higgins wird mit Rex Harrison in der New Yorker Uraufführung verglichen, reicht jedoch nicht an dessen Leistung heran.
Die deutsche Bearbeitung des Musicals wurde von Robert Gilbert vorgenommen, der die schwierige Aufgabe hatte, das Cockney-Englisch des Originals in den Berliner Wedding-Dialekt zu übersetzen.
»My fair Lady« basiert auf der Komödie »Pygmalion« von George Bernard Shaw und spielt in London und Umgebung im Jahr 1912.
Sprachprofessor Higgins trifft auf dem Blumenmarkt von Covent Garden auf das Blumenmädchen Eliza Doolittle, das wegen verdorbener Blumen in wüste Beschimpfungen ausbricht.
Higgins schließt mit einem Freund eine Wette ab, aus Eliza innerhalb von sechs Monaten eine Dame zu machen, die man bei Hof vorführen könne. Die Wandlung gelingt, Higgins gewinnt seine Wette und zeigt danach kein Interesse mehr für Eliza. Sie verläßt ihn nach einem Streit. Erst da wird Professor Higgins deutlich, wie sehr er sich an Eliza gewöhnt hat.
1964 wird das Musical mit Audrey Hepburn und Rex Harrison in den Hauptrollen verfilmt.

V. l.: Friedrich Schönfelder, Karin Hübner und Karin Hardt in der deutschen Erstaufführung des Musicals »My fair Lady« in Berlin

November 1961

Mo	Di	Mi	Do	Fr	Sa	So
		1	2	3	4	5
6	7	8	9	10	11	12
13	14	15	16	17	18	19
20	21	22	23	24	25	26
27	28	29	30			

1. November, Mittwoch

David Ben Gurion bleibt Ministerpräsident in Israel. In der Nacht zum Mittwoch einigten sich die Mapai-Partei, die Religiösen, die Ahdut Havoda und die Paolei-Agudat-Israel-Partei über eine Koalitionsregierung in Jerusalem. → S. 188

Der frühere Bundesvorsitzende der Deutschen Partei (DP) und ehemalige niedersächsische Ministerpräsident, Heinrich Hellwege, tritt der CDU bei. Andere führende Mitglieder der DP schließen sich Heinrich Hellwege an (→ 29. 10./S. 172).

Bis Ende 1961 sollen nach einer Mitteilung der Deutschen Bundesbahn rund 8000 km Hauptstrecke und 1800 Triebfahrzeuge der Deutschen Bundesbahn mit automatischen Bremsgeräten ausgerüstet sein. Wenn eine Haltesignal-Ankündigung nicht beachtet, nicht ausreichend gebremst oder wenn ein auf »Halt« gestelltes Hauptsignal passiert wird, tritt die automatische Bremsvorrichtung in Funktion.

Bei einem Flugzeugabsturz in der Nähe der brasilianischen Stadt Recife kommen 32 Menschen ums Leben.

2. November, Donnerstag

Nach langwierigen Verhandlungen wird zwischen der CDU/CSU und der FDP der Koalitionsvertrag vereinbart (→ 14. 11./S. 184).

Aufgrund einer Fahndungsausschreibung von 1941 wird in München der Jugoslawe Lazar Vracaric unter dem Verdacht von Kriegsverbrechen verhaftet. Die Verhaftung unter Berufung auf eine Fahndung aus der Zeit des Nationalsozialismus löst in Jugoslawien heftige Empörung und Proteste der Regierung aus. Das Verfahren gegen Vracaric wird am 7. November eingestellt.

Die kongolesische Armee ist 60 km tief in die abtrünnige Provinz Katanga einmarschiert. Dies teilt der Oberbefehlshaber der kongolesischen Streitkräfte, General Joseph Désiré Mobutu, in Léopoldville (Kinshasa) mit (→ 17. 11./S. 188).

In Milch- und Lebensmittelgeschäften der Bundesrepublik und Berlin (West) werden von Mitte November an Spendenscheine zum Werte von je einer DM verkauft. Der Erlös ist zum Ankauf von deutschem Milchpulver bestimmt, das dann vom Weltkinderhilfswerk der Vereinten Nationen (UNICEF) an hungernde Kinder in notleidenden Gebieten verteilt werden soll.

Am Schauspielhaus in Zürich wird das Stück »Andorra« des Schweizer Schriftstellers Max Frisch uraufgeführt.

3. November, Freitag

Zum neuen Generalsekretär der UNO wird der Botschafter von Birma bei der Weltorganisation in New York, Sithu U Thant, gewählt (→ 14. 10./S. 174).

Prinzessin Margaret, Schwester der britischen Königin Elisabeth II., bringt einen Sohn zur Welt. → S. 192

4. November, Sonnabend

Der Führer der in den griechischen Parlamentswahlen vom 29. Oktober siegreichen Nationalen Radikalen Union (ERE), Konstandinos Karamanlis, bildet die neue Regierung. Oppositionspolitiker Jeorjios Papandreu weigert sich, die Regierung anzuerkennen, da ihr Wahlsieg auf Fälschung und Stimmenkauf zurückzuführen sei. → S. 187

5. November, Sonntag

Fallschirmjägereinheiten der separatistischen Provinz Katanga werfen die in den letzten Tagen auf ihre Gebiete vorgedrungenen Truppen der kongolesischen Zentralregierung wieder bis an die Grenzen zurück (→ 17. 11./S. 188).

Rund 95% aller Reisenden, die an den DDR-Grenzübergängen Helmstedt, Bebra, Herleshausen und Wolfsburg abgefertigt werden, geben als Reiseziel Berlin (West) an oder kommen von dort. Insgesamt passierten im Oktober 488 000 Reisende die Grenzübergänge in beiden Richtungen. Der größte Teil davon wurde am Autobahnkontrollpunkt Helmstedt-Marienborn und auf dem Bahnhof Helmstedt registriert.

6. November, Montag

Für ein Verbot aller Atomwaffenversuche spricht sich die Vollversammlung der Vereinten Nationen in New York aufgrund einer indischen Resolution mit 71 gegen 20 Stimmen – unter denen sich die Atommächte befanden – aus. Die Vereinigten Staaten und Großbritannien fordern für einen solchen Stopp ein Abkommen über die Kontrolle.

7. November, Dienstag

Konrad Adenauer (CDU) wird vom Deutschen Bundestag in Bonn mit 258 gegen 206 Stimmen zum vierten Mal zum Bundeskanzler gewählt (→ 14. 11./S. 184).

Bei einem Besuch auf Korsika deutet der französische Staatspräsident Charles de Gaulle seine Bereitschaft zu Gesprächen mit der algerischen Befreiungsfront über die Unabhängigkeit Algeriens an.

8. November, Mittwoch

Zwischen der EWG und Großbritannien beginnen in Paris die Verhandlungen über den Beitritt Großbritanniens zur Europäischen Wirtschaftsgemeinschaft (EWG). → S. 186

Nach dem Rücktritt der Regierung von Präsident Velasco Ibarra in Ecuador wählt der Kongreß in Quito Carlos Arosemena Monroy zum Präsidenten. Die Heeresleitung ernennt den Obersten Richter des Landes, Carlos Galegos, zum Gegenpräsidenten.

Der senegalesische Staatspräsident Leopold Sedar Senghor, einer der führenden Männer des schwarzen Afrika, trifft zu einem Staatsbesuch in Bonn ein. Die Bundesregierung wertet diesen Besuch als Anerkennung des deutschen Willens zu einer engen europäisch-afrikanischen Zusammenarbeit.

Der deutsche Bundestag wählt einstimmig den CDU-Abgeordneten Vizeadmiral a. D. Hellmuth Heye zum neuen Wehrbeauftragten. → S. 185

9. November, Donnerstag

Nach tagelangen Unruhen und einem zweimaligen Präsidentenwechsel übernimmt in Ecuador der bisherige Vizepräsident Carlos Arosemena Monroy nun endgültig das Amt des Staatspräsidenten.

Königin Elisabeth II. von Großbritannien und ihr Mann, Prinz Philipp, treffen in Ghana zu einem elftägigen Staatsbesuch ein. → S. 188

Alle 74 Passagiere und drei der fünf Besatzungsmitglieder kommen beim Absturz eines Flugzeugs in der Nähe der US-amerikanischen Stadt Richmond ums Leben.

10. November, Freitag

Die Sicherheitsfrage und die wirtschaftliche Einigung Europas stehen im Mittelpunkt der sechsten deutsch-französischen Konferenz, die Bundespräsident Heinrich Lübke in Bad Godesberg eröffnet.

Der Vernehmungsrichter beim Berliner Amtsgericht erläßt Haftbefehle gegen acht Personen, die in die schweren Verlustgeschäfte der August-Thyssen-Bank verwickelt sind. Den verhafteten Bankangestellten wird Betrug vorgeworfen.

11. November, Sonnabend

Die früheren Spitzenfunktionäre Georgi Malenkow und Lasar Kaganowitsch werden im Zuge der Entstalinisierung aus der KPdSU ausgeschlossen. → S. 186

12. November, Sonntag

Bei den Wahlen zur Hamburger Bürgerschaft erhält die SPD 57,4% der Stimmen, die CDU kommt auf 29,1 und die FDP auf 9,6%. Damit bekommt die SPD 72 Sitze, die CDU 36 und die FDP 12.

Im diktatorisch regierten Portugal und seinen überseeischen Provinzen finden Scheinwahlen zur Nationalversammlung statt. → S. 188

Die sowjetische Stadt Stalingrad wird in Wolgograd umbenannt. Auch andere Städte in der Sowjetunion, die nach Josef Stalin benannt sind, erhalten neue Namen.

In Berlin (West) siegt die Schweiz in einem Fußball-Länderspiel gegen Schweden 2:1.

13. November, Montag

Die Wiederaufnahme der Verhandlungen über eine kontrollierte Einstellung aller Atomwaffenversuche schlagen Großbritannien und die USA der Sowjetunion vor. Sie stützen sich dabei auf eine von ihnen in der Vollversammlung der Vereinten Nationen in New York mit großer Mehrheit durchgesetzte Resolution.

Auf der siebten Jahrestagung von NATO-Parlamentariern aus 15 Ländern steht die Berlin-Frage im Mittelpunkt. Die Tagung in Paris dauert bis zum 17. November. → S. 185

Der Vorsitzende des sowjetischen Komitees für Staatssicherheit, Alexandr Schelepin, wird durch Wladimir Semitschastny ersetzt.

Der evangelische Bischof von Berlin-Brandenburg, Otto Dibelius, vertritt in Dallas/Texas die Ansicht, daß die Tage des Kommunismus gezählt seien. Vor 9200 Menschen, die der Verleihung der Ehrendoktorwürde der methodistischen Universität in Dallas an den Bischof beiwohnen, sagt Dibelius: »Wie jede andere atheistische Ideologie ihren Anfang und ihr Ende hatte, so wird es auch mit dem Kommunismus sein.«

14. November, Dienstag

Das vierte Kabinett unter Konrad Adenauer wird in Bonn vereidigt. → S. 184

Der finnische Staatspräsident Urho Kaleva Kekkonen löst den finnischen Reichstag auf und schreibt Neuwahlen für den 4. und 5. Februar 1962 aus (→ 26. 11./S. 186).

In New York wird der offizielle Bericht der Kommission der Vereinten Nationen, die den Tod des ehemaligen kongolesischen Ministerpräsidenten Patrice Lumumba untersuchen sollte, vorgelegt. Die Kommission sieht die Ermordung Lumumbas durch die Regierung von Katanga als erwiesen an (→ 17. 11./S. 188).

Die Auseinandersetzungen im kommunistischen Lager, die auf dem XXII. Parteitag der KPdSU in Moskau deutlich wurden, dauern an. Der albanische Parteichef Enver Hodscha bezeichnet wiederholt den sowjetischen Regierungschef Nikita Chruschtschow als »Revisionisten«. Albanien wird bei seiner Kontroverse mit Moskau von der Volksrepublik China unterstützt (→ 10. 12./S. 199).

Auf den Philippinen finden Präsidentschaftswahlen statt. Diosdado Macapagal, der Kandidat der Liberalen Partei, wird neuer Präsident der Philippinen. Der 51jährige Rechtsanwalt und Diplomat wird sein Amt am 30. Dezember antreten.

Der Entstalinisierungskurs des sowjetischen Ministerpräsidenten Nikita Chruschtschow in einem Artikel der Hamburger Zeitschrift »Die Zeit« vom 3. November 1961

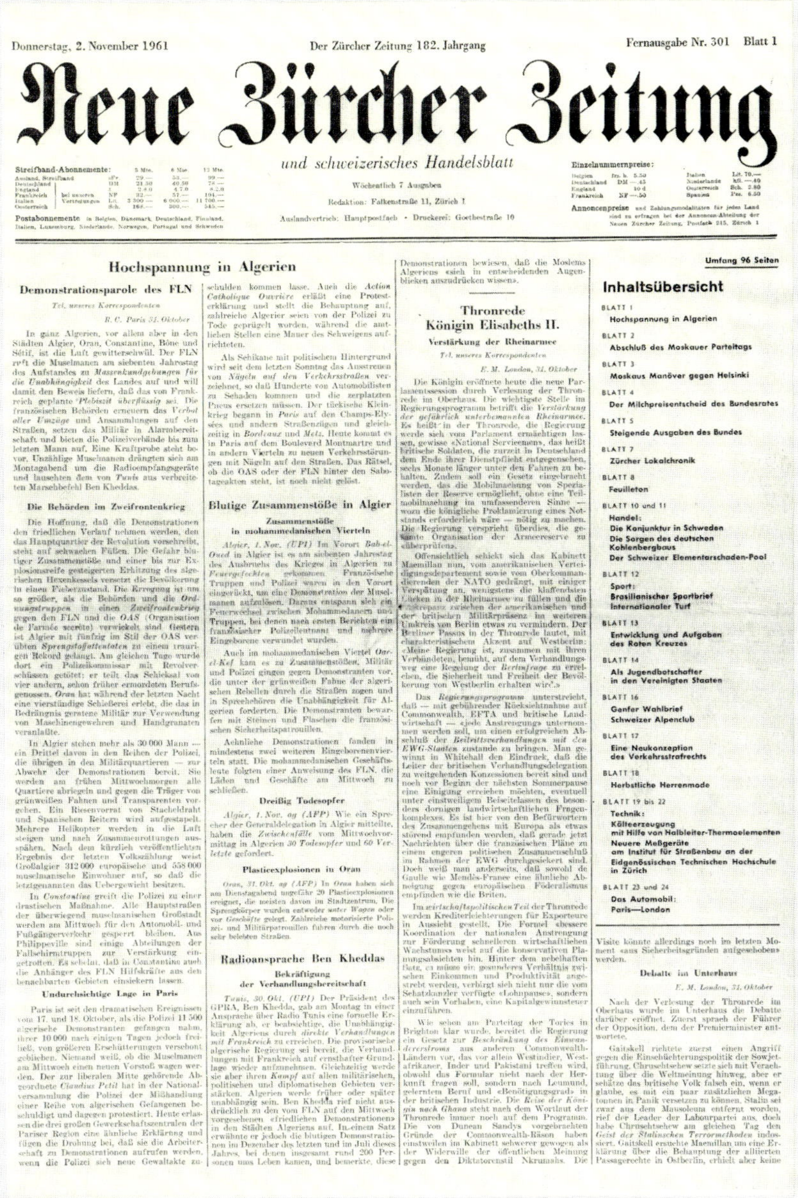

Leitartikel zu den Auseinandersetzungen zwischen der französischen Regierung in Algerien und der Befreiungsbewegung FLN in der »Neuen Zürcher Zeitung« vom 2. November 1961

November 1961

In der DDR werden Stalin-Denkmäler entfernt und Stalin-Straßen umbenannt.

15. November, Mittwoch

Der Politische Spezialausschuß der UN-Vollversammlung in New York berät vorerst ergebnislos über die Südtirolfrage.

16. November, Donnerstag

In Paris beginnt die erste Sitzung des Ministerrats der Organisation für wirtschaftliche Zusammenarbeit und Entwicklung (OECD). Auf der Tagesordnung stehen die Abstimmung der Wirtschaftspolitik, handelspolitische Fragen und die Entwicklungshilfe (→ 1. 10./S. 174).

Die ständige Delegation der Sowjetunion bei der Internationalen Atomenergieorganisation in Wien gibt bekannt, daß Wjatscheslaw Molotow, der ehemalige Außenminister der Sowjetunion, im Zuge der Entstalinisierung als Delegationsleiter durch Alexandr Alexandrow ersetzt wird. (→ 11. 11./S. 186).

Die Rekordsumme von 2,3 Millionen US-Dollar (rund 9,2 Millionen DM) für ein Gemälde wird bei einer Versteigerung in New York erzielt. Das Gemälde »Aristoteles betrachtet die Büste Homers«, das der niederländische Maler Rembrandt 1653 malte, wird innerhalb von dreieinhalb Minuten versteigert.

17. November, Freitag

Flugzeuge der UNO bombardieren drei Stützpunkte meuternder Soldaten im Kongo in der Gegend von Kivu, wo am 11. November 13 italienische Soldaten der UNO-Truppen ermordet worden sind. → S. 188

Eine beträchtliche Ausweitung aller wissenschaftlichen Institutionen wollen die Kultusminister der Bundesrepublik ihren Kabinetten empfehlen, wie sie auf einer zweitägigen Konferenz in Berlin (West) beschließen. Insgesamt sollen 335 Stellen für Professoren, 731 Stellen für wissenschaftliche Räte und 1276 Stellen für wissenschaftliche Assistenten und Oberärzte eingerichtet werden.

18. November, Sonnabend

Die französische Regierung leitet umfassende Maßnahmen gegen die rechtsgerichtete Organisation OAS ein. Premierminister Michel Debré erteilt den Präfekten aller französischen Departements die Anweisung, jegliche Sympathiekundgebung für die OAS zu unterbinden.

Der tunesische Staatspräsident Habib Burgiba erklärt, Tunesien werde einen neuen Angriff gegen den französischen Flottenstützpunkt Biserta unternehmen, wenn kein zufriedenstellendes Räumungsabkommen mit der Regierung in Paris erzielt werden kann (→ 7. 9./S. 164).

19. November, Sonntag

Mit einem feierlichen Gottesdienst, der rund 1500 protestantische, anglikanische und orthodoxe Christen aus mehr als 50 Ländern der Erde vereint, wird in Neu-Delhi die dritte Vollversammlung des Ökumenischen Rates der Kirchen eröffnet. → S. 187

In Zagreb gewinnt Jugoslawien das Fußball-Länderspiel gegen Österreich 2 : 1.

20. November, Montag

Die in Frankreich inhaftierten 5000 Algerier haben ihren Hungerstreik beendet. Sie werden in Zukunft als politische Gefangene behandelt (→ 19. 10./S. 176).

Ismet Inönü, der Führer der Republikanischen Volkspartei, wird zum dritten Mal Ministerpräsident der Türkei. Inönü steht einer Koalition seiner Partei mit der Gerechtigkeitspartei vor. → S. 187

Die Firma Fried. Krupp in Essen feiert ihr 150jähriges Bestehen. → S. 189

Für sein Buch »La Pitié de Dieu« (Die Barmherzigkeit Gottes) wird dem französischen Journalisten und Schriftsteller Jean Cau der »Prix Goncourt« verliehen. → S. 192

21. November, Dienstag

Die französischen Automobilwerke Renault und die italienische Alfa-Romeo-Gesellschaft gründen eine gemeinsame französisch-italienische Automobilfirma, die Sviluppo Automobilistico Meridionale (SAM). Sie soll in Süditalien die neuen Renault-Kleinwagen R 4 produzieren.

22. November, Buß- und Bettag

»Eine friedliche Lösung der Berlin-Krise durch Verhandlungen ist möglich.« Dies ist die Übereinstimmung, mit der die am 20. November begonnenen Besprechungen zwischen Bundeskanzler Konrad Adenauer und US-Präsident John F. Kennedy in Washington zu Ende gehen. → S. 185

Rund 88% aller Bauern und rund 95% aller Bäuerinnen in der Bundesrepublik haben in ihrem Leben noch nie Urlaub gemacht. Der niedersächsische Landvolkverband widerspricht gleichzeitig mit dieser Mitteilung der Ansicht, daß der Gesundheitszustand der Landbevölkerung im Hinblick auf die »Arbeit im Freien« überdurchschnittlich gut sei.

23. November, Donnerstag

Brasilien nimmt nach 14 Jahren die diplomatischen Beziehungen zur Sowjetunion wieder auf.

Von einer Hungersnot sind in der afrikanischen Republik Somalia 600 000 Menschen bedroht. Der größte Teil der Ernte ist durch schwere Überschwemmungen vernichtet worden.

24. November, Freitag

Das Bundesministerium für wirtschaftliche Zusammenarbeit wird errichtet. Ihm obliegt die Koordinierung der Entwicklungspolitik. Die sachlichen Kompetenzen verbleiben beim Auswärtigen Amt, Wirtschafts- und Landwirtschaftsministerium.

Mit großer Mehrheit wird der ehemalige Außenminister Heinrich von Brentano zum Vorsitzenden der CDU/CSU-Bundestagsfraktion gewählt.

Der französische Staatspräsident Charles de Gaulle trifft zu einem dreitägigen Besuch in London ein. Er führt mit dem britischen Premierminister Harold Macmillan vertrauliche Gespräche über künftige Berlin-Verhandlungen mit der Sowjetunion. Als zweiter wichtiger Punkt der Besprechungen werden Fragen der europäischen Integration genannt.

Die Vollversammlung der Vereinten Nationen in New York erklärt die Verwendung von Atomwaffen zum »Verbrechen gegen die Menschheit« und zu einer Verletzung der UNO-Charta. Die Vollversammlung billigt außerdem eine Resolution, in der die Anerkennung Afrikas als atomwaffenfreie Zone gefordert wird.

25. November, Sonnabend

In Stuttgart kommt es zu einem blutigen Zusammenstoß zwischen kroatischen Emigranten und jugoslawischen Gastarbeitern. → S. 185

Die ungarische Stadt Sztalinvaros (Stalinstadt) wird im Zuge der Entstalinisierung auf Anordnung der Regierung in Budapest in Dunaujvaros (Donaustadt) umbenannt.

26. November, Sonntag

Mit der Zusicherung, auf die in der Note vom 30. Oktober geforderten Militärverhandlungen bis auf weiteres zu verzichten, kehrt der finnische Staatspräsident Urho Kaleva Kekkonen von seinem am 23. November begonnenen Besuch in der UdSSR nach Helsinki zurück. → S. 186

Mit neuen Vorschlägen an die Bundesregierung setzt der Staatsratsvorsitzende der DDR, Walter Ulbricht, seine Bemühungen um die Anerkennung der Existenz zweier deutscher Staaten fort.

27. November, Montag

Die Ministerkonferenz von 34 Mitgliedsstaaten des Allgemeinen Zoll- und Handelsabkommens (GATT) beginnt in Genf. Zollsenkungen und die Liberalisierung des Welthandels stehen im Mittelpunkt der Tagung.

Die Firma Chemie Grünenthal GmbH zieht das Schlafmittel »Contergan« aus dem Handel. → S. 191

Die Zahl der Haushalte im Bundesgebiet, in denen besondere Vorräte für Notzeiten angelegt werden, hat sich nach Erhebungen des Instituts für Demoskopie in Allensbach am Bodensee seit dem Mai von 13 auf 24% erhöht. Insgesamt 4,4 Millionen Haushalte verfügen jetzt über derartige Notvorräte. Besonders stark war die Zunahme in Berlin (West), wo 47% der Haushalte Notvorräte anlegten, sowie in Baden-Württemberg mit 33%. Die geringste Vorratshaltung wurde in Nordrhein-Westfalen und Schleswig-Holstein festgestellt.

28. November, Dienstag

Zum zweiten Mal innerhalb von drei Monaten verlängert die Bundesregierung zur »Stärkung der Verteidigungsbereitschaft« den zwölfmonatigen Grundwehrdienst durch eine Wehrübung (→ 8. 12./S. 202).

Die seit dem 9. September unterbrochene Konferenz zur Einstellung der Atomwaffenversuche tritt in Genf mit den Delegierten der USA, Großbritanniens und der Sowjetunion wieder zusammen.

Zum dritten Mal innerhalb weniger Wochen steht Frankreich vor einem Streik. Rund 500 000 Arbeiter im Verkehrs- und Versorgungswesen legen die Arbeit nieder.

Die indisch-chinesischen Beziehungen verschlechtern sich durch die Errichtung von drei neuen Militärstützpunkten durch die Chinesen im Gebiet von Ostladakh.

29. November, Mittwoch

Vizekanzler und Bundeswirtschaftsminister Ludwig Erhard verliest für den erkrankten Bundeskanzler Konrad Adenauer die Regierungserklärung (→ 14. 11./S. 184).

30. November, Donnerstag

Die Genfer Verhandlungen über die kontrollierte Einstellung der Atomwaffenversuche geraten endgültig in eine Sackgasse. Die beiden westlichen Delegationsleiter werden die Konferenz am Freitag verlassen und nach Washington bzw. London zurückkehren. Die Verhandlungen werden jedoch noch nicht vollständig abgebrochen.

Die Sowjetunion lehnt im UN-Sicherheitsrat die Aufnahme des Ölscheichtums Kuwait in die Vereinten Nationen ab (→ 1. 7./S. 129).

Die 14 Arbeitgeberverbände der Metallindustrie kündigen die bestehenden Lohn- und Tarifverträge in sämtlichen Bundesländern zum 31. Dezember 1961. Damit erklären zum ersten Mal nach dem Zweiten Weltkrieg die Arbeitgeber und nicht die Gewerkschaften Tarifverträge vorzeitig für ungültig. Die Arbeitgeber wollen mit dieser Taktik einheitlich geführte Tarifverhandlungen erzwingen.

Der evangelische Kirchenpräsident Martin Niemöller wird als Nachfolger des evangelischen Bischofs von Berlin-Brandenburg, Otto Dibelius, von der Vollversammlung des Weltkirchenrates in Neu-Delhi zu einem der sechs neuen ökumenischen Präsidenten gewählt (→ 19. 11./S. 187).

Gestorben:

2. New York: James Thurber (*8. 12. 1894, Columbus/Ohio), US-amerikanischer Schriftsteller.

onderberichte der Fußball-
lustrierten »Kicker« über
ie Länderspiele Schweiz–
chweden und Türkei–
dSSR für die Weltmeister-
haftsqualifikation

Die deutsche Fußball-Jllustrierte

Süd/Südwest *

Printed in Western Germany

Kicker

SONDERBERICHTE

Aus Berlin:

Schweiz – Schweden 2:1

Trotz schwedischem Führungstor gewann die Schweiz das Entscheidungsspiel und qualifizierte sich für Chile. Maßgeblichen Anteil am Schweizer Sieg hatte Torwart Elsener (unser Titelfoto). Foto: Horst Müller

Aus Istanbul:

Türkei – Rußland 1:2

Dr. Friedebert Becker, der KICKER-Herausgeber, war Augenzeuge des russischen Sieges in Istanbul (siehe Sonderbericht auf Seite 3), mit dem sich die Russen für Chile qualifizierten, ohne jedoch zu überzeugen.

NR. 46

13. NOVEMBER 1961 · HERAUSGEBER DR. FRIEDEBERT BECKER

Frankreich N. F. 0.90 · Italien Lire 120.- · Luxemburg l frs 9.- · Österreich ö. S. 4.50
Schweiz sfrs 0.70 · Großbritannien 1/6 · USA 35 c (air-speeded) · Australien austr. 2/-

60 PF B 4107 C

Vorn v. l.: Erhard (CDU), Lübke (CDU), Adenauer (CDU); 2. R. v. l.: Merkatz (CDU), Seebohm (CDU), Lücke (CDU), Schröder (CDU), Strauß (CSU); 3. R. v. l.: Lenz (FDP), Schwarzhaupt (CDU), Schwarz (CDU), Stücklen (CSU), Höcherl (CSU), Stammberger (FDP); 4. R. v. l.: Starke (FDP), Krone (CDU), Blank (CDU), Lemmer (CDU), Wuermeling (CDU), Mischnick (FDP), Scheel (FDP), Balke (CSU) vor der Villa Hammerschmidt in Bonn

Adenauer wird wieder Kanzler

14. November. Nach den Wahlen zum vierten Deutschen Bundestag, die fast zwei Monate zurückliegen, wird in Bonn das vierte Kabinett unter Konrad Adenauer vereidigt. Der neuen CDU/CSU/FDP-Regierung gehören zwölf Mitglieder der CDU, vier der CSU und fünf der FDP an.

Die Koalitionsverhandlungen zwischen CDU/CSU und FDP waren nur langsam vorangekommen. Anfang Oktober kam es zu ersten Gesprächen, doch bildete die Wahlkampfaussage der Freien Demokraten, sich nicht an einer von Adenauer geführten Regierung zu beteiligen, ein Hindernis.

Als sich am 17. Oktober der vierte Deutsche Bundestag konstituierte und Eugen Gerstenmaier mit 463 von 504 Stimmen zum dritten Mal zum Bundestagspräsidenten wählte, war erst eine Vorentscheidung gefallen: Die FDP machte deutlich, daß sie einer Adenauer-Regierung nur beitreten würde, wenn Adenauer seine Amtszeit begrenzen würde. Am selben Tag gab Bundeskanzler Konrad Adenauer eine entsprechende Entscheidung bekannt (→ 17. 10./S. 172).

Die Freien Demokraten erklärten sich daraufhin zu einer Koalition bereit, zeigten aber durch ihre Forderung nach einem Staatsminister mit Kabinettsrang im Auswärtigen Amt ihr Mißtrauen gegenüber Bundesaußenminister Heinrich von Brentano, der am → 30. Oktober (S. 172) die Konsequenzen zog und von seinem Amt zurücktrat.

Am 2. November wurde daraufhin der Koalitionsvertrag zwischen FDP und CDU/CSU abgeschlossen, der die Grundlage für das Koalitionskabinett bildet. Fünf Tage später, am 7. November, wurde Konrad Adenauer mit 258 gegen 206 Stimmen bei 26 Enthaltungen zum vierten Mal zum deutschen Bundeskanzler gewählt.

Das neue Kabinett enthält zwei neue Ressorts, das Ressort für Wirtschaftliche Zusammenarbeit (Entwicklungshilfe), das auf Drängen der FDP eingerichtet wurde, und das Gesundheitsministerium, das unter anderem dem Zweck dient, zum ersten Mal eine Frau zur Bundesministerin zu machen.

Am 29. November verliest Ludwig Erhard als Stellvertreter des erkrankten Bundeskanzlers die programmatische Regierungserklärung des neuen Kabinetts. Das Schwergewicht des außenpolitischen Teils der Regierungserklärung bildet die Forderung nach einer Stärkung des Nordatlantischen Verteidigungspakts (NATO), dazu gehöre die Verlängerung des Wehrdienstes auf 18 Monate und eine Notstandsgesetzgebung. Finanz- und Steuerreformen sowie die Fortführung der Politik der sozialen Marktwirtschaft sind die Hauptthemen des innenpolitischen Programms.

Die Mitglieder des am 14. November vereidigten vierten Bundeskabinetts

Bundeskanzler: Konrad Adenauer (CDU)
Stellvertreter und Wirtschaft: Ludwig Erhard (CDU)
Auswärtiges: Gerhard Schröder (CDU)
Inneres: Hermann Höcherl (CSU)
Justiz: Wolfgang Stammberger (FDP)
Finanzen: Heinz Starke (FDP)
Ernährung, Landwirtschaft, Forsten: Werner Schwarz (CDU)
Arbeit, Sozialordnung: Theodor Blank (CDU)
Verteidigung: Franz Josef Strauß (CSU)
Verkehr: Hans-Christoph Seebohm (CDU)
Post, Fernmeldewesen: Richard Stücklen (CSU)
Wohnungswesen, Städtebau: Paul Lücke (CDU)
Vertriebene, Flüchtlinge: Wolfgang Mischnick (FDP)
Gesamtdeutsche Fragen: Ernst Lemmer (CDU)
Bundesrat, Länder: Joachim von Merkatz (CDU)
Atomenergie, Wasserwirtschaft: Siegfried Balke (CSU)
Familie, Jugend: Franz Josef Wuermeling (CDU)
Schatz: Hans Lenz (FDP)
Wirtschaftliche Zusammenarbeit: Walter Scheel (FDP)
Gesundheit: Elisabeth Schwarzhaupt (CDU)
Besondere Aufgaben: Heinrich Krone (CDU)

Frau Schwarzhaupt erste Ministerin

14. November. Zum ersten Mal in der Geschichte der Bundesrepublik Deutschland wird eine Frau als Bundesminister vereidigt. Elisabeth Schwarzhaupt (CDU) übernimmt das neueingerichtete Ressort für Gesundheit.

Die 60jährige Politikerin aus Frankfurt am Main studierte von 1921 bis 1925 in ihrer Heimatstadt und in Berlin Jura und bestand 1930 das Assessorenexamen. Sie promovierte und war dann als Juristin tätig. Daneben beschäftigte sie sich mit Frauenfragen. 1933 mußte sie aus dem Staatsdienst ausscheiden; 1936 wurde sie juristische Mitarbeiterin der evangelischen Kirche. Nach dem Zweiten Weltkrieg 1945 engagierte sie sich in der evangelischen und überparteilichen Frauenarbeit.

Am 6. September 1953 wurde Elisabeth Schwarzhaupt als CDU-Abgeordnete in den Bundestag gewählt. Sie arbeitete im Rechts- und Familienausschuß mit und vertrat bei den Diskussionen um die neue Ehegesetzgebung, durch die eine Scheidung erschwert wird, die Position der CDU (→ 28. 6./S. 114).

Seit 1957 ist die Politikerin Mitglied des sechsköpfigen Vorstands der CDU/CSU-Fraktion im Bundestag. Immer wieder wurde sie als Kandidatin für einen Ministerposten genannt, z. B. für das Justizressort oder als Familienminister.

E. Schwarzhaupt übernimmt das Gesundheitsministerium und wird die erste bundesdeutsche Ministerin

Adenauer und Kennedy stimmen in Berlin-Frage überein

22. November. *Bundeskanzler Konrad Adenauer (1. v. r.) kehrt von dreitägigen Gesprächen mit US-Präsident John F. Kennedy (2. v. r.) aus Washington zurück. Über das Hauptthema der Erörterungen, die Politik gegenüber der Sowjetunion in der Berlin-Frage, erzielten die beiden Staatsmänner Übereinstimmung. Grundsätzlich soll der Viermächte-Status von Berlin beibehalten werden. Verhandlungen mit der Sowjetunion sollen nur die gegenwärtige Situation in Berlin betreffen, weitergehende politische Gespräche sollen nicht geführt werden.*
Skepsis besteht auf US-amerikanischer Seite gegenüber der Möglichkeit, den deutschen Wunsch nach einer engeren politischen Bindung zwischen Berlin (West) und der Bundesrepublik Deutschland zu erfüllen. Einen Erfolg für Adenauer bedeutet dagegen die von den USA ausgesprochene Ablehnung von politischen Kontakten mit der DDR-Regierung.

NATO steht zur Einheit Berlins

13. November. In Paris versammeln sich 200 Parlamentarier der 15 Staaten des Nordatlantischen Verteidigungspaktes (NATO) zu fünftägigen Beratungen.
Alle Redner auf der 7. Jahrestagung der NATO-Parlamentarier betonen ihre Entschlossenheit, die Freiheit von Berlin (West) zu wahren.
In seinem Rechenschaftsbericht fordert NATO-Generalsekretär Dirk Uipko Stikker eine politische Haltung, in der sich Stärke, Entschlossenheit und subtile Taktik vereinen müßten: »Wenn wir der Sowjetunion heute zeigen, daß sie uns durch Drohungen dazu bringen kann, einen Preis für unser Verbleiben in Berlin zu zahlen, dann würden wir sie nur ermutigen, uns in ein oder zwei Jahren neue Zugeständnisse zu entreißen. Darum glaube ich, daß wir fest bleiben und durch sorgfältige Verhandlungen einen Modus vivendi finden müssen, der auf der Tatsache beruht, daß keines der beiden Lager in diesem Augenblick den Wunsch ... hat, sich in einen Atomkrieg zu stürzen.«
Weitere Themen der Konferenz sind die Verstärkung der NATO sowie die Erweiterung der Europäischen Wirtschaftsgemeinschaft.

Heye wird neuer Wehrbeauftragter

8. November. Der Vizeadmiral a. D. Hellmuth Heye wird vom deutschen Bundestag einstimmig zum neuen Wehrbeauftragten gewählt. Der 66jährige Saarländer wird Nachfolger des im Juli wegen privater Verfehlungen zurückgetretenen ersten Wehrbeauftragten des Bundestags, General a. D. Helmut von Grolmann.
Nach seiner Wahl kündigt Heye an, er wolle durch häufige Truppeninspektionen das Vertrauen der Soldaten zum Wehrbeauftragten stärken. Nachdrücklich betont Heye das Recht jedes Soldaten, sich ohne Einhaltung des Dienstwegs beim Wehrbeauftragten zu beschweren. Der neue Wehrbeauftragte sieht es als eine vordringliche Aufgabe an, das Vertrauen in die Bindung der Soldaten an die freiheitlich-demokratische Staatsform zu stärken.

Foklorefest endet mit Schlägereien

25. November. In Stuttgart kommt es bei einer vom jugoslawischen Konsulat veranstalteten Folkloreveranstaltung zu einer blutigen Auseinandersetzung zwischen kroatischen Emigranten und jugoslawischen Gastarbeitern. Ein Gastarbeiter wird schwer, zwei Angestellte des Konsulats leicht verletzt.
Die Veranstaltung findet aus Anlaß des Nationalfeiertags der Volksrepublik Jugoslawien in der Stuttgarter Liederhalle mit etwa 400 jugoslawischen Zuschauern statt. Rund 100 kroatische Emigranten aus Süddeutschland, aber auch aus Österreich und Frankreich, benutzen diese Gelegenheit zu einer antikommunistischen Demonstration, bei der es zu Schlägereien und einer Messerstecherei kommt. Der Polizei gelingt es schließlich, die Demonstranten abzudrängen.

US-General Lauris Norstad, Oberbefehlshaber der Streitkräfte des Nordatlantikpakts (NATO) in Europa (Mitte), mit Franz Josef Strauß (l.) und dem militärpolitischen Sprecher der Sozialdeomkraten, Fritz Erler

Kekkonens Stellung gestärkt

26. November. Der finnische Staatspräsident Urho Kekkonen kehrt von seinem dreitägigen Besuch bei dem sowjetischen Regierungs- und Parteichef Nikita Chruschtschow in Nowosibirsk zurück. Es ist ihm gelungen, Chruschtschows Vertrauen in die finnische Neutralitätspolitik wiederherzustellen.

Die innenpolitische Situation Finnlands, die durch starke parteipolitische Gegensätze geprägt ist, die Unmöglichkeit, eine starke Regierung zu bilden, und die schwierige Stellung Kekkonens – der für die UdSSR ein Garant der bisherigen Neutralitätspolitik ist – veranlaßten die Regierung in Moskau zum Eingreifen.

Am 30. Oktober überreichte der sowjetische Außenminister Andrei Gromyko dem finnischen Botschafter in Moskau, Ero Vuori, eine Note, in der die Berlin-Krise als Aufhänger benutzt wurde, um auf »die Infiltration des Nordens Europas und des Ostseeraums durch die westdeutschen Militaristen und Revanchisten und ihr Bestreben, diesen Raum als ein Aufmarschgebiet für neue Kriegsabenteuer auszunutzen«, aufmerksam zu machen. Da die Sicherheitsinteressen der UdSSR gefährdet seien, unterbreitete die »Sowjetunion der Regierung Finnlands den Vorschlag, Konsultationen über Maßnahmen zur Sicherung der Grenzen beider Länder« durchzuführen. Auf die innenpolitische Situation in Finnland wies Moskau ebenfalls hin: »Man muß auch anmerken, daß gewisse Organe der finnischen Presse als Sprachrohre bestimmter Kreise die gefährlichen militärischen Vorbereitungen der Mitgliedsländer der NATO aktiv unterstützen . . ., was im Widerspruch zu dem von Finnland eingeschlagenen außenpolitischen Kurs steht.«

Nachdem die UdSSR Druck auf Finnland ausgeübt hat, ist die Position Urho Kekkonens gefestigt

Kekkonen reagierte auf diese Note zunächst am 14. November mit der vorzeitigen Auflösung des Parlaments und setzte Neuwahlen für den 4. und 5. Februar 1962 fest. Er begründete diesen Schritt mit den erhöhten internationalen Spannungen, die eine Sammlung der Kräfte zur Zusammenarbeit erforderlich machten. Vorbedingung einer solchen Zusammenarbeit sei eine entsprechende Entscheidung der Bevölkerung.

Am 23. November reiste Kekkonen zu Gesprächen über die Sowjetnote nach Nowosibirsk. Am 24. November zog Olavi Honka, der Gegenkandidat der Sozialdemokraten und einer Wählergemeinschaft der bürgerlichen Rechtsparteien, seine Kandidatur für die Präsidentschaftswahlen zurück. Damit ist die Stellung Kekkonens in den Gesprächen mit Chruschtschow gestärkt.

Chruschtschows Gegner entmachtet

11. November. Im Zuge der Entstalinisierung und der Entmachtung seiner Gegner läßt der sowjetische Partei- und Regierungschef Nikita Chruschtschow die früheren Spitzenfunktionäre Lasar Kaganowitsch und Georgi Malenkow aus der KPdSU ausschließen. Der ehemalige Außenminister Wjatscheslaw Molotow, der seit Juni 1957 als Diplomat in Wien arbeitet, wird am 16. November aus der österreichischen Hauptstadt zurückbeordert.

Kaganowitsch gehört der KPdSU seit 1911 an und war von 1924 bis 1957 Mitglied des Zentralkomitees. Malenkow, Parteimitglied seit 1920, war von 1953 bis 1956 Regierungschef der UdSSR. Molotow, der 1906 in die Partei eintrat, war von 1930 bis 1941 Regierungschef, 1939 bis 1949 und 1953 bis 1956 Außenminister. Nikolai Bulganin, der 1955 bis 1958 Regierungschef war, wird aus dem Zentralkomitee ausgeschlossen.

Nikolai A. Bulganin (1956)

Wjatscheslaw M. Molotow

Georgi M. Malenkow, von 1953 bis 1956 Regierungschef der UdSSR

Lasar M. Kaganowitsch, 1924 bis 1957 im KPdSU-Zentralkomitee

Edward Heath mit Duncan Sandys (l.), der für die Beziehungen im Commonwealth zuständig ist

Briten verhandeln über EWG-Beitritt

8. November. In Brüssel beginnen die Verhandlungen über den Beitritt Großbritanniens zur Europäischen Wirtschaftsgemeinschaft (EWG). Die britische Delegation wird von Lordsiegelbewahrer Edward Heath geleitet. Er wird von Alfred Müller-Armack begrüßt, der Bundeswirtschaftsminister Ludwig Erhard als Präsidenten des EWG-Ministerrats vertritt.

In einer grundsätzlichen Stellungnahme betont Heath, daß Großbritannien die wirtschaftlichen und politischen Ziele der EWG anerkennt und den Prozeß der Integration nicht verlangsamen will.

Besondere Probleme bei den Verhandlungen zwischen Großbritannien und der EWG werden die Zollunion in Europa und die Beziehungen Großbritanniens zu den Commonwealth-Staaten sein. Heath hatte zu diesem Problem den Vorschlag gemacht, die Commonwealth-Länder wie Marokko und Tunesien zu behandeln. Marokko und Tunesien haben, obwohl sie nicht der EWG assoziiert sind, weiterhin Vergünstigungen beim Export nach Frankreich. Solche Ausnahmeregelungen werden jedoch von den sechs EWG-Mitgliedsländern mit Skepsis beurteilt: Zwar soll die Bedeutung des Commowealth erhalten bleiben, der gemeinsame Markt dürfe hierdurch jedoch nicht gefährdet werden.

Athen: Karamanlis

4. November. Konstandinos Karamanlis, der Führer der konservativen Nationalen Radikalen Union (ERE), bildet die neue griechische Regierung. Seine Partei hatte in den Parlamentswahlen vom 29. Oktober gegen die liberale Zentrumsunion (EK) und die Demokratische Agrarfront (PAME) die absolute Mehrheit gewonnen.
Karamanlis, der seit 1955 mit kurzen Unterbrechungen griechischer Ministerpräsident ist, vertritt eine Politik der Westbindung. Innenpolitisch bemüht er sich um Stabilität und wirtschaftliche Entwicklung. Kritik lösen die polizeistaatlichen Praktiken aus, die bei der Verfolgung der Opposition angewandt werden.
Das Wahlergebnis der ERE, die im Parlament gegenüber 1958 drei Sitze hinzugewinnen konnte, wird von Jeorjios Papandreu, dem Führer der liberalen Zentrumsunion (EK), die er am 11. Februar gegründet hat, angezweifelt. Er bezeichnet die Ergebnisse der Wahlen aufgrund von Stimmenkauf und Gewaltanwendung als Fälschung. Etwa 500 Rechtsanwälte, die während der Wahlen als Vertreter des Justizministeriums Beobachter des Wahlvorgangs waren, haben eine Protestresolution angenommen, in der sie darstellen, daß materielle und moralische Gewalt von seiten staatlicher und halbstaatlicher Organisationen ausgeübt worden sei.

Konstandinos Karamanlis, neuer Ministerpräsident von Griechenland, bei einer Wahlrede in Athen

Istanbul: Ismet Inönü

20. November. Ismet Inönü, der Führer der Republikanischen Volkspartei, die bei den Parlamentswahlen vom 15. Oktober einen knappen Vorsprung vor der Gerechtigkeitspartei erreichte, wird neuer türkischer Ministerpräsident. Bereits am 26. Oktober war General Cemal Gürsel zum Staatsoberhaupt gewählt worden.
Ismet Inönüs Partei war vor dem Militärputsch vom 27. Mai 1960 die stärkste Oppositionspartei gegen die Demokratische Partei des beim Militärputsch gestürzten Ministerpräsidenten Adnan Menderes, der am 17. September hingerichtet worden ist.
Ismet Inönü, der zum dritten Mal türkischer Regierungschef wird, steht einer Koalition seiner Partei mit der Gerechtigkeitspartei vor.
In der Außenpolitik wird der westliche Kurs, die Mitgliedschaft in der NATO, dem Nordatlantischen Verteidigungspakt, bestätigt. Inönü deutet außerdem den Wunsch der Türkei nach einer Mitgliedschaft in der Europäischen Wirtschaftsgemeinschaft (EWG) an.
Gleichzeitig strebt die Türkei jedoch gute Beziehungen zur benachbarten Sowjetunion an. In der Innenpolitik will sich die neue Regierung von Ismet Inönü um Stabilität in politischer und wirtschaftlicher Hinsicht bemühen. Das Kriegsrecht soll in nächster Zukunft aufgehoben und das Streikverbot beendet werden.

Der 77jährige türkische Politiker Ismet Inönü wird zum dritten Mal Ministerpräsident in Ankara

Ökumenischer Weltkirchentag in Indien

19. November. Unter dem Vorsitz des evangelischen Bischofs von Berlin-Brandenburg, Otto Dibelius, tritt die Weltkirchenkonferenz zu ihrer ersten Sitzung zusammen. Zuvor ist die bis zum 5. Dezember dauernde dritte Vollversammlung des Ökumenischen Rates der Kirchen in Neu-Delhi mit einem feierlichen Gottesdienst eröffnet worden.
Insgesamt nehmen 625 Delegierte aus mehr als 50 Ländern an der Konferenz teil. Im Ökumenischen Rat der Kirchen sind mehr als 300 Millionen Christen in 198 Kirchen aus etwa 60 Ländern vereint. Die Tagung dient der Verständigung aller Kirchen und dem Gespräch über aktuelle Weltprobleme. So endet die Vollversammlung mit einem Appell für einen Rüstungsstopp; weiter fordert die Vollversammlung die Einstellung der Atomwaffenversuche und eine Stärkung der Vereinten Nationen in New York. Als Nachfolger von Otto Dibelius wird der evangelische Kirchenpräsident Martin Niemöller am 30. November zu einem der sechs neuen ökumenischen Präsidenten gewählt.

Martin Niemöller (1. R., 7. v. l.) bei einer Gruppenaufnahme der 100 neugewählten Mitglieder des Zentralausschusses des Weltkirchenrates

Scheinabstimmung in Portugal

12. November. Bei den Wahlen zur portugiesischen Nationalversammlung werden die 130 Kandidaten der Regierungspartei União Nacional gewählt. Dieses Ergebnis stand vorher fest, da die Opposition ihre Kandidaten zurückgezogen hatte.
Am 20. September hatte eine Anzahl von Oppositionspolitikern den Diktator António de Oliveira Salazar aufgefordert, vor den Wahlen gewisse Erleichterungen für die Opposition zu gewähren. Salazar lehnte jedoch sowohl die Verbreitung des oppositionellen Programms ab, da es genügend bekannt sei, als auch die Gewährung von Sendezeit in Radio und Fernsehen für die Wahlpropaganda der Opposition. Außerdem lehnte er die Schaffung eines Kontrollorgans für die Wahlen ab, da diese sich innerhalb des bestehenden gesetzlichen Rahmens vollziehen würden.
Angesichts dieser Maßnahmen zog die Opposition ihre Kandidaten am 7. November zurück.

Portugals Staatspräsident Américo Tomás (4. v. l.) bei einem Gottesdienst

Am Vorabend der Wahlen machte der Rebellenführer Henrique Galvão, der für die Entführung des Luxusdampfers »Santa Maria« im Januar (→ 3. 2./S. 35) verantwortlich ist, wieder von sich reden. Eine Gruppe von Oppositionellen warf in seinem Auftrag über der Hauptstadt Lissabon aus einem gekaperten Flugzeug regierungsfeindliche Flugblätter ab.
Das portugiesische Flugzeug wurde danach zur Landung in Marokko gezwungen.

13 UNO-Soldaten im Kongo ermordet

17. November. Trotz des am → 13. Oktober (S. 175) abgeschlossenen Waffenstillstands zwischen der UNO und der Regierung von Katanga gehen die bewaffneten Auseinandersetzungen weiter.
Nachdem es bereits Ende Oktober zu Kämpfen zwischen Katanga-Truppen und Einheiten der kongolesischen Zentralregierung gekommen war, drangen die Kongo-Truppen unter General Joseph Désiré Mobutu Anfang November rund 60 km tief in Katanga ein. Den Katanga-Einheiten gelang es zwar zunächst, die Truppen zurückzuschlagen, Mobutu konnte jedoch am 14. November Nordkatanga besetzen.
Am 11. November kam es in der Provinz Kivu zu Meutereien der Kongosoldaten, bei denen 13 Italiener der UN-Truppen ermordet wurden. Diese Morde bilden den Anlaß für ein stärkeres militärisches Engagement der UNO.
In New York berät zum ersten Mal

REVUE
im Kongo
Der große Zauberer Lumumba wollte seine schwarzen Brüder erlösen. Aber sein Tod brachte Blut und Tränen über das Land

Die »Revue« berichtet über die Ereignisse im Kongo (Zaïre)

seit dem 21. Februar wieder der UNO-Sicherheitsrat über die Lage im Kongo (Zaïre). Am 14. November wurde der Bericht einer UNO-Kommission über den Mord an dem ehemaligen kongolesischen Ministerpräsidenten Patrice Lumumba vorgelegt (→ 13. 2./S. 34). In dem Bericht heißt es, daß Lumumba am 17. Januar aller Wahrscheinlichkeit in Anwesenheit des Katanga-Präsidenten Moise Tschombé ermordet wurde (→ 20. 12./S. 198).

Elisabeth II. in Afrika

9. November. Von dem ghanesischen Ministerpräsidenten und Staatsoberhaupt Kwame Nkrumah und der Bevölkerung herzlich begrüßt, treffen Königin Elisabeth II. von Großbritannien und ihr Mann Prinz Philipp in der festlich geschmückten ghanesischen Hauptstadt Accra ein.
Die ghanesische Regierung hat für die Sicherheit der Gäste starke Polizeikräfte aufgeboten und nachdrücklich vor Störversuchen gewarnt. Die Reise des britischen Königspaares war bis zum Vortage in Frage gestellt, da sich in der letzten Woche mehrere Bombenanschläge in Accra ereignet haben.
Nach ihrem Besuch in Ghana, das am 1. Juli 1960 von Großbritannien unabhängige Republik wurde, werden Königin Elisabeth II. und Prinz Philipp nach Liberia und nach Sierra Leone, das am 27. April 1961 unabhängige Monarchie mit Elisabeth II. als Staatsoberhaupt geworden ist, weiterreisen. Die letzte Station des Staatsbesuchs wird Gambia sein.

Königin Elisabeth II. von Großbritannien und ihr Mann Prinz Philipp, Herzog von Edinburgh, besuchen verschiedene afrikanische Staaten

Ben Gurion neuer Ministerpräsident

1. November. Zweieinhalb Monate nach den Wahlen zum israelischen Parlament (→ 15. 8./S. 152), der Knesset in Jerusalem, kommt es zur Regierungsbildung. David Ben Gurion bleibt Ministerpräsident und wird Chef einer Koalition aus Mapai, Nationaler Religiöser Front, Ahdut Havoda und Paolei-Agudat.
Von den 15 Ministern gehören zehn der sozialdemokratischen Mapai, der Partei Ben Gurions, an, drei der Nationalen Religiösen Front und zwei der gemäßigt linkssozialistischen Ahdut Havoda. Von den vier stellvertretenden Ministern gehören zwei zur Mapai, einer zur Nationalen Religiösen Front und einer zur Paolei-Agudat.
Ministerpräsident Ben Gurion übernimmt außerdem den Posten des Verteidigungsministers, Moshe Dayan wird Landwirtschaftsminister, Levi Eshkol übernimmt die Finanzen, das Außenministerium wird Golda Meir übertragen.
Die Koalitionsbildung war mit Schwierigkeiten verbunden, da insgesamt zehn Parteien in der Knesset vertreten sind.

In der Traglufthalle von Krupp, in der das Jubiläum gefeiert wird, wurde das Stammhaus der Firma aufgebaut

150 Jahre Firma Fried. Krupp

20. November. Die Firma Fried. Krupp in Essen, die seit fünf Generationen im Besitz der Familie Krupp ist, feiert ihr 150jähriges Jubiläum.
Mehr als 2000 Gäste versammeln sich aus diesem Anlaß zu einer Feierstunde in einer eigens zu diesem Zweck errichteten Traglufthalle, einem der jüngsten Erzeugnisse des Konzerns.
In der Reihe der Ehrengäste sind u. a. Altbundespräsident Theodor Heuss, der die Festrede hält, Bundeswirtschaftsminister Ludwig Erhard als Vertreter des Bundeskanzlers Konrad Adenauer, Bundestagspräsident Eugen Gerstenmaier und Botschafter und Gesandte aus 26 Nationen vertreten.
Heuss und Erhard beschäftigen sich in ihren Reden u. a. mit der Verkaufsauflage, die Alfried Krupp von Bohlen und Halbach nach seiner Entlassung aus der Haft der Alliierten 1951 unterschrieben hatte. Diese Auflage besagt, daß Krupp sich von seinem gesamten Bergbaubesitz, dessen Wert auf fünf Milliarden DM geschätzt wird, zu trennen habe. Dazu sagt Heuss, es sei hohe Zeit, daß die noch mit Unsicherheiten drohenden Rechtsvorbehalte oder Rechtseingriffsmöglichkeiten endlich formal gestrichen würden.
Bundespräsident Heinrich Lübke hebt in seinem Glückwunschtelegramm vor allem die sozialen Leistungen der Firma Krupp hervor, die schon um die Mitte des vorigen Jahrhunderts zum Vorbild der sozialpolitischen Reformen dieser Zeit geworden seien.
Sowohl bei den Reden als auch bei der Festschrift zur 150-Jahr-Feier wird das Bemühen deutlich, die Vergangenheit der Firma Krupp als »Waffenschmiede der Nation« vergessen zu machen.
In den Krupp-Werken arbeiten heute 110 000 Menschen in 116 Konzernunternehmungen an einem Fabrikationsprogramm, das vom fertigen Hüttenwerk über Hochseeschiffe jeder Größe und Lokomotiven bis zum Zahnersatz reicht. Der Jahresumsatz beträgt rund 5,6 Milliarden DM. Alfried Krupp von Bohlen und Halbach, der jetzige Alleinbesitzer, gehört zu den reichsten Männern der Welt.
Gegründet wurde die Firma 1811 von Friedrich Krupp (1787–1826) in Essen, als »eine Fabrik zur Verfertigung des englischen Gußstahls und aller daraus resultierenden Fabrikate« mit vier Mitarbeitern.

Berthold Beitz, der Generalbevollmächtigte der Firma Fried. Krupp

Der Essener Konzernherr Alfried Krupp von Bohlen und Halbach

Friedrich Alfred Krupp, Sohn des Gründers, sorgte für den Erfolg

Die Chronik der Krupps in Essen

1811: Friedrich Krupp gründet die Firma Fried. Krupp in Essen an der Berne.
1826: Nach dem Tod von Friedrich Krupp führt seine Witwe mit dem 14jährigen Sohn Alfred das Unternehmen weiter.
1835: Durch die Aufstellung einer Dampfmaschine wird Krupp unabhängig vom Wasserstand der Berne.
1836: Bei Krupp wird eine Betriebskrankenkasse eingerichtet.
1848: Alfred Krupp wird Alleinbesitzer des Betriebes.
1855: Bei Krupp wird eine Pensionskasse gegründet.
1862: Krupp errichtet bei seiner Firma das erste Bessemerstahlwerk des Kontinents.
1868: Die Konsum-Anstalt wird gegründet.
1869: In Essen bei Krupp entsteht das erste Siemens-Martin-Werk für Dauerbetrieb.
1887: Alfred Krupp stirbt. Nachfolger wird sein Sohn Friedrich Alfred Krupp. Die Firma hat sich durch den Erwerb von Erzgruben, Zechen, Stahl- und Walzwerken erheblich vergrößert.
1902: Friedrich Alfred Krupp stirbt. Erbin ist Tochter Bertha, die mit Gustav von Bohlen und Halbach verheiratet ist.
1903: Die Firma wird in eine Fried. Krupp AG umgewandelt.
1918/20: 9300 Arbeitsmaschinen werden durch die alliierte Militärkommission im Rüstungsbetrieb Krupp zerstört.
1943: Die Aktiengesellschaft wird in eine Einzelfirma umgewandelt. Alleininhaber wird Alfried Krupp von Bohlen und Halbach.
1945: Das Rüstungsunternehmen wird unter alliierte Kontrolle gestellt. Die Firma wird entflochten.
1948: Alfried Krupp von Bohlen und Halbach wird von den Alliierten wegen »Plünderung und Sklavenarbeit« verurteilt, sein Vermögen konfisziert.
1953: Nach der Revision des Urteils übernimmt Krupp die Leitung des Unternehmens.

Die Sängerin Caterina Valente mit Moderator Chris Howland in »Musik aus Studio B«

Manfred Greve als Verbrecher in der Kriminalfilmserie »Stahlnetz« von Jürgen Roland

Cornelia Froboess in der Sendung »Musik aus Studio B« vom Norddeutschen Rundfunk

Ankündigung für den »Blauen Bock« mit Otto Höpfner

Fernsehen 1961:

Unterhaltung an erster Stelle

Das Fernsehen erfreut sich in der Bundesrepublik wachsender Beliebtheit: Mit 5,879 Millionen (1961) hat die Zahl der Fernsehteilnehmer gegenüber dem Vorjahr um 21,1% zugenommen.
Zu den beliebtesten Sendungen gehören Krimis und Ratespiele. Heinz Maegerlein, Hans-Joachim Kulenkampff und Robert Lembke sind die bekanntesten Quizmaster. Krimisendungen werden häufig aus den USA importiert, daneben kann jedoch die einheimische Produktion »Stahlnetz« von Jürgen Roland viel Erfolg verbuchen.
Einen großen Teil des Fernsehprogramms nehmen die Fernsehspiele ein, die zumeist nach literarischen Vorlagen produziert werden. Ein Beispiel, das Diskussionen wegen einiger freizügiger Szenen und des politischen Inhalts auslöst, ist die »Sendung der Lysistrata«, von Fritz Kortner nach Aristophanes.
Leichte Unterhaltung bieten musikalische Sendungen wie z. B. »Hotel Victoria«, eine Schau, in der Vico Torriani prominente Gäste präsentiert.
Insgesamt nehmen die Unterhaltungssendungen 28,3% des Ersten Programms in Anspruch. An zweiter Stelle stehen die Dokumentar- und Informationssendungen mit 14,6%, es folgen die Kinder- und Jugendsendungen (13,3%) und mit 11% der Sport. Beim Zweiten Programm, das seit 1. Juli von den Sendern der ARD ausgestrahlt wird, stehen die Kindersendungen an zweiter Stelle.

»77 Sunset Strip« mit Edward Byrnes als Kookie (oben, l.)

Beliebte Fernsehserien und -sendungen im deutschen Fernsehen 1961

»Am Fuß der Blauen Berge« (US-amerikanische Westernserie)
»Firma Hesselbach« (Familienserie mit Lia Wöhr und Wolf Schmidt)
»Fury« (Kindersendung über einen Jungen und sein Pferd)
»Guten Abend« (Fernsehmagazin mit Peter Frankenfeld)
»Hätten Sie's gewußt?« (Quiz mit Heinz Maegerlein)
»Hotel Victoria« (Musik-Show mit Vico Torriani)
»Kleine Stadt – ganz groß« (Quiz mit Hans-Joachim Kulenkampff)
»Lassie« (Kindersendung über einen Jungen und seinen Hund)
»Luis Trenker erzählt aus seiner Kindheit« (Geschichten aus den Bergen)
»Musik aus Studio B« (Sendung mit Chris Howland alias Heinrich Pumpernickel)
»77 Sunset Strip« (US-Krimi)
»Stahlnetz« (Krimiserie von Jürgen Roland)
»Treffpunkt New York« (Werner Baecker berichtet aus New York)
»Was bin ich?« (Quiz mit Robert Lembke)
»Windrose« (Reportagen von Peter von Zahn)
»Zum blauen Bock« (Unterhaltungssendung mit Otto Höpfner)

»Firma Hesselbach«, Lia Wöhr (Mitte) und Wolf Schmidt

Der Fernseh-Hund Lassie, ein Collie, mit dem Darsteller des Timmy, Jon Provost, in der Fernsehserie »Lassie«, die sonntags am frühen Nachmittag im Kinderprogramm des ersten Programms ausgestrahlt wird

»Vorsicht Kamera!« Beobachtungen mit Chris Howland

Die Serie »Luis Trenker erzählt aus seiner Kindheit« wird mit der Serie »Meine Dolomitenheimat« im ersten Fernsehprogramm fortgesetzt

Mißbildungen durch Schlaftabletten

27. November. Aufgrund der dringenden Warnung des Hamburger Kinderarztes Widukind Lenz, der einen Zusammenhang zwischen Mißbildungen bei Neugeborenen und der Einnahme des Schlafmittels »Contergan« während der Schwangerschaft festgestellt hat, zieht die Herstellerfirma Chemie Grünenthal GmbH in Stolberg bei Aachen das Präparat zurück.

Lenz hatte bei Befragungen in Hamburg festgestellt, daß die meisten Mütter von mißgebildeten Kindern während der Schwangerschaft »Contergan« eingenommen hatten. Der Inhaltsstoff des »Contergan«, das Thalidomid, das beruhigend und einschläfernd wirkt, wurde bereits 1954 bei Grünenthal hergestellt. Nachdem das Präparat die seinerzeit üblichen Tierversuche und die klinischen Prüfungen unbeanstandet durchlaufen hatte, kam das Schlafmittel am 1. Oktober 1957 in den Handel. Auch im Ausland wurde das Mittel in Lizenz vertrieben. Innerhalb von drei Jahren wurde »Contergan« zum meistverkauften Schlafmittel der Welt.

Ab 1960 wurden vermehrt Fälle von Nebenwirkungen nach der Einnahme von »Contergan« bekannt. Ab 1. August 1961 wurde das Präparat deshalb in einigen Bundesländern rezeptpflichtig. Doch erst die Untersuchungen von Lenz veranlassen die Firma, das kommerziell erfolgreiche Präparat aus dem Handel zu ziehen.

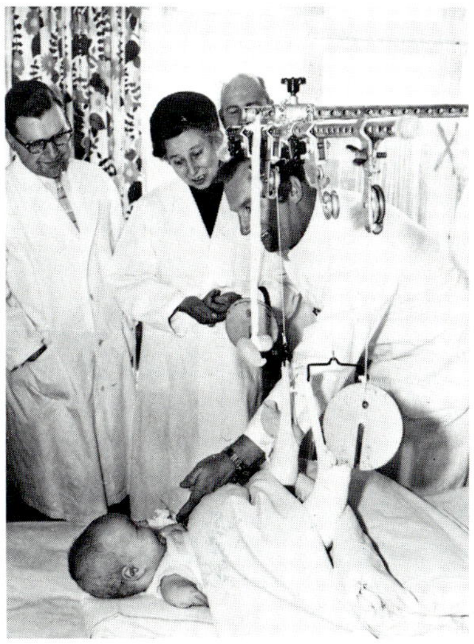

Gesundheitsministerin Schwarzhaupt mit mißgebildetem Kind

Allen Ginsberg will mit seiner Prosa provozierend wirken

Der US-amerikanische Schriftsteller Allen Ginsberg (2. v. r.) während des Konzerts einer tschechoslowakischen Pop-Gruppe in Prag 1965

Beatniks – Protest gegen die Wohlstandsgesellschaft

Die Suche nach Intensität im Erleben, nach Rausch und Ekstase ist das Hauptkennzeichen der modernen Bohème in den USA.
Die Beat-Generation, die in Distanz zur amerikanischen Wohlstandsgesellschaft, im Protest gegen den American Way of Life lebt, führt ein Nomadenleben in freiwilliger Armut.
Der Begriff Beatniks oder Beat-Generation ist einmal als Abkürzung von beatific (glückselig) zu verstehen, zum anderen ist beat der rhythmische Schlag im Jazz, der für die Beatniks eine wichtige Rolle spielt.
Neben dem ekstatischen Erleben wird die Ausgeglichenheit gesucht, vor allem im Zen-Buddhismus und anderen östlichen Philosophien. Sowohl zur Erlangung eines Zustandes der Ruhe als auch der Ekstase dienen Drogen, Musik und Sex.
Ihren Niederschlag findet die Lebenseinstellung der Beatniks in der Lyrik und Prosa von Schriftstellern wie Jack Kerouac oder William S. Burroughs.
1961 erscheinen der Roman »The Soft Machine« von Burroughs und die Gedichte »Kaddish« von Ginsberg. Beide Werke, die unter Drogeneinfluß entstanden sind, versuchen in einer improvisierten, assoziativen Sprache ein Bild der US-amerikanischen Wirklichkeit zu geben. Vorbilder der sog. Beat Poets, die mit ihren Gedichten und Romanen die US-amerikanische Öffentlichkeit provozieren, sind Schriftsteller wie Henry Miller (→ 26. 12./S. 204), David Herbert Lawrence oder Dylan Thomas.

Jean Cau erhält den Prix Goncourt

20. November. Die Académie Goncourt verleiht den diesjährigen Prix Goncourt an den französischen Schriftsteller und Journalisten Jean Cau für den Roman »La Pitié de Dieu« (Die Barmherzigkeit Gottes).
Der Prix Goncourt, der nur symbolisch mit 50 Francs (rund 40,50 DM) dotiert ist, gilt als höchste französische Literaturauszeichnung.
Der 36jährige Jean Cau, der früher ein Sekretär des französischen Philosophen und Schriftstellers Jean-Paul Sartre war, beschreibt in seinem Roman die Situation von vier Sträflingen.

Siegfried Lenz soll für sein Stück »Zeit der Schuldlosen« in Bremen mit einem Preis geehrt werden

Margaret hat einen Sohn geboren

3. November. Die Schwester der britischen Königin, Prinzessin Margaret, bringt in London im Clarence House einen Sohn zur Welt.
David Albert Charles, der den Titel Viscount Linley erhält, steht in der britischen Thronfolge nach den drei Kindern von Königin Elisabeth II. und Prinzessin Margaret selbst an fünfter Stelle.
Prinzessin Margaret hatte vor fast 18 Monaten den ehemaligen Hoffotografen Anthony Armstrong-Jones geheiratet, der am 3. Oktober von Königin Elisabeth II. in den Adelsstand erhoben worden war, so daß Margarets Kind nicht bürgerlich zur Welt kommt.

Die 31jährige Prinzessin Margaret, Gräfin von Snowdon, die jüngere Schwester der britischen Königin Elisabeth II., mit ihrem ersten Kind, David Albert Charles, Viscount Linley, im Clarence House in London

Siegfried Lenz in Bremen geehrt

2. November. Der Hamburger Schriftsteller Siegfried Lenz wird der erste Träger des Literaturpreises der im April gegründeten Rudolf-Alexander-Schröder-Stiftung der Freien Hansestadt Bremen. Die Stiftung wurde zu Ehren des bremischen Dichters Schröder errichtet, der als bedeutendster Erneuerer des protestantischen Kirchenlieds im 20. Jahrhundert gilt.
Der Preis, der mit 8000 DM dotiert ist, wird am 26. Februar 1962 für das Theaterstück »Zeit der Schuldlosen« verliehen.
Das zentrale Thema des Dramas ist die Frage des Widerstands gegen eine Terrorherrschaft.

Edwige Feuillère und Jacques Dacqmine in »Mittagswende«, einem Stück des katholischen französischen Schriftstellers Paul Claudel, bei einer Aufführung im Pariser Theater »Odéon«, dem »Théâtre de France«

Luitgard Im in George Bernard Shaws »Johanna«

Theater 1961:

Schiller neben dem Absurden

Zwar werden an den deutschsprachigen Bühnen die Stücke von Friedrich Schiller, Johann Wolfgang von Goethe und William Shakespeare immer noch am häufigsten gespielt, doch macht sich ein Wandel bemerkbar. Von den zeitgenössischen Bühnenwerken sind es vor allem die absurden Dramen, die sich einen Platz in den Spielplänen erobern können.

Das absurde Theater ist stark vom Zerfall charakterisiert: Bei aller Schlüssigkeit und Genauigkeit im Detail wird auf einen logischen Handlungsvorgang verzichtet. Die Sprache treibt nicht mehr die Handlung voran, sondern wird zum sinnlosen Reden. Die Personen werden entmenschlicht, werden zu Marionetten.

Mit Humor, Ironie und Satire soll die Absurdität menschlicher Existenz deutlich gemacht werden. Das absurde Drama versteht sich als Protest gegen bürgerliche Scheinsicherheit. Das Nichtvorhandensein eines umfassenden ethischen Prinzips ist die Grundlage der Gestaltung.

Diese provozierende Abkehr von allen Werten des konventionellen Theaters trifft bei Publikum und Kritikern häufig auf Unverständnis und löst Skandale aus.

In der DDR wird das absurde Theater abgelehnt, es sei eine vollkommen reale Widerspiegelung der kleinbürgerlichen Weltauffassung, da dem Kleinbürger die Welt unverständlich erscheine.

1961 werden neben den absurden Stücken von Samuel Beckett (»Glückliche Tage«), Wolfgang Hildesheimer (»Die Verspätung«) oder Günter Grass (»Die bösen Köche«) aber auch Dramen gespielt, die sich inhaltlich kritisch mit der Zeitgeschichte auseinandersetzen. So behandelt Max Frisch in »Andorra« exemplarisch Entstehung und Wirkung von Vorurteilen, Jean Genet setzt sich in »Die Wände« mit dem Befreiungskampf der Algerier gegen Frankreich auseinander und Siegfried Lenz beschäftigt sich mit der Pflicht zum Widerstand in »Zeit der Schuldlosen«.

Berta Drews und Gerd Baltus in Jean Genets »Die Wände«

Karl Maria Schley und Max Mairich (r.) in einer Aufführung von »Die Nashörner«, einem absurden Drama von Eugène Ionesco

O. A. Buck in »Die Verspätung« von W. Hildesheimer, 1961

Dezember 1961

Mo	Di	Mi	Do	Fr	Sa	So
				1	2	3
4	5	6	7	8	9	10
11	12	13	14	15	16	17
18	19	20	21	22	23	24
25	26	27	28	29	30	31

1. Dezember, Freitag

Der bayerische Landtagspräsident Rudolf Hanauer bekräftigt aus Anlaß des 15. Jahrestags der Verabschiedung der bayerischen Verfassung die Ablehnung des Bonner Grundgesetzes von 1949 durch den bayerischen Landtag.

Als Folge des XXII. Parteitags der KPdSU in Moskau bricht eine Kontroverse zwischen den beiden kommunistischen Parteien Italiens und Frankreichs aus (→ 10. 12./S. 199).

Zum ersten Mal nach dem Ausscheiden aus der Vereinigten Arabischen Republik (VAR) wählt Syrien ein neues Parlament. Die konservativen Parteigänger des vorläufigen Ministerpräsidenten Mahmun al-Kuzbari erringen einen überzeugenden Sieg. Gleichzeitig mit den Wahlen wird der Lösung Syriens aus der VAR zugestimmt (→ 28. 9./S. 162).

2. Dezember, Sonnabend

Zu schweren Zusammenstößen zwischen UNO-Soldaten und Katanga-Gendarmen kommt es in Elisabethville. Inzwischen sind die Mörder von 13 italienischen UNO-Soldaten verhaftet worden (→ 20. 12./S. 198).

Mit dem internationalen Friedenspreis der Stadt Lüttich zur Würdigung literarischer Arbeiten über Krieg und Widerstand wird Robert Jungk für sein Buch »Strahlen aus der Asche« ausgezeichnet. Der Preis ist mit 4000 DM dotiert.

3. Dezember, Sonntag

Das Bundeskanzleramt in Bonn verweigert die Annahme eines Briefes der DDR-Regierung mit Vorschlägen über Gespräche zwischen »beiden deutschen Staaten«.

Der Irak werde »nicht um Haaresbreite« von seinen Ansprüchen auf das Ölscheichtum Kuwait abgehen, erklärt der irakische Ministerpräsident Abd Al Karim Kasim in Bagdad (→ 27. 12./S. 199).

Das älteste jüdische Gotteshaus in der Bundesrepublik, die aus dem 11. Jahrhundert stammende, 1938 während der »Reichskristallnacht« zerstörte Synagoge in Worms, wird nach dem originalgetreuen Wiederaufbau geweiht.

Der SPD-Politiker und Vizepräsident des Deutschen Bundestages, Carlo Schmid, einer der »Väter des Grundgesetzes«, wird 65 Jahre alt.

4. Dezember, Montag

Die Delegierten auf der internationalen Laoskonferenz in Genf einigen sich auf ihrer 41. Sitzung auf sechs Punkte einer Neutralitätserklärung für Laos (→ 18. 12./S. 201).

Fünf Millionen Volkswagen sind seit Ende des Zweiten Weltkriegs in Wolfsburg gebaut worden. In einer Ansprache bezeichnet Generaldirektor Heinz Nordhoff das Ereignis als einen der größten industriellen Erfolge, die jemals erzielt worden sind.

Die starken Regenfälle der letzten Tage führen in Niedersachsen, Hessen und Rheinland-Pfalz zu Überschwemmungen. Die Weser, die Oker und die Leine sind an mehreren Stellen über die Ufer getreten.

Der US-amerikanische Boxer Floyd Patterson verteidigt seinen Weltmeistertitel im Schwergewicht durch k. o. gegen Tom McNeely in der vierten Runde in Toronto.

5. Dezember, Dienstag

Die Möglichkeit eines Krieges zwischen Indien und China könne nicht mehr ausgeschlossen werden, erklärt der indische Premierminister Jawaharlal Nehru in einer Rede vor dem Parlament in Neu-Delhi.

Mit einem Appell für einen Rüstungsstopp geht die Vollversammlung des Weltkirchentages in Neu-Delhi, die am 19. November begonnen hatte, zu Ende (→ 19. 11./S. 187).

Mit einem fahrplanmäßigen Personenzug gelingt einer Gruppe von 25 Bewohnern der DDR die Flucht nach Berlin (West).

In der Bundesrepublik herrschen frühlingshafte Temperaturen. Es ist der wärmste Dezembertag seit 130 Jahren mit Temperaturen um 15 Grad.

6. Dezember, Mittwoch

In der Aussprache über die Regierungserklärung des Kabinetts Konrad Adenauer bietet der SPD-Politiker Willy Brandt die Bereitschaft zur Zusammenarbeit der SPD-Fraktion in den grundlegenden Fragen der Deutschland-Politik an.

In Frankreich beginnt eine zehntägige Razzia gegen Anhänger der geheimen rechtsradikalen Organisation OAS, die eine Attentatswelle der Rechtsradikalen zur Folge hat.

Den höchsten Preis, der jemals für ein deutsches expressionistisches Gemälde bezahlt wurde, erzielt im Londoner Auktionshaus Sotheby Oskar Kokoschkas Porträt von Herwarth Walden aus dem Jahr 1910. Es geht für 23 000 Pfund Sterling (rund 250 000 DM) in US-amerikanischen Privatbesitz.

7. Dezember, Donnerstag

Erich Ollenhauer wird wieder zum Vorsitzenden der SPD-Fraktion, Heinrich Deist, Fritz Erler und Carlo Schmid werden zu seinen Stellvertretern gewählt.

Der indische Premierminister Jawaharlal Nehru gibt die Zusammenziehung von Truppen an der Grenze zur portugiesischen Enklave Goa bekannt (→ 18. 12./S. 198).

8. Dezember, Freitag

Die Wehrpflichtigen in der Bundesrepublik, die am 1. Juli 1961 zur Bundeswehr einrückten, werden die ersten sein, die 18 Monate Grundwehrdienst ableisten müssen. Diese Regelung sieht der schon seit Wochen angekündigte und heute vom Bundeskabinett in einer Sondersitzung verabschiedete Entwurf einer Novelle zum Wehrpflichtgesetz vor. → S. 202

Zwischen den sechs europäischen Vollmitgliedern der Europäischen Wirtschaftsgemeinschaft (EWG) und den 16 mit ihnen assoziierten afrikanischen Staaten wird in Paris ein neues Assoziierungsstatut vereinbart, durch das die bisherige Zusammenarbeit in erweiterter Form fortgesetzt wird.

9. Dezember, Sonnabend

Bundeskanzler Konrad Adenauer trifft zu einem Besuch bei dem französischen Staatspräsidenten Charles de Gaulle in Paris ein. Die Berlin-Frage steht im Mittelpunkt der Konsultationen.

In einer farbenfrohen Zeremonie erhält das britische UNO-Treuhandgebiet Tanganjika (Tansania) die Unabhängigkeit. → S. 199

10. Dezember, Sonntag

Die ideologischen Auseinandersetzungen zwischen der Sowjetunion und Albanien führen zum Abbruch der diplomatischen Beziehungen zwischen beiden Staaten. → S. 199

Der australische Ministerpräsident Robert Gordon Menzies (67) und seine Liberale Partei gehen als Sieger aus den Wahlen hervor, bei denen rund 5,6 Millionen wahlberechtigte Australier über die Zusammensetzung des Parlaments entscheiden.

In Stockholm und Oslo werden die diesjährigen Nobelpreise verliehen. → S. 204

Die deutsch-jüdische Dichterin Nelly Sachs vollendet in Stockholm ihr 70. Lebensjahr. → S. 206

11. Dezember, Montag

Die Außenminister der drei Westmächte und der Bundesrepublik treffen sich in Paris, um über das Vorgehen in der Deutschland- und Berlin-Frage zu beraten.

Adolf Eichmann, der ehemalige Obersturmbannführer, wird in Jerusalem der Verbrechen gegen das jüdische Volk, der Verbrechen gegen die Menschheit, der Kriegsverbrechen und der Zugehörigkeit zu verbrecherischen Organisationen für schuldig befunden (→ 15. 12./S. 200).

Über einen Zeitplan für den Abzug der ausländischen Truppen aus Laos einigt sich die in Genf über das Schicksal des hinterindischen Königreichs beratende internationale Konferenz (→ 18. 12./S. 201).

12. Dezember, Dienstag

Die Sowjetunion warnt in einer offiziellen Note die österreichische Regierung in Wien vor einem Beitritt zur Europäischen Wirtschaftsgemeinschaft (EWG). Eine Mitgliedschaft in der EWG sei nicht mit der österreichischen Neutralitätspolitik und dem Staatsvertrag aus dem Jahr 1955 vereinbar (→ 15. 12./S. 201).

Zwei US-Hubschrauberkompanien mit 36 Hubschraubern und 370 Soldaten werden im Hafen der südvietnamesischen Hauptstadt Saigon ausgeladen. → S. 199

Das Bundeskabinett in Bonn beschließt mit Blick auf das bevorstehende Weihnachtsfest die Zahlung eines Gehaltsvorschusses an aktive Beamte. → S. 202

In Niedersachsen und im bayrischen Alpenvorland herrscht Hochwasser.

13. Dezember, Mittwoch

Die Vereinigten Staaten lehnen die britische Forderung nach einem unverzüglichen Waffenstillstand in der Kongo-Provinz Katanga mit der Begründung ab, daß eine Waffenruhe nicht in Frage kommen könne, bevor nicht gewisse Mindestziele der UNO erreicht seien (→ 20. 12./S. 198).

Der SPD-Politiker Paul Nevermann wird als 1. Bürgermeister von Hamburg wiedergewählt. Helmut Schmidt wird Innensenator.

14. Dezember, Donnerstag

Die verfassunggebende Versammlung in der syrischen Hauptstadt Damaskus wählt Nazim al-Qudsi das führende Mitglied der ehemaligen Volkspartei, zum Präsidenten. Qudsi strebt eine Politik der Bündnislosigkeit an.

Zum schweizerischen Bundespräsidenten für 1962 wird Paul Chaudet, bisher Leiter des Verteidigungsdepartements, gewählt. Der Präsident der Schweizerischen Eidgenossenschaft wird alljährlich Mitte Dezember aus dem Kreis der sieben Departementsleiter (Minister) gewählt.

In Berlin (West) erlebt der US-Spielfilm »Das Urteil von Nürnberg« von Stanley Kramer (Maximilian Schell erhält 1962 für seine Hauptrolle den Oscar) seine deutsche Erstaufführung. → S. 205

15. Dezember, Freitag

In seiner Eigenschaft als Vorsitzender des Ministerrats der Europäischen Wirtschaftsgemeinschaft (EWG) empfängt Bundeswirtschaftsminister Ludwig Erhard in Bonn die Botschafter Schwedens, Österreichs und der Schweiz, die ihm die Anträge ihrer Länder auf Assoziierung mit der EWG überreichen. → S. 201

Der Schlagerstar Lil Babs wünscht auf dem Titel der Illustrierten »Quick« ein gutes Jahr 1962

Dezember 1961

Die US-amerikanischen Gewerkschaften werden dem Appell des US-Präsidenten John F. Kennedy, sich im Interesse einer Gesundung der Wirtschaft in Lohnfragen zurückzuhalten, nicht folgen. Einstimmig nehmen die Delegierten des US-amerikanischen Gewerkschaftsbundes in Bal Harbour/Florida entsprechende Resolutionen an.

Der ehemalige SS-Obersturmbannführer Adolf Eichmann wird von einem israelischen Sondergericht in Jerusalem zum Tode verurteilt. Das Urteil wird erst im Mai 1962 vollstreckt. → S. 200

16. Dezember, Sonnabend

Der Paketstrom aus der Bundesrepublik in die DDR fließt trotz der verschärften Bestimmungen der DDR-Regierung unvermindert weiter. Wie die zuständigen Stellen in Braunschweig mitteilen, sind die Interzonen-Postzüge Helmstedt–Berlin und Helmstedt–Magdeburg mit täglich insgesamt mehr als 100 Postwaggons ausgelastet. Im Tagesdurchschnitt werden 250 000 Päckchen und Pakete registriert.

Rund 15 000 Menschen befinden sich in Somalia auf der Flucht vor Überschwemmungen, die bisher mehr als 40 Ortschaften überspült haben.

In den US-amerikanischen Staaten Georgia und Louisiana kommt es erneut zu Demonstrationen gegen die Rassentrennung.

17. Dezember, Sonntag

Die Kaiser-Wilhelm-Gedächtniskirche in Berlin (West) wird eingeweiht. → S. 205

Bei dem Brand eines Zirkuszeltes in Niteroi bei Rio de Janeiro in Brasilien kommen über 320 Menschen ums Leben. → S. 206

18. Dezember, Montag

Indische Truppen marschieren mit Unterstützung der Luftwaffe in die portugiesische Enklave Goa ein. Die indischen Kriegsschiffe sind in Alarmbereitschaft gesetzt. → S. 198

In einer Sondersitzung des Weltsicherheitsrates in New York wird die Klage Portugals gegen Indien erörtert. Die Regierung in Lissabon verlangt die Räumung seiner Besitzungen in Goa, Diu und Daman durch die indischen Truppen. Die Sowjetunion, die Indiens Vorgehen begrüßt, legt sofort Einspruch gegen die Beschwerde Portugals ein.

Die Laoskonferenz in Genf verabschiedet den Entwurf einer Neutralitätserklärung für das hinterindische Königreich. → S. 201

Etwa in jedem dritten Unternehmen in der Bundesrepublik wird eine Weihnachtsfeier veranstaltet. Das ergibt eine Umfrage des Allensbacher Instituts für Demoskopie. Rund 84% aller Arbeiter und Angestellten erhalten von ihrer Firma ein Weihnachtsgeld. 12% aller Bundesbürger werden Weihnachten keinen Tannenbaum aufstellen.

19. Dezember, Dienstag

Der SPD-Politiker Willy Brandt verzichtet auf sein Bundestagsmandat, um Berlins Regierender Bürgermeister zu bleiben.

Als letztes Land der Bundesrepublik hat Rheinland-Pfalz die Schulgeldfreiheit eingeführt. → S. 203

20. Dezember, Mittwoch

Die beiden Gegner im Kongo (Zaïre), Ministerpräsident Cyrille Adoula und Katanga-Präsident Moise Tschombé, treffen im UNO-Stützpunkt Kitona an der Mündung des Kongo-Flusses zu einer Besprechung über die Zukunft des afrikanischen Landes zusammen. → S. 198

Mit 90 gegen drei Stimmen bei zwei Enthaltungen verurteilt die Vollversammlung der Vereinten Nationen Portugal wegen seiner Weigerung, der UNO Informationen über seine Kolonialgebiete zu geben. Gegen die Verurteilung stimmen Portugal, Südafrika und Spanien. Bolivien und Frankreich enthalten sich der Stimme.

Der deutsche CDU-Politiker Walter Hallstein bleibt nach seiner Wiederwahl für weitere zwei Jahre Präsident der EWG-Kommission.

Das Kuratorium Unteilbares Deutschland fordert alle Deutschen auf, am Heiligabend um 19 Uhr Kerzen in die Fenster zu stellen. In einem Aufruf heißt es: »Das Licht der Hoffnung darf nicht ausgehen. Es wird nicht erlöschen, wenn Deutsche und Deutsche sich nicht voneinander trennen lassen.«

Sieben Monate nach der Gründung der Volkswagen-Stiftung einigen sich das Land Niedersachsen und der Bund nunmehr auch über die personelle Besetzung des 14köpfigen Kuratoriums, das künftig in alleiniger Verantwortung über die Verteilung der Stiftungsgelder entscheiden wird.

21. Dezember, Donnerstag

Katanga-Präsident Moise Tschombé vereinbart mit dem Ministerpräsidenten der kongolesischen Zentralregierung, Cyrille Adoula, die Anerkennung der Kongo-Verfassung durch Katanga (→ 20. 12./S. 198).

Zu wichtigen Gesprächen über aktuelle Weltprobleme treffen US-Präsident John F. Kennedy und der britische Premierminister Harold Macmillan auf den Bermuda-Inseln zusammen.

Für 14,3 Millionen Arbeitnehmer haben die DGB-Gewerkschaften nach ihren Angaben in diesem Jahr Lohn- und Gehaltsverbesserungen von durchschnittlich 10,5% erreicht.

Der niedersächsische Ministerpräsident Hinrich Wilhelm Kopf (SPD) stirbt in Göttingen. Sein Nachfolger wird am 28. Dezember der SPD-Politiker Georg Diederichs.

22. Dezember, Freitag

Der indonesische Präsident Achmed Sukarno erhebt Ansprüche auf das benachbarte niederländische Territorium Westneuguinea.

23. Dezember, Sonnabend

Beim Sturz eines Eisenbahnwagens in eine Schlucht bei Catanzaro (Süditalien) sterben mehr als 70 Menschen.

Das erste Bühnenstück des deutschen Schriftstellers Heinrich Böll, »Ein Schluck Erde«, hat in Düsseldorf Premiere. → S. 205

24. Dezember, Sonntag

Seinen Wunsch nach einer Sicherung des Weltfriedens bringt Bundeskanzler Konrad Adenauer in seiner Weihnachtsansprache zum Ausdruck.

In der Bundesrepublik herrscht Frostwetter mit leichten Schneefällen.

25. Dezember, 1. Weihnachtstag

Das britische Verteidigungsministerium versetzt 300 Angehörige der Streitkräfte, die in Aden stationiert sind, in Alarmbereitschaft. Grund ist die erneute Bekräftigung des Irak, Ansprüche auf das Ölscheichtum Kuwait am Persischen Golf geltend zu machen (→ 27. 12./S. 199).

Papst Johannes XXIII. beruft für 1962 ein ökumenisches Konzil der katholischen Kirche ein.

26. Dezember, 2. Weihnachtstag

Die Regierung der Kongo-Provinz Katanga hat sich dem Ultimatum des kongolesischen Ministerpräsidenten Cyrille Adoula gefügt und die Entsendung von Parlamentariern nach Léopoldville (Kinshasa) bekanntgegeben (→ 20. 12./S. 198).

Der Führer des linken Flügels der rechtsstehenden Volkspartei in Syrien, Maruf ad-Dawalibi, bildet ein Koalitionskabinett, in dem alle gemäßigten Rechtsparteien sowie sieben Unabhängige vertreten sind.

Der US-amerikanische Schriftsteller Henry Miller wird in Kalifornien 70 Jahre alt. → S. 204

27. Dezember, Mittwoch

Die britische Regierung setzt angesichts der anhaltenden Spannungen wegen Kuwait Flottenverstärkungen in das Gebiet des Persischen Golfs in Marsch. → S. 199

Belgien und die Republik Kongo (Zaire) nehmen nach 17 Monaten wieder diplomatische Beziehungen auf.

Glatteis und Schneeglätte erschweren den Straßenverkehr in vielen Teilen der Bundesrepublik erheblich. Mehrere Binnenwasserstraßen werden gesperrt.

28. Dezember, Donnerstag

Gegen die Truppenbewegungen Großbritanniens im Zusammenhang mit der Kuwait-Krise protestiert der Irak beim Weltsicherheitsrat in New York (→ 27. 12./S. 199).

»Die Nacht des Leguan« des US-amerikanischen Schriftstellers Tennessee Williams wird am Royale-Theater in New York uraufgeführt.

29. Dezember, Freitag

Der Ministerrat der Europäischen Wirtschaftsgemeinschaft (EWG) trifft sich in der belgischen Hauptstadt Brüssel zu ergebnislosen Verhandlungen über die Einbeziehung der Agrarpolitik in die EWG.

Die am 27. Dezember in der laotischen Hauptstadt Vientiane begonnene Konferenz der drei gegnerischen laotischen Prinzen Bun Um, Suvannavong und Suvanna Phuma scheitert (→ 18. 12./S. 201).

Der Eisenbahnverkehr zwischen Berlin und dem Bundesgebiet hat im Jahr 1961 um 20% gegenüber dem Vorjahr zugenommen. Die Zuwachsrate beim Eisenbahnverkehr im Bundesgebiet betrug nur 2%, wie die Deutsche Bundesbahn mitteilt.

Der spanische Cellist Pablo Casals wird 85 Jahre alt. → S. 206

30. Dezember, Sonnabend

Diosdado Macapagal tritt sein Amt als philippinischer Präsident an.

Der Deutsche Gewerkschaftsbund dringt auf eine Reform des Besoldungsgesetzes für die Beamten. Vordringlich seien eine Aufbesserung der Bezüge der Beamten des einfachen und mittleren Dienstes und die Einführung eines 13. Monatsgehaltes (→ 12. 12./S. 202).

31. Dezember, Sonntag

Im Libanon wird der Putschversuch einer rechtsradikalen Gruppe niedergeschlagen.

Der katholische Bischof von Berlin, Alfred Bengsch, meint in seiner Silvesterpredigt in Berlin (West), das Jahr 1961 sei trotz vieler Enttäuschungen ein Jahr des Heils und eine Zeit der Gnade gewesen. »Die Hand Gottes kann schwer auf uns ruhen, aber es ist die Hand des Vaters«, sagt Bengsch.

Gestorben:

13. Hoosick Falls/New York: Grandma Moses (eigentl. Anna Mary Robertson-Moses, *7. 9. 1860, Washington County/New York), US-amerikanische Malerin. → S. 206

21. Göttingen: Hinrich Wilhelm Kopf (*6. 5. 1893, Neuenkirchen/Kreis Hadeln), SPD-Politiker, seit 1959 Ministerpräsident des Landes Niedersachsen.

29. New York: Anton Flettner (*1. 11. 1885, Eddersheim), deutscher Ingenieur und Erfinder.

ie französische Illustrierte Match« zeigt in ihrer letzten Num-er von 1961 bereits die Ski-Mode es kommenden Jahres

as Titelbild des Magazins »Der piegel« zeigt den Schriftsteller leinrich Böll, dessen erstes Büh-enwerk »Ein Schluck Erde« am 3. 12. 1961 Premiere hat

Frankfurter Allgemeine

ZEITUNG FÜR DEUTSCHLAND

S-Ausgabe / Montag, 11. Dezember 1961 — Herausgegeben von Hans Baumgarten, Erich Dombrowski, Karl Korn, Benno Reifenberg, Jürgen Tern, Erich Welter — Preis 30 Pfennig / Nr. 287 / D 2955 A

Adenauer und de Gaulle bekennen sich zur Einheit des Westens

Langes Gespräch unter vier Augen über Berlin / Strittige Fragen europäischer Wirtschaftspolitik geklärt

Bericht unseres Pariser Korrespondenten

haw. PARIS, 10. Dezember. Der Bundeskanzler und Staatspräsident de Gaulle haben am Samstag in Paris bei der Erörterung des Berlin-Problems festgestellt, daß über die zu erreichenden Ziele ebenso Uebereinstimmung bestehe wie über die Notwendigkeit, die Solidarität zwischen den verbündeten Mächten aufrechtzuerhalten. Bei der Diskussion über Probleme der europäischen Einigung haben sie eine „völlige Einheit" der Ansichten erreicht. Dagegen haben sich die unterschiedlichen Standpunkte über die Frage von Verhandlungen des Westens mit der Sowjetunion, wie erste Informationen besagen, nach dem Pariser Treffen nicht wesentlich geändert. Die Außenminister der vier Westmächte werden am Montagnachmittag und am Dienstag die Bemühungen um die Festlegung einer gemeinsamen Linie fortsetzen.

Anlaß zu dem achtstündigen Besuch des Bundeskanzlers in der französischen Hauptstadt waren tiefgreifende Meinungsverschiedenheiten über die Fragen, wann und über welches Thema der Westen Verhandlungen mit der Sowjetunion aufnehmen soll. Dr. Adenauer hatte bei seinem Besuch in Washington mit Präsident Kennedy vereinbart, daß Verhandlungen mit der Sowjetunion bald und unter Begrenzung auf das Berlin-Problem geführt werden sollten, sofern sich herausstelle, daß die Sowjets in der Frage von Verhandlungen eine „vernünftige Haltung" zeigten. Präsident de Gaulle und die französische Regierung vertraten dagegen die Auffassung, daß Ost-West-Verhandlungen die Wiederherstellung des europäischen Gleichgewichts, also die Fragen Europa, Deutschland und Berlin behandeln müßten. Sie dürften nur aufgenommen werden, wenn die Sowjetunion wirkliche Verhandlungsbereitschaft gezeigt habe.

Vor seinem Treffen in Paris hat zwischen Bundeskanzler Adenauer und Präsident Kennedy erneut ein Briefwechsel stattgefunden. Politische Beobachter vermuten, daß darin nochmals der im Washingtoner Kommuniqué festgelegte amerikanisch-deutsche Standpunkt bekräftigt wurde, der von Berlin selbst nicht geteilt wird.

Am Samstagmorgen, unmittelbar vor der Ankunft Adenauers in Paris, schrieb die einflußreiche „New York Times" in einem Leitartikel: „Wir hoffen, daß es Bundeskanzler Adenauer gelingen wird, Präsident de Gaulle zur Aufgabe seiner einsamen Opposition zu veranlassen. Wenn der Kanzler scheitern sollte, müßten sich nach unserer Ansicht die anderen Westmächte auch ohne Frankreich um eine Berlinregelung bemühen." Von deutscher Seite wurde entschieden bestritten, daß der Bundeskanzler die Mission habe, de Gaulle zur Aufgabe seines Standpunktes zu bewegen. In den deutsch-französischen Gesprächen kam es auch nicht zu „Bekehrungsversuchen", sondern nur zu einem eindringlichen Vergleich der beiderseitigen Standpunkte, bei denen de Gaulle unter Wahrung seiner grundsätzlichen Position für die Argumente des Bundeskanzlers nicht unempfänglich gewesen sein soll.

Die gute Atmosphäre, die bei dem Gespräch Adenauers mit de Gaulle herrschte, wurde durch eine spektakuläre Geste des französischen Staatsoberhauptes vorweggenommen. Unter Abweichung vom Protokoll entschloß er sich, den deutschen Bundeskanzler selbst vom Flughafen abzuholen. Adenauer, der diesmal von seiner Tochter, Frau Lisbeth Werhahn, begleitet war, stieg aus dem Flugzeug der Bundesluftwaffe sofort in den bereitstehenden Wagen des französischen Präsidenten. Beide Staatsmänner begannen schon auf der Fahrt nach Paris ihre Besprechungen. Gemeinsam betraten sie durch ein Spalier der Republikanischen Garde den Elysée-Palast und setzten ihre Verhandlungen sofort unter vier Augen fort. Am Quai d'Orsay besprachen indes die Außenminister Schröder und Couve de Murville mit einem großen Stab von Mitarbeitern ebenfalls das Berlin-Problem. Von beiden Seiten wurde eine sehr genaue Analyse der Lage gegeben und, wie versichert wird, großes Verständnis für die gegenseitigen Argumente gezeigt. Adenauer und de Gaulle begannen ihre Besprechungen überraschend mit der Erörterung der Probleme der europäischen Einigung unter Berücksichtigung auch der landwirtschaftlichen Fragen des Gemeinsamen Marktes. Die positive Bilanz des Schlußkommuniqués über diese Besprechungen bezieht sich nach sicheren Informationen auch auf diesen Aspekt des Europa-Problems. Gesonderte Verhandlungen, die der deutsche Staatssekretär Lahr führte, sollen schon Fortschritte in der strittigen Frage der Landwirtschaft im Gemeinsamen Markt erbracht haben.

Nach dem ersten Teil der Beratungen zwischen Adenauer und General de Gaulle und nach einem Mittagessen im kleinen Kreis, bei dem freundschaftliche Trinksprüche ausgetauscht wurden, erfuhren die beiden Staatsmänner den Inhalt der Rede, die Chruschtschow am Samstagvormittag in Moskau vor Mitgliedern des Weltgewerkschaftsbundes gehalten hat. Sie soll, wie behauptet wurde, auf den Gang der Verhandlungen des Nachmittags keinen Einfluß gehabt haben, obwohl Chruschtschow darin scharf gegen eine Beschränkung der Ost-West-Verhandlungen auf Berlin und die Sicherung der Zufahrtswege Stellung genommen hatte. In französischen Kreisen wurde die Rede als handgreiflicher Beweis für die Richtigkeit der Thesen de Gaulles angesehen. Erst gegen Abend wurden Premierminister Debré, die beiden Außenminister und die beiden Botschafter zu den Gesprächen zwischen de Gaulle und Adenauer hinzugezogen. Der französische Staatspräsident gab eine kurze Zusammenfassung über den Verlauf der Besprechungen unter vier Augen, ohne daß er dabei erkennen ließ, wie weit einer der Gesprächspartner etwa von seiner ursprünglichen Absicht abgewichen sein könnte. (Fortsetzung auf Seite 4.)

Kein französisches Veto gegen Vorverhandlungen

Aber der Staatspräsident bleibt skeptisch / Die Begegnung mit Adenauer

Bericht unserer Bonner Redaktion

R. BONN, 10. Dezember. Nach der Rückkehr des Bundeskanzlers aus Paris wird in zuständigen Kreisen die Bilanz der neuen Begegnung Adenauers mit de Gaulle dahin gezogen, daß Frankreich kein Veto gegen westliche Vorberatungen über west-östliche Verhandlungen einlegen wird. Vor der Pariser Konferenz gehegte Befürchtungen, de Gaulle werde von vorneherein solche Beratungen ablehnen, sind jetzt behoben, nachdem der Kanzler eindringlich die Vorstellungen Kennedys zu diesen Fragen darlegte, die er auch teilt. Doch muß auch darauf hingewiesen werden, daß de Gaulle seinen grundsätzlichen Standpunkt nicht geändert hat und zunächst nur mit großer Skepsis die Beratungen der Außenminister Amerikas, Englands, Frankreichs und der Bundesrepublik in diesen Tagen in Paris verfolgt.

Man hebt in Bonn hervor, das wichtige Ergebnis der neuen Begegnung sei, daß der französische Außenminister sich an diesen Gesprächen beteiligen wird, die eine gemeinsame westliche Ausgangslinie für Verhandlungen über Berlin ausarbeiten sollen. Ferner sei auch völlig klargeworden, daß Frankreich in Berlin-Verhandlungen nichts billigen werde, was die Bundesregierung mißbilligen würde. So faßt man das Ergebnis des Treffens in Bonn dahin zusammen, daß zunächst einmal grünes Licht für die westlichen Beratungen gegeben worden sei, aber de Gaulle in kühler Distanz verharre und sich durchaus seine letzten Entscheidungen in Berlin-Verhandlungen vorbehalte.

Soweit die Gespräche zwischen dem Bundeskanzler und dem französischen Staatschef die schwierigen Probleme der Agrarpolitik der europäischen Integration betrafen, hat jede Seite die Argumente der anderen ehrlich gewürdigt und Verständnis für den anderen Standpunkt gezeigt. de Gaulle verschloß sich nicht der Ansicht des Kanzlers, daß auch auf diesem Gebiet vieles noch sorgsam zu prüfen sei, während der Bundeskanzler seinerseits keinen Zweifel daran ließ, daß das große Ziel der Europäischen Gemeinschaft, nämlich der immer engere Zusammenschluß ihrer Mitgliedsstaaten, allen Detailfragen übergeordnet bleibe.

Chruschtschow ruft seinen Botschafter aus Tirana ab

Auch die Albaner müssen Moskau verlassen / Ungarn und die Sowjetunion kündigen Konsularabkommen

F.A.Z. FRANKFURT, 10. Dezember. Die Sowjetunion hat nach einer Meldung der albanischen Nachrichtenagentur Ata das Personal ihrer Botschaft und ihrer Wirtschaftsmission aus der albanischen Hauptstadt Tirana zurückgerufen. Sie hat ferner die albanischen Diplomaten in Moskau zum Verlassen der Sowjetunion aufgefordert. Ob die Zurückberufung der sowjetischen Diplomaten gleichbedeutend mit dem Abbruch der diplomatischen Beziehungen ist, ist nicht deutlich. Die albanische Nachrichtenagentur hat jedoch den Schritt Moskaus als einen „feindseligen Akt ohne Beispiel" bezeichnet und erklärt, der Schritt Moskaus komme für Albanien nicht überraschend. Angesichts der „antimarxistischen und antialbanischen" Haltung, die Chruschtschow seit einiger Zeit gegenüber der Volksrepublik Albanien einnehme, sei dies ein logischer Schritt. Die Spannungen zwischen Moskau und Tirana sind nach dem ersten Angriff Chruschtschows auf den „Stalinismus" im Jahre 1956 entstanden. In der folgenden Zeit hatte die Sowjetunion ihre Wirtschaftshilfen für Albanien verringert, ihren U-Boot-Stützpunkt an der albanischen Küste aufgelöst und ihre Techniker abberufen. Zum XXII. Parteikongreß der KPdSU war die albanische Partei nicht mehr eingeladen worden. Chruschtschow hatte Albanien auf dem Moskauer Kongreß in der Oeffentlichkeit heftig attakiert und den albanischen Parteichef Enver Hodscha beschuldigt, er halte fest am Stalinismus. Die scharfe Kritik und Verdammung Albaniens durch Chruschtschow stieß auf den Widerstand Chinas, das Albanien propagandistisch und materiell gegen die sowjetische Kritik stützt.

Das Parteiorgan Hodschas, „Zeri i Populitt", schreibt, es sei „überraschend und unfaßbar, daß Chruschtschow so weit gegangen ist, die Beziehungen zu einem kleinen und freundschaftlichen Bruderland abzubrechen, das dem Sowjetvolk vertraut, Mitglied des sozialistischen Lagers ist und fest für die gemeinsame Sache kämpft". Die „wahren Motive" für den Moskauer Schritt „müssen in Chruschtschows revisionistischen Anschauungen und in seinen antimarxistischen Tendenzen, die er um jeden Preis den anderen Parteien aufzwingen will, gesucht werden" schreibt Zeri i Populitt. Die albanische Partei habe seit dem Bukarester Treffen im Juni 1960 und besonders nach dem Moskauer Parteikongreß in prinzipieller und kühner Weise die opportunistischen Ansichten und antimarxistischen Handlungen Chruschtschows kritisiert. Der Abzug des Botschaftspersonals sei Chruschtschows Rache für die albanische Kritik an seiner Politik. Er wolle damit der albanischen Partei „den Mund verschließen" und jeder anderen Partei eine Lektion darüber geben, was sie erwarte, wenn sie ihm zu widersprechen wagen sollte.

Die Mitteilung der Abberufung und die Forderung auf Zurückziehung der albanischen Diplomaten aus Moskau sind in einer Serie von Noten enthalten, die die Regierungen der Sowjetunion und Albaniens in den letzten drei Wochen ausgetauscht haben. Der Notenwechsel begann am 25. November; er wurde am Samstag abgeschlossen. Die Sowjetunion wurde zuletzt in Tirana durch Botschafter Schikin vertreten. Albanien hatte in Moskau den Geschäftsträger Gas Mazi.

Albanische Politiker, die über Ungarn und die Sowjetunion nach China reisen wollen, müssen künftig im Besitz eines ungarischen und sowjetischen Durchreisevisums sein. Wie „Zeri i Populitt" berichtet, haben die Sowjetunion und Ungarn auch das Konsularabkommen mit Albanien gekündigt, das Albaniern bisher die Durchreise durch diese beiden Länder ohne Visa gestattete.

Außenminister in Paris

WASHINGTON, 10. Dezember (AP). Präsident Kennedy hat am Samstag mit Außenminister Rusk ein letztes Gespräch über die amerikanische Haltung bei der an diesem Montag in Paris beginnenden westlichen Konferenzserie geführt. Rusk, der am Sonntag in Paris ankam, wird an diesem Montag und Dienstag an der westlichen Außenministerkonferenz über Berlin und anschließend an der Jahrestagung des Nato-Ministerrats teilnehmen. Verteidigungsminister McNamara, der auch nach Paris kommt, wurde ebenfalls vom Präsidenten empfangen. Der britische Außenminister Home ist am Sonntagmittag zur Teilnahme an der Konferenz der westlichen Außenminister in Paris eingetroffen. Der deutsche Außenminister Schröder ist schon seit Samstag in Paris.

„Mit der deutschen Teilung abfinden"

BRÜSSEL, 10. Dezember (dpa). Der belgische Außenminister Spaak hat in Lüttich die Ansicht geäußert, daß man sich mit der deutschen Teilung abfinden müsse. Auf einer sozialistischen Parteiveranstaltung sagte er, auf dem Verhandlungswege sei bisher keine Lösung des Wiedervereinigungsproblems gefunden worden. Es sei angebracht, sich „von jetzt an mit der Situation abzufinden so wie sie ist". Etwas anderes sei dagegen die Berlin-Frage. Hier müsse möglichst bald durch Ost-West-Verhandlungen eine Lösung gefunden werden. „Wir teilen keineswegs die Meinung derjenigen, die behaupten, daß Berlin sie nicht interessiert." Wer diesen Standpunkt vertrete, trage zum Sieg des Kommunismus bei.

Kolumbien bricht mit Kuba

BOGOTA, 10. Dezember (AP). Kolumbien hat am Wochenende die diplomatischen Beziehungen zu Kuba abgebrochen. Die drastische Maßnahme wurde nur einen Tag nach heftigen Angriffen Fidel Castros auf Kolumbien und Panama verkündet, in denen er beide Staaten als „Komplicen des Imperialismus" bezeichnete und zum Abbruch der Beziehungen aufforderte.

Menzies gewinnt australische Wahlen

SYDNEY, 10. Dezember (dpa). Die Liberale Partei des 67 Jahre alten australischen Ministerpräsidenten Menzies hat bei den Wahlen am Wochenende Stimmen einbüßen müssen. Die endgültigen Wahlergebnisse liegen noch nicht vor. Es scheint jedoch sicher zu sein, daß die Liberalen und Agrarpartei trotz der Verluste ihre Mehrheit im Unterhaus behaupten konnten. Die in der Opposition stehende Labour-Partei hat aber acht oder neun Unterhaussitze gewonnen.

Im alten Abgeordnetenhaus besetzte die Liberale Partei 58 der 124 Sitze. Die mit ihr eine Koalitionsregierung bildende Agrarpartei verfügt über 19 Sitze, die Labour-Partei über 45. Dem Unterhaus gehören ferner zwei Vertreter Canberras und des Nordterritoriums an, die jedoch nicht stimmberechtigt sind. Im alten Senat hatten die beiden Regierungsparteien 32 der 60 Sitze, und die Labour-Opposition besetzte 28. Davon gehörten 26 der Labour Party und zwei der von ihr 1954 abgespaltenen Demokratischen Labour Party.

Indien protestiert in Pankow

NEU-DELHI, 10. Dezember (AP). Die indische Regierung hat nach einer Mitteilung des indischen Ministers für Erdölgewinnung und Bergbau, Malaviya, die Sowjetzonen-Behörden ersucht, die Veröffentlichung und den Verkauf falscher chinesischer Landkarten zu verhindern. Die Karten zeigen nach indischer Auffassung große Teile Indiens als chinesisches Territorium. Ferner sind Bhutan und Sikkim als unabhängige Staaten eingezeichnet.

Bundeswehrmitarbeiter verhaftet

KARLSRUHE, 10. Dezember (UPI). Zwei Mitarbeiter von Bundeswehrdienststellen in Hannover und Bonn sind unter Spionageverdacht verhaftet worden. Dies bestätigte die Bundesanwaltschaft Karlsruhe am Sonntagabend. Der 46 Jahre alte Oberregierungsrat Peter Fuhrmann aus Hannover wurde unter dem dringenden Verdacht des Landesverrats in Untersuchungshaft genommen. Er war zuletzt bei einer Bundeswehrdienststelle in Hannover beschäftigt. Ebenfalls wurde ein 49 Jahre alter Oberst der Bundeswehr aus Bonn unter dem dringenden Verdacht der Preisgabe von Staatsgeheimnissen festgenommen. Dies bestätigte die Pressestelle des Bundesgerichtshofes.

Bruch

J. T. Die Sowjetregierung hat ihren Botschafter Schikin aus der albanischen Hauptstadt Tirana abberufen, sämtliche Angehörigen der dortigen Mission samt Handelsvertretung zurückbeordert und die Heimreise des albanischen Botschaftspersonals aus Moskau verlangt. Mit anderen Worten: Die Sowjetrussen haben die albanische Vertretung aus Moskau hinausgeworfen. Man weiß nicht recht, ob damit auch offiziell die diplomatischen Beziehungen zwischen der Sowjetunion und Albanien schon abgebrochen sind oder ob sich die Sowjetregierung diese Form der Ausstoßung der albanischen Häretiker, die sich ihrerseits mit viel Wortaufwand als die „Rechtgläubigen" gebärden, noch als gesteigerten Ausdruck ihres Abscheus vorbehält. Faktisch macht das nun keinen großen Unterschied mehr. Tatsache ist, daß der Streit zwischen der großen Sowjetunion und dem ganz kleinen „Brudervolk" der Skipetaren eine Gereiztheit, eine Schärfe und eine Leidenschaft erreicht hat, die sich kaum noch steigern lassen. Ein solcher Haß entwickelt sich meist nur in derselben Familie.

Die Entzweiung ist allenfalls vergleichbar mit jener ursprünglichen Ausstoßung Jugoslawiens aus dem „sozialistischen Lager", die inzwischen zu einem Teil korrigiert und durch ein Spiel mit verteilten Rollen verdeckt worden ist. Chruschtschow hat schon lange den albanischen Parteichef Enver Hodscha, den er des „Stalinismus" zeiht, unter kräftigen und wachsenden Druck gesetzt. Der Druck hat aber in Albanien bisher so wenig gefruchtet wie seinerzeit in Jugoslawien. Das ist insofern noch erstaunlicher, als das kleine Albanien sich in seiner Nackensteifheit „nur" auf das ferne, die „Entstalinisierung" ebenfalls verachtende China stützen kann, während Jugoslawien damals mit großzügig gewährten Dollarhilfen auf den Beinen gehalten wurde. Ueberdies weiß sich Albanien von zwei wenig freundlich gesinnten Nachbarn umgeben, eben von Jugoslawien, das von Albanien in den letzten Jahren manchmal bis aufs Blut gereizt worden ist, und von Griechenland, das mit Tirana eine alte Rechnung wegen der griechisch sprechenden Epiroten in Südalbanien zu begleichen hat.

Enver Hodscha und seine Freunde trauen sich also einiges zu; und der albanische Parteichef gilt durchaus nicht als Dummkopf; er ist ein im Westen gebildeter Mann, der weiß, um was es geht und wie leicht er in dem gefährlichen Spiel Kopf und Kragen verlieren kann. In Moskau wird man die Hoffnung schwerlich schon aufgegeben haben, mit dem verschärften Druck die Parteigänger Chruschtschows zum tödlichen Schlag gegen Enver Hodscha in Gang zu bringen. Ob das gelingt, muß man abwarten. Wie beengt der Manövrierraum der albanischen Parteiführung ist, das ist in dieser Zeitung aus deren Redaktion ein mit der Kenntnis des kommunistischen Ostens ausgestattetes Redaktionsmitglied Albanien in diesem Jahr des längeren in Augenschein nehmen konnte, vor Wochen eingehend dargelegt worden. Vielleicht hat man sich jedoch auch daran zu erinnern, daß Albaner in politischen Intrigen und Händeln des Orients seit Jahrhunderten einige Meisterschaft gezeigt haben.

Die deutsch-französische Zwiesprache

Von Hans-Achim Weseloh

Die neue Begegnung zwischen Präsident de Gaulle und Bundeskanzler Adenauer in Paris mußte sich aus einem Vergleich der stark divergierenden Auffassungen in der Frage von Berlin-Verhandlungen ergeben; diese Meinungsverschiedenheiten waren einerseits aus dem Washingtoner Kommuniqué über die Begegnung zwischen Adenauer und Kennedy und andererseits aus der mit de Gaulle sorgfältig abgesprochenen Rede des französischen Außenministers Couve de Murville im französischen Senat deutlich geworden. Acht Stunden hat Bundeskanzler Adenauer am Samstag in Paris zugebracht, kaum die Hälfte davon war der intensiven politischen Aussprache gewidmet. Das Kommuniqué von fünfzehn Zeilen beschränkte sich zur Berlin-Frage auf die Feststellung, daß Übereinstimmung über die zu erreichenden Ziele und über die Notwendigkeit bestehe, die Solidarität zwischen den verbündeten Mächten aufrechtzuerhalten.

Soll man aus der Sparsamkeit des Satzes schließen, daß das Pariser Gespräch zwischen Bundeskanzler Adenauer und General de Gaulle trotz der auf beiden Seiten geäußerten Zufriedenheit und der einhellig verbürgten guten Atmosphäre ein Fehlschlag oder ein Mißerfolg gewesen ist? Man ist versucht, das anzunehmen, wenn man etwa vergleichsweise den Teil des Kommuniqués liest, der sich auf den politischen und wirtschaftlichen Zusammenschluß Europas bezieht und in dem mit Genugtuung verzeichnet wird, daß über die Gesamtheit der damit zusammenhängenden Fragen eine völlige Übereinstimmung besteht. Aber eine totale Übereinstimmung in der Frage des taktischen Vorgehens bei Berlin-Verhandlungen war zweifellos nicht zu erwarten. Wer gehofft hatte, daß der Kanzler den Staatspräsidenten in wenigen Stunden von der Notwendigkeit baldiger und auf Berlin beschränkter Ost-West-Verhandlungen überzeugen wollte oder könnte, der hatte sich von vorneherein verschätzt. Die Begegnung zwischen Adenauer und de Gaulle konnte nur eine von mehreren Begegnungen sein, die schließlich zu einer gemeinsamen Front des Westens auch in der Taktik von Ost-West-Verhandlungen führen sollen.

Wieweit die Argumente des Bundeskanzlers auf de Gaulle Eindruck gemacht haben oder wieweit die warnende Skepsis des Generals auf den Standpunkt des Kanzlers abgefärbt haben könnte, wird sich frühestens bei den Besprechungen der vier Außenminister zeigen, die in Paris jetzt am Montag und Dienstag das dornige Verhandlungsproblem aufgreifen wollen. Daß über die in der Berlin-Frage zu erreichenden Ziele Übereinstimmung besteht, gilt für die vier Westmächte gleichermaßen wie für Frankreich und die Bundesrepublik. Wichtiger aber als diese auch von der Nato oft bekräftigte Selbstverständlichkeit ist die jetzt erneut betonte Notwendigkeit, in der Berlin-Frage die Solidarität zwischen den Verbündeten aufrechtzuerhalten. Die Solidarität muß einen Alleingang eines oder mehrerer Verbündeter in Berlin-Verhandlungen — von Sondierungen ist dabei nicht die Rede — ausschalten. Einen solchen Alleingang hatte beispielsweise am Samstag die „New York Times" gefordert, falls Frankreich an seiner starren Ablehnung der anglo-amerikanischen Verhandlungsvorstellung festhalte. Und ein solches Auseinanderfallen der westlichen Solidarität in einem wichtigen Punkt der Auseinandersetzungen mit der Sowjetunion wäre zweifellos bedauerlich und vielleicht sogar verhängnisvoll. Die Rede Chruschtschows am Samstagvormittag, die in Paris wie eine Bombe einschlug, hat gezeigt, daß die Gültigkeit des anglo-amerikanischen Standpunktes stark von dem Eingehen Chruschtschows auf die Vorstellungen Washingtons und Londons bedingt ist, wofür aber gegenwärtig die Voraussetzungen fehlen.

Daß die Verhandlungen mit der Sowjetunion nur auf „vernünftigen Grundlagen" möglich sind, also nicht etwa über das Thema der „Freien Stadt West-Berlin" und über separate Friedensverträge mit beiden Teilen Deutschlands, darüber besteht im Westen absolute Einigkeit. Und gegenüber dieser Einigkeit treten die anderen Differenzen zurück, die im wesentlichen auf einer verschiedenartigen Einschätzung des Risikos von Verhandlungen beruhen. Frankreich sieht für baldige Besprechungen mit der Sowjetunion über das Berlin-Problem angesichts des Fehlens eines ausreichenden Verhandlungsspielraums einen fast sicheren Fehlschlag voraus, der eine noch schwierigere Situation schaffen würde als die gegenwärtig bestehende und wünscht als Voraussetzung für die wirkliche Verhandlung über Europa, Deutschland und Berlin eine Entspannung der Lage. Die Bundesrepublik aber zieht es im Einklang mit den Anglo-Amerikanern vor, zu verhandeln, damit die Sowjetregierung nicht ständig neuen Druck auf Berlin ausüben kann, was den Westen vielleicht schließlich zwänge, unter noch ungünstigeren Vorzeichen als jetzt an den Verhandlungstisch zu gehen.

Hier also steht Urteil gegen Urteil und Risiko gegen Risiko, und der Westen steht vor der schmerzlichen Erkenntnis, daß es nicht weniger riskant ist, jetzt auf Berlin-Gespräche zu drängen, falls sich ihre Möglichkeit durch Sondierungen herausstellen sollte, als bis zur Aufnahme von Verhandlungen auf eine Entspannung zu warten, die vielleicht überhaupt nicht kommt. Im Hintergrund des Abwägens der Möglichkeiten im westlichen Lager aber steht auch das Wissen darum, daß die Amerikaner als stärkster Bündnispartner ihrer Bevölkerung die Ehrlichkeit ihres Verhandlungswillens durch baldige Kontakte mit der Sowjetregierung beweisen wollen, um die verlangten Opfer für die gemeinsame Verteidigung zu rechtfertigen, und daß auf der anderen Seite die Franzosen eine Pause zur Beilegung des Algerienkonfliktes und ihrer inneren Schwierigkeiten brauchen, bis sie wieder als vollwertiger militärischer Faktor in der atlantischen Verteidigung eine Rolle spielen können.

Beide Seiten im westlichen Lager haben gute Gründe und gute Argumente und vielleicht auch Anlaß, ihre eigenen Meinungen gegenüber den anderen zäh zu verteidigen. Aber sie sollten dabei nicht vergessen, daß die Zeit drängt. Am 13. Dezember, dem Eröffnungstag der Diskussion des Atlantikrats über Berlin, wird es vier Monate her sein, seit Ulbricht mit der Errichtung der Sperrmauer begann, die den Status quo in Berlin schon zu einem „Status quo minus" gemacht hat.

ericht der »Frankfurter Allgemei-en« vom 11. Dezember 1961 über ie deutsch-französischen Bezie-ungen

Inder marschieren in Goa ein

18. Dezember. Der Einmarsch indischer Truppen in die portugiesischen Enklaven Daman, Diu und Goa beendet die 456jährige Kolonialherrschaft der Portugiesen an Indiens Westküste. Damit gefährdet der indische Premierminister Jawaharlal Nehru allerdings seinen Ruf als Politiker des Ausgleichs und der Gewaltlosigkeit, mit dem er Indien ein hohes Prestige in der Welt verschafft hatte.

Bei einer Pressekonferenz erklärt Nehru: »Die Portugiesen haben uns keine andere Wahl gelassen, und freudlos haben wir gegen Portugal zu den Waffen gegriffen. Ich hoffe, daß alles bald zu Ende ist und daß sich die Bevölkerung von Goa eines freien und friedlichen Lebens erfreuen wird. Wir haben immer erklärt, daß wir die Individualität und den Charakter Goas erhalten wollen, damit seine Bewohner nach eigenem Gutdünken leben können . . . Ich hoffe, daß die portugiesische Regierung auch in Angola begreifen wird, daß der alte Kolonialismus vorüber ist.«

Die portugiesische Regierung verlangt eine Sondersitzung des Weltsicherheitsrats, der noch am selben Tag zusammentritt, und klagt Indien der – nicht provozierten – militärischen Aggression an. Indien habe damit die Charta der Vereinten Nationen verletzt. Der indische Vertreter weist diesen Vorwurf damit zurück, daß Portugal bereits durch seinen Kolonialismus außerhalb der UNO-Charta stehe.

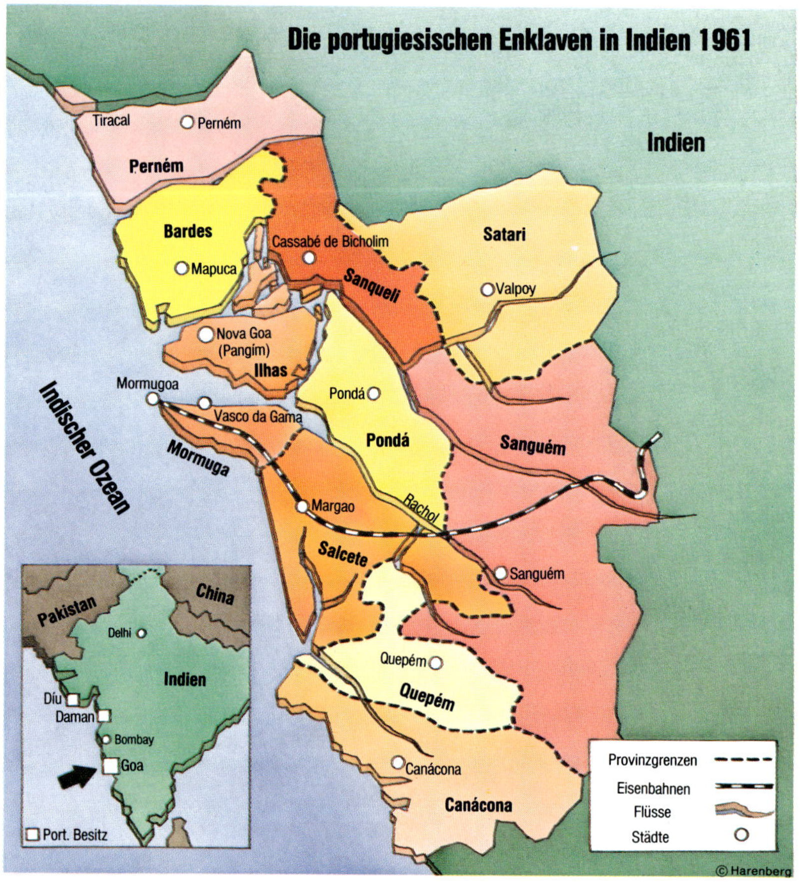

Während Portugal in dieser Frage von den USA und Indien von der UdSSR unterstützt wird, nimmt Großbritannien, das sowohl mit Indien durch das Commonwealth als auch mit Portugal durch acht Verträge verbündet ist, eine neutrale Stellung ein. Zwar werden im UNO-Sicherheitsrat zwei Resolutionen vorgelegt, doch scheitert die eine, in der die Gewaltanwendung Indiens verurteilt wird, an dem Veto der Sowjetunion, während die andere, die sich gegen Portugal richtet, nicht genügend Stimmen erhält.

Am 19. und 20. Dezember kapitulieren die portugiesischen Truppen in Indien.

Einheit portugiesischer Spezialtruppen nach der Vereidigung vor der Einschiffung in eine Überseeprovinz

Bereits 1955 versuchten unbewaffnete indische Nationalisten die Zugehörigkeit Goas zu Indien zu demonstrieren

Einigung im Kongo nur auf dem Papier

20. Dezember. Moise Tschombé, Präsident der Kongo-Provinz Katanga, und der kongolesische Ministerpräsident Cyrille Adoula treffen in dem UN-Stützpunkt Kitona an der Kongomündung zusammen. Tschombé verpflichtet sich während der Konferenz, die bis zum 21. Dezember dauert, die Zentralregierung des Kongo anzuerkennen:

- ▷ »Der Präsident der Provinz Katanga erklärt sich mit der Anwendung des Grundgesetzes vom 19. Mai 1960 einverstanden
- ▷ Er erkennt die unteilbare Einheit des Kongo an sowie den Präsidenten Joseph Kasawubu als Staatsoberhaupt
- ▷ Desgleichen erkennt er die Autorität der Zentralregierung für die gesamte Regierung an
- ▷ Er stimmt einer Teilnahme von Vertretern der Katanga-Provinz an einer Regierungskommission zur Ausarbeitung einer neuen Verfassung zu
- ▷ Er erklärt sich bereit, den Abgeordneten und Senatoren der Provinz Katanga die Beteiligung an den Sitzungen im Parlament von Léopoldville (Kinshasa) zu ermöglichen
- ▷ Er stimmt der Unterstellung der Katanga-Gendarmerie unter die Autorität Kasawubus zu«

Am 21. Dezember lehnt das Parlament in Katanga das Abkommen jedoch ab.

Die Zusammenkunft in Kitona war zustande gekommen, nachdem die UN-Truppen in Katanga die Oberhand gewonnen hatten (→ 17.11./S. 188). Die Aktion der UNO löste jedoch zwischen Großbritannien und Frankreich einerseits und den USA andererseits Spannungen aus. Großbritannien und Frankreich, die wirtschaftlich stark an Katanga interessiert sind, versuchen, die militärischen Aktionen der UNO zu stoppen oder zumindest zu behindern, während die USA sich hinter die UNO stellen. Die wichtigste Handelsgesellschaft Katangas ist die Union Minière du Haut-Katanga, deren Einkünfte 80% der Einnahmen Katangas ausmachen. 14,5% der Anteile befinden sich in den Händen des britischen Unternehmens Tanganyika Concession Ltd., ein weiterer Anteil ist im Besitz der British South Africa Company.

Tanganjika unabhängige Monarchie im Commonwealth

9. Dezember. *In Anwesenheit des Ministerpräsidenten Julius Nyerere (links im Bild mit seiner Frau) und von Prinz Philipp, dem Gemahl der britischen Königin Elisabeth II., wird das Ende der 43jährigen britischen Herrschaft über Tanganjika (Tansania) gefeiert.*
Gäste aus 65 Ländern verfolgen die feierliche Zeremonie der Unabhängigkeitsfeier. Tanganjika, das britisches UNO-Treuhandgebiet war, gehörte als Kolonie Deutsch-Afrika zum früheren Deutschen Reich. *Der 29. afrikanische Staat mit seinen rund neun Millionen Einwohnern ist der größte Staat Ostafrikas. Er bleibt Mitglied des Commonwealth und erhält von Großbritannien eine Starthilfe in Höhe von rund 150 Millionen DM. Tanganjikas Staatsoberhaupt ist die britische Königin Elisabeth II.*
Bereits acht Tage später, am 17. Dezember, wird Tanganjika als 104. Mitgliedsstaat in die Vereinten Nationen aufgenommen.

Albanien sucht nach eigenem Weg

10. Dezember. Die Angriffe zwischen dem albanischen Parteichef Enver Hodscha und seinem sowjetischen Kollegen Nikita Chruschtschow führen zum Abbruch der diplomatischen Beziehungen zwischen der Sowjetunion und dem Balkanland. Albanien hatte sich stets gegen den Kurs der Entstalinisierung und der friedlichen Koexistenz gewandt, den Chruschtschow verfolgt. Albanien fürchtet eine politische Annäherung zwischen Jugoslawien und der UdSSR, die zur Annexion Albaniens durch Jugoslawien führen könne. Bereits im Frühjahr hatte die Sowjetunion die Wirtschaftshilfe für Albanien gesperrt. Diese Situation nutzte China, das sich ebenfalls im ideologischen Gegensatz zur UdSSR befindet, aus und zog Albanien durch Gewährung eines Kredites und Entsendung von Technikern auf seine Seite.

Enver Hodscha

P. Togliatti

Maurice Thorez

In seiner Kontroverse mit der UdSSR versucht China, auch in Europa Verbündete zu gewinnen. Doch die beiden größten kommunistischen Parteien im Westen, die Parteien Italiens und Frankreichs, bleiben in diesem Konflikt auf der Seite Moskaus.
Allerdings fordert der Führer der italienischen Kommunisten, Palmiro Togliatti, eine stärkere Autonomie der kommunistischen Parteien, während Maurice Thorez für die französische KP das Festhalten an der Solidarität der nationalen Parteien mit der Sowjetunion verlangt.

US-Militärhilfe in Saigon verstärkt

12. Dezember. Mit der Entsendung von zwei Hubschrauberkompanien mit 36 Hubschraubern und 370 Soldaten verstärken die Vereinigten Staaten ihr Hilfsprogramm für die diktatorische Regierung in Südvietnam (→ 13. 6./S. 115). In den nächsten Tagen werden noch zwei Schiffe mit militärischen Ausrüstungsgegenständen im Hafen von Saigon erwartet.
Entsprechend der Empfehlungen des US-Generals Maxwell Taylor, der sich im Oktober in Südvietnam aufgehalten hat, soll die Ausbildung der Südvietnamesen im Kampf gegen die Guerillatätigkeit der Befreiungsbewegungen wesentlich intensiviert werden. Die USA hoffen, daß auch andere Nationen das Regime Ngo Dinh Diems unterstützen.

Krise wegen Kuwait

27. Dezember. Nachdem während der Weihnachtstage bekannt geworden ist, daß der Irak an der Grenze zu Kuwait wieder Truppen zusammengezogen hat, setzt die britische Regierung sechs Kriegsschiffe, die in Mombasa stationiert sind, in das Gebiet des Persischen Golfs in Marsch. Einen Tag später protestiert der Irak beim UNO-Sicherheitsrat in New York.

Harold Macmillan, der britische Premierminister, mit seiner Frau

Bereits im Juni hatte der irakische Ministerpräsident Abd Al Karim Kasim das wegen seiner reichen Ölvorkommen bedeutsame Scheichtum Kuwait als einen Teil des Irak bezeichnet und Truppen an die Grenze nach Kuwait entsandt.
Auf Ersuchen des Herrschers von Kuwait, Scheich Abdallah As Salim As Sabah, waren britische Truppeneinheiten in das Emirat Kuwait eingerückt, die später durch ein gemischtes Kontingent aus verschiedenen arabischen Staaten ersetzt wurden (→ 1. 7./S. 129).

Das Todesurteil für Eichmann

15. Dezember. Der am → 11. April (→ S. 76) in Jerusalem begonnene Prozeß gegen den ehemaligen SS-Obersturmbannführer Adolf Eichmann endet mit der Verkündung des Todesurteils wegen Verbrechen gegen das jüdische Volk, Verbrechen gegen die Menschheit und Kriegsverbrechen.

In der Urteilsbegründung sprechen die Richter dem Verurteilten jedes Alibi ab. Eichmann habe die Befehle, Millionen von Juden ihrem sicheren Tod auszuliefern, nicht nur entgegengenommen und befolgt, sondern sie auch mit unermüdlichem Eifer jahrelang ausgeführt. Eichmanns Teilnahme an der Ausrottung, seine Mittäter- und Mitwisserschaft habe ihn zu einem Hauptschuldigen gemacht, der viel größere Schuld auf sich geladen habe als diejenigen, die den Judenmord tatsächlich ausgeführt hätten. Für das Verbrechen des Völkermordes und um andere in der Zukunft vor gewalttätigen Akten des Antisemitismus abzuschrecken, müsse die Höchststrafe verhängt werden.

Wörtlich heißt es: »Er verschloß seine Ohren der Stimme des Gewissens, wie es das Regime von ihm verlangte, dem er ganz ergeben war und dem er sich mit Leib und Seele auslieferte. Er sank immer tiefer, bis er mit der ›Endlösung‹ die unterste der Höllen erreichte.«

Bereits am 11. Dezember war der Schuldspruch gefällt worden, den Eichmann jedoch nicht anerkannte. Seine Schuld bestehe nur in seinem Gehorsam und in seiner Respektierung der militärischen Disziplin, erklärte Eichmann am 13. Dezember. Eichmann will durch seinen Verteidiger, dem Kölner Rechtsanwalt Robert Servatius, beim höchsten israelischen Gericht Berufung gegen das Todesurteil einlegen.

Nach dem Todesurteil entstehen in Israel heftige Diskussionen über das weitere Schicksal Eichmanns. Bisher ist die Todesstrafe, die nur wegen nationalsozialistischer Verbrechen verhängt werden kann, in Israel noch nie vollstreckt worden. Um in diesem Dilemma keine Entscheidung treffen zu müssen, hofft die israelische Regierung, daß Polen, Ungarn, die Bundesrepublik Deutschland oder ein anderes der Länder, in denen Eichmann seine Verbrechen begangen hat, einen Auslieferungsantrag stellt.

Das Todesurteil wird jedoch am 31. Mai 1962 in Ramla/Israel nach der Zurückweisung der Berufung vollstreckt.

Der ehemalige SS-Obersturmbannführer Adolf Eichmann vor dem Gericht in Jerusalem erkennt den Schuldspruch des israelischen Gerichts nicht an

»Es gibt kein Urteil, was dem Verbrechen adäquat ist«

Das Todesurteil gegen den ehemaligen SS-Obersturmbannführer Adolf Eichmann löst schon kurz nach der Verkündung durch das Gericht in Jerusalem viele Kommentare im In- und Ausland aus.

Bundespressechef Felix von Ekkardt sagt in Bonn, das Urteil könne niemanden erstaunen. Es sei zu erwarten gewesen, daß Adolf Eichmann der ihm zur Last gelegten Verbrechen überführt werde. Ein Berufungsantrag der Verteidigung könne nach Ansicht des Staatssekretärs Felix von Ekkardt keine neuen Tatbestände ergeben.

Der Pressedienst der CDU/CSU schreibt, niemand in der Bundesrepublik Deutschland, der sich »durch die schrecklichen Jahre des Unrechts hindurch ein gesundes und unverdorbenes Empfinden für Schuld und Sühne erhalten hat«, werde das Todesurteil in Jerusalem als ungerecht empfinden. Alle den deutschen Staat tragenden Kräfte bürgten dafür, »daß es in Deutschland keine Eichmänner mehr gibt und nie mehr geben wird«.

Bundestagspräsident Eugen Gerstenmaier erklärt, das Ausmaß der Untaten Eichmanns sei so unermeßlich, daß in einem Staat wie Israel, wo die Todesstrafe gesetzlich zulässig sei, auch nur ein Todesurteil habe verhängt werden können. Er bejahe diese Strafe gegen Eichmann auch auf die Gefahr hin, daß er deswegen von den potentiellen Gegnern der Todesstrafe angefeindet werde.

Der evangelische Theologe Heinrich Grüber, der als Zeuge vor dem Gericht in Jerusalem ausgesagt hat, erklärt: »Es gibt kein Urteil, was dem Verbrechen Eichmanns adäquat wäre ... Ich bin ein grundsätzlicher Gegner der Todesstrafe, kann aber die Menschen verstehen, die in diesem Sonderfall die Todesstrafe für richtig halten.«

Die FDP meint, daß der millionenfache Mord so oder so ungesühnt bleibe. Auch mit der Vollstreckung des Todesurteils würde nichts geschehen, um auch nur annähernd die Untaten zu sühnen, welche an den Juden begangen worden sind.

Schuldspruch für Eichmann

11. Dezember. Im Prozeß gegen den ehemaligen SS-Obersturmbannführer Adolf Eichmann verkünden die Richter die Schuldsprüche:

- ▷ Eichmann ist schuldig in den Anklagepunkten eins bis vier (Verbrechen gegen das jüdische Volk). Er wurde 1941 mit der Ausführung des Planes zur Ausrottung der Juden beauftragt und zeigte sich dabei besonders aktiv
- ▷ In den Punkten fünf bis sieben (Verbrechen gegen die Menschheit) ist Eichmann ebenfalls schuldig, denn es wurde ihm die Beteiligung an der Ermordung, Aushungerung und Deportation von Zivilisten nachgewiesen
- ▷ Da die Taten nach Punkt eins bis sieben in Gebieten begangen wurden, die von deutschen Truppen besetzt waren, hat sich Eichmann auch des Kriegsverbrechens schuldig gemacht
- ▷ Der Schuldspruch in Punkt neun bezieht sich auf die Verantwortung Eichmanns für die Zwangsdeportation von 500 000 Polen
- ▷ Eichmann ist in Punkt zehn weiterer Verbrechen gegen die Menschheit für schuldig befunden worden, weil er Zwang anwendete, um den Abtransport von 40 000 Slowenen aus Jugoslawien zu ermöglichen
- ▷ In Punkt elf werden Eichmann Verbrechen gegen die Menschheit zur Last gelegt, weil er die Deportation von Zigeunern und ihre Verbringung in die Vernichtungslager Auschwitz und Chelmno veranlaßte
- ▷ Eichmann ist in Punkt zwölf für schuldig befunden worden, weil er die Verantwortung für den Tod von 93 Kindern des tschechoslowakischen Dorfes Lidice trägt
- ▷ In Punkt 13 bis 15 ist Eichmann schuldig, weil er als Mitglied der SS, des SD und der Gestapo feindlichen und verbrecherischen Organisationen angehört hat.

Österreich will die EWG-Assoziierung

15. Dezember. Die drei neutralen Mitgliedsstaaten der Europäischen Freihandelsassoziation (EFTA) – Schweden, Schweiz und Österreich – übermitteln dem Ministerrat der Europäischen Wirtschaftsgemeinschaft (EWG) einen Antrag auf Assoziierung.

Alle drei Staaten wollen zu einer wirtschaftlichen Übereinkunft mit der EWG kommen; die politischen Ziele der Gemeinschaft bzw. ihre enge politische Zusammenarbeit vor dem Hintergrund des Nordatlantischen Verteidigungspakts (NATO) sind mit der Neutralität der drei Staaten nicht vereinbar.

Die Sowjetunion hatte am 1. Dezember durch die Parteizeitung »Prawda« der österreichischen Regierung eine Warnung vor dem EWG-Beitritt zukommen lassen, die am 12. Dezember durch eine offizielle Note der Regierung in Moskau bekräftigt wurde. Die »Prawda« schrieb, daß keine Manöver und Versicherungen verhüllen könnten, daß sich eine Teilnahme Österreichs an dem Gemeinsamen Markt zu einem wirtschaftlichen und politischen Bündnis mit der Bundesrepublik gestalten werde; ein solches Bündnis sei durch den Staatsvertrag mit Österreich von 1955 untersagt.

Hierzu erklärte der österreichische Außenminister Bruno Kreisky am 9. Dezember, daß Österreich seine Neutralität nicht verletzen wolle. Es sei jedoch ausschließlich Sache Österreichs, die Neutralitätspolitik zu definieren.

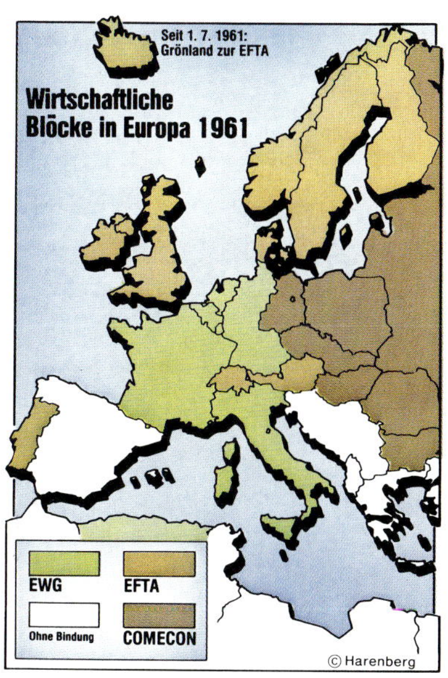

Zwar kann die internationale Konferenz, die in Genf tagt, zu einer Einigung über eine Neutralitätserklärung für Laos kommen, die Auseinandersetzungen in dem hinterindischen Königreich werden jedoch fortgesetzt

Laoskonferenz einigt sich in Genf

18. Dezember. Die in Genf tagende internationale Laoskonferenz, auf der die Delegierten aus 14 Staaten über einen neutralen Status des indochinesischen Königreichs beraten, kommt zu einer Einigung über einen Entwurf für eine Neutralitätserklärung. Die Vertreter der drei Bürgerkriegsparteien in Laos selbst kommen dagegen zu keiner Übereinstimmung.

Die Genfer Konferenz hatte sich bereits am 4. Dezember über die Aufgaben und Befugnisse der vorgesehenen internationalen Kontrollkommission geeinigt. So wurde festgelegt, daß Großbritannien und die UdSSR die Einhaltung der Neutralität überwachen. Jede Mitgliedsdelegation der aus Vertretern Kanadas, Indiens und Polens gebildeten Kontrollkommission soll ein Vetorecht besitzen. Die Kontrollkommission kann Ausschüsse an jeden Ort des Landes schicken. Die laotische Regierung kann sich der Unterstützung der Kommission bedienen. Die Großmächte dürfen laotischen Boden weder zur Einmischung in die inneren Angelegenheiten von Laos noch anderer Staaten benutzen.

Am 11. Dezember einigte sich die Konferenz außerdem auf einen Zeitplan für den Abzug aller ausländischen Truppen aus Laos. Binnen 75 Tagen soll der in drei Phasen geplante Abzug abgeschlossen sein. Für die französischen Truppen wurde eine Sonderregelung getroffen.

Während in Genf die Politiker zu einer Einigung kommen, ist die Situation im Lande trotz des Treffens der drei gegnerischen laotischen Prinzen am → 8. Oktober (S. 175) unklar. Bun Um, Suvannavong und Suvanna Phuma hatten sich zwar auf die Bildung einer Koalitionsregierung unter Suvanna Phuma geeinigt, doch wurde diese Regierung bislang nicht gebildet.

Am 18. Dezember richten die beiden Kovorsitzenden der Laos-Konferenz in Genf einen Appell an die drei Laos-Prinzen, in dem sie zur Bildung einer Koalitionsregierung und zur Entsendung einer Delegation nach Genf aufgefordert werden. Diese Delegation soll die Neutralitätserklärung mit unterzeichnen.

Die Zusammenkünfte der drei Prinzen am 14. und vom 27. bis 29. Dezember verlaufen ergebnislos, da der rechtsgerichtete Bun Um am 27. Dezember die Vereinbarungen vom 8. Oktober für überholt hält.

Zahlreiche Zivilisten flüchten, nur mit dem notwendigsten Gepäck, an Bord von Militärmaschinen aus den unruhigen Gebieten im Norden von Laos

Bundeswehrsoldaten bei der feierlichen Vereidigung, der Wehrdienst beträgt seit dem 1. Juli 1961 18 Monate

Wehrdienst dauert 18 Monate

8. Dezember. Die Bundesregierung beschließt auf einer Sondersitzung eine Novelle zum Wehrpflichtgesetz, wonach der Grundwehrdienst von bislang zwölf Monaten auf 18 Monate verlängert wird. Das Gesetz wird am 22. Februar 1962 mit großer Mehrheit im Bundestag endgültig verabschiedet. Es gilt bereits für die Rekruten, die am 1. Juli 1961 den Wehrdienst begonnen haben.

Nach Mitteilung von Bundesverteidigungsminister Franz Josef Strauß (CSU) wird es durch diese Maßnahme möglich, die von der Nordatlantischen Verteidigungsorganisation (NATO) geforderten zwölf Divisionen bis Juni 1963 aufzustellen.

Trotz der Verlängerung bleibt die Wehrdienstzeit in der Bundesrepublik noch hinter den Bedingungen der meisten NATO-Bündnispartner zurück, wo die Dienstpflicht zwischen 18 und 30 Monaten beträgt. So beläuft sie sich in den USA, den Niederlanden und der Türkei auf 24 Monate, in Frankreich auf 28, in Griechenland entsprechend der Waffengattung auf 24 bis 30 Monate. Bei den Staaten des Warschauer Pakts liegt sie zwischen 24 und 36 Monaten.

Neben der Verlängerung des Grundwehrdienstes bringt die Gesetzesnovelle eine Verbesserung der Besoldung und des Entlassungsgeldes.

Beamte fordern Weihnachtsgeld

12. Dezember. Die aktiven Beamten, Richter und Soldaten des Bundes werden nach einem Beschluß des Bundeskabinetts einen Weihnachtsvorschuß erhalten, der mit den späteren Bezügen verrechnet werden soll. Der Deutsche Beamtenbund und der Deutsche Gewerkschaftsbund (DGB) fordern dagegen ein gesetzliches Weihnachtsgeld.

Der von der Regierung beschlossene Vorschuß wird noch vor Weihnachten ausgezahlt und beträgt für Ledige 80 DM, 100 DM für Verheiratete und 20 DM für jedes Kind. Empfänger von Versorgungsbezügen sind von der Vorschußzahlung ausgenommen.

Die Zahlung eines regulären Weihnachtsgeldes, wie es bei rund 84% der Arbeiter und Angestellten üblich ist, wurde von Bund und Ländern bislang damit abgelehnt, daß ein solches Weihnachtsgeld dem Wesen und den Grundsätzen des Berufsbeamtentums zuwiderlaufe.

Im Rahmen einer Novelle des Bundesbesoldungsgesetzes von 1957, die im Frühjahr 1962 erfolgen soll, fordert der im DGB-Vorstand für Beamtenfragen zuständige Gewerkschaftssekretär Waldemar Reuter sowohl die Zahlung eines Weihnachtsgeldes wie auch ein 13. Monatsgehalt. Durch eine Neuordnung der inneren Struktur der Besoldungstabelle für Beamte sollen die Gehälter des unteren und mittleren Dienstes aufgebessert werden.

Rut und Willy Brandt entzünden in der Weihnachtszeit an ihrem Fenster Kerzen, um die Bevölkerung in der DDR und in Berlin (Ost) zu grüßen

Kerzen brennen für die Einheit

5. Dezember. Nach Angaben des Kuratoriums Unteilbares Deutschland in Bonn hat der Appell zur Beteiligung an den Aktionen »Licht an die Mauer« und »Kerzen in die Fenster« ein weltweites Echo ausgelöst. Beide Aktionen des Kuratoriums sollen die Verbundenheit mit den Menschen in der DDR und Berlin (Ost) deutlich machen. Nach Angaben des Kuratoriums sind bisher 150 000 DM aus dem In- und Ausland für die Aktion gespendet worden. An der Aktion beteiligen sich u. a. Spender aus der Schweiz, den Vereinigten Staaten und Lateinamerika.

Gewerkschaftssekretär Waldemar Reuter, für Beamte zuständig

Die Wachstumsrate wird kleiner

Die Arbeitsgemeinschaft der sechs wirtschafts - wissenschaftlichen Forschungsinstitute in der Bundesrepublik Deutschland (in Berlin, Braunschweig, Essen, Hamburg, Kiel und München) kann sich in diesem Jahr auf keine einheitliche Prognose für das nächste Jahr einigen.
Allgemein wird mit einer Dämpfung des bisherigen wirtschaftlichen Aufschwungs gerechnet. Im ersten Halbjahr des nächsten Jahres wird nach Auffassung der Arbeitsgemeinschaft jedoch kein Produktionsrückgang zu verzeichnen sein.
Die weitere wirtschaftliche Entwicklung wird jedoch von den sechs Instituten sehr unterschiedlich beurteilt. Von dem Essener und Münchner Institut wird die Wachstumsrate des realen Bruttosozialprodukts (des Werts aller Güter, die in der Bundesrepublik produziert werden, incl. aller Investitionen) auf etwa 4% geschätzt. Die Berliner dagegen rechnen mit stärkeren Wachstumsverlusten, die sogar zur Stagnation oder dem Rückgang der Produktion in einzelnen Industriezweigen führen könnten.
Nach den Feststellungen des Münchner Instituts für Wirtschaftsforschung (Ifo) rechnen die Produzenten und Händler mit einer zunehmenden Verlagerung der Nachfrage von den Investitions- zu den Konsumgütern. Besonders die Zukunft der technischen Gebrauchsgüter wird optimistisch eingeschätzt.
Das Ifo-Institut befragte auch die am Ifo-Konjunkturtest teilnehmenden Unternehmen, inwieweit sich die Europäische Wirtschaftsgemeinschaft (EWG) auf die Wettbewerbssituation ausgewirkt habe. Der größte Teil der befragten Unternehmer hält die Konkurrenzlage sowohl auf dem heimischen Markt, als auch in den EWG-Ländern und auf den übrigen Märkten für unverändert.
Die Lage wird von allen Instituten als schwer vorhersagbar bezeichnet. Die Forschungsanstalten in Hamburg, Kiel und Braunschweig enthalten sich aus diesem Grund langfristiger Prognosen.
Die Konjunktureinschätzung wird auch von Fritz Berg, dem Präsidenten des Bundesverbandes der Deutschen Industrie, geteilt, der von einer »stark gespaltenen Konjunktur« spricht.

Wirtschaftsminister L. Erhard

Farbwerke Hoechst, die chemische Industrie ist weiter im Aufschwung

Bundesverkehrsminister Hans-Christoph Seebohm bei der Eröffnung eines Autobahnteilstücks

Vier Millionen in der Flensburger Kartei

23. Dezember. Nach einer Mitteilung des Bundesverkehrsamtes werden bis Ende 1961 vier Millionen Menschen wegen Verkehrsdelikten in der Flensburger Verkehrssünderkartei registriert sein.
Die zentrale Kartei in Flensburg wurde 1956 eingerichtet. Verkehrsteilnehmer, die wiederholt gegen die Straßenverkehrsordnung verstoßen, werden mit Hilfe eines Punktesystems registriert. Viele Eintragungen werden nach zwei Jahren gelöscht, sofern keine neuen Vergehen gemeldet worden sind.

Mainz beschließt Schulgeldfreiheit

19. Dezember. Das Land Rheinland-Pfalz schafft als letztes Bundesland die Schulgeldzahlung ab.
Der Landtag in Mainz verabschiedet ein entsprechendes Gesetz zur Schulgeldfreiheit gegen die Stimmen der Freien Demokraten und einiger Abgeordneter der CDU.
Die Sozialdemokraten begrüßen die Schulgeldfreiheit als einen Schritt zu mehr Chancengleichheit.
Entsprechend den Wünschen der SPD sollte die Gebührenfreiheit auch auf die Hochschulen von Rheinland-Pfalz ausgedehnt werden. Dieser Zusatzantrag wird jedoch abgelehnt.

Die feierliche Nobelpreisverleihung am 10. Dezember in Stockholm, links vom Redner die fünf Preisträger

Die Nobelpreise des Jahres 1961

10. Dezember. In Stockholm und Oslo werden die diesjährigen Nobelpreisträger geehrt.
In Stockholm werden die Preise für Physik, Chemie, Medizin und Literatur verliehen.
Den Physikpreis erhält der deutsche Forscher Rudolf Mößbauer für seine Forschungen über die Resonanzabsorption der Gamma-Strahlung und seine damit verbundene Entdeckung, die den Namen »Mößbauer-Effekt« trägt, gemeinsam mit dem US-Amerikaner Rudolf Hofstadter, der für seine Studien über elektrische Schwingungen im Atomkern und für die dabei erzielten Entdeckungen über die Struktur der Nukleonen geehrt wird.
Den Chemiepreis erhält der US-amerikanische Forscher Melvin Calvin für seine Forschungen über die Kohlensäure-Assimilation der Pflanzen.
Für seine Entdeckungen im physikalischen Mechanismus der Erregungen in der Schnecke des Ohres erhält der Mediziner Georg von Békésy (USA) den Nobelpreis für Medizin.
Der Jugoslawe Ivo Andrić wird mit dem Nobelpreis für Literatur geehrt, für die epische Kraft, mit der er Motive und Schicksale aus der Geschichte seines Landes gestaltet.
Den Friedensnobelpreis, der in der norwegischen Hauptstadt Oslo verliehen wird, erhält postum der schwedische Politiker Dag Hammarskjöld, der während einer diplomatischen Mission im Kongo mit dem Flugzeug abgestürzt ist (→ 18. 9./S. 162).
Gleichzeitig wird in Oslo auch der Friedensnobelpreis für das Jahr 1960 verliehen. Albert Luthuli, Präsident des 1960 verbotenen African National Congress (ANC), der Organisation der schwarzen Bevölkerung Südafrikas, wird für seinen friedlichen Kampf gegen die Rassentrennungspolitik Südafrikas ausgezeichnet.
Der 32jährige Münchner Physiker Rudolf Mößbauer ist der 52. deutsche Nobelpreisträger.

Henry Miller und die Sexualität

26. Dezember. Der in Kalifornien lebende US-amerikanische Schriftsteller Henry Miller, dessen Bücher erst seit 1961 in den Vereinigten Staaten erscheinen dürfen, wird 70 Jahre alt.
Miller wurde 1891 in New York geboren. Zwischen 1930 und 1940 hielt er sich in Europa, vor allem in Paris auf. Hier erschienen seine ersten Werke, so »Wendekreis des Krebses« (1934), »Schwarzer Frühling« (1934) und »Wendekreis des Steinbocks« (1939).
Miller vertritt in seinen Werken einen extremen Individualismus. Mit seinen stark autobiographischen Romanen und Erzählungen, in denen er die Sexualität verherrlicht, will Miller gegen das traditionelle bürgerlich-puritanische Wertesystem der US-Gesellschaft ankämpfen. Seine Sprache reicht vom derben Realismus bis zur Formulierung surrealistischer Visionen.
Der Schriftsteller Lawrence Durrell, schreibt über Miller: »Er hat versucht, die widerstreitenden Elemente im geheimen Leben des Menschen zu bejahen und zu verwandeln, und sein Werk ist ein Lagebericht aus jeder Etappe dieser Schlacht. Das ist in Wirklichkeit die wichtigste Botschaft Millers.«
In den USA waren die Werke Millers bis 1961 wegen Pornographie verboten. Im Sommer 1961 erschien im Verlag Grove Press der bereits 1934 in Paris veröffentlichte Roman »Wendekreis des Krebses« in einer Auflage von 40 000 Exemplaren, die bald verkauft waren.

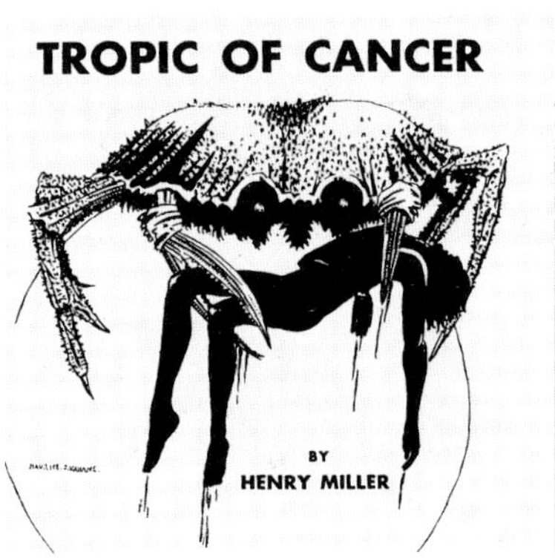

»Wendekreis des Krebses«, Titel der Erstausgabe

Drei Porträts des US-amerikanischen Schriftstellers Henry Miller

Zwischen Satire und Predigten

23. Dezember. Im Düsseldorfer Schauspielhaus wird das erste Bühnenstück des deutschen Romanciers Heinrich Böll, »Ein Schluck Erde«, uraufgeführt.

Böll versucht in diesem Stück satirische Zeitkritik zu verbinden mit einem Appell zu Menschlichkeit, Einfachheit und Naivität. Während ihm die satirischen, grotesken Passagen gelingen, wirkt das Stück im übrigen zu konstruiert und – immer wenn Böll seine Mahnung zu mehr Menschlichkeit in den Vordergrund stellt – allegorisch überfrachtet.

Heinrich Böll

Das Stück spielt in der Zukunft: Die Erde ist infolge eines Atomkriegs vom Wasser überflutet. Auf einer Insel leben die Nachkommen der Überlebenden in einer streng hierarchisch geordneten Gesellschaft. Die Herrschenden, die »Wisser«, die in goldene Overalls gekleidet sind, ordnen das Leben auf der Insel nach unmenschlichen, streng rationalen Prinzipien. Ihr Gegenpart sind die grau gewandeten »Kresten«, die unterste Bevölkerungsschicht, die durch Gier, Schmutz, Mitleid, Widerspruchsgeist, Sinnlichkeit und Opferwahn charakterisiert ist. Die »Kresten«, die eine eigene Sprache sprechen, entdecken das Menschliche, das Spielerische und die Liebe wieder und bleiben letztendlich den »Wissern« überlegen.

Der zweite Handlungsstrang, der das Stück zur Zeitsatire werden läßt, besteht in dem Versuch der Überlebenden, die vorkatastrophale Welt zu rekonstruieren. Tauchertrupps werden ausgeschickt, um die Relikte der Vergangenheit (also der Gegenwart) aufzuspüren. Sie versuchen zu ergründen, was ihre Vorfahren mit einem Eisschrank oder mit Reklamebildern angefangen haben. Die Reklamebilder (Trink Zitsch, Trink Titsch) werden als Lehrmittel für Analphabeten, ein Fernsehapparat als Kleintierstall interpretiert. Mit dieser satirischen Verfremdung versucht Böll, die Gegenwart fragwürdig und deutlich zu machen.

Die neue Kaiser-Wilhelm-Gedächtniskirche mit der Ruine der alten

Neue Gedächtniskirche in Berlin

17. Dezember. 18 Jahre nach der Zerstörung der alten Kirche wird die neue, von Egon Eiermann erbaute Kaiser-Wilhelm-Gedächtniskirche in Berlin (West) von dem evangelischen Bischof Otto Dibelius geweiht.

Rund 1200 Ehrengäste, unter ihnen Bundestagspräsident Eugen Gerstenmaier und der Regierende Bürgermeister von Berlin, Willy Brandt, nehmen an dem feierlichen Gottesdienst teil. Wie Dibelius in seiner Predigt sagt, soll von der neuen Kirche die Verheißung der Erlösung aus Angst und verkrampftem Egoismus ausgehen. Die Menschen sollten nicht soviel reden über die mangelnde ideologische Abwehrkraft gegen den kommunistischen Materialismus, sondern sie sollten auf die Lehren hören, die Gott dem deutschen Volk im Laufe der Geschichte erteilt habe.

Die neue Kirche, die rund 1260 Menschen Platz bietet, wurde mit einem Kostenaufwand von 5,6 Millionen DM errichtet.

Die Ruine der alten Kirche, die am 1. September 1895 geweiht wurde, bleibt als Symbol des Krieges, aber auch der Standhaftigkeit neben dem Neubau erhalten.

US-Film fragt nach Kollektivschuld

14. Dezember. 1200 Gäste erleben in der Kongreßhalle in Berlin (West) die Uraufführung des Films »Urteil von Nürnberg« des US-Regisseurs Stanley Kramer mit.

Kramer behandelt in seinem Film, der auf Tatsachen beruht, nicht den spektakulären ersten Nürnberger Kriegsverbrecherprozeß, sondern einen späteren Juristenprozeß, der 1947 stattfand. Im Verlauf des Filmprozesses werden die Fragen, die das Thema aufgeworfen hat, mit großer Offenheit behandelt: Die Kollektivschuld des deutschen Volkes, die Rassengesetzgebung, die Judenausrottung und vor allem die Mitschuld derjenigen, die sich als Befehlsempfänger von jeder Verantwortung freimachen wollen.

Maximilian Schell als Verteidiger in »Das Urteil von Nürnberg« des US-Regisseurs Stanley Kramer

Fragen werden nicht nur nach dem Verhalten während der Nazizeit gestellt, sondern es wird auch die Entwicklung der Personen bis zum Prozeß 1947 und weiter verfolgt; die Nachkriegsmentalität der Deutschen wird angesprochen.

Kramer inszenierte den Film mit großen Stars: Spencer Tracy spielt den Richter, Burt Lancaster den Hauptangeklagten, der Verteidiger wird von Maximilian Schell verkörpert, als Opfer des nationalsozialistischen Terrors tritt Montgomery Clift auf. In weiteren Rollen sind Marlene Dietrich, Judy Garland und Richard Widmark zu sehen.

Cellist Pablo Casals wird 85 Jahre

29. Dezember. Pablo Casals, der als der bedeutendste Cellist des Jahrhunderts gilt, wird 85 Jahre alt.
Casals gelangen erste internationale Erfolge 1898 in Paris und London. Danach konzertierte er 1901 erstmals in den Vereinigten Staaten, zwei Jahre später in Südamerika. Aus Protest gegen das Regime des faschistischen Diktators Francisco Franco verließ Casals 1939 Spanien und ließ sich in den französischen Pyrenäen, in Pardes, nieder. Casals weigerte sich auch, in anderen diktatorischen Ländern Konzerte zu geben, und lebte zurückgezogen.
Seit 1950 finden in Pardes jährlich die von Casals zum 200. Todestag von Johann Sebastian Bach initiierten Festspiele statt.
In den letzten Jahren trat Casals, der sich auch als Komponist und Dirigent erfolgreich betätigt, wieder häufiger in der Öffentlichkeit auf.

Ein Cello des berühmten Cellisten Pablo Casals aus Spanien, der sein 85. Lebensjahr vollendet, in seiner Wohnung in San Juan in Puerto Rico

»Der Traum« (Gemälde des Franzosen Henri Rousseau, 1910; Museum of Modern Art, New York)

»Das Gefährt des Père Juniet« (Gemälde des naiven Künstlers Henri Rousseau, 1908; Louvre, Paris)

»Selbstbildnis« (Henri Rousseau, 1890; Neue Galerie, Prag)

Naive Malerei der Grandma Moses

13. Dezember. In Hoosick Falls/New York stirbt im Alter von 101 Jahren Anna Mary Robertson-Moses, die als Grandma Moses zu den bekanntesten Vertretern der naiven Malerei zählt.
Die 1860 geborene Malerin, die ihr Leben auf dem Lande verbrachte, kam erst 1930, im Alter von 70 Jahren, zur Malerei. Bis zu ihrem Tod entstanden rund 1000 Bilder, auf denen sie das US-amerikanische Landleben, die Feldarbeit und die Feste schildert, oder Episoden aus der Geschichte der Vereinigten Staaten dargestellt.
Die Gemälde der Autodidaktin erinnern in ihrer Anmut an spätmittelalterliche Stundenbücher. Wie die Werke der meisten naiven Maler sind Grandma Moses' Bilder kräftig in den Farben und sehr detailfreudig. Sie strahlen Optimismus und Heiterkeit aus.
Erst Anfang des 20. Jahrhunderts wurde die sog. naive Malerei von den Kunstinteressierten wahrgenommen. Einer der bedeutendsten Vertreter der Naiven, der Franzose Henri Rousseau, wurde von Malern wie Pablo Picasso und Paul Gauguin gefördert.

Über 320 Tote bei einem Zirkusbrand

17. Dezember. Über 320 Tote und über 500 Verletzte sind die Bilanz eines Zirkusbrandes in Niteroi in der Nähe der brasilianischen Stadt Rio de Janeiro. Die meisten der Opfer sind Kinder.
Der Brand bricht am Ende einer Vorstellung des »North American Circus« aus. Innerhalb von wenigen Sekunden sind die rund 2500 Zirkusbesucher von Flammen eingeschlossen. Durch die Panik werden viele Menschen niedergetrampelt, ein Großteil erstickt unter dem brennenden Nylonzelt.
Am 20. Dezember wird ein ehemaliger Angestellter des Zirkus wegen Brandstiftung verhaftet. Der 21jährige gibt zu, mit Hilfe von zwei Komplizen das Zirkuszelt in Brand gesteckt zu haben. Als Motiv gibt er Rache an, da ihn der Zirkusdirektor entlassen hat.

Lyrik über das Leiden der Juden

Nelly Sachs

10. Dezember. In Stockholm vollendet die deutsch-jüdische Dichterin Nelly Sachs ihr 70. Lebensjahr. Sie gilt als eine der größten deutschsprachigen Dichterinnen der Zeit.
Die 1891 in Berlin geborene Schriftstellerin, die zunächst Tänzerin werden wollte, veröffentlichte ihre ersten Gedichte Anfang der 20er Jahre. 1940 konnte Nelly Sachs mit der Hilfe der schwedischen Schriftstellerin Selma Lagerlöf nach Schweden fliehen, das ihr zur zweiten Heimat wurde.
In der Lyrik von Nelly Sachs werden die biblische Psalmendichtung und die religiöse Mystik des jüdischen Volkes lebendig. Die Dichterin verleiht in ihrer reimlosen, stark rhythmischen und bilderreichen Lyrik dem Leiden des jüdischen Volkes Ausdruck.
In der Bundesrepublik Deutschland fand das Werk von Nelly Sachs erst in den letzten Jahren zunehmende Beachtung.

Friedensappelle angesichts der Krisen

Der Wunsch nach Abrüstung und Frieden in der ganzen Welt und die Sorge um das Schicksal von Berlin stehen im Mittelpunkt vieler Weihnachtsansprachen, die im In- und Ausland von Politikern und Geistlichen gehalten werden.

K. Adenauer

Bundeskanzler Konrad Adenauer bemerkt in einer Ansprache an die Deutschen in aller Welt: »Wir Deutschen sehen uns dem sowjetischen Druck in besonders starkem Maße ausgesetzt. Es sind nicht nur die seit dem Ende des Krieges gewohnten Manöver, die aus Moskau und aus dem unfreien Teil unseres Vaterlands gegen die Bundesrepublik gerichtet werden. Seit dem 13. August geht mitten durch unsere Hauptstadt Berlin eine hohe Mauer aus Beton, gekrönt von Stacheldraht und bewacht von schwer bewaffneten kommunistischen Uniformierten. Das ist es, meine Landsleute, was mich an diesem Weihnachtsfest vor allem bedrückt: Die immer wachsende Knechtung unserer Landsleute jenseits des Eisernen Vorhangs und die weiter bestehende unselige Teilung unseres Vaterlands. Je größer aber der Terror drüben wird, desto mehr drängt es mich, die Welt an diesen unnatürlichen Zustand immer wieder zu erinnern. Wir fordern laut und unüberhörbar das Recht auf Selbstbestimmung für alle Deutschen und auf die Wiedervereinigung unseres Vaterlandes. Wir werden das um so nachdrücklicher tun, je mehr Terror und Diktatur die Menschen hinter der Mauer daran hindern, ihr Recht auf Freiheit selbst zu vertreten.«

Weiterhin bringt Adenauer seinen Wunsch nach einer Sicherung des Weltfriedens zum Ausdruck. Er appelliert an alle Verantwortlichen, entschlossen für den Sieg des Friedens und des Rechts einzutreten. Das Jahr 1962 werde wichtige Entscheidungen bringen, auf Konferenzen werde um Frieden und Freiheit gerungen werden. Dieser Friede aber müsse gegründet sein auf das Recht, auch auf das Recht auf Selbstbestimmung.

Willy Brandt

Der Regierende Bürgermeister von Berlin, Willy Brandt (SPD), ruft in seiner Ansprache den Deutschen in der Bundesrepublik und der DDR zu: »Fürchtet euch nicht.« Dieses Wort gelte 1961 auch für viele andere Völker stärker noch als früher. Das Weihnachtsfest könne diesmal kein Fest der unbeschwerten Freude sein. Zuviel Leid, zuviel Ungerechtigkeit und zuviel Verzweiflung wohnten in den Herzen vieler Menschen. Es sei bitter, daß die voneinander getrennten Verwandten in beiden Teilen Berlins sich nicht einmal in diesen Tagen sehen könnten. Brandt bittet die Menschen »hier wie drüben«, sich nicht von der Verzweiflung überwältigen zu lassen. »Die Glocken dieser Nacht würden vergeblich geläutet haben, wenn wir, die wir frei sind, nicht auch entschlossen und bereit wären, dafür Lasten auf uns zu nehmen und Opfer zu bringen.«

J. F. Kennedy

Der US-amerikanische Präsident John F. Kennedy richtet eine Sonderbotschaft an die Bevölkerung in Berlin. In einer internationalen Fernsehsendung, die vom Sender Freies Berlin ausgestrahlt wird, sagt Kennedy: »Ich brauche Sie nicht daran zu erinnern, daß Amerika fest entschlossen ist, die Freiheit der Berliner zu stärken und zu erhalten. Unsere Verbundenheit ist früher schon erprobt worden. Wir stehen an Ihrer Seite – heute wie damals. Wir werden bleiben.« Außerdem spricht der US-Präsident sein tiefstes Mitgefühl all denen aus, »die besonders in dieser Zeit des Jahres unter der erzwungenen Trennung leiden«. Die Weihnachtslichter des freien Berlins, so versichert Kennedy, »dringen mit ihrem Schein tief in das Dunkel ringsum. Keine Mauer kann dieses Licht abhalten. Wir wissen, daß dieses Zeichen in den kommenden Jahren ebenso hell strahlen wird.«

Joh. XXIII.

Papst Johannes XXIII. ruft die führenden Politiker der Welt auf, den Frieden durch Verhandlungen zu erreichen, selbst wenn diese Opfer und Verzicht fordern sollten. Vor den Vertretern von etwa 50 Nationen bittet der Papst in der Mitternachtsmesse für das beim Vatikan akkreditierte diplomatische Korps im Clemenssaal des Apostolischen Palastes, daß der Geist der Weihnacht die Führer der Menschheit erleuchten und der Stern von Bethlehem sie leiten möge.

Es sei nicht einerlei, wie der Friede beschaffen sei, sagt Papst Johannes XXIII. Die Kirche liebe den Frieden, der die Rechte der anderen anerkenne, auch wenn dies manchmal von den Partnern Opfer im Interesse aller fordere. Ein besonderes Gedenken widmet der Papst jenen Völkern, die nicht zur katholischen Kirche gehören, aber auch nach Frieden streben, sowie den Völkern, von denen im besonderen Maß die Gewährleistung des Friedens abhängt. Groß sei deren Verantwortung vor Gott und den Menschen. Die Geschichte werde ein strenges Urteil fällen über jene, die nicht alles unternahmen, um die Geißel des Krieges von der Menschheit abzuwenden.

Am Mittag des ersten Weihnachtstages spendet der Papst seinen Segen »urbi et orbi« (für Stadt und Erdkreis).

C. de Gaulle

Der französische Staatspräsident Charles de Gaulle hält am 29. Dezember eine Ansprache, in der er erklärt, daß Frankreich seit dem Mai 1958, dem Beginn der Fünften Republik und seiner eigenen Präsidentschaft, einen ungeheuren Aufschwung genommen habe. Frankreich lebe heute auf einem wesentlich besseren Niveau als je zuvor und werde auch in den kommenden Jahren in dieser Richtung weitere Erfolge erzielen. Die Welt leide unter den Ansprüchen des sowjetischen Systems ebenso wie unter der ständigen Unruhe in den neuen Staaten Afrikas und Asiens. Für Frankreich komme hinzu, daß die ungeheure Aufgabe der nationalen Erneuerung nicht bewältigt werden könne, ohne daß bestimmte Interessen und Parteien sich verletzt fühlten. Zur Deutschland- und Berlin-Frage führt der französische Staatspräsident aus: »Falls sich Verhandlungen zwischen den großen Westmächten und dem sowjetischen Rußland ergeben, deren Aufgabe es ist, die Weltprobleme zu regeln, darunter vor allem die Deutschland-Frage, dann werden sie eine konstruktive Teilnahme unseres Landes haben.«

Elisabeth II.

Königin Elisabeth II. von Großbritannien appelliert in ihrer Weihnachtsansprache vor allem an die Jugend, die sie aufruft, sich in den Dienst der Menschlichkeit zu stellen. In einer von Rundfunk und Fernsehen verbreiteten Rede an die Völker des Commonwealth sagt die Königin, die Menschheit bedürfe des selbstlosen Einsatzes der Jugend, um zum Frieden zu gelangen.

Neue Postwertzeichen 1961 in der Bundesrepublik Deutschland

Sonderausgabe Köpfe bedeutender Deutscher

Wohltätigkeitsmarken

Sonderausgabe 75 Jahre Motorisierung

Sonderausgabe 50 Jahre Pfadfinder mit Schutzpatron St. Georg

Sonderausgabe Bischof Wilhelm Emanuel Ketteler

Sonderausgabe Europa

Sonderausgabe Dom Speyer

Sonderausgabe Brief

Sonderausgabe Telefon

Sonderausgabe 2000 Jahre Mainz

Anhang

Bundesrepublik Deutschland, Österreich und die Schweiz 1961 in Zahlen

Die Statistiken für die drei deutschsprachigen Länder umfassen eine Auswahl von grundlegenden Daten. Es wurden vor allem Daten aufgenommen, die innerhalb der einzelnen Länder vergleichbar sind. Maßgebend für alle Angaben waren die amtlichen Statistiken. Die Zahlen beziehen sich auf die jeweiligen Staatsgrenzen von 1961.
Nicht in allen gesellschaftlichen Bereichen finden jährliche Erhebungen statt, so daß mitunter die Daten aus früheren Jahren aufgenommen werden mußten. Das Erhebungsdatum ist jeweils angegeben (unter der Rubrik »Stand«). Die aktuellen Zahlen des Jahres 1961 werden – wo möglich – durch einen Vergleich zum Vorjahr relativiert.
Wichtige Zusatzinformationen zum Verständnis einzelner Daten sind in den Fußnoten enthalten.

Bundesrepublik Deutschland

Erhebungsgegenstand	Wert	Vergleich Vorjahr (%)	Stand
Fläche			
Fläche (km^2)	248 454,04	±0,0	6. 6. 1961
Bevölkerung			
Wohnbevölkerung	56 174 826	+1,1	6. 6. 1961
– männlich	26 413 362	+1,2	6. 6. 1961
– weiblich	29 761 464	+1,0	6. 6. 1961
Einwohner je km^2	226,1	+1,1	6. 6. 1961
Ausländer	686 160	–	6. 6. 1961
Privathaushalte	19 398 000	–	6. 6. 1961
– Einpersonenhaushalte	4 125 000	–	6. 6. 1961
– Dreipersonenhaushalte	4 364 000	–	6. 6. 1961
Lebendgeborene	1 012 687	+4,5	1961
Gestorbene	627 561	–2,4	1961
Eheschließungen	529 901	+1,6	1961
Gerichtliche Ehelösungen	49 280	+0,8	1961
Familienstand der Bevölkerung			
– Ledige insgesamt	22 444 000	+1,0	6. 6. 1961
männlich	11 404 000	+1,6	6. 6. 1961
weiblich	11 040 000	+0,4	6. 6. 1961
– Verheiratete	26 246 000	–8,9	6. 6. 1961
– Verwitwete und Geschiedene	5 067 000	+1,0	6. 6. 1961
männlich	939 000	–1,6	6. 6. 1961
weiblich	4 128 000	+1,7	6. 6. 1961
Religionszugehörigkeit			
– Christen insgesamt	53 987 586	–	6. 6. 1961
katholisch	24 786 103	–3,9	6. 6. 1961
evangelisch	28 725 615	+7,7	6. 6. 1961
sonstige	475 868	–	6. 6. 1961
– Juden	22 681	–	6. 6. 1961
– Andere	2 164 569	–	6. 6. 1961
Altersgruppen			
unter 6 Jahren	5 234 000	+ 2,9	1960[1]
6 bis unter 14 Jahren	6 175 000	+ 2,6	1960[1]
14 bis unter 18 Jahren	2 773 000	– 3,3	1960[1]
18 bis unter 20 Jahren	2 782 000	– 7,5	1960[1]
20 bis unter 30 Jahren	7 659 000	+ 4,9	1960[1]
30 bis unter 40 Jahren	7 618 000	+ 0,1	1960[1]
40 bis unter 50 Jahren	6 554 000	+ 0,3	1960[1]
50 bis unter 60 Jahren	7 938 000	+ 0,9	1960[1]
60 bis unter 65 Jahren	3 134 000	+ 4,0	1960[1]
65 und darüber	6 100 000	+ 7,2	1960[1]
Die zehn größten Städte			
– Berlin	2 197 408	– 0,3	6. 6. 1961
– Hamburg	1 832 346	+ 0,2	6. 6. 1961
– München	1 085 014	+ 0,5	6. 6. 1961
– Köln	809 247	+ 2,5	6. 6. 1961
– Essen	726 550	– 0,1	6. 6. 1961
– Düsseldorf	702 596	+ 1,1	6. 6. 1961
– Frankfurt am Main	683 081	+ 2,6	6. 6. 1961
– Dortmund	641 480	+ 0,6	6. 6. 1961
– Stuttgart	637 539	+ 0,5	6. 6. 1961
– Hannover	572 917	+ 0,1	6. 6. 1961
Erwerbstätigkeit			
Erwerbstätige	26 821 000	+ 0,6	6. 6. 1961
– männlich	16 889 000	+ 1,0	6. 6. 1961
– weiblich	9 932 000	– 0,1	6. 6. 1961
– nach Wirtschaftsbereichen			
Land- und Forstwirtschaft, Tierhaltung und Fischerei	3 587 000	+ 1,1	6. 6. 1961
Produzierendes Gewerbe	12 908 000	± 0,0	6. 6. 1961
Handel und Verkehr	4 620 000	–13,0	6. 6. 1961
Sonstige	5 707 000	+16,6	6. 6. 1961
Ausländische Arbeitnehmer	507 000	+81,6	6. 6. 1961
Arbeitslose	181 000	–33,2	1961[2]
Arbeitslosenquote (in %)	0,8	–	1961[2]
Betriebe			
– Landwirtschaftliche Betriebe	24 868	–	6. 6. 1961
– Bergbau und verarbeitendes Gewerbe	562 314	–	6. 6. 1961
– Baugewerbe	164 081	–	6. 6. 1961
– Handel	835 007	–	6. 6. 1961
– Gastgewerbe	192 465	–	6. 6. 1961
– Verkehr, Nachrichtenübermittlung	134 586	–	6. 6. 1961
Außenhandel			
– Einfuhr (Mio. DM)	44 363	+ 3,8	1961
– Ausfuhr (Mio. DM)	50 978	+ 6,3	1961
– Ausfuhrüberschuß	6 615	–	1961
Verkehr			
– Eisenbahnnetz (km)/ Eigentumslänge	35 921	– 0,3	31. 12. 1961
Beförderte Personen (in 1000)	1 303 334	– 6,8	31. 12. 1961
Beförderte Güter (in 1000 t)	333 402	– 2,9	31. 12. 1961
– Staßennetz (km)	371 069[3]	+ 0,6	1. 1. 1961
davon Autobahn (km)	2 671	+ 4,7	1. 1. 1961

1) Letzte verfügbare Angabe
2) Jahresdurchschnitt
3) Ohne Privatstraßen

Statistische Zahlen

Erhebungsgegenstand	Wert	Vergleich Vorjahr (%)	Stand
– Bestand an Kraftfahrzeugen	8 825 365	+10,3	1. 7. 1961
davon Pkw	5 342 940	+26,9	1. 7. 1961
davon Lkw	729 635	+ 8,9	1. 7. 1961
– Zulassung fabrikneuer Kfz	1 344 685	+10,9	1961
– Binnenschiffe zum Gütertransport (Tragfähigkeit in t)	4 839 765	+ 0,4	31. 12. 1960[1)]
Beförderte Güter (in 1000 t)	172 216	+ 0,5	1961
– Handelsschiffe/Seeschiffahrt (BRT)	4 762 000	+ 0,4	31. 12. 1960[1)]
Beförderte Güter (in 1000 t)	81 227	+ 4,1	1961
– Luftverkehr			
Beförderte Personen	5 457 777	+11,7	31. 12. 1961
Beförderte Güter (in 1000 t)	100 202	+27,4	31. 12. 1961
Bildung			
– Schüler an Volksschulen	5 343 013	+ 1,0	Herbst 1961
Mittelschulen	384 929	+ 4,4	Herbst 1961
Höheren Schulen	847 358	– 0,7	Herbst 1961
– Studenten (Sommersemester 1961)	217 812	+ 8,4	Herbst 1961
Rundfunk und Fernsehen			
– Hörfunkteilnehmer	16 270 000	+ 2,4	1961
– Fernsehteilnehmer	5 879 000	+ 21,1	1961
Gesundheitswesen			
– Ärzte	76 175	+ 2,1	31. 12. 1961
– Zahnärzte	31 110	+ 2,0	31. 12. 1961
– Krankenhäuser	3 627	+ 0,6	31. 12. 1961
Sozialleistungen			
– Mitglieder der gesetzlichen Krankenversicherung	27 594 000	+ 2,0	31. 12. 1961
– Rentenbestand Rentenversicherung der Arbeiter	5 474 000	+ 1,4	31. 12. 1961
Rentenversicherung der Angestellten	1 925 000	+ 2,1	31. 12. 1961
Knappschaftl. Rentenversicherung	697 000	+ 0,9	31. 12. 1961
– Empfänger von Arbeitslosengeld und -hilfe	119 000	– 32,0	31. 12. 1961
Sozialhilfe	51 000	–112,5	31. 12. 1961
Finanzen und Steuern (in Mio. DM)			
– Gesamtausgaben des Bundes	47 782	+ 54,9	1961
– Gesamteinnahmen von Bund, Ländern und Gemeinden	78 729	+ 14,7	1961
– Schuldenlast des Bundes	30 685	+ 23,7	1961
Löhne und Gehälter			
– Wochenarbeitszeit in der Industrie (Stunden)	45,5	– 0,2	1961
– Bruttostundenverdienst männlicher Arbeiter (DM)	3,17	+ 9,0	1961
weiblicher Arbeiter (DM)	2,13	+ 12,7	1961
– Brottomonatsverdienst männlicher Angestellter (DM)	788	+ 9,0	1961
weiblicher Angestellte (DM)	461	+ 10,0	1961
– Index der tariflichen Stundenlöhne in der gewerblichen Wirtschaft (1980 = 100)	23,5	+ 7,8	1961
Preise			
– Index der Einzelhandelspreise (1958 = 100)	103,0	+ 2,0	Herbst 1961
– Einzelhandelspreise ausgewählter Lebensmittel (DM)			
Butter, 1 kg	6,82	+ 4,6	1961
Weizenmehl, 1 kg	0,97	+59,0	1961
Schweinefleisch, (Kotelett) 1 kg	6,85	+ 5,4	1961
Rindfleisch, 1 kg	5,23	+ 1,8	1961
Eier, 1 Stück	0,21	± 0,0	1961

1) Letzte verfügbare Angabe

Erhebungsgegenstand	Wert	Vergleich Vorjahr (%)	Stand
Kartoffeln, 5 kg	1,32	– 5,7	1961
Zucker, 1 kg	1,23	– 0,8	1961
Vollmilch, 1 l	0,44	± 0,0	1961
– Index der Lebenshaltungskosten für			
4-Personen-Arbeitnehmer-Haushalt mit mittlerem Einkommen (1958 = 100)	105,0	+ 2,5	1961
2-Personen-Haushalt von Renten- und Sozialhilfeempfängern (1958 = 100)	105,3	+ 2,7	1961
– Bruttosozialprodukt (Mrd. DM)	331,4	+ 9,4	31. 12. 1961

Erhebungsgegenstand	Bremen	Berlin	Kassel	Aachen	Stuttg.	München
Klimatische Verhältnisse						
– Mittl. Lufttemperatur Januar (°C)	1,0	–0,6	–0,2	1,9	1,0	–2,3
Juli	17,4	18,0	16,9	16,9	19,1	17,0
Jahresdurchschnitt	8,9	8,4	8,4	9,2	10,0	7,4
– Eistage (Temp. unter 0°) November–Februar	6	9	10	4	5	21
– Niederschlagsmengen (mm) Nov.–Februar	356	205	300	313	152	157
April	114	105	180	157	79	152
Mai	77	124	92	66	77	151
Juni	41	56	97	180	96	156
Juli	93	77	74	86	64	83
August	97	45	52	70	55	114
September–Oktober	111	72	86	126	50	60
Mittlerer Niederschlag (Jahr; in mm)	643	587	595	840	662	935
– Tage mit Schneedecke Januar–Dezember	29,0	31,8	35,0	28,6	20,6	50,2
– Sonnentage (mind. 25° C) Januar–Dez.	17,1	30,5	29,0	26,9	41,4	20,5
Sonnenscheindauer (Std.)						
März	108	128	124	147	169	158
April	118	199	103	82	106	145
Mai	147	138	154	172	154	144
Juni	222	274	239	217	207	234
Juli	130	144	130	148	251	245
August	170	174	174	172	224	232
September	133	202	177	161	216	226
Oktober	104	139	129	124	150	152

Österreich

Erhebungsgegenstand	Wert	Vergleich Vorjahr (%)	Stand
Fläche			
Fläche (km²)	83 849	±0,0	1961
Bevölkerung			
Wohnbevölkerung	7 073 807	±0,4	1961
– männlich	3 296 400	+2,0	1961
– weiblich	3 777 407	+1,4	1961
Einwohner je km²	84	±0,0	1961
Ausländer	102 159	–	1961
Privathaushalte	2 305 800	–	1961
– Einpersonenhaushalte	435 500	–	1961
– Mehrpersonenhaushalte	1 852 300	–	1961
Lebendgeborene	131 563	+4,5	1961
Gestorbene	85 673	–4,4	1961

Erhebungsgegenstand	Wert	Vergleich Vorjahr (%)	Stand
Eheschließungen	60001	+2,6	1961
Gerichtliche Ehelösungen	8045	+0,4	1961
Familienstand der Bevölkerung			
– Ledige insgesamt	3056032	–	1961
männlich	1533598	–	1961
weiblich	1522434	–	1961
– Verheiratete	3209948	–	1961
– Verwitwete und Geschiedene	807827	–	1961
männlich	160035	–	1961
weiblich	647792	–	1961
Religionszugehörigkeit			
– Christen insgesamt	6766904	–	1961
katholisch	6295075	–	1961
evangelisch	438663	–	1961
alt-katholisch	29652	–	1961
sonstige	3514	–	1961
– Juden	9049	–	1961
– Andere	297854	–	1961
Altersgruppen			
unter 6 Jahren	688406	–	1961
6 bis unter 14 Jahren	791695	–	1961
14 bis unter 18 Jahren	392282	–	1961
18 bis unter 20 Jahren	229133	–	1961
20 bis unter 30 Jahren	925720	–	1961
30 bis unter 40 Jahren	953561	–	1961
40 bis unter 50 Jahren	794996	–	1961
50 bis unter 60 Jahren	997336	–	1961
60 bis unter 70 Jahren	756921	–	1961
70 bis unter 80 Jahren	416078	–	1961
80 bis unter 90 Jahren	119988	–	1961
90 und darüber	6853	–	1961
unbekannt	838	–	1961
Die zehn größten Städte			
– Wien	1627566	–	1961
– Graz	237080	–	1961
– Linz	195978	–	1961
– Salzburg	108114	–	1961
– Innsbruck	100695	–	1961
– Klagenfurt	69218	–	1961
– Wels	41060	–	1961
– St. Pölten	40112	–	1961
– Steyr	38306	–	1961
– Leoben	36257	–	1961
Erwerbstätigkeit			
Erwerbstätige[2]	3369815	–	1961
– männlich	2009929	–	1961
– weiblich	1359886	–	1961
– nach Wirtschaftsbereichen			
Land- und Forstwirtschaft, Tierhaltung und Fischerei	767604	–	1961
Industrie und Gewerbe	1567710	–	1961
Handel und Verkehr	553577	–	1961
Freie Berufe	217234	–	1961
Öffentlicher Dienst	177946	–	1961
Sonstige	85744	–	1961
Arbeitslose	84971	–15,3	1961
Arbeitslosenquote (in %)	3,5	–	1961
Betriebe			
– Landwirtschaftliche Betriebe	396530	–	1960[1]

1) Letzte verfügbare Angabe
2) Einschließlich Arbeitslose

Erhebungsgegenstand	Wert	Vergleich Vorjahr (%)	Stand
– Bergbau	141	+ 2,2	1961
– Industrie und Gewerbe	11712	–	1961
Außenhandel			
– Einfuhr in Mio. öS (Mio. DM)	38604 (5945)	+ 4,9	1961
– Ausfuhr in Mio. öS (Mio. DM)	31262 (4814)	+ 7,3	1961
– Einfuhrüberschuß in Mio. öS (Mio. DM)	7342 (1131)	+ 4,5	1961
Verkehr			
– Eisenbahnnetz (km)	6359	– 0,2	1961
Beförderte Personen	165858	+ 1,3	1961
Beförderte Güter (in 1000 t)	43490	– 4,2	1961
– Staßennetz (km)	31266	+ 0,2	1961
– Bestand an Kraftfahrzeugen	1004408	+ 8,4	31. 10. 1961
davon Pkw	474538	+17,4	31. 10. 1961
davon Lkw	77978	+ 5,6	31. 10. 1961
– Zulassung fabrikneuer Kfz	113830	– 0,7	1961
– Luftverkehr			
Beförderte Personen	518432	+ 3,7	1961
Beförderte Güter (in 1000 t)	6142	– 5,4	1961
Bildung			
– Schüler an Volksschulen	517479	+ 0,3	1961/62
Hauptschulen	185451	–10,0	1961/62
Real-, Arbeitermittel-, Aufbaumittelschulen	12717	– 5,6	1961/62
Gymnasien, Realgymnasien, Frauenoberschulen	68820	– 1,6	1961/62
– Studenten	40815	+13,0	1960/61[1]
Rundfunk und Fernsehen			
– Hörfunkteilnehmer	2036302	+ 2,4	1961
– Fernsehteilnehmer	290899	+50,7	1961
Gesundheitswesen			
– Ärzte	12424	–	1. 1. 1961
– Zahnärzte, Dentisten	3952	–	1. 1. 1961
– Krankenhäuser	293	± 0,0	1961
Sozialleistungen			
– Mitglieder der Krankenversicherung	3690600	+ 1,1	1961
– Rentenbestand Rentenversicherung der Arbeiter	1486900	– 0,9	1961
Rentenversicherung d. Angestellten	607800	+ 3,8	1961
Knappschaftl. Rentenversicherung	34300	– 2,6	1961
– Empfänger von Arbeitslosengeld und -hilfe	53658	–23,6	1961
Sozialhilfe (Haupt- u. Mitunterstützte)	40316	–	1961
Finanzen und Steuern			
– Gesamtausgaben des Staates in Mio. öS (Mio. DM)	49993 (7699)	+10,7	1961
– Gesamteinnahmen des Staates in Mio. öS (Mio. DM)	49050 (7554)	+16,0	1961
– Schuldenlast des Staates in Mio. öS (Mio. DM)	22349 (3442)	–	31. 12. 1961
Preise			
– Einzelhandelspreise ausgewählter Lebensmittel in öS (DM)			
Butter, 1 kg	35,20 (5,42)	±0,0	1961
Weizenmehl, 1 kg	4,50 (0,69)	+4,6	1961
Schweinefleisch, 1 kg	30,50 (4,70)	+2,0	1961
Rindfleisch, 1 kg	28,80 (4,44)	+2,1	1961
Eier, 1 Stück	1,12 (0,17)	–1,8	1961
Kartoffeln, 1 kg	1,61 (0,25)	+1,9	1961
Vollmilch, 1 l	2,23 (0,34)	±0,0	1961

Erhebungsgegenstand	Wert	Vergleich Vorjahr (%)	Stand
– Index der Lebenshaltungskosten für			
4-Personen-Arbeitnehmer-Haushalt mit mittlerem Einkommen (1958 = 100)	106,4	+3,3	1961
– Bruttoinlandsprodukt (Mrd. öS/Mrd. DM)	180,73 (27,83)	—	1961

Erhebungsgegenstand	Wien	Salzburg	Graz	Klagenfurt	Innsbruck	Feldkirch
Klimatische Verhältnisse						
– Mittl. Lufttemperatur Januar (°C)	–2,1	–2,5	–3,0	–5,6	–2,4	–0,5
Februar	3,9	3,6	3,3	–0,2	2,5	5,0
März	8,8	6,0	7,8	5,8	6,2	6,9
April	13,2	11,9	12,7	12,0	12,6	12,2
Mai	13,2	10,8	13,0	12,5	11,6	11,2
Juni	19,1	16,8	18,5	18,3	17,8	17,0
Juli	18,5	16,1	17,6	17,4	17,1	16,6
August	19,5	16,8	18,3	18,0	17,2	16,8
September	17,7	16,8	16,8	16,2	17,7	18,0
Oktober	11,6	10,7	11,0	9,8	10,4	11,3
November	4,4	3,1	4,2	2,6	3,9	3,6
Dezember	–1,1	–2,7	–2,1	–5,1	–0,9	1,2
– Zahl der Tage mit Niederschlag	139	179	132	136	139	162
Schneefall	23	37	21	22	36	30
Gewitter	31	42	23	48	25	30
– Niederschlagsmengen (mm) Januar	9	20	23	52	13	46
Februar	68	77	12	11	66	67
März	32	94	11	30	26	54
April	65	107	35	27	48	65
Mai	84	217	82	76	168	147
Juni	48	130	126	66	58	118
Juli	83	139	105	128	88	147
August	28	164	44	38	121	157
September	22	24	21	43	20	26
Oktober	59	30	106	104	67	66
November	61	46	78	114	26	37
Dezember	52	150	42	76	83	74
– Sonnenscheindauer (Std.) Januar	93	104	61	64	74	41
Februar	54	109	105	145	114	138
März	166	160	212	241	209	205
April	222	165	182	179	154	154
Mai	226	136	216	209	147	158
Juni	279	225	230	248	212	220
Juli	258	211	250	244	216	217
August	271	232	298	300	248	219
September	250	232	263	254	235	218
Oktober	140	165	114	110	186	189
November	53	96	71	50	101	101
Dezember	53	68	71	60	71	75

1) Letzte verfügbare Angabe
2) Ohne Teilzeiterwerbstätige
3) Mit Teilzeiterwerbstätigen

Schweiz

Erhebungsgegenstand	Wert	Vergleich Vorjahr (%)	Stand
Fläche			
Fläche (km²)	41 287,9	±0,0	1961
Bevölkerung			
Wohnbevölkerung	5 496 000	+1,2	1961
– männlich	2 663 432	–	1960[1)]
– weiblich	2 765 629	–	1960[1)]
Einwohner je km²	133	+1,5	1961
Ausländer	584 739	–	1960[1)]
Privathaushalte	1 594 010	–	1960[1)]
– Einpersonenhaushalte	224 446	–	1960[1)]
– Mehrpersonenhaushalte	1 369 564	–	1960[1)]
Lebendgeborene	99 238	+5,2	1961
Gestorbene	51 004	–2,1	1961
Eheschließungen	42 257	+1,6	1961
Gerichtliche Ehelösungen	4 737	+1,7	1961
Familienstand der Bevölkerung			
– Ledige insgesamt	2 607 168	–	1960[1)]
männlich	1 332 715	–	1960[1)]
weiblich	1 274 453	–	1960[1)]
– Verheiratete	2 431 763	–	1960[1)]
– Verwitwete und Geschiedene	390 130	–	1960[1)]
männlich	97 753	–	1960[1)]
weiblich	292 377	–	1960[1)]
Religionszugehörigkeit			
– Christen insgesamt	5 354 490	–	1960[1)]
römisch-katholisch	2 463 214	–	1960[1)]
christ-katholisch	29 754	–	1960[1)]
evangelisch	2 861 522	–	1960[1)]
– Juden	19 984	–	1960[1)]
– Andere	54 587	–	1960[1)]
Altersgruppen			
unter 5 Jahren	439 392	–	1960[1)]
5 bis unter 10 Jahren	410 771	–	1960[1)]
10 bis unter 15 Jahren	424 853	–	1960[1)]
15 bis unter 20 Jahren	427 051	–	1960[1)]
20 bis unter 30 Jahren	812 321	–	1960[1)]
30 bis unter 40 Jahren	761 743	–	1960[1)]
40 bis unter 50 Jahren	668 894	–	1960[1)]
50 bis unter 60 Jahren	664 231	–	1960[1)]
60 bis unter 70 Jahren	473 975	–	1960[1)]
70 bis unter 80 Jahren	261 674	–	1960[1)]
80 und darüber	84 156	–	1960[1)]
Die zehn größten Städte			
– Zürich	440 170	–	1960[1)]
– Basel	206 746	–	1960[1)]
– Genf	176 183	–	1960[1)]
– Bern	163 172	–	1960[1)]
– Lausanne	126 328	–	1960[1)]
– Winterthur	80 352	–	1960[1)]
– St. Gallen	76 279	–	1960[1)]
– Luzern	67 433	–	1960[1)]
– Biel	59 216	–	1960[1)]
– La Chaux-de-Fonds	38 906	–	1960[1)]
Erwerbstätigkeit			
Erwerbstätige	2 520 578[2)]	–	1960[1)]
– männlich	1 764 160	–	1960[1)]
– weiblich	756 418	–	1960[1)]
– nach Wirtschaftsbereichen			
Land- und Forstwirtschaft	353 773	–	1960[1)3)]

Erhebungsgegenstand	Wert	Vergleich Vorjahr (%)	Stand
Industrie, Handwerk, Baugewerbe usw.	1 293 314	–	1960[1,2]
Dienstleistungen	1 015 112	–	1960[1,2]
Ausländische Arbeitnehmer	423 987	–	1960[1]
Arbeitslose	647	– 84,3	1961
Arbeitslosenquote (in %)	0,2	–	1960[1]
Betriebe			
– Landwirtschaftliche Betriebe	–	–	–
– Industrie, Handwerk, Baugewerbe usw.	117 124	–	1955[1]
– Dienstleistungen	135 898	–	1955[1]
Außenhandel			
– Einfuhr in Mio. SFr (Mio. DM)	11 644,4 (10 654,4)	+ 20,7	1961
– Ausfuhr in Mio. SFr (Mio. DM)	8 822,1 (8 072,2)	+ 8,5	1961
– Einfuhrüberschuß in Mio. SFr (Mio. DM)	2 822,3 (2 582,4)	–	1961
Verkehr			
– Eisenbahnnetz (km)	5 521,6	– 0,3	1961
Beförderte Personen (in 1000)	320 493	+ 3,2	1961
Beförderte Güter (in 1000 t)	41 148	+ 5,6	1961
– Bestand an Kraftfahrzeugen	648 772	+ 13,0	1961
davon Pkw	549 778	+ 13,3	1961
davon Lkw	88 637	+ 11,9	1961
– Zulassung fabrikneuer Kfz	117 254	+ 20,7	1961
– Binnenschiffe zum Personentransport (Tragfähigkeit in t)	4 372	± 0,0	1961
Beförderte Güter (t)	494 709	– 24,9	1961
– Handelsschiffe/Seeschiffahrt (BRT)	162 519	+ 16,3	1961
– Luftverkehr (Schweiz. Linienverkehr)			
Beförderte Personen (in 1000)	1 439,9	+ 12,0	1961
Beförderte Güter (t)	26 012	± 0,0	1961
Bildung			
– Schüler an Primarschulen	577 055	–	1961
Sekundar-, Bezirksschulen	118 150	–	1961
Gymnasien, Kantonsschulen, Höhere Töchterschulen	24 837	–	1961
– Studenten	23 437	–	1961
Rundfunk und Fernsehen			
– Hörfunkteilnehmer	1 490 088	+ 3,1	1961
– Fernsehteilnehmer	193 819	+ 50,3	1961
Gesundheitswesen			
– Praktizierende Ärzte	5 012	+ 2,1	1961
– Praktizierende Zahnärzte	2 225	+ 1,3	1961
Sozialleistungen			
– Mitglieder der gesetzlichen Krankenversicherung	4 616 053	+ 4,6	1961
– Empfänger von Arbeitslosengeld und -hilfe	16 570	– 38,1	1961
Finanzen und Steuern			
– Gesamtausgaben des Bundes in Mio. SFr (Mio. DM)	3 267,1 (2 989,4)	+ 25,6	1961
– Gesamteinnahmen des Bundes in Mio. SFr (Mio. DM)	3 406,0 (3 116,5)	+ 2,7	1961
– Schuldenlast des Bundes in Mio. SFr (Mio. DM)	6 420,2 (5 874,5)	– 2,0	1961
Löhne und Gehälter			
– Bruttostundenverdienst männlicher Arbeiter in SFr (DM)	4,27 (3,90)	+ 6,8	1961
weiblicher Arbeiter in SFr (DM)	2,44 (2,23)	+ 6,6	1961

1) Letzte verfügbare Angabe
2) Mit Teilzeiterwerbstätigen

Erhebungsgegenstand	Wert	Vergleich Vorjahr (%)	Stand
Preise			
– Einzelhandelspreise ausgewählter Lebensmittel in SFr (DM)			
Butter, 1 kg	10,90 (9,97)	+ 2,2	1961
Weizenmehl, 1 kg	0,84 (0,77)	+ 1,2	1961
Schweinefleisch, 1 kg	7,57 (6,93)	+ 0,3	1961
Rindfleisch, 1 kg	6,25 (5,72)	+ 0,3	1961
Eier, 1 Stück	0,30 (0,27)	+ 3,4	1961
Kartoffeln, 1 kg	0,42 (0,38)	+ 5,0	1961
Vollmilch, 1 l	0,58 (0,53)	+ 1,8	1961
– Index der Lebenshaltungskosten (August 1939 = 100)	186,7	+ 1,9	1961

Erhebungsgegenstand	Zürich	Basel	Bern	Genf	Davos	Lugano
Klimatische Verhältnisse						
– Mittlere Lufttemperatur (° C)						
Januar	– 0,2	1,2	– 0,2	2,6	– 5,3	0,7
Februar	5,2	6,1	5,1	5,8	– 2,0	5,9
März	6,9	7,1	6,7	7,9	– 0,6	10,3
April	11,4	11,8	11,3	12,5	5,6	13,4
Mai	11,1	12,3	11,8	13,4	5,7	15,0
Juni	16,3	17,7	16,9	18,3	11,7	19,3
Juli	16,5	17,5	17,0	18,8	11,3	20,3
August	16,6	17,4	17,2	18,6	12,0	21,5
September	17,7	18,4	17,7	18,9	12,3	20,5
Oktober	10,4	11,3	10,1	11,7	5,3	13,3
November	3,8	4,1	3,7	5,6	– 0,3	7,0
Dezember	1,0	1,9	1,3	3,8	– 3,3	3,5
– Niederschlagsmengen (mm)						
Januar	80	62	83	80	37	102
Februar	65	45	65	56	140	59
März	32	9	32	11	44	2
April	98	97	113	82	45	244
Mai	139	81	64	22	136	192
Juni	61	72	132	46	99	211
Juli	140	89	126	76	83	95
August	111	85	112	67	97	22
September	34	34	44	28	14	23
Oktober	41	69	87	70	50	123
November	27	30	33	63	24	240
Dezember	130	59	112	118	71	52
– Sonnenscheindauer (Std.)						
Januar	20	44	28	38	81	96
Februar	120	111	122	102	108	178
März	210	210	226	254	199	280
April	147	129	145	173	127	142
Mai	174	171	180	238	154	209
Juni	215	218	219	244	194	220
Juli	244	255	253	269	200	259
August	252	243	251	292	236	298
September	222	218	209	224	214	218
Oktober	121	130	132	121	155	128
November	65	62	41	58	102	92
Dezember	57	65	51	54	84	96

Die Regierungen Bundesrepublik Deutschland, DDR, Österreich, Schweiz 1961

Neben den Staatsoberhäuptern der Bundesrepublik Deutschland, der DDR, Österreichs und der Schweiz sind in der Zusammenstellung die einzelnen Kabinette des Jahres 1961 in chronologischer Reihenfolge enthalten. Hinter den Namen der wichtigsten Regierungsmitglieder stehen in Klammern die Parteizugehörigkeit und der Zeitraum ihrer Tätigkeit.

Bundesrepublik Deutschland

Staatsform: Parlamentarisch-demokratischer Bundesstaat
Bundespräsident: Heinrich Lübke (1959–1969)

3. Kabinett Adenauer, Koalition von CDU/CSU (1957 bis 7. 11. 1961), bis 1. 7. 1960 ist die DP an der Regierung beteiligt:
Bundeskanzler: Konrad Adenauer (CDU; 1949–1963)
Vizekanzler und Wirtschaft: Ludwig Erhard (CDU; Wirtschaftsminister 1949–1963, dann Bundeskanzler 1963–1966)
Auswärtiges: Heinrich von Brentano (CDU; 1955 bis 30. 10. 1961)
Inneres: Gerhard Schröder (CDU; 1953 bis 7. 11. 1961, dann Außenminister, 14. 11. 1961 bis 1966)
Finanzen: Franz Etzel (CDU; 1957 bis 7. 11. 1961)
Verteidigung: Franz Josef Strauß (CSU; 1956–1963)
Ernährung und Landwirtschaft: Werner Schwarz (CDU; 1959–1965)
Arbeit und Sozialordnung: Theodor Blank (CDU; 1957–1965)
Justiz: Fritz Schäffer (CSU; 1957 bis 7. 11. 1961)
Verkehr: Hans-Christoph Seebohm (DP/CDU; 1949–1966)
Post und Fernmeldewesen: Richard Stücklen (CSU; 1957–1966)
Wohnungswesen, Städtebau und Raumordnung: Paul Lücke (CDU; 1957–1965)
Vertriebene: Hans-Joachim von Merkatz (DP/CDU; 1960 bis 7. 11. 1961)
Gesamtdeutsche Fragen: Ernst Lemmer (CDU; 1957–1962)
Angelegenheiten des Bundesrates: Hans-Joachim von Merkatz (CDU; 1955–1962)
Familie/Jugend: Franz-Josef Wuermeling (CDU; 1957–1962)
Atomenergie/Wasserwirtschaft: Siegfried Balke (CSU; 1956–1962)
Wirtschaftlicher Besitz des Bundes: Hans Wilhelmi (CDU; 1960 bis 7. 11. 1961)
Bundespressechef: Felix von Eckardt (CDU; 1953–1955, 1956–1962)

4. Kabinett Adenauer, Koalition von CDU/CSU und FDP (14. 11. 1961 bis 1962):
Bundeskanzler: Konrad Adenauer (CDU; 1949–1963)
Vizekanzler und Wirtschaft: Ludwig Erhard (CDU; Wirtschaftsminister 1949–1963, dann Bundeskanzler 1963–1966)
Auswärtiges: Gerhard Schröder (CDU; 14. 11. 1961 bis 1966)
Inneres: Hermann Höcherl (CSU; 14. 11. 1961 bis 1965)
Finanzen: Heinz Starke (FDP; 14. 11. 1961 bis 1962)
Verteidigung: Franz Josef Strauß (CSU; 1956–1963)
Ernährung, Landwirtschaft und Forsten: Werner Schwarz (CDU; 1959–1965)
Arbeit und Sozialordnung: Theodor Blank (CDU; 1957–1965)
Justiz: Wolfgang Stammberger (FDP; 14. 11. 1961 bis 1962)
Verkehr: Hans-Christoph Seebohm (CDU; 1949–1966)
Post und Fernmeldewesen: Richard Stücklen (CSU; 1957–1966)
Wohnungswesen, Städtebau und Raumordnung: Paul Lücke (CDU; 1957–1965)
Vertriebene: Wolfgang Mischnick (FDP; 14. 11. 1961 bis 1963)
Gesamtdeutsche Fragen: Ernst Lemmer (CDU; 1957–1962)
Angelegenheiten des Bundesrates: Hans-Joachim von Meerkatz (CDU; 1955–1962)
Familie/Jugend: Franz-Josef Wuermeling (CDU; 1957–1962)
Atomenergie: Siegfried Balke (CSU; 1956–1962)
Schatz: Hans Lenz (FDP; 14. 11. 1961 bis 1962)
Wirtschaftliche Zusammenarbeit: Walter Scheel (FDP; 14. 11. 1961 bis 1966)
Gesundheitswesen: Elisabeth Schwarzhaupt (CDU; 14. 11. 1961 bis 1966)
Besondere Aufgaben: Heinrich Krone (CDU)
Bundespressechef: Felix von Eckardt (CDU; 1953–1955, 1956–1962)

Die Ministerpräsidenten der deutschen Bundesländer
Baden-Württemberg: Kurt Georg Kiesinger (CDU), 1958–1966
Bayern: Hans Ehard (CSU), 1946–1954 und 1960–1962
Bremen: Wilhelm Kaisen (SPD), Erster Bürgermeister 1945–1965
Hamburg: Paul Nevermann (SPD), Erster Bürgermeister 1. 1. 1961 bis 1965
Hessen: Georg August Zinn (SPD), 1950–1969
Niedersachsen: Hinrich Wilhelm Kopf (SPD), 1946–1955 und 1959 bis 21. 12. 1961, Georg Diederichs (SPD), 21. 12. 1961 bis 1970
Nordrhein-Westfalen: Franz Meyers (CDU), 1958–1966
Rheinland-Pfalz: Peter Altmeier (CDU), 1947–1969
Saarland: Josef Röder (CDU), 1959–1979
Schleswig-Holstein: Kai-Uwe von Hassel (CDU), 1954–1963

Berlin (West): Willy Brandt (SPD), Regierender Bürgermeister 1957–1966

Deutsche Demokratische Republik

Staatsform: Republik
Staatsratsvorsitzender: Walter Ulbricht (SED), 1960–1973

Ministerpräsident: Otto Grotewohl (SED), 1949–1964
1. Sekretär der SED: Walter Ulbricht (SED), 1954–1971

Österreich

Staatsform: Parlamentarisch-demokratische Bundesrepublik
Bundespräsident: Adolf Schärf (SPÖ), 1957–1965

3. Kabinett Raab, Koalition von ÖVP und SPÖ (1959 bis 11. 4. 1961):
Bundeskanzler: Julius Raab (SPÖ), 1953 bis 11. 4. 1961
Vizekanzler: Bruno Pittermann (SPÖ), 1957–1965
Äußeres: Bruno Kreisky (SPÖ), 1959–1965
Inneres: Josef Afritsch (SPÖ), 1959–1963
Verteidigung: Ferdinand Graf (ÖVP), 1956 bis 11. 4. 1961
Finanzen: Eduard Heilingsetzer (ÖVP), 1960 bis 11. 4. 1961
Unterricht: Heinrich Drimmel (ÖVP), 1954–1964
Justiz: Otto Tschadek (SPÖ), 1949–1952, 1956 bis 11. 4. 1961
Handel: Fritz Bock (ÖVP), 1956–1968
Sozialwesen: Anton Proksch (SPÖ), 1956–1965
Verkehr: Karl Waldbrunner (SPÖ), 1949–1963
Verstaatlichte Betriebe: Bruno Pittermann (SPÖ), 1959–1963

1. Kabinett Gorbach, Koalition von ÖVP und SPÖ (11. 4. 1961 bis 20. 11. 1962, geschäftsführend bis 27. 3. 1963)
Bundeskanzler: Alfons Gorbach (ÖVP), 11. 4. 1961 bis 1964
Vizekanzler: Bruno Pittermann (SPÖ), 1957–1965
Äußeres: Bruno Kreisky (SPÖ), 1959–1965
Inneres: Josef Afritsch (SPÖ), 1959–1963
Verteidigung: Karl Schleinzer (ÖVP), 11. 4. 1961 bis 1964
Finanzen: Josef Klaus (ÖVP), 11. 4. 1961 bis 1963
Unterricht: Heinrich Drimmel (ÖVP), 1954–1964
Justiz: Hans Christian Schleinzer (ÖVP), 11. 4. 1961 bis 1964
Handel: Fritz Bock (ÖVP), 1956–1968
Sozialwesen: Anton Proksch (SPÖ), 1956–1965
Verkehr: Karl Waldbrunner (SPÖ), 1949–1963
Verstaatlichte Betriebe: Bruno Pittermann (SPÖ), 1959–1963

Schweizerische Eidgenossenschaft

Staatsform: Republikanischer Bundesstaat
Bundespräsident: Friedrich Wahlen

Äußeres: Max Petitpierre (freisinnig), 1945 bis 30. 6. 1961, Friedrich Wahlen (BGB), 1. 7. 1961 bis 1965
Inneres: Hans Peter Tschudi (SVP), ab 1960
Justiz und Polizei: Ludwig von Moos (katholisch-konservativ), 1960–1971
Finanzen und Zölle: Jean Bourgknecht (katholisch-konservativ), 1960–1961
Militär: Paul Chaudet (freisinnig), 1955–1966
Volkswirtschaft: Friedrich Wahlen (BGB), 1960 bis 30. 6. 1961, Hans Schaffner, 1. 7. 1961 bis 1969
Post und Eisenbahn: Willy Spühler (SVP), ab 1960

Staatsoberhäupter und Regierungen ausgewählter Länder 1961

Die Einträge zu den wichtigsten Ländern des Jahres 1961 informieren über die Staatsform (hinter dem Ländernamen), Titel und Name des Staatsoberhauptes sowie in Klammern dessen Regierungszeit. Es folgen – soweit vorhanden – die Regierungschefs, bei wichtigeren Ländern auch die Außenminister des Jahres 1961; jeweils in Klammern stehen die Zeiträume der Amtsausübung. Eine Kurzdarstellung gibt – wo es sinnvoll erscheint – einen Einblick in die innen- und außenpolitische Situation des Landes.

Afghanistan: Königreich
König: Mohammed Sahir (1933–1973)
Ministerpräsident: Mohammed Daud Khan (1953–1963)
Am 6. 9. bricht Afghanistan wegen des ungelösten Konflikts um Patschunistan die diplomatischen Beziehungen zu Pakistan ab.

Ägypten:
Bis 28. 9. 1961 mit Syrien vereinigt als Vereinigte Arabische Republik (siehe dort), danach Republik.
Präsident: Gamal Abd el Nasser (1954–1970). Nasser ist 1956–1962 auch Leiter der Regierung (Ministerpräsident) und bis September 1961 des Kabinetts der Vereinigten Arabischen Republik. Von 1960 bis zum 17. 8. 1961 leitet Kamal ad-Din Husain eine Regionalregierung in Ägypten.
Außenminister: Mahmud Fausi (1952–1964)
Am 30. 5. bricht Ägypten die diplomatischen Beziehungen zu Südafrika wegen der dortigen Rassenpolitik ab. – Am 25./26. 7. werden die Banken, Versicherungs- und größeren Schiffahrtsgesellschaften sowie ein großer Teil der Industrie- und Transportunternehmen verstaatlicht. – Nach einem Militäraufstand in Damaskus tritt Syrien am 28. 9. aus der Vereinigten Arabischen Republik aus.

Albanien: Volksrepublik
Präsident: Haxhi Lleschi (1953–1977)
Ministerpräsident: Mehmed Schehu (1954–1981)
Die UdSSR, die Tschechoslowakei und die DDR widerrufen ihre Kreditzusagen an Albanien, als der Abschluß albanisch-chinesischer Wirtschaftsvereinbarungen bekannt wird (26. 4.). – Die UdSSR bricht die diplomatischen Beziehungen zu Albanien ab (10. 12.).

Algerien:
Politisch und wirtschaftlich dem Mutterland angegliedertes französisches Generalgouvernement
Generaldelegierter: Jean Morin (1960–1962)
Ministerpräsident der Exilregierung: Ferhat Abbas (1958/59, 1960 bis 27. 8. 1961) Jusuf ibn Chidda (27. 8. 1961 bis 1962).
Die politische Situation des Landes ist gekennzeichnet durch den Kampf um die Unabhängigkeit von Frankreich. Ergebnislose Verhandlungen werden in Evian (20. 5.– 13. 6.) und Lugrin (20.–28. 7.) durchgeführt. – Am 22./26. 4. scheitert ein faschistischer Putschversuch französischer Generale.

Argentinien: Republik
Präsident: Arturo Frondizi (1958–1962)

Äthiopien: Kaiserreich
Kaiser: Haile Selassie (1930–1974)
Leitender Minister: Ras Abebe Aragai (1957 bis 31. 3. 1961: Aufhebung des Amts des Leitenden Ministers)
Ministerpräsident (Amt neu geschaffen am 31. 3. 1961): Tsehafe Tezaz Aklilu, Habtewold (1961–1974)

Australien: Bundesstaat im Britischen Empire
Ministerpräsident: Robert Gordon Menzies (Labour Party: 1939/40, 1949–1966)
Außenminister: Robert Gordon Menzies (1960 bis 22. 12. 1961), Sir Garfield Barwick (22. 12. 1961 bis 1964)
Britischer Generalgouverneur: William Shepard Morrison (1959 bis 3. 2. 1961), William Philip Sidney 6. Baron de l'Isle and Dudley 1. Viscont de l'Isle of Penshurst (10. 4. 1961 bis 1965).

Belgien: Königreich
König: Baudouin (seit 1951)
3. Kabinett Eyskens, christlich-soziale/liberale Koalition (1958 bis 26. 3. 1961):
Ministerpräsident: Gaston Eyckens (christlich-sozial, 1949/50, 1958, 1958 bis 26. 3. 1961, 1968–1972)
Stellvertretender Ministerpräsident: Théo Lefèvre (christlich-sozial, 1958 bis 17. 2. 1961)
Außenminister: Paul Henri Spaak (Sozialist, 1939–1949, 1954–1957, 1961–1966)
Kabinett Lefèvre, Koalition von Christlich-Sozialen und Sozialdemokraten (25. 4. 1961 bis 1965)
Ministerpräsident: Théo Lefèvre (christlich-sozial, 25. 4. 1961 bis 1965)
Außenminister: Paul Henri Spaak (Sozialist, 1939–1949, 1954–1957, 1961–1966).
Nach der Auflösung des Parlaments (21. 2.) finden Neuwahlen am 26. 3. statt, bei denen die Regierungkoalition gewinnt.

Bhutan: Königreich
König: Jigme Dorji Wangchuk (1952–1972)

Birma: Republik
Präsident: U Wing Maung (1957–1962)
Ministerpräsident: U Nu (1947–1952, 1957/58, 1960–1962)

Bolivien: Republik
Präsident: Victor Paz Estenssoro (1952–1956, 1960–1964)

Brasilien: Bundesrepublik
Präsident: Juscelino Kubitschek de Oliveira (1956 bis 31. 1. 1961), Jânio da Silva Quadros (31. 1.–25. 8. 1961), João Belchior Marques Goulart (7. 9. 1961 bis 1964)

Bulgarien: Volksrepublik
Präsident (Präsident des Präsidiums des Nationalrats): Dimitar Ganew (1958–1964)
Ministerpräsident: Anton Tanew Jugow (1956–1962)
Außenminister: Karl Lukanow (1956–1962)

Ceylon (amtlicher Name ab 1972 Sri Lanka):
Als unabhängige parlamentarische Monarchie Gliedstaat des British Commonwealth of Nations.
Außenministerin und Verteidigungsministerin: Sirimawo Bandaranaike (1960–1965, erneut Ministerpräsidentin 1970–1977)
Generalgouverneur: Sir Oliver Goonetilleke (1954–1962)

Chile: Republik
Präsident: Jorge Alessandri Rodríguez (1958–1964)

China: Volksrepublik (National-China siehe Formosa)
Präsident: Mao Tse-tung (1949–1959)
Parteichef: Mao Tse-tung (1945–1976)
Regierungschef: Chou En-lai (1949–1976)

Costa Rica: Republik
Präsident: Mario Echandi Jiménez (1958–1962)

Dänemark: Königreich
König: Friedrich IX. (1947–1972)
Ministerpräsident: Viggo Kampmann (Sozialist, 1960–1962)
Außenminister: Jens Otto Krag (1958–1962)

Dominikanische Republik: Diktatur/Republik
Präsident (Marionette von Rafael Leónidas Trujillo y Molina, Diktator seit 1930): Joaquín Videla Balaguer (1960 bis 31. 12. 1961).
Am 30. 5. wird Trujillo ermordet. Im November muß sein Bruder Hector Bienvenido Trujillo als Oberbefehlshaber zurücktreten und ins Ausland fliehen.

Ecuador: Republik
Präsident: José María Velasco Ibarra (1934/35, 1944–1947, 1952–1956, 1960 bis 7. 11. 1961, 1968–1972), Carlos Julio Arosemena Monroy (8. 11. 1961 bis 1963)

Elfenbeinküste: Patriarchalische Diktatur
Präsident: Félix Houphouet-Boigny (seit 1960)

El Salvador: Diktatur
Leiter der Militärjunta: Oberst Miguel Angel Castillo (1960 bis 25. 1. 1961)
Leiter eines Militärisch-Zivilen Direktorats: Anibal Portillo (25. 1. 1961 bis 1962)

Finnland: Republik
Präsident: Urho Kaleva Kekkonen (1956–1981)
Ministerpräsident: Väinö Johannes Sukselainen (1957, 1959 bis 3. 7. 1961), Martin Johannes Miettunen (14. 7. 1961 bis 1962)
Außenminister: Ralf Törngren (1953/54, 1956/57, 1959 bis 15. 5. 1961), Ahti Karjalainen (19. 6. 1961 bis 1962)
Finnland und die Europäische Freihandelszone (EFTA) schließen ein Assoziierungsabkommen (27. 3.).

Formosa: (National-China, Taiwan): Republik
Präsident: Tschiang Kai-shek (1950–1975)

Frankreich: Republik
Präsident: Charles de Gaulle (1944–1946, 1959–1969)
Ministerpräsident: Michel Debré (Gaullist, 1959–1962)
Außenminister: Maurice Couve de Murville (1958–1968)
Die Innen- und Außenpolitik steht im Zeichen des Algerienkonflikts (Putsch der OAS am 22. 4., Verhandlungen bis 1962).

Ghana: Republik
Staatspräsident und Leiter des Kabinetts: Kwame Nkrumah (1960–1966).

Griechenland: Konstitutionelle Erbmonarchie
König: Paul (1947–1964)
Ministerpräsident: Konstandinos Karamanlis (1955–1958, 1958 bis 20. 9. 1961, 4. 11. 1961 bis 1963, 1974–1980), Konstantin Dovas (20. 9. – 4. 11. 1961)
Außenminister: Evangelos Averoff-Tositzas (1956 bis 20. 9. 1961, 4. 11. 1961 bis 1963), Michael Pesmazoghlu (20. 9.–4. 11. 1961)

Großbritannien: Konstitutionelle Erbmonarchie
Königin Elisabeth II. (seit 1952)
Premierminister: Harold Macmillan (konservativ, 1957–1963)
Außenminister: Alexander Frederick Douglas-Home (1960–1963)
Großbritannien entläßt Sierra Leone (27. 4.) und Tanganjika (9. 12.) in die Unabhängigkeit und hebt die Treuhandschaft über British-Kamerun (1. 6./1. 10.) und die Schutzherrschaft über Kuwait (19. 6.) auf. – Das Unterhaus billigt die Absicht der Regierung, Verhandlungen über einen Beitritt Großbritanniens zur EWG aufzunehmen (3. 8.).

Guatemala: Republik
Präsident: General Miguel Ydígoras Fuentes (1958–1963).
Guatemala, neben Nicaragua der wichtigste mittelamerikanische Stützpunkt der Vereinigten Staaten, ist einer der Ausgangspunkte der gescheiterten Invasion auf Kuba im April 1961.

Guinea: Republik
Ministerpräsident: Sékou Touré (1958–1984)
Staatspräsident: Sékou Touré (15. 1. 1961 bis 1984).

Honduras: Republik
Präsident: José Ramón Villeda Morales (1957–1963).

Indien: Bundesrepublik
Präsident: Rajendra Prasad (1950–1962)
Geschäftsführender Staatspräsident: Sarvepalli Radhakrishnan (25. 7. 1961 bis 1962, danach Staatspräsident bis 1967)
Ministerpräsident: Jawaharlal Nehru (1946/47–1964)
Inneres: Lal Bahadur Shastri (5. 4. 1961 bis 1963)
Finanzen: Morarji Desai (1958–1963).
Am 17. 12. marschieren indische Truppen in die portugiesischen Kolonien Goa, Daman und Diu an der Westküste des indischen Subkontinents ein.

Indonesien: Republik (»gelenkte Demokratie«)
Präsident: Achmed Sukarno (1945/49–67)
Leiter des Kabinetts (Ministerpräsident): Achmed Sukarno (1959–1967)
Erst- und Finanzminister: Djuanda Kurtawidjaja (1959–1963)

Irak: Diktatur
Leiter des Souveränitätsrats (Präsident): Muhammad Nadschib ar-Rubai'i (1958–1963)
Ministerpräsident (Militärdiktator): Abd Al Karim Kasim (1958–1963)
Außenminister: Haschim Dschawad (1959–1963)
Am 25. 6. beansprucht der Irak das am 19. 6. unabhängig gewordene Emirat Kuwait am Persischen Golf.

Iran: Kaiserreich
Schah: Mohammad Resa Pahlawi (1941–1979)
Ministerpräsident: Jafar Sharif Emami (1960 bis 5. 5. 1961), Ali Amini (5. 5. 1961 bis 1962)

Irland: Republik
Präsident: Eamon de Valera (1959–1973)
Ministerpräsident: Sean Lemass (1959–1966)
Außenminister: Frank Aiken (1951–1954, 1957–1969)
Irland beantragt den Beitritt zur EWG (1. 8.).

Island: Republik
Präsident: Asgeir Asgeirsson (1952–1968)
Ministerpräsident: Ólafur Thors (1942, 1944–1946, 1949/50, 1953–1956, 1959–1963).

Israel: Republik
Präsident: Isaak Ben Zwi (1952–1963)
Ministerpräsident: David Ben Gurion (Mapai, 1948–1953, 1955–1963)
Verteidigungsminister: David Ben Gurion (1955–1963)
Außenminister: Golda Meir (1956–1966)
Finanzminister: Levi Eschkol (1952–1963)
Am 15. 12. wird in Jerusalem der ehemalige SS-Obersturmbannführer Adolf Eichmann wegen Judenverfolgung zum Tode verurteilt.

Italien: Republik
Präsident: Giovanni Gronchi (1955–1962)
Ministerpräsident: Amintore Fanfani (Democrazia Christiana, 1954, 1958/59, 1960–1963)
Außenminister: Antonio Segni (1960–1962)
Wegen der Unruhen in Südtirol verhandelt Italien mit Österreich über eine größere Unabhängigkeit der deutschsprachigen Südtiroler.

Japan: Kaiserreich
Kaiser (Tenno): Hirohito (seit 1926)
Ministerpräsident: Hajato Ikeda (1960–1964)
Außenminister: Zentaro Kosaka (1960–1962)

Jordanien: Königreich
König: Husain (seit 1952)
Ministerpräsident: Bahdschat Talhuni (1960–1962, 1964, 1964/65, 1969/70)

Jugoslawien: Volksrepublik
Präsident: Josip Tito (1953–1980)
Ministerpräsident: Josip Tito (1943–1963)
Außenminister: Koča Popovič (1953–1965)

Kambodscha (Kampuchea): Königreich
Staatsoberhaupt (ohne Königstitel): Norodom Sihanuk (1960–1970, zuvor König 1941–1955)
Ministerpräsident: Norodom Sihanuk (1952/53, 1955/56, 1956, 1956/57, 1958–1960, November 1961 bis 1963, 1967/68), Samdech Penn Nouth (1953, 1958, 28. 1. bis November 1961)

Kamerun: Republik/Bundesrepublik
Präsident: Ahmadou Ahidjo (1960–1982)
Ministerpräsident: Charles Assalé (1960–1965)
Am 1. 10. vereinigt sich Britisch-Südkamerun (Westkamerun) mit der Republik Kamerun (Ostkamerun) zur Bundesrepublik Kamerun, während sich Britisch-Nordkamerun Nigeria anschließt.

Kanada: Parlamentarische Monarchie innerhalb des britischen Commonwealth
Premierminister: John George Diefenbaker (konservativ, 1957–1963)
Außenminister: Howard Green (1959–1963)

Kolumbien: Republik
Präsident: Alberto Lleras Camargo (1945/46, 1958–1962)

Kongo (Brazzaville): Republik
Staats- und Ministerpräsident: Abbé Fulbert Youlou (1960–1963).

Kongo (Léopoldville; ab 1971 Zaïre): Republik
Präsident: Joseph Kasawubu (1960–1965)
Ministerpräsident: Joseph Iléo (1960 bis 27. 7. 1961), Cyrille Adoula (1. 8. 1961 bis 1964).
Im Kongo herrscht Bürgerkrieg seit der Unabhängigkeit am 15. 8. 1960. Patrice Lumumba, der 1960 gestürzte Ministerpräsident, wird vermutlich in der Nacht vom 17./18. 1. ermordet. – Am 18. 9. kommt UNO-Generalsekretär Dag Hammarskjöld beim Absturz während eines Fluges ins Krisengebiet ums Leben.

Korea (Nordkorea): Volksrepublik
Präsident: Yong Kun Choi (1952–1972)
Ministerpräsident: Kim Il Sung (1948–1972, danach Staatspräsident ab 1972)

Korea (Südkorea): Republik/Militärdiktatur
Präsident: Yun Poson (1960 bis 16./19. 5. 1961, 20. 5. 1961 bis 1962)
Ministerpräsident: John Myung Chang (1960 bis 16. 5. 1961)
Chef der Militärjunta: Chang Do Yung (16. 5.–3. 7. 1961)
Ministerpräsident (formell): Song Yo Chang (3. 7. 1961 bis 1962)
Der Militärputsch von Park Chung Hee beseitigt das parlamentarische Regierungssystem in Südkorea. Eigentlicher Machthaber ist Park Chung Hee (seit 3. 7.) als Vorsitzender eines Obersten Rates.

Kuba: Republik
Präsident: Osvaldo Dórticos Torrado (1959–1976)
Ministerpräsident: Fidel Castro (seit 1959, ab 1976 auch Staatspräsident).
Am 3. 1. brechen die USA die Beziehungen zu Kuba ab. – Am 17.–20. 4. scheitert ein Invasionsversuch von Exil-Kubanern, die vom US-Geheimdienst ausgebildet wurden, in die Schweinebucht.

Kuwait: Emirat
Emir: Abdallah As Salim As Sabah (1950–1965).
Großbritannien gibt am 19. 6. das Protektorat über Kuwait auf.

Laos: Königreich
König: Savang Vatthana (1959–1975)

Ministerpräsident (antikommunistisch): Prinz Bun Um (1960), 1960–1962)
In Laos herrscht Bürgerkrieg zwischen Bun Um, dem Neutralisten Suvanna Phuma und dem Kommunisten Suvannavong. Am 3. 5. schließen die Bürgerkriegsparteien einen Waffenstillstand. – Am 16. 5. wird eine 14-Staaten-Konferenz zur friedlichen Regelung der Laos-Frage eröffnet.

Libanon: Republik
Präsident: Fuad Schihab (1952, 1958–1962)
Ministerpräsident: Saib Sallam (1952, 1953, 1960 bis 23. 10. 1961), Raschid Karami (1955/56, 1958–1960, 31. 10. 1961 bis 1964)
Ein Putsch der Volkssozialen Partei zur Errichtung eines unter haschemitischer Führung stehenden Groß-Syrien scheitert (31. 12.).

Liberia: Republik
Präsident und Ministerpräsident: William Tubmann (1943–1971)
Vom 8.–12. 5. findet in Monrovia eine Gipfelkonferenz 20 afrikanischer Staaten, der sog. Monrovia-Gruppe, statt.

Libyen: Königreich
König: Idris I. (1951–1969)
Ministerpräsident: Muhammad Uthman as-Said (1960–1963)

Liechtenstein: Fürstentum
Fürst: Franz Joseph II. (seit 1938).

Luxemburg: Großherzogtum
Großherzogin: Charlotte (1919–1964)
Ministerpräsident: Christian Pierre Werner (1959–1974)
Außenminister: Eugène Schaus (1959–1964)

Madagaskar: Republik
Staatspräsident und Ministerpräsident: Philibert Tsiranana (1960–1972).

Malaiische Föderation: Monarchistischer Bundesstaat
König von Malaya: Tuan Sajjid Putra ibn al-marhum Sajjid Hasan Dschamal Allah Radscha von Perlis (1960–1963)
Ministerpräsident: Tunku Abdul Rahman (1957–1959, 1959–1963)

Mali: Republik
Präsident: Modibo Keita (1960–1968).

Malta: Britische Kolonie
Gouverneur: Sir Guy Grantham (1959–1962)

Marokko: Königreich
König und Leiter des Kabinetts: Muhammad V. (1957 bis 26. 2. 1961), davor Sultan as Sidi Muhammad 1927–1953, 1955–1957), Hasan II. (ab 26. 2. 1961)

Mauretanien: Republik
Präsident: Moktar Ould Daddah (20. 8. 1961 bis 1978, seit 1960 auch Ministerpräsident)
Das Land erhält eine neue Verfassung mit präsidialem Regierungssystem (20. 5.). – Am 25. 12. wird die Mauretanische Volkspartei gegründet, die ab 1965 Einheitspartei des Landes ist (nationaldemokratisch).

Mexiko: Bundesrepublik
Präsident: Alfonso López Mateos (1958–1964)

Monaco: Fürstentum
Fürst: Rainier III. (seit 1949)

Mongolische Volksrepublik: Volksrepublik
Präsident: Stamtsarangin Sambuu (1954–1972)
Ministerpräsident: Jumschagiin Zedenbal (1952–1974, danach Präsident ab 1974)

Nepal: Königreich
König: Mahendra (1956–1972)
Ministerpräsident: Die parlamentarische Regierung ist seit 1960 durch den König aufgehoben.

Neuseeland: Unabhängige parlamentarische Monarchie im Commonwealth
Staatsoberhaupt: Elisabeth II. von Großbritannien
Premierminister: Keith Jacka Holyoake (konservativ, 1960–1972)
Britischer Generalgouverneur: Charles John Lyttelton 10. Viscount Cobham (1957–1962)

Nicaragua: Diktatur
Diktator: Luis Somoza Debayle (1956–1963)

Niederlande: Konstitutionelle Erbmonarchie
Königin: Juliana (1948–1980)
Ministerpräsident: Jan Eduard de Quay (katholisch, 1959–1963)
Außenminister: Joseph Luns (1956–1971, danach NATO-Generalsekretär bis 1984)

Niger: Republik
Staats- und Ministerpräsident: Hamani Diori (1960–1974)

Nigeria: Unabhängige parlamentarische Monarchie im Commonwealth
Staatsoberhaupt: Elisabeth II. von Großbritannien
Premierminister: Sir Abubakar Tafawa Balewa (1960–1963, 1965/66)
Generalgouverneur: Benjamin Nnamdi Azikiwe (1960–1963, danach Staatspräsident der Republik bis 1966)

Nordirland: Teil von Großbritannien
Ministerpräsident: Sir Basil Stanlake Brooke (1943–1963)

Nordkorea: Siehe Korea (Nordkorea)

Norwegen: Konstitutionelle Erbmonarchie
König: Olaf V. (seit 1957)
Ministerpräsident: Einar Gerhardsen (Sozialist, 1945–1951, 1955–1963, 1963–1965)

Obervolta: Republik
Staats- und Ministerpräsident: Maurice Yaméogo (1960–1966)

Oman: Sultanat
Sultan: Said bin Taimur (1932–1970)

Pakistan: Republik
Staats- und Ministerpräsident: Mohammed Ayub Khan (1958–1969)

Panama: Republik
Präsident: Roberto Francisco Chiari (1949–1964)

Papst: Siehe Vatikanstadt

Paraguay: Diktatur
Präsident: Alfredo Stroessner (seit 1954)

Persien: Siehe Iran

Peru: Republik
Präsident: Manuel Prado y Ugareche (1939–1945, 1956–1962)

Philippinen: Republik
Präsident: Carlos P. García (1957 bis 30. 12. 1961), Diosdado Macapagal (30. 12. 1961 bis 1965)

Polen: Volksrepublik
Staatsratsvorsitzender: Aleksander Zawadski (1952–1964)
Parteichef: Władysław Gomułka (1943–1948, 1956–1970)
Ministerpräsident: Józef Cyrankiewicz (1947–1952, 1954–1971)
Außenminister: Adam Rapacki (1956–1968)

Portugal: Diktatur
Präsident: Américo Tomás (1958–1974)
Ministerpräsident: António de Oliveira Salazar (1932–1968)
Außenminister: Marcello Mathias (1958 bis 3. 5. 1961), Alberto Franco Nogueira (3. 5. 1961 bis 1969).
Die indischen Besitzungen Goa, Diu und Daman werden von Portugal unabhängig (Dezember). In der Kolonie Angola ist Portugal in einen Dschungelkrieg mit der Befreiungsbewegung verwickelt.

Rhodesien: Siehe Süd-Rhodesien

Rumänien: Volksrepublik
Vorsitzer des Parlamentspräsidiums (Staatsoberhaupt): Ion Georghe Maurer (1958 bis 21. 3. 1961, danach Ministerpräsident)
Staatsratsvorsitzender (Staatsoberhaupt): Georghe Georghiu-Dej (21. 3. 1961 bis 1965)
Ministerpräsident: Chivu Stoica (1958 bis 21. 3. 1961), Ion Georghe Maurer (21. 3. 1961 bis 1974)
Außenminister: Abraham Bunaciu (1958 bis 21. 3. 1961), Cornelius Manecu (ab 21. 3. 1961).

Sansibar: Sultanat unter britischem Protektorat
Sultan: Sajjid Abd Allah ibn Chalifa (1960–1963).

Saudi-Arabien: Königreich
König: Saud ibn Abd al Asis (1953–1964)

Schweden: Konstitutionelle Erbmonarchie
König: Gustav VI. Adolf (1950–1973)
Ministerpräsident: Tage Erlander (Sozialist, 1946–1969)
Außenminister: Östen Undén (1924–1926, 1945–1962)

Senegal: Republik
Präsident: Sédar Senghor (1960–1980)
Ministerpräsident: Mahmadou Dia (1960–1962).

Sierra Leone: Unabhängige Monarchie im Commonwealth seit 27. 4. 1961
Staatsoberhaupt: Elisabeth II. von Großbritannien
Ministerpräsident: Sir Milton Margai (27. 4. 1961 bis 1964)
Generalgouverneur: Sir Maurice Dorman (27. 4. 1961 bis 1962).

Simbabwe: Siehe Rhodesien

Singapur: Gliedstaat des Commonwealth mit innerer Selbstverwaltung
Ministerpräsident: Lee Kuan Yew (Chinese, seit 1959)
Britischer Oberkommissar: George Nigel Douglas-Hamilton 10. Earl of Selkirk (1959–1963)

Somalia: Republik
Präsident: Aden Abdullah Othman (1960–1967)
Ministerpräsident: Abd ar-Raschid Ali Shermake (1960–1964).

Sowjetunion: Siehe UdSSR

Spanien: Diktatur
Nationaler Staatspräsident und Vorsitzender des Ministeriums: Francisco Franco Bahamonde (1936–1975)
Außenminister: Fernando María Castiella y Maiz (1957–1969)

Südafrikanische Union:
Dominion im britischen Commonwealth / unabhängige Republik ab 31. 5. 1961
Ministerpräsident: Hendrik French Verwoerd (1958–1966)
Außenminister: Eric Hendrik Louw (1954–1963)
Generalgouverneur: Charles Robberts Swart (1959 bis 31. 5. 1961, danach Präsident)
Präsident: Charles Robberts Swart (31. 5. 1961 bis 1967)

Sudan: Diktatur
Staatsleiter und Leiter des Obersten Rates für die bewaffneten Streitkräfte: Ibrahim Abbud (1958–1964)

Südkorea: Siehe Korea (Südkorea)

Syrien:
1959–1961 mit Ägypten zur Vereinigten Arabischen Republik (siehe dort) zusammengeschlossen, ab 28. 9. 1961 wieder unabhängige Republik
Präsident: Nazim al-Qudsi (14. 12. 1961 bis 1963)
Ministerpräsident: Mahmun al-Kuzbari (29. 9.–21. 11. 1961), Izet an-Nuss (21. 11.–14. 12. 1961), Maruf ad-Dawalibi (1951, 26. 12. 1961 bis 1962)

Taiwan: Siehe Formosa

Tanganjika (Tansania):
Ab 9. 12. 1961 unabhängige parlamentarische Monarchie im Commonwealth mit dem britischen Monarchen als Staatsoberhaupt
Ministerpräsident: Julius Nyerere (9. 12. 1961 bis 1962, danach Präsident von Tanganjika, heute Tansania)

Thailand: Konstitutionelle Monarchie
König: Rama IX. Bhumiopol (seit 1946)
Ministerpräsident: Feldmarschall Sarit Thanarat (1957, 1958–1963)

Tibet: Teil der Volksrepublik China seit 1951
14. Dalai-Lama: Tenzin Gjatso (1935 geboren und gewählt, 1939 inthronisiert, im Exil ab 1959),
7. Pantschen-Lama: Tschökji Gjaltsen (seit 1938)

Togo: Republik
Präsident: Sylvanus Olympio (1960–1963).

Tschad: Republik
Präsident: François Tombalbaye

Tschechoslowakei: Volksrepublik
Präsident: Antonín Novotný (1957–1968)
Ministerpräsident: Viliam Široký (1953–1963)
Außenminister: Wenzel David (1953–1968)

Tunesien: Republik
Präsident: Habib Burgiba (seit 1957 Präsident auf Lebenszeit)

Türkei: Diktatur/Republik
Leiter der Militärregierung: General Cemal Gürsel (1960 bis 26. 10. 1961, danach Präsident)
Präsident: Cemal Gürsel (26. 10. 1961 bis 1966)
Ministerpräsident: Ismet Inönü (1923–1924, 1925–1937, 20. 11. 1961 bis 1965)
Außenminister: Selim Sarper (1960–1962).
In einer Volksabstimmung wird eine neue Verfassung der Türkei als »nationale, demokratische, laizistische und soziale Republik« angenommen (9. 7.). Der 1960 gestürzte ehemalige Ministerpräsident Adnan Menderes wird hingerichtet.

UdSSR: Union sozialistischer Sowjetrepubliken
Parteichef: Nikita S. Chruschtschow (1953–1964)
Ministerpräsident: Nikita S. Chruschtschow (1958–1964)
Verteidigungsminister: Rodion J. Malinowski (seit 1957)
Vorsitzender des Präsidiums des Obersten Sowjets (Staatsoberhaupt): Leonid Breschnew (1960–1964, 1977–1982)
Außenminister: Andrei Gromyko (1957–1985, danach Staatsoberhaupt)
Juri Gagarin unternimmt den ersten bemannten Raumflug (12. 4.). – Partei- und Regierungschef Chruschtschow trifft sich am 3./4. 6. mit US-Präsident John F. Kennedy in Wien. – Ein neues Parteiprogramm wird angenommen (14. 10.). – Auf dem XXII. Parteitag der KPdSU (17.–31. 10.) wird Josef Stalin offen verurteilt, die zweite Entstalinisierungswelle beginnt. – Die UdSSR bricht die diplomatischen Beziehungen zu Albanien ab (10. 12.).

Ungarn: Volksrepublik
Präsident: Istvan Dobi (1952–1967)
Ministerpräsident: Ferenc Münnich (1958 bis 13. 9. 1961), János Kádár (1956–1958, 13. 9. 1961 bis 1965)
Außenminister: Andreas Sik (1958 bis 13. 9. 1961), János Péter (ab 13. 9. 1961)

Uruguay: Republik
Vorsitzender des Nationalrats (jährlich wechselnd): Benito Nardone (1960 bis 1. 3. 1961), Faustino Harrison (1. 3. 1961 bis 1962)

USA: Bundesrepublik
34. Präsident: Dwight D. Eisenhower (Republikaner, 1953 bis 20. 1. 1961)
Vizepräsident: Richard M. Nixon (1958 bis 20. 1. 1961, 37. Präsident 1969–1974)
Außenminister: Christian Herter (1959 bis 20. 1. 1961)
35. Präsident: John F. Kennedy (Demokrat, 20. 1. 1961 bis 1963)
Vizepräsident: Lyndon B. Johnson (20. 1. 1961 bis 1963, dann 36. Präsident bis 1969)
Außenminister: Dean Rusk (20. 1. 1961 bis 1969)
Vom Geheimdienst CIA ausgebildete Exil-Kubaner werden beim Versuch, die kubanische Regierung Fidel Castro zu stürzen, zurückgeschlagen (14.–20. 4.). – Der Astronaut Alan Bartlett Shepard unternimmt einen selbstgesteuerten Weltraumflug (5. 5.). – Präsident Kennedy und der sowjetische Partei- und Regierungschef Nikita S. Chruschtschow treffen sich in Wien (3./4. 6.). – Präsident Kennedy verstärkt das militärische Engagement der USA in Vietnam.

Vatikanstadt: Absolute Monarchie
Papst: Johannes XXIII., ursprünglich Angelo Giuseppe Roncalli (1958–1963)
Staatssekretär: Domenico Tardini (1958 bis 30. 7. 1961 †, zuvor Prostaatssekretär 1952–1958), Amleto Cicognani (14. 8. 1961 bis 1963)
Der Papst legt in der Enzyklika »Mater et Magistra« die katholische Soziallehre dar (14. 7.). – Das Zweite Vatikanische Konzil wird formell einberufen (25. 12.).

Venezuela: Republik
Präsident: Rómulo Betancourt (1945–1948, 1959–1964)

Vereinigte Arabische Republik:
Republik (seit 1958 bestehende Vereinigung der Länder Ägypten und Syrien, am 28. 9. 1961 durch das Ausscheiden Syriens aufgelöst)
Präsident: Gamal Abd el Nasser (1958 bis 28. 9. 1961)

Vietnam (Nord): Republik
Präsident: Ho Chi Minh (1945/54–1969.

Vietnam (Süd): Republik
Präsident: Ngo Dinh Diem (1955–1963).

Zaïre: Siehe Kongo (Léopoldville)

Zentralafrikanische Föderation
Zusammenschluß der britischen Kolonien Nord- und Südrhodesien und Njassaland, Ministerpräsident: Sir Roy Wellensky (1959–1963)
Generalgouverneur: Simon Ramsay 16. Earl Dalhousie (1957–1963)

Zypern: Republik
Präsident (Grieche): Erzbischof Makarios III. (1960–1977)

Kriege und Krisenherde des Jahres 1961

Die herausragenden politischen und militärischen Krisensituationen des Jahres 1961 werden – alphabetisch nach Ländern geordnet – im Überblick dargestellt. Internationale Kriege und Krisenherde sind dem alphabetischen Länderverzeichnis vorangestellt.

Abrüstungsgipfel gescheitert:

US-Präsident John F. Kennedy und der sowjetische Partei- und Regierungschef Nikita Chruschtschow treffen am 3./4. Juni in der österreichischen Hauptstadt Wien zu einem ergebnislosen Meinungsaustausch über Rüstungsfragen zusammen, der allerdings in einer betont freundlichen Atmosphäre stattfindet.

Algerienkonflikt spitzt sich zu:

Am 26. April scheitert in der französischen Kolonie Algerien ein Putsch der rechtsgerichteten Generale Maurice Challe, Raoul Salan u. a. gegen die Regierung von Staatspräsident Charles de Gaulle, der Algerien in die Unabhängigkeit entlassen will. Algerien soll allerdings nach den Plänen von de Gaulle in einer engen wirtschaftlichen und politischen Bindung mit Frankreich verbleiben.

Vom 20. Mai bis 13. Juni fanden in Evian Verhandlungen zwischen der französischen Regierung und Vertretern der algerischen Provisorischen Regierung über eine vollständige Souveränität des Landes statt, die vom 20. bis 28. Juli in Lugrin fortgesetzt werden.

Der Terror von Unabhängigkeitsgegnern und -befürwortern geht währenddessen sowohl in der Kolonie Algerien als auch im Mutterland Frankreich weiter.

Angolaner wollen Unabhängigkeit:

Die portugiesische Diktatur unter António de Oliveira Salazar muß ihre Armee-Einheiten in der Kolonie Angola erheblich verstärken. Die Guerillatätigkeit in dem ausgebeuteten afrikanischen Land nimmt seit der aufsehenerregenden Kaperung des Luxusschiffes »Santa Maria« durch den portugiesischen Oppositionspolitiker Henrique Galvão am 22. Januar ständig zu. Trotz aller Brutalität können die portugiesischen Truppen die Aufstandsbewegungen jedoch nicht unterdrücken.

Berlin durch Mauer geteilt:

Die DDR läßt am 13. August an der Demarkationslinie zwischen Berlin (Ost) und Berlin (West) eine Mauer errichten, um die steigende Fluchtbewegung aus der DDR zu unterbinden. Von den ursprünglich 81 Sektorenübergängen bleiben nur noch zwölf geöffnet. Die Berlin-Krise, die mit dem Ultimatum des sowjetischen Regierungschefs Nikita Chruschtschow 1958 begonnen hat, erreicht ihren Höhepunkt.

Kongo im Bürgerkrieg:

Die ehemalige belgische Kolonie Kongo befindet sich seit der Unabhängigkeit 1960 im Bürgerkrieg. Nach der Ermordung des ehemaligen Ministerpräsidenten Patrice Lumumba am 17. Januar stehen sich Moise Tschombé, Präsident der Provinz Katanga, Antoine Gizenga, der sich als Nachfolger Lumumbas versteht, Joseph Kasawubu, kongolesischer Staatspräsident und Joseph Désiré Mobutu, Oberbefehlshaber der kongolesischen Zentralarmee, gegenüber. Zwar gehen die einzelnen Gegner Koalitionen ein, zu einer dauerhaften Einigung kommt es trotz des Eingreifens der UNO jedoch 1961 nicht.

Invasion in Kuba gescheitert:

Am 20. April scheitert eine Invasion von Exilkubanern, die vom CIA, dem US-amerikanischen Geheimdienst, vorbereitet und gelenkt ist. Die Truppe ist am 17. April in der kubanischen Schweinebucht gelandet.

Die USA sehen durch den prosowjetischen Kurs des kubanischen Ministerpräsidenten Fidel Castro ihre Sicherheitsinteressen in der Karibik gefährdet und befürchten ein Übergreifen der Revolution auf andere Staaten Lateinamerikas. Durch die Invasion hoffen die USA, einen Aufstand castrofeindlicher Gruppen auszulösen, dem sich nach Meinung des CIA auch Teile der Streitkräfte anschließen würden. Tatsächlich bekämpfen die Kubaner jedoch erbittert die Eindringlinge.

Die gescheiterte Invasion fügt den USA außenpolitisch schweren Schaden zu. Die UdSSR protestiert in schärfster Form, und auch westliche Verbündete der USA distanzieren sich von dem Vorfall.

Machtkämpfe in Laos:

In Laos sind die innenpolitischen Auseinandersetzungen um die Macht eng mit der Konfrontation zwischen Ost und West verbunden. Während der rechtsgerichtete Bun Um von den USA unterstützt wird, erhalten Suvannavong und die Pathet-Lao Hilfen der Sowjetunion. Suvanna Phuma dagegen verfolgt eine neutralistische Politik. Am 13. Mai wird ein Waffenstillstand erzielt.

Seit dem 16. Mai tagt in Genf eine internationale Indochinakonferenz, an der u. a. die Westmächte und die UdSSR teilnehmen. Zwar wird grundsätzlich die Neutralität von Laos bekräftigt, zu einer endgültigen Einigung kommt es jedoch 1961 aufgrund der Gegnerschaft der Laos-Prinzen nicht.

Militärputsch in Südkorea:

General Park Chung Hee übernimmt im Juli als Leiter eines Obersten Rats für den Nationalen Wiederaufbau die absolute Macht in der Republik Korea, löst die Nationalversammlung auf und verhängt das Kriegsrecht.

Die antikommunistische Militärjunta hat bereits am 16. Mai die Regierung des Ministerpräsidenten John M. Chang gestürzt.

Südtirolfrage ungelöst:

Das Problem der Autonomie der deutschsprachigen Südtiroler in Italien ist weiterhin von einer Lösung weit entfernt. In einem Abkommen von 1946 zwischen Österreich und Italien war den Südtirolern weitgehende Autonomie zugesagt worden. Während die Südtiroler, von Österreich unterstützt, die Autonomiereglung als unzureichend ansehen, will Italien von seiner bisherigen Praxis nicht wesentlich abrücken. Während die Verhandlungen zwischen Österreich und Italien scheitern, spitzt sich die Lage in Südtirol aufgrund der Terroranschläge von Südtirolern und Italienern zu.

Republik Syrien gegründet:

Nach dem Zerfall der Vereinigten Arabischen Republik (VAR) wird am 30. September in Syrien die Arabische Republik proklamiert. Als Ausweg aus den innenpolitischen Schwierigkeiten des Landes unter der Regierung von Präsident Schukri Al Kuwwatli hatte sich Syrien 1958 mit Ägypten zur VAR zusammengeschlossen.

Die diktatorischen Maßnahmen des Präsidenten Gamal Abd el Nasser haben zu den Entschluß Syriens geführt, nach einem Militärputsch in Damaskus aus der VAR auszuscheiden.

Ende der Diktatur in der Türkei:

Die durch Volksabstimmung verabschiedete neue Verfassung der Republik Türkei (9. 7.) sieht einen »nationalen, demokratischen, laizistischen und sozialen Rechtsstaat« vor mit parlamentarisch-demokratischer Regierungsform. Staatspräsident wird am 26. Oktober General Cemal Gürsel, der im Vorjahr durch einen Militärputsch gegen Adnan Menderes die Macht übernommen hatte. Ministerpräsident wird (zum dritten Mal) Ismet Inönü.

Neuerscheinungen auf dem internationalen Buchmarkt 1961

Die Auswahl berücksichtigt nicht nur Neuerscheinungen von literarischem oder wissenschaftlichem Wert, sondern auch vielgelesene Bücher des Jahres 1961. Innerhalb der einzelnen Länder sind die erschienenen Werke alphabetisch nach Autoren geordnet.

Argentinien

Ernesto Sábato:
Über Helden und Gräber
(Sobre heroes y tumbas)
Roman

Der argentinische Schriftsteller Ernesto Sábato (* 1911), bis 1948 als Atomforscher Professor an der Universität von La Plata und seither ausschließlich literarisch tätig, etabliert sich mit seinem zweiten Roman »Über Helden und Gräber« in der Literatur.

Das Werk, Ausdruck des sog. magischen Realismus, vereinigt Elemente der Psychoanalyse und des Surrealismus, Kafkaeskes verbindet sich mit filmischen Montagetechniken, Irrationales mit einer fast halluzinatorischen Wirklichkeit. Im Mittelpunkt stehen der Zerfall der argentinischen Aristokratie und das Leben in Buenos Aires. Inmitten aller menschlichen Tragik weist Sábato der Kunst eine erlösende Funktion zu. Für jeden bleibt ein Hoffnungsschimmer: »Glücklicherweise, dachte Bruno, ist das Wesen des Menschen nicht nur Verzweiflung, sondern auch Glaube und Hoffnung, nicht nur der Tod, sondern auch der Wille zum Leben, nicht nur die Einsamkeit, sondern auch die Augenblicke des Aufgehens im andern in der Liebe.« – 1967 erscheint das Werk in deutscher Sprache.

Bundesrepublik Deutschland und DDR

Johannes Bobrowski:
Sarmatische Zeit
Gedichte

Zuerst in der Bundesrepublik in der Deutschen Verlags-Anstalt in Stuttgart, dann im Union Verlag in Berlin (Ost) erscheint die Gedichtsammlung »Sarmatische Zeit«, die erste Buchveröffentlichung von Johannes Bobrowski (1917–1965), der seit 1959 Cheflektor für Belletristik im Union Verlag ist. Bobrowski ist der erste in der DDR lebende Autor, dessen Werke in beiden deutschen Staaten gleichzeitig erscheinen. Sein Thema: Landschaft, Lebensart, Lieder, Märchen, Sagen, die Geschichte Deutschlands und des europäischen Ostens unter der geographischen Chiffre Sarmatien. Dies war der Name, den die römischen Geschichtsschreiber dem Siedlungsraum der Slawen gaben. Ursprünglich hatte Bobrowski einen »Sarmatischen Divan« geplant in Anlehnung an Johann Wolfgang von Goethes »West-östlichen Divan« – Ausdruck für die Spannung zwischen West und Ost, Deutschen und Polen, die Bobrowski dichterisch gestaltet, und zugleich Ausdruck für Bobrowskis Orientierung an der deutschen Klassik. Er selbst sagt 1961 über seine Gedichte: »Zu schreiben habe ich begonnen am Ilmensee 1941, über russische Landschaft, aber als Fremder, als Deutscher. Daraus ist ein Thema geworden, ungefähr: die Deutschen und der europäische Osten. Weil ich um die Memel herum aufgewachsen bin, wo Polen, Litauer, Russen, Deutsche miteinander lebten, unter ihnen allen die Judenheit. Eine lange Geschichte aus Unglück und Verschuldung, seit den Tagen des Deutschen Ordens, die meinem Volk zu Buch steht. Wohl nicht zu tilgen und zu sühnen, aber eine Hoffnung wert und einen redlichen Versuch in deutschen Gedichten. Zu Hilfe habe ich einen Zuchtmeister: Klopstock.« – 1962 erhält Bobrowski den Preis der Gruppe 47. Es ist nicht nur eine literarische Würdigung, sondern auch der politische Versuch, die Front derer zu stärken, die in Bobrowski ein Beispiel »gesamtdeutscher Literatur« sehen.

Heinrich Böll:
Brief an einen jungen Katholiken
Heinrich Böll (1917–1985), der 1961 – nach mehreren nationalen und internationalen Auszeichnungen – mit dem Literaturpreis seiner Heimatstadt Köln geehrt wird, mißt seit etwa 1960 einem in der Bundesrepublik bislang mehr oder weniger vernachlässigten Gebiet schriftstellerischer Tätigkeit größeres Gewicht zu, der gesellschaftskritischen Publizistik. Erster Zielpunkt einer wirklich politischen Publizistik ist dabei der konservative bis reaktionäre Katholizismus, den Böll, selbst Katholik, oft auch in seinen Romanen und Erzählungen anspricht, am deutlichsten vielleicht in seinem 1963 erscheinenden Roman »Ansichten eines Clowns«. Zunächst benutzt Böll oft die Form des Briefs, wie in dem bei Kiepenheuer & Witsch in Köln erscheinenden »Brief an einen jungen Katholiken«. Böll kontrastiert hier die Politik der Amtskirche mit ihren »christlichen« Traditionen und Werten. »Hast du was, dann bist du was« lautet der provozierende Titel eines anderen Briefes aus dem Jahr 1961, einer polemischen Glosse gegen einen Hirtenbrief des Kölner Erzbischofs Joseph Kardinal Frings. Der in die Machtpolitik verstrickten Sozialpolitik der katholischen Kirche hält Böll die christliche Utopie der Armut entgegen, die er im Leben des heiligen Franz von Assisi verkörpert sieht. Seine ironische Frage: »Die Heiligsprechung des Habenichts aus Assisi war wohl ein Irrtum?«

Günter Grass:
Katz und Maus
Novelle
Mit der bei Luchterhand in Neuwied erscheinenden Novelle »Katz und Maus« liegt – nach »Die Blechtrommel« (1959) – der zweite Teil der »Danziger Trilogie« des aus Danzig gebürtigen, in Berlin (West) lebenden Günter Grass (* 1927) vor, einem der bedeutendsten Autoren der zweiten deutschen Nachkriegsgeneration. »Katz und Maus« behandelt die Nazi- und Kriegszeit in Danzig, der Titel steht programmatisch für eine Wirklichkeit, in der Verfolgung und Feindschaft die Regel sind. Während in der »Blechtrommel« die zentrale Gestalt Oskar »einsam und unverstanden« resigniert, nimmt Mahlke, der Held von »Katz und Maus«, den Kampf mit der Umwelt auf. Der durch einen übergroßen Adamsapfel verunstaltete Mahlke kämpft um drei Dinge: Durch Leistung will er sich die Anerkennung seiner Mitschüler erwerben; durch verschiedene Gegenstände will er seinen an eine Maus erinnernden »fatalen Knorpel« verbergen; der Marienkult, dem er huldigt, ist Ausdruck seines metaphysischen Kampfes um Erlösung. Er scheint den Kampf gewonnen zu haben, als er durch Diebstahl in den Besitz eines Ritterkreuzes gelangt, das seinen Adamsapfel vollkommen verdeckt und ihm eine kurze Zeit des Glücks und der Identifikation mit sich selbst verschafft. Er wird nach dem Diebstahl von der Schule ausgeschlossen, erwirbt sich das Ritterkreuz während des Krieges durch seine Tapferkeit neu, doch beim Versuch, sich im Glanz seiner rechtmäßig erworbenen Orden vor den Mitschülern zu rehabilitieren, scheitert er. Er desertiert.

Hans Henny Jahnn:
Epilog
Roman
Mit dem von dem Schweizer Literaturwissenschaftler Walter Muschg in der Europäischen Verlags-Anstalt in Frankfurt am Main herausgegebenen und mit einem Nachwort versehenen Roman »Epilog« ist die 2200-Seiten-Trilogie »Fluß ohne Ufer« von Hans Henny Jahnn (1894–1959) komplett. Der erste Teil dieses in der Emigration auf der dänischen Insel Bornholm entstandenen Werks erschien 1949 unter dem Titel »Das Holzschiff«, 1949/50 folgte »Die Niederschrift des Gustav Anias Horn, nachdem er 49 Jahre alt geworden war«. Thema dieses monumentalen Romanwerks, bei dem der Handlung keine wesentliche Funktion zufällt, ist die fleischgebundene Liebe des Menschen. In surrealistischen Schilderungen, Beschreibungen komplizierter Seelenvorgänge und Kurzessays wollte Jahnn eine »fast naturwissenschaftliche Betrachtung oder Erforschung des Wesens der Schöpfung, der Geschlechtlichkeit des Menschen und der interstellaren Einsamkeit seines Herzens« vorlegen.
»Der Todeskampf eines Menschen erstreckt sich über 500 Druckseiten – und alle menschlichen Werte werden hineingeworfen. Das ist eine Reinigung à la Sartre, bei der dem Leser die Haut abgebeizt wird«, schrieb Hans Henny Jahnn.

Uwe Johnson:
Das dritte Buch über Achim
Roman
Mit dem Roman »Das dritte Buch über Achim« legt der 1959 von der DDR nach Berlin (West) übergesiedelte Uwe Johnson (1934–1984) bei Suhrkamp in Frankfurt am Main seine zweite Veröffentlichung vor nach dem Roman »Mutmaßungen über Jakob« (1959). Wegen seiner Thematik und des eigenwilligen Stils findet das Werk in der Literaturszene große Resonanz, was sich unter anderem durch die Verleihungen des internationalen Verlegerpreises Prix Formentor 1962 zeigt. Johnson schildert den gescheiterten Versuch des westdeutschen Journalisten Karsch, im Auftrag eines DDR-Verlags ein drittes biographisches Buch über den populären DDR-Radrennfahrer Achim zu schreiben. Karsch kehrt entmutigt in die Bundesrepublik zurück, als er merkt, daß sich aufgrund der widersprüchlichen Interessen der Personen im Umkreis von Achim die Wahrheit nicht feststellen läßt. So streitet z. B. Achim eine Beteiligung am Aufstand des 17. Juni 1953 in Berlin (Ost) ab, obwohl Karsch eine Fotografie in die Hände gefallen ist, die Achims Teilnahme beweist.

Franz Jung:
Der Weg nach unten
Autobiographie
Nach 30jähriger Schreibpause – zuletzt erschien 1931 der gesellschaftskritische Roman »Hausierer« – legt der zunächst frühexpressionistische Prosadichter, Erzähler und Dramatiker und ab 1920 linksradikale Arbeiterschriftsteller Franz Jung (1888–1963) seine Autobiographie vor, die unter dem Titel »Der Weg nach unten« bei Luchterhand in Neuwied erscheint: Studium, Mitarbeit bei Franz Pfemferts Zeitschrift »Die Aktion« und Herwarth Waldens avantgardistischer Kunst-Kampfzeitschrift »Der Sturm«, Soldat im Ersten Weltkrieg, Desertation, Haft, Teilnahme an der Novemberrevolution 1918, Verbindung zur Dada-Bewegung, 1920 Eintritt in die KPD, Entführer des deutschen Schiffs »Senator Schröder« nach Murmansk, danach Haft in Hamburg-Fuhlsbüttel, mehrere Aufenthalte in der UdSSR, 1933 Schreibverbot, 1936 Verhaftung, 1938 Flucht nach Budapest, dort Widerstandskämpfer, Anfang 1945 durch die faschistischen Pfeilkreuzler gefangengenommen und zum Tod verurteilt, Flucht aus dem Todeskeller, erneute Verhaftung und Einlieferung in das KZ Bozen, Befreiung durch die Amerikaner, Leben in Italien und den USA, 1960 Rückkehr in die Bundesrepublik – so weit die Stationen eines abenteuerlichen Lebens. »Ich versuche eine Analyse anzudeuten, leider nicht zu geben, einer durchschnittlichen Entwicklung an einem Einzelwesen, in seiner Stellung zur Umwelt, in der Widerspiegelung, im Strudel dieser Zeit, in der Auflösung aller Tradition und Bindung, in der Unfähigkeit, der Gesellschaft dafür einen Ersatz zu schaffen«, schreibt Jung am Ende seiner Autobiographie.
1972 wird das Werk von Franz Jung unter dem Titel »Der Torpedokäfer« neu aufgelegt.

Günter Kunert:
Das kreuzbrave Liederbuch
Lieder, Gedichte, Balladen
Im Aufbau Verlag in Berlin (Ost) veröffentlicht der ab 1979 in der Bundesrepublik lebende Günter Kunert (* 1929) seinen vierten Band mit Liedern, Gedichten und Balladen, »Das kreuzbrave Liederbuch«. Der an Heinrich Heine, Kurt Tucholsky und Joachim Ringelnatz sowie an der US-amerikanischen Lyrik der bereits klassischen Moderne (Edgar Lee Masters, Carl Sandburg) geschulte Kunert kümmert sich darin recht wenig um die Doktrin des sozialistischen Realismus. Seine lyrischen Texte behandeln die verschiedensten Themen und Anlässe: Liebeslieder, Kinderlieder, Städtelieder, Lieder über Probleme der sozialen Praxis wie das Verhältnis vom Widerspruch und der Veränderung, von Herr und Knecht, von Basis und Überbau. Kunert liebt das Paradox und die lakonische Kürze. Er mahnt, warnt, gibt Orientierungshilfen, ist Aufklärer, Lehrender. Lehrgedichte à la Bertolt Brecht hält er für nicht mehr möglich: »Lehrgedichte heute müßten *schwarze* Lehrgedichte sein«, schreibt er 1965, als sich die Kritik an seinem literarischen Schaffen zu verstärken beginnt, »die mit schlechtem Beispiel vorangehen, das Negative (was ist das?) als Ziel zeigen – auf eine Art aber, die aus dieser ›Lehre‹ eine Gegenlehre ziehen läßt. Kurzer Sinn dieser Umständlichkeit: Alles direkte Vermitteln ist unmöglich geworden. Das klassische Lehrgedicht, wie es noch Brecht gemacht hat, immerhin schon mit einem Augenzwinkern, ist heute unmöglich.«

Gertrud von Le Fort:
Das fremde Kind
Novelle
Die Lyrikerin, Erzählerin und Essayistin Gertrud von Le Fort (1876–1971), eine der führenden katholischen Schriftstellerinen der Bundesrepublik, 1956 mit der Ehrendoktorwürde der Theologischen Fakultät der Universität München ausgezeichnet, erzählt in der in norddeutschen Adelskreisen spielenden Novelle »Das fremde Kind« die Geschichte von der Rettung eines jüdischen Kindes während der Nazizeit. Im Mittelpunkt der Novelle, die im Insel-Verlag in Frankfurt am Main erscheint, steht eine Frau, deren moralische Integrität auch Andersdenkende zu beeinflussen vermag. Um ein jüdisches Kind zu retten, geht sie in den Tod.

Hans Erich Nossack:
Nach dem letzten Aufstand
Ein Bericht
Der fiktive Herausgeber in Hans Erich Nossacks (1901–1977) Roman »Nach dem letzten Aufstand«, der bei Suhrkamp in Frankfurt am Main erscheint, betont, daß er die Aufzeichnungen des gottähnlichen Erzählers aus dessen imaginärer Sprache übersetzt habe und daß es sich dabei nicht um das handelt, »was man einen Roman zu nennen pflegt, also nicht um etwas Ausgedachtes und auf seine Wirkung hin Erzähltes, sondern um einen schlichten Erlebnisbericht«. Während in der offiziellen Geschichtsschreibung der »Letzte Aufstand« als Beginn

einer neuen Zeitrechnung gefeiert wird, weiß der Erzähler, daß sich in Wirklichkeit nichts geändert hat: »Als der ›Letzte Aufstand‹ vorüber war, stellte es sich bald heraus, daß er mißlungen war, da die Aufständischen dasselbe wollten wie die, gegen die sich ihr Aufstand richtete: Macht. Die meisten merkten es nicht; sie fühlten sich nur unbehaglich und fanden sich damit ab. Aber einige, und es waren Siegreiche darunter, gingen abseits und brachten sich um. Sie konnten es nicht ertragen, vergeblich gekämpft zu haben oder nur für eine neue Mode des Sterbens.« – Nossacks »Bericht« ist nicht nur eine bittere Abrechnung mit der Nachkriegspolitik in Deutschland, er negiert politische Umwälzungen überhaupt. Nach Nossack besteht Hoffnung für den Menschen nur dann, wenn er aus Geschichte und Gesellschaft heraustritt und in der Vereinzelung die Leere des Daseins überwindet.

Luise Rinser:
Nina
Romane
Unter dem Titel »Nina« erscheinen in der Reihe »Bücher der Neunzehn« bei Fischer in Frankfurt am Main die beiden Romane »Mitte des Lebens« (1950) und »Abenteuer der Jugend« (1957). In »Mitte des Lebens« werden die beiden Schwestern Margret und Nina gegenübergestellt; Margret lebt in bürgerlichen Verhältnissen mit einem erfolgreichen Mann; die zwölf Jahre jüngere, leidenschaftliche Nina, die »in Übertreibungen gelebt« hat, manchmal glücklich, aber meistens einsam ist, ist mit der bürgerlichen Frauenrolle nicht zufrieden und macht sich auf die Identitätssuche. In »Abenteuer der Tugend« gibt Nina Beruf und Selbständigkeit auf, heiratet den geschiedenen Maurice und lebt nur für ihn und seine Karriere als Opernsänger. Der »Verzicht« Ninas wird zur »Liebestat«, die aufgegebene Freiheit zur »einzigen Art von Freiheit«. – Während ein Kritiker »Mitte des Lebens« als »das ausgeformteste Buch, das die deutsche Literatur heute besitzt« (»Die Weltwoche«), feiert, meinen einige Stimmen, der zweite Roman wäre lieber unveröffentlicht geblieben.

Anna Seghers:
Das Licht auf dem Galgen
Erzählung
Die sozialistische Erzählerin Anna Seghers (1900–1983), Präsidentin des Deutschen Schriftstellerverbandes der DDR und mehrfache Trägerin des Nationalpreises der DDR, behandelt in ihrer im Aufbau Verlag in Berlin (Ost) erscheinenden Erzählung »Das Licht auf dem Galgen« einen Bereich, den sie während ihres mexikanischen Exils (1941–47) erforscht und bereits in den Erzählungen »Wiedereinführung der Sklaverei in Guadeloupe« (1948) und »Die Hochzeit von Haiti« (1949) dargestellt hat: Die Befreiung der Schwarzen auf den Karibischen Inseln durch die Französische Revolution 1789 und die nach dem Sieg des Großbürgertums grausam wiederhergestellte Kolonialherrschaft. – 1962 erscheinen die drei Erzählungen unter dem Sammeltitel »Karibische Geschichten«.

Peter Weiss:
Abschied von den Eltern
Erzählung
Der während der Naziherrschaft 1934 über Großbritannien nach Prag und 1939 über die Schweiz nach Schweden imigrierte Peter Weiss (1916–1982), inzwischen schwedischer Staatsbürger mit Wohnsitz in Stockholm, veröffentlicht bei Suhrkamp in Frankfurt am Main die autobiographische Erzählung »Abschied von den Eltern«. Es ist eine »Suche nach dem eigenen Leben«: das Schicksal als verträumtes, unverstandenes Kind, Emigration, verkrampftes Verhältnis zum Vater, gescheiterte Versuche, einen Brotberuf zu erlernen – bis er sich innerlich vom Elternhaus befreit hat. – Die zeitgenössische Kritik stellt bewundernd fest, daß hier ein Autor Leben ganz unmittelbar »in Sprache verwandelt« hat.

Christa Wolf:
Moskauer Novelle
Novelle
Mit ihrer »Moskauer Novelle«, die im Mitteldeutschen Verlag in Halle erscheint, bei dem sie seit 1959 Lektorin ist, debütiert Christa Wolf (* 1929) als Autorin. Das Erstlingswerk der Autorin, die in den folgenden Jahren zu einer der bedeutendsten »gesamtdeutschen« Schriftstellerinnen avanciert, wird in der DDR kaum beachtet und erscheint nie in der Bundesrepublik: Eine Ärztin aus Berlin (Ost) trifft in Moskau einen als Dolmetscher arbeitenden Russen wieder, dem sie kurz nach dem Krieg in Berlin begegnet ist; eingestreut sind Reiseimpressionen, Gedanken über den Sozialismus und den Faschismus. – Der literarische Durchbruch gelingt Christa Wolf zwei Jahre später mit dem Roman »Der geteilte Himmel«.

Frankreich

Samuel Beckett:
Wie es ist
(Comment c'est)
Roman
Mit dem Gesicht im Dreck liegt ein Namenloser, als Mensch erkennbar nur an dem um den Hals gebundenen Zivilisationsattribut Konservendose, und berichtet von seinem Leben »vor Pim«, »mit Pim« und »nach Pim«, wobei Pim für den »Anderen«, den Peiniger, das Opfer, den Mitmenschen steht. Soweit der Inhalt von »Wie es ist«, dem neuesten Romanexperiment des in französischer Sprache schreibenden und in Frankreich lebenden irischen Dramatikers und Erzählers Samuel Beckett (* 1906), Literaturnobelpreisträger 1969. Um den Äußerungen des Bewußtseins des Namenlosen zu folgen, verzichtet Beckett auf die übliche Syntax, auf Satzzeichen. Satzeinheiten werden bis zur Sinnentleerung variiert. – Im selben Jahr erscheint die deutsche Übersetzung.

Anne Golon:
Unbezähmbare Angélique
(Indomptable Angélique)
Roman
Zu einem der größten Bucherfolge der Nachkriegsliteratur hat sich seit 1956 der auf exakten Studien basierende Kolportagezyklus »Angélique« um eine junge französische Adlige zur Zeit des Sonnenkönigs Ludwig XIV. entwickelt. In diesem Jahr legt Autorin Anne Golon (* 1927) den Roman »Unbezähmbare Angélique« vor. Auf der rastlosen Suche nach ihrem geliebten Mann, dem zum Tod auf dem Scheiterhaufen verurteilten Grafen Joffrey Peyrac, verläßt Angélique den Sündenpfuhl Paris. Auf hoher See wird sie von dem verbrecherischen Marquis d'Estraville gefangengenommen. Der Pirat hat Freude daran, Angélique zu demütigen, schlägt sie und läßt sie nackt auf dem Sklavenmarkt in Candia verkaufen. Es gelingt ihr zu entfliehen. Aber wieder wird sie von Piraten überwältigt. Tausendfältigen Lockungen der Sinne und der Verführung ausgesetzt, bleibt Angélique bis zuletzt unbezähmbar. – Die deutsche Übersetzung erscheint im selben Jahr.

Großbritannien

Graham Greene:
Ein ausgebrannter Fall
(A Burnt-Out Case)
Roman
Erfolgsautor Graham Greene (* 1904), bewundert und zugleich heftig kritisiert wegen der eigenartigen Mischung aus Abenteuer, Kriminalistik, Erotik und Religiosität in seinen Romanen, legt mit »Ein ausgebrannter Fall« die psychologische Studie eines berühmten Architekten vor, der seiner Berühmtheit entflieht und sich in den hintersten Winkel des Kongo zurückzieht, um seinen Tod zu erwarten als »ein ausgebrannter Fall« – ein Mann, der zwar körperlich gesund ist, aber physisch und seelisch zuviel erlebt hat, um wieder in den Alltag zurückkehren zu können. – Im selben Jahr erscheint die deutsche Übersetzung.

Angus Wilson:
Die alten Männer im Zoo
(The Old Men At the Zoo)
Roman
Vorbild für die satirisch-ironischen Romane von Angus Wilson (* 1913), der nach einem Nervenzusammenbruch 1946 im Rahmen einer Therapie zu schreiben begann und inzwischen zu den führenden britischen Nachkriegsromanciers gehört, ist der Gesellschaftsroman des 19. Jahrhunderts. Am Beispiel des Zoologischen Gartens im Londoner Regent's Park zeigt er in dem Roman »Die alten Männer im Zoo« verschiedene Formen von Machtausübung in einem Staat auf. Die Zoodirektoren, die alten Männer, erscheinen dabei als die machtausübenden Politiker, die Tiere stehen für die beherrschten Menschen und die Gesellschaft. – Die deutsche Übersetzung des Romans erscheint 1962.

Italien

Giuseppe Dessí:
Das Lösegeld
(Il Disertore)
Roman
Das Schweigen ist das große Leitmotiv in dem Roman »Das Lösegeld« des sardinischen Neorealisten Giuseppe Dessí (* 1909). Eine einfache Frau, die während des Ersten Weltkriegs ihre beiden Söhne verloren hat, hat als einziges nur noch den privaten Schmerz, woran sie sich im Leben klammert. Als für ein Kriegerdenkmal gesammelt wird, gibt sie ihre ganzen Ersparnisse her, eine Summe, an die »die Wohlhabendsten nicht einmal im Traum« denken würden. Der leblose Stein des Kriegerdenkmals, auf dem die Namen ihrer Söhne als Gefallene stehen, wird zum Symbol des Schweigens dieser Frau.
Nur sie und der Pfarrer wissen, daß einer der Söhne, Valerio, nicht tapfer im Kampf gefallen ist, sondern in einer der Mutter gehörenden Hütte als Deserteur (»Disertore«, daher der italienische Titel des Buchs) gestorben ist. – Die deutsche Übersetzung erscheint 1962.

Österreich

Ingeborg Bachmann:
Das dreißigste Jahr
Erzählungen
In ihrem ersten Prosawerk, sieben zum Teil stark autobiographisch gefärbten Erzählungen, die unter dem symbolhaften Titel »Das dreißigste Jahr« bei Piper in München erscheinen, beschäftigt sich die bisher als Lyrikerin und Hörspielautorin hervorgetretene und mit mehreren Literaturpreisen ausgezeichnete österreichische Dichterin Ingeborg Bachmann (1926–1973) mit dem Verhältnis zwischen dem Einzelnen und der ihn verstümmelnden Gesellschaft.
In der den Band eröffnenden Erzählung »Eine Kindheit in Österreich« verarbeitet die Autorin ihre Jugend in Klagenfurt, die Schule, in der sie sich dukken mußte, den Zweiten Weltkrieg, der ihr Vertrauen in den Menschen zerstörte.
»Ihr Menschen! Ihr Ungeheuer!« ruft sie zu Beginn des Anti-Märchens »Undine geht« aus, in dem sie die Sache der Frauen gegenüber den Männern vertritt. Als »sprachloses Geschöpf« versinkt Undine im Wasser und klagt Feigheit und Verrat der Männer an, bekundet jedoch gleichzeitig ihre Sehnsucht nach ihnen.
In der Titelgeschichte »Das dreißigste Jahr« versucht Ingeborg Bachmann mit Hilfe einer fiktiven Biographie eine Bilanz ihrer Vergangenheit zu ziehen und sich gleichzeitig vor ihr zu distanzieren, um einen neuen Aufbruch wagen zu können: »Ich sage dir: Steh auf und geh! Es ist dir kein Knochen gebrochen«, lautet der beschwörende letzte Satz dieser Erzählung.
Nach dem Preis der Gruppe 47 (1953), dem Literaturpreis der Freien Hansestadt Bremen (1957), dem Hörspielpreis der Kriegsblinden (1958) erhält Ingeborg Bachmann im Jahr 1961 den Kritikerpreis. Danach schweigt sie für fast zehn Jahre – sieht man von der 1965 veröffentlichten Büchnerpreis-Rede »Ein Ort für Zufälle« ab –, erst 1971 bricht sie dieses Schweigen mit dem Roman »Malina«.

Herbert Zand:
Erben des Feuers
Roman
Herbert Zand (1923–1970), der mit den Romanen »Letzte Ausfahrt«, (1953) und »Der Weg nach Hassi el emel« (1955) die Verlorenheit des Einzelnen in der unmenschlichen Kriegsmaschinerie des Faschismus aus eigenem Erleben dichterisch gestaltet hat, ist einer der ersten österreichischen Autoren der Generation der Zwanzig- und Dreißigjährigen, die die gesellschaftliche und politische Wirklichkeit Nachkriegs-Österreichs beschreiben. In dem in Salzburg erscheinenden Roman »Erben des Feuers«, seinem ersten Gegenwartsroman, stellt er die junge Wiener Generation dar als vor die Wahl gestellt, entweder ins Lager der kapitalistischen Geld- und Profitideologen überzuwechseln oder es mit denen zu halten, die die überlebte k.u.k. Monarchie noch immer verteidigen. In einer vom Streben nach Profit, von Prestigesucht und rücksichtslosem Egoismus geprägten Welt heißt Zands Lösung: Resignation und Distanziertheit.

Polen

Jaroslaw Iwaszkiewicz:
Die Liebenden von Marona
(Kochankowie z Marony)
Erzählung
Eines der international erfolgreichsten Werke der polnischen Nachkriegsliteratur wird die Erzählung »Die Liebenden von Marona« von Jaroslaw Iwaszkiewicz (1894–1980). In surrealistischen Bildern und feinfühligen psychologischen und soziologischen Beschreibungen schildert Iwaszekiewicz die Geschichte der Liebe zwischen einer Dorflehrerin und einem vom Tod gezeichneten Schwindsüchtigen. Als der Tbc-Kranke stirbt, kehrt die Lehrerin wieder in ihr geordnetes Leben zurück, das sie für ihren Geliebten aufgegeben hat; der Tod hat über die Liebe gesiegt. – 1962 erscheint das Werk in deutscher Sprache.

Rumänien

Petru Dumitriu:
Treffpunkt Jüngstes Gericht
(Rendez-vous au Jugement Dernier)
Roman
In seinem ersten im Westen veröffentlichten Roman, der stark autobiographisch gefärbt ist, schildert der in Paris und später in der Bundesrepublik Deutschland lebende rumänische Schriftsteller Petru Dumitriu (* 1924) die Intrigen und Machtkämpfe in den kommunistischen Kadern. – 1962 erscheint der Roman in deutscher Übersetzung.

Spanien

José María Gironella:
Reif auf Olivenblüten
(Un millón de muertos)
Roman
Mit »Reif auf Olivenblüten« liegt nach »Die Zypressen glauben an Gott« (1953) der zweite Teil der großen Romantrilogie von José María Gironella (* 1917) über den Spanischen Bürgerkrieg vor. Am Schicksal einer Familie aus dem mittleren Bürgertum zeigt Gironella in dieser Trilogie die Entwicklung Spaniens vom Beginn der Zweiten Republik 1931 bis zum Sieg des Franco-Faschismus 1939 auf. In dem 800 Seiten starken Roman »Reif auf Olivenblüten« treten die Mitglieder der Familie Alvear allerdings in den Hintergrund. Dafür macht der Autor am Beispiel von 150 historischen und 180 erfundenen Gestalten die Greuel und Auswirkungen des Bürgerkriegs sichtbar. »Was war der Sinn dieses makabren Spiels?« fragt einmal der Domherr Francisco, der oft als Sprachrohr des Autors fungiert. »Einige nannten sich Priester des Allgemeinwohls und schossen unter dem Zeichen von Hammer und Sichel auf X; andere hielten sich für Buchhalter des Heiligen Geistes und schossen im Schein der Kerzen und unter dem Zeichen des Kreuzes auf Z.« – Die deutsche Übersetzung des Romans erscheint 1963. – 1966 erscheint der dritte und letzte Teil der Trilogie, »Der Friede ist ausgebrochen«.

Türkei

Nazim Hikmet:
In jenem Jahr 1941
(In quest' anno 1941
Şu 1941 yilinda)
Roman in Versen
Die Bücher des in den Ostblockstaaten lebenden großen türkischen Dichters Nazim Hikmet (1902–1963), der als Mitglied der illegalen türkischen KP insgesamt 15 Jahre in politischer Haft verbüßt hat und 1950 nach internationalen Protesten vorzeitig entlassen wurde, können in der Türkei nicht erscheinen. Der Versroman »In jenem Jahr 1941« erscheint mit italienischem Titel in Mailand als türkische Erstausgabe. Schauplatz des autobiographisch gefärbten Werks ist das Polizeigefängnis von Bursa, in dem sich eine Gruppe von Häftlingen ihre Lebensgeschichte erzählt. – 1963 erscheint der Roman in deutscher Sprache.

UdSSR

Jewgeni Jewtuschenko:
Babi Jar
(Babi Jar)
Gedicht
Internationales Aufsehen erregt der 1957 aus der staatlichen Jugendorganisation Komsomol ausgeschlossene Lyriker Jewgeni Jewtuschenko (* 1933) mit seinem Gedicht »Babi Jar«, in dem er den Antisemitismus in der Sowjetunion anprangert. Der 28jährige, an der Lyrik Wladimir Majakowskis geschulte Jewtuschenko ist mit seiner Kritik an den Zuständen in der UdSSR Idol einer breiten Schicht von Jugendlichen. – 1963 erscheinen Teile des Gedichtes »Babi Jar« von Jewtuschenko in deutscher Sprache.

USA

William S. Burroughs:
Soft Machine
(The Soft Machine)
Roman
William S. Burroughs (* 1914), seit der Veröffentlichung des autobiographischen Rauschgift-Romans »Junkie« (1953) und dem von der konservativen Kritik als Pornographie bezeichneten Roman »Naked Lunch« (1959) eine der umstrittensten Gestalten des literarischen Amerika, zeigt auch in dem Roman »The Soft Machine« Menschen in Extremsituationen metaphorisch verstandener Süchtigkeit. Die Soft Machine ist der zerstörbare menschliche Körper in einer Welt von Drogen, Sex, Konsum und Macht. – 1971 erscheint die deutsche Übersetzung des Romans von Burroughs.

Allen Ginsberg:
Kaddish
(Kaddish and Other Poems)
Gedichte
Mit »Kaddish« legt Allen Ginsberg (* 1926), einer der profiliertesten Vertreter der sog. Beat Poets um Jack Kerouac, Gregory Corso, Lawrence Ferlinghetti u. a., seine Gedichte aus den Jahren 1958–1960 vor: Zum Teil unter Drogeneinfluß entstandende Phantasien und Visionen, spontane Reflexe auf Erlebnisse und Eindrücke mit einer Tendenz zum Mystischen. Im Titelgedicht »Kaddish« verarbeitet der US-amerikanische Schriftsteller Allen Ginsberg Erinnerungen an seine geisteskranke Mutter.
Die deutsche Übersetzung erscheint 1962.

John Hawkes:
Die Leimrute
(The Lime Twig)
Roman
John Hawkes (* 1925), 1949 bekannt geworden durch seinen avantgardistischen Gruselroman »Der Kannibale«, zeichnet auch in dem Roman »Die Leimrute« eine Traumlandschaft der Gewalt und des Todes, in der das Grauen die menschliche Grunderfahrung ist. Ein Londoner Kleinbürger läßt sich überreden, sich mit einem gestohlenen Pferd an einem Rennen zu beteiligen, gerät in Verbrecherkreise, wird Zeuge eines Mordes und nimmt an einer Orgie teil, während seine Frau Opfer eines sadistischen Mörders wird. – Die deutsche Übersetzung erscheint 1964.

Robert A. Heinlein:
Ein Mann in einer fremden Welt
(Stranger in a Strange Land)
Science-fiction
Robert A. Heinlein (* 1907), einer der einflußreichsten und populärsten Autoren der Science-fiction-Literatur, konfrontiert in dem Roman »Ein Mann in einer fremden Welt« einen auf dem Mars aufgewachsenen Mann mit der Zivilisation in den USA. Der in Sprache, Religion, Sexualmoral und Staatsauffassung von den Amerikanern grundverschiedene Besucher vom Mars wird schließlich gesteinigt. – Die deutsche Übersetzung erscheint 1970.

Joseph Heller:
Catch-22
(Catch-22)
Roman
Ein internationaler Bestseller und einer der größten amerikanischen Bucherfolge der Nachkriegszeit wird der düster-surrealistische, absurd-groteske Antikriegsroman »Catch-22«, das Erstlingswerk des ehemaligen Bomberpiloten Joseph Heller (* 1923). Zentrale Figur ist der Bomberpilot John Yossarian, der während des Zweiten Weltkriegs gegen das System der amerikanischen Kriegsmaschinerie opponiert und durch vorgetäuschte Krankheit zu überleben versucht. – Die deutsche Übersetzung erscheint 1964 unter dem Titel »Der Iks-Haken«. 1969 verfilmt Mike Nichols den Roman, muß dabei jedoch starke Eingriffe der Produzenten hinnehmen.

J. D. Salinger:
Franny und Zooey
(Franny and Zooey)
Erzählungen
J(erome) D(avid) Salinger (* 1919), Verfasser des zum Kultbuch gewordenen Romans »Der Fänger im Roggen« (1951), mischt in den beiden Erzählungen über die Geschwister »Franny und Zooey« christliche Elemente mit Motiven aus dem Zen-Buddhismus. Die Studentin Franny erleidet einen Nervenzusammenbruch, als ihr Freund ihre mystische Suche nach Christus nicht versteht. Ihr Bruder Zooey zeigt ihr daraufhin, daß Christus weniger etwas mit Gebet und Mystik zu tun habe als mit tätiger Nächstenliebe. – »Franny und Zooey« ist geplant als Teil einer Chronik über eine sensible jüdische Familie. Fortsetzungen sind »Hebt den Dachbalken hoch, Zimmerleute«, »Seymour wird vorgestellt« (1963) und »Hapworth 16, 1924« (1965). – Die deutsche Übersetzung von Annemarie und Heinrich Böll erscheint 1963.

Uraufführungen in Schauspiel, Oper, Operette und Ballett 1961

Die bedeutendsten Uraufführungen aus Schauspiel, Oper, Operette und Ballett sind alphabetisch nach Autoren/Komponisten geordnet.

Bundesrepublik Deutschland und DDR

Helmut Baierl:
Frau Flinz
Komödie in drei Akten mit einem Prolog
Helmut Baierl (* 1926), seit 1957 Verlagsdirektor in Leipzig, seit 1959 Mitarbeiter und Dramaturg am Berliner Ensemble, tritt nach dem Lehrstück »Die Feststellung« (1958) zum zweitenmal als Dramatiker hervor mit der volkstümlich-humorvollen Komödie »Frau Flinz« – für die Titelgestalt hat Bertolt Brechts Mutter Courage Pate gestanden –, die am 25./26. April im Berliner Ensemble in Berlin (Ost) uraufgeführt wird. Trotz heftiger Gegenwehr verliert eine deutsche Proletarierfrau, die vor 1945 im Sozialismus das schlimmste Übel erblickt hat, einen Sohn nach dem anderen an »den Staat«. Sie gibt ihre Voreingenommenheit gegenüber der neuen, sozialistischen Staatsmacht jedoch allmählich auf.

Heinrich Böll:
Ein Schluck Erde
Drama
Mit dem Bühnenwerk »Ein Schluck Erde« tritt der Romancier Heinrich Böll (1917–1985) zum ersten Mal als Dramatiker hervor. Das Werk wird am 23. Dezember im Düsseldorfer Schauspielhaus uraufgeführt. Das Stück, das in der Zukunft spielt, versucht durch satirische Verfremdung Zeitkritik deutlich zu machen und appelliert an Menschlichkeit und Einfachheit.

Günter Grass:
Die bösen Köche
Drama in fünf Akten
Die erste, weitgehend unpolitische Phase von Günter Grass (* 1927) als Autor eines »poetischen« und »absurden Theaters« findet nach »Beritten hin und zurück« (1954), »Noch 10 Minuten nach Buffalo« (1954), »Hochwasser« (1955), »Onkel, Onkel« und dem nur als Bühnenmanuskript veröffentlichten »32 Zähne« (1958) mit dem Stück »Die bösen Köche« ihren Abschluß, das am 16. Februar im West-Berliner Schillertheater uraufgeführt wird. Durch die Bezeichnung »poetisches« und »absurdes Theater« setzt Grass diese Stücke in enge Beziehung zu seinem lyrischen Schaffen. Der Weg »von der Lyrik zum Theaterstück« hat sich für ihn so »vollzogen, daß Gedichte, die in Dialogform geschrieben waren, sich erweiterten ... Dann kamen langsam, nach und nach, Regieanweisungen dazu«. In der Frage nach einem ›Sinn‹ erscheinen diese Stücke absurd. In den »Bösen Köchen« kocht die zentrale Gestalt, der Graf, aus ihrer »tiefsitzenden Lebens- und Todesangst«, ihrem »Ekel« und ihrer »Bitterkeit« heraus eine besondere »graue Suppe«. Als der Graf sich verliebt, verliert er die Fähigkeit, die Suppe zu kochen.

Hans Werner Henze:
Elegie für junge Liebende
Oper in drei Akten
Im Rahmen der Schwetzinger Festspiele wird am 20. Mai die Oper »Elegie für junge Liebende« von Hans Werner Henze (* 1926) uraufgeführt. Henze, dessen Übersiedlung nach Italien 1953 den Bruch mit der seriellen Musik markiert hat, erzielt durch die nur aus 24 Musikern bestehende Orchesterbesetzung, die fast jedes Instrument solistisch hervortreten läßt, größtmögliche Wortverständlichkeit bei diesem Drama über einen exzentrischen, zynischen Dichter, der den Tod eines jungen Liebespaares in Kauf nimmt, um anläßlich seines 60. Geburtstages dem Publikum sein neuestes Werk, die »Elegie für junge Liebende«, vorstellen zu können.

Wolfgang Hildesheimer:
Die Verspätung
Ein Stück in zwei Teilen
Die groteske Tragikomödie »Die Verspätung« von Wolfgang Hildesheimer (* 1916), die am 14. September in den Düsseldorfer Kammerspielen uraufgeführt wird, steht ebenso wie andere seiner geistreichen absurden Stücke in der Nähe von Samuel Beckett, Eugène Ionesco und Luigi Pirandello. Ein verschrobener Professor sucht den Wundervogel »Guricht« – und findet ihn. Die Entdeckung enttäuscht die hochgespannte Erwartung des Suchenden jedoch so, daß er den Verlust seiner Illusion nicht überlebt. Die absurde fixe Idee des Professors steht modell- und parabelhaft für die »Absurdität« alles menschlichen Hoffens, Phantasierens und Wünschens.

Giselher Klebe:
Alkmene
Oper in drei Akten (sieben Bildern)
Nicht für jedermann leicht erfaßbar ist die Klangwelt von Giselher Klebes (* 1925) Zwölfton-Oper »Alkmene«, die am 25. September in Berlin uraufgeführt wird. Klebe schrieb auch den Text (nach Heinrich von Kleists Drama »Amphitryon«) selbst, um eine weitestgehende Übereinstimmung zwischen Wort und Musik zu erzielen.

Siegfried Lenz:
Zeit der Schuldlosen
Drama in zwei Teilen
Siegfried Lenz (* 1926), der seit 1951 durch Romane, Erzählungen und Essays hervorgetreten ist als Vertreter jener Generation, die aus ihrer Verführung durch den Faschismus die Pflicht zu einem wachen zeitgeschichtlichen Bewußtsein ableitet, behandelt in seinem ersten Theaterstück »Zeit der Schuldlosen« – uraufgeführt am 9. September im Deutschen Schauspielhaus in Hamburg – das Problem deutscher Vergangenheitsbewältigung bzw. die Frage des Widerstands gegen ein Gewaltregime. Die Untätigen, Indifferenten und scheinbar Schuldlosen bezichtigt Lenz des kollektiven Versagens vor der Pflicht zum Widerstand. – Der erste Teil des Dramas ist bereits 1960 als Hörspiel im Norddeutschen Rundfunk gesendet worden.

Peter Ronnefeld:
Die Ameise
Oper
Auf Zustimmung, aber auch Kritik stößt bei Liebhabern der seriellen Musik die Zwölfton-Oper »Die Ameise« des 25jährigen Modernisten Peter Ronnefeld (1935–1965), uraufgeführt am 21. Oktober in Düsseldorf. Im Mittelpunkt der Handlung – Text von Richard Bletschacher und Peter Ronnefeld – steht der Gesangslehrer Salvatore, der seine beste Schülerin Formica (»Die Ameise«) getötet hat und nun in der Gefängniszelle als einziges Lebewesen eine Ameise entdeckt, in der er die Ermordete wiederzuentdecken glaubt. – Ronnefeld geht 1961 als Chefdirigent nach Bonn.

Frankreich

Jean Anouilh:
Die Grotte
(La Grotte)
Drama in zwei Akten
Der unüberbrückbare Gegensatz zwischen Arm und Reich ist das Thema von Jean Anouilhs (* 1910) neuem Theaterstück »Die Grotte«, das am 10. Oktober im Théâtre Montparnasse in Paris uraufgeführt wird: Wer oben wohnt – in diesem Fall eine gräfliche Familie, wie Anouilh überhaupt eine Vorliebe für das Milieu des Besitzbürgertums zeigt –, bleibt oben, wer in der »Grotte« – hier die gräfliche Küche – arbeitet, bleibt unten. Im Stil des epischen Theaters übernimmt der Autor selbst die Rolle des Spielleiters, kommentiert, zeigt die Schwierigkeiten auf, aus einem solchen Stoff ein Theaterstück zu machen; die Handlung wird durch Rückblenden und Vorwegnahmen des Geschehens aufgelöst.

Jacques Audiberti:
Die Ameysz im Fleische
(La fourmi dans le corps)
Schauspiel in zwei Akten
Eine bühnenwirksame Trivialisierung des alttestamentlichen Judith-Stoffes bringt der Franzose Jacques Audiberti (1899–1965), früher einer der bedeutendsten Avantgardisten und zugleich letzten Symbolisten, inzwischen erfolgreicher Dramatiker in der Nähe des Boulevardtheaters, mit seiner »Ameysz im Fleische« auf die Bühne, die am 14. Oktober im Landestheater Darmstadt uraufgeführt wird. Die Ordnung eines Damenstifts, in dem es »die Ameisen« (d. h. die Bußfertigen) und »die Bienen« (die Lebenslustigen) gibt, wird empfindlich gestört durch die neu hinzugekommene Jeanne-Marie, die sowohl Ameise wie Biene ist. Als das Damenstift belagert wird, begibt sich Jeanne-Marie ins feindliche Heerlager, rettet das Stift, und läßt sich vom Adjutanten des Feldherrn in der Liebe unterweisen.

Samuel Beckett:
Glückliche Tage
(Happy Days)
Stück in zwei Akten
Winnie, die Frau, steckt bis zur Brust in einem Erdhaufen und vollzieht banale Verrichtungen, die einst Sinn gehabt haben mögen, aber angesichts der völligen Auflösung von Winnie nur mehr die Funktion haben, die Zeit totzuschlagen. Willie, ihr Mann, fühlt sich plötzlich von einem Funken Erotik durchglüht und versucht den Erdhaufen zu besteigen, der die Frau langsam verschlingt: Ein »glücklicher Tag« in einer sinnlosen Existenz. Soweit der Inhalt von Samuel Becketts (* 1906) neuestem Stück, das am 17. September im Cherry Lane Theatre in New York uraufgeführt wird. Wie die Personen in den anderen Stücken des meist in französischer Sprache schreibenden und seit 1937 in seiner Wahlheimat Frankreich lebenden Iren Beckett bestehen auch Winnie und Willie auf der Illusion des Wartens auf etwas, das nie eintritt, und überspielen in tragikomischer Hilflosigkeit ihren eigenen Verfall. – Die deutsche Erstaufführung findet am 30. September im West-Berliner Schillertheaters statt.

Jean Genet:
Die Wände
(Les Paravents)
Ein Jahr bevor Frankreich Algerien die Unabhängigkeit gewährt, wird Jean Genets (* 1910) umfangreiches – die Spieldauer des ungekürzten Stücks würde rund sieben Stunden betragen, knapp 100 Personen treten auf – Drama »Die Wände« im West-Berliner Schloßpark-Theater am 19. Mai uraufgeführt. Am Beispiel des armen Algeriers Said, der am Schluß von seinen eigenen Landsleuten erschossen wird, dramatisiert Genet Stationen im Freiheitskampf Algeriens gegen Frankreich. Während der Aufführung malen die Schauspieler auf Papierwände Symbole und Zeichen. – Die deutsche Übersetzung des Stücks ist bereits 1960 erschienen; die französische Ausgabe erscheint 1961.

Armand Salacrou:
Boulevard Durand
(Boulevard Durand)
Drama in zwei Akten
Unter großer Anteilnahme des Publikums wird im Centre dramatique du Nord in Le Havre das Drama »Boulevard Durand« von Armand Salacrou (* 1899), mit mehr als 30 Theaterstücken einer der erfolgreichsten französischen Dramatiker des 20. Jahrhunderts, uraufgeführt. Salacrou dramatisiert das Schicksal des Gewerkschaftssekretärs Durand, der 1910 in Le Havre wegen Mordes an einem Streikbrecher angeklagt und verurteilt worden war und erst nach Jahren rehabilitiert wurde. Bei der Abfassung folgte Salacrou »der eigenen Kindheitserinnerung und kurz vorher aufgefundenen Dokumenten«. – Der Erfolg des Stücks in Le Havre wiederholt sich bei den Aufführungen im Pariser Théâtre Sarah Bernhardt.

Italien

Luigi Nono
Intolleranza
(Intolleranza)
Bühnenwerk in zwei Teilen
Den vorläufigen Höhepunkt von Luigi Nonos (*1924) Kompositionen serieller Chorwerke antifaschistischer, sozialistischer oder revolutionärer Tendenz bildet seine erste Oper »Intolleranza«, die am 13. April im Rahmen der Biennale in Venedig uraufgeführt wird. Der Schwerpunkt dieses Werks über ein Schicksal während des Freiheitskampfes des algerischen Volkes gegen die französische Fremdherrschaft liegt bei den seriellen Chorpartien. – 1962 hat »Intolleranza« ihre deutsche Premiere in Köln. Die Neufassung von 1970 aktualisiert das Thema vor dem Hintergrund des Vietnamkrieges.

Schweiz

Max Frisch:
Andorra
Stück in zwölf Bildern
Das Problem der Andersartigkeit in der Gesellschaft und der Rassenvorurteile ist der zentrale Punkt in Max Frischs (*1911) Parabelstück »Andorra«, das am 2. November im Zürcher Schauspielhaus uraufgeführt wird. Nach dem Einmarsch der »Schwarzen« im »weißen« Andorra – das mit dem gleichnamigen Pyrenäenstaat nichts zu tun hat, aber einige Parallelen zur Schweiz aufweist – wird der junge Andorraner Andri aufgrund eines Gerüchts zum Juden abgestempelt und seinen Mördern, den »Schwarzen« ausgeliefert. Frisch bezeichnet sein Stück als »tragisches Muster«, einen Anfängerkurs zum Thema Rassenvorurteile, eine Mischung aus traditioneller Katharsis und »epischem Theater, ohne die ideologische Position von Brecht«. Am Beispiel des zum Juden ›gemachten‹ Andri stellt er eine nach den Erfahrungen der Nazizeit verständliche Modellsituation dar, ohne das Thema Antisemitismus analysieren zu wollen: »Morgen kann es ein anderer sein, der als andersartig angeprangert wird.«

USA

Tennessee Williams:
Die Nacht des Leguans
(The Night of the Iguana)
Drama in drei Akten
Auch in seinem neuesten Stück bleibt der Erfolgsdramatiker Tennessee Williams (1911–1983) dem zentralen Thema der meisten seiner bisherigen Dramen treu: Im Mittelpunkt des am 28. Dezember im Royal Theatre in New York uraufgeführten Dramas »Die Nacht des Leguans« steht die Frage der menschlichen Einsamkeit und ihrer Überwindung durch Sexualität, Kommunikation, Hilfsbereitschaft und Geduld. In der tropischen Regenwaldatmosphäre Mexikos kann sich ein ehemaliger Pastor bei der vorübergehenden Verbindung mit einer Malerin für kurze Zeit von dem »gespenstischen Schatten seiner selbst« befreien. Er schenkt daraufhin – symbolhaft – einem gefangenen Leguan die Freiheit. – Die deutsche Übersetzung erscheint 1962. 1964 verfilmt John Huston das Stück.

Filme 1961

Die neuen Filme des Jahres sind im Länderalphabet und hier wiederum alphabetisch nach Regisseuren aufgeführt. Bei ausländischen Filmen steht unter dem deutschen Titel in Klammern der Originaltitel.

Argentinien

Leopoldo Torre-Nilsson:
Die Hand in der Falle
(La mano en la trampa)
Während Leopoldo Torre-Nilsson mit seinen Filmen in Argentinien wenig erfolgreich ist, seit er darauf verzichtet hat, die gängigen Komödien und Melodramen zu drehen, gelten seine kunstvollen Werke mit ihrer schwermütigen Atmosphäre und suggestiven Sozialkritik als Vorreiter des lateinamerikanischen Films. So auch »Die Hand in der Falle«, eine spanisch-argentinische Koproduktion, in der Torre-Nilsson die repressive katholische Moralauffassung in einer Gesellschaftsschicht schildert, die nur an der Oberfläche glatt und ungetrübt, im Innern aber voller Fäulnis und Verfall ist: Eine junge Klosterschülerin (Elsa Daniel) entdeckt während der Ferien im Dachgeschoß der elterlichen Villa ihre Tante Ines (Maria Rosa Gallol), die angeblich in den USA verheiratet ist, in Wirklichkeit aber schon jahrelang hier eingeschlossen lebt, damit niemand von der Schande erfährt, daß sie sich einem Mann hingegeben hat, ohne zu heiraten.

Bundesrepublik Deutschland und DDR

Kurt Hoffmann:
Die Ehe des Herrn Mississippi
Kurt Hoffmann, einer der erfolgreichsten deutschen Regisseure der 50er Jahre – »Feuerwerk« mit Lilli Palmer (1954), »Ich denke oft an Piroschka« mit Liselotte Pulver (1955), »Das Wirtshaus im Spessart«, »Wir Wunderkinder« (beide 1958) – bringt nach den »Bekenntnissen des Hochstaplers Felix Krull« (1957) nach Thomas Manns gleichnamigem Roman zum zweitenmal einen Film nach einer anspruchsvollen literarischen Vorlage in die Kinos: »Die Ehe des Herrn Mississippi« nach dem gleichnamigen Bühnenstück von Friedrich Dürrenmatt. O. E. Hasse spielt den Generalstaatsanwalt Mississippi, der seine Frau umgebracht hat, für die Wiedereinführung alttestamentlicher Gesetze ist und ein Todesurteil nach dem andern unterzeichnet und die Gattenmörderin Anastasia (Johanna von Koczian) heiratet. Der Film bleibt weit hinter der Dürrenmattschen Vorlage zurück.

Gerhard Klein:
Der Fall Gleiwitz
Mit »Der Fall Gleiwitz«, einem der wichtigsten antifaschistischen Filme, wird DDR-Regisseur Gerhard Klein international bekannt. Kühl und sachlich erzählt er die Geschichte des angeblichen polnischen Überfalls auf den Reichssender Gleiwitz, den SS-Hauptsturmführer Naujocks (Hannjo Hasso) 1939 inszenierte, um Hitler den Vorwand zum Überfall auf Polen zu liefern.

Hansjürgen Pohland:
Tobby
Als Vorläufer des neuen deutschen Films gilt »Tobby» von Hansjürgen Pohland, die Geschichte des Amateur-Jazz-Musikers Tobby (Tobias Fichelcher), der Angebote von Agenturen ablehnt, um seine künstlerische Integrität zu wahren. Auf den Mannheimer Filmtagen 1961 erhält Pohland für diesen Film den Regie-Preis.

Bernhard Wicki:
Das Wunder des Malachias
Die Themen Wunder und Kommerz behandelt Bernhard Wicki in den gesellschaftskritischen Film »Das Wunder des Malachias«, der ihm den Regie-Preis der Berliner Filmfestspiele 1961 einbringt: Ein Pater (Horst Bollmann) bittet Gott, er möge die verrufene Bar in der Nähe seiner Kirche auf eine verlassene Insel versetzen. Als das Wunder geschieht, werden die Orte dieses Geschehens zum Tummelplatz skrupelloser Geschäftemacher.

Konrad Wolf:
Professor Mamlock
Seine Stellung als einer der bedeutendsten deutschen Filmemacher der an künstlerisch wertvollen Filmen recht mageren deutschsprachigen Filmszene in der Zeit um 1960 festigt DDR-Regisseur Kurt Wolf mit »Professor Mamlock« nach dem gleichnamigen Schauspiel seines Vaters Friedrich Wolf, das nach der Uraufführung 1934 in Warschau weltweites Echo gefunden hat. Der jüdische Arzt Mamlock (Werner Bergmann) ist noch 1932, kurz vor der Machtübernahme der Nationalsozialisten, der Überzeugung: »Hier in meiner Klinik, intra muros, endet die Politik, hier herrscht die Wissenschaft.« Als er nach der Machtübernahme fristlos entlassen wird, glaubt er zunächst dennoch, sein Recht im Rahmen der bestehenden Gesetze durchsetzen zu können. Als er begreift, daß dies nicht möglich ist, ist es zu spät.

Frankreich

Philippe de Broca:
Liebhaber für fünf Tage
(L'Amant de cinq jours)
Zwischen melancholischer Romantik, sprühendem Witz und treffsicherer Sozialkritik bewegt sich Philippe de Brocas Film »Liebhaber für fünf Tage«. Der von der Modeschöpferin Madeleine (Micheline Presle) ausgehaltene Antoine (Jean-Pierre Cassel) verliebt silch in die verheiratete Claire (Jean Seberg), mit der er bisher an den Wochenenden eine lose Beziehung unterhalten hat. Er verläßt Madeleine, um Claire zu heiraten, Claire aber verzichtet auf ihn: Sie will nicht einen langweiligen Mann gegen einen anderen eintauschen.

Philippe de Broca:
Cartouche der Bandit
(Cartouche)
In seinem ersten Farbfilm begibt sich Philippe de Broca auch inhaltlich auf neues Terrain: die Action-Komödie, wesentlich geprägt durch die Persönlichkeit Jean-Paul Belmondos. Erzählt wird die Geschichte einer »verrückten Liebe«, die der vom Großstadtgauner zum während der Revolution gefeierten Volkshelden aufgestiegene Dominique (Belmondo) zur Frau (Odile Versois) des Polizeipräsidenten faßt. Dominique verliert während dieses Abenteuers seine Frau (Claudia Cardinale) und einen großen Teil seines guten Rufs beim Volk.

Jean-Pierre Melville:
Eva und der Priester
(Léon Morin, Prêtre)
Jean-Paul Belmondo spielt in Jean-Pierre Melvilles »Eva und der Priester« einen Geistlichen, in den sich eine junge Witwe (Emanuelle Riva) leidenschaftlich verliebt. In seinem Glauben findet der Priester die Stärke, der Anfechtung zu widerstehen und die Beziehung in ein freundschaftliches Miteinander zu verwandeln.

Alain Resnais/
Alain Robbe-Grillet:
Letztes Jahr in Marienbad
(L'année dernière à Marienbad)

Ein Unbekannter (Giorgio Albertazzi) bewegt eine junge Frau (Delphine Seyrig), die traumhafte, glanzvolle Atmosphäre eines barocken Luxushotels mit ihm zu verlassen, nachdem er sie überzeugt hat, sie am selben Ort vor einem Jahr getroffen und geliebt zu haben. Die Geschichte des Unbekannten, der in Robbe-Grillets Drehbuch den Namen X trägt, wird von der Frau schließlich als traumhafte Wahrheit anerkannt. Drehbuch und Film lassen offen, ob es sich bei dem Liebesverhältnis vor einem Jahr um eine Tatsache oder um eine bewußte Erfindung handelt, oder ob der Unbekannte die junge Frau verwechselt.

François Truffaut:
Jules und Jim
(Jules et Jim)
Nach der Uraufführung von »Jules und Jim« erhebt sich das Publikum und applaudiert 15 Minuten lang, auf Festivals in der ganzen Welt erhält der Film Preise, die begeisterte Zustimmung des Publikums bleibt über die Jahre hinweg ungebrochen, heute ist dieses Werk François Truffauts ein Klassiker. Oskar Werner und Henri Serre sind die männlichen Hauptdarsteller in dieser Geschichte um die beiden Freunde Jules und Jim, die sich vor dem Ersten Weltkrieg in dieselbe Frau (Jeanne Moreau) verlieben. Jules, ein Deutscher, heiratet sie und zieht mit ihr in den Schwarzwald, nach Kriegsende stößt Jim, der Franzose, zu den beiden, und es beginnt eine Scheinidylle zu dritt bzw. zu viert – außer Jules und Jim liebt die Frau noch einen dritten Mann, Albert (Boris Bassiak) –, die mit dem Tod der Eheleute bei einem Autounfall endet.

Großbritannien

Tony Richardson:
Bitterer Honig
(A Taste of Honey)
In dem melancholischen Film »Bitterer Honig« gestaltet Tony Richardson die Geschichte der Freundschaft zwischen einer sitzengelassenen Schwangeren (Ruth Tushingham) und einem homosexuellen Kunststudenten (Murray Melvin). Richardson versucht nicht, eine soziale Analyse zu inszenieren, er schildert die schmutzigen Docks und düsteren Hinterhöfe ohne einen Ausblick auf Hoffnung.

Italien

Michelangelo Antonioni:
Die Nacht
(La Notte)
24 Stunden im Leben eines Ehepaars (Jeanne Moreau, Marcello Mastroianni), das sich nichts mehr zu sagen hat, zeichnet Michelangelo Antonioni in dem Film »Die Nacht«. Als die Frau den Mut hat, dem Mann im Morgengrauen nach einem Fest zu sagen, daß zwischen ihnen keine Liebe mehr besteht, weiß der Mann nur eine Antwort: Er versucht, sie mit Küssen zum Schweigen zu bringen.

Renato Castellani:
Der Brigant
(Il brigante)
Dem Mythos vom Unschuldigen, der zum gehetzten Verbrecher wird, verbindet Renato Castellani in »Der Brigant« mit einer Liebesgeschichte und herber Sozialkritik. Michele (Adelmo Di Fraia), zur Zeit des Faschismus als mußmaßlicher Mörder gejagt, kommt nach der Befreiung in seine Heimat zurück und wird Wortführer der unterdrückten Bauern. Niemand glaubt mehr an seine Schuld, doch der Besitzer der Ländereien bewirkt erneut Micheles Verhaftung. Zusammen mit seiner Freundin Miliella (Serena Vergano) gelingt Michele die Flucht. Als Miliella von einem bezahlten Killer des Großgrundbesitzers getötet wird, eilt Michele in sein Dorf zurück und erschießt jeden, der sich ihm entgegenstellt. Der Wachtposten, der ihm die Flucht ermöglicht hat, tötet den Amokläufer.

Vittorio De Seta:
Die Banditen von Orgosolo
(Banditi a Orgosolo)
De Setas erster Spielfilm besticht durch seine dokumentarische Qualität und die wirkungssichere Kameraführung. Geschildert wird das Leben von Hirten – die Darsteller sind sardische Hirten –, die unverschuldet in Konflikt mit der Polizei geraten und zu Banditen werden. Der Einfluß des Neorealismus ist unverkennbar.

Pietro Germi:
Scheidung auf Italienisch
(Divorzio all'Italiana)
Was wie eine schwarze Komödie wirkt, basiert auf den Regelungen der italienischen Gesetzgebung hinsichtlich des Ehescheidungsrechts: »Scheidung auf Italienisch« ist die sarkastische Geschichte eines Mannes (Marcello Mastroianni), der seine Frau (Daniela Rocca) tötet, weil er keine andere Möglichkeit sieht, sich von ihr zu trennen.

Ermanno Olmi:
Der Job
(Il posto)
Den verzweifelten Kampf eines Sechzehnjährigen (Sandro Panzeri) um eine Anstellung bei einer Mailänder Firma schildert Ermanno Olmi in »Der Job«. Es geht dabei weniger um irgendeinen »Job«, wie der deutsche Titel fälschlich andeutet, als um den Einstieg in ein lebenslängliches Angestelltenverhältnis mit aller Tristesse des Bürolebens. Der mit Laiendarstellern gedrehte Film findet bei den Filmfestspielen in Venedig und London internationale Anerkennung.

Pier Paolo Pasolini
Accatone –
Wer nie sein Brot mit Tränen aß
(Accatone)
Mit »Accatone« gibt Pier Paolo Pasolini sein Debut als Filmregisseur. Der am Neorealismus orientierte Marxist, Verfasser eines sozialkritischen Romans und mehrerer Drehbücher – auch für »Accatone« schrieb er das Drehbuch –, arbeitet hier mit Laiendarstellern. Gezeigt werden soll das Leben des »Subproletariats«, d.h. jener, die weder sich noch ihr Elend begreifen und schuldlos schuldig werden, weil ihnen die Gesellschaft keine andere Möglichkeit bietet. Der Zuhälter Accatone (Franco Citti) versucht vergeblich, für sich und seine neue Freundin auf ehrliche Weise den Lebensunterhalt zu verdienen, er ist den Anstrengungen des Arbeitslebens nicht gewachsen.
Nach einem Diebstahl verunglückt er tödlich auf der Flucht vor der Polizei. Seine letzten Worte: »Jetzt fühle ich mich wohl.«

Japan

Susumu Hani:
Böse Jungen
(Furuyo shonen)
Auch in seinem Spielfilm-Erstling »Böse Jungen« wahrt Susumu Hani, bekannt als Regisseur von Dokumentarfilmen, die sich vor allem mit dem Verhalten von Kindern und Jugendlichen beschäftigen, den dokumentarischen Grundzug. Die Darsteller in diesem Film über einen auf die schiefe Bahn geratenen Jugendlichen sind Laienspieler, Hani filmt oft mit der Handkamera oder mit der versteckten Kamera. »Ich lebte zusammen mit den Hauptdarstellern, aber ich sprach mit ihnen nicht über den Film, sondern über ihre Probleme, und so improvisierten wir diesen Film«, sagt Hani über die ungewöhnlichen Dreharbeiten.

Yasujiro Ozu:
Spätherbst
(Akibiyori)
Zwei Jahre vor seinem Tod stellt Yasujiro Ozu, der seit 1927 mehr als 50 Filme gedreht hat, noch einmal ein Werk fertig, in dem er all die Motive und Elemente aufgreift, die ihn unverkennbar gemacht haben: »Spätherbst« – wie auch in anderen Ozu-Filmen mit Jahreszeitentitel verweist die Bezeichnung »Spätherbst« auf das Alter der Hauptperson –, eine Alltagsgeschichte aus dem japanischen Familienleben. Die seit sieben Jahren verwitwete Akiko wird von ihren Angehörigen überredet zu heiraten, damit auch ihre Tochter ihrem Verlobten das Ja-Wort gibt, sie geht zum Schein darauf ein, doch als ihre Tochter geheiratet hat, gibt sie bekannt, daß sie lieber allein bleiben möchte. Ein ähnliches Thema hat Ozu bereits 1949 in dem Film »Später Frühling« behandelt.

Polen

Jerzy Kawalerowicz:
Mutter Johanna von den Engeln
(Matka Joanna ad Oniolów)
Jerzy Kawalerowicz' erfolgreicher Film »Mutter Johanna von den Engeln« nach der gleichnamigen Erzählung von Jaroslaw Iwaszkiewicz markierte den Beginn der Abwendung des polnischen Films von der fast ausschließlichen Beschäftigung mit Kriegsthemen. Kawalerowicz behandelt in dieser packenden, düsteren Tragödie das Thema eines seinen Trieben verfallenen Priesters (Mieczyslaw Voit), der als Exorzist in ein Kloster gesandt wird, um der Nonne Johanna von den Engeln (Lucyna Winnicka) den »Dämon der Begierde« auszutreiben; der »Dämon« ergreift jedoch auch Besitz vom Exorzisten, der Pater endet im Wahnsinn.

Schweden

Ingmar Bergman:
Wie in einem Spiegel
(Sasom i en spegel)
»Alle anderen Filme, die ich bisher gemacht habe, waren nur Etüden, dies ist mein Opus Nr. 1«, sagt Ingmar Bergman nach Fertigstellung von »Wie in einem Spiegel«, einem Drama familiärer Beziehungen, das in Strindbergscher Manier gegenseitige Zerstörung analysiert. Im Mittelpunkt der Handlung des auf einer einsamen Ostsee-Insel spielenden Films stehen die geisteskranke Karin (Harriet Andersson), die aussichtslose Beziehung zu ihrem Mann (Max von Sydow), der ihr nicht helfen kann, zu ihrem Vater (Gunnar Björnstrand), der in ihr ein Objekt für seine Schriftstellerei sieht, und ihr Bruder (Lars Passgård). Der religiöse Bezug des Films ist vor allem durch den Schluß – Karin sieht Gott, ehe sie in die Heilanstalt zurückgebracht wird –, aber auch durch den Titel gegeben, der dem 1. Korintherbrief entnommen ist: »Denn jetzt sehen wir nur dunkel, wie in einem Spiegel – dann aber von Angesicht zu Angesicht.«

Spanien

Luis Buñuel:
Viridiana
(Viridiana)
»Viridiana« ist Luis Buñuels erster in Spanien gedrehter Film seit 1932. Die Zensur hat das Drehbuch mit einigen Änderungen freigegeben, der Film wird jedoch sofort verboten, auch in der Bundesrepublik wird er nur geschnitten gezeigt. Bei den Filmfestspielen in Cannes gewinnt er die Goldene Palme. Heute gilt er als einer der eindrucksvollsten Buñuel-Filme. Zugrunde liegende These ist, daß bei einer ungerechten Sozialordnung auch karitative Einrichtungen keine Möglichkeit haben, wirklich zu helfen. Viridiana (Silvia Pinal) wird von den Armen, für die sie sich einsetzt, nur ausgenutzt und betrogen. Eine der berühmtesten Szenen aller Buñuel-Filme überhaupt ist das Abendmahl der Bettler: Nach dem Vorbild von Leonardo da Vincis Fresko »Das Letzte Abendmahl« sind die betrunkenen Bettler gruppiert, in der Mitte auf dem Platz Christi sitzt ein Blinder, dazu ertönt Georg Friedrich Händels »Halleluja«.

UdSSR

Grigorij Tschuchrai:
Klarer Himmel
(Tschistoje nebo)
Nachdem Grigorij Tschuchrai in den Filmen »Der Einundvierzigste« (1956)

und »Die Ballade vom Soldaten« (1959) die Politik und den Heldenkult Josef Stalins nur indirekt angreifen konnte, ist »Klarer Himmel« eine direkte Attacke gegen den Stalinismus: Ein im Zweiten Weltkrieg in Gefangenschaft geratener Testpilot (Jewgeni Urbanski) wird nach der Rückkehr in die Heimat aus der Partei ausgeschlossen, alle Ehrentitel werden ihm aberkannt, er gilt als Verräter, weil er den Tod nicht der Gefangenschaft vorgezogen hat, und muß als ungelernter Arbeiter seinen Lebensunterhalt verdienen. Erst nach dem Tod Stalins wird er rehabilitiert.

USA

John Huston:
Misfits – nicht gesellschaftsfähig
(Misfits)
Das Drehbuch von John Hustons gezwungen sozialkritischem Cowboy-Film »Misfits« schrieb Arthur Miller für seine Ehefrau Marilyn Monroe, die hier mit ihrem »Traummann« und »Vaterersatz« Clark Gable vor der Kamera stand: Eine geschiedene hübsche Blondine (Monroe) verliebt sich in drei Männer (Gable, Eli Wallach, Montgomery Clift), deren Brutalität beim Umgang mit Tieren sie tief schockiert. »Misfits« ist der letzte Film mit Clark Gable, der wenige Wochen nach Beendigung der Dreharbeiten starb, und mit Marilyn Monroe († 1962).

Billy Wilder:
Eins, zwei, drei
(One, Two, Three)
Der Film des österreichisch-US-amerikanischen Regisseurs Billy Wilder spielt in Berlin. Die Komödie, die sowohl die Geschäftspraktiken der US-Amerikaner als auch den Umgang der Deutschen mit ihrer faschistischen Vergangenheit karikiert, zieht ihre Wirkung aus dem rasanten Tempo und den Anspielungen auf die politischen Ereignisse des Jahres 1961.

Sportereignisse und -rekorde des Jahres 1961

Die Aufstellung erfaßt Rekorde, Sieger und Meister in wichtigen Sportarten. Aufgenommen wurden nur solche Wettbewerbe, die in den vergangenen Jahren bereits regelmäßig ausgetragen worden sind oder ab 1961 kontinuierlich zu den Sportprogrammen gehörten. Die Sportarten sind alphabetisch geordnet.

Automobilsport

Grand-Prix-Rennen (Formel Eins)

Großer Preis von/Kurs (Tag)	Sieger (Land)	Marke	Ø km/h
Europa/Nürburgring (8. 8.)	Stirling Moss (GBR)	Lotus	148,6
Belgien/Spa (18. 6.)	Phil Hill (USA)	Ferrari	–
Deutschland/Nürburgring, ausgetragen als Großer Preis von Europa			
England/Aintree (15. 7.)	Wolfgang B. v. Trips (GER)	Ferrari	133,9
Frankreich/Reims (2. 7.)	Giancarlo Baghetti (ITA)	Ferrari	192,9
Italien/Monza (10. 9.)	Phil Hill (USA)	Ferrari	209,3
Monaco/Monte Carlo (14. 5.)	Stirling Moss (GBR)	Lotus	113,8
Niederlande/Zandvort (21.5.)	Wolfgang B. v. Trips (GER)	Ferrari	154,8
USA-Ost/Watkins Glen (15.4.)	Jim Clark (GBR)	Lotus	–

Formel-Eins-Weltmeister

Name (Land)	Marke	Punkte	Siege
1. Phil Hill (USA)	Ferrari	34	2
2. Wolfgang Berghe von Trips (GER)	Ferrari	33	2
3. Stirling Moss (GBR)	Lotus	21	2
3. Dan Guerney (USA)	Porsche	21	0

Langstreckenrennen

Kurs/Dauer	Sieger (Land)	Marke	Ø km/h
Indianapolis/500 Ms	Anthony J. Foyt (USA)	Coyote-Ford	151,2 MPH
Le Mans/24 Stunden	Phil Hill (USA)/ Olivier Gendebien (BEL)	Ferrari	186,5
Targa Florio	Wolfgang B. v. Trips (GER)/ Olivier Gendebien (BEL)	(Ferrari)	103,4
Rallyes			
Monte Carlo	Maurice Martin/Robert Bateau (FRA)	Panhard	–

Boxen/Schwergewicht

Ort/Tag	Weltmeister	Gegner	Ergebnis
Miami Beach/13. 3.	Floyd Patterson (USA)	Ingemar Johansson (SWE)	K.o. 6. R.
Toronto/4. 12.	Floyd Patterson (USA)	Tom McNeely (USA)	K.o. 4. R.

Eiskunstlaufen

	Herren	Damen
Einzel		
Weltmeister	vom Veranstalter (Prag) abgesagt	
Europameister	Alain Giletti (FRA)	Sjoukje Dijkstra (HOL)
Deutscher Meister	Manfred Schnelldorfer	Karin Gude
Paarlauf		
Weltmeister	vom Veranstalter (Prag) abgesagt	
Europameister	Marika Kilius/Hans-Jürgen Bäumler (GER)	
Deutscher Meister	Margret Göbl/Franz Ningel	
Eistanz		
Weltmeister	vom Veranstalter (Prag) abgesagt	
Europameister	Doreen D. Denny/Courtney L. Jones (GBR)	
Deutscher Meister	Rita Pauka/Klaus-Peter Kwiet	

Gewichtheben/Schwergewicht

Weltrekord (Land, Datum)	Dreikampf	Drücken	Reißen	Stoßen
Juri Wlassow (URS) 22. 11. 1961	550,0 kg	–	–	–

Fußball

Länderspiele	Ergebnis	Ort	Datum
Deutschland			
Deutschland – Belgien	1:0	Frankfurt	8. 3.
Chile – Deutschland	3:1	Santiago	26. 3.
Deutschland – Nordirland	2:1	Berlin	10. 5.
Deutschland – Dänemark	5:1	Düsseldorf	20. 9.
Polen – Deutschland	0:2	Warschau	8. 10.
Deutschland – Griechenland	2:1	Augsburg	22. 10.
Österreich			
Jugoslawien – Österreich	2:1	Zagreb	–
Österreich – England	3:1	Wien	28. 5.
Ungarn – Österreich	1:2	Budapest	10. 6.
UdSSR – Österreich	0:1	Moskau	10. 9.
Österreich – Ungarn	2:1	Wien	8. 10.
Schweiz			
Schweiz – Belgien	2:1	Lausanne	20. 5.*
Schweden – Schweiz	4:0	Stockholm	28. 5.*
Schweiz – Schweden	3:2	Bern	29. 10.*
Schweiz – Schweden	2:1	Berlin (West)	12. 11.*

Landesmeister

Deutschland	1. FC Nürnberg – Borussia Dortmund 3:0
Österreich	Austria Wien
Schweiz	Servette Genf
England	Tottenham Hotspur London
Frankreich	AS Monaco
Italien	Juventus Turin
Schottland	Glasgow Rangers
Spanien	Real Madrid

* WM-Qualifikationsspiele

Landespokal	
Deutschland	SV Werder Bremen – 1. FC Kaiserslautern 2:0
Österreich	Rapid Wien – FC Vienna Wien 3:1
Schweiz	La Chaux-de-Fonds – FC Basel 1:0
England	Tottenham Hotspur – Leicester City 2:0
Frankreich	FC Sedan – US Nimes 3:1
Italien	FC Florenz – Lazio Rom
Schottland	Dunfermline – Celtic Glasgow
Spanien	Atletico Madrid – Real Madrid 3:2

Europapokal der Landesmeister	Ergebnis	Ort	Datum
Benfica Lissabon – FC Barcelona	3:2	Bern	31. Mai

Benfica Lissabon: Costa Pereira; Joao, Angelo; Neto, Germano, Cruz; Agusto, Santana, Aguas, Coluna, Cavem.
FC Barcelona: Ramallets; Foncho, Gracia; Vergés, Gensana, Garay; Kubala, Kocsis, Evaristo, Suarez, Czibor.
Schiedsrichter: Dienst (Schweiz). Tore: 0:1 (21.) Kocsis, 1:1 (30.) Aguas, 2:1 (31.) Vergés/Selbsttor, 3:1 (54.) Coluna, 3:2 (75.) Czibor. Zuschauer: 32000.

Europapokal der Pokalsieger			
Glasgow Rangers – AC Florenz	0:2	Glasgow	17. Mai

Glasgow Rangers: Ritchie; Shaerer, Caldow; Davis, Paterson, Baxter; Hume, McMillan, Scott, Brand, Wilson.
AC Florenz: Albertosi; Robotti, Castelletti; Gonfiantini, Orzan, Rimbaldo; Hamrin, Micheli, de Costa, Milan, Petris.
Schiedsrichter: Steiner (Österreich). Tore: 0:1 (12.), 0:2 (89.) Milan. Zuschauer: 80000.

AC Florenz – Glasgow Rangers	2:1	Florenz	27. Mai

AC Florenz: Albertosi; Robotti, Castelletti; Gonfiantini, Orzan, Rimbaldo; Hamrin, Micheli, de Costa, Milan, Petris.
Glasgow Rangers: Ritchie; Shaerer, Caldow; Davis, Paterson, Baxter; Scott, McMillan, Millar, Brand, Wilson.
Schiedsrichter: Hernadi (Ungarn). Tore: Hamrin (2), Scott. Zuschauer:

Messe-Pokal			
AS Rom – Stadtauswahl Birmingham	2:0/2:2		

AS Rom: Cudicini, Fontana, Corsini, Guiliano (2. Spiel: Pestrin), Losi, Carpanesi, Orlando, Da Costa, (2. Spiel: Lojacono), Manfredini, Angelillo, Menichelli.

Leichtathletik

Deutsche Meister (29./30. 7. in Düsseldorf)

Disziplin	Sieger (Ort)	Leistung
Männer		
100 m	Manfred Germar (Köln)	10,5
200 m	Manfred Germar (Köln)	21,3
400 m	Johannes Kaiser (Köln)	46,7
800 m	Paul Schmidt (Hörde)	1:48,7
1500 m	Karl Eyerkaufer (Frankfurt)	3:44,3
5000 m	Roland Watschke (Wolfsburg)	14:00,0
10000 m	Roland Watschke (Wolfsburg)	29:54,4
Marathon	Jürgen Wedeking (Wolfsburg)	2:28:27,4
Mannschaft	Olympia Wilhelmshaven	
110 m Hürden	Klaus Willimczik (Leverkusen)	14,4
200 m Hürden	Klaus Gerbig (Rüsselsheim)	23,9
400 m Hürden	Helmut Janz (Gladbeck)	50,7
3000 m Hindernis	Wilhelm-Rüdiger Böhme (Hamburg)	8:47,2
4 × 100 m	ASV Köln	40,8
4 × 400 m	OSV Hörde	3:12,5
3 × 1000 m	FSV Frankfurt	7:25,4
4 × 1500 m	nicht ausgetragen	
Hoch	Theo Püll (Wolfsburg)	2,02
Stabhoch	Klaus Lehnertz (Solingen)	4,30
Weit	Manfred Steinbach (Mainz)	7,50
Dreisprung	Jörg Wischmeyer (Reydt)	15,33
Kugel	Dieter Urbach (München)	17,98
Diskus	Jens Reimers (Oberhausen)	53,10
Hammer	Hans Fahsl (Hamborn)	60,26
Speer	Rolf Herings (Leverkusen)	77,83
Fünfkampf	Hermann Salomon (Mainz)	3.528
Mannschaft	Hamburger Sport-Verein	9.384
Zehnkampf	Willi Holdorf (Leverkusen)	7.238
Mannschaft	SV Bayer 04 Leverkusen	20.218
Gehen 20 km	Wolfgang Döring (Essen)	1:35:05,2
Mannschaft	Eintracht Frankfurt	4:56:38,6
Gehen 50 km	Heinz Mayr (Braunschweig)	4:44:20,6
Mannschaft	Eintracht Braunschweig	15:14:09,2
Frauen		
100 m	Maren Collin (Wuppertal)	11,9
200 m	Jutta Heine (Hannover)	24,0
400 m	Maria Jeibmann (Wuppertal)	56,2
800 m	Antje Gleichfeld (Hamburg)	2:12,6
80 m Hürden	Erika Fisch (Hannover)	11,0
4 × 100 m	Wuppertaler SV	47,1
Hoch	Ilia Hans (Bissingen)	1,67
Weit	Helga Hoffmann (Saarbrücken)	6,13
Kugel	Sigrun Grabert (Tübingen)	15,35
Diskus	Kriemhild Hausmann (Krefeld)	51,85
Speer	Anneliese Gerhards (Lobberich)	51,35
Fünfkampf	Helga Hoffmann (Saarbrücken)	4.555
Mannschaft	SV Bayer 04 Leverkusen	12.391

Weltrekorde (Stand: 31. 12. 1961)

Disziplin	Name (Land)	Leistung	Datum	Ort
Männer				
100 m	Armin Hary (GER)	10,0	21. 6. 1960	Zürich
200 m	David Sime (USA)	20,0	9. 6. 1956	Sanger
400 m	Otis Davis (USA) Carl Kaufmann (GER)	44,9 44,9	6. 9. 1960 6. 9. 1960	Rom Rom
800 m	Roger Moens (BEL)	1:45,7	3. 8. 1955	Oslo
Meile	Herb Elliott (AUS)	3:54,5	6. 8. 1958	Dublin
1500 m	Herb Elliott (AUS)	3:35,6	6. 9. 1960	Rom
5000 m	Wladimir Kuz (URS)	13:35,0	13. 10. 1957	Rom
10000 m	Pjotr Bolotnikow (URS)	28:18,8	15. 10. 1960	Kiew
110 m Hürden	Martin Lauer (GER)	13,2	7. 7. 1959	Zürich
400 m Hürden	Glen Davis (USA)	49,2	6. 8. 1958	Budapest
3000 m Hindernis	Zdislaw Kryszkowiak (POL)	8:30,4	10. 8. 1961	Walcz
4 × 100 m	USA	39,1	15. 7. 1961	Moskau
4 × 400 m	USA	3:02,2	8. 9. 1960	Rom
Hoch	Waleri Brumel (URS)	2,25	31. 8. 1961	Sofia
Stabhoch	George Davies (USA)	4,83	20. 5. 1961	Boulder
Weit	Ralph Boston (USA)	8,28	16. 7. 1961	Moskau
Dreisprung	Jozef Schmidt (POL)	17,03	5. 8. 1960	Allenstein
Kugel	Bill Nieder (USA)	20,06	12. 8. 1961	Walnut
Diskus	Jay Silvester (USA)	60,72	20. 8. 1960	Brüssel
Hammer	Harold Conolly (USA)	70,33	12. 8. 1960	Walnut
Speer	Carlo Lievore (ITA)	86,74	1. 6. 1961	Mailand
Zehnkampf	Rafer Johnson (USA)	8083	8./9. 7. 1960	Eugene
Frauen				
100 m	Wilma Rudolph (USA)	11,2	19. 7. 1961	Stuttgart
200 m	Wilma Rudolph (USA)	22,9	9. 7. 1960	Corpus Christi
400 m	Maria Itkina (URS)	53,4	12. 9. 1959	Krasnador
800 m	Ludmilla Schewtsowa (URS)	2:04,3	3. 7. 1960	Moskau
1500 m	Diane Leather (GBR)	4:29,7	19. 7. 1957	London
80 m Hürden	Gisela Birkemeyer (DDR)	10,5	24. 7. 1960	Leipzig
4 × 100 m	USA	44,3	15. 7. 1961	Moskau
Hoch	Jolanda Balas (RUM)	1,91	16. 7. 1961	Sofia
Weit	Tatjana Tschelkanowa (URS)	6,48	16. 7. 1961	Moskau
Kugel	Tamara Press (URS)	17,78	13. 8. 1960	Moskau
Diskus	Tamara Press (URS)	58,98	20. 9. 1961	London
Speer	Elwira Osolina (URS)	59,55	4. 6. 1960	Bukarest
Fünfkampf	Irina Press (URS)	5137	8./9. 10. 61	Tiflis

DLV-Rekorde (Stand: 31. 12. 1961)

Disziplin	Name (Ort)	Leistung	Datum	Ort
Männer				
100 m	Armin Hary (Frankfurt)	10,0	21. 6. 60	Zürich
200 m	Manfred Germar (Köln)	20,6	1. 10. 58	Wuppertal
400 m	Carl Kaufmann (Karlsruhe)	44,9	6. 9. 60	Rom
800 m	Paul Schmidt (Hörde)	1:46,2	20. 9. 59	Köln
1000 m	Werner Lueg (Barmen)	2:20,8	3. 7. 55	Berlin
1500 m	Werner Lueg (Gevelsberg)	3:43,0	29. 6. 52	Berlin
3000 m	Herbert Schade (Solingen)	8:13,2	6. 8. 52	Berlin
5000 m	Horst Floßbach (Solingen)	13:52,4	8. 7. 61	Solingen
10 000 m	Herbert Schade (Solingen)	29:24,8	14. 9. 52	Düsseldorf
Marathon				
110 m Hürden	Martin Lauer (Köln)	13,2	7. 7. 59	Zürich
400 m Hürden	Helmut Janz (Gladbeck)	49,9	2. 9. 60	Rom
3000 m Hindernis	Hans Hüneke (Wolfsburg)	8:37,4	3. 8. 58	Kassel
4 × 100 m	Nationalstaffel ASV Köln	40,3	15. 6. 60	Köln
4 × 400 m	Nationalstaffel OSV Hörde	3:08,9	31. 7. 57	Köln
Hoch	Peter Riebensahm (Bremerhaven)	2,10	17. 9. 61	Bremerhaven
Stabhoch	Klaus Lehnertz (Solingen)	4,50	3. 9. 61	Dortmund
Weit	Manfred Steinbach (Wolfsburg)	8,00	2. 9. 60	Rom
Dreisprung	Hermann Strauß (Kitzingen)	15,59	26. 5. 58	Fürth
Kugel	Dieter Urbach (München)	18,28	11. 10. 61	München
Diskus	Jens Reimers (Oberhausen)	56,68	14. 9. 61	Oberhausen
Hammer	Hans Fahsl (Hamborn)	63,94	26. 8. 61	Helsinki
Speer	Rolf Herings (Leverkusen)	82,48	22. 9. 61	Köln
Zehnkampf	Martin Lauer (Köln)	7955	29./30. 8. 59	Düsseldorf
Frauen				
100 m	Ingeburg Fuhrmann (Berlin)	11,5	19. 6. 58	Hannover
200 m	Jutta Heine (Hannover)	23,5	1. 9. 61	Hannover
400 m	Maria Jeibmann (Wuppertal)	56,2	1961	–
800 m	Veronika Kummerfeldt (Empelde)	2:07,5	12. 6. 60	Frechen
1000 m	Lina Radke (Breslau)	3:06,8	25. 8. 30	Brieg
80 m Hürden	Centa Gastl (München)	10,6	29. 7. 56	Frechen
4 × 100 m	Nationalstaffel Eintracht Frankfurt	47,4	4. 9. 55	Köln
Hoch	Ingrid Becker (Geseke)	1,71	17. 6. 61	Hamm
Weit	Gudrun Scheller (Braunschweig)	6,22	21. 6. 59	Berlin
Kugel	Marianne Werner (Greven)	15,84	26. 7. 58	Duisburg
Diskus	Kriemhild Hausmann (Krefeld)	55,70	16. 8. 59	Meerbeck
Speer	Almut Brömmel (München)	53,77	15. 9. 57	Kiel
Fünfkampf	Edeltraud Eiberle (Trossingen)	4638	30./31. 8. 58	Ludwigsburg

Pferdesport

Disziplin/Turnier	Sieger (Land)	Pferd (Gestüt)	Tag
Galopprennen			
Deutsches Derby	Gerhard Streit (GER)	Baalim (Waldfried)	–
Kentucky-Derby	J. Sellers (USA)	Curry Black	–
Trabrennen			
Deutsches Derby	Hans Frömming (GER)	Ditmarsia (Volkshof)	–
Prix d'Amerique	–	Masina	–
Turniersport			
Springreiten			
Weltmeisterschaft nicht ausgetragen			
Europameisterschaft in Aachen			
Einzel	David Broome (GBR)	Sunsalve	–
Deutsche Meisterschaft in Berlin			
Einzel	Alwin Schockemöhle	Freiherr	–
Deutsches Derby	Raimondo d'Inzeo (ITA)	Posillipo	–
Dressur			
Deutsche Meisterschaft in Berlin			
Einzel	Willy Schultheis	Doublette	–
Deutsches Derby	Willy Schultheis (GER)	Doublette	–

Radsport

Disziplin, Ort, Datum	Plazierung, Name (Land)	Zeit/Rückstand
Straßenweltmeisterschaft		
Profis (285,2 km) (Bern, 3. 9.)	1. Rik van Looy (BEL)	7:46:35 Std.
	2. Nino Defilippis (ITA)	7:46:35
	3. Raymond Poulidor (FRA)	7:46:35
Amateure (181 km) (Bern, 2. 9.)	1. Jean Jourdeu (FRA)	4:49:54 Std.
	2. Henri Belena (FRA)	4:50:16
	3. Jacques Gestrand (FRA)	4:50:16
Rundfahrten (Etappen)		
Tour de France (21) Datum: 25. 6.–16. 7. Länge: 4394 km	1. Jacques Anquetil (FRA)	122:01:33 Std.
	2. Guido Carlesi (ITA)	12:14
	3. Charly Gaul (LUX)	12:16
Giro d'Italia (21) Datum: 20. 5.–11. 6. Länge: 4004 km	1. Armaldo Pambianco (ITA)	11:25:28 Std.
	2. Jacques Anquetil (FRA)	3:45
	3. Antonio Suarez (SPA)	4:17
Tour de Suisse (7) Datum: 15. 6.–21.6. Länge: 1357 km	1. Attila Moresi (SUI)	37:08:06 Std.
	2. Henri Couvreur (BEL)	4:10
	3. Alfred Rüegg (SUI)	6:12
Deutschlandrundfahrt (7) Datum: 28. 4.–4. 5. Länge: 1542 km	1. Friedhelm Fischerkeller (GER)	39:24:20 Std.
	2. Hans Junkermann (GER)	2:15
	3. Piet Rentmeester (HOL)	3:04

Schwimmen

Deutsche Meister (12./13. 8. in Reutlingen)

Disziplin	Sieger (Ort)	Leistung
Männer		
Freistil 100 m	Uwe Jacobsen (Darmstadt)	57,4
Freistil 200 m	Gerhard Hetz (Hof)	2:04,7
Freistil 400 m	Gerhard Hetz (Hof)	4:40,8
Freistil 1500 m	Gerhard Hetz (Hof)	18:06,3
Freistil 4 × 200 m	DSW 12 Darmstadt	9:09,8
Brust 200 m	Jan Gross (München)	2:43,1
Brust 4 × 200 m	Wasserfreunde München	11:32,2
Delphin 200 m	Hermann Lotter (München)	2:25,9
Delphin 4 × 100 m	Wasserfreunde München	4:25,4
Rücken 100 m	Ernst-Joachim Küppers (Nordhorn)	1:06,0
Rücken 200 m	Ernst-Joachim Küppers (Nordhorn)	2:21,2
Rücken 4 × 100 m	WSV Nordhorn	4:38,4
Lagen 4 × 100 m	Wasserfreunde München	4:30,5

Deutsche Meister (12./13. 8. in Reutlingen) Forts.

Disziplin	Sieger (Ort)	Leistung
Frauen		
Freistil 100 m	Ursel Brunner (Heidelberg)	1:05,3
Freistil 400 m	Ursel Brunner (Heidelberg)	5:18,3
Freistil 4 × 100 m	Düsseldorf 1898	4:51,4
Brust 200 m	Wiltrud Urselmann (Krefeld)	2:54,4
Brust 4 × 200 m	Forelle Düsseldorf	12:37,8
Delphin 100 m	Ursel Brunner (Heidelberg)	1:16,2
Delphin 4 × 100 m	Düsseldorf 1898	5:37,4
Rücken 100 m	Helga Schmidt (Mannheim)	1:15,3
Rücken 200 m	Helga Schmidt (Mannheim)	2:45,8
Rücken 4 × 100 m	SV Gladbeck 13	5:30,6
Lagen 4 × 100 m	Wasserfreunde Wuppertal	5:21,9

Weltrekorde (Stand 31. 12. 1961)

Disziplin	Name (Land)	Leistung	Datum	Ort
Männer				
Freistil 100 m	Manoel dos Santos (BRA)	53,6	21. 9. 61	Rio
Freistil 200 m	Tsuyoshi Yamanaka (JAP)	2:00,4	18. 8. 61	Los Angeles
Freistil 400 m	John Konrads (AUS)	4:15,9	23. 2. 60	Melbourne
Freistil 800 m	John Konrads (AUS)	8:59,6	10. 1. 59	Melbourne
Freistil 1500 m	John Konrads (AUS)	17:11,0	27. 2. 60	Melbourne
Freistil 4 × 100 m	USA	3:44,4	21. 7. 59	–
Freistil 4 × 200 m	USA	8:10,2	1. 9. 60	Rom
Brust 100 m	Chet Jastremski (USA)	1:07,5	20. 8. 61	Los Angeles
Brust 200 m	Chet Jastremski (USA)	2:29,6	18. 8. 61	Los Angeles
Delphin 100 m	Fred Schmidt (USA)	58,7	20. 8. 61	Los Angeles
Delphin 200 m	Carl J. Robie (USA)	2:12,6	19. 8. 61	Los Angeles
Rücken 100 m	Robert Bennett (USA)	1:01,3	17. 8. 61	Los Angeles
Rücken 200 m	Tom Stock (USA)	2:11,2	20. 8. 61	Los Angeles
Lagen 200 m	Ted Stickles (USA)	2:15,9	20. 8. 61	Los Angeles
Lagen 400 m	Ted Stickles (USA)	4:55,6	17. 8. 61	Los Angeles
Lagen 4 × 100 m	Indianapolis (USA)	4:03,0	20. 8. 61	Los Angeles
Frauen				
Freistil 100 m	Dawn Fraser (AUS)	1:00,2	23. 2. 60	Melbourne
Freistil 200 m	Dawn Fraser (AUS)	2:11,6	27. 2. 60	Melbourne
Freistil 400 m	Chris von Saltza (USA)	4:44,5	5. 8. 60	–
Freistil 800 m	Jane Cederquist (SWE)	9:55,6	17. 8. 60	Stockholm
Freistil 1500 m	Margarete Rylander (SWE)	19:02,8	27. 6. 61	Stockholm
Freistil 4 × 100 m	USA	4:08,9	3. 9. 60	Rom
Brust 100 m	Barbara Göbel (DDR)	1:18,2	1. 7. 61	Rostock
Brust 200 m	Karin Beyer (DDR)	2:48,0	5. 8. 61	Budapest
Delphin 100 m	Susan Doerr (USA)	1:08,2	12. 8. 61	Philadelphia
Delphin 200 m	Rebecca Collins (USA)	2:32,8	13. 8. 61	Philadelphia
Rücken 100 m	Lynn E. Burke (USA)	1:09,0	2. 9. 60	Rom
Rücken 200 m	Satoko Tanaka (JAP)	2:33,2	30. 7. 61	Tokio
Lagen 200 m	Donna de Varona (USA)	2:35,3	14. 8. 61	Philadelphia
Lagen 400 m	Donna de Varona (USA)	5:34,5	11. 8. 61	Philadelphia
Lagen 4 × 100 m	USA	4:41,1	2. 9. 60	Rom

DSV-Rekorde (Stand: 31. 12. 1961)

Disziplin	Name (Ort)	Leistung	Datum	Ort
Männer				
Freistil 100 m	Uwe Jacobsen (Darmstadt)	56,3	10. 9. 61	Darmstadt
Freistil 200 m	Gerhard Hetz (Hof)	2:04,0	9. 9. 61	Monte Carlo
Freistil 400 m	Gerhard Hetz (Hof)	4:23,4	10. 9. 61	–
Freistil 800 m	Gerhard Hetz (Hof)	9:16,3	30. 4. 61	Dortmund
Freistil 1500 m	Gerhard Hetz (Hof)	18:00,3	14. 7. 60	–
Freistil 4 × 100 m	DSW 12 Darmstadt	3:54,4	30. 4. 61	–
Freistil 4 × 200 m	DSW 12 Darmstadt	8:53,5	30. 7. 60	–
Brust 100 m	Holm Mrazek (Duisburg)	7:09,8	25. 11. 61	–
Brust 200 m	Hans-Joachim Tröger (München)	2:39,1	12. 6. 60	–
Delphin 100 m	Hermann Lotter (München)	1:04,0	14. 7. 60	–
Delphin 200 m	Hans Zierold (Hamburg)	2:24,0	31. 7. 60	–
Rücken 100 m	Ernst-Joachim Küppers (Nordhorn)	1:03,6	29. 4. 61	–
Rücken 200 m	Ernst-Joachim Küppers (Nordhorn)	2:21,2	12. 8. 61	Reutlingen
Lagen 400 m	Ernst-Joachim Küppers (Nordhorn)	5:26,4	3. 9. 61	Lingen
Lagen 4 × 100 m	DSW 12 Darmstadt	4:28,3	29. 4. 61	–
Frauen				
Freistil 100 m	Ursel Brunner (Heidelberg)	1:04,4	14. 7. 60	–
Freistil 200 m	Ursel Brunner (Heidelberg)	2:24,6	2. 9. 61	–
Freistil 400 m	Ursel Brunner (Heidelberg)	5:04,3	13. 7. 60	–
Freistil 800 m	Ursel Brunner (Heidelberg)	10:49,4	22. 6. 59	–
Freistil 1500 m	Ursel Brunner (Heidelberg)	20:37,5	22. 6. 59	–
Freistil 4 × 100 m	Krefelder SK 1909	4:38,5	31. 7. 60	–
Brust 100 m	Wiltrud Urselmann (Krefeld)	1:19,1	12. 3. 60	–
Brust 200 m	Wiltrud Urselmann (Krefeld)	2:50,2	6. 6. 60	–
Delphin 100 m	Herta Haase (Harburg)	1:12,9	13. 7. 60	–
Rücken 100 m	Helga Schmidt (Oldenburg)	1:12,7	17. 7. 60	–
Rücken 200 m	Helga Schmidt (Oldenburg)	2:42,5	30. 7. 60	–
Lagen 400 m	Jutta Olbrisch (Bremen)	6:05,4	6. 7. 61	–
Lagen 4 × 100 m	TuS Harburg-Wilhelmsburg	5:10,1	30. 4. 61	–

Ski alpin

	Herren	Damen
Deutsche Meister		
Abfahrt	Fritz Wagnerberger	Heidi Biebl
Slalom	Willy Bogner	Heidi Biebl
Riesenslalom	Ferdl Fettig	Heidi Biebl
Kombination	Adalbert Leitner	Heidi Biebl
Österreichische Meister		
Abfahrt	Heini Meßner	Christl Haas
Slalom	Pepi Stiegler	Traudl Hecher
Riesenslalom	Martin Burger	Marianne Jahn
Kombination	Pepi Stiegler	Traudl Hecher
Schweizer Meister		
Abfahrt	nicht ausgetragen	
Slalom	Adolf Mathias	Lilo Michel
Riesenslalom	Roger Staub	Lilo Michel
Kombination	nicht ausgetragen	

Tennis

Meisterschaften	Ort
Wimbledon	London
French Open	Paris
US Open	Forest Hills
Australian Open	Melbourne
Internationale Deutsche Meisterschaften	Hamburg (Herren) Berlin (Damen)
Daviscup-Endspiel	Melbourne

Herren		
Wimbledon	Rod Laver (AUS) – Charles McKinley (USA)	6:3, 6:1, 6:4
French Open	Manuel Santana (SPA) – Nicola Pietrangeli (ITA)	4:6, 6:1, 3:6, 6:0, 6:2
US Open	Roy Emerson (AUS) – Rod Laver (AUS)	7:5, 6:3, 6:2
Australian O.	Roy Emerson (AUS) – Neale Fraser (AUS)	7:5, 6:3, 6:2
Int. Deutsche	Rod Laver (AUS) – Luis Ayala (CHI)	6:2, 6:8, 5:7, 6:1, 6:2
Daviscup	Australien – Italien	5:0
Damen		
Wimbledon	Angela Mortimer (GBR) – Christine Truman (GBR)	4:6, 6:4, 7:5

Tennis Forts.

Turnier	Sieger (Land) – Finalgegner (Land)	Ergebnis
French Open	Ann Haydon (GBR) – Yola Ramirez (MEX)	6:2, 6:1
US Open	Darlene Hard (USA) – Ann Haydon (GBR)	6:3, 6:4
Australian Open	Margareth Smith (AUS) – Jane Lehane (AUS)	6:1, 6:4
Int. Deutsche	Sandra Reynolds (SFA) – –	–
Herren-Doppel		
Wimbledon	Roy Emerson (AUS) / Neale Fraser (AUS) – Bob Hewitt (AUS) / Fred Stolle (AUS)	6:4, 6:8, 6:4, 6:8, 8:6
French Open	Rod Laver (AUS) / Roy Emerson (AUS) – Bob Howe (AUS) / Robert Mark (AUS)	–
US Open	Chuck McKinley (USA) / Dennis Ralston (USA)	–
Australian Open	Rod Laver (AUS) / Robert Mark (AUS)	–
Int. Deutsche	Bob Hewitt (AUS) / Fred Stolle (AUS)	–

Turnier	Sieger (Land) – Finalgegner (Land)	Ergebnis
Damen-Doppel		
Wimbledon	Karen Hentze (USA) / Billy Jean Moffitt (USA) – Jane Lehane (AUS) / Margareth Smith (AUS)	6:3, 6:4
French Open	Sandra Reynolds (SAF) / Rene Schuurman (SAF) – Maria-Esther Bueno (BRA) / Darlene Hard (USA)	kampflos
US Open	Darlene Hard (USA) / Lesley Turner (AUS)	–
Australian Open	Margareth Smith (AUS) / Silvie Reitana (AUS)	–
Int. Deutsche	Sandra Reynolds (SAF) / Rene Schuurman (SAF)	–
Mixed		
Wimbledon	Fred Stolle (AUS) / Lesley Turner (AUS) – Bob Howe (AUS) / Edda Buding (GER)	11:9, 6:2
French Open	Rod Laver (AUS) / Darlene Hard (USA)	–
US Open	Robert Mark (AUS) / Margareth Smith (AUS)	–
Aust. Open	Bob Hewitt (AUS) / Jane Lehane (AUS)	–

Nekrolog

Bekannte Persönlichkeiten aus allen Bereichen des gesellschaftlichen Lebens, die im Jahr 1961 gestorben sind, werden – alphabetisch geordnet – in Kurzbiographien vorgestellt.

Kjeld Abell

dänischer Schriftsteller (*25. 8. 1901, Ripen), stirbt am 5. März in Kopenhagen.
Als Dramatiker führte Abell die dänische Bühnenkunst vom Naturalismus zum symbolisch-poetischen Theater. Leitmotiv seiner Werke ist die Öde des bürgerlichen Daseins, aus dem er den verbürgerlichten Menschen durch Phantasie befreien wollte. Seine bekanntesten Dramen sind »Die Melodie, die verschwand« (1935) und »Anna Sophie Hedwig« (1939).

Karl Albiker

deutscher Bildhauer (*16. 9. 1878, Ühlingen/Waldshut), stirbt am 26. Februar in Ettlingen.
Albiker, Schüler des französischen Bildhauers Auguste Rodin (1840 bis 1917), verband in seinen Plastiken – vor allem Akte und Bildnisse sowie Monumentalfiguren für Bauten während des Nationalsozialismus – die lokkere Modellierung seines Lehrers mit dem strengen Aufbau der Figur wie bei dem Franzosen Aristide Maillol (1861–1944). 1919 bis 1945 war er Professor an der Akademie Dresden.

Cuno Amiet

schweizerischer Maler (*28. 3. 1868, Solothurn), stirbt am am 6. Juli in Oschwand.
Amiet war der bekannteste Vertreter der Schweizer Malerei seit Ferdinand Hodler. In seinem vielfältigen Werk verarbeitete er fast alle Kunstrichtungen des frühen 20. Jahrhunderts (Nabis, Pont-Aven, Paul Gauguin, Jugendstil, Neoimpressionismus, Brücke, Expressionismus). Außer zahlreichen Gemälden hinterläßt Amiet verschiedene Plastiken und ein umfangreiches graphisches Werk.

Thomas Beecham

englischer Dirigent (*29. 4. 1879, Saint Helens bei Liverpool), stirbt am 8. März in London.
Beecham, dessen Partiturgedächtnis schon zu Lebzeiten Legende wurde, mußte sich als Sohn eines Industriellen seine musikalischen Kenntnisse fast ohne Ausbildung als Autodidakt aneignen. Er gründete 1928 das London Symphony Orchestra, 1932 das London Philharmonic Orchestra und 1946 das Royal Philharmonic Orchestra.
Beecham, der 1916 geadelt wurde, dirigierte sämtliche etwa 100 Opern und Symphonien seines Repertoires auswendig. Er brachte Großbritannien die Werke von Modest Mussorgskij und Igor Strawinsky nahe.

Wolfgang Graf Berghe von Trips

deutscher Rennfahrer (*4. 5. 1928, Hemmersbach bei Horrem), stirbt an den Folgen eines Unfalls am 10. September in Monza.
Der erfolgreiche deutsche Rennfahrer führte bei seinem Tod in der Weltmeisterschaftswertung. Er begann seine Laufbahn als Motorradgeländefahrer und fuhr erst seit 1954 Rennwagen.

Lucian Blaga

rumänischer Dichter (*9. 5. 1895, Lancram/Siebenbürgen), stirbt am 6. Mai in Klausenburg.
Die Lyrik Blagas, der auch Werke von Johann Wolfgang von Goethe, Rainer Maria Rilke und Friedrich Hölderlin übersetzte, war Illustration seiner Philosophie, nach der der im Organischen verwurzelte Mensch durch Mythos und Magie die Wirklichkeiten des Jenseits (Gott, Himmel) greifen kann. Seine wichtigsten Gedichtbände sind »Die Gedichte des Lichts« (1919), »Die Schritte des Propheten« (1921) und das »Lob des Schlafes« (1929).

Hans Friedrich Blunck

deutscher Schriftsteller (*3. 9. 1888, Altona/Hamburg), stirbt am 25. April in Hamburg.
Blunck, während des Nationalsozialismus Präsident der Reichsschrifttumskammer, war mit seinen historischen und zeitgenössischen Romanen, Märchen, Sagas, Spukgeschichten, Schwänken, Sagenbearbeitungen u. a. ein Vertreter der Heimatdichtung, der der niederdeutschen Volkstumsbewegung verbunden war. In den beiden Romantrilogien »Urvätersaga« (1925–1928) und »Werdendes Volk« (1922–1924) stellte er die Entwicklung des »deutschen Menschen« in vorgeschichtlicher und geschichtlicher Zeit dar. Weitere Werke sind die Balladensammlung »Nordmark« (1912), die »Märchen von der Niederelbe« (1923), der historische Roman »König Geiserich« (1936) und das Epos »Die Sage vom Reich« (1941).

Géza von Bolváry

ungarischer Filmregisseur (*26. 12. 1897), stirbt am 10. August in Rosenheim.
Bolváry drehte seit 1922 mehr als 50 meist musikalische Unterhaltungsfilme. Die bekanntesten: »Zwei Herzen im Dreivierteltakt« (1929), »Lumpazivagabundus« (1935), »Opernball« (1939), »Wiener G'schichten« (1940), »Die Fledermaus« (1944).

Jules Bordet

belgischer Mikrobiologe, Medizinnobelpreisträger 1906 (*13. 6. 1870, Soignies), stirbt am 6. April in Brüssel.
Bordet, ab 1901 Direktor des Brüsseler Institut Pasteur, entdeckte 1906 zusammen mit Octave Gengou den Keuchhustenerreger.

Henri Breuil

französischer Prähistoriker (*28. 2. 1877, Mortain/Manche), stirbt am 14. August in L'Isle-Adam bei Paris.
Der katholische Geistliche Breuil, ab 1910 Professor in Paris, begründete durch seine Arbeiten zur Typologie und Chronologie die systematische Erforschung der vorgeschichtlichen Kunst, besonders der Höhlenkunst.

Percy Williams Bridgeman

US-amerikanischer Physiker und Wissenschaftstheoretiker, Physiknobelpreisträger 1946 (*21. 4. 1882, Cambridge/Massachusetts), scheidet am 20. August in Randolph in New Haven freiwillig aus dem Leben.
Bridgemans Hauptforschungsgebiet war die Physik der höchsten Drücke. Für seine Arbeiten hierüber erhielt er 1946 den Nobelpreis für Physik.

Louis-Ferdinand Céline

eigentlich Louis Ferdinand Destouches, französischer Schriftsteller (*27. 5. 1894, Courbevoie), stirbt am 1. Juli in Meudon.
Célines Romane, politische Essays und Pamphlete sind Dokumente völliger Hoffnungslosigkeit und eines absoluten Nihilismus. Seinen ersten und bedeutendsten Roman »Reise ans Ende der Nacht« (1932) bezeichnete er als »den ersten kommunistischen Roman«. Nach einer Reise in die UdSSR vom Kommunismus Stalinscher Prägung enttäuscht, verschrieb er sich dem Faschismus und Antisemitismus und wurde 1945 wegen Kollaboration verurteilt. Nach der Begnadigung kehrte er 1952 aus Dänemark, wo er unter Polizeiaufsicht gelebt hatte, nach Frankreich zurück. Weitere Romane: »Tod auf Raten« (Roman, 1936), »Von einem Schloß zum andern« (Roman, 1957), »Norden« (Roman, 1960), »Rigodon« (Roman, postum 1969).

Gary Cooper

eigentlich Frank J. Cooper, US-amerikanischer Filmschauspieler (*7. 5. 1901, Helena/Montana), stirbt am 13. Mai in Hollywood.
Cooper verkörperte den zähen, schweigsamen, tapferen und lakonischen Typ, meist in Western, aber auch in abenteuerlichen Dramen und Liebeskomödien. Er spielte u.a. die Hauptrollen in »Marokko« (1930, mit Marlene Dietrich), »Straßen der Großstadt« (1931), »In einem anderen Land« (1934), »Bengali« (1935), »Mr. Deed geht in die Stadt« (1936), »Blaubarts achte Frau« (1938), »Wem die Stunde schlägt« (1943), »Zwölf Uhr mittags« (1952), »Vera Cruz« (1954), »Ariane« (1957), »Sie kamen nach Cordura« (1959) und »Ein Mann geht seinen Weg« (1960).

George Marquis de Cuevas

eigentlich George Marquis de Piedrablanca de Guana y de las Cuevas, US-amerikanischer Ballettdirektor und Mäzen (*1885, Santiago de Chile), stirbt am 22. Februar in Cannes.
Der Marquis de Cuevas gründete 1944 in den USA das International Ballet und vereinigte es 1947 mit dem Nouveau Ballet de Monte Carlo zum Grand Ballet de Monte Carlo, das unter dem Namen International Ballet of the Marquis de Cuevas Weltruhm erlangte. Ein Jahr nach dem Tod des Mäzens wird es aufgelöst.

Luigi Einaudi

italienischer liberaler Politiker (*24. 3. 1874, Carrù), stirbt am 30. Oktober in Rom.
Einaudi, ab 1925 Gegner des Faschismus, war 1902 bis 1948 Professor für Finanzwissenschaften in Turin, 1945 bis 1948 Gouverneur der Banca d'Italia und 1947/48 stellvertretender Ministerpräsident und Haushaltsminister. 1948 bis 1955 war er Staatspräsident.
Nach dem Zweiten Weltkrieg gelang Einaudi die Stabilisierung der italienischen Währung und der Staatsfinanzen.

Ruth Fischer

eigentlich Elfriede Golke, geborene Eisler, deutsche kommunistische Politikerin (*11. 12. 1895, Leipzig), stirbt am 13. März in Paris.
Ruth Fischer, Tochter des österreichischen Philosophen Rudolf Eisler, Schwester des Komponisten Hanns Eisler und des SED-Politikers Gerhart Eisler, war 1918 Mitbegründerin der KPD, deren Reichsleitung sie 1924/25 innehatte, ehe sie von Ernst Thälmann abgelöst wurde; wegen ihrer ultralinken Haltung wurde sie 1926 aus der Partei ausgeschlossen, blieb jedoch noch bis 1928 Mitglied des Reichstags. 1933 emigrierte sie nach Paris und 1940 in die Vereinigten Staaten. Nach dem Zweiten Weltkrieg lebte sie als Publizistin in Paris. Sie schrieb u.a. »Stalin und der deutsche Kommunismus« (1948), »Von Lenin zu Mao« (1956) und »Die Umformung der Sowjetgesellschaft« (1958).

Anton Flettner

deutscher Ingenieur und Erfinder (* 1. 11. 1885, in Eddersheim), stirbt am 29. Dezember in New York.
Flettner konstruierte während des Ersten Weltkriegs ferngelenkte Torpedos und Kampfwagen. Als Leiter der wissenschaftlichen Abteilung bei der Inspektion der Fliegertruppen konstruierte er ein neues Flugzeugruder und erfand später das nach ihm benannte Flettnerruder, das im Schiffsbau mehrfach Verwendung fand. Eine weitere Erfindung war der Flettnerrotor, eine Metallwalze, die, durch schwache Motorkraft gedreht, aufgrund des Magnuseffekts dem Schiff anstelle der bis dahin üblichen Segel die erforderliche Antriebskraft vermitteln sollte.

Leonard Frank

deutscher Schriftsteller (* 4. 9. 1882, Würzburg), stirbt am 18. August in München.
Der sozialistisch-pazifistische Erzähler mit Neigung zu psychoanalytischer Darstellung wurde bekannt durch seine lebendig erzählten, im Tatsachenstil verfaßten Romane, schrieb aber auch erfolgreiche Dramen. Romane: »Die Räuberbande« (1914), »Der Bürger« (1924), »Karl und Anna« (1927), »Das Ochsenfurter Männerquartett« (1927). Unter dem Titel »Links, wo das Herz ist« erschien 1952 seine Autobiographie.

Paul Geheeb

deutscher Pädagoge (* 10. 10. 1870, Geisa), stirbt am 1. Mai in Goldern in Kanton Bern.
Geheeb wollte durch seine Idee der »Schulgemeinde« die Schüler zu Selbständigkeit und selbstverantwortlicher Mitarbeit im Gemeinschaftsleben führen. 1906 gründete er mit Gustav Wyneken die Freie Schulgemeinde Wikkersdorf und 1910 die Odenwaldschule. 1934 gründete er in Versoix bei Genf die Ecole d'Humanité, die 1946 nach Goldern verlegt wurde.

Werner Gilles

deutscher Maler und Graphiker (* 29. 8. 1894, Rheydt), stirbt am 22. Juni in Essen.
Gilles, Schüler von Lyonel Feininger am Weimarer Bauhaus, längere Zeit in Italien tätig, zuletzt abwechselnd in München und auf Ischia, entwickelte in leuchtenden Farben eine kräftige Symbolsprache. Er malte vor allem expressive Landschaften und mythologische Szenen. Beispiele: »Verkündigung« (1948; Wallraf-Richartz-Museum, Köln), »Klage um das Haupt des Orpheus« (Aquarell-Zyklus, 1949; Nationalgalerie, Berlin-West).

Grandma Moses

eigentlich Anna Mary Robertson-Moses, US-amerikanische naive Malerin (* 7. 9. 1860, Washington County/New York), stirbt am 13. September in Hoosick Falls/New York.
Erst als 70jährige, als Großmutter und Mutter von zehn Kindern, begann Anna Mary Moses 1930 zu malen und stellte ihre Arbeiten – meist Landschaften in verschiedenen Jahreszeiten – in einem Drugstore aus. 1940 wurde ein Kunstsammler auf ihre Werke aufmerksam, in der Folgezeit wurde sie eine der bekanntesten Vertreterinnen der naiven Malerei in den USA. Ein Beispiel für ihre verträumtverzauberte Bilderwelt ist das Gemälde »Weihnachten« (1946; Grandma Moses Properties, New York).

Richard Hamann

deutscher Kunsthistoriker (* 29. 5. 1879, Seehausen), stirbt am 9. Januar in Immenstadt im Allgäu.
Hamann wirkte 1913 bis 1949 als Professor in Marburg, wo er 1929 das Forschungsinstitut für Kunstgeschichte gründete und ab 1924 das »Marburger Jahrbuch für Kunstwissenschaft« herausgab. Sein Hauptwerk ist die zweibändige »Geschichte der Kunst« (1933–1952).

Dag Hammarskjöld

schwedischer Politiker, UN-Generalsekretär seit 1953 (* 29. 7. 1905, Jönköping), schwedischer Politiker, UN-Generalsekretär seit 1953, kommt am 18. September bei einem bis heute nicht aufgeklärten Flugzeugabsturz bei Ndola in Rhodesien ums Leben.
Hammarskjöld, Jurist und Volkswirtschaftler, war 1936 bis 1945 Staatssekretär im schwedischen Finanzministerium, kam 1946 als Finanzexperte ins Außenministerium und nahm als stellvertretender Außenminister ab 1951 an zahlreichen internationalen Konferenzen teil. Ab 1952 Leiter der schwedischen UN-Kommission, wurde er 1953 als Nachfolger von Trygve Lie Generalsekretär der Vereinten Nationen. Er setzte sich für die Entkolonisierung ein, bemühte sich in der Sues-, Ungarn- und Kongo-Krise um die Erhaltung des Friedens und vermittelte im Libanon-Konflikt. Beim Einsatz für die UN-Ordnungstruppe im Kongo (Zaïre) kam er bei einem ungeklärten Flugzeugabsturz ums Leben. 1961 wird ihm postum der Friedensnobelpreis verliehen.

Ernest Hemingway

US-amerikanischer Schriftsteller, Literaturnobelpreisträger 1954 (* 21. 7. 1899, Oak Park/Illinois), begeht am 2. Juli in Ketchum/Idaho Selbstmord.
Der US-amerikanische Schriftsteller, Sohn eines Arztes und begeisterter Jäger und Fischer, stellt in seinen Werken Bewährungssituationen dar, wie er sie selbst in seinem Leben gesucht hat. Hemingway erlebte die beiden Weltkriege und den Spanischen Bürgerkrieg (auf seiten der Republikaner) mit. Hauptwerke: »Fiesta« (1926), »Die grünen Hügel Afrikas« (1935), »Wem die Stunde schlägt« (1941), »Der Schnee vom Kilimandscharo« (1949), »Über den Fluß und in die Wälder« (1951), »Der alte Mann und das Meer« (1952).

Carl Gustav Jung

schweizerischer Psychoanalytiker, Begründer der analytischen Psychologie (* 26. 7. 1875, Kesswil), stirbt am 6. Juni in Küsnacht.
Jung, der anfangs (1907–1912) mit Sigmund Freud zusammenarbeitete, entwickelte bald eine eigene psychologische Schule. Nach Jung besteht die Psyche aus drei Ebenen: dem Bewußten sowie dem persönlichen und dem kollektiven Unbewußten. Die tiefste Schicht, das kollektive Unbewußte, enthält ererbte Vorstellungen und Prägungen, in ihm haben die Mythen ihre Wurzel. Grundlegend wurde Jungs Typenlehre, in der er den introvertierten vom extrovertierten Typ schied, wobei er Denken, Fühlen, Empfinden und Intuition als konstitutiv für den Charakter beschrieb. Seine Hauptwerke sind »Psychologische Typen« (1921), »Die Beziehungen zwischen dem Ich und dem Unbewußten« (1928), »Psychologie und Religion« (1940), »Gestaltung des Unbewußten« (1950) und »Von den Wurzeln des Bewußtseins« (1954).

Jakob Kaiser

deutscher CDU-Politiker (* 8. 2. 1888, Hammelburg), stirbt am 7. Mai in Berlin (West).
Kaiser, seit 1912 aktiv in der Gewerkschaftsbewegung tätig, war einer der Mitbegründer der CDU in der sowjetischen Besatzungszone und Berlin und 1945 bis 1947 ihr erster Vorsitzender. 1948/49 gehörte er dem Parlamentarischen Rat an und war 1949 bis 1958 Minister für gesamtdeutsche Fragen.

Hanns Klemm

deutscher Flugzeugkonstrukteur (* 4. 4. 1885, Stuttgart), stirbt am 30. April in Fischbachau bei Schliersee.
Klemm konstruierte 1918/19 das erste Leichtmetallflugzeug der Welt, die L 15, 1924 den zweisitzigen Tiefdecker L 20 und in der Folgezeit Schul- und Sportflugzeuge, die er in seiner 1926 in Böblingen gegründeten Leichtflugzeugbau Klemm GmbH herstellte.

Hinrich Wilhelm Kopf

deutscher SPD-Politiker (* 6. 5. 1893, Neuenkirchen), stirbt am 21. Dezember in Göttingen.
Kopf, seit 1919 Mitglied der SPD und genannt »der rote Welfe«, leitete als erster Ministerpräsident das Land bzw. Bundesland Niedersachsen 1946 bis 1955 und erneut seit 1959. 1957 bis 1959 war er Innenminister und stellvertretender Ministerpräsident in Niedersachsen.

Patrice Emergy Lumumba

kongolesischer Politiker (* 2. 7. 1925, Katako-Kombe), wird in der Nacht vom 17. auf den 18. Januar in Shaba in der Provinz Katanga unter ungeklärten Umständen ermordet.
Lumumba war 1958 Mitbegründer der politischen Unabhängigkeitsbewegung Mouvement National Congolais. 1959 wurde er von den belgischen Behörden inhaftiert, bereits ein Jahr später jedoch wieder freigelassen und nach der Proklamation der Unabhängigkeit zum ersten Ministerpräsidenten der Demokratischen Republik Kongo (Léopoldville) gewählt. Während der Bürgerkriegswirren in dem auf die Unabhängigkeit unvorbereiteten Land rief Lumumba UNO und Ostblockstaaten zu Hilfe und wurde daraufhin im September von Staatspräsident Joseph Kasawubu für abgesetzt erklärt und eingekerkert.

Adnan Menderes

türkischer Politiker (* 1899, Aydin), wird auf der Insel Yassi am 17. September hingerichtet.
Menderes war seit 1936 Abgeordneter der türkischen Nationalversammlung. 1946 gehörte er zu den Mitbegründern der Demokratischen Partei und wurde nach deren Wahlsieg 1950 Ministerpräsident. Menderes, der eine Politik

der engen Bindung an den Westen betrieb, begann, die sich verstärkende Opposition brutal zu unterdrücken und wurde 1960 durch einen Militärputsch des Generals Cemal Gürsel gestürzt und wegen Verletzung der Verfassung zum Tode verurteilt.

Muhammad V.

erster König von Marokko seit 1957 (* 10. 8. 1909, Fes), stirbt am 26. Februar in Rabat.
Als Sidi Muhammad V. Ibn Jusuf Sultan folgte Muhammad seinem Vater 1927 in der Sultanswürde nach, wurde 1953 wegen seiner Forderung nach Unabhängigkeit des Landes von den Franzosen abgesetzt, erhielt bereits nach zwei Jahren sein Amt zurück und erreichte 1956 die Unabhängigkeit Marokkos. 1957 nahm er den Königstitel an.

Henry Morton Robinson

US-amerikanischer Schriftsteller (* 7. 9. 1898, Boston), stirbt am 13. Januar in New York.
Robinson, 1935–1948 Chefredakteur von »Reader's Digest«, wurde berühmt mit dem sentimentalen Roman »Der Kardinal« (1950) über einen einfachen Priester, der es bis zum Kardinal bringt. Weitere Romane: »Das geschlossene Rund« (1945), »In den Schnee geschrieben« (1947), »Wasser des Lebens« (1961).

Eero Saarinen

finnisch-US-amerikanischer Architekt und Designer (* 20. 8. 1910, Kirkkonummi bei Helsinki), stirbt am 1. Juli in Ann Arbor/Michigan.
Saarinen, dessen Baustil zeitweise stark unter dem Einfluß Ludwig Mies van der Rohes stand, schloß mit dem Gebäude des General Motors Technical Center (1951–1957) in Detroit an die Bauweise des Kubismus an. Bauten: Schalendächer des Auditoriums und der Kapelle des Massachusetts Institute of Technology (1953–1955), US-Botschaftsgebäude in London (1955 bis 1961), Empfangshalle des Dulles International Airport in Washington.

Erwin Schrödinger

österreichischer Physiker, Physiknobelpreisträger 1961 (* 12. 8. 1887, Wien), stirbt am 4. Januar in Wien.
Schrödinger befaßte sich vor allem mit der Wellen- und der Quantentheorie, er zählt zu den Begründern der Wellenmechanik. 1933 erhielt er (zusammen mit dem Briten Paul Dirac) den Physiknobelpreis für seine Darlegungen zum Aufbau der Quantentheorie. 1938 emigrierte er nach Dublin, wo er 1939 bis 1956 Professor am Institute for Advances Studies war, ehe er nach Wien zurückkehrte.

Hanns Seidel

deutscher CSU-Politiker (* 12. 10. 1901, Schweinheim/Aschaffenburg), stirbt am 5. August in München.
Seidel war 1947 bis 1954 Wirtschaftsminister und 1957 bis 1960 Ministerpräsident von Bayern sowie Vorsitzender der CSU seit 1955. – Die nach ihm benannte Hanns-Seidel-Stiftung betreibt politische Bildungsarbeit.

Mario Sironi

italienischer Maler (* 12. 5. 1885, Sassari), stirbt am 15. August in Mailand.
Sironi schloß sich 1914 dem Futurismus an und nach 1919 der Pittura metafisica und wurde mit Unterstützung der regierenden Faschisten einer der Begründer des Stile Novecento (1922), der die Rückkehr zu den Werten der großen italienischen Vergangenheit propagierte. Seine monumentalen Kompositionen realisierte er vor allem in Fresken (Palazzo dell'Arte und Palazzo Triennale in Mailand, Aula der Universität Rom) und Mosaiken (Justizpalast Mailand).

Albin Skoda

österreichischer Schauspieler (* 29. 9. 1909, Wien), stirbt am 22. September in Wien.
Skoda, der sich einen Namen vor allem mit klassischen Rollen machte, war seit 1946 eines der führenden Mitglieder des Wiener Burgtheaters.

Minna Specht

deutsche Pädagogin (* 22. 12. 1879, Reinbek bei Hamburg), stirbt am 3. Februar in Bremen.
Minna Specht, 1925 bis 1933 Leiterin des Landeserziehungsheims Walkemühle bei Melsungen, gründete 1933 in der Emigration in Dänemark eine Schule für Kinder deutscher Emigranten (1938 nach Großbritannien verlegt).
Unter ihrer Leitung wurde die Odenwaldschule ab 1946 zu einer differenzierten Gesamtschule mit Hauptschul-, Realschul- und gymnasialem Curriculum ausgebaut. 1952 bis 1959 gehörte Minna Specht der deutschen UNESCO-Kommission an.

James Thurber

US-amerikanischer Satiriker, Schriftsteller und Zeichner (* 8. 12. 1894, Columbus/Ohio), stirbt nach einer Gehirnoperation am 2. November in New York.
In seinen satirischen, oft ans Absurde grenzenden Skizzen, Fabeln und Geschichten, die er selbst illustrierte, übte Thurber Kritik an Zeiterscheinungen. Werke: »Warum denn Liebe?« (1929), »Man hat's nicht leicht« (1933), »Rette sich, wer kann!« (1945), »So spricht der Hund« (1955), »75 Fabeln für Zeitgenossen« (1956).

Rafael Leonidas Trujillo y Molina

dominikanischer Politiker (* 24. 10. 1891, San Cristóbal), fällt am 30. Mai in Ciudad Trujillo (Santo Domingo) einem Attentat zum Opfer.
Trujillo kam 1930 in der Dominikanischen Republik an die Macht und baute sich eine despotische Stellung auf, die ihm die rücksichtslose Ausbeutung des Landes ermöglichte. Auch während der Präsidentschaft seines Bruders Hector Bienvenido von 1952 bis 1960 blieb Trujillo der eigentliche Machthaber und entfachte einen hemmungslosen Personenkult.

Zogu I.

König der Albaner 1928 bis 1939 (* 8. 10. 1895, Schloß Burgajet/Albanien), stirbt am 9. April in Paris.
Zogu stammte aus dem alten Dynastengeschlecht der Zogolli. 1916 bis 1918 war er Oberbefehlshaber der albanischen Freiwilligenorganisationen im Dienst Österreich-Ungarns. 1920 wurde er Abgeordneter im albanischen Nationalkongreß. Als Innenminister schlug er 1921 den separatistischen Mirditenaufstand in Nordalbanien nieder und wurde 1922 Ministerpräsident. Während der Regierung des Bischofs Fan Noli ab Juni 1924 hielt er sich in Jugoslawien auf, besetzte jedoch schon im Dezember desselben Jahres mit seinen Anhängern Albanien, zog am Weihnachtsabend in Tirana ein und veranlaßte die Nationalversammlung, am 21. Januar 1925 die Republik auszurufen, zu deren Staatspräsidenten er gewählt wurde. Nach der Umwandlung der Republik in eine konstitutionelle Monarchie nahm er 1928 den Königstitel an. Als Italien 1939 Albanien besetzte, ging Zogu außer Landes.

Paul Zsolnay

österreichischer Verleger (* 12. 6. 1895, Budapest), stirbt am 11. Mai in Wien.
Zsolnay, Gründer des nach ihm benannten Verlages (1923–1938, erneut ab 1945), verlegte vor allem Belletristik und populärwissenschaftliche Sachbücher.

Register

Das Personenregister enthält alle in diesem Buch genannten Personen (nicht berücksichtigt sind mythologische Gestalten und fiktive Persönlichkeiten sowie Eintragungen im Anhang). Die Herrscher und Angehörigen regierender Häuser sind alphabetisch nach den Ländern ihrer Herkunft geordnet. Kursive Zahlen verweisen auf Abbildungen.

Abkürzungen zu den Sportseiten

AFG	Afghanistan
ALG	Algerien
ANT	Antillen
ARG	Argentinien
AUS	Australien
AUT	Österreich
BAH	Bahamas
BAR	Barbados
BEL	Belgien
BER	Bermudas
BOL	Bolivien
BRA	Brasilien
BUL	Bulgarien
BUR	Birma
CAB	Kambodscha (Kampuchea)
CAF	Zentralafrikanische Republik
CAM	Kamerun
CAN	Kanada
CEY	Ceylon (Sri Lanka)
CHA	Tschad
CHI	Chile
CHN	China
COB	Kongo
COK	Kongo-Léopoldville (Zaïre)
COL	Kolumbien
COS	Costa Rica
ČSSR	Tschechoslowakei
CUB	Kuba
DAN	Dänemark
DDR	Deutsche Demokratische Republik
DOM	Dominikanische Republik
ECU	Ecuador
EGY	Ägypten
ELF	Elfenbeinküste
ETH	Äthiopien
FIN	Finnland
FRA	Frankreich
GAB	Gabun
GBR	Großbritannien
GER	Bundesrepublik Deutschland
GHA	Ghana
GRE	Griechenland
GUA	Guatemala
GUI	Guinea
HAI	Haiti
HOK	Hongkong
HOL	Niederlande
HON	Honduras
IND	Indien
INS	Indonesien
IRA	Iran
IRK	Irak
IRL	Irland
ISL	Island
ISR	Israel
ITA	Italien
JAM	Jamaika
JAP	Japan
KEN	Kenia
KOR	Korea
KUW	Kuwait
LBY	Libyen
LIA	Liberia
LIB	Libanon
LIE	Liechtenstein
LUX	Luxemburg
MAD	Madagaskar
MAL	Malaysia
MAR	Marokko
MAY	Malaya
MCO	Monaco
MEX	Mexiko
MLI	Mali
MLT	Malta
MON	Mongolei
NEP	Nepal
NGA	Nigeria
NIC	Nicaragua
NIG	Niger
NKO	Nordkorea
NOR	Norwegen
NRH	Nord-Rhodesien
NSE	Neuseeland
PAK	Pakistan
PAN	Panama
PAR	Paraguay
PER	Peru
PHI	Philippinen
POL	Polen
POR	Portugal
RHO	Rhodesien
RUM	Rumänien
SAF	Südafrika
SAL	El Salvador
SAN	San Marino
SEN	Senegal
SIN	Singapur
SLE	Sierra Leone
SPA	Spanien
SUD	Sudan
SUI	Schweiz
SUR	Surinam
SWE	Schweden
SYR	Syrien
TAI	Taiwan
TAN	Tanganyika
THA	Thailand
TUN	Tunesien
TUR	Türkei
UNG	Ungarn
URS	Sowjetunion
URU	Uruguay
USA	Vereinigte Staaten von Amerika
VAR	Vereinigte Arabische Republik
VEN	Venezuela
VIE	Vietnam
YUG	Jugoslawien

Bildquellen-Verzeichnis

Archiv der Sozialdemokratie, Bonn (4), BMW, München (6), Borgward Clubarchiv, Berlin (4), Ilse Buhs, Berlin (2), Daimler-Benz AG, Stuttgart (1), dpa, Frankfurt (329), Norbert Fischer, Dortmund (1), Harenberg Kommunikation, Dortmund (142), Opel AG, Rüsselsheim (3), VW AG, Wolfsburg (3)
© für den nachfolgend genannten Künstler
Larry Rivers, Das ABC der Gesichtsteile, VG-Bild-Kunst Bonn 1985
Karten und Grafiken: Harenberg Kommunikation, Dortmund (35)

Editionsplan für die »Chronik Bibliothek des 20. Jahrhunderts«

Der Editionsplan zeigt an, wann welcher Band der »Chronik-Bibliothek des 20. Jahrhunderts« erscheinen wird. Herausgeber, Redaktion und Verlag sind bemüht, pro Jahr jeweils die Bände vorzulegen, für die sich im Erscheinungsjahr ein »Jubiläum« ergibt. So erscheinen z. B. für 1987 die Jahrgangs-Bände 1917 (70 Jahre), 1927 (60 Jahre), 1937 (50 Jahre), 1947 (40 Jahre), 1957 (30 Jahre), 1962 (25 Jahre), 1967 (20 Jahre).
Jahr für Jahr wächst der Bestand um jeweils acht Bände.

Jeder Band der »Chronik-Bibliothek des 20. Jahrhunderts« bleibt permanent lieferbar. So können Interessenten jederzeit selbst entscheiden, wann und um welchen Band sie ihre persönliche »Chronik-Bibliothek des 20. Jahrhunderts« vermehren wollen.
Wer am Ende unseres Jahrhunderts alle 101 Bände besitzt, verfügt über ein lückenloses, in dieser Art einmaliges und in seiner Vollständigkeit wie Zuverlässigkeit nicht zu übertreffendes Dokumentationssystem.

Jahrgang	erscheint
1900	1987
1901	1995
1902	1996
1903	1997
1904	1993
1905	1996
1906	1995
1907	1996
1908	1997
1909	1997
1910	1989
1911	1990
1912	1991
1913	1992
1914	1993
1915	1994
1916	1985
1917	1986
1918	1987
1919	1988
1920	1989
1921	1990
1922	1991
1923	1992
1924	1993
1925	1994

Jahrgang	erscheint
1926	1985
1927	1986
1928	1987
1929	1988
1930	1989
1931	1990
1932	1991
1933	1992
1934	1993
1935	1994
1936	1985
1937	1986
1938	1987
1939	1988
1940	1989
1941	1990
1942	1991
1943	1992
1944	1993
1945	1994
1946	1995
1947	1986
1948	1987
1949	1988
1950	1989

Jahrgang	erscheint
1951	1990
1952	1991
1953	1992
1954	1993
1955	1994
1956	1995
1957	1986
1958	1987
1959	1988
1960	1989
1961	1985
1962	1986
1963	1987
1964	1988
1965	1989
1966	1990
1967	1986
1968	1992
1969	1988
1970	1994
1971	1990
1972	1991
1973	1992
1974	1993
1975	1994

Jahrgang	erscheint
1976	1995
1977	1996
1978	1997
1979	1996
1980	1995
1981	1995
1982	1991
1983	1997
1984	1996
1985	1996
1986	1987
1987	1988
1988	1989
1989	1990
1990	1991
1991	1992
1992	1993
1993	1994
1994	1995
1995	1996
1996	1997
1997	1998
1998	1999
1999	2000
2000	2001